Die Reform der ARD

Jochen Springer

Die Reform der ARD
Notwendige Reformen zur künftigen Erfüllung
des klassischen Rundfunkauftrages
bei gleichzeitiger Bündelung der Kräfte
zur Erzielung von Synergieeffekten

PETER LANG
Frankfurt am Main · Berlin · Bern · Bruxelles · New York · Oxford · Wien

Die Deutsche Bibliothek - CIP-Einheitsaufnahme

Springer, Jochen:

Die Reform der ARD : notwendige Reformen zur künftigen Erfüllung des klassischen Rundfunkauftrages bei gleichzeitiger Bündelung der Kräfte zur Erzielung von Synergieeffekten / Jochen Springer. - Frankfurt am Main ; Berlin ; Bern ; Bruxelles ; New York ; Oxford ; Wien : Lang, 2000
   Zugl.: Hamburg, Univ., Diss., 2000
   ISBN 3-631-36424-5

Gedruckt auf alterungsbeständigem,
säurefreiem Papier.

D 18
ISBN 3-631-36424-5
© Peter Lang GmbH
Europäischer Verlag der Wissenschaften
Frankfurt am Main 2000
Alle Rechte vorbehalten.

Das Werk einschließlich aller seiner Teile ist urheberrechtlich geschützt. Jede Verwertung außerhalb der engen Grenzen des Urheberrechtsgesetzes ist ohne Zustimmung des Verlages unzulässig und strafbar. Das gilt insbesondere für Vervielfältigungen, Übersetzungen, Mikroverfilmungen und die Einspeicherung und Verarbeitung in elektronischen Systemen.

Printed in Germany 1 2 3 4   6 7

*Cuius regio,
eius radio.*

(„Jedem Landesvater seine Sendeanstalt")
Martin Thull frei nach Martin Luther, FK Nr. 6/1995, S. 1

Vorwort

Spätestens seit Edmund Stoiber und Kurt Biedenkopf Anfang 1995 ihren Vorstoß für eine Strukturreform der ARD mediengerecht inszenierten, ist in Deutschland eine heftige öffentliche und vor allem politische Debatte um die Zukunft des öffentlich-rechtlichen Rundfunks entbrannt. Allerorts diskutieren Landespolitiker und Rundfunkvertreter über die Notwendigkeit und Zweckmäßigkeit „der" großen ARD-Strukturreform. Die Einigung der Ministerpräsidenten der Länder auf einen 4. Rundfunkänderungsstaatsvertrag, der zum 1. April 2000 in Kraft tritt, dürfte die Strukturdebatte daher allenfalls vorübergehend erledigt haben.

Auch wenn der Fortbestand der ARD unter dem Blickwinkel der Grundversorgung mittlerweile auch von den beiden Unions-Ministerpräsidenten als unabdingbar anerkannt wird, ist auffällig, wie viele unsachliche und juristisch fragwürdig Reformansätze und Reformbeiträge in der öffentliche Diskussion um Aufbau und Organisation der Gemeinschaft zu finden sind. Diese wird keineswegs allein auf medienpolitischer oder rundfunkverfassungsrechtlicher Ebene geführt, sondern ist längst bestimmt durch partei- und machtpolitische Interessen sowie wirtschaftliche Fragen, insbesondere solchen der Standortpolitik. Die Reform der ARD ist vor allem ein Politikum.

Vor diesem Hintergrund bemüht sich die vorliegende Untersuchung um den Brückenschlag zwischen juristischer Theorie und politischer Praxis. Sie will einen objektiven und differenzierten Überblick über die zahlreichen Diskussionsansätze und Planungsspiele vermitteln, die zum Teil erheblich von Polemik und parteitaktischen Erwägungen überlagert sind, zum Teil aber von einer breiten Öffentlichkeit noch nicht einmal wahrgenommen werden. Vor allem aber sollen die bestehenden Vorschläge rundfunkrechtlich beleuchtet werden, um die Diskussion von Ansätzen zu bereinigen, die von vornherein aus juristischen Gründen nicht geeignet sind, die Rundfunkfreiheit zu sichern und den Meinungsbildungsprozess in der Bundesrepublik Deutschland zu verbessern.

Die vorliegende Arbeit entstand im wesentlichen im Zeitraum zwischen Juni 1997 und Dezember 1998, in einer der Hochphasen öffentlicher Reformdebatten um die ARD. Diese Zeit wurde einerseits charakterisiert durch das Zusammenwachsen von SDR und SWR im Südwesten der Bundesrepublik Deutschland und andererseits durch die Konferenzen der ARD-Gremienvorsitzenden in Hamburg und Potsdam, bei denen unter heftigem öffentlichem Getöse der damals scheidende ARD-Vorsitzende Udo Reiter den „Durchbruch" in der Reformdebatte verkündete und den Eindruck erweckte, als könnte die vorliegende Arbeit allenfalls noch rechtshistorische Bedeutung erlangen.

Dem ist – zum Glück – nicht so, wie nicht zuletzt der medienpolitisch unbefriedigende Verlauf der Ministerpräsidentenkonferenz in Potsdam Ende 1998 und die Verhandlungen über einen 4. und 5. Rundfunkänderungsstaatsvertrag im Laufes des Jahres 1999 zeigten. Die Zukunft der ARD-Strukturen ist auch an der Schwelle des 21. Jahrhunderts so offen wie eh und je, trotz der Einigung von Bonn am 24. Juni 1999.

Das gilt sowohl für die Frage nach der Zahl der Landesrundfunkanstalten als auch für die Frage nach dem Fortbestand des umstrittenen und nur vorerst geretteten Rundfunkfinanzausgleichs. Die vorliegende Untersuchung ist daher ausdrücklich auch als Entscheidungshilfe für die Träger der rundfunk- und medienpolitische Verantwortung gedacht; sie soll aus vornehmlich rechtswissenschaftlicher Sicht Stellung zu den aktuellen Diskussionsansätzen nehmen.

Diese Arbeit ist dem juristischen Fachbereich der Universität Hamburg zu Weihnachten 1998 vorgelegt und im Wintersemester 1999/2000 als Dissertation angenommen worden. Damit sie auch nach der Beurteilungszeit durch die Professoren Dr. Peter Selmer, dem ich für seine freundliche Betreuung und wohlwollende Ratschläge aufrichtig Dank sagen möchte, und Dr. Wolfgang Hoffmann-Riem ihren aktuellen Bezug bewahrt, durfte ich noch eine umfangreiche Überarbeitung vornehmen. Dass die Entwicklung der ARD und der in ihr zusammen geschlossenen Landesrundfunkanstalten während dieser Monate sehr rasant vorangeschritten ist, hat mich dazu veranlasst, auch Fundstellen aus dem Internet in den Fußnoten zu berücksichtigen. Kein anderes Medium kann der Geschwindigkeit des Strukturwandels auch nur annähernd folgen. Den Leser bitte ich um Verständnis, sollte sich die eine oder andere Webadresse zum Zeitpunkt der Veröffentlichung dieser Arbeit schon wieder überholt haben.

Mein besonderer Dank gilt neben meinen Eltern, die dieses „Unternehmen" nicht nur finanziell ermöglicht haben, meinem Onkel, Horst Hoffmann, der mir ständig mit drucktechnischem und sprachlichem Rat zur Seite stand. Dank gebührt auch zwei Mitarbeitern des Norddeutschen Rundfunks in Hamburg: zum einen dem Leiter der Intendanz, Dr. Holger Ohmstedt, für rechtzeitige Ermutigung, und zum anderen Andreas Damm, der mir während meiner Referendarstation in der Abteilung Personalwirtschaft stets Freiräume für die notwendige Überarbeitung ließ.

Schließlich möchte ich Sylvia Gustat von der ARD-Programmdirektion in München, dem Norddeutschen Rundfunk, dem Hessischen Rundfunk, dem Sender Freies Berlin, Radio Bremen, der Deutschen Welle, dem Deutschlandradio und dem Kinderkanal Dank sagen, die mir schnell und unbürokratisch die Erlaubnis zur Verwendung ihrer Logos auf der Titelseite und als Illustration im Innenteil der Arbeit gegeben haben. Dass ich von der Verwendung gleichwohl abgesehen habe, verdanken wir der Bürokratie von WDR und SWR, die diese Arbeit vor dem Anschein der Einflussnahme „retten" wollten und mir die Abdruckgenehmigung verweigerten.

Nicht zuletzt danke ich meiner Freundin, Christin Anja Renner, für ihre Geduld und Unterstützung in so schweren Zeiten.

Hamburg, im Februar 2000

Jochen Springer

Inhaltsübersicht

§ 1 Einleitung 21
   A. Die ARD in der aktuellen öffentlichen Diskussion 21
   B. Ziel und Gang der Untersuchung 27
§ 2 Position und Struktur der ARD 31
   A. Die ARD in der dualen Rundfunkordnung 31
   B. Die derzeitigen Strukturen der ARD 38
   C. Entstehen eines europäischen Rundfunkmarktes 106
§ 3 Verfassungsrechtliche Vorgaben 123
   A. Verfassungsrechtliche Stellung des öffentlich-rechtlichen Rundfunks ...123
   B. Grundverständnis des Art. 5 Abs.1 S. 2 Grundgesetz 127
   C. Grundversorgung 142
   D. Bestands- und Entwicklungsgarantie 162
   E. Die Kardinalfrage der Strukturdiskussion 177
§ 4 Verfassungsrechtliche Beurteilung des Status quo der ARD 181
   A. Organisationsstrukturen 183
   B. Übertragungstechniken 194
   C. Die Programme 206
   D. Mischfinanzierung 272
   E. Zusammenfassung 282
§ 5 Darstellung und Beurteilung der Reformvorschläge 287
   A. Rundfunkbetätigung 289
   B. Rahmenbedingungen und Organisationsstrukturen 306
§ 6 Rechtspolitische Empfehlungen 401
   A. Verbesserung des Finanzgefüges 401
   B. Strukturelle Verbesserungen 424
§ 7 Schlussbetrachtungen 447
Anhang 453
Abkürzungsverzeichnis 471
Literaturverzeichnis 475
Sach- und Personenregister 503

Inhaltsverzeichnis

§ 1 Einleitung ... 21
  A. Die ARD in der aktuellen öffentlichen Diskussion ... 21
    I. Gegenläufige Interessen ... 21
    II. Neugliederungsdebatte ... 23
    III. Positionsbestimmung am Vorabend des digitalen Zeitalters ... 24
    IV. Strukturkritik ... 24
  B. Ziel und Gang der Untersuchung ... 27

§ 2 Position und Struktur der ARD ... 31
  A. Die ARD in der dualen Rundfunkordnung ... 31
    I. Geschichtlicher Überblick ... 31
    II. Publizistischer und ökonomischer Wettbewerb ... 35
    III. Reichweitenverluste und Expansionskurs ... 36
  B. Die derzeitigen Strukturen der ARD ... 38
    I. Organisationsstruktur der Gemeinschaft ... 39
    II. Organisationsstrukturen der Mitgliedsanstalten ... 43
    III. Organisationsstrukturen der Gemeinschaftsprogramme ... 46
    IV. Rechtsnatur ... 47
    V. Aufgaben ... 48
    VI. Finanzierungssystem ... 49
      1. Gebühren ... 50
      2. Finanzausgleich ... 54
      3. Werbung ... 56
      4. Sonstige Einnahmen ... 60
      5. Finanzkrise ... 61
    VII. Programmstruktur ... 63
      1. Bundesweite Gemeinschaftsprogramme ... 64
        a. Erstes Deutsches Fernsehen ... 64
        b. 3sat und arte ... 66
        c. PHOENIX und Kinderkanal ... 68
        d. ARD DIGITAL ... 69

e. Deutschlandradio 70
2. Programmtätigkeit der einzelnen Anstalten 71
   a. Die Dritten Fernsehprogramme 71
   b. Bayerisches Bildungsfernsehen „BR α alpha" 72
   c. DW-tv 72
   d. Hörfunk 73
3. Videotext 83
4. Online-Angebote 84
VIII. Übertragungstechnik 84
1. Drahtlose, terrestrische Verbreitung 85
2. Analoge Satellitenübertragung 87
3. Kabelverbreitung 90
4. Digitale Übertragung 93
IX. Gemeinschaftseinrichtungen und Kooperationen 96
1. Programmkooperationen der Landesrundfunkanstalten 97
   a. untereinander 97
   b. mit anderen 101
2. Organisationskooperationen 104
C. Entstehen eines europäischen Rundfunkmarktes 106
I. Grenzüberschreitender Rundfunk 107
II. Europarechtliche Dimension 110
1. Rundfunkbetätigung 112
   a. Rundfunk als Kulturgut 113
   b. Rundfunk als Wirtschaftsfaktor 113
   c. Kultur- und Kommunikationsverfassung der Unionsstaaten 115
   d. Wirtschaftskompetenz der Gemeinschaft 116
   e. Anwendungsbereich des EGV 117
2. Vor- und nachgelagerter Bereich 118
III. Fit für Europa 119

§ 3 Verfassungsrechtliche Vorgaben 123

A. Verfassungsrechtliche Stellung des öffentlich-rechtlichen Rundfunks 123
I. Medium und Faktor 124
II. Sondersituation 125

B. Grundverständnis des Art. 5 Abs.1 S. 2 Grundgesetz 127
   I. Subjektiv-rechtliches Verständnis 127
   II. Objektiv-rechtliches Verständnis 127
   III. Eine dienende Freiheit 128
   IV. Schranken der Rundfunkfreiheit 129
   V. Rundfunkbegriff 130
   VI. Positive Rundfunkordnung 131
      1. Gesetzgeberische Ausgestaltung 133
      2. Kompetenzen 136
         a. Neugründung von Rundfunkanstalten 137
         b. Auflösung von Rundfunkanstalten 138
         c. Beschränkung der Anstalten 140
   VII. Gebot der Staatsferne 141
C. Grundversorgung 142
   I. Die drei Stufen der Grundversorgung 145
      1. Inhaltlicher Standard 146
         a. Umfassende Information 146
         b. Klassischer Rundfunkauftrag 147
         c. Bildungsauftrag 149
         d. Kulturreserve 149
         e. Transportfunktion von Unterhaltungsprogrammen 150
         f. Information und Beratung 151
      2. Die übertragungstechnische Vorstufe 152
      3. Der organisatorisch-verfahrensrechtliche Aufbau 154
   II. Ausfüllung des Begriffes 155
      1. Funktionelle Akzessorietät 158
      2. Restriktive Wortlautinterpretation als Basisversorgung 159
      3. Negative Deduktion 160
         a. Nicht Minimal-, sondern Vollversorgung 160
         b. Keine Grenzziehung 161
D. Bestands- und Entwicklungsgarantie 162
   I. Grundlagen 164
   II. Spannungsfelder auf dem Rundfunkmarkt 165
      1. Programmausweitung auf Kosten der Gebührenzahler 166

2. Wettbewerb um Werbegelder..167
  3. Wirtschaftliche Folgen des Publizistischen Wettbewerbs......................167
  4. Kabelverstopfung mit „ranghohen" Programmen................................168
 III. Zusammenfassung und eigener Befund...169
  1. Verknüpfung von Grundversorgung und Bestandsprivilegien..................171
  2. Bestand Grundversorgungsfremder Leistungen......................................173
  3. Garantie für technische und programmliche Entwicklungen...................176
E. Die Kardinalfrage der Strukturdiskussion..177

§ 4 Verfassungsrechtliche Beurteilung des Status quo der ARD 181

A. Organisationsstrukturen...183
 I. Binnenplurale Anstaltsstrukturen..184
 II. Auslagerungen an private Produktionsfirmen...185
 III. Gemeinschaftseinrichtungen und Kooperationen...................................189
  1. Systeminterne Kooperationen..190
  2. Systemübergreifende Kooperationen...192
B. Übertragungstechniken..194
 I. Situationsbeschreibung...195
 II. Defizite der Kabel- und Satellitenübertragung..197
 III. Verfassungsrechtliche Bestandsaufnahme...198
 IV. Neuere technische Entwicklungen..200
 V. Einfachgesetzliche Probleme..203
 VI. Europarechtliche Probleme...205
C. Die Programme...206
 I. Vollprogramme...211
  1. Das Erste Programm..212
  2. Die Dritten Programme..220
   a. Inhalt...221
   b. Satellitenverbreitung...223
  3. 3sat..226
  4. DW-tv..227
  5. Hörfunk..228
 II. Sparten- oder Zielgruppenprogramme..231
  1. Kultur- und Bildungsbereich..234

  a. arte 235
  b. BR α alpha 236
  c. Kinderkanal 236
   aa. Konkurrenz- und Kompensationsfunktion 237
   bb. „Edutainment" 241
   cc. Marktbehauptung 242
   dd. Auszehrung der Vollprogramme 244
   ee. Fazit 247
  2. Nachrichten- und Dokumentationsprogramme 247
  3. Musikformate mit Zielgruppenbestimmung 252
   a. Jugendprogramme 252
   b. Klassikwellen 259
 III. Regionalprogramme 261
 IV. Digitale Programmangebote 263
 V. Videotext 266
 VI. Gesamtprogrammangebot 267
D. Mischfinanzierung 272
 I. Gebühren 273
  1. Verfassungsrechtlicher Befund 273
  2. Europarechtlicher Befund 275
 II. Finanzausgleich 276
 III. Werbung 278
  1. Zulässigkeit von Werbung 279
  2. Werbebeschränkungen 281
E. Zusammenfassung 282

§ 5 Darstellung und Beurteilung der Reformvorschläge 287

A. Rundfunkbetätigung 289
 I. Ausweitung des klassischen Angebotes 290
  1. Programmausweitung 290
   a. Vollprogramme 291
   b. Spartenprogramme 293
   c. Regional- und Lokalprogramme 295
  2. Expansion des Sendegebietes 297

II. Neue Übertragungstechniken 299
III. Vorhaben im Bereich von „Multimedia" 301
B. Rahmenbedingungen und Organisationsstrukturen 306
   I. Darstellung der Reformvorschläge 307
      1. Große Reformen 308
         a. Reform-Beschlüsse der Intendanten und Ministerpräsidenten 308
         b. Die 16 Thesen von Stoiber und Biedenkopf 311
         c. Reiter-Modell 314
         d. Strukturvorschläge von Struve 316
         e. Düsseldorfer SPD-Modell 316
         f. Auflösung von ARD und Landesrundfunkanstalten 316
      2. Kleine Strukturvorschläge 317
         a. Südwestvarianten 317
         b. Ost- und Mitteldeutschland 319
         c. Norddeutschland 321
         d. Diepgen-Modell 322
      3. Finanzstrukturen 322
      4. Spar-, Kooperations- und Privatisierungsvorschläge 326
         a. Outsourcing 327
         b. Kooperationskonzept von Struve 327
         c. Bundesweite Kooperationen 328
         d. Zusammenarbeit im Norden 329
         e. Zusammenarbeit von SFB, ORB, RB und SR 331
         f. TV-Manufaktur Radio Bremen 331
         g. Ausweitung von DW-tv mit Hilfe von ZDF und WDR 331
   II. Beurteilung der Reformvorschläge 332
      1. Finanzierungsfragen 332
         a. Gebühren 334
            aa. Abschaffung der Rundfunkgebühren 334
            bb. Nochmalige Erhöhung der Gebühren 335
            cc. Regionale Staffelung der Gebühren 337
         b. Finanzausgleich 338
            aa. Abschmelzung des Finanzausgleichs 339
            bb. Regionalisierter Finanzausgleich 339
            cc. Kündigung des Finanzausgleichs 340

       i) Länderübergreifende Funktion der ARD 341
       ii) Prinzip der Bundestreue 344
       iii) Folgen einer Kündigung 345
   c. Sonstige Finanzierungsfragen 347
     aa. Lockerung der „Dualen Werbe-Restriktion" 347
     bb. Verbot von Werbung 352
     cc. Öffentlich-rechtliches PayTV 353
       i) Einfachgesetzliche Lage 354
       ii) Anspruch auf Teilhabe 355
       iii) Verfassungsrechtlicher Spielraum 358
   d. Spar-, Kooperations- und Auslagerungsvorhaben 360
2. Zwischenbefund zu den Finanzierungsfragen 370
3. Strukturfragen 371
   a. Auflösung von ARD und Landesrundfunkanstalten 373
   b. Stärkung der Dritten Programme und Auflösung des Ersten 376
   c. Einführung eines kommerziellen „ARD 2" 378
   d. Regionale Stimmengewichtung 379
   e. Reduzierung der Gemeinschaftsaufgaben 380
   f. Rundfunkfusionen 382
     aa. Abschaffung von SR, RB und SFB/ORB 383
     bb. Südwestvarianten 387
     cc. ORB und SFB 390
     dd. ORB, SFB und MDR 392
     ee. NDR und RB 393
     ff. Übertritt Mecklenburg-Vorpommerns 396
III. Zusammenfassende Darstellung der zulässigen Vorschläge 397

§ 6 Rechtspolitische Empfehlungen 401

A. Verbesserung des Finanzgefüges 401
  I. Finanzierungsgrundlagen reformieren 402
    1. Werbeverbot 403
      a. Stärkung der Unabhängigkeit 403
      b. Stärkung des öffentlich-rechtlichen Programmprofils 405
      c. Ausgleich der Einnahmeverluste 406

      d. Ereigniswerbung 407
  2. Finanzausgleich 410
  3. Öffentlich-rechtliches PayTV verhindern 412
II. Sparen 413
  1. Programmangebot auf das erforderliche Maß reduzieren 415
  2. Kooperationen ausweiten 416
  3. Schlanke Rundfunkanstalten 422
  4. Outsourcing 423
B. Strukturelle Verbesserungen 424
  I. Angleichung der Strukturen 426
    1. Föderalistische Struktur erhalten und verschlanken 427
    2. Anzahl der Landesrundfunkanstalten 430
    3. Zuschnitt der zukünftigen ARD 432
    4. Umsetzung und Programmangebot 436
  II. Organisation zentralisieren 441
  III. Dezentrales Programmangebot 442
  IV. Garantie der Staatsferne 444

§ 7 Schlussbetrachtungen 447

Anhang 453

  Tabelle 1: Die Finanzeckdaten der Landesrundfunkanstalten
              zum 31.12.1998 453
  Tabelle 2: Anteil der Gebühren und Werbeeinnahmen
              an den Gesamteinnahmen 454
  Tabelle 3: Das Verhältnis der Gebühreneinnahmen
              zu den Werbeeinnahmen 454
  Tabelle 4: Das Verhältnis eigener Gebühreneinnahmen
              zu den besetzten Stellen 455
  Tabelle 5: Originäre und tatsächlich Finanzkraft der Anstalten 455

  Abbildung 1: Originäre und tatsächlich Finanzkraft der Anstalten 456
  Abbildung 2: Gebührenexplosion bei ARD und ZDF 457
  Abbildung 3: Entwicklung der Nettoeinnahmen aus der TV-Werbung 458
  Abbildung 4: Programm-Herstellungskosten im Ersten Deutschen Fernsehen 459
  Abbildung 5: Die ARD und ihre Mitglieder 460
  Abbildung 6: Die ARD Ende 1999(Die 10er-ARD) 461
  Abbildung 7: Die 7er-ARD 461

Abbildung 8: Die 7er-ARD (Stoiber/Biedenkopf) 461
Abbildung 9: Die 5er-ARD 461
Abildung 10: Die 6er-ARD (Reiter-Modell) 462
Abbildung 11: Die 6er-ARD (Variante 1) 462
Abbildung 12: Die 6er-ARD (Variante 2) 462
Abbildung 13: Die 6er-ARD (Variante 3) 462
Abbildung 14: Organigramm der ARD 463

Übersicht 1: Das Hörfunkprogrammangebot der ARD 464
Übersicht 2: Das Fernsehprogrammangebot der ARD 467
Übersicht 3: Die Internet-Angebote der ARD 468

Abkürzungsverzeichnis 471

Literaturverzeichnis 475
 nach Verfassern 475
 Aufsätze und Zeitungsberichte ohne Nennung des Verfassers 493

Sach- und Personenregister 503

§ 1 Einleitung

A. Die ARD in der aktuellen öffentlichen Diskussion

Die Diskussion um eine Reform der Strukturen der „Arbeitsgemeinschaft der öffentlich-rechtlichen Rundfunkanstalten der Bundesrepublik Deutschland" (ARD) hat ein geradezu öffentliches Ausmaß angenommen. Die Ministerpräsidenten von Bayern und Sachsen, Edmund *Stoiber* und Kurt *Biedenkopf*, haben 1995 in ihren „Thesen zur Strukturreform des öffentlich-rechtlichen Rundfunks"[1] die ARD als „konzernähnliches Gebilde" bezeichnet und angeregt, die Gemeinschaft wieder „vom Kopf auf die Füße" zu stellen. Die Strukturdebatte war losgetreten.

Die beiden Unionspolitiker ernteten mit ihrem Vorstoß zwar viel Protest,[2] gleichwohl gelang es ihnen, die ARD in Zugzwang zu bringen.[3] Aus einer defensiven Haltung heraus kommen seitdem zahlreiche Reformvorschläge aus dem ARD-Lager. Vorreiter ist der Intendant des MDR, Udo *Reiter*. Insbesondere während seiner Amtszeit als ARD-Vorsitzender in den Jahren 1997 und 1998 brachte er eine Vielzahl von Reformvorschlägen in die Diskussion ein, die zum Teil erhebliche Umwälzungen in der ARD zur Folgen hätten.[4] Programm-, Finanz-, Gebiets- und Entscheidungsstrukturen stehen seitdem auf dem Prüfstand.

Gleichzeitig praktiziert die ARD eine Politik der Expansion und der Marktbehauptung – zum Teil unter Mitwirkung des Gesetzgebers, zum Teil gegen seinen Widerstand, immer aber unter dem heftigen Gezeter der privaten Konkurrenz. Zukunftseuphorie hat in den Landesfunkhäusern die „Meckerer und Lamoryanz"[5] abgelöst. So wurde 1997 zum „Jahr der Premieren"[6].

I. Gegenläufige Interessen

Die Debatte um Aufbau und Organisation der Gemeinschaft wird dabei keineswegs allein auf medienpolitischer oder rundfunkverfassungsrechtlicher Ebene geführt. Längst ist sie bestimmt durch partei- und machtpolitische Interessen sowie wirtschaftliche Fragen, insbesondere solchen der Standortpolitik.

Wie unsachlich der Zukunftsdisput bisweilen geführt wird, zeigt anschaulich das Vokabular, mit dem Politiker, öffentlich-rechtliche Rundfunkfunktionäre und private Medienmanager auf Stammtischniveau aufeinander losgehen: So bezeichnete frühere Kanzleramtsminister Friedrich *Bohl* den Westdeutschen Rundfunk als „Fälscherwerkstatt" und den Hessischen Rundfunk als „Rotfunk", Joschka *Fischer*, seinerzeit Fraktionsvorsitzender der Grünen im Bundestag und heute Bundesaußenminister, warf

---

1 Veröffentlicht von den Staatskanzleien Bayern und Sachsen am 28. Januar 1995 mit Datum vom 27. Januar 1995; abgedr. in: MP 1995, S. 104-108.
2 Siehe etwa FK Nr. 6/1995, S. 4 ff.; *Kops*, in Kops/Sieben, S. 21 (54 ff.).
3 So *Anschlag*, FK Nr. 5/1995, 1 f.
4 FK Nr. 13-14/1997, S. 11.
5 *Anschlag*, FK Nr. 17/1996, S. 1.
6 So MDR-Intendant Udo *Reiter*, ARD-Jahrbuch 97, S. 15.

Bayerns Ministerpräsidenten Edmund *Stoiber* „unglaubliche Heuchelei" vor, der wiederum bezeichnete die Politik seines Widersachers als „Schmierenstück".

Die Spannungen zwischen den unterschiedlichen Interessengruppen werden deutlich, wenn man die heftig geführte und außerordentlich polemische Auseinandersetzung zwischen den öffentlich-rechtlichen Rundfunkanstalten und dem Verband Privater Rundfunk und Telekommunikation (VPRT) um die Gutachten des Münsteraner Professor Klaus *Merten* beobachtet. Die ARD wirft dem Direktor des Medienforschungsinstitutes „COMDAT" regelmäßig vor, voreingenommene Gefälligkeitsgutachten in Form von Auftragsstudien für den VPRT zu erstellen, deren Ergebnis schon vorher feststeht und stets negativ für den öffentlich-rechtlichen Rundfunk ausfällt.[7] *Merten* wiederum klagt die ARD offen der bewussten und „systematischen" Verfälschung von Rundfunkstatistiken im eigentlich respektablen ARD-Jahrbuch sowie der „Heuchelei" und „Programmverluderung" an.[8] Die Liste der verbalen Entgleisungen, Verdächtigungen, Beschimpfungen und öffentlichen Vorhaltungen könnte beliebig fortgesetzt werden.[9]

Gleichzeitig wird die Diskussion durch einen hemmungslosen, mit dem Deckmantel der Wissenschaft getarnten Lobbyismus verschärft. So fiel der Justitiar des führenden deutschen Privatsenders „RTL", Hermann *Kresse*, dadurch auf, allein in den Jahren 1995 und 1996 auf dem Höhepunkt der öffentlichen Diskussion um den Fortbestand der ARD gleich eine ganze Reihe von Veröffentlichungen gestartet zu haben, in denen er mit dem „Selbstbehauptungs- und Ausweitungsinteressen" des öffentlich-rechtlichen Rundfunks zu Gericht zog.[10] Ebenso wenig kann es bei näherer Betrachtung verwundern, wenn „SAT.1"-Chef Jürgen *Doetz* eine Beschränkung der öffentlich-rechtlichen Anstalten auf insgesamt maximal vier Fernsehprogramme fordert.[11] Dass sich hinter einer derartigen Forderung vor allem Marktinteressen verbergen, liegt auf der Hand.

Dass die Nerven blank liegen, ist verständlich. Es geht um Meinungen, Arbeitsplätze, Karrieren und Geld. Es geht um Macht. Und bei einigen Mitspielern geht es um die blanke Existenz.

Gleichwohl muss auch und gerade mit Strukturvorschlägen aus dem Lager der Privatanbieter gründlich und unvoreingenommen umgegangen werden. Gleiches gilt für Vorschläge aus dem öffentlich-rechtlichen Bereich. Denn hier melden sich Experten zu Wort, die zwar selbst direkt von Veränderungen in der Rundfunklandschaft betroffen sind, die aber auch von innen heraus die Strukturmängel der dualen Rundfunkord-

---

7 So der NDR-Hörfunkdirektor Gernot *Romann*, FK Nr. 20/1995, S. 4.
8 Vgl. *Merten/Gansen/Götz*, Veränderungen im dualen Hörfunksystem, S. 65 ff., 75.
9 Siehe FK Nr. 5/1995, S. 7; FK Nr. 6/1995, S. 7; FK Nr. 6/1995, S. 9; vgl. FK Nr. 42/1996, S. 9; *Kiefer*, MP 1995, 109 ff.; *Ehlers*, MP 1996, 80; *Kops*, in: Kops/Sieben, S. 21 (54); *Hahn/Binder*, ARD-Jahrbuch 97, S. 26 (28); *Kammann*, epd Nr. 37-38/1997, S. 3 (4 ff).
10 *Kresse*, ZUM 1995, 67 ff; ders. ZUM 1995, 178 ff.; ders. ZUM 1996, 59 ff.; ders. Öffentlich-rechtliche Werbefinanzierung und Grenzen im dualen Rundfunksystem, S. 10.
11 Siehe Journalist, Nr. 1/1998, S. 8.

nung kennen und beurteilen können. Ihre Stimmen müssen beachtet werden, auch wenn dabei eine gewisse Vorsicht angezeigt ist.

II. Neugliederungsdebatte

Kaum ein Intendant oder Landespolitiker bestreitet heute noch, dass eine Reform der ARD notwendig ist.[12] Abgesehen von den beiden großen und finanzstarken Einländeranstalten, dem Westdeutschen Rundfunk und dem Bayrischen Rundfunk, sind zur Zeit praktisch alle Landesrundfunkanstalten Gegenstand der Neugliederungsdebatte.

Auf der medienpolitischen Klausurtagung in Bad Neuenahr am 13. und 14. Oktober 1995 haben die Ministerpräsidenten angekündigt, eine Novellierung des Rundfunkstaatsvertrages (RStV) hinsichtlich Art und Umfang der Beteiligung von einzelnen Rundfunkanstalten bis Mitte 1999 vorzunehmen. Bis zum Ende der Gebührenperiode 1997-2000 sollten ursprünglich bereits konkrete Lösungen umgesetzt werden. Ins Auge gefasst hatten die Ministerpräsidenten insbesondere eine Verringerung der Zahl der ARD-Anstalten sowie eine Novellierung des Finanzausgleichs.[13] Am Ende blieb dann aber nur ein butterweicher Kompromiss der Landeschefs. Auf ihrer Sitzung in Bonn am 24.6.1999 einigten sie sich auf den 4. Rundfunkänderungsstaatsvertrag, der am 1. April 2000 in Kraft treten soll, letztlich aber für die ARD so gut keine Auswirkungen hat. Am 12. November 1999 einigten sich die Ministerpräsidenten schließlich in Bremen auf die Beibehaltung des Rundfunkfinanzausgleiches, wenngleich in verringert Form, bis Ende 2005. Die Strukturreform der ARD ist damit vorerst wieder von der Tagesordnung verschwunden.

Die Reform muss gleichwohl kommen, wenn auch verspätet. Nicht nur die Gremienvorsitzenden der ARD haben nicht erst seit ihrer Hamburger Konferenz im April 1998 eingesehen, dass auch sie in eine Reform einwilligen müssen, auch wenn ihre „Hamburger Beschlüsse" progressiver erscheinen, als sie bei genauer Betrachtung wirklich sind. Hintergrund aller Reformzwänge des öffentlich-rechtlichen Rundfunks ist eine tiefgreifende Finanzkrise der ARD. In Folge der Öffnung des Rundfunkmarktes für private Mitbewerber Mitte der 80er Jahre kämpfen die Landesrundfunkanstalten noch immer gegen sinkende Werbeeinnahmen und steigende Produktionskosten an.[14]

Ein Großteil des Defizits konnte zwar schon durch Rationalisierungen und Gebührenerhöhungen ausgeglichen werden, aber ein Ende der Sparzwänge ist nicht wirklich in Sicht. Noch immer sind die finanziellen Schwierigkeiten immens, wenngleich sie sich nicht mehr so extrem in „roten Zahlen" ausdrücken.[15]

---

12 Vgl. FK Nr. 18/1996, S. 9 (11); FK Nr. 16/1997, 11 (12); ebenso der WDR-Rundfunkrat, siehe Kops, in Kops/Sieben, S. 21 (100); Der Spiegel, Nr. 6/1995, S. 18 (20).
13 Siehe das Abschlußprotokoll der Medienklausurtagung der Regierungschefs der Länder vom 13./14.10.1995; abgedr. bei: Kops/Sieben, S. 215 (216); Ergebnisse zusammengefaßt bei: Anschlag, FK Nr. 42/1995, S. 1-3.
14 Kops, in: Kops/Sieben, S. 21 (23); siehe unten § 2 B.VI.5. (S. 61).
15 FK Nr. 24/1997, S. 7 f.; FK Nr. 3/1996, S. 10 f.

III. Positionsbestimmung am Vorabend des digitalen Zeitalters

Nach Ende des öffentlich-rechtlichen Rundfunkmonopols war die ARD überdies lange um eine neue Positionsbestimmung bemüht. Die Landesrundfunkanstalten sind keine Monopolisten mehr, die keine Rücksicht auf die Wünsche und Interessen des Publikums nehmen müssen und Programmentscheidungen aus eigenem Selbstverständnis fällen können. Sie sind Mitbewerber, die um die Gunst der Zuschauer und Zuhörer buhlen und sich an Einschaltquoten messen lassen müssen, die nicht mehr, wie in Zeiten der „Schwarzwaldklinik", jenseits der 70 Prozent rangieren.

Dazu kommt seit geraumer Zeit die allgemeine „Umbruchstimmung am Vorabend des digitalen Zeitalters"[16]. Beide Säulen der dualen Rundfunkordnung sind strikt bemüht, sich eine gute und vielversprechende Ausgangsposition für den Start in die mediale Zukunft zu sichern. Man erwartet eine sich strukturell und programmlich rasant entwickelnde Medienlandschaft, in der gerade die Entwicklung im Bereich der Digitaltechnik in zunehmendem Maße für Veränderungen sorgen wird.[17]

Die gewohnten Grenzen zwischen Massen- und Individualkommunikation, die längst aufgeweicht sind, werden weiter verschwimmen. Im Bereich der Massenkommunikation werden aller Voraussicht nach zu den traditionellen Vollprogrammen weitere Programmtypen – auch jenseits der bereits bestehenden Spartensender – treten. Denkbar sind neue Zugriffs- und Abrufdienste, veränderte Möglichkeiten lokaler und regionaler Differenzierung, die zunehmende Verbindung von Massenkommunikation mit Zusatzdaten und elektronischen TV-Guides. „Interaktion" ist ein neues Zauberwort, dem auch die traditionelle Massenkommunikation zueifert.[18]

Ob die ARD fit für die mediale Zukunft und die „weitgehende technische Revolution"[19] ist, erschien zumindest 1995 fraglich – und auch heute noch soll es Zweifler geben, die „verkrustete Strukturen" der Gemeinschaft kritisieren.

IV. Strukturkritik

Dreh- und Angelpunkt der Strukturkritik ist zweifellos der ARD-Finanzausgleich, durch den die kleinen Anstalten in Bremen, Berlin und im Saarland von den großen Anstalten im Rest Deutschlands mit getragen werden. Radio Bremen, der Saarländische Rundfunk und der Sender Freies Berlin können mit dem eigenen Gebührenaufkommen nicht überleben und werden deshalb von den großen ARD-Sendern unterstützt.

Mit dieser Subventionierung schien es zwischenzeitlich zu Ende zu gehen. Die großen Länder waren nicht mehr bereit, ihre Gebührenzahler für „Regionalität de luxe"[20] zur Kasse zu bitten. Bayern, Baden-Württemberg, Thüringen und Sachsen

---

16 *Kresse*, Grundversorgung und integrative Pluralismussicherung, S. 11.
17 *Albrecht*, ARD-Jahrbuch 97, S. 49 (50); vgl. ARD-Jahrbuch 97, S. 128 (129).
18 *Hoffmann-Riem*, Pay-TV im öffentlich-rechtlichen Rundfunk, S. 119.
19 *Bleckmann/Pieper/Erberich*, Öffentlich-rechtliche Spartenprogramme als Bestandteil der Grundversorgung, S. 40.
20 So der NDR-Intendant Jobst *Plog* über Radio Bremen, siehe FK Nr. 13-14/1997, S. 11.

kündigten deshalb im Verlauf des Jahres 1998 an, den Finanzausgleiches zum Ende des Jahres 2000 zu beenden.[21] Einzelne Anstalten dachten sogar laut über einen Austritt aus der Gemeinschaft nach.[22] Der befürchtete „Dominoeffekt"[23] blieb jedoch aus. Vielmehr konnte der Finanzausgleich – wenngleich reduziert – gerettet und bis zum 31. Dezember 2005 verlängert werden.

Die Strukturmerkmale der ARD gehen zu einem hohen Maße auf Entscheidungen zurück, die die alliierten Besatzungsmächte unmittelbar nach dem Zweiten Weltkrieg getroffen haben und die zum Teil auf rein militäradministrativen Gesichtspunkten[24] und anderen rundfunkfremden Erwägungen beruhen. So hat der Intendant des NDR, Jobst *Plog*, einmal schnippisch bemerkt, es gebe „ganz kleine Anstalten, die manchmal nur deswegen da sind, weil die Amerikaner 1945 einen Seehafen brauchten"[25] und damit Spekulationen geschürt, der NDR wolle sich Radio Bremen einverleiben.

Die geographischen Aufteilungen stimmen – wie noch gezeigt wird – in der Tat nicht mit denjenigen überein, die unter Beachtung ökonomischer, aber auch politischer oder kultureller Kriterien (etwa der stets bemühten „landsmännischen Verbundenheit") zweckmäßig wären.[26] Forderungen nach einer Reform der Strukturen des öffentlich-rechtlichen Rundfunks wurden deshalb schon lange vor der aktuellen Auseinandersetzung erhoben. Die Diskussion um eine Reform der Strukturen des öffentlich-rechtlichen Rundfunks in Deutschland entwickelt sich dabei zunehmend zu einer unendlichen Geschichte, deren Anfänge bis in die 50er Jahre zurück reichen.[27]

Rundfunkpolitik hat viel mit Emotionen und Lokalpatriotismus zu tun. Dass oft sachfremde Erwägungen eine Rolle spielen, zeigt der Disput um die Nordostdeutsche Rundfunkanstalt (NORA), die nach dem Ende der DDR für die Länder Mecklenburg-Vorpommern, Berlin und Brandenburg staatsvertraglich gegründet wurde – beinahe jedenfalls, denn der Landtag in Schwerin verweigerte dem Staatsvertrag die Zustimmung, weil den Mecklenburgern die norddeutsche Identität zu kurz zu kommen drohte und ein gemeinsamer Rundfunk mit den „Preußen" nicht angezeigt schien. In Wismar, Rostock, Stralsund und Greifswald verbrüderte man sich lieber mit den Hanseaten in Hamburg und Lübeck und trat dem NDR-Staatsvertrag bei.[28]

Auch die Berliner und Brandenburger zeigen in Rundfunkfragen nur wenig Vernunft. Während Standortinteressen auch nach der gescheiterten Länderfusion deutlich

---

21 Lt. Hamburger Abendblatt Nr. 264/1998 v. 12.11.1998, S. 11.
22 ORB-Intendant Hansjürgen *Rosenbauer* hält seine Anstalt auch ohne ARD für lebensfähig; siehe FK Nr. 13-14/1997, S. 14 (15).
23 Vgl. *Kops*, in: Kops/Sieben, S. 21 (109); siehe auch Hamburger Abendblatt Nr. 264/1998 v. 12.11.1998, S. 11.
24 *Eschenburg*, Das Problem der Neugliederung der deutschen Bundesrepublik, S. 19.
25 So *Plog* am 13.2.1997 in einem Interview mit dem damals noch bestehenden „NDR 3"; vgl. FK Nr. 8/1997, S. 9 (10); FI 1997, 117 (120).
26 *Grätz*, Zur Zahl und Abgrenzung der ARD-Rundfunkanstalten, S. 17.
27 Vgl. zur Geschichte der Diskussion: *Kops/Sieben*, in: Kops/Sieben, S. 9 (10); *Kops*, in: Kops/ Sieben, S. 21 (27).
28 Siehe *Hoffmann-Riem*, Rundfunkneuordnung in Ostdeutschland, S. 10 ff.; *Kops*, in: Kops/Sieben, S. 21 (83).

für eine Verschmelzung von SFB und ORB sprechen – kann man doch vom Dach des Brandenburger Landesfunkhauses in Potsdam mit bloßem Auge die SFB-Zentrale sehen – verweigern die Politiker, vor allem der Regierende Bürgermeister Berlins, Eberhard *Diepgen*, beharrlich eine Fusion beider Sender. Sogar die dringend notwendigen Kooperationspläne beider Anstalten brauchten drei Anläufe im SFB-Verwaltungsrat. Auch die Brandenburger zögern und fürchten eine neue Dominanz Berlins, das doch jahrhundertelang ihre Hauptstadt war.[29]

Der Umzug von Regierung und Parlament vom Rhein an den Spreebogen hat ohne Zweifel Sogwirkungen entwickelt – auch auf die Medien.[30,31] Die näherrückenden Umzugstermine haben die Bemühungen um eine Strukturreform dynamisiert und für Zeitdruck gesorgt. Gerade der war allerdings nicht immer geeignet, zu einer sachlichen Diskussion beizutragen.[32]

Angesichts all dieser Probleme erscheint es kaum verwunderlich, dass die derzeit 97 ARD-Hörfunkprogramme und 16 analoge Fernsehprogramme sowie ein digitales Programmbouquet mit drei zusätzlichen Digitalprogrammen kritische Fragen nach der qualitativen Erfüllung des öffentlich-rechtlichen Programmauftrages und nach dem quantitativen Umfang des öffentlich-rechtlichen Rundfunks laut werden lassen.[33]

Der Meinungskonsens von Bad Neuenahr und der 3. Rundfunkänderungsstaatsvertrag von 1996/97 stellte mit der Kündbarkeit des Finanzausgleichs den Eintritt in eine Reform der ARD-Strukturen dar, durch den die Länder mit kleinen Rundfunkanstalten gezwungen werden, sich bis zum Jahr 2000 etwas einfallen zu lassen.[34] Die Hamburger Beschlüsse sind ein weiterer Meilenstein auf dem Weg zu einer neuen ARD. Bremen, Berlin und das Saarland werden im Prinzip vor die Wahl „Fusion oder Kooperation" gestellt.[35] Die Verfechter einer groß angelegten Strukturreform der ARD dürften mit ihren Forderungen nach der Verringerung der Anzahl von Landesrundfunkanstalten und einer Beschränkung des Programmangebotes der ARD einen erheblichen Schritt nähergekommen sein.

Trotz der Einigung auf eine Verlängerung des Finanzausgleichs wird die rundfunkpolitische Debatte in Deutschland nicht abebben. Ziel dieser Untersuchung ist daher, einen objektiven und differenzierten Überblick über die zahlreichen Diskussionsansätze und Planungsspiele zu vermitteln, die zum Teil erheblich von Polemik und parteitaktischen Erwägungen überlagert sind, zum Teil aber von einer breiten Öffentlichkeit noch nicht einmal wahrgenommen wurden.

---

29 Siehe *Lojewski*, FK Nr. 9/1996, S. 1 (2).
30 *Kalbitzer*, Journalist Nr. 10/1997, S. 40.
31 FI 1997, 255 f.; FK Nr. 16/1997, S. 11; FK Nr. 17/1997, S. 7; FK Nr. 17/1997, S. 38; *Kalbitzer*, Journalist Nr. 10/1997, S. 40.
32 Vgl. *Libertus*, Grundversorgungsauftrag und Funktionsgarantie, S. 1.
33 Vgl. *Kresse*, ZUM 1996, 59; *Kalbitzer*, Journalist 10/97, S. 40 (41).
34 ARD-Jahrbuch 96, 142 (147); *Kops/Sieben*, in: Kops/Sieben, S. 9 (10).
35 So *Stoiber* in einer Bewertung der Beschlüsse von Bad Neuenahr, vgl. *Kops/Sieben*, in: Kops/Sieben, S. 9 (10); *Kops*, in: Kops/Sieben, S. 21 (108); siehe *Lilienthal*, Journalist Nr. 6/1998, S. 28 ff.

Vor allem aber sollen die Vorschläge rundfunkrechtlich beurteilt werden, um die Diskussion von Ansätzen zu bereinigen, die von vornherein aus rechtlichen Gründen nicht geeignet sind, die Rundfunkfreiheit zu sichern und den Meinungsbildungsprozess in der Bundesrepublik Deutschland zu verbessern.

Entscheidend für die Qualität einer Reform ist in jedem Fall die Frage, ob das Hinterher besser als das Zuvor ist, und zwar gemessen an Kriterien wie Wirtschaftlichkeit, Regionalkompetenz, Vielfalt, Konsensualität und Informativität. Um diese Frage beantworten zu können, müssen zunächst die ARD-Strukturen auf den Prüfstand kommen. Wird das Programmangebot dem öffentlich-rechtlichen Rundfunkauftrag gerecht? Arbeiten die Landesrundfunkanstalten wirtschaftlich, effizient und rechtmäßig? Und erfüllt die ARD die Vielfaltsanforderungen an den öffentlich-rechtlichen Rundfunk?

B. Ziel und Gang der Untersuchung

Die vorliegende Untersuchung ist ausdrücklich auch als Entscheidungshilfe für die Träger der rundfunk- und medienpolitische Verantwortung gedacht; sie soll aus vornehmlich rechtswissenschaftlicher Sicht Stellung zu den aktuellen Diskussionsansätzen nehmen.

Ziel der Arbeit kann es hingegen in keinem Fall sein, den verfassungsrechtlichen Rahmen, den das Bundesverfassungsgericht in acht Rundfunkurteilen gesteckt hat, über Gebühr zu kritisieren, zu hinterfragen oder gar weiterzuentwickeln. Auch wenn hinsichtlich der Forderungen nach Korrekturen an der verfassungsgerichtlichen Rechtsprechung weitgehend Einigkeit besteht,[36] ist doch die Frage viel bedeutsamer und praktisch ungleich relevanter, inwieweit die ARD und mit ihr das duale Rundfunksystem in Deutschland im Rahmen der bestehenden verfassungsrechtlichen Axiome auf die neuen Aufgaben im digitalen Zeitalter eingestellt werden kann.

Aus diesem Grund befasst sich diese Arbeit zunächst mit der Darstellung der ARD-Strukturen sowie mit dem Programmangebot der Gemeinschaft (§ 2) und anschließend mit einer Zusammenfassung der rundfunkverfassungsrechtlichen Grundsätze, soweit diese für die Beurteilung einer öffentlich-rechtlichen Rundfunkanbietergemeinschaft bedeutsam sind (§ 3). Beiden Darstellungen ist gemeinsam, dass sie sich zwangsläufig jeweils an der Oberfläche eines unermesslich komplexen Themen- und Darstellungsfeldes halten müssen[37]. Die Struktur der ARD und seiner Landesrundfunkanstalten ist so vielschichtig, untergliedert in zahlreiche Verzahnungen und Kooperationsformen mit mehr als 100 unterschiedliche Programmen und einer unüberschaubare Anzahl von technischen Einrichtungen, dass eine detailge-

---

36 Vergleiche statt vieler: *Niepalla*, Die Grundversorgung durch die öffentlich-rechtlichen Rundfunkanstalten, S. 150 f.; *Scholz*, AfP 1995, 357; *Bleckmann/Pieper/Erberich*; Zur Zulässigkeit der Veranstaltung von Spartenprogrammen durch öffentlich-rechtliche Rundfunkanstalten, S. 39; *Schrape*, Digitales Fernsehen, S. 122; sehr deutlich wird *Kull*, AfP 1987, 568 ff.
37 Sie Organigramm der ARD, Abbildung 14, Anhang, S. 463.

rechte Darstellung *aller* Strukturmerkmale den Rahmen dieser Untersuchung sprengen müsste.[38]

Ähnlich steht es mit der verfassungsrechtlichen Judikatur im Zusammenhang mit dem Art. 5 GG. Diese umfasst Hunderte ungemein spannende und ungeklärte Streitstände, verknüpft durch zahlreiche Interdependenzen. Hier muss sich die Darstellung leider auf die öffentlich-rechtliche Seite der dualen Rundfunkordnung konzentrieren. Soweit sich die Rechtsprechung allein mit der Rolle privater Programmanbieter befasst, muss sie aus der Untersuchung herausfallen, ebenso wie der Einfluss öffentlich-rechtlicher Strukturmerkmale auf den privaten Rundfunk.

In einem weiteren Schritt werden schließlich die aktuellen Strukturen der ARD auf den Prüfstand der verfassungsrechtlichen Grundsätze gestellt (§ 4). Nur ein öffentlich-rechtliche Rundfunkanbieter, der seine gesetzlichen Voraussetzung beachtet, legitimiert seine eigene Gebührenfinanzierung. Denn Sinn einer staatlichen Finanzierungsform kann nicht der Erhalt einer rechtswidrigen Einrichtung sein. Im Mittelpunkt der Rechtmäßigkeitsprüfung der Organisationsstrukturen stehen Kooperationen und die Tendenz einzelner Anstalten zum Outsourcing, also zur Auslagerung von Betriebseinheiten auf privatrechtliche Tochterunternehmen, da sich die Anstalten hiervon erhebliche Einsparungs- und Synergiepotentiale versprechen.[39] Bei einer Beurteilung der Rechtmäßigkeit einzelner Programmkooperationen spielen auch wettbewerbs- und kartellrechtliche Fragen eine Rolle.

Zentrum der Untersuchung ist jedoch der öffentlich-rechtliche Programmauftrag. Im Mittelpunkt der rechtlichen Bewertung der ARD-Strukturen steht deshalb vor allem das Programmangebot der Landesrundfunkanstalten. Dieses ist der Angelpunkt aller Entscheidungen über Strukturen, Finanzen und Technik.

Ferner sollen mögliche Reformen der ARD kritisch beleuchtet werden (§ 5). Zunächst soll dabei um die Reformansätze gehen, die sich zur Zeit der Veröffentlichung noch in der aktuellen öffentlichen Diskussion befinden. Diese sollen umfassend und übersichtlich dargestellt und anschließend geordnet und sachlich an den verfassungsrechtlichen Axiomen gemessen werden.

Dabei kann es jedoch nicht bleiben: Während nämlich alle öffentlichen Reformvorschläge immer auch politische Motive verfolgen, kann diese Untersuchung – frei von politischen und gesellschaftlichen Bindungen – rechtlich und wirtschaftlich sinnvolle Ansätze zusammenfassen, sortieren, variieren und schließlich mit eigenen Vorschlägen ergänzen (§ 6).

Bei diesem Arbeitsansatz verbietet es sich, die Suche nach zweckmäßigen Lösungen auf den Rahmen zu beschränken, den die bestehenden Gesetze und Staatsverträge stecken. Vielmehr müssen die normativen Grundlagen bei Bedarf neu ausgestaltet

---

38 Eine schnelle, wenngleich wegen der rasanten Entwicklung beinahe notwendigerweise stets unaktuelle Übersicht findet sich im jeweils letzten ABC der ARD; aktuelle Informationen liefert das jeweils neuste ARD-Jahrbuch.
39 Vgl. *Kresse*, ZUM 1995, 178 (186).

werden.[40] Andererseits bedürfen einige der hier aufgeworfenen Fragen noch einer höchstrichterlichen Klärung. Daher muss auch rundfunkrechtliches Neuland beschritten werden, soweit Lösungen vorwiegend unter Beachtung der verfassungsgerichtlich gesetzten Prämissen angestrebt werden sollen.

Überdies soll im Rahmen dieser Arbeit nicht an der Rechtsform und dem Programmschema des ebenfalls öffentlich-rechtlichen Zweiten Deutschen Fernsehen (ZDF) gebastelt werden. Vorschläge, das ZDF nach dem Beispiel des französischen TF1 zu privatisieren oder es programmlich umzustrukturieren, um eine einheitliche Werbefinanzierung zu erreichen, damit die ARD-Anstalten durch den erwirtschafteten Überschuss als Veranstalter eines werbefreien Bildungs- und Kulturprogramms finanziell unterstützt werden können,[41] sind zwar innovativ und interessant, bedürfen aber neben einer einstimmigen Entscheidung der 16 Bundesländer zunächst einer langwierigen medienpolitischen Diskussion.

Hier sollen statt dessen Lösungsvorschläge erörtert werden, mit denen die ARD schnell für das Digitale Zeitalter flott gemacht werden kann.

Unabhängig von der Überzeugung, dass es ab dem Jahr 2006 keinen Finanzausgleich mehr geben wird, müssen auch ARD-interne Diskussionen über leistungsfähige Strukturen und über die Verteilung des Gebührenaufkommens geführt werden. Effizientere Strukturen sind erforderlich, um im Wettbewerb gegen private Voll- und Spartenprogramme finanziell und, vor dem Hintergrund der Gebührenfinanzierung, moralisch bestehen zu können. Dafür bedarf es vernünftiger Entscheidungen und schneller Entschlussbereitschaft.[42]

---

40 So auch *Kops/Sieben*, in: Kops/Sieben, S. 9 (17).
41 Vgl. *Hoffmann*, Möglichkeiten der Finanzierung öffentlich-rechtlichen Rundfunks in der Bundesrepublik Deutschland, S. 156 ff; *Kops*, in: Kops/Sieben, S. 21 (51 f.).
42 So auch der Rundfunkrat des SFB, siehe FK Nr. 8/1997, S. 11.

§ 2 Position und Struktur der ARD

A. Die ARD in der dualen Rundfunkordnung

Die Rundfunkordnung in der Bundesrepublik Deutschland ist seit Mitte der 80er Jahre dual organisiert, d.h. sie beruht auf einem Nebeneinander von privaten Hörfunk- und Fernsehunternehmen sowie öffentlich-rechtlichen Rundfunkanstalten. Ziel dieses sog. „Dualen Rundfunksystems" bzw. der „Dualen Rundfunkordnung" ist die Stärkung der Informationsvielfalt durch ein „faires Nebeneinander von öffentlich-rechtlichem und privatem Rundfunk".[1]

In dieser Rundfunkordnung, die sich mittlerweile in allen Bundesländern auf der Grundlage der Landesmedien- und Landesrundfunkgesetze herausgebildet hat, ist es nach der Rechtsprechung des Bundesverfassungsgerichts Sache der öffentlich-rechtlichen Rundfunkanstalten, die unerlässliche Grundversorgung sicherzustellen.[2] Der öffentlich-rechtliche Rundfunk ist, wie es der Intendant des Hessischen Rundfunks, Klaus *Berg*, einmal ausgedrückt hat, der den Privatfunk legitimierende „Seniorpartner" in der dualen Ordnung.[3]

Die Verpflichtung zur Grundversorgung ist in diesem Nebeneinander der Preis, den der öffentlich-rechtliche Rundfunk für 40 Jahre technischen, infrastrukturellen und programmlichen Vorsprung zahlen müssen; die Gebühren sind die Gegenleistung der Rundfunkteilnehmer.

Das dreiteilige Zielsystem des öffentlich-rechtlichen Rundfunks – nämlich Erfüllung des Programmauftrages unter Berücksichtigung von Gesichtspunkten der Publikumsakzeptanz und des Wirtschaftlichkeitsgebotes – hat für die ARD seitdem vor allem hinsichtlich der beiden letztgenannten Ziele an Bedeutung zugenommen: Die Zulassung kommerzieller Wettbewerber hatte nämlich eine deutliche Verschärfung des Konkurrenzkampfes um das Publikum und steigende Preise für Programmleistungen bei knapperer Finanzausstattung zur Folge.[4]

I. Geschichtlicher Überblick

Nach der Gleichschaltung des deutschen Rundfunks durch die NSDAP[5] begann der Wiederaufbau der Rundfunkordnung nach 1945 nur zögerlich. Der Rundfunk im Nachkriegsdeutschland wurde dabei von den Westalliierten föderalistisch organisiert. Die zunächst sechs Sender, Bayrischer Rundfunk (BR), Hessischer Rundfunk (HR) und Süddeutscher Rundfunk (SDR) in der amerikanischen Besatzungszone sowie Ra-

---

1 So die Begründung zu Art. 1 des RStV-1991, abgedr. in: MP Dok. IIIb/1991, 174.
2 BVerfGE 73, 118 (Ls. 1a, 118, 197); 74, 297 (324 f.); 83, 238 (297 ff.). Zum Inhalt der Grundversorgung, siehe unten. § 3 C.II. (S. 155 ff.).
3 *Berg*, MP 1995, 94.
4 *Ehlers*, MP 1996, 80.
5 Siehe dazu *Schiwy*, in: Ricker/Schiwy, Kap. A Rn. 30 ff.

dio Bremen (RB) in dessen Überseehäfen, Südwestfunk (SWF)[6] in der französischen Zone und Nordwestdeutscher Rundfunk (NWDR) im britischen Besatzungsgebiet,[7] sollten verhindern, dass noch einmal – wie 1933 – politische oder wirtschaftliche Machtkartelle das Medium für ihre Zwecke instrumentalisieren könnten.[8]

Seit der Besatzungszeit existierte in Westdeutschland deshalb ein öffentlich-rechtliches Rundfunkmonopol, das sich an der britischen Rundfunkordnung orientierte. Rundfunk wurde als öffentliche Aufgabe verstanden; die ARD-Anstalten und das 1961 gegründete ZDF waren die einzigen zugelassenen Rundfunkveranstalter.[9]

In der „Arbeitsgemeinschaft der öffentlich-rechtlichen Rundfunkanstalten der Bundesrepublik Deutschland" (ARD) sind seit 1950 alle öffentlich-rechtlichen Sendeanstalten außer dem ZDF zusammengeschlossen. Die ursprünglich sechs Landesrundfunkanstalten[10] und der Rundfunk im Amerikanischen Sektor (RIAS), der wegen der Sonderstellung Berlins nur mit beratender Stimme auftrat, hatten sich in dieser Form organisiert, um ihre gemeinschaftlichen Aufgaben besser erfüllen zu können und weil die Finanzierung des seit November 1954 veranstalteten Fernsehprogramms damals für eine Anstalt allein zu teuer war.[11]

Die Zahl der ARD-Mitglieder erhöhte sich noch in den 50er Jahren auf insgesamt neun: 1954 trat als siebtes Mitglied der Sender Freies Berlin (SFB) bei, der sich wenige Monate zuvor im Britischen Sektor Berlins vom NWDR abgekoppelt hatte. 1955/56 trennte sich schließlich auch der verbliebene Teil des NWDR. In Nordrhein-Westfalen wurde der Westdeutsche Rundfunk Köln (WDR) und in Niedersachsen, Schleswig-Holstein und Hamburg der Norddeutsche Rundfunk (NDR) gegründet, die beide sofort der ARD beitraten. 1959 kam der Saarländische Rundfunk (SR) dazu, der 1957 zwei Jahre nach dem Beitritt des Saarlandes zur Bundesrepublik Deutschland aus dem von Frankreich beeinflussten Radio Saarbrücken hervorgegangen war.[12] Einen weiteren Zuwachs erlebte die ARD 1962 nach der Gründung Deutschen Welle (DW) als eigenständige Rundfunkanstalt des Bundesrechts.

Die Mitglieder Nummer elf und zwölf erhielt die ARD schließlich 1992, nachdem in der Folge der Deutschen Einheit in den neuen Bundesländern der ehemalige DDR-Staatsfunk liquidiert wurde und sich öffentlich-rechtliche Rundfunkanstalten nach dem Vorbild der ARD-Mitglieder formierten.[13] In Brandenburg entstand nach dem

---

6 Zunächst trug der Sender in Baden-Baden die Bezeichnung „Sudwestdeutscher Rundfunk" und war auch für die Versorgung des Saarlandes zuständig, siehe *Schiwy*, in: Ricker/Schiwy, Kap. A Rn. 41.
7 Eine grafische Darstellung der Besatzungszonen und der daraus hervorgegangenen Sendegebiete findet sich bei *Kops*, in: Kops/Sieben, S. 21 (26 f.).
8 Der Spiegel, Nr. 29/1996, 22 (25); *Steinwärder*, Die Arbeitsgemeinschaft der öffentlich-rechtlichen Rundfunkanstalten der Bundesrepublik Deutschland, S. 63.
9 *Kull*, AfP 87, 568.
10 Wenn hier von „Landesrundfunkanstalten" die Rede ist, sind immer auch die Mehrländeranstalten gemeint.
11 *Hartlieb*, Handbuch des Film-, Fernseh- und Videorechts, Kap. 187 Rn. 1.
12 *Steinwärder*, Die Arbeitsgemeinschaft der öffentlich-rechtlichen Rundfunkanstalten der Bundesrepublik Deutschland, S. 71.
13 Vgl. *Schneider/Stürzebecher*, Journalist Nr. 12/1999, S. 42 (43).

Scheitern einer gemeinsamen Nordostdeutschen Rundfunkanstalt für Mecklenburg-Vorpommern, Brandenburg und Berlin der Ostdeutsche Rundfunk Brandenburg (ORB) und in Sachsen, Sachsen-Anhalt und Thüringen der Mitteldeutsche Rundfunk (MDR). Mecklenburg-Vorpommern trat als viertes Staatsvertragsland dem NDR bei. Der Osten Berlins wird nunmehr vom SFB mitversorgt.

Die heutige Anzahl von elf Mitgliedern in der ARD besteht erst seit dem 1. Oktober 1998. Mit Wirkung zu diesem Tag erhielt der neu gegründete Südwestrundfunk (SWR), der zum 1. Januar 1998 von den Ländern Baden-Württemberg und Rheinland-Pfalz als Nachfolger von SDR und SWF gegründet worden war und zum 30. August 1998 seine Sendetätigkeit aufgenommen hatte, seine volle Rechtsfähigkeit, während die Fusionspartner mit Ablauf des Vortages aufgelöst waren. Am 21./22. September 1998 wurde der SWR von den Intendanten förmlich mit Wirkung zum 1. Oktober 1998 als ARD-Mitglied aufgenommen.[14] Damit war ein südwestdeutsches Kuriosum beendet: eine Rundfunkanstalt, zu deren zweigeteiltem Sendegebiet anderthalb Länder gehörten (SWF für Rheinland-Pfalz und Süd-Baden-Württemberg) und ein Land, dessen Gebiet von eineinhalb Rundfunkanstalten versorgt wurde (Baden-Württemberg mit SDR und einem Teil des SWF).[15]

Diese unbefriedigende Konstellation war historisch begründet und darauf zurückzuführen, dass aus der französischen Besatzungszone, für 1949 der SDR gegründet worden war,[16] die Länder Rheinland-Pfalz sowie Baden und Württemberg-Hohenzollern hervorgingen. Letztere wurden bekanntlich 1951 mit dem zuvor amerikanisch besetzten Württemberg-Baden, für das seinerseits der SWF zuständig war, zum Bundesland Baden-Württemberg neu geordnet.

Seit der Fusion von SWF und SDR sind die Grenzen aller Sendegebiete zugleich auch Ländergrenzen.[17]

Schiwy beschreibt, dass die Einrichtung privater Rundfunkanbieter trotz der seit 1949 in Art. 5 Abs. 1 S. 2 GG verankerten Rundfunkfreiheit in der Frühzeit der Bundesrepublik Deutschland spätestens am Veto der Alliierten Hohen Kommission gescheitert wäre.[18] So war es erst 1961 das Bundesverfassungsgericht, das dem Versuch

---

14 FK Nr. 50/1996, S. 3 f.; FK Nr. 16/1997, S. 8 ff.; FK Nr. 17/1997, S. 8 f.; FK Nr. 23/1997, S. 10; FK Nr. 39/1998, S. 25; FAZ Nr. 14/1998 v. 17.1.1998, S. 4; FI 1997, S. 245 (246); FI 1997, S. 252 ff.; vgl. schließlich die gemeinsame Presseerklärung von *Voß* und *Fünfgeld*, abgedruckt in: FI 1997, S. 248; *Steinwärder*, a.a.O., S. 79.
15 Sie *Kops*, in: Kops/Sieben, S. 27.
16 Vgl. ARD, ABC der ARD, 2. Auflage, S. 157 f.
17 Eine Ausnahme besteht lediglich bei den Enklaven Bremen (für den NDR) und Berlin (für den SFB), die technisch nicht ausgespart werden können und daher „mitversorgt" werden. Eine Sonderrolle nimmt seit 1993/94 das Deutschlandradio (DLR) ein, in dem damals der RIAS aufgegangen war. Das DLR ist nämlich eine von den 16 Ländern auf der Basis des Deutschlandradio-Staatsvertrages (DLR-StV) gegründete Körperschaft, deren Träger zu gleichen Teilen die ARD-Landesrundfunkanstalten und das ZDF sind. Es ist mithin zwar ein eigener selbständiger öffentlich-rechtlicher Rundfunkanbieter, der aber nicht Mitglied der ARD ist, sondern von ARD und ZDF *getragen* wird. Siehe ARD, ABC der ARD, 2. Auflage, S. 42 f., 133.; *Schiwy*, in. Ricker/Schiwy, Kap. A Rn. 43, 47 f.; *Jenke*, in: Ory/Bauer, Hörfunk-Jahrbuch '94, S. 87 (93).
18 *Schiwy*, in: Ricker/Schiwy, Kap. A Rn. 50.

des ersten Bundeskanzlers, Konrad *Adenauer*, einen Riegel vorschob, eine quasi privatrechtliche „Deutschland-Fernseh GmbH" zu gründen.[19] Wenngleich damals allein kompetenzielle Gründe ausschlaggebend waren, wurden vorerst keine weiteren Versuche gestartet, private Rundfunkanbieter zu etablieren. Also begann erst nach dem sog. „FRAG-Urteil" des Bundesverfassungsgerichts von 1981 in Deutschland die Ära der „Dualen Rundfunkordnung".[20] Mit Einführung der Kabelpilotprojekte in Ludwigshafen und München im Jahr 1984 sowie Berlin und Dortmund im Jahr darauf waren erstmals die Programme von privaten Rundfunkanbietern in Deutschland zu empfangen. Außerdem schritt die Verbreitung der Satellitentechnik voran. Mit den daraus resultierenden Frequenzausweitungen wurde eine grundlegende Entscheidung der Landesgesetzgeber möglich: Aufgrund entsprechender Landesrundfunkgesetze wurden bald die ersten privaten Rundfunkanbieter in Deutschland zugelassen.

Das erste bundesweite Fernsehprogramm für Deutschland kann denn auch aus Luxemburg. Von dort speiste die *Radiotélévision de Luxembourg* ihr Programm „RTL plus" in die Pilot-Kabelnetze ein und strahlte es gleichzeitig terrestrisch aus, zunächst allerdings lediglich auf das grenznahe Saarland, Rheinland-Pfalz und Teile von Nordrhein-Westfalen. Träger waren schon damals die *Company Luxembourgeoise de Telediffusion* (CLT) und der Medienkonzern Bertelsmann. 1985 folgte das deutsche „Satellitenfernsehen 1" (SAT.1), dessen Eigentümer neben dem Filmrechtelieferanten und damals noch angehenden „Medienmogul" Leo *Kirch* 165 deutsche Zeitungen und Verlage waren und das aus dem Ludwigshafener Pilotprogramm der „Programmgesellschaft für Kabel- und Satelliten-Fernsehen" (PKS) hervorging, das bereits im vorhergehenden Jahr im Ludwigshafener Netz zu empfangen war.[21]

Zur gleichen Zeit begann die Ära der privaten Hörfunkwellen, die außer im Kabel von Anfang an auch terrestrisch verbreitet wurden. Als erster landesweiter Privatsender erhielt 1986 „Radio ffn"[22] in Niedersachsen eine Sendelizenz außerhalb der Pilotprojekte. Wegen Frequenzschwierigkeiten konnte er allerdings nicht sogleich auf Sendung gehen, so dass schließlich „Radio Schleswig-Holstein" (RSH) als erstes deutsches Privatradio den Sendebetrieb aufnahm.[23]

Am 12. März 1987 schlossen die Länder, die eingesehen hatten, dass sich ein duales Rundfunksystem in Deutschland nur dann entwickeln könnte, wenn sich alle Bundesländer auf einen gemeinsamen Ordnungsrahmen einigen könnten, den „Staatsvertrag zur Neuordnung des Rundfunkwesens" (RStV-1987). Von diesem Zeitpunkt an waren in ganz Deutschland private Rundfunkanbieter zulässig. Das Nebeneinander von privaten und öffentlich-rechtlichen Rundfunkanbietern konnte beginnen, die grundlegende Änderung der medienpolitischen Verhältnisse in Deutschland war vollzogen.

---

19 Alleiniger Gesellschaft sollte letztlich die Bundesrepublik sein, vgl BVerfGE 12, 205 ff.
20 BVerfGE 57, 295 ff.
21 Siehe Der Spiegel Nr. 29/1996, S. 22 ff.
22 „ffn" steht für „Funk und Fernsehen Nordwestdeutschland"; vgl. *Teichler*, MP 1987, 275 (277 ff).
23 Vgl. *Wolf*, Journalist Nr. 6/1998, S. 12 (13) mit redaktioneller Korrektur auf S. 5.

Heute sind in der Bundesrepublik 15 kommerzielle Fernsehsender und 166 private Hörfunkwellen lizenziert.[24]

II. Publizistischer und ökonomischer Wettbewerb

Seitdem behaken sich die beiden ungleichen Säulen auf unterschiedlichen Gebieten. Zum einen stehen sie miteinander in einem publizistischen Wettbewerb, bei dem sie die Rezipienten darüber entscheiden lassen, wer besser ist,[25] d.h. öffentlich-rechtliche und private Anbieter ringen um Einschaltquoten und Akzeptanz der Rezipienten. Hierbei entscheiden allein publizistische Qualitätsmerkmale von Fernsehprogrammen über Quoten und Programmtreue des Publikums.

Im Grunde genommen waren die öffentlich-rechtlichen Anstalten auch schon vor der Öffnung des Marktes an diesen Wettbewerb gewöhnt. Allerdings waren die unmittelbaren Konkurrenzsituationen beschränkt. Zum einen traten die ARD und das ZDF auf dem bundesweiten Fernsehmarkt gegeneinander an. Zum anderen konkurrierten die einzelnen Hörfunkwellen der Landesrundfunkanstalten miteinander um die Hörergunst, wobei aber der Wettbewerb von vornherein durch Zielgruppenfestlegung der Wellen vorentschieden wurde. Zu einem Kampf um die Rezipienten kam es zwischen den einzelnen Landesrundfunkanstalten vor Einführung von Kabel- und Satellitenrundfunk nicht, sieht man einmal von den Grenzgebieten ab, an denen es zu Überschneidungen der jeweiligen Sendegebiete kommt.

Seit der Öffnung des Marktes haben sich die publizistischen Konkurrenzfelder vervielfacht. Neben ARD und ZDF kämpfen zahlreiche private Fernsehprogramme um die Zuschauergunst. Auch die Landesprogramme der Landesrundfunkanstalten werden inzwischen, wie noch zu zeigen sein wird, überwiegend bundesweit ausgestrahlt. In jedem Bundesland sind überdies gleich mehrere private Radioprogramme zugelassen, die zum Teil auf das gleiche Zielpublikum ausgerichtet sind.

Auf der anderen Seite bestreiten die Privaten und die Öffentlich-rechtlichen einen ökonomischen Wettbewerb. Das hängt mit der Mischfinanzierung der ARD zusammen, die neben den Gebühreneinnahmen durch Wirtschaftswerbung ihre Haushalte aufbessern,[26] während die privaten Rundfunkanbieter ganz überwiegend aus Werbung finanziert werden. Den privaten Wettbewerbern geht es nämlich allein um das wirtschaftliche Ziel der Gewinnmaximierung. Dabei wird von der Werbewirtschaft durch Nachfrageverhalten bestimmt, welche Gewinne tatsächlich von den einzelnen Wettbewerbern erzielt werden können. Diese müssen somit stets auf Einschaltquoten bedacht sein, weil ihre Werbebotschaft möglichst viele potentielle Kunden erreichen

---

24 Siehe *Stolte/Rosenbauer*, MP 1995, 358 (seit 1994 sind „Viva", „Viva 2", „tm 3", „HH-1", „PulsTV" und „VH-1" zugelassen worden, außerdem „Der Wetterkanal" und „Nickelodeon", die aber ihren Sendebetrieb bereits wieder eingestellt haben); *Wolf*, Journalist Nr. 6/1998, S. 12 (13).
25 So der Wettbewerbsbegriff von *Heinrich*, siehe *Kiefer*, MP 1995, 109 (110).
26 Vgl. § 2 B.VI.3. (S. 56).

soll.[27] Auch die öffentlich-rechtlicher Anstalten buhlen um die Gunst der werbetreibenden Wirtschaft, auch wenn die Anstalten keine Gewinne anstreben sollen. Dadurch schöpfen sie bzw. ihre Werbegesellschaften Werbegelde aus einem insgesamt begrenzten Budget, so dass ein erbitterter Kampf um Marktanteile und Zuschauerreichweiten entbrannt ist, weil Werbeerlöse unmittelbar von Einschaltquoten abhängen. Private und Öffentlich-rechtliche stehen nicht nur untereinander, sondern auch mit allen anderen Werbeträgern im Wettbewerb, insbesondere mit den Printmedien. Die Attraktivität des Gesamtprogramms einschließlich der Platzierung der Werbeblöcke ist dabei das einzige Argument, mit dem möglichst hohe Anteile am Werbekuchen zu erringen sind.[28]

Der wirtschaftliche ist somit vom publizistischen Wettbewerb kaum mehr zu trennen. Auch der scheinbar rein publizistische Wettbewerb, in dem die Konkurrenten in programmlicher Hinsicht darum ringen, attraktive Sendeinhalte und Programmformen anzubieten, um den Rezipienten an das eigene Programm zu fesseln, hat immer auch indirekte Auswirkungen auf die wirtschaftliche Situation des privaten Rundfunks.[29] Weder Abgrenzung noch Zusammenspiel beider Wettbewerbsformen sind allerdings empirisch oder auch nur theoretisch geklärt.

III. Reichweitenverluste und Expansionskurs

Diese neue Konkurrenzsituation auf dem Rundfunkmarkt hatte für die ARD weitreichende Folgen: Welchen Belastungsproben der öffentlich-rechtliche Rundfunk ausgesetzt werden würde, zeigte sich erstmals 1986 bei der Einführung von „Radio Schleswig-Holstein" (RSH) sowie dem kurz darauf folgenden Sendestarts von „Radio Hamburg" (RHH) und dem niedersächsischen „Radio ffn" und den daraus resultierenden Quotenrückgängen des NDR in den drei nördlichsten Bundesländern.[30]

Die Lage in Norddeutschland gilt dabei als beispielhaft für den Kampf der Sender um – vor allem jugendliche – Rezipienten. In seinen mittlerweile vier Vertragsländern sieht sich der alteingesessene NDR einer steigenden Anzahl von privaten Wettbewerbern gegenüber, die nahezu ausschließlich auf die Zielgruppe der 14- bis 49jährigen ausgerichtet ist, weil diese für die Werbung als besonders attraktiv gilt.[31]

In Hamburg, dem neben Berlin am härtesten umkämpften Hörfunkmarkt Deutschlands, waren die Verhältnisse aufgrund des ursprünglich als kommunalem Anbieter gestarteten, inzwischen aber als kommerzielles Jugendradio umformatierten „Mix 95.0" besonders dramatisch. Von ursprünglich 68,5 Prozent täglichen Hörern in der Media Analyse 1987 sank der NDR-Anteil insgesamt auf 13,2 Prozent bei den 14- bis 19jährigen in der Media Analyse 1994.[32]

---

27 *Kiefer*, MP 1995, 109 (110).
28 *Klaue*, in: Hoffmann-Riem, Rundfunk im Wettbewerbsrecht, S. 84 (91).
29 So auch *Kiefer*, MP 1995, 109 (111).
30 *Jenke*, in: Ory/Bauer, Hörfunk-Jahrbuch '94, S. 87 (89); ARD, ABC der ARD, S. 85.
31 *Drengberg*, MP 1996, 134.
32 Quelle: Medienforschung Norddeutscher Rundfunk, siehe *Drengberg*, MP 1996, 134.

Auch bundesweit ging es eingangs der 1990er Jahre mit der ARD bergab – insbesondere auf dem prestige- und werbeträchtigen Fernsehmarkt. Im Zeitraum von 1985 bis 1995 sanken die Zuschauermarktanteile des Ersten Programms von 42 auf 15 Prozent, die der Dritten auf unter acht Prozent, während sie bei „RTL" und „SAT.1" von unter einem Prozent auf fast 19 bzw. mehr als 15 Prozent anstiegen. Der Konkurrenzdruck auf alle Sender verschärfte sich noch einmal 1989 mit dem Eintritt des Kirch-Senders „ProSieben" (damals „Pro7"), der sich bis 1995 einen Marktanteil von zehn Prozent erkämpfte und die ARD vorübergehend noch weiter zurückdrängte. In der Folge etablierte sich „RTL" mit mehr als 15 Prozent Anteil als Marktführer.[33]

Besser sieht es auf dem Hörfunkmarkt aus. Dort hält die ARD mit fast 60 Prozent Marktanteilen einen komfortablen Vorsprung vor der privaten Konkurrenz.[34]

Die Umstrukturierung des deutschen Fernsehmarktes brachte den Landesrundfunkanstalten, dramatische Verluste auf dem Werbesektor.[35] Durch gleichzeitig steigende Produktionskosten wurden diese in eine bisher beispiellose Finanzkrise gestürzt, die die ARD mit einer Reform der Produktionsstrukturen und des Programmangebots beantwortete, die noch immer im Gange ist. ARD und ZDF beschritten seit 1991 gemeinsamen einen ungeahnten „Expansionskurs"[36]: Als 1984/85 die ersten privaten Anbieter auf Sendung gingen, standen ihnen gerade einmal drei bundesweite öffentlich-rechtliche TV-Programme gegenüber. Mit Beginn der 80er Jahre existierten in West-Deutschland sechs Fernseh- und 25 Hörfunkprogramme.[37] Bald folgte die Einrichtung des deutsch/französischen Kulturkanals „arte", die Beteiligung an „3sat" und die stufenweise bundesweite Verbreitung der Dritten Programme. 1997 folgten die beiden Spartensender „PHOENIX" und „Der Kinderkanal".[38] Mittlerweile hat sich das öffentlich-rechtliche Programmangebot etwa vervierfacht.[39] Gleichzeitig fand eine Modernisierung der Programmschemata und Sendeinhalte auf allen Wellen statt, die den Vorwurf der Verflachung des öffentlich-rechtlichen Programms und eine Anpassung an die Programme der Privatanbieter (sog. „Konvergenz") laut werden ließen.[40]

Im TV-Bereich konnten die öffentlich-rechtlichen Programme jedenfalls durch Expansion und neue Sendungen die private Konkurrenz zurückdrängen. Zusammen bringen sie es inzwischen wieder auf einen Marktanteil von über vierzig Prozent. Allerdings kommen allein die deutschen Privatanbieter auf rund 53 Prozent des Mark-

---

33 *Krüger*, MP 1996, 418; siehe auch *Hoffmann-Riem*, Pay TV im öffentlich-rechtlichen Rundfunk, S. 21.
34 Quelle: Elektronische Media Analyse in FK Nr. 24/1996, S. 8.
35 Siehe unten § 2 B.VI.3. (S. 56); vgl *Hoffmann-Riem*, Pay TV im öffentlich-rechtlichen Rundfunk, S. 22 ff.
36 *Bullinger*, JZ 1987, 257 (258).
37 Vgl. *von Sell*, in: ARD – im Gespräch, S. 5 (6).
38 FK Nr. 11/1997, S. 17; FK Nr. 13-14/1997, S. 24; epd/Kirche und Rundfunk Nr. 19/1995, S. 9 f.
39 Siehe dazu unten § 2 B.VII.1. (S. 64).
40 *Merten*, Konvergenz der deutschen Fernsehprogramme, S. 136 f.; *ders.*, Programmstrukturanalyse von Jump FM, S. 12; *Merten/Gansen/Götz*, Veränderungen im dualen Hörfunksystem, S. 76.

tes.[41] Nachdem das ARD-Gemeinschaftsprogramm zwischenzeitlich sogar in das Mittelfeld der Einschaltquoten abgesunken war, scheinen die Programmerneuerungen mittlerweile zu fruchten: Der Abstand zum privaten Marktführer „RTL", der seit 1993 die Quotenspitzen behauptet, verringert sich seit Monaten ständig. Im Januar 1998 konnte die ARD sogar erstmals wieder die monatliche Marktführerschaft übernehmen und diese bis März 1998 ununterbrochen behaupten. Seitdem wechselte sie sich in der Spitzenposition mit „RTL" ab.[42] Auch in anderen Bereich scheint die Entwicklung umzuschlagen. Die öffentlich-rechtlichen Programme gewinnen nach den Umgestaltungen Terrain zurück, durch die Platzierung neuer Angebote wird die Akzeptanz der ARD ständig besser – kein Wunder also, dass mittlerweile die Privaten nervös geworden sind und das Programmangebot der Öffentlich-rechtlichen auf eine reine Minimalversorgung reduziert sehen wollen.[43]

Was ARD und ZDF gemeinsam auf dem bundesweiten Fernsehmarkt durchführten, praktizierten die einzelnen Landesrundfunkanstalten auch in ihrem eigenen Sendegebiet: Sie weiteten ihr Hörfunkangebot auf vier bis fünf Wellen aus, schliffen die Programmschemata und setzten moderne Hörfunkkonzepte mit neuen Zielgruppenorientierungen um. Vor allem die jüngeren Zuhörergruppen, die für die Werbebranche und somit für die private Konkurrenz von besonderem Interesse sind, wurden von den Landesrundfunkanstalten neu entdeckt.[44]

Dem NDR gelang es beispielsweise, mit der Einführung seines fünften Hörfunkprogrammes „N-Joy Radio", das strikt auf die 14- bis 20jährigen ausgerichtet ist, Boden zurückzugewinnen. Mit seinen Programmen erreicht er inzwischen wieder 56 Prozent aller Hörer über 14 Jahren in seinem Sendegebiet.[45]

Insgesamt entfallen heute rund 34 Prozent der Mediennutzung in Deutschland auf die Hörfunk- und Fernsehangebote der ARD.[46] Eine besondere Stärke des öffentlich-rechtlichen Rundfunks ist sein Vorsprung bei der Wahrnehmung ihres Nachrichtenangebotes durch die Rezipienten: ARD und ZDF werden noch immer als führende Informationssender auf dem deutschen Fernsehmarkt.[47]

B. Die derzeitigen Strukturen der ARD

Die Arbeitsgemeinschaft der öffentlich-rechtlichen Rundfunkanstalten der Bundesrepublik Deutschland ist ein komplexes System unterschiedlicher, sich aufeinander beziehender Elemente im Programm-, Technik- und Funktionsbereich des Rund-

---

41 Zahlen von 1994, siehe *Stolte/Rosenbauer*, MP 1995, 358.
42 Der Marktanteil pendelt zwischen 14 und 16 Prozent; vgl. *Klehm*, Journalist Nr. 4/1998, S. 36; Hamburger Abendblatt Nr. 100/1998 v. 30.4.1998, S. 8; *Rolf*, TV Spielfilm Nr. 15/1998, S. 27.
43 Vgl. *Schäfer*, ARD-Jahrbuch 97, S. 57 (58).
44 Siehe unten § 2 B.VII.2.d. (S. 73 ff.).
45 Vgl. *Drengberg*, MP 1996, 134.
46 Quelle: MDR ONLINE, siehe Presseinformation Nr. 12/1998 vom 17.2.1998, abrufbar im Internet unter: http://www.mdr.de/ardpresse/ard9812.htm.
47 So etwa eine Programmstrukturanalyse des Kölner Medienforschungsinstitutes IFEM, siehe FK Nr. 6/1995, S. 10 f.

funks.[48] Die Struktur der ARD ist dabei durch ein hohes Maß an Dezentralität gekennzeichnet. Das gilt insbesondere für die Kompetenzen und die Ressourcenanteile der oberen ARD-Ebene gegenüber der unteren Ebene der Landesrundfunkanstalten. Auch diese untere Ebene ist wegen der großen Zahl der Landesrundfunkanstalten vergleichsweise dezentral strukturiert. Zudem unterscheiden sich die einzelnen Anstalten derzeit noch erheblich in ihrer Größe und in der Anzahl der innerhalb ihrer Sendegebiete angesiedelten Haushalte. Das hat über die Rundfunkgebühren natürlich auch Auswirkungen auf die Finanz- und Leistungskraft der einzelnen Anstalten.[49] Auch die Funktion, also das Verhalten der unterschiedlichen Elemente zu- und untereinander, ist durch zahlreiche Ebenen und Richtungen charakterisiert.

I. Organisationsstruktur der Gemeinschaft

Die ARD hat heute elf Mitglieder: Seit der Fusion des Süddeutschen Rundfunks (SDR) mit dem Südwestfunk (SWF) zum 1. Oktober 1998 gehören der ARD zehn **Landesrundfunkanstalten** und die Bundesrundfunkanstalt Deutsche Welle (DW) an. Radio Bremen (RB), der Sender Freies Berlin (SFB), der Ostdeutsche Rundfunk Brandenburg (ORB) mit Sitz in Potsdam, der Hessische Rundfunk (HR) mit Sitz in Frankfurt am Main, der Westdeutsche Rundfunk Köln (WDR), der Saarländische Rundfunk (SR) in Saarbrücken und der Bayrische Rundfunk (BR) mit Sitz in München sind dabei als klassische Landesrundfunkanstalten konzipiert, der neu geschaffene Südwestrundfunk (SWR) als Zweiländeranstalt für Baden-Württemberg und Rheinland-Pfalz mit Sitz in Stuttgart, Baden-Baden und Mainz, der Mitteldeutsche Rundfunk (MDR) als Dreiländeranstalt für Sachsen, Sachsen-Anhalt und Thüringen mit Sitz in Leipzig und Landesfunkhäusern in Dresden, Magdeburg und Erfurt sowie schließlich der Norddeutsche Rundfunk (NDR) als Vierländeranstalt für Schleswig-Holstein, Hamburg, Niedersachsen und Mecklenburg-Vorpommern mit Sitz in Hamburg und Landesfunkhäusern in Kiel, Hamburg, Hannover und Schwerin.[50]

Zum Eintritt in die ARD ist nach § 8 Abs. 1 der ARD-Satzung (ARD-S) jede deutsche Rundfunkanstalt mit Sitz im Bundesgebiet berechtigt, soweit sie in ihrem Aufbau die gleichen Grundzüge wie die bisherigen Mitglieder ausweist. Von dieser Möglichkeit hat bisher lediglich das ZDF keinen Gebrauch gemacht.[51] Auch ein Austritt aus der ARD ist nach § 8 Abs. 2 ARD-S möglich, soweit eine Kündigungsfrist von zwölf Monaten zum Abschluss des Geschäftsjahres eingehalten wird.

Aufgrund der hohen Zahl von Anstalten sind die Kompetenzen und die Aufgabenverteilung innerhalb der Anstalt sehr dezentral und unübersichtlich, was nicht zuletzt dadurch verstärkt wird, dass sich die einzelnen Anstalten in ihrer Größe und Finanzkraft erheblich unterscheiden. Eine begrenzte Verringerung dieser originären Finanz-

---

48 Siehe Organigramm der ARD, Abbildung 14, Anhang, S. 463.
49 *Kops*, in: Kops/Sieben, S. 21 (23).
50 *Stahr*, Hamburger Abendblatt Nr. 88/1998 v. 16.4.1998, S. 11; eine Übersichtskarte findet sich im ARD-Jahrbuch 96, S. 245 und in Abbildung 5 (Anhang, S. 460).
51 Vgl. *Herrmann*, Rundfunkrecht, § 16 Rn. 3.

kraft- und Leistungsunterschiede wird durch den Rundfunkfinanzausgleich erzielt, die gravierenden Unterschiede können damit aber nicht ausgeglichen werden.[52] Die Zusammenarbeit innerhalb der Gemeinschaft wird über Kommissionen geregelt, in denen zum Teil auch das ZDF vertreten ist.[53] Das oberste Beschlussgremium der ARD ist nach § 5 ARD-S die **Mitgliederversammlung**, Bedeutung haben auch die nach § 5 a ARD-S möglichen **Konferenzen der Gremienvorsitzenden**. Alle Landesrundfunkanstalten sind nominell gleichberechtigt. Bei Abstimmungen nimmt jede einzelne Anstalt dementsprechend eine Stimme wahr (§ 4 Abs. 3 ARD-S). Grundsätzlich entscheidet dann nach § 4 Abs. 2 ARD-S nur Einstimmigkeit. Ausnahmen von diesem Prinzip gelten bei der Wahl des **ARD-Vorsitzenden** und bei den in § 4 Abs. 1 ARD-S aufgeführten Fragen, wo eine einfache Mehrheit genügt, soweit die Beschlüsse keine finanziellen Folgen haben, was wiederum eine Dreiviertelmehrheit erforderlich macht. Durch Mehrheitsbeschlüsse darf jedoch die Selbständigkeit der Rundfunkanstalten in Programmangelegenheiten nicht beeinträchtigt werden, das stellt § 4 Abs. 1 lit. b ARD-S klar.

Die allgemeine Geschäftsführung und die Vertretung der ARD werden nach § 3 ARD-S in der Weise bestimmt, dass ein Mitglied für ein Jahr als geschäftsführende Anstalt gewählt wird. Der Intendant dieser Anstalt ist automatisch Vorsitzender der ARD. Die Wiederwahl ist für ein weiteres Jahr möglich.[54] Zur Zeit ist Vorsitzender der Intendant des Südwestrundfunks, Peter *Voß*, dessen Amtszeit bis Ende 2000 dauert.

Grundsätzlich kann jede Anstalt die **ARD-Geschäftsführung** übernehmen. Es hat sich allerdings die Praxis eingespielt, nach der die Geschäftsführung im Zwei-Jahres-Rhythmus nach einem bestimmten Turnus von einer Anstalt auf die nächste übergeben wird. Dabei haben die kleinen Anstalten aus finanziellen Gründen auf ihre turnusgemäße Geschäftsführung stets verzichtet.[55] Zur Unterstützung der Geschäftsführung sowie als Stabs- und Geschäftsstelle unterhält die ARD das in Frankfurt am Main angesiedelte ARD-Büro, in dem acht Mitarbeiter unter der Leitung eines Direktors tätig sind.[56]

Die am Gemeinschaftsprogramm „Erstes Deutsches Fernsehen" beteiligten Landesrundfunkanstalten (außer der Deutschen Welle alle ARD-Mitglieder), haben ein besonderes Kollegialorgan gebildet, das die Koordination der Programmplanung zur Aufgabe hat: Die **Ständige Programmkonferenz** setzt sich gemäß Ziffer 3 ARD-FernsehV aus je einem Vertreter der beteiligten Landesrundfunkanstalten zusammen,

---

52 *Kops*, in: Kops/Sieben, S. 21 (28); vergleiche dazu Tabelle 1 (Anhang, S. 456); Tabelle 5 und Abbildung 1 (Anhang, S. 455 f.).
53 Siehe Infobroschüre der ARD, ARD Radio & TV, Deutsch 97/98.
54 Die in Ausnahmesituationen für 1969 und 1982 vorgenommene zusätzliche zweite Wiederwahl war jeweils nur einstimmig als konkrete Satzungsänderung möglich, vgl. *Herrmann*, Rundfunkrecht, § 16 Rn. 4.
55 Abgesehen vom Vorsitz Walter *Geerdes*' von Radio Bremen (1952) haben BR, MDR, NDR, SWF und SDR bzw. SWR, HR und WDR die Geschäftsführung stets unter sich ausgemacht.
56 ARD, ABC der ARD, 2. Auflage, S. 12 f.

in der Regel der Intendant oder der Fernsehdirektor als dessen Beauftragter. Vorsitzender der „Ständigen Programmkonferenz" ist der **Programmdirektor**, z. Zt. Günter *Struve*. Dieser ist nach §§ 5 und 6 ARD-StV als Koordinator hauptamtlich für die Planung des Gemeinschaftsprogramms zuständig.

Die Aufgabe der Ständigen Programmkonferenz ist es, einen Rahmenplan für das Erste Programm festzulegen, die Programmvorschläge der Landesrundfunkanstalten zu beraten und zu einem Gemeinschaftsprogramm zusammenzufassen. Die Beschlüsse werden dabei mit einfacher Mehrheit gefasst; bei Stimmengleichheit entscheidet die Stimme des Programmdirektors.[57] Die ARD-Programmdirektion, die erst 1991 mit Sitz in München eingerichtet wurde, hat zugleich die Aufgabe, Programminformation, Öffentlichkeitsarbeit und (aktive) Werbung zu betreiben. Zu diesem Zwecke unterhält sie eine spezielle Hauptabteilung.[58]

Zu ihrer Beratung wurde nach § 7 ARD-StV/Ziffer 3 b ARD-FernsehV ein **Programmbeirat** eingerichtet, dem je ein Gremienmitglied der beteiligten Anstalten angehört.

Im Laufe der Zeit haben die Landesrundfunkanstalten der ARD neben der Koordination des Gemeinschaftsprogramms eine Reihe anderer Aufgabe übertragen. Dazu gehören die **Koordination der Gemeinschaftssendungen**, die durch ständige, bei bestimmten Landesrundfunkanstalten dauerhaft angesiedelten Koordinatoren und den zuständigen Redaktionen zentral geleitet werden. Die Koordination der Unterhaltungsprogramme liegt bei Henning *Röhl* (MDR), Hans-Heiner *Boelte* (SWR) ist zuständig für Musik und Religion, den Sport koordiniert Peter *Jensen*, Fernsehfilme Jürgen *Kellermeier* und die Fernsehproduktion Joachim *Lampe* (alle vom NDR), für Spielfilme und Fernsehförderung ist Jörn *Klamroth* vom WDR zuständig, die Vorabendkoordination hat Peter *Werner* (BR), die für das Familienprogramm Gerhard *Fuchs* (BR), das Digitale Fernsehen koordiniert Michael *Albrecht* und die Abstimmung der Auslandsberichterstattung Andreas *Weiß* von der ARD-Programmdirektion, und für Politik, Gesellschaft, Kultur und *features* zeichnet ARD-Chefredakteur Hartmann *von der Tann* verantwortlich. Die Reihe der Programmkoordinatoren runden Klaus *Wenger* von und für „arte" sowie Christof *Schmid* (SWR) für „3sat" ab.[59]

Die Koordinatoren bereiten die Arbeit der Ständigen Programmkonferenz vor, insbesondere die Zusammenstellung des Ersten Fernsehprogramms, und koordinieren dazu die Arbeit der einschlägigen Unterkommissionen, in denen jeweils die zuständigen Programmbereiche der Landesrundfunkanstalten vertreten sind. Auf diese Weise sollen Doppelbelastungen der einzelnen Anstalten verhindert werden, die Rechercheprojekte bei den Koordinatoren anmelden und ein Thema auf diese Weise besetzen. Die folgenden Produktionen können nach der Erstausstrahlung im Ersten oder dem eigenen Dritten Programme von den anderen Anstalten übernommen werden.[60]

---

57 *Herrmann*, Rundfunkrecht, § 16 Rn. 35.
58 Siehe ARD-Jahrbuch 96, S. 142 (152 f.); vgl. *Kops*, in Kops/Sieben, S. 21 (35).
59 Siehe ARD-Jahrbuch 99, S. 272 f.
60 Siehe ARD-Jahrbuch 97, S. 222 f.; ARD, ABC der ARD, 2. Auflage, S. 88.

Zur Koordination der Zusammenarbeit mit den Landesrundfunkanstalten auf dem Gebiet des Fernsehens und der technischen Aufgaben unterhält die Gemeinschaft ein **TV-Leitungsbüro** beim NDR in Hamburg.[61]

Außerdem unterhalten die Landesrundfunkanstalten seit 1977/78 eine gemeinschaftliche Nachrichtenzentrale **ARD-aktuell** in Hamburg mit einer Gemeinschaftsredaktion für aktuelle Fernsehsendungen wie die „Tagesschau", „Tagesthemen", das „Nachtmagazin" und der „Wochenspiegel". Sie ist als Hauptabteilung beim NDR angesiedelt. Außerdem betreiben die Landesrundfunkanstalten gemeinsam das neue ARD-Hauptstadtstudio in Berlin, dessen Chefredakteur Ulrich *Deppendorf* ist.[62] Es hat wesentliche Teile der Berichterstattung aus Berlin übernommen. Das speziell dafür geschaffene Gebäude wurde von SFB und WDR am Reichstagsufer errichtet, im Herzen des neuen Regierungsviertels. Erstmals sind dadurch an der Wilhelmstraße 67a alle ARD-Anstalten unter einem Dach vereint.[63]

Auch die vielgescholtene[64] Wahlberichterstattung der ARD ist inzwischen zentral koordiniert. Zwar liegt die Verantwortung über die Berichterstattung noch immer bei der Landesrundfunkanstalt, in deren „Beritt" die Wahl stattfindet.[65] Diese stellt aber ausschließlich die Kameraleute und Moderatoren. Die Regie jeder Wahlberichterstattung führt hingegen allein der ARD-Chefredakteur, die Ablaufregie gehört zu den Aufgaben des WDR, und für die Statistik ist allein „ARD aktuell" zuständig. Auf diese Weise stellt die ARD ein einheitliches Erscheinungsbild der Wahlberichterstattung sicher und garantiert professionelle Hintergrundinformation.[66]

In der Bemühung, ihr Vorabendprogramm als attraktive Werbefläche zu optimieren, hat die ARD 1993 außerdem eine **Gemeinschaftsredaktion Vorabend** eingerichtet und ist damit zum ersten Mal auf einer breiten Programmfläche „über ihren föderativen Schatten gesprungen". Damit verbunden war eine „volle Harmonisierung" des regionalen Vorabendprogramms, um Beiträge austauschbar zu machen und Werbeflächen anzugleichen. Die Gemeinschaftsredaktion, die von der ARD-Fernsehprogrammkonferenz berufen wird, plant und gestaltet redaktionell das ARD-weite Vorabendprogramm, das werktäglich um 17.40 Uhr beginnt und um 19.59 Uhr endet.[67]

Außerdem wurde eine Reihe von Aufgaben auf institutionalisierte Gemeinschaftseinrichtungen verlagert, etwa der Gebühreneinzug auf die Gebühreneinzugszentrale (GEZ), die Archivierung auf das Deutsche Rundfunkarchiv oder die technischen

---

61 ARD, ABC der ARD, 2. Auflage, S. 17.
62 *Deppendorf*, in: ARD-Jahrbuch 99, S. 37 ff.
63 FI 1997, 255 f.; FK Nr. 16/1997, S. 11; FK Nr. 17/1997, S. 38; FK Nr. 17/1997, S. 7; *Kalbitzer*, Journalist Nr. 10/1997, S. 40.
64 Vgl. Kritik bei *Meyn*, Massenmedien in der Bundesrepublik Deutschland, Tz. 7.4. (S. 139 f.)
65 *Meyn*, Massenmedien in der Bundesrepublik Deutschland, Tz. 7.4 (S. 140).
66 So der Leiter der NDR-Intendanz, Holger *Ohmstedt*, in einem Gespräch am 19. Mai 1998 in Hamburg, nicht veröffentlicht.
67 *Werner*, ARD-Jahrbuch 93, S. 39 ff.; *Struve*, ARD-Jahrbuch 94, S. 25; *Herrmann*, Rundfunkrecht, § 15 Rn. 47.

Weiterentwicklungen auf das Institut für Rundfunktechnik.[68] Neben diesen unterhält die ARD vor allem ein gemeinsames Auslandskorrespondentennetz mit rund 90 Journalisten an 31 Orten in aller Welt.

Trotz der dargestellten Ausweitung der zentralen Zuständigkeiten sind die Kompetenzen der ARD im Vergleich zu denen der Landesrundfunkanstalten immer noch gering. Das zeigt sich eindrucksvoll an der mit nur 50 Planstellen dünnen personellen Ausstattung der Programmdirektion, die damit nur über 0,7 Prozent der Planstellen aller Landesrundfunkanstalten verfügt.[69]

II. Organisationsstrukturen der Mitgliedsanstalten

Alle Mitglieder der ARD sind Anstalten des öffentlichen Rechts – eine Rechtsform, die schon zur Zeit der Gründung der ersten deutschen Rundfunkanstalten 1948/49 gewählt wurde. Sie sind voll rechtsfähig und parteifähig, auch im Sinne des bürgerlichen Rechts, aber in der Regel aufgrund ausdrücklicher Regelung in den Rundfunkgesetzen nicht konkursfähig.[70] Diese Anstaltsform wurde in der Nachkriegszeit gewählt, weil sie nach Ansicht der Besatzungsmächte in nahezu idealer Weise den Vorstellungen von einem staatsfreien, keiner gesellschaftlichen Gruppe ausgelieferten Rundfunk unter gesellschaftlicher Kontrolle entsprach.[71]

Jede Rundfunkanstalt hat ein eigenes Gründungsgesetz oder im Fall der Mehrländeranstalten einen eigenen Gründungsstaatsvertrag und somit nicht von vornherein dieselbe Struktur wie andere Anstalten. Sie weisen eine gewisse Spannbreite der Organisationsstruktur auf, ein Rest von Spielraum ist den Gesetzgebern verblieben. *Herrmann* bezeichnet dies als Ausdruck des Föderalismus.[72] Allerdings sind nach § 8 ARD-S nur solche Rundfunkanstalten beitrittsberechtigt, die in ihrer Organisationsstruktur den bisherigen ARD-Anstalten entsprechen. Bei teleologischer Auslegung dieser Norm ergibt sich, dass alles das zu den Grundzügen des Aufbaus gehört, was auf die Art der gemeinschaftlichen Aufgabenerfüllung zurückwirkt. Das heißt zum einen, dass die Anstaltsorganisation eine reibungslose verfahrensgerechte Koordination im ARD-Verbund ermöglicht, und zum anderen, dass eine interne Anstaltsstruktur erforderlich ist, die hinreichende organisatorische, verfahrensmäßige, personelle und finanzielle Sicherungen dafür enthält, dass die jeweilige Anstalt ihren Gemeinschaftsaufgaben nachkommen kann.[73]

Der Aufbau der Landesrundfunkanstalten und der Deutschen Welle ist also überwiegend ähnlich; man kann einheitliche Grundstrukturen erkennen. Im Laufe der

---

68 Eine vollständige Auflistung findet sich unten, § 2 B.IX. (S. 96).
69 *Kops*, in Kops/Sieben, S. 21 (38).
70 *Herrmann*, Rundfunkrecht, § 9 Rn. 14 f.; zu den anderen Auffassung bezüglich der Rechtsform siehe *Herrmann*, Rundfunkrecht, § 9 Rn. 23 m.w.N.
71 ARD, ABC der ARD, 2. Auflage, S. 10.
72 Vgl. *Hoffmann-Riem*, Rundfunkneuordnung in Ostdeutschland, S. 31; *Herrmann*, Rundfunkrecht, § 9 Rn. 22.
73 Vgl. *Hoffmann-Riem*, Rundfunkneuordnung in Ostdeutschland, S. 31 f.

Jahre haben die Bundesländer mehrfach in ihren Staatsverträgen bestätigt, dass sie von gleichartigen Grundlinien ausgehen. Dies hat auch der Rundfunkstaatsvertrag von 1987 (RStV-1987) in Präambel und mehreren Bestimmungen erwiesen.[74] Diese Prinzipien wurden seitdem von den Novellierungen des RStV beibehalten.

Die Organisation der öffentlich-rechtlichen Rundfunkanstalten ist vom so genannten „Binnenpluralismus" geprägt, die einzige organisatorische Vorgabe mit Verfassungsrang.[75] Durch Arbeitsteilung und gegenseitige Kontrolle der einzelnen Organe soll eine „gesellschaftliche Selbstverwaltung" gewährleistet werden.[76]

Das ranghöchste Organ und oberstes Aufsichtsgremium jeder der Anstalten ist der **Rundfunkrat**, in dem ehrenamtliche Repräsentanten aller gesellschaftlichen Gruppen – entsprechend der jeweiligen Regelung von Parteien über Gewerkschaften und Kirchen bis hin zu kommunalen Spitzenverbänden, Umweltschutzorganisationen, Wissenschaft und Kunst – vertreten sind. Die Größe des Gremiums ist sehr unterschiedlich festgelegt, die Bandbreite reicht von 16 Mitgliedern beim HR bis zu 74 Mitgliedern beim SWR. Die Besetzungsmodalitäten und das Spektrum der zu berücksichtigenden Organisationen variiert ebenfalls.[77]

Der Rundfunkrat wählt den Intendanten und verabschiedet Haushaltspläne und den Jahresabschluss. Er hat außerdem personelle Entscheidungsbefugnisse bei der Besetzung ranghoher Posten. Vor allem aber überwacht er die Programmgestaltung, die der Intendant zu verantworten hat. Dabei kommt ihm eine Richtlinienkompetenz zu, d.h., der Rundfunkrat kann die grundlegenden Regelungen für die Programmgestaltung aufstellen. Aufgrund seiner pluralistischen Zusammensetzung soll so sichergestellt werden, dass alle gesellschaftlich relevanten Gruppen im Programm der Anstalt auch hinreichend zu Wort kommen.[78]

Der **Verwaltungsrat** ist das zweite Aufsichtsgremium der Anstalten. Seine Mitglieder werden vom Rundfunkrat gewählt. Lediglich beim SFB handelt es sich um kein selbständiges Organ, sondern um einen ständigen Ausschuss des Rundfunkrates mit elf Mitgliedern. Der Verwaltungsrat überwacht die Geschäftstätigkeit des Intendanten und verfügt in diesem Bereich auch über Entscheidungs- und Zustimmungsbefugnisse. Außerdem obliegt ihm die Kontrolle der Bereiche Verwaltung, Technik und Finanzen. Er hat auch Mitwirkungsbefugnisse bei der Einstellung von Leitungspersonal und nimmt somit mittelbar auch Einfluss auf das Programm. Der Verwaltungsrat ist also kein reines Aufsichtsgremium, sondern ein vollwertiges Organ.[79]

---

74 *Herrmann*, Rundfunkrecht, § 9 Rn. 22.
75 Siehe unten: § 3 C.I.3. (S. 154).
76 *Hartlieb*, Handbuch des Film-, Fernseh- und Videorechts, Kap. 187 Rn. 5.
77 Vgl. ARD, ABC der ARD, 2. Auflage, 1999, S. 136 f.
78 *Hartlieb*, Handbuch des Film-, Fernseh- und Videorechts, Kap. 187 Rn. 6.; *Meyn*, Massenmedien in der Bundesrepublik Deutschland, Tz. 7.1.3. (S. 122 ff.).
79 *Hartlieb*, Handbuch des Film-, Fernseh- und Videorechts, Kap. 187 Rn. 7; a. A. ist offenbar *Ricker*, in: Ricker/Schiwy, Kap. C Rn. 26; vgl. ARD, ABC der ARD, 2. Auflage 1999, S. 175.

Seit der Novellierung des Bremischen Rundfunkgesetzes im April 1999 ist bei allen Landesrundfunkanstalten der **Intendant** als Exekutivorgan für das Programm, die Programmgestaltung und vor allem für die Verwirklichung der Programmgrundsätze verantwortlich. Er leitet und vertritt die Anstalt gerichtlich wie außergerichtlich. Außerdem besitzt er ein Weisungsrecht gegenüber allen Mitarbeitern der Anstalt.[80] Bei RB stehen als Überbleibsel seiner früheren Direktoralverfassung[81] dem Intendanten zwei bis vier – nun aber nicht mehr gleichberechtigte – Direktoren zur Seite.[82]

Strukturelle Besonderheiten, die auf ihre föderalistische Struktur zurückzuführen sind, weisen die drei Mehrländeranstalten auf. Dort erfolgt die Zusammensetzung der Räte jeweils streng nach Länderproporz.[83] Der MDR, dessen Sitz in Leipzig ist, unterhält gemäß § 2 MDR-StV **Landesfunkhäuser** in Dresden, Magdeburg und Erfurt. Die gemeinsamen, überregionalen Aufgaben des MDR werden vom Sitz der Anstalt in Leipzig aus wahrgenommen (§ 2 Abs. 2 MDR-StV).

Auch der NDR unterhält spezielle Landesfunkhäuser in jedem Staatsvertragsland, und zwar in Kiel, Schwerin, Hamburg und Hannover. Dazu wird nach § 23 NDR-StV in jedem der vier Länder ein eigener **Landesrundfunkrat** aus den jeweiligen Mitgliedern des Gesamtrundfunkrates gebildet, der die Einhaltung der Programmanforderungen für die jeweiligen Landesprogramme überwachen soll. Die Landesrundfunkräte sind nach § 16 Abs. 1 Nr. 4 NDR-Mtv Organe der Anstalt, wenigstens in bezug auf die Landesprogramme. Die Gesamtverantwortung des Rundfunkrates bleibt davon freilich unberührt.

Auch die Landesfunkhäuser werden in eigener Verantwortung geführt, und zwar von ihrem jeweiligen Direktor, der zwar nicht als Organ der Anstalt genannt wird, aber Mitglied im Direktorium ist und insofern Mitwirkungsbefugnisse bei den Entscheidungen des Intendanten hat.

Ähnlich strukturiert ist der SWR, dessen Organe zwar auch der Rundfunkrat, Verwaltungsrat und Intendant sind, der aber ebenfalls für jeden seiner beiden Landessender einen eigenen Landesrundfunkrat aus jeweiligen Mitgliedern des einheitlichen Verwaltungs- und Rundfunkrates bildet (§ 24 SWR-StV). Die beiden Landesrundfunkräte des SWR sind nach § 13 Abs. 1 S. 1 SWR-StV insofern Organe der Anstalt, als sie nach den Bestimmungen des Staatsvertrages Träger von eigenen Rechten und Pflichten sind.[84] Die Landessender des SWR werden – unbeschadet der Gesamtverantwortung des Intendanten – nach § 28 Abs. 1 SWR-StV von ihrem jeweiligen

---

80 *Ricker*, in: Ricker/Schiwy, Kap. C Rn. 25.
81 FAZ Nr. 181/1998 v. 7.8.1998, S. 15.
82 Zuletzt waren es drei, nämlich ein Fernseh-, ein Hörfunk- und ein Verwaltungsdirektor, vgl. epd medien Nr. 77/1998, S. 7; siehe auch *Stengel*, Journalist Nr. 4/1998, S. 44.
83 Vgl. §§ 17 und 24 NDR-StV, §§ 14 Abs. 1 und 20 Abs. 1 SWR-StV, §§ 19 und 25 Abs. 1 MDR-StV.
84 *Scherer*, ZUM 1998, 8 (14).

Direktor geleitet, der zwar kein Organ der Anstalt ist,[85] aber die Verantwortung für den Gesamtbetrieb und die Programmgestaltung trägt.[86] Die einzelnen Landesrundfunkanstalten unterhalten überdies eine Vielzahl von Studios, Funkhäusern, Redaktionen und Büros in allen Regionen Deutschlands.[87] Die Infrastruktur der Gemeinschaft ist somit durch ein hohes Maß an Dezentralität geprägt. Folgende Besonderheiten, die für die weitere Beurteilung eine Rolle spielen werden, sollen hier lediglich kurze Erwähnung finden: Der Norddeutsche Rundfunk unterhält außerhalb seines originären Sendegebietes ein Hörfunk-Büro in Bremen, Radio Bremen ist mit einer Niederlassung in Hannover und Oldenburg vertreten. Außerdem unterhalten MDR und WDR Studios für Hörfunk und Fernsehen in Bonn, der BR, NDR, ORB und RB gemeinsam sowie der SWR Hörfunkstudios und WDR, HR, NDR, SR sowie SFB Korrespondentenbüros. Auch in Berlin sind alle Rundfunkanstalten über das gemeinsame Hauptstadtstudio hinaus vertreten: Gemeinsam betreiben BR, NDR und WDR ein Studio für Hörfunk und Fernsehen in der Bundeshauptstadt, ebenso der ORB. Der WDR unterhält ein reines Fernsehstudio, HR und SR, MDR sowie RB und SWR haben Korrespondentenbüros für die Hörfunkberichterstattung.

III. Organisationsstrukturen der Gemeinschaftsprogramme

Die Organisation der Körperschaft **Deutschlandradio**, deren Träger zu gleichen Teilen die ARD-Landesrundfunkanstalten und das ZDF sind,[88] entspricht der der Landesrundfunkanstalten, wobei hier der Rundfunkrat die Bezeichnung „Hörfunkrat" trägt. Der Verwaltungsrat des DLR setzt sich aus acht Vertretern der Länder, des Bundes sowie von ARD und ZDF zusammen. Die Körperschaft gliedert sich in zwei Programmdirektionen, eine Verwaltungs- und eine Technische Direktion.[89]

Deutlich schmaler ist die Organisation der Gemeinschaftsprogramme geregelt. „**Der Kinderkanal**" hat eine Programmkommission, der nach § 5 KiKa-VwVeinb alle Entscheidungen über grundsätzliche Programmfragen obliegen. Die Programmverantwortung liegt bei den Intendanten der Landesrundfunkanstalten und des ZDF (§ 9 Abs. 1 KiKa-VwVeinb), der MDR hat die Federführung für die laufenden Geschäfte übernommen (§ 3 Abs. 1 KiKa-VwVeinb). Die Dreiländeranstalt stellt den Programmgeschäftsführer, der die laufenden Geschäfte leitet, das Programm nach innen und außen vertritt und den fachlichen Weisungen des MDR-Intendanten und des ZDF-Intendanten unterliegt (§ 4 KiKa-VwVeinb).

„**PHOENIX**" wird von zwei Programmgeschäftsführern geleitet, von denen einer von den Intendanten der Landesrundfunkanstalten bestimmt wird und den Weisungen des WDR unterliegt und der andere vom Intendanten des ZDF bestimmt wird und diesem gegenüber weisungsgebunden ist. Beide Geschäftsführer wechseln sich jähr-

---

85 Vgl. § 13 Abs. 1 SWR-StV.
86 *Scherer*, ZUM 1998, 8 (15).
87 Für eine Übersicht siehe Abbildung 5 (Anhang S. 460).
88 Siehe ARD, ABC der ARD, 2. Auflage, S. 42.
89 ARD, ABC der ARD, S. 30.

lich in der Funktion des Sprechers von „PHOENIX" ab (vgl. § 4 PHOENIX-VwVeinb). Die Programmgeschäftsführer werden durch eine sechsköpfige Beauftragtenkonferenz unterstützt, die von ARD und ZDF bestellt wird (§ 5 PHOENIX-VwVeinb).

Die Federführung des ZDF bei „**3sat**" wird von einem Koordinator wahrgenommen, den der Intendant des ZDF nach Konsultation von ORF und SRG in Einvernehmen mit der ARD beruft und der das Gemeinschaftsprogramm nach innen und außen vertritt (§ 3 3sat-Veinb). Die laufende Koordination der konkreten Programmplanung erfolgt von einer Ständige Programmkonferenz, der der Koordinator und die „3sat-Verantwortlichen" von ARD, ORF und SRG angehören (§ 4 3sat-Veinb). Der „ARD-3sat-Verantwortliche" wird nach Lit. 1 3sat-VwVeinb vom SWR vorgeschlagen und im Einvernehmen mit dem ZDF von der ARD-Intendantenkonferenz berufen.[90]

Das Programm von „arte" wird von der „ARTE. G.E.I.E." in Straßburg getragen, deren Gründungsmitglieder auf französischer Seite „La Sept ARTE" und auf deutscher Seite die „ARTE Deutschland TV GmbH" sind. Gesellschafter der deutschen GmbH mit Sitz in Baden-Baden sind je zur Hälfte die Landesrundfunkanstalten und das ZDF. Für die ARD hat der SWR die Federführung inne.[91] Der SWR-Intendant vertritt die Gemeinschaft in der Gesellschafterversammlung. Der hauptamtliche Geschäftsführer ist zugleich arte-Koordinator bei der ARD, der nebenamtliche Geschäftsführer ist zugleich arte-Koordinator beim ZDF. Außerdem gibt es einen Programmbeirat, dem ein vom ZDF bestellter Vorsitzender und ein derzeit vom BR berufener Stellvertreter vorstehen.[92]

Die „ARTE G.E.I.E." hat laut Gründungsvertrag vom 30.4.1991 eine Mitgliederversammlung als oberstes Gremium. Dieser gehören in gleicher Zahl deutsche und französische Mitglieder an. Auch der Programmbeirat ist paritätisch besetzt. Im Vorsitz wechseln sich deutsche und französische Mitglieder turnusgemäß ab. Zur Zeit bekleidet der NDR-Intendant Jobst *Plog* das Amt des arte-Vorsitzenden.[93]

IV. Rechtsnatur

Die Rechtsnatur der ARD ist seit jeher umstritten. Wie sich aber im Verlaufe der fast 50jährigen Geschichte der Gemeinschaft gezeigt hat, liegt ihre Funktion ganz überwiegend in der gemeinsamen Bewältigung öffentlich-rechtlicher Aufgaben der einzelnen Rundfunkanstalten. Diese Funktion zwingt zu der herrschenden Auffassung einer öffentlich-rechtlichen Gemeinschaftsform ohne eigene Rechtspersönlichkeit. Eine rechtsfähige juristische Person des öffentlichen Rechts sollte die ARD nach Willen und Erklärung aller Mitglieder jedenfalls nicht werden. Ausweislich ihres

---

90 SWR, Nehmen Sie schon mal Platz, S. 6.
91 Siehe SWR, Nehmen Sie schon mal Platz, S. 7.
92 Vgl. ARD-Jahrbuch 97, S. 275.
93 Bei Stand der Drucklegung im Frühjahr 2000.

Zwecks nach § 2 ARD- S ist sie hingegen auf die Wahrnehmung öffentlich-rechtlich strukturierter Aufgaben festgelegt, sie ist also dem öffentlichen Recht zuzuordnen.[94]

V. Aufgaben

Die natürliche und gesetzliche Kernaufgabe jeder Rundfunkanstalt ist die Programmgestaltung und -verbreitung: Die Mitarbeiter ersinnen und gestalten die Programmbeiträge, die das in der Rundfunkanstalt erarbeitete Gesamtprogramm entstehen lassen. Die Programmgestaltung ist konkret Aufgabe der Programmdirektionen. In der Praxis bilden die redaktionell gestalteten Programme den Hauptteil der von den Rundfunkanstalten ausgestrahlten Sendungen. Aber auch die Verbreitung von Drittsendungen gehört zum Aufgabenkreis von Rundfunkanbietern. Diese werden vielfach von Tochtergesellschaften der Landesrundfunkanstalten produziert und im Justitiariat oder der Sendeleitung bearbeitet.[95]

Die Rundfunkgesetze beschreiben diese Kernaufgabe entsprechend ihrer Bedeutung zum Teil recht umfassend. Sie führen eine Reihe von Einzelkriterien der Programme auf und legen insbesondere für die redaktionell gestalteten Sendungen Programmgrundsätze fest, die für den öffentlich-rechtlichen Rundfunk typisch sind: Vielfalt, Ausgewogenheit des Gesamtprogramms oder Sachlichkeit der Information.[96]

Zum Inhalt der Programmgestaltung gehören jedenfalls alle Programmtypen, die das Bundesverfassungsgericht zur Erfüllung des „Klassischen Rundfunkauftrages" rechnet und sich über die Jahrzehnte des deutschen Rundfunks herausgebildet und entwickelt haben. Danach müssen die öffentlich-rechtlichen Rundfunkanstalten informierend, bildend und unterhaltend tätig werden.[97]

Ricker weist darauf hin, dass auch die Definition des Verbreitungsgebietes der Landesrundfunkanstalten integraler Bestandteil des Programmauftrages ist. Er geht davon aus, dass lediglich eine Verbreitung im landesbezogenen Sendegebiet der Anstalten unstrittig ist. Alle, was darüber hinausgeht, sei ohne gesetzliche Ermächtigung aus verfassungsrechtlichen Gründen unzulässig.[98]

Ohne diese Frage schon an dieser Stelle zu beantworten und die Folgefrage aufzuwerfen, welches Landesparlament für die gesetzliche Gestattung von „Expansionsfunk" überhaupt zuständig wäre, sei hier darauf hingewiesen, dass der ARD mit § 1

---

94 *Herrmann*, Rundfunkrecht, § 16 Rn 7 ff.; *Hoffmann-Riem*, Rundfunkneuordnung in Ostdeutschland, S. 30; *Hesse*, Rundfunkrecht, S. 150; *Steinwärder*, Die Arbeitsgemeinschaft der öffentlich-rechtlichen Rundfunkanstalten der Bundesrepublik Deutschland, S. 63.
95 *Herrmann*, Rundfunkrecht, § 10 Rn. 23 ff.
96 *Herrmann*, Rundfunkrecht, § 10 Rn. 30.
97 BVerfGE 73, 118 (158); 74, 297 (324 f.); 83, 238 (298); 87, 181 (199); *Herrmann*, Rundfunkrecht, § 10 Rn. 33. Was im einzelnen zum klassischen Rundfunkauftrag zu rechnen ist, soll an dieser Stelle aber noch nicht erörtert, sondern vereinfacht mit der traditionellen Programmtrias „Information, Bildung und Unterhaltung" zusammengefaßt werden; insoweit sei auf die späteren Ausführungen § 3 C.I.1. (S. 146 ff.) verwiesen.
98 *Ricker*, AfP 1992, 19 (21); vgl. dazu die Problematik der Satellitenverbreitung von regionalen Programmen, § 4 C.I.2. (S. 220 ff.).

Abs. 1 RStV die Versorgung des Bundesgebietes mit Rundfunk zugewiesen wird. Darüber hinaus beinhaltet die Gestattung von Satellitenprogrammen durch die ARD gemäß § 19 RStV naturgemäß auch die Verbreitung über die Grenzen Deutschlands hinaus, soweit dies durch das große Verbreitungsgebiet von Satelliten unvermeidlich ist. Bei den Landesrundfunkanstalten gilt da grundsätzlich nichts anderes. Dort ist die gesetzliche Aufgabe der Rundfunkversorgung auf die Landesgrenzen der gesetzgebenden Gebietskörperschaften beschränkt.[99] Lediglich dem MDR wird staatsvertraglich die Verbreitung eines Programms über Satellit eingeräumt und eines über die Mittelwelle, so dass auch deren *spill over* gesetzlich vorgesehen ist.[100]

Die gesetzliche Aufgabe der ARD besteht nach § 2 ARD-S in der gemeinsamen Interessenvertretung bei der Ausübung von Hoheitsrechten auf dem Gebiet des Rundfunks und bei der Wahrnehmung sonstiger Interessen der Rundfunkanstalten und bei der Zusammenarbeit beim gemeinsamen Programm, auf dem Gebiet der Technik sowie in rechtlichen und betriebswirtschaftlichen Fragen. Praktisch drückt sich das in einem gemeinsamen Auftreten der Landesrundfunkanstalten gegenüber der EU, dem Bund und den Ländern, aber auch gegenüber Geschäftspartnern oder der Öffentlichkeit aus, denen in der Regel eine ausführliche Diskussion und Abstimmung aller gemeinsam interessierenden Fragen im rundfunkrechtlichen, politischen oder programmlichen Bereich vorausgegangen ist.[101]

Neben diesen satzungsgemäßen Aufgaben hat die ARD eine Vielzahl von Einzelaufgaben, die ihr nach § 2 Abs. 3 ARD-S durch die Mitgliederversammlung zugewiesen werden oder die die Mitgliedsanstalten in besonderen Vertragswerken festlegen. Eine wesentliche Aufgabe ist auch die Vertretung der Interessen der deutschen Rundfunkinteressen auf internationaler Ebene, insbesondere durch Mitgliedschaft in der Union der Europäischen Rundfunkorganisationen (UER).[102]

VI. Finanzierungssystem

Nach der einfachgesetzlichen Ausformung des Rundfunkstaatsvertrages in dem geltenden § 12 Abs. 1 RStV finanziert sich der öffentlich-rechtliche Rundfunk durch Rundfunkgebühren, Einnahmen aus Wirtschaftswerbung und sonstigen Einnahmen. Dieses Finanzierungssystem wird unter der Bezeichnung „Mischfinanzierung" geführt. Diese Mischfinanzierung spült allein den zehn Landesrundfunkanstalten der ARD mehr als 11 Mrd. Mark (5,7 Mrd. €) jährlich in die Kassen. Dazu kommen 586 Mio. Mark (etwa 300 Mio. €) für die DW, 24,4 Mio. Mark (12,5 Mio. €) für das

---

99 Vgl. § 1 Abs.1 NDR-StV, § 2 Abs. 1 RB-G, Präambel und § 3 SWR-StV, § 18 SR-G, § 3 Abs. 2 WDR-G. Der Programmauftrag von ORB und SFB richtet sich auf Berlin/Brandenburg, siehe § 3 Abs. 2 ORB-G und den Staatsvertrag über die Zusammenarbeit von Berlin und Brandenburg im Bereich des Rundfunks; beim BR und HR fehlen derartige Bestimmungen.
100 Vgl. § 3 MDR-StV.
101 Vgl. *Herrmann*, Rundfunkrecht, § 16 Rn. 15.
102 *Herrmann*, Rundfunkrecht, § 16 Rn. 17.

DLR, 4,3 Mio. Mark (2,2 Mio. €) für „PHOENIX" und 8,05 Mio. Mark (4,12 Mio. €) für den „Kinderkanal"[103] – „ein hübsches Sümmchen"[104].

Vorrangige Finanzierungsquelle ist nach § 12 RStV die Rundfunkgebühr. Die anderen üben eine subsidiäre Funktion aus.[105] PayTV oder PayRadio gibt es bei der ARD nicht.

Die Finanzierung der ARD selbst ist unproblematisch, weil sie keine eigene Rechtsperson ist und vor allem keinen eigenen Haushalt hat. Ihre Kosten verursachende Geschäftsführung wechselt im Zweijahresrhythmus von Anstalt zu Anstalt und wird jeweils von dieser finanziert. Das ist auch der Grund dafür, dass die kleineren Anstalten bisher auf den ARD-Vorsitz verzichtet haben.[106] Die Gemeinschaftsaufgaben in der ARD werden zum Teil von den zuständigen Anstalten ohne Kostenerstattung oder Anrechnung auf den Pflichtanteil beigesteuert, zum Teil aber auch außerhalb des besonders strukturierten Finanzausgleichs über einen Kostenfinanzierungsschlüssel oder Kostenverrechnungsrichtlinien umgelegt („Stiller Finanzausgleich").[107]

1. Gebühren

Die Gebührenfinanzierung ist nach Auffassung des Bundesverfassungsgerichts die dem öffentlich-rechtlichen Rundfunk „gemäße Art der Finanzierung".[108] Sie erlaubt es den Rundfunkanstalten, unabhängig von Einschaltquoten und Werbeaufträgen ein Programm anzubieten, das den verfassungsrechtlichen Anforderungen gegenständlicher und meinungsmäßiger Vielfalt entspricht.[109] Der Anteil der Rundfunkgebühren an den Gesamteinnahmen der Landesrundfunkanstalten hat seit Mitte der 80er Jahre dementsprechend mehr oder weniger kontinuierlich zugenommen. Er beträgt zur Zeit fast 80 Prozent.[110]

Das zentrale Merkmal des Gebührenaufkommens ist die ausgewiesene Zahl der gebührenpflichtigen Radio- und Fernsehgeräte, die zwischen rund 338.000 im kleinsten Sendegebiet von Radio Bremen und fast 7,9 Mio. beim WDR in Nordrhein-Westfalen schwankt. Entsprechend hoch sind auch die Unterschiede im Gebührenaufkommen der einzelnen Anstalten, das zwischen 70,5 Mio. Mark (36 Mio. €) bei RB und 1,8 Mrd. Mark (918 Mio. €) beim WDR liegt.[111] Insgesamt fließen Rund-

---

103 Quelle: ARD, ARD-Jahrbuch 97, S. 290 ff.
104 So *Anschlag*, FK Nr. 17/1996, S. 1 (2).
105 Vgl. *Hoffmann*, Möglichkeiten der Finanzierung des öffentlich-rechtlichen Rundfunks in der Bundesrepublik Deutschland, S. 55.
106 *Herrmann*, Rundfunkrecht, § 16 Rn. 22 ff.; vgl. § 2 B.I. (S. 39).
107 *Herrmann*, Rundfunkrecht, § 16 Rn. 23; siehe dazu unten § 2 B.VI.2. (S. 54).
108 BVerfGE 73, 118 (158) v. 4.11.1986 (Az. 1 BvF 1/84); E 87, 181 (198) v. 6.10.1992 (Az. 1 BvR 1586/89, 487/92); E 90, 60 (90) v. 22.2.1994 (Az. 1 BvL 30/88).
109 BVerfGE 90, 60 (90).
110 1999 waren es genau 76,5 %; siehe Tabelle 2 (Anhang, S. 454).
111 Quelle: ARD, ARD-Jahrbuch 97, S. 290 ff.; Norddeutscher Rundfunk, HA Finanzverwaltung, in: MP 1998, 93; siehe Tabelle 1 (Anhang, S. 453).

funkgebühren in Höhe von derzeit rund 8,5 Mrd. Mark (4,35 Mrd. €) jährlich in die Kassen der Landesrundfunkanstalten.[112]

Das BVerfG hat in einem Urteil zu den Rundfunkgebühren 1994 festgestellt, dass die Rundfunkfreiheit nicht eine Festsetzung durch die Rundfunkanstalten erfordere. Zuständig für die Gebührenfestsetzung sind grundsätzlich die Bundesländer. Eine bundeseinheitliche Regelung ist so nur auf Staatsvertragsebene möglich. Allerdings ist hier ein Festsetzungsverfahren erforderlich, das programmlenkende Einwirkungsbefugnisse des Staates oder der Parteien auf den Rundfunk und jegliche medienpolitische Instrumentalisierung verhindert. Erstmals stellte das Bundesverfassungsgericht dabei fest, dass die Staatsfreiheit des Rundfunks nicht nur durch die Exekutive, sondern auch durch die Legislative gefährdet werden könne.[113]

Dieses Verfahren muss gesetzlich festgelegt werden, darf aber keinerlei Ermessenstatbestände oder Beurteilungsspielräume haben, die eine inhaltliche Bewertung des Programms notwendig machen oder deren Ausfüllung mittelbare „Selbstzensur" bedeuten würde. An der Gebührenfestsetzung dürfen zudem weder Vertreter der Parteien noch des Staates beteiligt werden.[114] Andererseits muss sichergestellt werden, dass die Funktionstüchtigkeit des öffentlich-rechtlichen Rundfunks bestehen bleibt und sich weiter entwickeln kann.[115]

Grundsätzlich muss bei der Gebührenfestsetzung die Programmentscheidungen der Rundfunkanstalten beachtet werden, die diese unter den Grundsätzen der Wirtschaftlichkeit und Sparsamkeit getroffen haben. Von ihnen darf der Gesetzgeber nicht aufgrund eigener Vorstellungen von einem angemessenen Programm abrücken. Dagegen ist es ihm nicht verwehrt, die Informationszugangs- und Vermögensinteressen des Publikums in Betracht zu ziehen, die von den Rundfunkanstalten nicht ausreichend wahrgenommen werden können.[116]

Das „strukturelle Dilemma" der widerstreitenden Interessen im Spannungsfeld der Gebührenbemessung kann nach Auffassung des Gerichts nur durch angemessene Verfahrensregeln mit materiell- und verfahrensrechtlicher Bindung überwunden werden.[117]

Die Erhebung und Verteilung der Rundfunkgebühr haben die Länder in Folge dieser Rechtsprechung im RGebStV und im RFinStV geregelt. Ersterer normiert im wesentlichen das Verhältnis zwischen den Rundfunkteilnehmern als Gebührenschuldnern und den Rundfunkveranstaltern als Gebührengläubigern. Der RFinStV regelt dagegen das in Folge der Gebührenentscheidung reformierte Gebührenfestsetzungsver-

---

112 Stand 1999, vgl. ARD-Jahrbuch 99, S. 340 ff.; *Vogel/Waldhoff*, in: Dolzer/Vogel, BK, Vorb. Art 104a-115, Rn. 462; siehe Tabelle 1 (Anhang, S. 453); zur Entwicklung der Rundfunkgebühren siehe Abbildung 2 (Anhang, S. 454).
113 BVerfGE 90, 60 (88); *Hoffmann*, Möglichkeiten der Finanzierung des öffentlich-rechtlichen Rundfunks in der Bundesrepublik Deutschland, S. 56; *Ricker*, in: Ricker/Schiwy, Kap. C Rn. 90.
114 BVerfGE 90, 60 (89).
115 BVerfGE 90, 60 (91).
116 BVerfGE 90, 60 (94).
117 BVerfGE 90, 60 (97 f.).

fahren. Die „Kommission zur Ermittlung des Finanzbedarfs der öffentlich-rechtlichen Rundfunkanstalten" (KEF) wurde entsprechend aus 16 unabhängigen Sachverständigen ohne staatliche Vertreter gebildet (§ 4 Abs. 1 RFinStV). Der Rechtsprechung folgend ist zunächst von der finanziellen Bedarfsanmeldung der Rundfunkanstalten nach § 1 RFinStV auszugehen.[118] Die KEF hat dann die Aufgabe, unter Beachtung der Programmautonomie der Rundfunkanstalten den angemeldeten Bedarf fachlich, d.h. auf den Programmauftrag sowie die Grundsätze von Wirtschaftlichkeit und Sparsamkeit hin zu überprüfen (§ 3 Abs. 1 RFinStV). Ein weiteres wichtiges Kriterium ist die Sozialverträglichkeit der Rundfunkgebühr, also die Frage nach der finanziellen Belastbarkeit der Gebührenzahler.[119]

Der Gebührenvorschlag der KEF bildet schließlich nach § 7 Abs. 2 RFinStV die Grundlage für eine Entscheidung der Landesregierungen und Landesparlamente, die sich in einer Novellierung des RFinStV niederschlagen soll. Abweichungen vom KEF-Vorschlag sind besonders zu begründen und erfordern eine vorhergehende Erörterung. Der Gesetzgeber hat lediglich das Recht auf eine begrenzte Überprüfung, ähnlich wie im Rahmen der gerichtlichen Kontrolle von Beurteilungsermächtigungen. Hierzu gehört vor allem die Frage, ob die KEF von einem zutreffenden und vollständig ermittelten Sachverhalt ausgegangen ist.[120]

Bei der Gebührenempfehlung, die einheitlich für alle Bundesländer erfolgt, werden die individuellen Bedarfsanmeldungen der unterschiedlichen Anstalten berücksichtigt. So sind in der Einheitsgebühr, wie der 10. KEF-Bericht zeigt, eine Vielzahl von anstaltsspezifischen Bedarfen enthalten, die in die Festsetzung des Gebührenvorschlages der KEF mit einem bestimmten Rechenfaktor mit eingegangen und damit für alle Rundfunkteilnehmer Bestandteil der Gebühr geworden sind.[121] Der im Verhältnis zur Zahl der gebührenpflichtigen Rundfunkteilnehmer hohe Finanzbedarf einer kleinen Anstalt führt also nicht zu einer entsprechend hohen Rundfunkgebühr für die Rundfunkteilnehmer ihres eigenen Landes, sondern wird zusammen mit dem Finanzbedarf aller anderen Rundfunkanstalten der ARD im Rahmen der Einheitsgebühr allen Rundfunkgebührenzahlern in der Bundesrepublik angelastet.[122] Die KEF hat demzufolge für die Gebührenperiode von 1997 bis 2000 der ARD eine pauschale Gebührenerhöhung von 1,869 Mark für die Deckung der angemeldeten Bedarfslücken zugestanden.[123]

Das Ergebnis der letzten Gebührenrunde findet sich in § 8 RFinStV, der die Höhe der Rundfunkgebühr regelt, die sich aus einer Grundgebühr für den Empfang von Hörfunk (9,45 Mark) und einer Fernsehgebühr (18,80 Mark) zusammensetzt, insgesamt also 28,25 Mark pro Monat beträgt.[124] Die Grundgebühr steht allein den Landes-

---

118 BVerfGE 90, 60 (102).
119 BVerfGE 90, 60 (98 f.).
120 *Ricker*, in: Ricker/Schiwy, Kap. C Rn. 96 c.
121 Siehe KEF, 10. Bericht, Tz. 453 mit Hinweisen auf die Tzz zu den einzelnen Posten.
122 *Bullinger*, Länderfinanzausgleich und Rundfunkfinanzausgleich, S. 12.
123 Vgl. *Mahrenholz*, Verfassungsfragen des Rundfunkfinanzausgleichs, S. 60 f.
124 Siehe ARD-Jahrbuch 97, S. 128 (129).

rundfunkanstalten zu, von der Fernsehgebühr erhalten nach § 9 RFinStV 63,9878 Prozent die ARD-Anstalten und 36,0122 Prozent das ZDF. Von dem Aufkommen aus der Grund- und Fernsehgebühr sind zwei Prozent für die Finanzierung der Landesmedienanstalten zu verwenden (56,5 Pfg.), die für die Zulassung und Rechtsaufsicht der privaten Rundfunkanbieter zuständig sind. Darüber hinaus erhält das DLR aus der Grundgebühr 68,4 Pfennigen monatlich je Rundfunkteilnehmer, „PHOENIX" erhält 14 Pfennige und der „Kinderkanal" 26 Pfennige aus der Fernsehgebühr. Aus den Rundfunkgebühren werden außerdem weitere dem Gesamtkomplex Rundfunk zugeordnete Aufgaben und nach einem gesonderten Schlüssel das Programm von „arte" finanziert.[125] Für die Landesrundfunkanstalten bleibt nach allen Abzügen eine Gebühr von 19,5681 Mark (rd. 10 €) pro Teilnehmer.

Die Pflicht zur Entrichtung von Rundfunkgebühren hängt in der Tradition des Rundfunks in Deutschland bereits seit den 20er Jahren nicht vom Konsumverhalten der Rezipienten ab, sondern wird nach § 12 Abs. 2 RStV allein durch die Bereitstellung eines Rundfunkgerätes begründet. Sie wird also nicht für den tatsächlichen Empfang, sondern allein für die Möglichkeit der Programmrezeption erhoben. In Ausgestaltung der ständigen Rechtsprechung des Bundesverfassungsgerichts bestimmt § 11 RStV, dass die Finanzausstattung den öffentlich-rechtlichen Rundfunk in die Lage versetzen soll, seine verfassungsmäßigen und gesetzlichen Aufgaben zu erfüllen und insbesondere den Bestand und die Entwicklung des öffentlich-rechtlichen Rundfunks zu gewährleisten.[126] Nachdem ursprünglich der Einzug der Gebühr über die Bundespost erfolgte, betreiben die öffentlich-rechtlichen Rundfunkanstalten nun für die Abwicklung des Gebühreneinzugs die „Gebühreneinzugszentrale der öffentlich-rechtlichen Rundfunkanstalten in der Bundesrepublik Deutschland" (GEZ).

Umstritten war die abgabenverfassungsrechtliche Natur der Gebühren. *Herrmann* sieht darin etwa eine Anstaltsnutzungsgebühr, *Wolff* eine Art Konsezessionsabgabe und *Zeidler* eine laufende Verwaltungsgebühr.[127] Seit dem 2. Rundfunkurteil ist zumindest vorläufig klargestellt, dass „die Rundfunkgebühr keine Gegenleistung für eine einzelne, vom Rundfunkteilnehmer in Anspruch genommene, konkret messbare Leistung der Landesrundfunkanstalt, sondern Finanzierungsmittel für die Gesamtveranstaltung öffentlich-rechtlicher Rundfunk", also eine öffentlich-rechtliche Abgabe *sui generis* als Beitrag zu den Kosten des allgemeinen Rundfunks ist.[128] Eine abschließende, allgemein anerkannte und präzise Definition steht seit 1971 noch aus.[129]

---

125 11 Pfg. für die DAB-Pilotprojekte, 48,3 Pfg. für die Altersversorgung und 1 Pfg. für die KEF; vgl. *Vogel/Waldhoff*, in: Dolzer/Vogel, BK, Vorb. Art 104a-115, Rn. 462; *Ricker*, in: Ricker/Schiwy, Kap. C Rn. 77.
126 Vgl. BVerfGE 73, 118 (158 f.); 74, 297 (342 f.); 83, 238 (298 f.); 87, 181 (198); 90, 60 (91).
127 *Enz*, ZUM 1987. 58 (75); *Hoffmann*, Möglichkeiten der Finanzierung des öffentlich-rechtlichen Rundfunks in der Bundesrepublik Deutschland, S. 56 m.w.N.; *Herrmann*, Rundfunkrecht, § 31 Rn. 39 ff. m.w.N.
128 BVerfGE 31, 314 (329 f.).
129 BVerfGE 31, 314 (330); *Vogel/Waldhoff*, in: Dolzer/Vogel, BK, Vorb. Art 104a-115, Rn. 463 f.

2. Finanzausgleich

Die kleineren Anstalten, deren eigenes Gebührenaufkommen nicht zur Finanzierung des gesetzlichen Programmauftrages ausreicht, werden nach dem Grundsatz von § 11 Abs. 2 RStV innerhalb der ARD von den großen Anstalten durch einen speziellen Rundfunkfinanzausgleich unterstützt. Die Ausgleichszahlungen beruhen auf einem festen Schlüssel, der im Rahmen des § 14 RFinStV zwischen den Anstalten vereinbart wurde. Danach beträgt die Masse des Finanzausgleichs zur Zeit[130] rd. 1,9 Prozent des ARD-Netto-Gebührenaufkommens in Höhe von zuletzt jährlich 186,17 Mio. Mark (95,19 Mio. €). Davon erhalten der SR 94,71 Mio. Mark (48,42 Mio. €), RB 81,46 Mio Mark (41,65 Mio. €) und der SFB zehn Mio. Mark (5,11 Mio. €).

Im November 1999 haben sich die Ministerpräsidenten und Intendanten auf eine neue Ausgleichsregelung verständigt, die im Laufe des Jahres 2000 in Kraft treten soll. Danach soll bis zum 31.12.2005 der Finanzausgleich auf ein Prozent des Gebührenaufkommens, rd. 50 Mio. € abgesenkt werden.[131]

Der Teil der einheitlichen Rundfunkgebühr, der auf den überdurchschnittlichen Finanzbedarf einer kleinen Anstalt zurückzuführen ist, wird aber nicht als solcher errechnet und aus dem bundesweiten Gesamt-Gebührenaufkommen der jeweiligen Anstalt zugerechnet. Vielmehr erhält jede Anstalt das volle Gebührenaufkommen aus ihrem Sendegebiet. Die großen Anstalten erlangen so also auch den „Mehrbedarfszuschlag", den die kleinen Anstalten erwirkt haben.[132] Nun könnte also der Schluß naheliegen, daß der gesamte „Mehrbedarfszuschlag" als Finanzmasse in den Finanzausgleich fließt. Dem ist aber nicht so. Vielmehr kann im Rahmen der rundfunkstaatsvertraglichen Voraussetzungen der Finanzausgleich von den Landesrundfunkanstalten im einzelnen vereinbart werden.

Bis zum 31.12.2000 liegen die drei Nehmeranstalten bei ihrem gesetzlich fixierten Minimum, während sechs Anstalten in den Finanzausgleich einzahlen: Allen voran bringt der WDR 93,17 Mio. Mark (47,64 Mio. €) ein, der BR 28 Mio. Mark (14,3 Mio. €), der SWR 27 Mio. Mark (13,8 Mio. €)[133], der NDR 20 Mio. Mark (10,23 Mio. €) und der HR acht Mio. Mark (4,1 Mio. €) pro Jahr in den Finanzausgleich ein. Der ORB und der MDR sind als einzige Anstalten nicht am Finanzausgleich beteiligt.[134] Die Differenz von 10 Mio. Mark erfährt ein Clearing durch eine gesonderte Vereinbarung zwischen SFB und MDR.[135]

---

130 Stand der Drucklegung Anfang 2000.
131 Hamburger Abendblatt Nr. 275/1999. v. 24.11.1999, S. 9; Journalist Nr. 12/1999, S. 6; siehe unten § 5 B.I.1.a (S. 308).
132 *Bullinger*, Länderfinanzausgleich und Rundfunkfinanzausgleich, S. 12.
133 Zugrundegelegt sind hier die beiden Sätze vor der Fusion. Damals zahlte der SDR 12 Mio. Mark und der SWF 15 Mio. Mark jährlich.
134 Siehe FK Nr. 14-15/1996, S. 9.
135 Vgl. *Schneider*, Journalist Nr. 6/1997, S. 56 (57).

Der Rundfunkfinanzausgleich stellt lediglich einen „Spitzenausgleich" dar, d. h., es wird mit ihm keine Nivellierung der Finanzkraftunterschiede angestrebt, sondern allein eine Reduzierung der strukturellen Disparitäten.[136] Die Garantie des Finanzausgleich geht in ihrer aktuellen Form auf eine Einigung der Ministerpräsidentenkonferenz am 3.10.1986 zurück. Dort wurde erstmals für die Präambel des RStV-1987 die Garantie eines Finanzausgleichs staatsvertraglich festgelegt.[137] Dieser räumt den Nehmeranstalten mittlerweile eine objektivrechtliche Gewährleistung und einen subjektiven Anspruch auf eine Finanzausstattung ein, die sie in die Lage versetzt, ihre verfassungsmäßigen und gesetzlichen Aufgaben zu erfüllen.[138] Die Anstalten würden aufgrund ihrer Zugehörigkeit zu kleinen Bundesländern mit geringen Bevölkerungszahlen nur über geringe eigene Gebühreneinnahmen verfügen können. Der Rundfunkfinanzausgleich gleicht dieses Manko entsprechend dem im GG verankerten Länderfinanzausgleich aus. Die Vorschrift des § 11 Abs. 2 RStV ist somit Teil des Finanzierungssystems der ARD.[139] Maßstab für die Aufbringung der Finanzausgleichsmasse ist seit einer Einigung der Länder 1989 allein das Gebührenaufkommen der gebenden Anstalten und eine Dynamisierung entsprechend dem Ist-Gebührenzuwachs der gebenden Anstalten.[140]

Noch in der Begründung zur Präambel des RStV-1987 gingen die Länder von der Unkündbarkeit des Grundprinzips des Finanzausgleichs aus.[141] Gleichwohl sah es zwischenzeitlich danach aus, daß das Modell des Finanzausgleichs abgeschafft werden sollte. Die Unkündbarkeit des Grundprinzips findet sich nicht in der aktuellen Fassung des RStV. Vielmehr kann gemäß § 17 S. 4 RFinStV der Finanzausgleich von den Ländern mit einer halbjährlichen Frist jeweils zum Jahresende gekündigt werden. Mit einer Kündigung des Finanzausgleichs im zum 31.12.2000 zumindest durch den Freistaat Sachsen war 1998/99 zu rechnen, wobei der MDR *de facto* gar nicht daran teilnimmt. Dafür machte sich längere Zeit Ministerpräsident *Biedenkopf* stark, unterstützt von seinem bayerischen Kollegen *Stoiber*.[142] Auch die Landesregierungen von Bayern, Baden-Württemberg und Thüringen gaben zu erkennen, dass sie einer Fortführung des bisherigen Finanzausgleichs kritisch gegenüberstanden und wohl auch noch stehen, weil dieser ein kostenbewusstes Arbeiten erschwere.[143]

Die Kündigung eines Landes läßt zwar die Ausgleichs-Vertragsverhältnisse der anderen Länder unberührt (§ 17 S. 7 RFinStV). Wären mit SWR und BR die zweit-

---

136 *Libertus*, AfP 1993, 635.
137 *Ring*, Medienrecht, C-0.3, § 11 Rn. 2; *Hoffmann*, Möglichkeiten der Finanzierung des öffentlich-rechtlichen Rundfunks in der Bundesrepublik Deutschland, S. 65; zu den Vorläufermodellen, die bis in das Jahr 1949 zurückreichen siehe: *Libertus*, AfP 1993, 635; zur Geschichte des Finanzausgleichs vgl. *Mahrenholz*, Verfassungsfragen des Rundfunkfinanzausgleichs, S. 34 f.
138 Vgl. *Ring*, Medienrecht, C-0.3, § 11 Rn. 3.
139 Vgl. *Ring*, Medienrecht, C-0.3, § 11 Rn. 11.
140 Siehe § 14 Abs. 3 RFinStV; vgl. *Libertus*, AfP 1993, 635 (637).
141 *Hoffmann*, Möglichkeiten der Finanzierung des öffentlich-rechtlichen Rundfunks in der Bundesrepublik Deutschland, S. 65.
142 Siehe FK Nr. 13-14/1997, S. 11.
143 FK Nr. 18/1997, S. 9 ff; vgl. *Kops*, in: Kops/Sieben, S. 21 (57).

und die drittgrößte Geberanstalt mit einem Finanzausgleichsvolumen von 55 Mio. Mark netto aus der Umlagefinanzierung ausscheiden, wäre dieser nicht zu retten. Während die Konferenz der Gremienvorsitzenden im April 1998 der Zukunft des Finanzausgleichs noch eine Absage erteilt hatte[144], sieht es nach der Saarbrückener Einigung vom November 1999 nun wieder positiv für den Fortbestand des Rundfunkfinanzausgleichs aus, wenngleich in verminderter Form.[145]

Neben diesem „offiziellen" Finanzausgleich existiert innerhalb der ARD allerdings noch ein so genannter „Stiller Finanzausgleich", dessen Existenz nicht gefährdet ist, sondern möglicherweise sogar noch ausgeweitet wird: Seit 1979 werden nämlich Gemeinschaftsaufgaben der ARD über den Finanzausgleich hinaus nach einem Kostenfinanzierungsschlüssel finanziert, der ebenfalls auf dem Gebührenaufkommen der einzelnen Anstalten beruht und dementsprechend nach § 15 RFinStV festgelegt wird.[146]

Dabei handelt es sich um Gemeinschaftsaufgaben, die von einzelnen Landesrundfunkanstalten – im Unterschied zu ihren eigenen „Anstaltsbeiträgen" – sozusagen vertretungsweise wahrgenommen werden. Die zuständige Anstalt wurde von den anderen damit beauftragt. Dazu gehören vor allem die so genannten „Gemeinschaftssendungen" wie die „Tagesschau" oder „Tagesthemen" oder die „Sportschau", aber auch die gemeinsame Beschaffung von Spielfilmrechten über die Degeto. Ein Teil dieser Aufgaben wird von der beauftragten Anstalt ohne Kostenerstattung oder Anrechnung auf den Pflichtanteil beigesteuert. Finanzausgleichstheoretisch handelt es sich dabei also um einen so genannten „stillen Finanzausgleich", durch den die hohen originären Finanzkraftunterschiede zwischen den Anstalten weiter verringert werden.[147]

Der andere Teil der Gemeinschaftssendungen, der als „Gemeinschaftsbeiträge" bezeichnet wird, setzt sich aus Beiträgen zusammen, deren Kosten den zuliefernden Anstalten anhand des so genannten Fernsehvertragsschlüssels erstattet werden.

3. Werbung

Neben der Gebührenfinanzierung sind nach dem Bundesverfassungsgericht auch andere Finanzierungsformen zulässig und im gewissen Maße sogar wünschenswert, weil sie die Unabhängigkeit der Anstalten stärken können.[148] Die zweitwichtigste Finanzierungsquelle des öffentlich-rechtlichen Rundfunks ist die Werbung.

Werbesendungen im Radio gab es in Deutschland schon von 1924 bis 1935. Bereits 1948 begannen die meisten Landesrundfunkanstalten der ARD erneut mit Werbefunk. Erst 1981 schloss sich der NDR an, der WDR begann sogar erst 1987 mit Hörfunkwerbung. Die Ausstrahlung von Fernsehwerbung in den regionalen Vor-

---

144 Siehe dazu unten § 5 B.I.1.a. (S. 308 f.)
145 Hamburger Abendblatt Nr. 275/1999. v. 24.11.1999, S. 9.
146 *Herrmann*, Rundfunkrecht, § 16 Rn. 24.
147 *Kops*, in: Kops/Sieben, S. 21 (35).
148 BVerfGE 90, 60 (91).

abendprogrammen des damaligen „Deutschen Fernsehen" (heute: „Erstes Deutsches Fernsehen") begann zwischen 1956 und 1959.[149]

1998 hatten die Landesrundfunkanstalten Werbeeinnahmen in Höhe von 574,6 Mio. Mark (280 Mio. €) netto zu verzeichnen.[150] Das hört sich viel an, ist es aber gar nicht, wenn man bedenkt, dass die deutsche Werbewirtschaft seit Mitte der 80er Jahre eine Sonderkonjunktur erlebte und sich allein 1989 um 10,4 Prozent ausweitete, seit 1990 sogar eine Verdoppelung erlebte, die Werbeerträge der ARD gleichzeitig aber erheblich zurückgegangen sind. Von 1981 bis 1985 betrugen die Brutto-Werbeeinnahmen der in der damaligen „ARD-Werbung" zusammengeschlossenen Werbegesellschaften der Landesrundfunkanstalten noch 1,3 Mrd. Mark, also 665 Mio. €.[151] Bis 1988 erreichten sie mit 1,62 Mrd. (828 Mio. €) Mark ihren Höhepunkt.

Besonders einschneidend sind die Rückgänge im Bereich der Fernsehwerbung, deren Erlöse von 943 Mio. Mark (482 Mio. €) in 1988 auf etwa 250 Mio. Mark (128 Mio. €) geviertelt wurden, während die Hörfunkwerbung mit rund 490 Mio. Mark (250 Mio. €) heute in etwa auf dem Stand von 1985 liegt.[152] Auch in der laufenden Gebührenperiode werden sich die Werbeverluste nach Auffassung der ARD fortsetzen und sich im Jahr 2000 auf schätzungsweise zwei Mrd. Mark (1,2 Mrd. €) belaufen.[153] Nur noch schätzungsweise zehn Prozent halten ARD und ZDF gemeinsam am Fernsehwerbemarkt, während „RTL", „SAT.1" und „ProSieben" durchaus als marktbeherrschend gelten.[154] Sie erwirtschaften jährlich rund fünf Mrd. Mark Werbeerlöse.[155] Allein seit 1989 haben sich die Werbeerträge der privaten Rundfunkanbieter verachtfacht.[156]

Es ist also kein Wunder, dass der Teilwerbefinanzierung innerhalb der ARD mittlerweile eine eher nachrangige Bedeutung zukommt. Der Stellenwert nimmt seit der Einführung der dualen Rundfunkordnung ständig ab. 1984 brachten die ARD-Anstalten noch fast 30 Prozent ihrer Einnahmen durch Werbung auf, zwei Jahre später, also unmittelbar nach Öffnung des Rundfunkmarktes, waren es nur noch 20 Prozent.

---

149 Siehe ARD, ABC der ARD, 2. Auflage, S. 138.
150 Quelle: ARD, ARD-Jahrbuch 99, S. 340 ff.; siehe Tabelle 1 (Anhang, S. 453). Da die Werberundfunkgesellschaften weder Hoheitsbetrieb noch gemeinnützig sind, unterliegen sie nach allgemeinem Steuerrecht der Steuerpflicht, vgl. *Herrmann*, Rundfunkrecht, § 15 Rn. 40.
151 *Börner*, Organisation, Programm und Finanzierung der Rundfunkanstalten im Lichte der Verfassung, S. 46; *Hoffmann*, Möglichkeiten der Finanzierung öffentlich-rechtlichen Rundfunks in der Bundesrepublik Deutschland, S. 86.
152 Quelle: ARD-Werbung, vgl. MP 1995, 149.
153 So die Vorlage der ARD an die KEF, siehe FK Nr. 22-23/1995, S. 10.
154 *Berg*, MP 1995, 94 (98).
155 Vgl. *Kresse*, Öffentlich-rechtliche Werbefinanzierung und Grenzen der Grundversorgung im dualen Rundfunksystem, S. 1.
156 Siehe die Gegenüberstellung der Werbeeinnahmen von ARD/ZDF und dem Privat-TV, Abbildung 3, (Anhang, S. 458).

Dieser Wert blieb bis 1989 konstant.[157] Er ist seitdem auf etwa sieben Prozent gesunken.[158]

Die Werbeeinbußen der ARD haben sich auf alle Landesrundfunkanstalten ausgewirkt. So ging etwa beim SR der Umsatz allein zwischen 1989 und 1990 um 53 Prozent zurück. Eine vorübergehende Umsatzsteigerung erfuhr die ARD durch die Harmonisierung ihres Vorabendprogramms, in dem nun bundesweit Werbespots möglich sind.[159]

Im Gesamtprogramm nimmt die Werbung nur einen sehr geringen Anteil ein. Im „Ersten" liegt der Werbeanteil bei lediglich 1,3 Prozent, wobei der Werbeanteil in der Hauptsendezeit zwischen 19 und 23 Uhr drei Prozent, in der Zeit zwischen 19 und 20 Uhr sogar 12 Prozent beträgt. Mit durchschnittlich 1,2 Prozent ist der Werbeanteil im Hörfunk deutlich niedriger.[160]

Als Grund für die sinkenden Werbeeinnahmen werden zumeist die strengen Werbebeschränkungen für öffentlich-rechtliche Sender durch die §§ 14 bis 18 RStV angeführt, die weithin als „Duale Werbe-Restriktion" bezeichnet werden.[161] So darf gem. § 15 Abs. 1 RStV im ARD-Gemeinschaftsprogramm nicht nach 20 Uhr und an Sonn- und bundeseinheitlichen Feiertagen gar nicht geworben werden. Die Gesamtdauer der Werbung im „Ersten" darf höchstens 20 Minuten werktäglich im Jahresdurchschnitt betragen, wobei keinesfalls mehr als 25 Minuten täglich erlaubt sind. Außerdem darf die Spotwerbung nach § 15 Abs. 3 RStV innerhalb einer Stunde nicht mehr als zwölf Minuten betragen. Mit diesen 20 Minuten Werbung an Werktagen steht der ARD ein derart begrenztes Werbevolumen zur Verfügung, dass die Werbung zwangsläufig in Zeiten höchster Sehbeteiligung platziert werden muss, um die Einnahmen zu optimieren. Die Werbung wird also so nah wie möglich an die 20-Uhr-Grenze gelegt, denn erst ab 17 Uhr steigt die Sehbeteiligung im Fernsehen deutlich an, um zwischen 20 und 23 Uhr höchste Werte zu erreichen.[162] De facto existiert im „Ersten" also nur Werbung im Vorabendprogramm – abgesehen von Einzelfällen, wenn großen Sportereignissen vor 17 Uhr übertragen werden.

---

157 Vgl. *Kresse*, ZUM 1995, 67 (69); EG-Kommission., Grünbuch, S. 107; *Hartlieb*, Handbuch des Film-, Fernseh- und Videorechts, Kap. 187, Rn 2; *Enz*, ZUM 1987, 58 (78).
158 Im Jahr 1996 nahmen die ARD-Anstalten insgesamt 9.362.277 TDM ein, nur 678.400 TDM durch Werbung; vergleiche ARD-Jahrbuch 97, S. 290; siehe auch *Berg*, MP 1995, 94 (95).
159 *Hoffmann*, Möglichkeiten der Finanzierung öffentlich-rechtlichen Rundfunks in der Bundesrepublik Deutschland, S.87.
160 Quelle: ARD, siehe ABC der ARD, 2. Auflage, S 138; vgl. *Krüger*, MP 1996, 418 (427); der Hörfunkdurchschnitt ist nur aus den werbetreibenden Programmen gezogen. Aus dem Rahmen fallen da: nach oben die Programme „Bayern 3" mit 3,3 % Werbung, „hr 3" mit 3,8 %, „SR 3 Saarlandwelle" und „SDR 3" mit jeweils 3,0 % sowie „SR 1 Europawelle" mit 2,8 %; nach unten: „Radio Bremen 3" „Bayern 2 Radio" und „Bayern 4" mit jeweils 0,1 % sowie das „InfoRadio" mit 0,2 %, vgl ARD-Jahrbuch 97, S. 342 ff.; nimmt man den Durchschnitt aller Hörfunkprogramme, ergibt das einen Werbeanteil von 0,9 %, vgl. ARD-Jahrbuch 97, S. 350 f.
161 *Berg*, MP 1995, 94 (95); Konferenz der ARD-Gremienvorsitzenden, MP 1995, 353.
162 Nach Untersuchungen der AGF/GfK, siehe *Ridder*, MP 1997, 307 (308 f.).

In den Dritten und den Satellitenprogrammen („3sat", „arte", dem „Kinderkanal", „PHOENIX" und „DW-tv") findet keine Werbung statt. Im Hörfunk dürfen die Landesrundfunkanstalten je nach landesgesetzlicher Regelung bis zu 90 Minuten werktäglich im Jahresdurchschnitt Werbung senden. Werberegelungen finden sich in allen neueren Rundfunkgesetzen. Diese gestatten die Hörfunkwerbung bei „NDR 2"[163], „RADIO BREMEN HANSAWELLE", „RADIO BREMEN melodie", „RB 4", „Berlin 88Acht", „InfoRadio", „Radio B Zwei", „Antenne Brandenburg", „RADIO EINS", allen Landesprogrammen von „MDR 1", „Jump FM", „hr1", „hr3" und „hr4", „Eins Live", „WDR 2" und „WDR 4", Bayern1 bis 4, „SR 1 Europawelle" und „SR 3 Saarlandwelle", „hr XXL" „SDR 1", „SWF 1", „SWF 4" und „SWF 4" sowie „S4 Baden-Württemberg".[164] Beide Programme des DLR und alle Wellen von „DW-radio" sind werbefrei.

Die Folge dieser Werbebegrenzungen jedenfalls ist, dass die privaten Rundfunkanbieter den öffentlich-rechtlichen Sendern mit gezielten Dumpingpreisen vor 20 Uhr das Wasser abgraben, um in der *prime time* am Abend um so höhere Preise zu verlangen.[165] Von einer Auslastung der zur Verfügung stehenden Werbezeiten kann nicht die Rede sein, weshalb die ARD sich mehrfach zu Preissenkungen entschlossen hat. So musste die ARD ihren Tausender-Kontakt-Preis (TKP) im Zeitraum von nur fünf Jahren halbieren, um überhaupt noch wettbewerbsfähig zu sein.[166] Auffallend ist dabei, dass gerade die großen Privatsender „SAT.1" und „RTL" im Vorabendprogramm deutlich niedrigere TKP anbieten als in der Zeit nach 20 Uhr.

Mit Blick auf die Entwicklung des Werbemarktes lässt sich also resümieren, dass der öffentlich-rechtliche Rundfunk beträchtliche Anteile am Werbemarkt verloren hat und weiter verlieren wird.

Das in der früheren Fassung des RStV den Ministerpräsidenten eingeräumte Recht,[167] durch Beschluss etwa das Werbeverbot nach 20 Uhr aufzuheben, ist mit der Novellierung des Rundfunkstaatsvertrages 1991 entfallen. An seine Stelle ist nach § 17 RStV das Recht der *Länder* getreten, eine andere Gesamtdauer der Werbung zu vereinbaren oder tageszeitliche Begrenzungen aufzuheben, was nach herrschender Meinung nach verfassungskonformer Auslegung als Recht der *Gesetzgeber* aufgefasst wird.[168] Diese Möglichkeit besteht aber auf dem Weg der Novellierung des RStV ohnehin; die Norm ist folglich deklaratorischer Natur.

Für die Werbevermarktung unterhalten alle Landesrundfunkanstalten eigene, privatwirtschaftlich organisierte Werbegesellschaften, die in der zentralen Vermarktungseinheit „SALES & SERVICES" zusammengeschlossen sind. Zu den gemein-

---

163 Vgl. *Merten/Gansen/Götz*, Veränderungen im dualen Hörfunksystem., S. 11 f.
164 Quelle: ARD, vgl ABC der ARD, 2. Auflage; ARD-Jahrbuch 97, S. 290 ff; Ory, AfP 1987, 466 (470); siehe *Steinwärder*, Die Arbeitsgemeinschaft der öffentlich-rechtlichen Rundfunkanstalten der Bundesrepublik Deutschland, S. 163.
165 Vgl. *Berg*, MP 1995, 94.
166 Konferenz der ARD-Gremienvorsitzenden, MP 1995, 353.
167 Vgl. Art. 5 S. 2 i.V.m. Art. 3 Abs. 4 S. 3 RStV-1987.
168 *Ricker*, in: Ricker/Schiwy, Kap. C Rn. 81.

schaftlich wahrgenommenen Aufgaben gehören insbesondere die Gestaltung eines strukturell und inhaltlich harmonisierten Privatprogramms, die Entgegennahme von Werbeaufträgen und das Inkasso.[169]

4. Sonstige Einnahmen

Als dritte Finanzierungsquelle nennt § 12 Abs. 1 RStV die „sonstigen Einnahmen". Ausweislich der ARD-Finanzstatistik verbergen sich hinter diesem Posten, der immerhin 1996 einen Umfang von 1,2 Mrd. Mark hatte, Erträge aus Gewinnabführungsverträgen und Beteiligungen, aus Wertpapieren und Ausleihungen des Finanzanlagevermögens sowie Zinsen und ähnliche Erträge aus Geldanlagen. Die höchsten Einzelposten machen mit mehr als 680 Mio. Mark die Erträge aus Kostenerstattung und Konzessionsabgaben (worin allerdings Teile der Werbeeinnahmen enthalten sind) und mit mehr als 820 Mio. Mark die sonstigen betrieblichen Erträge aus.[170]

Hinter all den scheinbar nichtssagenden Haushaltsposten stehen nur wenig brisante Einnahmequellen, die mit dem Recht des öffentlich-rechtliche Rundfunks zusammenhängen, über einen Grundstock an so genannten fiskalischen Aktivitäten zu verfügen, ohne den die Anstalten ihre verfassungsmäßig zugewiesenen Aufgaben nicht zu erfüllen in der Lage sind.[171] So verbirgt sich etwa hinter den Erträgen aus Konzessionsabgaben der Verkauf von Film- und Senderechten zur Zweitverwertung an private Rundfunkanbieter im In- und Ausland. Sendungen und Filme, die im ARD-Programm bereits gelaufen sind und sich nicht für (weitere) Wiederholungen eignen, brauchen so nicht archiviert zu werden, sondern können zur Refinanzierung weitergegeben oder zur Finanzierung neuer Programme herangezogen werden.

Dazu kommen Einnahmen aus der Bereitstellung von technischen Einrichtungen wie Studios oder Übertragungskapazitäten an Dritte, zu denen haushaltstechnisch auch eigenen Tochtergesellschaften oder die jeweils anderen Landesrundfunkanstalten gerechnet werden.

Nicht zu vergessen sind schließlich die Gewinnabführungen etwa aus den Einnahmen der eigenverantworteten Programmzeitschriften, Einnahmen aus dem Weiterverkauf veralteter oder überholter technischer Geräte und dem Verkauf von Immobilien, Wertpapieren oder anderen nicht mehr benötigten Wirtschaftsgütern. Auch Einnahmen aus der Vermarktung von Lizenzrechten, vor allem im Bereich des *merchandising* tauchen in den Bilanzen unter der Rubrik sonstige Einnahmen auf. Sonstige Einnahmen sind aber auch die finanziellen Beiträge Dritter im Rahmen des *sponsoring*, das nach den Festlegungen der Länder im RStV nicht als Werbung gilt (§ 8 RStV), den Landesrundfunkanstalten aber werbeähnliche Hinweise auch nach 20 Uhr und am Wochenende ermöglicht.

---

169 *Herrmann*, Rundfunkrecht, § 15 Rn. 47.
170 ARD, ARD-Jahrbuch 97, S. 290.
171 Vgl. *Bethge*, JöR 35 (1986), 103 (112 f.)

5. Finanzkrise

Zur Mitte der 90er Jahre ist die ARD in die heftigste Finanzkrise ihrer Geschichte geraten, die zwar nicht gerade existenzbedrohlich war, die Gemeinschaft medienpolitisch aber in die Defensive gebracht hat, so daß Rufe nach Strukturreformen und Sparmaßnahmen laut wurden. Ohne eine umfassende strukturelle Reform schien die ARD kaum in der Lage sein, die erlittenen und anstehenden Verluste aufzufangen.

Allein im Jahr 1995 belief sich das Defizit der Landesrundfunkanstalten auf zusammengerechnet 45 Mio. Mark, 1996 machte es 73,2 Mio. Mark aus, nachdem anfangs ein 300-Mio.-Mark-Defizit einkalkuliert war. Die damals elf Landesrundfunkanstalten rechneten 1997 mit einem Fehlbetrag von 913,8 Mio. Mark für die Gebührenperiode bis zum Jahr 2000. Die Mittelfristige Finanzplanung der ARD für denselben Zeitraum war ein Jahr zuvor sogar von einem Deckungsdefizit von sage und schreibe 5,9 Mrd. Mark ausgegangen.[172]

Die Deckungslücken bei den einzelnen Landesrundfunkanstalten klaffen in Millionendimensionen: Dem BR fehlten 1996 fast 45,5 Mio. Mark, dem NDR 48,6 Mio. Mark, RB 12,2 Mio. Mark, dem SR 12,6 Mio. Mark und dem WDR 38,9 Mio. Mark. Die anderen Anstalten erwirtschafteten leichte Überschüsse.[173]

Die Ursachen für die finanziellen Schwierigkeiten wurden in unterschiedlichen Bereichen gesehen: Zum einen hat der öffentlich-rechtliche Rundfunk durch die neue Konkurrenzsituation mit den Privaten – wie bereits gezeigt – mehr als die Hälfte seiner Werbeeinnahmen eingebüßt. Am Boom der Fernsehwerbung zwischen 1985 und 1995 konnte die ARD nicht einmal unterproportional teilhaben.[174] Inzwischen ist der in den letzten Jahren explosionsartig gewachsene Rundfunkwerbemarkt längst an seine Grenzen gestoßen. Langfristig dürfte er noch nicht einmal ausreichen, die heute in Deutschland existierenden werbefinanzierten Programme zu tragen, geschweige denn die finanziellen Turbulenzen von ARD und ZDF abzuschwächen.[175]

Auf der anderen Seite stellte sich ein erheblich gestiegener Finanzbedarf als Folge des publizistischen Wettbewerbes mit den privaten Rundfunkanbietern heraus. In vielen Bereichen musste die ARD zudem ihr Programm an die massenattraktive Programmkultur der Privaten angleichen, um durch höhere Einschaltquoten attraktiver für die Werbewirtschaft zu sein. Gerade die Produktion von qualitativ hochwertiger Unterhaltung für das Erste Programm ist mit 10.428 Mark (5331 €) pro Programmminute ungleich teurer als etwa die Herstellung einer politischen Informationssendung mit durchschnittlich 4013 Mark (2052 €) pro Minute. Ein Fernsehspiel kostet sogar 20.286 Mark (10.372 €) pro Minute.[176]

---

172 FAZ Nr. 235/1994 v. 10.10.1994, S. 15; FK Nr. 48/1995, S. 11 f.; FK Nr. 3/1996, S. 10; FK Nr. 24/1997, S. 7; ARD-Jahrbuch 97, S. 290 f.; ARD-Jahrbuch 96, S. 142.
173 Quelle: ARD, ARD-Jahrbuch 97, S. 290 ff.
174 Vgl. BVerfGE 90, 60 (101); *Berg*, MP 1995, 94; siehe oben § 2 B.VI.3. (S. 56).
175 *Zimmer*, MP 1996, 386.
176 Quelle: ARD, siehe Finanzstatistik 95 der ARD, Tabelle 40; siehe Abbildung 4 (Anhang, S. 459.)

Außerdem muss die ARD erhebliche Preissteigerungen verkraften, weil die Kosten für Rechte und die Verpflichtung von Stars infolge der gestiegenen Nachfrage im Wettbewerb sprunghaft angestiegen sind.[177] Als gutes Beispiel für die Preissteigerungen dienen die Kosten für Sportübertragungsrechte. So hat Medienmogul Leo *Kirch* für die Rechte der Fußballweltmeisterschaften 2002 und 2006 rund 3,4 Mrd. Mark (1,74 Mrd. €) bezahlt.[178] Zwischen 1980 und 1996 stiegen die Rechtekosten der Olympischen Sommerspiele allein für die europäischen Rundfunkstationen auf das 41fache. Die Fußball-Europameisterschaft wird 2000 das 44fache von 1980 kosten.[179]

Die ARD selbst hat die rundfunkspezifische Teuerungsrate 1997 auf 5,3 Prozent beziffert, also deutlich über der allgemeinen Teuerungsrate, die derzeit unter zwei Prozent angesiedelt ist. Außerdem rechnet die ARD mit einem Anstieg der Personalkosten um 3,64 Prozent für das Jahr 2000. Die Sachkosten sollen jährlich um zwei Prozent und der Investitionszuwachs um 7,5 Prozent steigen.[180]

Außerdem musste die ARD erkennen, dass sie mit veralteten und zum Teil verkrusteten Strukturen zu kämpfen hatte. An vielen Stellen entstanden und entstehen noch immer Reibungsverluste, die nicht nötig sind und verhindert werden können. 40 Jahre halbstaatliche Monopolstellung haben ihre Spuren hinterlassen.

Die Folge dieser Finanzkrise in der ARD waren einschneidende Spar- und Rationalisierungsmaßnahmen bei den Landesrundfunkanstalten in den beiden zurückliegenden Gebührenperioden. Dass wie bei anderen öffentlich-rechtlichen Einrichtungen ein Ausweitungsinteresse besteht und Rationalisierungsmöglichkeiten nicht immer genutzt werden, haben die Anstalten letztlich selbst bewiesen. Immerhin haben sie es so geschafft, in kurzer Zeit von ihrem ungeheuren Finanzvolumen von jährlich über acht Mrd. Mark (rund 5,5 Mrd. €) Milliardensummen einzusparen. Allein in der Gebührenperiode 1992 bis 1996 hat die ARD in ihren „Wirtschaftlichkeits-, Spar- und Rationalisierungspaketen I und II" und darüber hinausgehenden Rationalisierungsmaßnahmen über 3,5 Mrd. Mark (1,8 Mrd. €) eingespart, also etwa 700 Mio. Mark (360 Mio. €) jährlich. Fast die Hälfte davon entfiel auf den Programm- und Sachkostenbereich, ein Viertel konnte im Personalsektor eingespart werden. In der laufenden Gebührenperiode zwischen 1997 und 2000 will die ARD mit dem „Rationalisierungspaket III" noch einmal um mehr als 1,4 Mrd. Mark (715 Mio. €) kürzertreten, so dass sich insgesamt ein Einsparungsvolumen von 8 Mrd. Mark (4,1 Mrd. €) ergibt.[181] Nach Berechnungen des Institutes der deutschen Wirtschaft hat die ARD zwischen 1992 und 1997 rund 1000 Stellen gestrichen – etwa jede dreißigste.[182] Diese Zahl gewinnt an Bedeutung, weil im gleichen Zeitraum die ostdeutschen Anstalten MDR,

---

177 Vgl. BVerfGE 90, 60 (101); *Berg*, MP 1995, 94.
178 Siehe Der Spiegel, Nr. 29/1996, S. 22 (23); *Kleinsteuer/Rosenbach*, RuF 1998, S 24 (47).
179 So *Buchwald*, Journalist Sonderausgabe zu Nr. 12/1999, S. 50 (60)
180 Vgl. FK Nr. 24/1997, S. 7 (8).
181 Quelle: ARD, in: MDR ONLINE, vgl. Presseinformation Nr. 12/98 v. 17.21998, im Internet abrufbar unter http://www.mdr.de/ardpresse/ard9812.htm; KEF, 10. Bericht, Tz. 69; vgl. auch ARD-Jahrbuch 96, S. 142; FK Nr. 48/1995, S. 11 (12); *Weinmann*, ARD-Jahrbuch 96, S. 66 (67 f.)
182 Siehe Hamburger Abendblatt Nr. 72/1998 v. 26.3.1998, S. 11.

ORB und der mecklenburg-vorpommernsche Teil des NDR mit rund 2600 Stellen zum Gesamtstellenplan der ARD hinzugekommen sind. Inzwischen ist es zu einem Produktivitätsanstieg von mehr als 28 Prozent gekommen. Der Trend konnte also umgekehrt werden. Der SWF beispielsweise hatte 1997, im Jahr vor der Fusion mit dem SDR erstmals seit fünf Jahren wieder einen Gewinn eingespielt.[183] Das DLR macht sich bemerkbar und forderte einen höheren Anteile an den Gebühren.[184] Die Zeiten der Finanzknappheit scheinen bereits wieder zu Ende zu gehen. Die Finanzstatistiken der Rundfunkanstalten für das Jahr 1997 weisen demzufolge bereits für alle Mitglieder der ARD Überschüsse aus.[185] Die ARD wird nach Angaben des MDR-Intendanten Udo *Reiter* langfristig mit einem ausgeglichenen Ergebnis abschließen können.[186]

Noch optimistischer ist die KEF, die für die laufende Gebührenperiode bereits einen Überschuss von 809,8 Mio. Mark (414 Mio. €) prognostiziert.[187] Das hat die ARD – Ironie der Umbruchstimmung – allerdings heftig bestritten und betont, noch lange nicht am Ende der Finanzkrise angekommen zu sein. Bis Ende 2000 erwartet die Gemeinschaft unter dem Strich allenfalls eine ausgeglichene Bilanz.[188]

VII. Programmstruktur

Insgesamt bieten sich den Rezipienten zur Zeit, wenn man alles zusammenzählt, genau 97 Hörfunkprogramme[189] und 20 analoge Fernsehprogramme[190]. 1979 existierten in der Spätzeit des öffentlich-rechtlichen Rundfunkmonopols gerade einmal sechs Fernseh- und 25 Hörfunkstationen.[191] Im Vergleich dazu muten die genannten aktuellen Zahlen gigantisch an. Allerdings soll schon hier vorweggenommen werden, dass die hohe Zahl nur zusammenkommt, wenn alle Auslands-, Lokal-, und Ergänzungsprogramme in die Rechnung mit einbezogen werden. Schon ohne die 35 Wellen von „DW-radio" relativiert sich das Bild also. Ohnehin ist es heute schon nicht mehr sinnvoll, alte Rechnungen zu aktualisieren, weil viele Programme einfach nur die Sendungen anderer Wellen übernehmen, neu aufbereiten oder durchmischen. Es kommt vielmehr auf eine genaue Betrachtung der Programmstruktur an.

---

183 21 Mio. Mark, vgl. FK Nr. 44/1996, S. 13.
184 Siehe FK Nr. 18/1997, S. 15.
185 Siehe ARD-Jahrbuch 98, S. 330 ff.
186 Quelle: ARD in MDR ONLINE, siehe Presseinformation Nr. 19/1998 vom 1.4.1998, abrufbar im Internet unter http://www.mdr.de/service/presse/ard/ard1998.html; vgl. epd/Kirche und Rundfunk Nr. 11-12/1994, S. 18.
187 Siehe Journalist Nr. 3/1998, S. 6; *Bahrmann*, Hamburger Abendblatt Nr. 80/1998 v. 4./5.4.1998, S.8; Journalist Nr. 5/1998, S. 6.
188 Siehe *Karepin*, Journalist Nr. 6/1998, S. 32.
189 Siehe Übersicht 1, Anhang, S. 464 ff.
190 Siehe Übersicht 2, Anhang, S. 467.
191 Vgl. *von Sell*, in: ARD – im Gespräch, S. 5 (6).

1. Bundesweite Gemeinschaftsprogramme

Die Landesrundfunkanstalten bieten derzeit zusammengerechnet – zum Teil als Gemeinschaft oder in Kooperation mit dem ZDF und ausländischen Partnern – sieben konventionelle Fernsehprogramme und ein digitales Programmbouquet an.

a. Erstes Deutsches Fernsehen

Bereits seit dem 1.11.1954 betreiben die Landesrundfunkanstalten auf der Grundlage des „Fernsehvertrages v. 27. März 1953" (ARD-FernsehV)[192] ein Gemeinschaftsprogramm, das sich – zunächst unter dem Namen „Deutsches Fernsehen", seit 1984 als „Erstes Deutsches Fernsehen" oder kurz „Das Erste" – aus Gemeinschaftssendungen und alleinverantworteten Beiträgen der Mitgliedsanstalten, den so genannten „Anstaltsbeiträgen", zusammensetzt. Gerade durch die Veranstaltung eines einheitlichen ARD-Fernsehprogrammes, das bundesweit ausgestrahlt wird, wird die ARD in besonderer Weise geprägt.[193] Die Bevölkerung spricht vom „ARD-Programm" im Kontrast zu anderen Programmen. Das „Erste" ist für die ARD identitätsstiftend.[194]

Dieses Programm umfasste anfangs gerade einmal zwei Stunden am Abend, wurde über die Jahre aber sukzessive ausgeweitet, indem zunächst auch Nachmittagssendungen, seit dem Ende der 50er Jahre dann auch ein Vorabendprogramm ausgestrahlt wurden. Anfang der 60er Jahre traten das Vormittagsprogramm und Ende der 80er Jahre das Mittagsmagazin hinzu. Die letzte größere Ausweitung ergab sich 1993 durch das Morgenmagazin.[195]

„Das Erste" ist nunmehr ein Vollprogramm mit einem täglichen Sendevolumen von brutto 24 Stunden täglich, rechnet man das regionale Vorabendprogramm, die nächtlichen Schleifen und Wiederholungen sowie die Reste des mit dem ZDF veranstalteten Vormittagsprogramms in Form des „Morgenmagazins" und des „Mittagsmagazins" mit ein, wobei die durchschnittliche originäre Sendeleistung von der ARD mit jetzt 17 Stunden und 23 Minuten beziffert wird.[196] Seit 1997 unterhält die Gemeinschaft nämlich ein eigenes Vormittagsprogramm, weil das ZDF den Vertrag über das bis dahin gemeinsame Frühstücksfernsehen kündigte. Von der Zusammenarbeit mit dem ZDF, die ursprünglich die morgentliche Tageszeitlücke im Programm geschlossen hat, ist soeben nur noch das gemeinsame Morgen- und Mittagsmagazin verblieben.[197]

Das „Erste" ist ein umfassendes und vielseitiges Fernsehangebot für alle Zuschauer, das von regelmäßigen Nachrichten und Sportsendungen bis zur Unterhal-

---

192 In der Fassung vom 26./27.11.1991, abgedr. bei *Ring*, Medienrecht, C-V 3.1.
193 So *Herrmann*, Rundfunkrecht, § 16 Rn. 12.
194 *Steinwärder*, Die Arbeitsgemeinschaft der öffentlich-rechtlichen Rundfunkanstalten der Bundesrepublik Deutschland, S. 103.
195 *Kops*, in: Kops/Sieben, S.21 (33).
196 Stand 1997, Quelle: ARD, ARD-Jahrbuch 98, S. 396.
197 *Bahrmann*, Hamburger Abendblatt Nr. 80/1998 v. 4./5.4.1998, S. 8; siehe auch ARD-Jahrbuch 97, S. 192.; *Krüger*, MP 1996, 418 (419).

tungsshow, von zeitkritischen Magazinen und Kultursendungen bis zu *soap operas* reicht.[198] Das Programmprofil ist stark von Informationsangeboten geprägt; an zweiter Stelle rangieren Fictionangebote. Das restliche Programm verteilt sich auf nonfiktionale Unterhaltung, Kinder- und Jugendsendungen, Musik und Sport.[199] Es ist als einziges ARD-Programm grundsätzlich kein „Wiederholungssender", d. h. in das Programm werden grundsätzlich keine Sendungen aufgenommen, die zuvor bereits in einem anderen Kanal gelaufen sind.[200] Auch liegt der Anteil der internen Wiederholungen im „Ersten" liegt bei 38,1 Prozent, was im Vergleich mit anderen Programmangeboten sehr niedrig und aus finanziellen und programminhaltlichen Gründen notwendig ist.[201]

Da es sich bei der ARD um eine Gemeinschaft handelt, werden die Interessen der Landesrundfunkanstalten und der regionale Aspekt im Gemeinschaftsprogramm besonders berücksichtigt. Diesem Interesse der föderalen Vielfalt wird durch die Unterteilung des Vorabendprogramms in zehn regionale Fenster der einzelnen Landesrundfunkanstalten Rechnung getragen, wobei ORB und SFB miteinander kooperieren.[202] Hier ist die ARD aber 1993, wie Programmdirektor *Struve* meint, durch die „volle Harmonisierung" und der damit verbundenen neuen Programmstruktur und der Einrichtung einer Gemeinschaftsredaktion Vorabend zum ersten Mal auf einer breiten Programmfläche „über ihren föderativen Schatten gesprungen". Seitdem dominieren Unterhaltungssendungen, Familienserien und *daily soaps* das Vorabendprogramm.[203] Dieses beginnt werktäglich um 17.43 Uhr und endet um 19.59:50 Uhr. Es besteht aus jeweils vier Programmblöcken à 25 Minuten, die von allen Landesrundfunkanstalten für ihre Werbetöchter dezentral, aber einheitlich ausgestrahlt werden. Zwischen den Programmen werden regionale An- und Abmoderationen und mehrere Blöcke Werbung ausgestrahlt. Die erforderlichen Produktionen werden von den Werbetöchtern nach einem bestimmten Programmbeitragsschlüssel bereitgestellt oder finanziert.[204]

Außerdem ist es ein Ausdruck des Föderalismus in der ARD, dass alle Landesrundfunkanstalten neben den Gemeinschaftssendungen ihren Anteil am Gesamtprogramm in Form von so genannten Anstaltsbeiträgen zuliefern. Der Anteil von eigenproduzierten Zulieferungen der Landesrundfunkanstalten am Programmangebot des „Ersten" beläuft sich nach Angaben der ARD auf mehr als 50 Prozent.[205] Davon haben die Landesrundfunkanstalten nach Ziffer 5 FernsehV folgende Pflichtanteile zum Gemeinschaftsprogramm beizutragen: WDR 22 Prozent, SWR 16,75 Prozent, NDR

---

198 Vgl. ARD, ABC der ARD, 2. Auflage, S. 53 f.
199 *Krüger*, MP 1996, 418 (431).
200 So der Leiter der NDR-Intendanz Holger *Ohmstedt* in einem Gespräch am 19.5.1998 in Hamburg (nicht veröffentlicht).
201 *Krüger*, MP 1996, 418 (419); ARD-Jahrbuch 98, S. 396 f.; *Struve*, ARD-Jahrbuch 94, S. 21 (28).
202 Vgl. ARD-Jahrbuch 97, S. 192.
203 *Struve*, ARD-Jahrbuch 94, S. 21 (25 f).
204 *Werner*, ARD-Jahrbuch 93, S. 39 ff.; *Struve*, ARD-Jahrbuch 97, S. 25; *Herrmann*, Rundfunkrecht, § 15 Rn. 47.
205 Quelle: ARD, vgl. FK Nr. 5/1995, S. 42.

16,25 Prozent, BR 14,5 Prozent, HR sieben Prozent, SFB 4,25 Prozent, ORB 2,75 Prozent sowie Radio Bremen und SR jeweils 2,5 Prozent. Der MDR beteiligte sich nach seinem Beitritt zur ARD zunächst mit fünf Prozent am „Ersten" und liefert mittlerweile 11,5 Prozent zum Gemeinschaftsprogramm.[206] Die DW ist am „Ersten" nicht beteiligt. Diese prozentuale Aufteilung gilt für das Gesamtprogramm, ist jedoch jeweils auch für die einzelnen Programmressorts „Politik", „Gesellschaft und Kultur", „musikalische Sendungen", „Familienprogramme", „kirchliche Sendungen", „Sport", „Fernsehspiel", „Spielfilm", „Unterhaltung" sowie „Bildung und Beratung" einzuhalten (Ziffer 5 ARD-FernsehV), ebenso für die zeitlichen Rubriken.[207] *Struve* beschreibt, dass diese Quotierung zu Zeiten des öffentlich-rechtlichen Rundfunkmonopols das oberste Gebot der Programmgestaltung war. Das habe sich aber unter dem Druck der Liberalisierung des Rundfunkmarktes geändert. Mittlerweile gehe es nicht mehr darum, die vorgeschriebenen Quoten zu erfüllen, vielmehr müsse sich das Beste durchsetzen.[208] Jedenfalls trägt jede Landesrundfunkanstalt nach Ziffer 9 FernsehV die Kosten ihres Pflichtanteils selbst.

Neben diesen Anstaltsbeiträgen erbringen die Landesrundfunkanstalten je nach der Aufgabenzuweisung besondere „Gemeinschaftssendungen", die von einer bestimmten Anstalt produziert und deren Kosten gemäß § 15 RFinStV auf alle umgelegt werden, z. B. ARD-aktuell mit „Tagesschau" und „Tagesthemen", „Wochenspiegel", „Wetterkarte" oder die „Sportschau".[209]

b. 3sat und arte

Die ARD-Anstalten beteiligen sich außerdem auf der Grundlage von § 19 RStV an zwei internationalen Gemeinschafts-Fernsehprogrammen: Zusammen mit dem Österreichischen Rundfunk (ORF), der Schweizerischen Radio- und Fernsehgesellschaft (SRG) und dem ZDF betreibt sie das deutschsprachige Programm „3-sat-Satellitenfernsehen des deutschen Sprachraums ZDF – ORF – SRG – ARD" („3sat"). Zusammen mit dem ZDF und dem französischen Partner La Sept-ARTE unterhält sie das kultur- und kunstorientierte Satellitenfernsehprogramm „arte". Die Landesrundfunkanstalten und das ZDF unterhalten zu diesem Zweck die „ARTE Deutschland TV GmbH".[210]

Der europäische Kulturkanal **arte** ist seit dem 31. Mai 1992 auf Sendung. Ins Leben gerufen durch eine vor allem politisch motivierte deutsch-französische Initiative,

---

206 *Kresse*, Die Rundfunkordnung in den neuen Bundesländern, Tz. 193; eine Übersicht über den kontinuierlichen Anstieg der MDR-Anteile findet man im ARD-Jahrbuch 93, S. 370.
207 *Herrmann*, Rundfunkrecht, § 16 Rn. 30.
208 *Struve*, ARD-Jahrbuch 94, S. 21 (27).
209 Siehe dazu oben die Ausführungen zum „Stillen Finanzausgleich"; § 2 B.VI.2. (S. 54).
210 Was als Kurzform für *association relative à la télévision Européenne* steht und eine Ableitung des lateinischen Wortes *ars* (dtsch. Kunst) ist.

kämpft der Sender seitdem um den Beweis, nicht nur als Institution zu existieren, sondern sich auch in die Rezeptionsgewohnheiten beider Staatsvölker zu senden.[211]

Das im Zweikanalton ausgestrahlte zweisprachige „arte"-Programm, das täglich von 17 bis 1 Uhr zu sehen ist, ist thematisch eng begrenzt und richtet sich mit qualitätsvollen Dokumentationen, Fernsehspielen, Filmen, Musik- und Theatersendungen an ein kulturell interessiertes Publikum.[212] Die Programmphilosophie von „arte" wurde bewusst europäisch ausgelegt. Art. 2 des Gründungsvertrages von „arte" schreibt vor, dass die Fernsehsendungen so zu konzipieren sind, dass sie in einem umfassenden Sinne kulturellen und internationalen Charakter haben und geeignet sind, das Verständnis und die Annäherung der Völker in Europa zu fördern. Dafür wird ein Großteil der ausgestrahlten Sendungen von den Gesellschaftern in Deutschland und Frankreich zugeliefert. Durch die gegenseitige Befruchtung und Verquickung zweier Kulturen soll so ein originelles europäisches Programm zustande kommen, ohne nationale Bezugspunkte aufzugeben. Zu diesem Zweck wird das Programm in einer deutschen und einer französischen Sprachversion simultan in mehrere Länder ausgestrahlt.[213] In Deutschland haben „arte" und der „Kinderkanal" eine Partagierung vereinbart, die sowohl bei der Satellitenübertragung als auch bei der Einspeisung in die Kabelanlagen eingehalten wird: Bis 20 Uhr sendet der „Kinderkanal", danach ist „arte" am Zuge.

Auch **3sat** wurde zunächst als Satelliten-Fernseh-Kulturprogramm des deutschen Sprachraums angesehen; ursprünglich waren ORF, SRG und ZDF die Betreiber (Dezember 1984 bis November 1993). Zum 1. Dezember 1993 traten nach der Einstellung des ARD-Satelliten-Programms „EINS PLUS" auch die Landesrundfunkanstalten in „3sat" ein. Seitdem wird das Programm von der ARD selbst als „Vollprogramm mit kulturellem Schwerpunkt" bezeichnet.[214] Information und Kunst sind weiterhin die Hauptbestandteile des neuen Programmschemas. Dazu kommen seit 1993 Magazine, Sport und Musik, ein fester Sendeplatz für Kleinkunst und Satire, ein Kinderprogramm am Nachmittag sowie anspruchsvolle Spiel- und Fernsehfilme. Das Sendevolumen beträgt 15 Stunden täglich. Die ARD und ZDF liefern jeweils 30 Prozent des Programms, das ORF 28 Prozent und die SRG zwölf Prozent.[215]

Die Rechtsgrundlage ist der 3sat-Vertrag vom 8. Juli 1993.[216] Die Federführung auf Seiten der ARD liegt beim SWR, der auch den stellvertretenden Koordinator des Gesamtprogramms stellt.

---

211 *Schroeder*, MP 1996, 93.
212 *Bleckmann/Pieper/Erberich*, Öffentlich-rechtliche Spartenprogramme als Bestandteil der Grundversorgung, S. 15; ARD, ABC der ARD, 2. Auflage, S. 19.
213 *Schroeder*, MP 1996, 93.
214 *Herrmann*, Rundfunkrecht, § 16 Rn. 40; ARD, ABC der ARD, 2. Auflage, S. 47.
215 ARD, ABC der ARD, 2. Auflage, S. 47.
216 Abgedr. im ARD-Jahrbuch 93, S. 382 ff.

c. PHOENIX und Kinderkanal

ARD und ZDF haben 1997 zwei gemeinsame Spartenprogramme eingerichtet: den „Kinderkanal" und „PHOENIX". Ihre rechtliche Grundlage haben beide im 3. Rundfunkänderungsstaatsvertrag von August 1996, der ARD und ZDF die Veranstaltung von zwei derartigen zusätzlichen Spartenkanälen gestattet.[217]

Der öffentlich-rechtliche Spartenkanal **PHOENIX** ist seit dem 7. April 1997 auf Sendung. Das non-fiktionale Programm ist an ein informationsinteressiertes Publikum gerichtet.[218] Die Federführung für den „Ereignis- und Parlamentskanal" liegt beim WDR in Köln. Nach dem Umzug des ZDF in das Hauptstadtstudio nach Berlin ist „PHOENIX" im Gebäude des jetzigen ZDF-Studios in Bonn angesiedelt, das dann gemeinsam vom ZDF und dem WDR unterhalten wird.[219]

Das Programm von „PHOENIX" umfasst drei Schwerpunkte: Ereignisübertragung (43 % der Sendezeit), Dokumentationen (36 %) und Gesprächssendungen (14 %).[220] Der Sender hat dabei die Aufgabe, mit Dokumentationen, Live-Übertragungen, Reportagen und Features den Hintergrund gesellschaftspolitischer Ereignisse zu beleuchten und „das ganze Bild" zu vermitteln. Parlamentsdebatten und andere Ereignisse im In- und Ausland sollen dokumentiert, aber nicht kommentiert werden. Bei „PHOENIX" handelt es sich also um ein neues Programmangebot, das es bisher in dieser Form weder bei privaten noch bei öffentlich-rechtlichen Anstalten gab. Das Programm soll Hintergründe erhellen und Zusammenhänge darstellen. Zugleich soll das es den demokratischen Parlamentarismus und die europäische Integration fördern.[221]

Schon sehr früh gab es parallel zur Planung des Dokumentationskanals in der ARD Überlegungen, vor dem Hintergrund der ständig steigenden Zuwendung des kindlichen TV-Publikums zu privaten Programmen einen gewalt- und werbefreien öffentlich-rechtlichen Kinderkanal für die Drei- bis 13jährigen anzubieten.[222] Ziel des Kinderkanals ist es, ein solches Kinderfernsehen zu veranstalten und somit ein medienpädagogisches und medienpolitisches Zeichen zu setzen. „Der Kinderkanal" (KiKa) hat werktags eine Sendezeit von 8 bis 19 Uhr und am Wochenenden von 6 bis 19 Uhr, pro Woche also 81 Stunden Kinderfernsehen. In dieser Zeit soll das Programm nach § 2 Abs. 1 der Verwaltungsvereinbarung zwischen den Kooperationspartner (KiKa-VwVeinb) informierende, bildende, beratende und unterhaltende Sendungen enthalten. Mit dabei sind die aus ARD und ZDF bekannten Galionsfiguren des Kinderprogramms: „Die Sendung mit der Maus", „Löwenzahn", „Käpt'n Blaubär"

---

217 Durch den 3. Rundfunkänderungsstaatsvertrag wurde der neue § 19 Abs. 2 in den RStV eingeführt.
218 *Betz*, MP 1997, 2 (5); siehe FK Nr. 18/1997, S. 13.
219 *Radke*, MP 1997, 206.
220 Zahlen nach dem PHOENIX-Programmgeschäftsführer *Radke*, MP 1997, 206 (207), der allerdings nicht angibt, was die restlichen 7 % ausmacht.
221 Vgl. *Radke*, ARD-Jahrbuch 97, S. 67 ff.; ARD/ZDF-Videotext, S. 650; ein Programmschema findet sich in: FK Dok. Nr. 15/1997, S. 40.
222 Ein guter Überblick über die öffentliche Diskussion um die Einführung des Kinderkanals findet sich bei *Oberst*, MP 1997, 23 ff.

oder „Pumuckl".[223] Dazu kommen spezielle Informations- und Nachrichtensendungen für Kinder. Das Programmschema folgt einer empirisch nachgewiesenen Tagesnutzung von Kindern. Gleichzeitig folgt er mit Kontinuität, Verlässlichkeit thematischer Begrenzung und Redundanz einer klassischen Spartenkanalphilosophie.[224]

Die Federführung liegt beim MDR, Sitz des Senders ist Erfurt. In der Programmrealität haben sich zahlreiche Kooperationen mit den Kinderredaktionen der Landesrundfunkanstalten und des ZDF ergeben. Ein Teil des Programms wird entsprechend ihren Finanzierungsanteilen direkt von den Anstalten kosten- und rechtefrei zugeliefert, im Anteil von 29 Stunden wöchentlich sind Archivbestände (§§ 2 Abs. 2, 7 Abs. 2 KiKa-VwVeinb). Läuft im „Ersten" oder im ZDF großflächiges Kinderprogramm, etwa an Wochenenden, schaltet sich der „Kinderkanal" auf; das Vormittagsprogramm der ARD und das des „Kinderkanals" am Wochenende sind identisch.[225]

Der Erfolg des „Kinderkanals" spricht für sich. Bereits ein halbes Jahr nach dem Sendestart erreichte das Programm bei den Kindern einen Marktanteil von 9,9 Prozent, im Dezember 1997 lag dieser Wert schon bei 12,5 Prozent.[226]

Nach Auffassung der ARD haben „PHOENIX" und der „Kinderkanal" einen gesetzlichen Anspruch darauf, in alle Kabelnetze eingespeist zu werden.[227] In Deutschland haben der „Kinderkanal" und „arte" allerdings eine Partagierung vereinbart, die sowohl bei der Satellitenübertragung als auch bei der Einspeisung in die Kabelanlagen eingehalten wird: Bis 20 Uhr sendet der „Kinderkanal", danach ist „arte" am Zuge.

d. ARD DIGITAL

Zur Internationalen Funkausstellung 1997 in Berlin ging die ARD mit einem neuen Programmangebot auf Sendung: „ARD DIGITAL". Damit beteiligt sich die Gemeinschaft an der Pionierarbeit im Rahmen der Pilotprojekte im *digital video broadcasting* (DVB) in Deutschland. Sie können so von der noch geringen Zahl digitaler Decoder, der „Set-Top-Box", frei und kostenlos empfangen werden.[228]

Das Programmangebot in „ARD DIGITAL" setzt sich zusammen aus den konventionellen TV-Wellen der ARD im Simulcast-Betrieb – also dem „Ersten", den zehn Dritten, „PHOENIX", dem „Kinderkanal", „3sat" und „arte" – sowie einem speziellen Digital-Bouquet. Dieses Bouquet umfasst drei Komponenten: **EinsMUXx** (einer zeitversetzten Ausgabe des „Ersten" in gegenüber dem konventionellen Programm

---

223 *Oberst*, MP 1997, 23 (25); Programmkommission des ARD/ZDF-Kinderkanals, MP 1997, 17.
224 Programmkommission des ARD/ZDF-Kinderkanals, MP 1997, 17 (19).
225 *Schäfer*, ARD-Jahrbuch 97, S. 57 (61 ff.); Programmkommission des ARD/ZDF-Kinderkanals, MP 1997, 17 (19 f.).
226 *Feierabend/Klingler*, MP 1998, 167 (173).
227 FK Nr. 18/1997, S. 13; *Reiter*, ARD-Jahrbuch 97, S. 15 (16).
228 Vgl. *Albrecht*, ARD-Jahrbuch 97, S. 49 (51); ders. MP 1997, 415; FK Nr. 24/1996, S. 13 f; FK Nr. 13-14/1997, S. 14 f.

zum Teil spiegelbildlicher Abfolge, so dass digital beispielsweise Unterhaltungssendungen zu sehen sind, während im analogen Programm Informationssendungen angeboten werden), aus **Eins Extra** (einem Informationsangebot, in dem im wesentlichen die „Tagesschau", „Brennpunkte" oder andere aktuelle Informationssendungen in einer 135minütigen Schleife ausgestrahlt werden) und aus **Eins Festival** (eine vier- bis fünfstündige Programmschleife, in der jeweils drei erfolgreiche Spielfilm oder Episoden von Fernsehserien aus ARD-Produktion wiederholt werden). Dazu kommen eine Reihe digitaler Angebote wie der ARD-Online-Dienst und mittlerweile 19 ARD-Hörfunkprogramme, die das Angebot abrunden sollen.[229]

Für eine inhaltliche Programmvernetzung sorgt ein elektronischer Programmführer (*electronic programme guide* / EPG), um die traditionellen und die eigens für das digitale Fernsehen entwickelten Angebote so miteinander querzuverbinden, dass sich die Auswahl- und Kombinationsmöglichkeiten für die Zuschauer erhöhen. Ein Merkmal des EPG ist die so genannte Lesezeichenfunktion, mit der der Zuschauer Beiträge markieren kann, die ihn besonders interessieren. Der EPG zeigt daraufhin weitere Sendungen aus der ARD-Programmfamilie an, die zum angewählten Thema Zusatzinformationen enthalten, bzw. sich gleichen oder ähnlichen Inhalten zuwenden.[230] Die Strategie der ARD in der digitalen Fernsehwelt ist also auf eine Vernetzung der Programmangebote gerichtet, während gerade die privaten Anbieter auf eine Versparung setzen.[231]

e. Deutschlandradio

Wie bereits erwähnt nimmt das Deutschlandradio (DLR) eine Sonderrolle innerhalb des öffentlich-rechtlichen Rundfunks ein.[232] Die Körperschaft, deren Träger ARD und ZDF sind, hat mit Jahresbeginn 1994 seine Sendetätigkeit aufgenommen hat, und sendet zwei *bundesweite* Hörfunkprogramme: zum einen das „Deutschland-Radio Berlin", das in der Tradition des früheren „Rundfunks im amerikanischen Sektor" (RIAS) und des 1990 im Zuge der Abwicklung des Rundfunks der DDR entstandenen „Deutschlandsender Kultur" (DS Kultur) steht, und zum anderen den „Deutschlandfunk", dessen Sitz Köln ist.[233]

Da das DLR zwar in der Trägerschaft von ARD und ZDF steht, aber eine selbständige Körperschaft ist, handelt es sich bei beiden Programmen nicht um klassische Kooperationsprogramme von ARD und ZDF; mit dem „Kinderkanal" und „PHOENIX" sind sie also nicht zu vergleichen. Gleichwohl ist die Körperschaft staatsver-

---

229 *Albrecht*, MP 1997, 415 f.; siehe auch FAZ Nr. 100/1998 v. 30.4.1998, S. 42; ARD-Jahrbuch 97, S. 128 (134); FK Nr. 26-27/1996, S. 8. *Steinwärder*, Die Arbeitsgemeinschaft der öffentlich-rechtlichen Rundfunkanstalten der Bundesrepublik Deutschland, S. 147. Zu den Profilen der angesprochenen Hörfunksender siehe unten § 2 B.VII.2.d. (S. 73 ff.); siehe Übersicht 1, Anhang, S. 464.
230 *Albrecht*, ARD-Jahrbuch 97, S. 49 (52); *Koschnik*, Journalist Nr. 12/1997, S. 55 ff.
231 Vgl. ARD-Jahrbuch 97, S. 128 (134); *Albrecht*, MP 1997, 415 ff.
232 Siehe § 2 A.I. (S. 31 f.).
233 Siehe Presseinformation DeutschlandRadio, Die zwei Programme; vgl. *Meyn*, Massenmedien in der Bundesrepublik Deutschland, Tz. 7.1.2. (S. 120 f.)

traglich verpflichtet, eng mit ihren Mitgliedern zusammenzuarbeiten, was bis hin zur Koproduktion von Programmen und zur Übernahme von Wort- und Musikbeträgen geht.[234]

Der „Deutschlandfunk" ist ein bundesweites werbefreies Informationsprogramm mit 75 bis 80 Prozent Wortanteil. Im Programm sind Informationen aus Politik, Wirtschaft und Kultur. Der Schwerpunkt liegt auf der Nachrichtenberichterstattung. Das „DeutschlandRadio Berlin" bezeichnet sich als werbefreies Informations- und Kulturprogramm, das aber einen höheren Musik- und Literaturanteil aufweist und außerdem ein ausgeprägte Kinderprogramm anbietet.[235]

2. Programmtätigkeit der einzelnen Anstalten

Abgesehen von den bundesweiten Gemeinschaftsprogrammen der ARD veranstalten die Mitgliedsanstalten zahlreiche eigene Fernsehprogramme und Hörfunkwellen – mehrere davon aufgrund bi- und trilateraler Kooperationsabkommen zwischen den Landesrundfunkanstalten.

a. Die Dritten Fernsehprogramme

Die Bestrebungen der ARD, neben dem Gemeinschaftsprogramm ein weiteres Fernsehprogramm als Vollprogramm zu betreiben, reichen bis in das Jahr 1956 zurück. Sie scheiterten jedoch an der Versagung der Frequenzzuteilung durch das Bundespostministerium und letztlich auch an der Gründung des ZDF. Die ARD-Anstalten steuerten deshalb auf zusätzliche regionale Sendungen im Rahmen von dritten Fernsehprogrammen zu.[236]

Als erste Rundfunkanstalt nahm am 22. September 1964 der Bayerische Rundfunk sein Drittes Fernsehprogramm auf; die anderen Anstalten folgten nach. Heute betreiben die derzeit zehn Landesrundfunkanstalten nominell zehn Programme: „N3" von NDR und RB, „B1" vom SFB, „ORB-Fernsehen", „MDR Fernsehen", „hessen fernsehen" („hessen 3") vom HR, „WDR FERNSEHEN" („WEST 3") vom WDR und das „Bayrische Fernsehen" vom BR. Dazu kamen als letztes am 31. August 1998 die drei aus dem bisherigen „Südwest3" (von SWF, SDR und SR) hervorgegangenen Dritten „SR Fernsehen Südwest" sowie „SÜDWEST Baden-Württemberg" und „SÜDWEST Rheinland Pfalz" vom SWR. Deren gemeinsames Mantelprogramm wird von SWR und SR in Kooperation hergestellt und um ein jeweils 30prozentiges landesspezifisches Fenster mit regionalen Themen ergänzt.[237]

Die Dritten Programme der Mehrländeranstalten werden mehrmals täglich in Landesprogramme oder Regionalfenster auseinandergeschaltet. Das „MDR-Fernse-

---

234 Vgl. ARD, ABC der ARD, 2. Auflage, S. 43.
235 Siehe Presseinformation DeutschlandRadio, Die zwei Programme.
236 *Rupp*, ZDF-Schriftenreihe Heft 28, S. 14 ff.
237 *Krüger*, MP 1995, 566; *Raff*, Saarländischer Rundfunk iNFO Nr. 9/1998, S. 2; vgl. Presseinformation des Saarländischen Rundfunk vom 26.8.1998, S. 3; SWR, Nehmen Sie schon mal Platz, S. 6.

hen" verfügt über die Regionalprogramme „Sachsenspiegel", „Sachsen-Anhalt heute" und „Thüringer Journal".[238] Auf „N3" gibt es die Landesprogramme „Schleswig-Holstein-Magazin", „Hallo Niedersachsen", „Hamburger Journal", „Nordmagazin" für Mecklenburg-Vorpommern und „buten un binnen" für Bremen und Bremerhaven. Alle Dritten Programme setzen mit 50 bis 60 Prozent ihrer Sendezeit einen Schwerpunkt auf die Regionalberichterstattung. Daneben finden Unterhaltung, Bildungs- und Informationsendungen Platz im Programm.[239]

b. Bayerisches Bildungsfernsehen „BR α alpha"

Der Bayerische Rundfunk hat am 7. Januar 1998 über den Satelliten ASTRA 1B seinen Bildungsspartenkanal „BR α alpha" gestartet. Dabei handelt es sich um ein multimediales Spartenfernsehprogramm mit bildungsspezifischen Inhalten und multimedialer Verknüpfung über das Internet und einen Videotextdienst, das täglich 24 Stunden sendet. Breite Basisinformationen zu wichtigen Themen wie z.B. zur Einführung des Euro werden ebenso angeboten wie Sprachkurse, geisteswissenschaftliche Programme oder landeskundliche Informationen.

Ziele des Programms sind nach Angaben des BR, die individuellen Fähigkeiten zu erweitern und die Berufskompetenz zu verbessern. „BR α alpha" will dazu mit Partnern aus Wissenschaft, Wirtschaft und Bildungseinrichtungen wie Universitäten und Fachhochschulen zusammenarbeiten, um ein möglichst praxisnahes und bedarfsorientiertes Programm zu bieten.[240]

c. DW-tv

Außerdem betreibt die aus dem Haushalt des Bundes finanzierte Deutsche Welle ein nachrichten- und informationsorientiertes deutsches Auslandsfernsehen mit dem Auftrag, ein umfassendes Bild der Bundesrepublik im Ausland zu vermitteln.[241] „DW-tv" sendet rund um die Uhr informationsorientierte Sendungen, abwechselnd in Deutsch, Englisch und für Europa und Amerika zudem in Spanisch.[242]

Nachrichten, aktuelle Berichte über das internationale Geschehen, dazu in Magazinsendungen und *features* regelmäßig das Neueste aus Wirtschaft, Kultur und Sport bilden den Kern des Programms. Ergänzt wird es durch Analyse und Hintergründiges, Unterhaltsames und Wissenswertes. Das Programm ist ausschließlich auf das Ausland gerichtet und umfasst zu etwa 20 Prozent Programmpakete die vom WDR und dem ZDF zugeliefert werden.[243] „DW-tv" wird auch im Inland in einzelne Kabelnetze eingespeist, so zum Beispiel in Berlin.

---

238 Mitteldeutscher Rundfunk, Senderverzeichnis Hörfunk und Fernsehen, S.15 ff.
239 *Grätz*, Zur Zahl und Abgrenzung der ARD-Rundfunkanstalten, S. 17.
240 Siehe Bayerischer Rundfunk, Man lernt nie aus, S. 4.
241 ARD, ABC der ARD, 2. Auflage, S. 51.
242 *Löwisch*, Journalist Nr. 5/1998, S. 34.
243 FK Nr. 20/1995, S. 6 (7); *Löwisch*, Journalist Nr. 5/1998, S. 34 f.

d. Hörfunk

Jede der zehn Landesrundfunkanstalten betreibt vier oder fünf Rundfunkprogramme zum Teil in Kooperation mit anderen Anstalten. NDR und MDR kommen sogar auf acht bzw. sieben Programme, da sie ihre Landesprogramme „NDR 1" und „MDR 1" einzeln ausweisen.[244] Insgesamt lässt sich feststellen, dass die Landesrundfunkanstalten ein scheinbar unüberschaubares Gesamtangebot an Hörfunkprogrammen anbietet, deren Zahl und Ausrichtung sich durch ständige Erneuerungen im Kooperationsbereich und vor allem durch neue Angebote auf dem Gebiet der elektronischen Erneuerungen häufig verändern. So sind die Angaben der ARD, die den Gesamtumfang des inländischen Programmangebots mit 486.000 Programmstunden beziffert, wohl schon überholt.[245]

Außerdem lassen sich Kategorisierungen nach Programmschema und Zielgruppen nur schwer vornehmen, weil sich die unterschiedlichsten Kategorien überschneiden und eine klare Abgrenzung in den meisten Fällen gar nicht möglich ist.

So ist lediglich eine Momentaufnahme des Hörfunkangebots der ARD-Anstalten möglich. Diese wird nach nur wenigen Monaten wieder veraltet oder überholt sein. Stand der Darstellung ist hier der 1. Januar 2000. Diese Momentaufnahme stellt die Existenz von 62 Programmen fest, darunter zahlreiche regionale Fensterprogrammen, drei „Ergänzungsprogramme" und vier Programme im Rahmen der Feldversuche im *digital audio broadcasting* (DAB) fest.

Der **Bayerische Rundfunk** bietet seinem Publikum derzeit fünf konventionelle Hörfunkwellen und zwei DAB-Programme an. „Bayern1" ist der Heimatsender, der ein populäres, speziell auf Bayern ausgerichtetes Programm – das mit einem Marktanteil von 4,5 Prozent meist gehörte in Bayern[246] – und ein eher traditionsorientiertes Musikprogramm für die Hörer ab 40 Jahren aufweist. „Bayern2Radio" ist das Kultur- und Bildungsprogramm des BR mit einem tiefgehenden Wortanteil von mehr als 70 Prozent.[247] Es enthält Regionalsendungen für sechs verschiedene Regionen Bayerns: München, Oberbayern, Niederbayern/Oberpfalz, Mainfranken, Mittel- und Oberfranken sowie Schwaben.

„Bayern 3" ist die Servicewelle, die ein Pop- und Informationsprogramm anbietet, dessen Musikanteil bei 77,5 Prozent liegt.[248] Das informative Unterhaltungsprogramm kann zu der Gruppe des „European Adult Contemporary" (EAC)[249] gerechnet werden, die mit Musiktiteln aus den 60er- bis 90er Jahren des letzten Jahrhunderts

---

244 Vgl. ARD-Jahrbuch 97, S. 342.
245 Stand: 1996, siehe ARD-Jahrbuch 96, S. 172.
246 Quelle: Media Analyse 1997, vgl. ARD-Jahrbuch 97, S. 370.
247 Nach ARD-Angaben, siehe ABC der ARD, 2. Auflage, S. 27.
248 Quelle: ARD, vgl. ARD-Jahrbuch 97, S. 343; siehe auch ARD, ABC der ARD, S. 19; vgl. *Jenke*, in: Ory/Bauer, Hörfunk-Jahrbuch '94, S. 87 (90).
249 Vgl. ARD, ABC der ARD, 2. Auflage, S. 8.

und aktuellen Hits auf die Zielgruppe der 25- bis 49jährigen abzielt.[250] Bereits seit 1980 betreibt der Bayerische Rundfunk mit „Bayern 4 Klassik" Deutschlands erste Klassikwelle,[251] die er selbst als „Spartenprogramm" klassifiziert.[252] Auch bei den Nachrichtenprogrammen war der BR Vorreiter. Unter dem Slogan „Die schnellste Art, Bescheid zu wissen" führte er am 6. Mai 1991 mit seinem 5. Hörfunkprogramm „B5 aktuell" den ersten reinen Nachrichten- und Informationskanal im deutschen Hörfunkmarkt ein.[253] „B5 aktuell", bietet mit 98,6 Prozent Wortanteil ständigen Zugriff auf die jeweils neuesten und wichtigsten Informationen, dazu Hintergrundberichte und Spezialreports aus den Bereichen Wirtschaft, Kultur, Bayern und Sport.[254] Zwischen 0 und 6 Uhr übernimmt „B5" das Programm von „MDR Info", das in diesen Stunden um Berichte und Meldungen aus Bayern ergänzt wird.[255]

Dazu kommen zwei DAB-Programme. Zum einen das überregionale „Bayern Digital", ein Musik-Teppich mit romanischen Titeln, Oldies und Klassikern der Popmusik, und zum anderen das noch neuere „Bayern Mobil", der erste volldigitalisierte Verkehrssender Deutschlands, ein Service- und Informationsangebot des Bayerischen Rundfunks in Zusammenarbeit mit dem ADAC, der um Classic-Rock und internationale Popmusik erweitert wird.[256]

Der **Westdeutsche Rundfunk** hat seit 1998 sechs landesweite Hörfunkprogramme, die sich zum großen Teil jenseits der klassischen Programmkategorien bewegen und deshalb vergleichsweise schwierig einzuordnen sind. Zudem bietet der WDR im Rahmen des DAB ein eigenes digitales Hörfunkprogramm an, auf dem Teile der drei ersten analogen Programme kombiniert und um Verkehrsdurchsagen und Nachrichten ergänzt werden.[257]

Im Zuge der WDR-Hörfunkreform von 1995 wurde das Programm von „WDR 1" neu konzipiert und wird seit dem 1. April 1995 unter dem Namen „WDR Eins Live" als Jugend- und Servicewelle für 14- bis 29jährige ausgestrahlt, wobei es sich dabei um kein reines „Contemporary Hit Radio" (CHR) handelt. „Eins Live" ist sehr stark themenorientiert und verfügt über für Jugendwellen hohe Wortanteile.[258] „WDR 2" wird als „Fitnesswelle" bezeichnet. Das Programm gilt als Service- oder Magazinwelle, ist leicht wortorientiert und verfügt über komödiantische Unterhaltungssendungen und aktuelle politische Information. Das Musikangebot ist auf den Ge-

---

250 *Volpers*, Hörfunklandschaft Niedersachsen, S. 21.
251 Der Anteil an ernster Musik beträgt 98,5 %, Quelle: ARD, vgl. ARD-Jahrbuch 97, S. 343; *Jenke*, in: Ory/Bauer, Hörfunk-Jahrbuch '94, S. 87 (90); ARD, ABC der ARD, 2. Auflage, S. 27.
252 So der Hörfunkdirektor des BR, *Gruber*, ARD-Jahrbuch 97, S. 81; vgl. Broschüre der Pressestellen der Rundfunkanstalten der ARD, ARD Radio & TV.
253 *Aigner/van Eimeren*, MP 1995, 542.
254 Quelle: ARD, vgl. ARD-Jahrbuch 97, S. 343; siehe Videotext des BR „Bayerntext", Seite 450.
255 ARD, ABC der ARD, 2. Auflage, S. 23.
256 Siehe Bayerischer Rundfunk, Bayern Mobil, S. 2.
257 Vgl. WDR Online im Internet abrufbar unter http://www.wdr.de/radio/dab/was.html.
258 *Volpers/Schnier*, MP 1996, 249; vgl. Broschüre der Pressestellen der Rundfunkanstalten der ARD, ARD Radio & TV.

schmack jüngerer Hörer ausgerichtet und besteht aus international erfolgreicher Unterhaltungsmusik, Oldies und aktuellen Hits. Fünfmal täglich werden Nachrichten aus neun Regionen Nordrhein-Westfalens gesendet.[259]
Dagegen ist „WDR 3" in die Kategorie der Klassik- und Kultursender einzuordnen. Hier dominieren kulturelle und politische Wortbeiträge sowie anspruchsvolle klassische Musik, die ca. 80 Prozent der Sendezeit einnehmen.[260] „WDR 4" ist mit seinem Profil als Oldie- und Melodie-Sender mit rund 26 Prozent Anteilen Marktführer in Nordrhein-Westfalen, ausgerichtet auf das mittlere und ältere Publikum. Der Anteil an leichter Musik in seinem Programm beträgt nach ARD-Angaben 92,9 Prozent.[261] Das fünfte Programm „WDR Radio 5" geht in die Richtung eines Infokanals. Vorbild ist das „radio four" der BBC. Hier werden im Halbstundenrhythmus Nachrichten und Wetterberichte gesendet, dazwischen gibt es Magazinsendungen und Informationsbeiträge. Der Wortanteil liegt bei 81,1 Prozent.[262] Dazu kommt seit dem 30. August 1998 mit „Radio 5 Funkhaus Europa" ein integratives Angebot für In- und Ausländer mit Informationen und Musik rund um die Uhr für alle, die an der Vielfalt der Kulturen interessiert sind. Funkhaus Europa liefert keine Patentrezepte für das Zusammenleben von Menschen unterschiedlicher Herkunft.[263]

Besonders unübersichtlich stellt sich die Hörfunklandschaft in Berlin/Brandenburg dar. Das liegt zum einen daran, dass beide Länder eine gemeinsame Medienanstalt Berlin-Brandenburg (MABB) unterhalten. Zum anderen haben die Sparzwänge des kleinen **Sender Freies Berlin** und die schlanke Struktur des 1992 aufgebauten **Ostdeutscher Rundfunk Brandenburg** zahlreiche Kooperationen zwischen beiden Sendern hervorgebracht, die aber nicht immer ganz freiwillig eingegangen wurden und deshalb in ein heftiges Tauziehen zwischen Berlin und Potsdam sowie in häufige Senderreformen ausarteten.[264] Im übrigen bewirkt die Insellage Berlins in der die Stadt umgebenden Mark, dass die Brandenburgischen Sender natürlich auch in Berlin zu hören sind und dass die Berliner Sender auch auf Brandenburg ausstrahlen – eine Tatsache, die nicht gerade zur Übersichtlichkeit beiträgt.

Grundlagen für diese einzigartige Rundfunk-Gemengelage ist der Staatsvertrag über die Zusammenarbeit zwischen Berlin und Brandenburg im Bereich des Rundfunks von 1992 und eine Kooperationsvereinbarung zwischen SFB und ORB vom

---

259 ARD, ABC der ARD, 2. Auflage, S. 178; *Jenke*, in: Ory/Bauer, Hörfunk-Jahrbuch '94, S. 87 (90); vgl. Broschüre der Pressestellen der Rundfunkanstalten der ARD, ARD Radio & TV.
260 Vgl. WDR Online im Internet abrufbar unter http://www.wdr.de/radio/wdr3; Ernste Musik: 78,6 %, Wortanteil: 17,7 %; Quelle: ARD, vgl. ARD-Jahrbuch 97, S. 349.
261 Quelle: Elektronische Media Analyse in FK Nr. 24/1996, S. 8; vgl. ARD-Jahrbuch 97, S. 349.
262 Quelle: ARD, vgl. ARD-Jahrbuch 97, S. 349.
263 ARD, ABC der ARD, 2. Auflage, S. 179.
264 So führte 1997 die Kooperationsvereinbarung beider Anstalten zu mehreren Sitzungen der Gremien, insbesondere des SFB-Verwaltungsrats, der dem Abkommen erst im dritten Anlauf zustimmte, FK Nr. 18/1997, S. 13 ff, FK Nr. 20/1997, S. 17 ff.; Journalist Nr. 10/1997, S. 10.

28.2.1997.[265] Auf dieser Basis kooperieren ORB und SFB bei fünf Hörfunkwellen. Allerdings steht das Kooperationspaket offenbar schon wieder vor dem Aus und soll möglicherweise schon im Jahr 2000 wieder aufgeschnürt werden.[266] Wie das neue Programmangebot von SFB und ORB dann aussehen soll, steht azum Zeitpunkt der Drucklegung dieser Arbeit aber noch in den Sternen.

Derzeit senden in Berlin und Brandenburg elf Wellen: „RADIO EINS" ist die Rock- und Popwelle für Berlin und Brandenburg mit Informations- und Servicesendungen. Das Tagesbegleitprogramm, seit der Kooperationsvereinbarung 1997 unter der Federführung des ORB, ist als EAC-Format mit der Zielgruppe der 25- bis 49jährigen einzuordnen und gilt als Nachfolger von „Radio B Zwei" und „Radio Brandenburg".[267]

Ebenfalls unter Federführung aus Babelsberg veranstalten beide Sender das Jugendradio „Fritz" für die 15- bis 25jährigen in Brandenburg und Berlin. Das Programm gilt als CHR mit Charts-Musik und Techno und ist aus dem „Rockradio B" (ORB) und „Radio 4U" (SFB) hervorgegangen.

Unter Federführung des SFB wird seit dem 28.8.1995 ein reiner Nachrichtenkanal mit Namen „InfoRadio" unterhalten. Bei diesem Gemeinschaftsprojekt handelt es sich um einen Nachfolger des 1993 nach nur eineinhalbjähriger Sendezeit gescheiterten Berliner Privatsenders „Inforadio 101".[268] Es handelt sich dabei um ein 24-Stunden-Nachrichtenprogramm im „All-News-Format".

Schließlich betreiben beide Anstalten seit dem 3.10.1997 zusammen mit dem NDR das norddeutsche Klassikradio „Radio 3". Die Federführung der Welle, die aus „NDR 3", „SFB 3" und „Radio Brandenburg" hervorgegangen ist, liegt zwar offiziell beim SFB, das Programm kommt aber größtenteils aus Hamburg, wo das Mantelprogramm produziert wird. Zu bestimmten Zeiten senden ORB und SFB spezielle Fensterprogramme.[269] Hier liegt der Schwerpunkt bei ernsthafter Musik im klassischen Bereich. In diesem Zusammenhang ist auch das neue „*radio kultur" zu nennen. Die Info- und Servicewelle mit kulturellem Schwerpunkt für Berlin-Brandenburg mit englischsprachiger melodischer Popmusik wird ebenfalls unter der Federführung des SFB als „Hochkulturprogramm" gestaltet. Sie ist im Zuge der Kooperation bei „Radio 3" aus den Wortbestandteilen von „SFB 3" und „Radio Brandenburg" entstanden.[270]

In Eigenregie betreibt der SFB zwei weitere Hörfunkwellen. Zum einen „Berlin 88Acht" (früher „SFB 1"), das mit Lokalinformationen für Berlin und eingängiger Musik zwischen Schlagern und internationalen Evergreens aufwartet. Die Musik ist

---

265 Abgedruckt bei *Ring*, Medienrecht, C-IV.1.13; siehe FK Nr. 20/1997, S. 17.
266 FK Nr. 43/1999, S. 12.
267 Vgl. FK Nr. 20/1997, S. 17 (18); FK Nr. 13-14/1997, S. 13.
268 Vgl. *Schwiesau*, ARD-Jahrbuch 97, S. 74 (76 f.).
269 Vgl. Journalist Nr. 10/1997, S. 10; Hamburger Abendblatt Nr. 223/1997 v. 24.9.1997, S. 11; FK Nr. 18/1997, S. 13 (15).
270 Siehe FK Nr. 20/1997, S. 17 (18); FK Nr. 11/1997, S. 14; FK Nr. 11/1997, S. 15; vgl. Hamburger Abendblatt Nr. 223/1997 v. 24.9.1997, S. 11.

auf die mittlere Generation ausgerichtet. Mit durchschnittlich 334.000 Hörern gestern ist das „Stadtradio" Marktführer in der Bundeshauptstadt.[271] Zum anderen betreibt der SFB sein ehemals viertes Programm unter dem Namen „SFB4 MultiKulti". Es handelt sich dabei um eine Programmbesonderheit, die in keine gängige Kategorie passt und wohl nur in einer multikulturellen Gesellschaft, wie sie ausschließlich Berlin bietet, Erfolg haben kann. „MultiKulti" sieht sich selbst als „Deutsch- und fremdsprachiges Einwandererprogramm mit Ethno-Pop und Rock". Die Nachrichten und Informationen werden in 21 verschiedenen Sprachen gesendet, denn das Ziel des Senders ist die Wahrung der kulturellen Identität der 430.000 fremdsprachigen Einwohner Berlins.[272] Seit der Reform 1997 und der Einstellung von „Radio B Zwei" ist es aber kein reines Ausländerprogramm mehr, sondern ist als Mehrheitenprogramm konzipiert, das jüngere Hörer im Visier hat.[273]

Dem ORB ist mittlerweile nur noch eine eigene Welle verblieben: „Antenne Brandenburg" („ab"). Es handelt sich dabei um ein Regionalprogramm für Brandenburg mit deutscher und internationaler Schlagermusik und lokalen Fensterprogrammen für die Regionen Cottbus, Frankfurt/Oder und Potsdam.[274] Die Service- und Informationswelle ist als Begleitprogramm einzustufen, zur Zielgruppe gehören die 20- bis 50jährigen. Es ist mit 665.000 Hörern gestern das meistgehörte öffentlich-rechtliche Programm in Brandenburg.[275]

Der **Norddeutsche Rundfunk** unterhält sieben eigene und das Kooperationsprogramm „Radio 3". Die vier Landesprogramme („NDR 1 – Welle Nord" für Schleswig-Holstein, „NDR Hamburg-Welle 90,3", „NDR 1 – Radio Niedersachsen" und „NDR 1 – Mecklenburg-Vorpommern") von „NDR 1" sind auf die 40- bis 60jährigen (und darüber) ausgerichtet. Die Musikmischung könnte zusammengefasst werden unter der Bezeichnung „Arabella-Format"[276]. Lediglich die „Welle Nord" fällt leicht aus dem Rahmen und bietet ein jüngeres Programm, in dem auch Popmusik vorkommt. Mit 5,6 Prozent Marktanteilen in Norddeutschland oder 25,3 Prozent in Niedersachsen ist „NDR 1 – Radio Niedersachsen" der unangetastete Marktführer im Sendegebiet des NDR.[277] Das wird unter anderem erreicht durch die fünf parallele Fensterprogramme für die Regionen Oldenburg/Ostfriesland/Bremen/Cuxhaven, Osnabrück/Emsland, Großraum Hannover/Braunschweig/Südniedersachsen sowie Nordostniedersachsen.[278]

---

271 Quelle: Media Analyse 1997, vgl. ARD-Jahrbuch 97, S. 371; ARD, ABC der ARD, 2. Auflage, S. 28 f.
272 Siehe SFB Online, im Internet unter http://www.sfb.de/sfb/pr/hoerfunk.htm.
273 Vgl. FK Nr. 13-14/1997, S. 13.
274 *Kresse*, Die Rundfunkordnung in den neuen Bundesländern, S. 71.
275 Quelle: Media Analyse 1997, vgl. ARD-Jahrbuch 97, S. 370.
276 Beschreibung des Arabella-Formats bei *Volpers*, Hörfunklandschaft Niedersachsen, S. 22.
277 Quelle: Media Analyse 1997, vgl. ARD-Jahrbuch 97, S. 370; siehe auch *Merten/Gansen/Götz*, Veränderungen im dualen Hörfunksystem, S. 11.
278 ARD, ABC der ARD, 2. Auflage, S. 109.

Das überregionale Programm von „NDR 2" ist ein EAC-Format, dessen Zielgruppe die 14- bis 49jährigen sind. Es handelt sich dabei um die Service- und Popwelle des Norddeutschen Rundfunks. Das Programm, das sich mehrmals täglich für kurze Nachrichten regional auseinander schaltet, ist von Unterhaltung und aktueller Information geprägt.[279] Seit der jüngsten Reform bietet der NDR außerdem ein Nachrichten-Sparten-Radio im „All-news-Format" unter dem Namen „NDR 4 Info" an. Zwischen 6 und 19 Uhr wird ohne Unterlass über das Tagesgeschehen, Wirtschaft, Sport und Kultur berichtet. Alle 15 Minuten werden Nachrichten gesendet.[280] Als fünftes Hörfunkprogramm des NDR ist schließlich „N-Joy Radio" zu nennen, eine Jugendwelle für die 14- bis 20jährigen, die seit dem 4.4.1994 auf Sendung ist.[281] „N-Joy Radio" gilt mit einem Musikanteil von über 80 Prozent als CHR und bezeichnet sich selbst als „oldiefreie Zone".[282]

Radio Bremen verfügt über insgesamt vier Hörfunkwellen. Das erste Programm ist die „RADIO BREMEN HANSAWELLE" – laut ARD-Angaben mit 36,6 Prozent Reichweite das meistgehörte Programm des Senders.[283] Die Magazinwelle zielt auf ein breites Publikum in allen Altersgruppen, vor allem aber auf die mittlere Generation, wobei regionale Themen und populäre Musik im Vordergrund stehen. Es gilt als Tagesbegleitprogramm moderner Machart.[284] „RADIO BREMEN 2" wird als „Wortwelle" bezeichnet, dessen Musikanteil aus klassischer und populärer Musik besteht. Im Mittelpunkt des Programms steht aber die Information, insbesondere in Form von kulturellen Wortbeiträgen.[285]

Das dritte Bremer Programm ist eine Musikwelle, die die Bezeichnung „RADIO BREMEN melodie" trägt und deren Musikangebot mit einzelnen Wortsendungen und regelmäßigen Nachrichten durchsetzt ist. Die Musikfarbe tendiert zur Klassik, umfasst aber auch melodiöse leichte Musik und heimatliche Klänge. Schließlich betreibt RB mit „RADIO BREMEN 4" eine Jugendwelle mit hohem modernen Musikanteil, die auf die 14- bis 29jährigen ausgerichtet ist.[286] Servicewellen des RB sind das erste und vierte Programm.

---

279 Vgl. *Drengberg*, MP 1996, 134.
280 Vgl. Hamburger Abendblatt Nr. 112/1998 v. 15.5.1998, S. 7; Hamburger Abendblatt Nr. 125/1998 v. 2.6.1998, S. 9.
281 *Drengberg*, MP 1996, 134.
282 Quelle: ARD, vgl. ARD-Jahrbuch 97, S. 345; siehe auch *Volpers*, Hörfunklandschaft Niedersachsen, S. 22; zu den Problemen der Frequenzzuteilung vgl. Hamburger Abendblatt Nr. 252/1998 v. 29.10.1998, S. 11.
283 Mit 333.000 Hörern gestern, vgl. ARD-Jahrbuch 97, S. 370.
284 ARD, ABC der ARD, 2. Auflage, S. 126; *Jenke*, in: Ory/Bauer, Hörfunk-Jahrbuch '94, S. 87 (90).
285 ARD, ABC der ARD, S. 126.
286 ARD, ABC der ARD, 2. Auflage, S. 127; vgl. auch *Merten/Gansen/Götz*, Veränderungen im dualen Hörfunksystem, S. 13; der Musikanteil beträgt nach ARD-Angaben 82,3 %, vgl. ARD-Jahrbuch 97, S. 346; *Jenke*, in: Ory/Bauer, Hörfunk-Jahrbuch '94, S. 87 (90).

Der **Hessische Rundfunk** verfügt inzwischen über fünf Hörfunkwellen. Seit dem 5. Januar 1998 ist mit „hr XXL" in Hessen eine öffentlich-rechtliche Jugendwelle nach den Schema von „N-Joy Radio" auf Sendung, die anfänglich aus finanziellen Bedenken auf den Widerstand des HR-Verwaltungsrates gestoßen ist.[287] Dazu kommen drei „Ergänzungsprogramme".

Dem neuen Programm mit dem „modernen" Namen stehen die vier Hörfunkangebote mit Nummern gegenüber: „hr1" ist ein Mischangebot für alle Hörer mit einem populären Informations- und Unterhaltungsprogramm. Das Programmprofil ist geprägt von einem breiten Informationsprogrammangebot in großflächigen Magazinen und Journalen. Das Musikprofil besteht aus Unterhaltungsmusik und Jazz.[288] Dazu gibt es mit „hr1plus" ein Ergänzungsprogramm im „Astra Digital Radio" (ADR) und bei ARD Digital, das in regelmäßigen kompakten Informationssendungen einen schnellen Überblick über die Ereignisse des Tages bietet, überwiegend untermalt von Instrumentalmusik. Das Informationsradio von „hr1" bringt viermal täglich eine halbstündige Informationssendung, die das aktuelle Geschehen in der Welt zusammenfasst. Die Wortbeiträge für diese Sendungen sind aktuelle Berichte aus dem ARD-Korrespondentenangebot, Berichte und Originaltöne aus den Magazinen von „hr1" oder anderen HR-Programmen. Ergänzt wird das Informationsangebot, das dem Hörer einen schnellen Überblick über die Ereignisse des Tages ermöglicht, durch stündliche Nachrichten sowie Kurznachrichten um 6.30 Uhr, 7.30 Uhr und 8.30 Uhr.

„hr2" ist die Kulturwelle Hessens mit anspruchsvollen Wort- und Musiksendungen, Bildungssendungen und Hintergrundinformationen aus Kultur und Gesellschaft. Die Musik kommt aus dem klassischen Bereich. Auch für sie gibt es einen Ableger, das Ergänzungsprogramm „hr2plus: Klassik", das im ASTRA-Digital-Radio (ADR) über DAB und in den Stadtgebieten von Wiesbaden und Kassel über UKW zu empfangen ist. Es handelt sich dabei um einen reinen Klassikkanal, der auf der Basis von „hr2" auf dem Prinzip „Musik pur" beruht.[289]

Das Programm von „hr3" gehört zur Kategorie des EAC-Formats. Es handelt sich dabei um die Servicewelle für 14- bis 49jährige und um das meistgehörte Programm Hessens – eine moderne, von großflächigen Magazinen bestimmte Unterhaltungs- und Informationswelle mit internationaler Popmusik.[290] Das Angebot von „hr4" ist auf die Hörer über 35 Jahre ausgerichtet. Es ist ein Schlager- und Oldiesender mit einem „rockfreien" Musikangebot. Zweimal täglich, nämlich am Mittag und Nachmittag ist „hr4" auf fünf Regionalprogramme.[291]

Eine Besonderheit des HR ist das Informationsprogramm „hr skyline" als ein zusätzliches Service-Programm über DAB, das terrestrisch im Rhein-Main-Gebiet über UKW ausgestrahlt wird. Dabei handelt es sich um ein Ergänzungsprogramm für

---

287 Vgl. epd/Kirche und Rundfunk Nr. 40/1995, S. 12; *Oehmichen*, MP 1998, 61.
288 ARD, ABC der ARD, 2. Auflage, S. 75.
289 Hessischer Rundfunk Online, im Internet unter http://www.hr-online.de/hf/hr2/hr2plus.html.
290 ARD, ABC der ARD, 2. Auflage, S. 76.
291 ARD, ABC der ARD, 2. Auflage, S. 76.

„hr4". Im Mittelpunkt stehen Berichte über Handel, Verkehr und Lifestyle sowie aktuelle Verkehrsinformationen. Als bundesweit einziges öffentlich-rechtliches Radioprogramm mit dem Schwerpunkt Wirtschaft liefert es täglich die wichtigsten Börsentendenzen, Wirtschaftsnachrichten und Hintergrundinformationen. Zur Zielgruppe gehören nicht nur Fachleute aus der Wirtschaft, sondern alle wirtschaftlich Interessierten. Dazu gibt es Nachrichten im Halbstunden-Rhythmus und international geprägte Popmusik. „hr skyline" sendet täglich nur zwischen 6 und 10 Uhr und übernimmt in der restlichen Zeit das „hr4"-Basisprogramm.

Übersichtlicher gestaltet sich da das Hörfunkangebot des **Mitteldeutschen Rundfunks,** auch wenn seine Programme nicht mehr nach dem traditionellen Muster durchnumeriert sind und auch keine traditionelle Reihenfolge besteht. Lediglich das erste Programm trägt noch eine Nummer und besteht nach § 3 Abs. 1 MDR-StV aus drei Landesprogrammen: „MDR 1 RADIO SACHSEN", „MDR 1 RADIO THÜRINGEN" und „MDR 1 RADIO SACHSEN-ANHALT". Diese weisen nach den Vorschriften des § 4 MDR-StV ein eigenes landesspezifisches Erscheinungsbild auf. Allen gleich ist das Format des „Heimatsenders" mit einer Musikmischung aus Schlagern, Oldies und Evergreens sowie Service- und Nachrichtenbestandteile mit starkem regionalen Bezug. Zielgruppe sind die Hörer über 35 Jahren.[292]

Der Nachrichten-Spartenkanal der Dreiländeranstalt heißt „MDR info". Er wird im „All-News-Format" betrieben, d.h. Nachrichten mit Schwerpunkt Sachsen, Sachsen-Anhalt und Thüringen werden alle 15 Minuten gesendet. Genutzt werden alle wichtigen Quellen: die großen Nachrichtenagenturen und weltumspannenden Nachrichtensender, das Netzwerk der ARD, sowie die MDR-Funkhäuser in Magdeburg, Dresden und Weimar. Meldungen aus Wissenschaft und Kultur, aber auch Tipps für alle Bereiche des Lebens, wie Bauen und Wohnen, Familie, Gesundheit, Kino oder Literatur füllen die Zeit zwischen den Nachrichten aus.

„MDR KULTUR" sendet vorwiegend kulturelle Beiträge. Es ist konzipiert als „Zuhörerradio" für Klassikhörer, die auch an aktuellen Informationen aus Kultur, Politik und Zeitgeschehen interessiert sind. Das Programm setzt musikalisch und auch in seinen Wortbeiträgen regionale Schwerpunkte.[293] Das Programm von „Jump FM", das zum Jahrtausendwechsel das chronisch erfolglose „MDR life" ablöste,[294] konzentriert sich wie sein Vorgänger schwerpunktmäßig auf Musik und Unterhaltung. Es ist die massenattraktive Pop- und Servicewelle des MDR, die vermutlich mit einer speziellen Variante des *adult contemporary* als Begleitprogramm für 14- bis 35jährige gestaltet wird.

„MDR SPUTNIK" ist der Nachfolger des DDR-Jugendsenders „DT64" und noch immer als Jugendwelle im CHR-Format konzipiert. Unter dem Motto „Power from

---
292 ARD, ABC der ARD, 2. Auflage, S. 96 f.
293 *Kresse,* Die Rundfunkordnung in den neuen Bundesländern, Tz. 194; ARD, ABC der ARD, 2. Auflage, S. 98 f.
294 vgl. epd medien Nr. 2/2000 v. 12.01.2000, S. 19.

the Eastside" wendet sich das Programm an junge Hörer aus den neuen Bundesländern und versucht dabei, eine ostdeutsche Identität zu vermitteln. Gleichwohl handelt es sich mit einem Anteil von 94 Prozent leichter Musik um eine reine Musikwelle. Den restlichen Teil dominieren Radio-Comics und Collagen.[295]

Außerdem ist der MDR am DAB-Pilotprojekt Mitteldeutschland beteiligt. Dafür bietet der Sender aber keine spezielles Programm auf, sondern verbreitet lediglich die Programme von „MDR info", „MDR SPUTNIK", und die Landesprogramme von MDR 1.[296]

Noch jung ist das Hörfunkangebot des neuen **Südwestrundfunk**, dessen Programmangebot in § 3 Abs. 1 SWR-StV dezidiert vorgegeben ist. Danach hat der SWR für Rheinland-Pfalz und Baden-Württemberg jeweils zwei Landeshörfunkprogramme und zwei länderübergreifende Hörfunkprogramme zu veranstalten. Insgesamt sind also sechs SWR-Hörfunkwellen gesetzlich vorgesehen, von denen jeweils zwei nur für Baden-Württemberg und Rheinland-Pfalz produziert werden: „SWR1" und „SWR4", in getrennten Wellen für das jeweilige Bundesland („SWR1 Rheinland-Pfalz", „SWR1 Baden-Württemberg", „SWR4 Rheinland-Pfalz" und „SWR4 Baden-Württemberg"). Die neuen Programme des Südwestrundfunks sind am 30. August 1998 auf Sendung gegangen. Der Intendant des SWR, Peter Voß, betonte, dass es das Ziel war, etwas Neues zu entwickeln und nicht vorhandene Sendungen aus den beiden Fusionsangeboten zu mischen.[297]

„SWR1" bietet in beiden Landesprogrammen Informationen, Service, Unterhaltung und Sport. Musikalisch ist das Programm an Popmusik und Oldies aus den letzten Jahrzehnten und aktuellen melodischen Stücken zu erkennen und auf die 35- bis 55jährigen ausgerichtet.[298] Der Abend in „SWR1" gehört dem unterhaltsamen Radio-Talk mit Musik sowie der fundierten Information und ausführlichen Reportagen, Berichten und Gesprächen aus den Regionen.[299] Als zentrale Hörfunkangebote für das gesamte Sendegebiet fungieren „SWR2" und „SWR3". „SWR2" ist der Kulturkanal des SWR mit einer Mischung aus klassischer und zeitgenössischer Musik, Kulturberichten, Literatur, Wissenschaft, Hörspielen und Information sein. „SWR3" bietet als Jugendwelle im EAC-Format Popmusik, aktuelle Hits, New Pop, Information, Service und einen ausgeprägten Dialog mit den Hörern. Bei dem „konsequent durchformatierten" Programm handelt es sich um eine Zusammenlegung von „SWF 3" und „SDR 3" mit dem gewohnten gemischten Angebot aus Bildung, Unterhaltung und regionaler Berichterstattung.[300] „SWF 3" galt als Urahn aller Jugendradios.[301]

---

295 Quelle: ARD, vgl. ARD-Jahrbuch 97, S. 344 f.; ARD, ABC der ARD, 2. Auflage, S. 99.
296 Siehe MDR ONLINE, im Internet abrufbar unter http://www.mdr.de/dab/thema2.htm; vgl. Mitteldeutscher Rundfunk, Senderverzeichnis Hörfunk und Fernsehen, S. 20.
297 Siehe Pressemitteilung zum neuen Sendeschema des Südwestrundfunk vom 16.7.1998, in: SWR Online, im Internet abrufbar unter http://swr-online.de/presse/news/980716_1.html.
298 ARD, ABC der ARD, 2. Auflage, S. 160.
299 SWR, Nehmen Sie schon mal Platz, S. 4.
300 ARD, ABC der ARD, 2. Auflage, S. 161.

Die beiden Landesprogramme von „SWR4" sind als Heimatsender konzipiert. Sie spiele vor allem Volksmusik, Evergreens und deutsche Schlager. Informationen, Service und Tipps sind regional ausgerichtet, sie stammen wie die Nachrichten und die Unterhaltung aus dem Nahbereich der Hörer. „SWR4 Baden-Württemberg" ist unterteilt in acht Regionalprogramme: „Bodensee Radio", „Franken Radio", „Kurpfalz Radio", „Schwaben Radio", „Radio Stuttgart" „SWR4 Südbaden" und „Radio Tübingen". „SWR4 Rheinland-Pfalz" hat fünf regionale Fenster: „Radio Trier", „Radio Koblenz", „Radio Mainz", „Radio Ludwigshafen" und „Radio Kaiserslautern".[302]

Von diesen konventionellen Angeboten abgesehen erprobt der SWR das Jugend-Multimedia-Projekt „DASDING" im Innovationskanal des DAB-Pilotversuchs Baden-Württemberg, im Internet und entgegen den ursprünglichen Planungen seit 1999 auch in terrestrischer Verbreitung. „DASDING" ist ein multimediales Jugendnetzwerk, das neben Audiosignalen auch Texte, Grafiken, Bilder und HTML-Seiten digital verbreiten. Jugendliche können sich von heimischen Computer aus aktiv an der Programmgestaltung beteiligen und Zusatzinformationen abrufen.[303]

Der **Saarländische Rundfunk** hat vier Hörfunkwellen. „SR 1 Europawelle" ist das meistgehörte Programm des SR. Es handelt sich dabei um die Musik- und Servicewelle, die von aktuellen Informationen und Popmusik geprägt ist. Charakteristisch für das Programm ist das dichte Netz aus Informationssendungen und anderen Wortbeiträgen. „SR 2 KulturRadio" bietet tagesaktuelle Informationen und Kommentare sowie zahlreiche Hintergrundberichte zu Alltagsfragen. Außerdem wird die Informationswelle mit klassischer und populärer Musik, als Begleitung oder als Konzert untermalt. Auch Literatursendungen und Hörspiele sind in dem Programm zu finden.[304]

Das meistgehörte Programm im Saarland ist die „SR 3 Saarlandwelle", deren Musikangebot an Schlagern, Chansons, Operetten und volkstümlicher Musik orientiert ist. „SR 3" kann insofern als Heimatsender eingeordnet werden, was auch an den häufigen Regionalnachrichten zu erkennen ist. Erwähnenswert sind auch die Nachrichten in französischer Sprache, die einmal täglich gesendet werden. Das Programm von „SR 4" schließlich ist eine Mischung aus großflächigen Sonderprogrammen und Direktübertragungen, etwa von Sportereignissen oder Bundestags- bzw. Landtagssitzungen sowie ernster Musik und Kulturmagazinen.[305] Außerdem beteiligt sich der SR an dem multimedialen Jugendprogramm des SWR. „UnserDing" vom SR schaltet sich regelmäßig auf „DASDING" auf.

---

301 Vgl. FK Nr. 24/1996, S. 8 (9).
302 SWR, Nehmen Sie schon mal Platz, S. 5.
303 DASDING online, im Internet unter http://www.dasding.de; *Diesbach*, ZUM 1999, S. 228.
304 ARD, ABC der ARD, 2. Auflage, S. 153.
305 ARD, ABC der ARD, 2. Auflage, S. 154.

Nicht zu vergessen ist schließlich die **Deutsche Welle**, die mit ihren derzeit 34 Fremdsprachenprogrammen – von Armenisch und neuerdings Ukrainisch bis Slowenisch[306] – und einem deutschsprachigen Programm namens „Deutsches Programm der DW" ein umfassendes Bild des politischen, wirtschaftlichen und kulturellen Lebens in Deutschland zu vermitteln und die deutsche Auffassungen zu wichtigen Fragen darstellen und erläutern soll. Die Inhalte von „DW-radio" sind Nachrichten, Kommentare und weitere hauptsächlich informierende Wortsendungen.[307] Das Deutsche Programm fungiert als Leitprogramm von „DW-radio", das in Vier-Stunden-Blöcken via Kurzwelle und Satelliten weltweit ausgestrahlt wird.[308]

3. Videotext

Die Landesrundfunkanstalten strahlen sei dem 1. Juni 1980 – anfangs zusammen mit dem ZDF – über alle Fernsehsender des „Ersten" Fernsehtext aus. Die dafür zuständige Zentralredaktion liegt beim SFB in Berlin.[309]

Videotext ist ein Informationssystem mit einseitig gerichtetem Informationsfluss, durch das neben dem Fernsehprogramm über die so genannte „vertikale Austastlücke" des Fernsehbildsignals Texte und einfache Grafiken übertragen und mittels eines Decoders als Zusatzgerät auf dem Bildschirm des Fernsehers wiedergegeben werden.[310]

Parallel zum Fernsehprogramm bieten ARD und ZDF solchen Videotext an, der über das weltweite Geschehen in Politik, Sport, Wirtschaft und Kultur berichtet. Rund um die Uhr werden die Meldungen laufend aktualisiert. Damit ist sichergestellt, dass sie immer auf dem „letzten Stand der Dinge" sind.

Auch auf den anderen Programmen der ARD wird Videotext „huckepack" übertragen. Die Landesrundfunkanstalten unterhalten dafür eigene Videotext-Redaktionen und verfügen so über eigene Videotext-Angebote. So können geeignete TV-Geräte folgende Textangebote nutzen, „Bayerntext" auf „B3", „Berlin Text" auf „B1", „MDR-Text" auf „MDR Fernsehen", „Nordtext" auf „N3", „Saartext" im „SR Fernsehen Südwest", zwei regionale Ausgaben des „Südwesttext" auf „SÜDWEST Baden-Württemberg" und „SÜDWEST Rheinland-Pfalz", „WDR-Text" auf „WEST 3", „hessentext" im „hessen fernsehen", „MDR-TEXT" auf „MDR Fernsehen" sowie „ORB-Text" im „Fernsehen Brandenburg".

Auch auf die Gemeinschaftsprogramme wird Videotext aufgesetzt. Dementsprechend besteht das Angebot von „3sat-Text", „KiKa-Text" und die Textdienste von

---

306 Hamburger Abendblatt Nr. 145/1998 v. 25.6.1998, S. 9; einen Überblick gibt es bei DW Online im Internet unter http://www.dwelle.de/language.html; die ARD spricht erstaunlicherweise von 38 Fremdsprachen, siehe ARD-Jahrbuch 97, S. 342.
307 ARD, ABC der ARD, 2. Auflage, S. 50 f.
308 DW Online, im Internet unter http://www.dwelle.de.
309 Vgl *Herrmann*, Rundfunkrecht, § 4 Rn. 87; *Buchwald*, Journalist Nr. 12/1999, S. 50 (59).
310 Siehe Medienbericht der Bundesregierung von 1985 – Medienbericht '85 – BT-Drucksache 10/5663 v. 16.6.1986, S. 86.

„arte" und „PHOENIX". Seit 1996 bietet auch die DW einen Videotextdienst mit Namen „DW-direct" an.[311]

4. Online-Angebote

Mittlerweile präsentieren alle ARD-Mitglieder ihr Programmangebot zusammen mit programmleitenden Informationen *online* im weltweiten Datennetz „Internet". Auch die Gemeinschaft selbst verfügt über eine sog. „Homepage"[312], auf der neben Programminformationen vor allem die Verbindungen (sog. „Links") zu den Startseiten der Landesrundfunkanstalten zu finden sind. Darüber hinaus sind das DLR, „3sat", „Der Kinderkanal" und „PHOENIX" sowie alle Programme der Landesrundfunkanstalten mit einer eigenen Homepage vertreten.[313]

Das Angebot der Anstalten bringt mehr Informationen rund um die Hörfunk- und Fernsehprogramme, darüber hinaus erhält der „Surfer" in den Rubriken Nachrichten, Wirtschaft, Kultur, Sport, Wetter und Verkehr rund um die Uhr ein aktuelles Angebot aus allen Ländern der Bundesrepublik. Außerdem verfügen die Internet-Angebote der Sender über zahlreiche Hintergrundinformationen über die Landesrundfunkanstalten.

In einzelnen Fällen sind außerdem die konventionellen Rundfunkprogrammangebote der Landesrundfunkanstalten *on demand*, also auf Abruf, im Internet zu erhalten.[314]

VIII. Übertragungstechnik

In der Bundesrepublik Deutschland gibt es derzeit ca. 37,4 Mio. Haushalte, von denen nahezu 100 Prozent mit Fernsehgeräten ausgestattet sind. 37,5 Mio. Radio- und Fernsehgeräte sind registriert und bei der GEZ angemeldet.[315] Wie aber kommen die Rundfunksignale aus den Studios zu den Rezipienten, welche Übertragungswege nutzen sie?

Der Begriff der Verbreitung erfasst jede Art der Weiterleitung eines Rundfunkprogrammes an die Allgemeinheit. Grundsätzlich gibt es im rundfunkbezogenen Fernmeldesektor derzeit drei klassische Übertragungsmethoden für analoge Rundfunksignale, die in Form von elektromagnetischen Schwingungen verbreitet werden: zum ersten die herkömmliche terrestrische Übertragung, zum zweiten die Verbreitung über Breitbandkabelnetze und zum Dritten die Übertragung der Rundfunksignale über Fernmeldesatelliten.

Dazu kommen die neuen Übertragungswege, die sich aus einer Digitalisierung der Radiosignale, also einer Umwandlung der elektromagnetische Schwingungen in binäre Codes, ergeben. Durch Datenkompressionen, die eben nur bei vorhergehender

---

311 ARD-Jahrbuch 97, S. 141 (142 f.).
312 Adresse: http://www.ard.de.
313 Ein Überblick findet sich in der Übersicht 3, Anhang, S. 468 ff.
314 Vgl. unten § 2 B.VIII.4. (S. 93).
315 Quellen: NDR, HA Finanzverwaltung/Deutsche Telekom AG; siehe FK Nr. 19/1995, S. 11; MP 1998, 93; *Hartlieb*, Handbuch des Film-, Fernseh- und Videorechts, Kap. 182 Rn. 2.

Digitalisierung möglich sind, werden mehrere analoge Signale gebündelt und auf einer eigenen analogen Frequenz unverzerrt und verlustfrei übertragen. Im Empfangsgerät werden die binären Daten entbündelt, decodiert und wieder in die herkömmlichen elektromagnetischen Schwingungen umgewandelt, so daß sie am heimischen Rundfunkgerät in ursprünglicher analoger Form vorliegen und rezipiert werden können.

Bei genauer Betrachtung ergibt sich, daß für die digitale Rundfunkverbreitung mit Einschränkungen die gleichen Übertragungstechniken verwendet werden wie für die analoge Übertragung. Die feinen technischen Abweichungen und die daraus resultierenden Besonderheiten sollen an dieser Stelle gleichwohl dargestellt werden.

In den zurückliegenden Jahren hat es enorme Schwerpunktverlagerungen bei der Nutzung der unterschiedlichen Übertragungstechniken gegeben. Während 1990 die Versorgung der deutschen Bevölkerung noch zu 59 Prozent auf terrestrischem Wege erfolgte und nur zu 34 Prozent via Kabel und zu sieben Prozent per Satellit, hat sich das Verhältnis inzwischen drastisch verändert. Heute sind nur noch elf Prozent der Haushalte „Terrestrische Haushalte", die überwiegende Mehrheit wird dem Kabel- oder Satellitenempfang zugerechnet: 51 Prozent Kabel und 37 Prozent Satellit, wobei sich der Schwerpunkt neuerdings tendenziell zu den Satellitenempfängern verlagert.[316]

1. Drahtlose, terrestrische Verbreitung

Die drahtlose, terrestrische, also erdgebundene Verbreitung von Rundfunk mittels Funkwellen ist die traditionelle Übertragungsform, an der heute noch die Umgangssprache ausgerichtet ist. Man spricht von „senden", wenn Rundfunktätigkeit gemeint ist, die Rundfunkanbieter werden in der Regel als „Sender" bezeichnet. Die Rede ist von Rund*funk*.

Einige Rundfunkgesetze und -staatsverträge normieren ausdrücklich die Pflicht der Rundfunkanstalten, die für die Verbreitung ihrer Programme erforderlichen Sendeanlagen zu errichten, zu unterhalten und zu betreiben.[317] Demzufolge unterhalten zumindest die westlichen ARD-Anstalten eigene Sendeanlagen für Hörfunk- und Fernsehen, die Anstalten in den neuen Bundesländern greifen auf Einrichtungen der Deutschen Telekom AG (DTAG) zurück. Auch die nach dem 1. Rundfunkurteil (1961) errichteten Sendeanlagen für die zweite und dritte Senderkette sowie für das DLR befinden sich im Eigentum der DTAG und werden von den Rundfunkanstalten angemietet.[318]

Die Entwicklung der terrestrischen Sendernetze in Deutschland begann in der Weimarer Republik mit dem Aufbau von Mittelwelle-Netzen sowie mit der Errich-

---

316 Stand: 1998, vgl. *Sommer*, Journalist Nr. 9/1999, S. 42.
317 Siehe § 2 HR-G, § 3 Abs. 2 WDR-G, § 2 S. 1 SFB-s. § 6 Abs. 3 NDR-StV.
318 Vgl. BVerfGE 12, 205 ff., das die Kompetenzverteilung zwischen Bund und Ländern in Rundfunk- und Fernmeldefragen klärte.

tung von einzelnen Langwellen- und Kurzwellen-Sendestationen durch die Reichspost. In der Besatzungszeit wurden die Sender entstaatlicht und auf die Rundfunkanstalten übertragen. Heute sind für den Hörfunk die Frequenzen auf Ultra- Kurzwelle (UKW, bis zu 20 Programmplätze), Mittelwelle (MW), Langwelle (LW) und Kurzwelle (KW) festgelegt, für das Fernsehen die UKW-Bänder I/III (im Bereich der *very high frequency*, VHF-Bereich) und IV/V (im Bereich der *ultra high frequency*, UHF-Bereich), die aber nur sehr kleine Kapazitäten für etwa fünf Programme haben.[319]

Auf terrestrischem Wege werden zur Zeit das „Erste" (VHF-Bereich) und alle Dritten Programme (UHF-Bereich) über insgesamt 214 Grundnetzsender mit größerer Leistung, 5868 Füllsender für die kleineren, abgeschatteten Gebieten und über 5800 Umsetzer verbreitet, wobei natürlich nicht alle acht Dritten bundesweit flächendeckend zu empfangen sind, was eine Folge der extremen Frequenzknappheit im Bereich der Terrestrik ist.[320] In der Regel sind bundesweit über die Hausantenne also nur das „Erste" und das jeweilige lokale Dritte zu empfangen. Soweit der Empfänger sich im Bereich des sog. *spill over*[321], also faktisch im Grenzbereich einer anderen Landesrundfunkanstalt befindet, kann er zusätzlich das Dritte Programm dieser angrenzenden Anstalt empfangen. Zusammen mit dem ebenfalls flächendeckend ausgestrahlten ZDF sind also in der Regel drei bis vier öffentlich-rechtliche Programme terrestrisch zu empfangen.[322]

Vielfältiger ist das Angebot an öffentlich-rechtlichen Hörfunkprogrammen, die terrestrisch durch die 945 UKW-Sender der ARD ausgestrahlt werden. Seit nämlich auch „MDR SPUTNIK" über eine lokale terrestrische Frequenz in Halle/Petersberg zurückgreifen kann,[323] sind nunmehr alle konventionellen Hörfunkprogramme der ARD-Anstalten und die Gemeinschaftsprogramme des Deutschlandradios auf diesem Weg zu empfangen. Lediglich das Internetprogramm „DASDING" und die reinen DAB-Programme werden nicht im klassischen Sinne terrestrisch abgestrahlt.[324] Das heißt auf der anderen Seite natürlich nicht, dass alle Programme *bundesweit* zu empfangen sind. Hier gilt das gleiche wie bei der terrestrischen Verbreitung der Dritten Fernsehprogramme. Die Empfangsmöglichkeiten bestehen nur im Gebiet der Anbieter und im Grenzbereich des *spill overs*.

---

319 Siehe *Herrmann*, Rundfunkrecht, § 10 Rn. 120; ARD, ABC der ARD, 2. Auflage, S. 146 f.; zur Notwendigkeit der Frequenzverteilung siehe *Ricker*, in: Ricker/Schiwy, Kap. G Rn. 9.
320 Pressestellen Rundfunkanstalten der ARD, Radio & TV; ARD, ABC der ARD, 2. Auflage, S. 147; ARD, ARD-Jahrbuch 98, S. 182.
321 Unter *spill over* ist die Überstrahlung der über das eigentliche Versorgungsgebiet hinausgehenden Regionen zu verstehen. Dieses Resultat technischer Notwendigkeiten ist besonders gravierend im Bereich des Satellitenrundfunks, tritt aber im kleineren Maße auch bei terrestrischer Verbreitung auf [Stichwort: „Funkwellen halten nicht an Ländergrenzen", vgl. BVerfGE 12, 205 (251)]. Man unterscheidet zwischen dem technisch unvermeidlichen (*unavoidable*) und dem gezielten (*intended*) *spill over*.
322 In Frankreich wird auch „arte" terrestrisch verbreitet, siehe ARD, ABC der ARD, 2. Auflage, S. 19.
323 Vgl. epd medien Nr. 28-29/1998, S. 16.
324 Zu den Feldversuchen in *digital audio broadcasting*, siehe unten § 2 B.VIII.4. (S. 93).

Auf Mittelwelle - dort betreiben die ARD-Anstalten 43 leistungsstarke Sender - finden sich die Angebote von: „NDR 4 Info", „Bayern1", „B5 aktuell", „WDR 2", „hr1", „hr1plus", „N-Joy Radio", „SFB MultiKulti", „MDR info", „SWR1 RP", „SWR1 BW", „SWR4 BW". Nicht so verbreitet sind die ARD-Angebote über die 43 Kurz- und vier Langwellensender. Hier sind „Bayern1", „B5 aktuell", „Deutschland-Radio Berlin", „SWR 3" und „DW-radio" (auf KW) sowie „Deutschlandfunk" und „DeutschlandRadio Berlin" (auf LW) zu finden.[325]

Allein für den Fernsehbereich fallen bei der ARD Kosten von mehr als 400 Mio. Mark jährlich für die Unterhaltung bzw. Anmietung der beiden Sendernetze an. Im Hörfunkbereich unterhalten die Landesrundfunkanstalten vier bis fünf Sendernetze, die mehr als 100 Mio. Mark (51,13 Mio. €) pro Jahr kosten.[326]

Intern verfügt die ARD überdies seit 1996 über ein digitales Leitungsnetz, das insgesamt 36 Studiostandorte digital - hauptsächlich über Glasfaser - miteinander verbindet.[327]

2. Analoge Satellitenübertragung

Nahezu keine laufende Kosten und eine hohe Zahl empfangbarer Programme sind für viele Rezipienten der Grund, von Kabel oder Terrestrik auf Satellitenempfang umzusteigen. Die Preise für Satellitenschüsseln und Satellitenempfänger (sog. *tuner*) sind zuletzt erheblich gesunken. Komplette Anlagen sind mittlerweile für 200 bis 300 Mark erhältlich. Außerdem ist die terrestrische Verbreitung gerade von Privatprogrammen und insbesondere in den neuen Bundesländern für viele Rezipienten unbefriedigend.

Folglich hat die Verbreitung von Rundfunk über Satellitendirektempfang in den letzten Jahren einen enormen Aufschwung erfahren. Während die 1980er Jahren noch völlig von der terrestrischen Übertragung und dem Ausbau der Kabelnetze geprägt waren, wurde in den 90er Jahren der Empfang über eine Satellitenanlage zunehmend zum Standard in den deutschen Haushalten.[328]

Die Zahl der Satellitenhaushalte wird mittlerweile mit 10 Mio. beziffert. Die Satellitenverbreitung liegt bereits bei 37 Prozent - mehr als dreimal so hoch wie zehn Jahre zuvor.[329]

Fernmelde- und Rundfunk-Satelliten, die in einer Höhe von ca. 36.000 Kilometern die Erde in Geschwindigkeit der Erddrehung (geostationär) umkreisen, werden seit Mitte der 60er Jahre im zunehmenden Maße auch für die Verbreitung von Rundfunkprogrammen genutzt. Während die Technik aber zunächst nur für den Programmaus-

---

325 Quelle: ARD-Jahrbuch 97, S. 342; Zahl der Sender nach: Pressestellen Rundfunkanstalten der ARD, Radio & TV.
326 Stand: 1997, siehe *Hahn/Binder*, ARD-Jahrbuch 97, S. 26 (34, 39).
327 Siehe epd/Kirche und Rundfunk Nr. 95/1995, S. 10.
328 *Ricker*, in: Ricker/Schiwy, Kap. G Rn. 23.
329 *Bleckmann/Pieper/Erberich*, Öffentlich-rechtliche Spartenprogramme als Bestandteil der Grundversorgung, S. 40; ARD, ARD-Jahrbuch 97, S. 378; *Sommer*, Journalist Nr. 9/1999, S. 42.

tausch zwischen Bodenstationen geeignet war, sind die Parabolantennen im Laufe der Jahre immer kleiner und billiger geworden, so dass seit den 80er Jahren auch der Einsatz im heimischen Bereich möglich und finanzierbar ist. Die direktstrahlenden Rundfunksatelliten (*direct broadcasting satellite*, DBS) empfangen mit ihren Transpondern die Sendesignale von Bodenstationen, den so genannten „Uplink-Stationen", die die ARD an ihren Sternpunkten in Frankfurt am Main und in Potsdam unterhält, verstärken sie und schicken sie im Gigahertz-Bereich flächendeckend zur Erde zurück, wo sie von einfachen Parabolspiegeln direkt im einzelnen Haushalt empfangen und mit Tunern decodiert werden können. Darin unterscheiden sie sich von den Fernmeldesatelliten (*fixed satellite service*, FSS), die eine Verteilfunktion in Form einer Punkt-zu-Punkt-Übertragung haben und nicht für den Direktempfang bestimmt sind, praktisch dafür aber auch geeignet wären.[330]

Die Programmkapazitäten der Satelliten sind immens. Allein das ASTRA-Gestirn trägt derzeit 64 Transponder, von denen jeder einzelne ein analoges Fernsehprogramm oder mehrere analoge Hörfunkprogramme bzw. digitale Fernsehprogramme übertragen kann.[331] In der Regel sind die häuslichen Satellitenanlagen auf eine einzelne Orbitstation ausgerichtet, so dass sie auch nur die dort stationierten Direktempfangssatelliten nutzen können. Es gibt aber auch „Double-feed-Anlagen" und sogar „Multi-feed-Geräte", die mehrere Orbitstationen anpeilen können und so ein nahezu unbegrenztes Programmangebot nutzen.

Die Ausleuchtzone der unterschiedlichen Rundfunksatelliten variiert je nach Position, Sendeleistung und Ausrichtung. Die Medium Power Satelliten des marktbeherrschenden ASTRA-Gestirns (derzeit 1A bis 1G) von der privaten Luxemburger Betreibergesellschaft Société Européenne des Satellites (SES) ermöglichen einen Empfang der übertragenen Sender mit Parabolantennen mit von 0,6 Metern Durchmesser in nahezu ganz Europa. Das Einzugsgebiet der sechs auf einer einzigen Orbitposition stationierten Satelliten umfaßt neben Deutschland, Österreich und der Schweiz auch die Benelux-Länder, die Britischen Inseln, Frankreich und Spanien sowie Dänemark und die Südteile Norwegens und Schwedens. Auch in Norditalien, den westlichen Teilen Polens und in Tschechien, dem Norden Portugals und in Slowenien sind die ASTRA-Programme problemlos zu empfangen. In Deutschland erreichen die ASTRA-Programme rund elf Millionen Haushalte oder rund 27 Millionen Menschen, in Europa sind es sogar knapp 60 Millionen. Das ASTRA-Gestirn hat sich seit Beginn der 1990er Jahre gegen Konkurrenten wie „TV-Sat" und „Kopernikus" durchgesetzt.

Das Sendegebiet von „DFS1 Kopernikus", einem Fernmeldesatellit der DTAG, ist nämlich wesentlich kleiner und umfaßt lediglich Deutschland, Österreich, die Schweiz, Dänemark, Tschechien und die Beneluxländer, also Zentraleuropa. Für dem Empfang im Osten Österreichs, in den frankophonen Kantonen der Schweiz, in

---

330 *Hartlieb*, Handbuch des Film-, Fernseh- und Videorechts, Kap. 185; ARD, ABC der ARD, S. 36 f.
331 *Hahn/Binder*, ARD-Jahrbuch 97, S. 26 (34).

Norditalien sowie im Süden Norwegens und Schwedens wird überdies eine wesentlich teurere Satellitenschüssel mit 1,2 Metern Durchmesser benötigt.[332]

Auch der Satellit „TV-Sat 2", von der DTAG in Zusammenarbeit mit der französischen Post[333] betrieben, hat sich – obwohl ursprünglich als Hauptträger deutscher Programme bestimmt – nicht durchsetzen können, weil er in der neuen, noch immer ungebräuchlichen Fernsehnorm „D2-MAC"[334] abstrahlt. Er wurde deshalb 1994 abgestellt. „TV-Sat 2" hatte eine Ausleuchtzone von Korsika bis Südnorwegen und von London bis Warschau. Die darüber verbreiteten Programme sind mit Parabolantennen von nur 40 Zentimetern Durchmesser empfangbar.

Das „Erste" wird sei August 1993 über das ASTRA-Satelliten-Gestirn ausgestrahlt. „3sat" und „arte" werden zur Zeit über die Satelliten DFS-Kopernikus und über ASTRA verbreitet, „PHOENIX" wird über die Satelliten ASTRA 1D und 1C verbreitet.[335] Seit Januar 1997 teilt sich „arte" den ASTRA-Transponder mit dem „Kinderkanal".[336] Auch acht der zehn Dritten Programme sind inzwischen über ASTRA verbreitet: [337] alle außer „B1" und das „SR Fernsehen Südwest". Über ASTRA 1C wird außerdem der Bildungskanal „BR α alpha" ausgestrahlt.

Über Satellit können mittlerweile auch die meisten Hörfunkprogramme der ARD als Tonunterträger der TV-Stationen direkt empfangen werden. Im analogen Bereich sind das: die fünf BR-Programme, „NDR 2", „NDR 4 Info" und „N-Joy Radio", „Radio Bremen 2", vom WDR „Eins Live" und „WDR 2", „MDR SPUTNIK", „SWR3", „DeutschlandRadio Berlin" und „Deutschlandfunk" (über ASTRA) sowie „Bayern 4 Klassik" und "Radio 3" (über DFS-Kopernikus).[338]

Die Deutsche Welle wird gleich auf mehrere analoge Satelliten aufgeschaltet. Dadurch sollen weltweite Empfangsmöglichkeiten – auch in Deutschland – sichergestellt werden. So findet sich DW-tv auf den Satelliten „Eutelsat II-F1", „Intelsat-K", „Intelsat 707", „ASTRA 1A", „Asiasat 2" und „GE-1".[339] Auch die Programme von „DW-radio", sind über diese Satelliten zu empfangen und erreichen somit weltweit etwa 85 Mio. Haushalte.[340]

Die Anmietung eines Satellitenkanals ist für die Landesrundfunkanstalten mit enormen Kosten verbunden. In der Regel fallen für einen analogen TV-Transponder

---

332 ARD, ABC der ARD, S. 13.
333 Dort trägt „TV-Sat" den Namen „TDF"; vgl. ARD, ABC der ARD, S. 128.
334 D2-MAC ist eine neue Fernsehnorm, die auf dem Übertragungsverfahren *multiplexed analogue components* (MAC) basiert und eine bessere Brillianz und Farbtrennung des Fernsehbildes und dazu eine mehrkanalige digitale Tonübertragung in CD-Qualität ermöglicht; ARD, ABC der ARD, 2. Auflage, S. 36.
335 *Schmitt*, Medienspiegel Nr. 15/1997, S. 3; FK Nr. 15/1997, S. 6 f.
336 Vgl. NDR, Senderverzeichnis 1997, S. 24.
337 Mitteldeutscher Rundfunk, Senderverzeichnis Hörfunk und Fernsehen, S. 14; NDR, Senderverzeichnis 1997, S. 24.
338 Vgl. *Gruber*, ARD-Jahrbuch 97, 81 (83); siehe auch ARD-Jahrbuch 96, S. 158.
339 DW Online, im Internet unter http://www.dwelle.de/dw/empfang/satellit/Welcome.html.
340 Hamburger Abendblatt Nr. 145/1998 v. 25.6.1998, S. 9.

Kosten in Höhe von 10 Mio. Mark (also 5,11 Mio., €) und für ein analoges Stereohörfunkprogramm 425.000 Mark (rd. 218.000 €) jährlich an.[341]

3. Kabelverbreitung

Rundfunkverbreitung in so genannten „Breitbandkabelnetzen", Kupferkoaxial- oder Glasfaserkabelnetzen, im Volksmund „Kabelfernsehen" genannt, schien in den 1980er Jahren der Übertragungsweg der Zukunft. Damals starteten in den unterschiedlichen Kabelpilotprojekten in ganz Deutschland erstmals die privaten Rundfunkanbieter. Es wurde – im Gegensatz zur damals üblichen terrestrischen Übertragung – eine Vielzahl von Programmen angeboten, die ohne Leistungsverluste in hoher Qualität zu empfangen waren.

Die Kabelanlagen in der Bundesrepublik Deutschland[342] sind technisch begrenzt und bieten technischen Gründen Kapazitäten für 30 analoge Hörfunkprogramme im UKW-Band, zwei Kanäle für digitalen Hörfunk, 13 Kanäle für digitales Fernsehen im so genannten „Hyperband" bis 450 MHz sowie 35 analoge TV-Kanälen, von denen allerdings sieben ebenfalls im „Hyperband" liegen, das ursprünglich für die Verbreitung von Programmen in der gescheiterten europäischen Fernsehnorm „D2-MAC" vorgesehen war und nur für neuste, mit einem Hyperband-Tuner ausgestatteten Fernsehgeräten ausgelegt ist.[343] Die größte Netzbetreiberin Deutschlands, die DTAG, stellt unter Beachtung dieser technischen Kapazitäten und auf Weisung der Landesmedienanstalten derzeit alle 30 analogen Hörfunkkanäle und alle 28 Kanäle für die Übertragung von analogen TV-Wellen im Normalbereich bis 300 MHz bereit. Dieser umfasst den VHF- und UHF-Bereich mit elf Kanälen und darüber hinaus ein spezielles Kabel-Frequenzband mit 17 Kanälen, das nur mit kabeltauglichen Fernsehgeräte neuerer Bauart empfangen werden kann.

Das schien während der Anfangszeit der Kabelverbreitung das Ende aller Engpässe im Übertragungssektor zu sein. Mittlerweile wurden zur Überbrückung der nunmehr doch schon wieder bestehenden Engpässe neben den drei bisher verfügbaren zwei weitere Kanäle aus dem Hyperband freigegeben, so dass nunmehr in der Regel 33 analoge TV-Sendeplätze zur Verfügung stehen.[344] Zum Jahresende 1998 wurde außerdem die Einspeisung digitaler Hörfunkprogramme eingestellt werden, um zwei

---

341 Stand: 1997, siehe *Hahn/Binder*, ARD-Jahrbuch 97, S. 26 (32, 39); vgl. Hamburger Abendblatt Nr. 95/1998 v. 21.4.1998, S. 9.
342 Sämtliche Zahlen gelten nicht allgemein für die neuen Bundesländer, wo viele Kabelnetze noch mit der 230-MHz-Technik nach DDR-Standard ausgestattet sind. Dort ist der Empfang von lediglich acht bis zehn Programmen möglich; vgl. *Ricker*, in: Ricker/Schiwy, Kap. G Rn. 34.
343 Das sind zur Zeit nur etwa 30 Prozent der Fernsehgeräte, vgl. *Schrape*, Digitales Fernsehen, S. 132; *Breunig*, MP 1996, 195; *Ricker*, AfP 1992, 19 (21); *Hartlieb*, Handbuch des Film-, Fernseh- und Videorechts, Kap. 184 Rn. 3; zur Fernsehnorm „D2-MAC" siehe oben § 2 B.VIII.2. (S. 87).
344 Siehe *Albrecht*, ARD-Jahrbuch 97, S. 49 (53).

weitere Hyperbandkanäle für das Fernsehen freizumachen, zunächst im analogen, später im digitalen Bereich.[345]

Die Landesmediengesetze sehen in ihren Weiterverbreitungsregelungen eine Reihenfolge für die Einspeisung der verfügbaren Programme vor. An der ersten Stelle der Ranglisten stehen regelmäßig alle für das Land gesetzlich bestimmten oder aufgrund Landesgesetz veranstalteten Programme.[346] In Bayern, Sachsen und Berlin-Brandenburg haben die gesetzlich bestimmten und die im Lande lizenzierten privaten Programme generellen Vorrang, während die anderen den Entscheidungen der Landesmedienanstalten unterliegen.[347] In den Kabelnetzen finden sich somit in der Regel alle ortsüblichen öffentlich-rechtlichen Programme, also das „Erste", (das ZDF), das ortsgebundene Dritte, „3sat", „PHOENIX", „Der Kinderkanal" und „arte", außerdem die digitalen Programme der ARD sowie die ortsüblichen Hörfunkprogramme. Die Mehrheit der Länder bevorzugt außerdem die so genannten „Grundversorgungsprogramme", was faktisch eine gesetzlich vorgeschriebener Einspeisung der „ortsunüblichen", jedoch per Satellit an die Kabelkopfstation herangeführten Dritten und der per Satellit herangeführten Hörfunkprogramme gleichkommt.[348]

Nach anfänglichen Schwierigkeiten mit der Einspeisung von „PHOENIX" und „Kinderkanal" in einzelnen Ländern sowie vorübergehender Verdrängung einzelner Dritter Programme[349] haben sich die Probleme inzwischen auf wenige Reibungspunkte reduziert: In Baden-Württemberg, Bayern, Teilen von Brandenburg, Hessen, Nordrhein-Westfalen, Teilen von Rheinland-Pfalz, Sachsen und Berlin belegt der Dokumentationssender nur einen Sonderkanal im Hyperband. In Baden-Württemberg teilt sich „PHOENIX" einen Kabelkanal mit „N3", in Mecklenburg-Vorpommern mit dem französischen „TV5" *(channel sharing).*[350] Auch „arte" und der „Kinderkanal" teilen sich wegen ihrer einvernehmlichen Partagierung der Programmzeiten einen Kabelplatz.[351] Außerdem haben sich die Landesmedienanstalten darauf geeinigt, nur

---

345 http://www.telekom.de/aktuell/presse/index.htm; vgl. zur Zahl der möglichen Kabelkanäle *Albrecht,* ARD-Jahrbuch 97, S. 49 (54 f.).
346 *Gersdorf,* Regelungskompetenzen bei der Belegung digitaler Kabelnetze, S. 31 f.
347 Vgl. *Breunig,* MP 1996, 195 (202 f.); Einige Rundfunkgesetz räumen außerdem den (privaten) Vollprogrammen eine besondere Stellung ein, vgl. *Bullinger,* ZUM 1994, 596 (597); FK Nr. 3/1996, S. 11.
348 Siehe *Ricker,* in: Ricker/Schiwy, Kap. G Rn. 39. Eine Ausnahme besteht in Sachsen: Dort stuft die Sächsische Landesanstalt für privaten Rundfunk und neue Medien „3sat" und „arte" als nicht zur Grundversorgung gehörend ein und lehnt somit eine Verpflichtung zur Einspeisung ins Kabelnetz ab; siehe FK Nr. 47/1996, S. 14 f. Das Programm von „arte" wird aufgrund eines Assoziierungsabkommens mit dem belgischen Fernsehen „RTBF" auch in die belgischen Kabelnetze eingespeist, vgl. ARD, ABC der ARD, S. 13.
349 FK Nr. 6-7/1997, S. 10 f.; FK Nr. 50/1996, S. 5 f.; FK Nr. 50/1996, S. 5; FK Nr. 8/1997, S. 14; vgl. *Breunig,* MP 1996, S. 195 (204, 206 f.)
350 In beiden Fällen laufen aber noch Widersprüche gegen die Entscheidungen der Landesmedienanstalten, vgl. Stand der Kabeleinspeisungen PHOENIX in den Bundesländern, im Internet abrufbar unter http://www.msn.de/phoenix/kabelein.htm; vgl. FK Nr. 18/1997, S. 13; FK Nr. 22/1997, S. 21.
351 Siehe etwa FK Nr. 47/1996, S. 5 f.; FK Nr. 50/1996, S. 5; FK Nr. 5/1997, S. 9 ff.

noch drei Dritte Programme zusätzlich zum ortsüblichen Dritten in die Kabelanlagen einzuspeisen.[352]

Zusammenfassend lässt sich also sagen, dass in der Regel nahezu alle ARD-Programme in den Kabelnetzen verfügbar sind, soweit sie ortsüblich oder wenigstens per Satellit heranführbar sind. Es gibt aber auch Programme, die in die Netze eingespeist werden, ohne zuvor über Satellit herangeführt worden zu sein. Das sind zum Beispiel die vier Hörfunkprogramme von Radio Bremen, die zusätzlich zu Bremen und Bremerhaven in Hamburg, Niedersachsen, Nordrhein-Westfalen und Schleswig-Holstein in die Kabelnetze eingespeist werden. Auch finden sich wechselseitig die Programme von ORB und SFB in den jeweiligen Kabelnetzen wieder, was natürlich mit der gemeinsamen MABB zusammenhängt, die für beide Länder die Kabelbelegungen organisiert.

Außerdem findet sich das Auslandshörfunkprogramm der Deutschen Welle in den Kabelnetzen von Berlin, Köln, Euskirchen, Bensberg, Leverkusen/Niederkassel, Bergisch Gladbach, Overath, Kürten-Dürscheid, Pulheim, Frechen, Hürth, Köln-Sürth, Wesseling, Königswinter/Honnef, Lohmar/Siegburg, Bonn/Meckenheim und Erftstadt wieder.[353]

Die Deutsche Telekom AG verfügt weltweit gesehen über das Kabelnetz mit den meisten Haushalten. Die Zahl der Wohnungen, die an die Kabelanlagen anschließbar sind, stagniert allerdings seit Jahren bei rund 23,5 Mio. Deutlich darunter – und das ist der eigentlich relevante Wert – liegt die Zahl der tatsächlich angeschlossenen Haushalte: nämlich zur Zeit 16,7 Mio.[354] Während der Versorgungsgrad also bei 66,9 Prozent liegt, sind *de facto* nur 51 Prozent der Bevölkerung am Kabelrundfunk beteiligt.[355] Wenn man einen Blick auf die regionale Versorgungsdichte mit Kabelanschlüssen wirft, wird deutlich, dass dieser Durchschnittswert vor allem durch die lückenlose Versorgung der westdeutschen Ballungsräume erreicht wird: Hamburg ist zu 99,8 Prozent erschlossen, Bremen zu 98,9, Schleswig-Holstein zu 77 Prozent und Nordrhein-Westfalen zu 75,8 Prozent. Auch Berlin kommt auf eine Versorgungsdichte von 90,9 Prozent. Im ländlichen Raum, gerade in den neuen Bundesländern, befindet sich die Kabelversorgung aber noch immer im Aufbau. So kommt Mecklenburg-Vorpommern erst auf eine Versorgungsdichte von 42,8 Prozent, Brandenburg auf 43,7 Prozent, Sachsen auf 37,3 Prozent, Thüringen auf 38,7 Prozent und Sachsen-Anhalt sogar nur auf 30,5 Prozent. Dazu kommt, dass die Akzeptanz der potentiellen Kabelkunden eher niedrig ist. Nur zwei von drei anschließbaren Haushalten nutzen die ihnen angebotene Möglichkeit auch wirklich, so dass die tatsächli-

---

352 Siehe kritische Anmerkungen von *Hahn/Binder*, ARD-Jahrbuch 97, S. 26 (30 f.).
353 DW Online, im Internet unter http://www.dwelle.de/dw/empfang/radio/kabelprog.html.
354 Quelle: Deutsche Telekom Zentrale, siehe FK Nr. 47/1996, S. 5.
355 Siehe ARD-Jahrbuch 97, S. 378, FK Nr. 19/1995, S. 11 (n.b.: Die Definition des Versorgungsgrades wurde zum 1.7.1996 geändert); vgl *Bleckmann/Pieper/Erberich*, Öffentlich-rechtliche Spartenprogramme als Bestandteil der Grundversorgung, S. 40; neuste Zahlen bei *Sommer*, Journalist Nr. 9/1999, S. 42.

che Kabelnutzung im Osten nur um 30 Prozent liegt. Selbst im Westen liegt die Anschlussdichte nur bei etwa 65 Prozent.[356]

Grund für die „Kabelträgheit" der Deutschen sind vermutlich die sehr hohen laufenden Kosten, die ein Anschluss mit sich bringt. Während die einmaligen Anschlussgebühren der Telekom mit rund 50 € sehr niedrig sind und auch die Kosten für die Umrüstung einer terrestrischen Antennenanlage auf Kabelnutzung in der Regel überschaubar bleiben, verlangt die Telekom derzeit für die regelmäßige Nutzung ihrer Netze eine Gebühr von 25,90 Mark (13,20 €) monatlich,[357] andere Kabelbetreiber verlangen bis zu 45 Mark (23,10 €) monatlich, die das Budget der Rezipienten zusätzlich zur Rundfunkgebühr belasten. Bei Kabelkunden liegt also das monatliche Fernsehbudget deutlich über 30 €. Außerdem ist Kabelrundfunk in der heutigen „mobilen" Welt nur stationär zu empfangen.

Für die Rundfunkanstalten ist die Verwendung der Kabeltechnik im Gegensatz zur Satellitennutzung vergleichsweise günstig. Ein Kabelplatz für ein bundesweit verbreitetes, nicht terrestrisch empfangbares TV-Programm kostet derzeit etwa 2,9 Mio. Mark, ein bundesweit eingespeistes Hörfunkprogramm 2,1 Mio. Mark jährlich.[358]

4. Digitale Übertragung

Die Verwendung digitaler Übertragungsformen wird in Zukunft das Angebot an Hörfunk- und Fernsehprogramm vervielfachen. Das ist nicht erst seit dem Bericht der abgelösten CDU/CSU/F.D.P.-Bundesregierung zur Initiative „Digitaler Rundfunk"[359] bekannt. In nahezu allen Bereichen der Telekommunikations- und Informationstechnik hat sich die Digitalisierung bereits als ökonomisch überzeugender Weg zu einer qualitativ und quantitativ besseren Nutzung der Ressourcen erwiesen. Mit der digitalen Kompression wird es möglich sein, sowohl im terrestrischen Bereich als auch über Kabel und Satellit im Vergleich zu heute wesentlich mehr Programminhalte zu verbreiten und eine höhere Empfangsqualität zu erreichen.[360] Anstelle eines analogen Programms können auf dem digitalen Weg zwischen sechs und zehn digitale Programme übertragen werden.[361]

ARD-Programme sind schon jetzt in unterschiedlichen digitalen Übertragungsformen zu empfangen, für die aber nicht allein der Einsatz eines herkömmlichen Rundfunkempfängers, also Radio oder Fernseher, ausreicht, sondern vielmehr zum Teil im erheblichen Maß zusätzliche technische Voraussetzungen geschaffen werden müssen. Übertragungsmöglichkeiten bestehen sowohl in scheinbar unbegrenztem Maße über

---

356 Siehe FK Nr. 19/1995, S. 11; FK Nr. 47/1996, S. 5 (6).
357 Quelle: Deutsche Telekom AG, siehe Homepage im Internet unter http://www.telekom.de.
358 Stand: 1997, siehe *Hahn/Binder*, ARD-Jahrbuch 97, S. 26 (32, 39).
359 Vgl. dazu den Bericht durch die Bundesregierung zur Initiative „Digitaler Rundfunk", BT-Drucksache 13/11380, S. 1-20.
360 BT-Drucksache 13/11380, S. 2; *Bötsch*, Post Politische Information Extra Nr. 8/1997, S. I ff.; *Schrape*, Digitales Fernsehen, S. 7.
361 *Bleckmann/Pieper/Erberich*, Öffentlich-rechtliche Spartenprogramme als Bestandteil der Grundversorgung, S. 40.

die digitalen Transponder der Fernmeldesatelliten als auch in den Kabelnetzen, wo nach der Freigabe von zwei Hyperbandkanälen für analoge Programme jetzt noch 13 und später 15 Kanäle für *digital video broadcasting* (DVB) verblieben sind. Dort können zwischen 100 und 150 Programme verbreitet werden.[362] Außerdem bestehen die Möglichkeiten der terrestrischen Übertragung von digtalen Radio- und Fernsehsignalen, wobei aber letztere in Deutschland noch nicht praktiziert werden. Außerdem werden Hörfunksender über das Internet verbreitet.

Das **Digitale Fernsehen** der ARD wird über zwei digitale Satelliten-Transponder auf dem Fernmeldesatelliten ASTRA 1 G übertragen. Auch über diverse Kabelanlagen ist das Angebot „ARD DIGITAL" bereits zu empfangen.[363] Erforderlich für die Entschlüsselung des binären Codes ist für die Verwendung eines konventionellen, sprich analogen TV-Gerätes eine sog. „Set-Top-Box" im DVB-Standard. Der Decoder-Markt wird derzeit von der „d-box" der Kirch-Gruppe beherrscht, weil diese als einzige beim Abschluß eines Abonnements des kommerziellen Digitalfernsehen „Premiere World" vom Anbieter subventioniert wird und daher konkurrenzlos billig ist.. Die in ARD DIGITAL integrierte Darstellung des *electronic programme guide* (EPG) und das Lesezeichen funktionieren allerdings nur mit einer offenen API-Schnittstelle, die bei der „d-box" nicht vorgesehen ist.[364]

Auch „DW-tv" ist digital über Satellit (Intelsat 702/707, AsiaSat 2 und Galaxy IIIR) in den meisten Ländern der Erde zu empfangen. Deren Ausleuchtzone umfaßt allerdings nicht Deutschland.[365]

Eine Besonderheiten weist die **digitale Übertragung der Hörfunkprogramme** *(digital audio broadcasting*, DAB) auf. Diese werden nämlich in zwei unterschiedlichen Tonübertragungsverfahren gebündelt über Satellit und Kabel ausgestrahlt. Diese Verschlüsselungsnormen weichen je nach dem genutzten Satellitensystem voneinander ab. Zum einen gibt es das „Astra Digital Radio" (ADR) über die digitalen Transponder auf ASTRA 1 E, das von derzeit rund 50.000 Empfängern genutzt wird. Zum anderen existiert das „Digitale Satelliten Radio" (DSR), das über „Kopernikus" und in den Kabelnetzen der Deutschen Telekom AG verwendet wird. Mit einer entsprechenden ADR-tauglichen ASTRA-Empfangsanlage oder einem DSR-Tuner können diese Programme auf der heimischen HiFi-Anlage digital in einer der CD vergleichbaren Tonqualität gehört werden: ohne Störgeräusche und Verzerrungen. Daneben erlaubt ein neuartiger Bedienkomfort die Senderwahl per Tastendruck die Anwahl von Genres oder die getrennte Lautstärkeregelung für Sprache und

---

362 Siehe *Albrecht*, ARD-Jahrbuch 97, S. 49 (53); *Bleckmann/Pieper/Erberich*, Öffentlich-rechtliche Spartenprogramme als Bestandteil der Grundversorgung, S. 40.
363 Siehe epd/Kirche und Rundfunk Nr. 95/1995, S. 10.
364 Die ARD tritt ausdrücklich nicht als eigener Anbieter eines Decoders am Markt auf; *Albrecht*, ARD-Jahrbuch 97, 49 (53 f.); vgl. auch *ders*. MP 1997, 415 (417). Über den komplizierten Einigungsprozeß auf den Standard „d-box" findet sich ein anschaulicher Überblick im ARD-Jahrbuch 97, S. 128 (132 ff.); siehe auch Hamburger Abendblatt Nr. 2571997, S. 11.
365 ARD-Jahrbuch 97, S. 141 (142).

Musik.[366] Im **ADR** werden derzeit 42 Hörfunkprogramme der Landesrundfunkanstalten sowie die Programme der Deutschen Welle übertragen.[367]

Im Rahmen der deutschen Pilotprojekte für die Erprobung von **terrestrischem DAB (T-DAB)**, die in Berlin-Brandenburg, Baden-Württemberg, Nordrhein-Westfalen, Bayern, Hessen und Mitteldeutschland (Sachsen und Thüringen) entlang der Autobahnen A4 zwischen Eisenach und Gera sowie der A9 und in Leipzig von der Telekom, den örtlichen Landesrundfunkanstalten und den Landesmedienanstalten für den Zeitraum von September 1996 bis 1998 angesetzt wurden, gingen der BR, der HR, der MDR und der WDR mit ihren speziellen DAB-Programmen auf Sendung, bzw. mit der digitalen Umsetzung ihrer konventionellen Programme, wie SFB, ORB, MDR und HR.[368]

T-DAB wird seit 1986/87 in dem EG-Projekt „EUREKA EU 147" unter Federführung der Bundesrepublik Deutschland und unter Mitwirkung des Instituts für Rundfunktechnik entwickelt. Es handelt sich dabei um ein Verfahren für digitalen terrestrischen Hörfunk, das möglicherweise einmal – nach Meinung vieler Fachleute in den nächsten zehn bis 15 Jahren – den herkömmlichen UKW-Hörfunk ablösen wird. Die Vorteile von T-DAB liegen vor allem in der Klangqualität, die der von CDs entspricht, im dank niedrigem Frequenzbedarf stabilen, störungsfreien Empfang auch über Stabantennen an tragbaren Empfängern, etwa in Autoradios.[369]

Der Nachteil von T-DAB besteht in der Notwendigkeit für den Rezipienten, sich neue Hörfunkempfänger anzuschaffen, die mit der digitalen Technik ausgerüstet sind. Es sind also relativ hohe Anfangsinvestitionen notwendig, ohne dass für den Zuhörer gravierende Verbesserungen auf der Hand liegen. Im Pilotprojekt NRW standen 500 Endgeräte für den Fahrzeugeinbau zur Verfügung. Insgesamt wurden mindestens 3000 T-DAB-Empfänger an Testkunden verteilt oder verkauft.[370] Außerdem wird mit PC-Empfängerkarten die Nutzung von DAB im Multimedia-PC erprobt. Der öffentlich-rechtliche Rundfunk erhält in dieser Phase seine Aufwendungen entsprechend des bei der KEF angemeldeten Bedarfs durch einen zweckgebundenen Zuschlag zur Rundfunkgebühr von elf Pfennig (5,6 Cent) voll erstattet und erhält damit in den vier Jahren der laufenden Gebührenperiode insgesamt 176,3 Mio. Mark (89,86 Mio. €) für sein Engagement.[371]

Auch beim terrestrischen **DVB (DVB-T)**, der digitalisierten terrestrischen Verbreitung von Fernsehprogrammen, ist bereits ein europäischer Standard definiert worden. DVB-T ist dadurch gekennzeichnet, dass mehr Sendefrequenzen zur Verfü-

---

366 Siehe ARD, ABC der ARD, 2. Auflage, S. 44; ARD-Jahrbuch 97, S. 141 (142).
367 Eine genaue Auflistung in Übersicht 1, Anhang, S. 464 ff..
368 Hessischer Rundfunk Online, im Internet unter http://www.hr-online.de/allgemein/index.html; MDR ONLINE, http://www.mdr.de/dab/thema2.htm; Mitteldeutscher Rundfunk, Senderverzeichnis Hörfunk und Fernsehen, S. 20; Post Politische Information Extra Nr. 8/1997, S. 2.; *Hörhammer*, in: Ory/Bauer, Hörfunk-Jahrbuch 96/97, S. 134 ff; FK Nr. 42/1995, S. 12.
369 ARD, ABC der ARD, S. 31.
370 ARD-Jahrbuch 97, S. 141.
371 *Hörhammer*, in: Ory/Bauer, Hörfunk-Jahrbuch 96/97, S. 137.

gung stehen und die Kosten für die Übertragung des einzelnen Programms reduziert werden. Auf einem herkömmlichen Kanal können sechs Fernsehprogramme in einer heute gebräuchlichen Qualität übertragen werden. Prinzipiell ist es außerdem möglich, den für den digitalen Verbreitungsweg definierten programmlichen Mehrwert dem Nutzer auch unabhängig von stationären Empfangssystemen zugänglich zu machen, also auch beim mobilen Empfang mit portablen Geräten. Allerdings wird DVB-T in Deutschland noch nicht großflächig erprobt, sondern befindet sich erst in einer Vorbereitungsphase.[372]

Ein weiterer digitaler Übertragungsweg für Rundfunkprogramme steckt ebenfalls noch in der Erprobungsphase, dürfte aber im Laufe der Zeit zusätzliche praktische Bedeutung erhalten: das **Internet**. Schon jetzt speisen mehrere Landesrundfunkanstalten einzelne Hörfunkprogramme zeitgleich in das weltweite Datennetz ein, so dass diese weltweit im so genannten „Real Audio" empfangen und decodiert werden können. Technische Voraussetzung dafür ist ein PC mit Modem und Soundkarte und die entsprechende Software, die kostenlos im Internet vertrieben wird.[373] Per *real audio* können derzeit folgende ARD-Hörfunkprogramme empfangen werden: „B5 aktuell", „Bayern 3", „hr3", „hr XXL", „MDR info", „Jump FM", „MDR SPUTNIK", „NDR 2", „NDR 4 Info", „N-Joy Radio", „SFB 4 MultiKulti", „SWR 3", „SWR 4 BW", „WDR EinsLive", „InfoRadio", „DASDING" und das Programm der Deutschen Welle.[374] Übrigens verzichten vorerst die Rundfunkanstalten auf eine Gebührenpflicht von Internet-Computern.[375]

„B5 aktuell" ist außerdem *on demand* im Internet abrufbar, d. h., der Zugriff auf einzelne Viertelstunden-Segmente der jeweils zurückliegenden kompletten Sendewoche ist *online* gezielt möglich. Derart systematisch ist das noch die Ausnahme; allerdings sind ausgewählte und ständig wechselnde, bereits gesendete Hörfunksendungen mehrerer Landesrundfunkanstalten schon jetzt im Internet verfügbar. Diese elektronische Beispiele aus den Rundfunkarchiven kann der Rezipient also jederzeit abrufen.

IX. Gemeinschaftseinrichtungen und Kooperationen

Während die Strukturen der ARD sich – obwohl, wie gezeigt, auch schon einigermaßen verschränkt – noch recht übersichtlich sind, haben die Landesrundfunkanstalten untereinander und mit „auswärtigen" Partnern zahlreiche Kooperationsabkommen abgeschlossen. Es existieren diverse Gemeinschaftseinrichtungen und Kooperationen, so dass in gewissen Bereichen getrost von Medienverflechtungen gesprochen werden kann. Es gibt offene und versteckte Verflechtungen im lokalen, regionalen, nationalen und internationalen Rahmen.

---

372 Siehe ARD-Jahrbuch 97, S. 141; FK Nr. 3/1996, S. 11 f.; Post Politische Information Extra Nr. 8/1997, S. 1 ff.
373 Vgl. *Sell*, PC Praxis Nr. 7/1998, S. 28.
374 Die einzelnen Web-Adressen finden sich im Anhang in der Übersicht 3, Seite 468.
375 Journalist Nr. 8/1997, S. 5.

Auf diese Weise ist eine an vielen Stellen verzahnte Gesamtstruktur mit einem recht komplizierten Kooperationsnetz entstanden, die ausgesprochen schwer zu überblicken ist.

Außerdem haben bereits vor mehreren Jahren die Landesrundfunkanstalten damit begonnen, nach dem Vorbild der privaten Anbieter Produktionen auszugliedern und an selbständige Privatunternehmen, die größtenteils Tochtergesellschaften sind, zu vergeben.[376] Dieses Outsourcing soll Einsparungs- und Synergiepotentiale für die öffentlich-rechtlichen Anstalten erschließen.

1. Programmkooperationen der Landesrundfunkanstalten

a. untereinander

Die herausragende Programmkooperation der Landesrundfunkanstalten ist ohne Frage das „Erste Deutsche Fernsehen" mit seinen Gemeinschaftsorganen der Ständigen Programmkonferenz und dem Programmbeirat. Die Kooperation ist allerdings – wie bereits dargestellt – überraschend locker, denn bei genauer Betrachtung liefern alle Teilnehmer selbstverantwortete, mehr oder weniger unabhängige Programmbestandteile zu, die lediglich durch die Programmdirektion und die gemeinschaftlichen Programmkoordinatoren miteinander abgestimmt werden.

Mit der Harmonisierung des Vorabendprogramms und der Einrichtung eines zentralen Programmmarketings für das „Erste" sowie der Schaffung der Gemeinschaftsredaktionen „Vorabend" und „Serie" haben die ARD-Anstalten aber einen ersten Schritt getan, weitreichende und vor allem engere Programm- und Veranstalterkooperationen auf rein öffentlich-rechtlicher Basis zu ermöglichen.[377] Diese Gemeinschaftseinrichtungen erlauben einerseits Kosteneinsparungen und machen sich andererseits im Programm bemerkbar. Mit der vollen Harmonisierung des Vorabendprogramms hat die ARD erreicht, dass alle Zuschauer in Deutschland dasselbe Vorabendprogramm sehen und das „Erste" dadurch als ein homogenes Programm im ganzen Bundesgebiet wahrgenommen und vor allem für Werbekunden interessant wird. Im Bereich des Vorabendprogramms besteht die engste programmliche Kooperation aller Landesrundfunkanstalten.

Programmliche Kooperationseinrichtung der Landesrundfunkanstalten existieren, wie schon bei der Darstellung der Organisationsstruktur der ARD beschrieben, auch in Form von „ARD-aktuell" und dem gemeinsamen Hauptstadtstudio Berlin. Die gemeinschaftliche Nachrichtenredaktion „ARD-aktuell" hat vor allem das Ziel, die Nachrichtenberichterstattung zentral zu organisieren und zu professionalisieren. Das Hauptstadtstudio wird von allen Anstalten gemeinsam errichtet, betrieben und finanziert und soll wesentliche Teile der Berichterstattung aus der Hauptstadt übernehmen.

---

376 *Kresse*, Grundversorgung und integrative Pluralismussicherung, S. 17.
377 Siehe *Struve*, in: Kops/Sieben, S. 201 (207).

Damit ist eine finanzielle Entlastung für den SFB verbunden, die dem Sender eine regionalbezogene Versorgung Berlins weiter ermöglichen soll.[378]

Eine weitere Kooperation zwischen den ARD-Mitgliedern ist das gemeinsam betriebene Korrespondentennetz der ARD mit rund 90 Korrespondenten in 31 Städten. Die Kosten des Netzes werden im Hörfunk nach einem festen Schlüssel umgelegt, im Fernsehsektor werden diese von der für das jeweilige Studio zuständigen Landesrundfunkanstalt getragen. Die ARD unterhält Auslandsstudios in Algier/Rabat (Federführung beim SWR für Fernsehen und HR für Hörfunk), Amman (WDR), Ankara (SWR), Brüssel (WDR für Fernsehen), Buenos Aires (SWR für Fernsehen, BR für Hörfunk), Genf (SWR), Istanbul (BR), Johannesburg (SWR), Kairo (SWR), London (NDR für Fernsehen), Madrid (SWR für Fernsehen, HR für Hörfunk), Mexiko City (SWR für Fernsehen, SFB für Hörfunk), Moskau (WDR), Nairobi (WDR), Neu-Delhi (MDR für Fernsehen, NDR für Hörfunk), New York (WDR für Fernsehen, NDR für Hörfunk), Paris (WDR für Fernsehen), Peking (NDR für Fernsehen, SFB für Hörfunk), Prag (MDR für Fernsehen, HR für Hörfunk), Rom (BR), Singapur (NDR), Stockholm (NDR), Tel Aviv (BR), Tokio (NDR), Warschau (ORB), Washington D.C. und Wien (BR) sowie neuerdings in Straßburg und Schanghai.[379]

Außerdem tauschen die Landesrundfunkanstalten auf der Grundlage der Verwaltungsvereinbarung über die Zusammenarbeit der Dritten Programme (VwVeinbDritte) die gemeinschaftlich koordinierten Sendungen von überregionalem Interesse in großem Umfang untereinander aus. Als Beispiel seien die Sendungen „Tip TV", „Brandenburger Journal" oder „Babelsberger Gespräche" genannt, die der ORB produziert und die „N3" übernimmt. Der NDR liefert im Gegenzug zum Beispiel „DAS!", „Die Nordschau", die „NDR Talk Show" oder „Schauplatz Natur" an die übrigen Dritten. Um die Austauschbarkeit solcher Programme zu erleichtern, haben sich alle Anstalten auf eine Standardisierung der Formate geeinigt. Durch frühzeitige gegenseitige Information und Abstimmung bei den Programmkoordinatoren soll bereits in der Entwicklungsphase der Sendung verhindert werden, dass mehrere Anstalten Programmideen parallel bearbeiten, dabei unnötige Produktionskosten entstehen oder sie sich gar bei Senderechten gegenseitig überbieten.[380]

Ein Austausch erfolgt auch bei allen Senderechten, die nach § 1 VwVeinbDritte der Dritten Programme stets für die gesamte Bundesrepublik erworben werden und deren Kosten nach dem Gebührenaufkommen verteilt werden. Bei Spielfilmen gilt nach § 3 Abs. 1 VwVeinbDritte ein besonderer Finanzierungsschlüssel.

Überdies haben die einzelnen Landesrundfunkanstalten untereinander bi- und in einem Fall trilaterale Kooperationsabkommen getroffen, die größtenteils schon bei

---

378 Siehe oben § 2 B.I. (S. 39); siehe *Reiter*, in: FI 1997, 255.
379 ARD, ARD-Jahrbuch 97, S. 225 ff.; siehe Korrespondentenwelt in ARD online im Internet, http://www.ard.de/korrespondenten/index_welt.html; ARD, ABC der ARD, S. 15; ABC der ARD, 2. Auflage, S. 22; WDR, Jahresbericht 1996, S. 139; Hamburger Abendblatt Nr. 28/1999 v. 1.12.1999, S. 9.
380 *Plog*, in: Kops/Sieben, S. 257 (265 f.).

der Programmstruktur dargestellt wurden und hier noch einmal zusammengefasst werden: So kooperieren ORB und SFB bei der Gestaltung ihres gemeinsamen Regionalfensters im ARD-Vorabendprogramm, sowie bei den Hörfunkprogrammen „RADIO EINS", „Fritz", „Radio B Zwei" und „InfoRadio". Grundlagen für diese Programmkooperationen ist der Staatsvertrag über die Zusammenarbeit zwischen Berlin und Brandenburg im Bereich des Rundfunks und eine Kooperationsvereinbarung zwischen SFB und ORB aus dem Jahr 1997. Ihr Ziel ist die Rationalisierung des Programmangebotes in der Metropolregion Berlin und die finanzielle Entlastung von ORB und SFB. Zusammen mit dem NDR gestalten beide darüber hinaus das Kooperationsprogramm „Radio 3".[381] Der NDR wiederum arbeitet programmlich mit Radio Bremen beim gemeinsamen Dritten Programm „N3" zusammen. Eine eben solche Zusammenarbeit findet sich zwischen dem SWR und SR bei den Dritten Programmen „SÜDWEST Baden-Württemberg", „SÜDWEST Rheinland-Pfalz" sowie „SR Fernsehen Südwest".[382]

Seit Juli 1993 gestalten ORB und NDR zudem ein gemeinsames Tagesprogramm auf ihren Dritten Fernsehprogrammen. „N3" verantwortet darin rund 56 Prozent, das „Fernsehen Brandenburg" rund 44 Prozent der Sendungen.[383]

Außerdem bezieht die DW vom WDR umfangreiche Programmpakete, die zusammen mit der Zulieferung vom ZDF[384] immerhin 20 Prozent des Programms ausmachen – unter anderem den „Presseclub", „Boulevard Bio" und die „Telepraxis". Für die DW handelt es sich dabei um äußerst preisgünstige attraktive Programmpakete, die bei Eigenproduktion ungleich teurer wären. Für den WDR bedeutet die Kooperation neben einem finanziellen Mitnahmeeffekt, dass ihr Programm weltweit bekannt wird, denn die Sendungen werden mit dem eigenen Dauerlogo im „DW-tv" verbreitet.[385]

Im Fernsehbereich werden einige Sendungen von einzelnen Anstalten gemeinsam produziert und vertrieben. Beispiele sind die Kinderserien: „Hallo Spencer" wird vom NDR und HR produziert, das „Sandmännchen" ist eine Koproduktion von NDR, MDR, ORB und SFB. „Hallo Spencer" wird in „N3", „B1" und dem „hessen fernsehen" ausgestrahlt, das „Sandmännchen" in „N3", „B1", den Südwest-Dritten, dem „Fernsehen Brandenburg" und dem „MDR Fernsehen." Die „Sendung mit der Maus" wird vom SWR, dem SR und dem WDR gemeinschaftlich hergestellt, die „Sesamstraße" stammt vom NDR, dem HR und dem WDR, Teile davon liefert der amerikanische Programmhersteller „Children Television Network". Beide sind in allen Dritten, dem „Kinderkanal" und sonntags auf dem „Ersten" zu sehen.

---

381 Siehe oben § 2 B.VII.1.a. (S. 64) und § 2 B.VII.2.d. (S. 73); vgl. ARD-Jahrbuch 97, S. 192.; FK Nr. 11/1997, S. 14 f.; FK Nr. 18/1997, S. 13 ff.
382 Siehe oben § 2 B.VII.2.a. (S. 71).
383 ARD, ABC der ARD, S. 40.
384 Siehe § 2 B.IX.1.b. (S. 101).
385 FK Nr. 20/1995, S. 6 (7); *Löwisch*, Journalist Nr. 5/1998, S. 34 f.

Auch die „Hobbythek" ist eine Koproduktion, die auf mehreren Dritten zu sehen ist und in Kooperation produziert wird, und zwar vom NDR und dem WDR. Eine Kooperation zwischen dem BR und dem HR besteht bei der Jugendsendereihe „Live aus dem Schlachthof" bzw. „Live aus dem Alabama". SFB, SR, HR und WDR stellen gemeinsam die Fernseh-Reihe „Wege zur Kunst" her, die im „Bayerischen Fernsehen", im „hessen fernsehen" und im in den Südwest-Dritten läuft. „Report" wiederum kommt vom BR und dem SWR und ist im „Ersten" zu sehen.[386]

Außerdem unterhalten die Dritten Programme „B1", „Fernsehen Brandenburg" und „MDR Fernsehen" ein Gemeinschaftsangebot, das die eigenen Tageszeitlücken im Zeitraum von 10 bis 18.30 Uhr ausfüllt.[387]

Eine der ältesten Programmkooperationen auf dem Gebiet des Hörfunks ist die Zeitfunksendung „Echo des Tages", die WDR und NDR koproduzieren und ausstrahlen. In der Produktion der seit 1946 bestehenden Sendung wechseln sich die beiden Nachfolgeanstalten des früheren NWDR heute ab. Andere Gemeinschaftsradiosendungen sind das „Mittagsecho", die historische Sendung „Zeitzeichen", „Berichte von heute" und Gottesdienstübertragungen, die abwechselnd in Hamburg und Köln produziert werden. Dasselbe gilt für die spätabendliche Informationssendung „Berichte von heute", die zeitgleich auch SR, ORB und RB übernehmen.[388]

Eine großflächige Gemeinschaftsveranstaltung existiert mit dem ARD-Nachtprogramm, einem gemeinsamen Hörfunkangebot aller Landesrundfunkanstalten, das wechselseitig produziert und im Bedarfsfall an das eigene Programmangebot „angehängt" wird.[389] Dadurch können die Kosten für eigene Hörfunkangebote zwischen 0.00 und 5.50 Uhr gespart werden, einer Zeit, in der die Hörfunkangebote nur wenig genutzt werden. In der Nacht kooperieren auch die beiden Inforadios aus Bayern und Mitteldeutschland. Von 0 bis 6 Uhr läuft das Programm von „MDR info" auch über die Frequenzen von „B5 aktuell".[390] Tagsüber kooperieren die Klassikwelle „hr2" und „SR 2 KulturRadio".

Zuletzt wurden bei den Hörfunkprogrammen dadurch ein großes Synergiepotential erschlossen, dass lange Strecken zusammengelegt wurden, die an einer Stelle produziert wurden. So wurde der Programmaustausch, der im Jahr 1993 noch insgesamt 4,6 Mio. Sendeminuten ausgemacht hat, um knapp 25 Prozent erhöht. Auf diese Weise konnte ein Einspareffekt von 245 Mio. Mark erzielt werden.[391]

Bis 1998 haben sich die ARD-Anstalten und das DLR außerdem eine gegenseitige Produktionshilfe kostenlos gewährt. Sie unterstützten sich durch Studios, Übertragungswagen, Bandmaterial und stellten dazu das produktionstechnische Personal. Im Zuge ihrer Einsparungsbemühungen und in Folge der knappen Produktionsressourcen

---

386 ARD, ABC der ARD, S. 50, 53, 68, 97, 107, 113.
387 *Krüger*, MP 1995, 566 (567).
388 *Plog*, in: Kops/Sieben, S. 257 (260); ARD, ABC der ARD, S. 35; Hamburger Abendblatt Nr. 125/1998 v. 2.6.1998, S. 9.
389 ARD, ABC der ARD, S. 78.
390 *Schwiesau*, ARD-Jahrbuch 97, S. 74 (76).
391 Siehe *Struve*, in: Kops/Sieben, S. 201 (210).

der ostdeutschen Rundfunkanstalten wurden diese Beihilfen allerdings inzwischen gestrichen.[392]

b. mit anderen

Das wohl engmaschigste Netz von Programmkooperationen unterhalten die ARD-Anstalten mit dem „verwandten" ZDF, der einzigen öffentlich-rechtlichen Rundfunkanstalt Deutschlands, die nicht Mitglied der ARD ist. Auffälligste Produkte dieser Zusammenarbeit sind die nationalen Gemeinschaftsprogramme „Kinderkanal" und „PHOENIX"[393] sowie die internationalen Kooperationsprogramme „3sat" (mit ORF und SRG) und „arte" (mit La Sept ARTE). ARD und ZDF tragen zudem seit 1994 gemeinsam das DLR, was aber streng genommen keine Programmkooperation ist.[394]

ARD und ZDF unterhielten außerdem lange einen gemeinsamen Videotext und veranstalteten zusammen das „Morgenmagazin". Heute ist davon nur das gemeinsame „Mittagsmagazin" (Federführung beim BR) geblieben.[395] Außerdem veranstaltet das ZDF mehrere Programme zusammen mit Landesrundfunkanstalten der ARD. Als Beispiel sei die Sendung „Mainz, wie es singt und lacht" genannt, die mit dem SWR gestaltet wird und abwechselnd im „Ersten" und im „Zweiten" zu sehen ist.[396] Überdies liefert das ZDF seit 1995 eigenproduzierten Fernsehsendungen an die DW. „DW-tv" erwirbt von der für die Vermarktung der ZDF-Programme zuständigen Tochter „ZDF Enterprises GmbH" erfolgreiche Programmbestandteile, unter anderem Nachrichtensendungen und Fernsehspiele, aber auch *features* und Dokumentationen.[397]

Wichtig ist auch die gemeinsame Programmabstimmung von ARD und ZDF nach § 3 ARD-StV und § 2 Abs. 2 ZDF-StV. Danach sollen Veränderungen im Programmschema des „Ersten" und des ZDF, insbesondere bei Nachrichtensendungen, mit dem ZDF-Intendanten abgestimmt und einvernehmlich gestaltet werden.

Eine ganze Reihe von Gemeinschaftsproduktionen gibt es zwischen der ARD und den deutschsprachigen Partnern in Österreich und der Schweiz. So veranstalten beispielsweise ARD und ORF gemeinsam den „Musikantenstadl" und „Polizeiruf 110". Auch mit der SRG gibt es zahlreiche Gemeinschaftssendungen.[398]

Unter dem Dach der Europäischen Rundfunk Union (UER) nimmt die ARD an der „Eurovision" teil, dem weltweit größten Verbund zum Austausch von Fernsehprogrammen und Nachrichtenbeiträgen. Die Anzahl der beteiligten Rundfunkanstalten, die den gemeinsamen Programmpool beliefern und sich daraus bedienen können, liegt derzeit bei 39 Mitgliedern und 13 assoziierten Sendern. In den Programmpool

---

392 Vgl. dazu *Henke von der Kamp*, Journalist Nr. 6/1998, S. 33 ff.
393 FK Nr. 13-14/1997, S. 13.
394 Siehe oben § 2 B.VII.1.b, c) und e) (S. 66, 68 und 70).
395 Vgl. *Buchwald*, Journalist Nr. 12/1999, S. 50 (59).
396 ARD, ABC der ARD, 2. Auflage, S. 15, 18, 95.
397 FK Nr. 20/1995, S. 6 (7); *Löwisch*, Journalist Nr. 5/1998, S. 34 f.
398 ARD, ABC der ARD, 2. Auflage, S. 106, 120, 144.

fließen neben Sportübertragungen – die UER hat gerade erst die Programmrechte der Fußball-EM 2004 erworben – auch aktuelle Ereignisse wie der Papstsegen oder Unterhaltungssendungen wie der „Grand Prix d'Eurovisision". Die ARD zählt zu den Hauptlieferanten des Pools, aus dem auch die Europäischen Informationsprogramme „EURONEWS"[399] und „EUROSPORT" bestückt werden.[400]

Nicht zuletzt gibt es offene und versteckte Verflechtungen im lokalen, regionalen und internationalen Rahmen zwischen öffentlich-rechtlichen und privaten Rundfunkanbietern und Medienunternehmen.[401] Der WDR ging 1995/96 eine unternehmerische Kooperation mit nordrhein-westfälischen Verlagshäusern ein, die zur Gründung der „radio NRW GmbH" führte, die das Rahmenprogramm für die privat betriebenen Radiosender des Landes zuliefert. Der WDR spielt bewusst seine Lokalkompetenz nicht aus, sondern überlässt diese dem Lokalfunk und „radio NRW", erfährt auf der anderen Seite aber Einsparungen auf dem verhältnismäßig kostenträchtigen Gebiet der Lokalberichterstattung. Zudem sucht das WDR-Fernsehen die Zusammenarbeit mit den im Lande tätigen Film- und Fernsehproduktionsfirmen. Für Sendereihen, die sonst in Eigenproduktion hergestellt würden, führte der WDR „Outsourcing" in der Weise ein, dass die jeweils programmprägenden Mitarbeiter eigene kleine Produktionsgesellschaften gründeten. Das Ziel dieser Maßnahmen waren verstärkte unternehmerische Beweglichkeit und innerbetriebliche Rationalisierungsmaßnahmen.[402]

Außerdem hat der WDR 1997 ein Kooperationsabkommen mit dem polnischen Fernsehen „Telewizja Polska S. A." (TVP) geschlossen. In dieser Beziehung soll es zu einem umfangreichen Programmaustausch beider öffentlich-rechtlichen Sender kommen.[403]

Die Vergabe von Produktionen durch die öffentlich-rechtlichen Anstalten an Private ist gängige Praxis in der ARD, vor allem an privatrechtlich organisierte Tochtergesellschaften. Ein solches Beispiel ist die „Studio Hamburg Atelier GmbH", eine Filmproduktionsgesellschaft, die eine hundertprozentige Tochter des NDR ist und über elf Ateliers, fünf Probenstudios und fünf Synchronstudios verfügt. Die Landesrundfunkanstalten könnten vom Studio Hamburg Ateliers und das notwendige Personal mieten oder ganze Sendungen produzieren lassen. Ein ähnliches Beispiel ist die „Bavaria Film GmbH" in München und ihre zwölf Tochtergesellschaften, an der WDR und SWR beteiligt sind und die eigenständig Auftragsproduktionen für die öffentlich-rechtlichen Anstalten oder private Filmproduzenten ausführen. Auch hier-

---

399 In dem privatrechtlich organisierten Nachrichtenkanal „EURONEWS" haben sich 1991 einige der europäischen Rundfunkanstalten in der UER/EBU unter dem Eindruck des Erfolges des amerikanischen Senders „Cable News Network" (CNN) bei der Berichterstattung über den Golfkrieg zusammengeschlossen. In dem europäischen Satellitenprogramm werden Nachrichten und Nachrichtensendungen jeglicher Art aus ganz Europa gesammelt und gebündelt zweitverwertet. ARD und ZDF sind keine Gesellschafter von „EURONEWS"; vgl. *Meyn*, Massenmedien, Tz. 7.1.2 (S. 122).
400 ARD, ABC der ARD, 2. Auflage, S. 171; EUROSPORT, Der Sender 98, S. 2.
401 *Herrmann*, Rundfunkrecht, § 21 Rn. 2.
402 *Jenke*, in: Ory/Bauer, Hörfunk-Jahrbuch '94, S. 87 (96 ff.); WDR, Jahresbericht 1996, S. 12.
403 Vgl. FK Nr. 18/1997, S. 15 f.

bei handelt es sich um Koproduktionen öffentlich-rechtlicher Rundfunkanstalten mit privaten Produktionsgesellschaften. Dort pflegt von der Auftragsvergabe bis zur Sendereife eine laufende kommunikative Rückkopplung mit der bei der jeweiligen Rundfunkanstalt für das Programm verantwortlichen Redaktion zu erfolgen.[404]

Besonders radikal geht derweil der MDR den Weg des Outsourcing. Rund 20 privatwirtschaftlich organisiert Unternehmen sind nach Feststellung des Sächsischen Rechnungshofes bereits in der MDR-Tochter „DREFA Media Holding" zusammengefasst, an die auf Grund von Produktions- und Dienstleistungsverträgen bereits rund 25 Prozent der Gebühreneinnahmen des MDR fließen. Die Verträge des MDR mit seinen Beteiligungsgesellschaften kommen dabei regelmäßig nicht im freien Wettbewerb zustande, also über öffentliche Ausschreibungen. Vertragskonditionen und Preise werden vielmehr hausintern vereinbart.[405]

Im März 1998 wurde zudem eine 50-Prozent-Beteiligung des Kirch-Unternehmens „Neue Deutsche Filmgesellschaft" (NDF) an der „Drefa Atelier Medienholding GmbH" nach langer Diskussion vom MDR-Verwaltungsrat abgesegnet. Die Tochtergesellschaft betreibt neben dem MDR-Videotext vor allem Fernseh- und Hörfunkproduktionen, die hauptsächlich, aber eben nicht ausschließlich an den MDR geliefert werden. Der MDR arbeitet außerdem – etwa beim „Tatort" – mit der privaten Produktionsgesellschaft „Saxonia" in Leipzig zusammen. Ziel dieser lokalen Kooperationen ist – neben Einsparungen, vor allem im eigenen Personalhaushalt – die Produktion von Fernsehsendungen im eigenen Sendegebiet. Bisher hatte der MDR hauptsächlich Sendungen aus Studios in Köln, Berlin und München bezogen.[406]

Auch die anderen Anstalten haben in den 1990er Jahren Produktionskapazitäten ausgegliedert – wenngleich in bescheidenerem Umfang. Mittlerweile gibt es in Deutschland keine Rundfunkanstalten mehr ohne Outsourcing.

Nicht zuletzt angesichts des Ausbaus der automatischen Datenverarbeitung haben sich verschiedene Formen des Outsourcings im Verwaltungsbereich ausgebreitet. Da werden komplette Anlagenteile samt Personal angemietet, da werden freie Berater engagiert und weitgehend in den Betrieb eingegliedert. Mitarbeiter fremder Firmen erhalten eigene Arbeitsplätze mit ständigen Büros und unterscheiden sich von den angestellten Mitarbeitern nur durch unterschiedliche Ausweise. Im Verbund verschiedner Anstalten entstehen neue Tochterunternehmen wie etwa das „Informationsverarbeitungszentrum" (IVZ), das in Berlin für MDR, ORB, SFB und NDR mit seinem Rechenzentrum die elektronische Datenverarbeitung übernimmt.[407]

---

404 Siehe ARD, ABC der ARD, 2. Auflage, S. 25, 163; *Hoffmann-Riem*, Rundfunkneuordnung in Ostdeutschland, S. 67.
405 Hamburger Abendblatt Nr. 259/1999 v. 05.11.1999, S. 9.
406 Vgl. Journalist Nr. 4/1998, S. 5; *Löwisch*, Hamburger Abendblatt, Nr. 23/1998 v. 28.01.1998, S. 9; *Busche*, Journalist Nr. 2/1998, S. 23.
407 *Henke von der Kamp*, Journalist Nr. 7/1999, S. 18 (20).

2. Organisationskooperationen

Die Landesrundfunkanstalten arbeiten seit Jahrzehnten auf organisatorischem Sektor zusammen.[408] Bereits kurz nach der Gründung der ARD in den 50er Jahren haben sie gemeinsame Aufgaben ausgegliedert und in Gemeinschaftseinrichtungen, zum Teil sogar in Zusammenarbeit mit dem ZDF, zusammengefasst. Zu diesen institutionalisierte Kooperationseinrichtungen zur Wahrnehmung gemeinsamer Aufgaben gehören folgende Gesellschaften:

- das **Deutsche Rundfunkarchiv (DRA)** in Frankfurt am Main, in dem alle Bild- und Tonträger erfasst werden, deren geschichtlicher, künstlerischer oder wissenschaftlicher Wert eine Aufbewahrung erfordern,
- das **Institut für Rundfunktechnik (IRT)** in München, eine gemeinnützige GmbH, deren Gesellschafter alle ARD-Anstalten und das ZDF sind und die den Zweck der Forschung und Entwicklung auf dem Gebiet der Hörfunk- und Fernsehtechnik hat,
- die **Schule für Rundfunktechnik (SRT)** in Nürnberg, eine Stiftung des öffentlich-rechtlichen Rechts mit der Aufgabe, die Bewerber für den technischen Betrieb der Landesrundfunkanstalten und des ZDF theoretisch und praktisch auszubilden,
- die **Degeto Film GmbH** in Frankfurt am Main, die gemeinsame Filmrechteagentur für das „Erste" und die Dritten Programme,
- die **TransTel-Fernsehtranskriptions-GmbH** in Köln, die mit den Programmen von ARD und ZDF Informationen über die politischen, kulturellen, wirtschaftlichen und sozialen Gegebenheiten Deutschlands für außereuropäische Fernsehstationen zur Verfügung stellt,
- die **Pensionskasse für Freie Mitarbeiter** in Frankfurt am Main, die die soziale Lage der freien Mitarbeiter von ARD-Anstalten und ZDF zu sichern hat,
- die **GEZ** mit Sitz in Köln, die die Abwicklung des Gebühreneinzugs und die Verwaltung der Gebührenzahler für alle öffentlich-rechtlichen Rundfunkanbieter zur Aufgabe hat,[409]
- die **Zentrale Fortbildung der Programmmitarbeiter ARD/ZDF (ZFP)**,
- die zentrale Vermarktungseinheit der **„SALES & SERVICES"**, seit Mai 1998 eine GmbH, deren Gesellschafter die Werbegesellschaften der Landesrundfunkanstalten sind und die als serviceorientierter Werbevermarkter und Ansprechpartner für Werbekunden fungiert,
- sowie die **SportA Sportrechte- und Marketing-Agentur GmbH** unter der Federführung des BR, die den Erwerb und Vertrieb von Sportrechten für ARD und ZDF und die Betreuung der Sportveranstalter übernommen hat.[410]

---

[408] *Weinmann*, ARD-Jahrbuch 96, 66 (67).
[409] Siehe oben § 2 B.VI.1. (S. 50).
[410] ARD-Jahrbuch 97, S. 218 ff.; vgl. *Herrmann*, Rundfunkrecht, § 16 Rn. 43 ff; siehe auch ARD in MDR ONLINE, Pressemitteilung Nr. 23/1998 v. 29.4.1998, im Internet abrufbar unter http://www.mdr.de/service/presse/ard/ard2398.html; ARD-Jahrbuch 96, S. 142 (152 ff.).

Im technischen Bereich betreiben die Landesrundfunkanstalten ein „Digitales PlayOut-Center" als Gemeinschaftseinrichtung mit Sitz beim ORB in Potsdam-Babelsberg, das die Planung und technische Herstellung des digitalen Programmangebots von „ARD DIGITAL" koordiniert. Dazu kommen zwei „Uplinkstationen" für das Digitale Fernsehen beim HR mit Sitz in Frankfurt am Main und beim ORB in Potsdam, die die Kosten für die Zuführung der Programme zu den Bodenstationen minimieren soll, und ein digitales Glasfasernetz, über das der Programm- und Informationsaustausch der Landesrundfunkanstalten schnell und ohne Datenverluste erfolgen kann.[411]

Seit kurzem betreiben die norddeutschen Anstalten, NDR, ORB, SFB, MDR und RB mit dem IVZ ein gemeinsames Rechenzentrum, in dem der EDV-Bereich komplett zentralisiert wurde.[412] Ähnlich gelagert ist der Kooperationsbereich Archiv. SWR, SR, BR und NDR betreiben gemeinsam die „Fernseh-Archivdatenbank" (FESAD), an dem mittlerweile auch ORB, MDR und SFB beteiligt sind. Auch DW und DLR können per Großrechner auf die Dokumentationen zugreifen. Der HR, MDR und ORB nutzen zudem in einem weiteren technischen System elektronisch die Archive des DRA. Beide Systeme und das technisch abweichende Archivsystem des WDR sind neuerdings miteinander vernetzt, so dass nunmehr alle ARD-Anstalten auf eine gemeinsame Dokumentation zugreifen können.[413]

Die Gemeinschaft unterhält ferner ein Verbindungsbüro bei der Europäischen Union in Brüssel, das federführend vom WDR betreut wird.[414]

Außerdem betreiben die ARD-Anstalten und das ZDF eine **Zentrale Dispostelle** bei WDR in Köln, die eine übergreifende Nutzung der mobilen Produktionsmittel der Anstalten einschließlich Personal gewährleisten soll. In dem gemeinsamen Gerätepool von ARD und ZDF befanden sich Ende 1998 insgesamt 26 Übertragungswagen mit unterschiedlichen Kameras, zehn Reportagewagen, sechs MAZ-Wagen und zwei Eurovisionsfahrzeuge. Finanziert wird die Zentrale Dispostelle zur 70 Prozent von den ARD-Anstalten und zu 30 Prozent vom ZDF.[415]

Zusammen mit dem ZDF und zahlreichen privaten Programmanbietern ist die ARD an der **Arbeitsgemeinschaft Fernsehforschung (AGF)** beteiligt, die als gemeinsamer Auftraggeber für die Zuschauerforschung der Gesellschaft für Konsum-, Markt- und Absatzforschung (GfK) fungiert.[416]

Außerdem gibt es zahlreiche formelle Organisationskooperationen, die die Landesrundfunkanstalten mit privatrechtlich organisierten Tochtergesellschaften betreiben. Als Beispiel seien hier die Werbegesellschaften genannt, die allem Landesrundfunkanstalten als GmbH betreiben, was die erwerbswirtschaftliche Betätigung der

---

411 Siehe ARD-Jahrbuch 97, S. 128 (133); *Albrecht*, ARD-Jahrbuch 97, S. 49 (51).
412 Vgl. *Lojewski*, Der Spiegel Nr. 6/1995, S. 21 (22).
413 Siehe *Jansen*, Journalist Nr. 11/1997, S. 49 ff.
414 Siehe ARD, ABC der ARD, S. 139.
415 Lt. ARD, ABC der ARD, 2. Auflage, S. 187.
416 Siehe ARD, ABC der ARD, 2. Auflage, S. 12.

öffentlich-rechtlichen Anstalten erleichtert. Der MDR hat zudem die gesamte Produktionstechnik seines Landesfunkhauses Erfurt und des „Kinderkanals" – von Kameras bis zur Sendetechnik – privatisiert und auf die „Media & Communication Systems" (MCS) ausgelagert, an der mittelbar über Tochterunternehmen jeweils zur Hälfte der MDR und der NDR beteiligt sind. Über die bereits vorgenommenen Auslagerungen hat der MDR zudem die Privatisierung der gesamten Fernseh- und Hörfunktechnik mit Ausnahme des Landesfunkhauses Sachsen-Anhalt auf die „Drefa Atelier Medienholding GmbH"[417]. Die Holding soll über zahlreichen „operativen Service-Unternehmen" stehen. Einsparungen soll das vor allem im Personalhaushalt, insbesondere bei der Altersversorgung und den Sozialleistungen bringen. Betroffen davon sind ungefähr 800 Mitarbeiter. Außerdem können nicht genutzte Ressourcen kostenpflichtig an andere Rundfunksender abgegeben werden. MCS und „Drefa" dürfen auch am Markt agieren und sollen Dritterlöse erzielen. Die Auslagerungen des MDR sind innerhalb der ARD in ihrer Intensität bisher einmalig.[418]

C. Entstehen eines europäischen Rundfunkmarktes

„Rundfunkwellen machen nicht vor Ländergrenzen halt." Das hat das Bundesverfassungsgericht bereits 1961 in seinem ersten Rundfunkurteil festgestellt[419] und dabei die medienpolitischen Malaise eines neuen Kommunikationszeitalters auf den Punkt gebracht. Dabei kann man getrost davon ausgehen, dass die Verfassungsrichter damals nicht einmal in ihren kühnsten Träumen geahnt haben, welche Schwierigkeiten das Voranschreiten der technischen Entwicklung bereits in den folgenden 35 oder 40 Jahren mit sich bringen würden.

Rundfunkwellen machen nicht vor Ländergrenzen halt. Das gilt schon für die verhältnismäßig schwachen terrestrischen Signale, deren *spill over* – jedenfalls im UKW-Band – nur einige Kilometer ausmacht und das doch immerhin in den grenznahen Bereich nach Dänemark, Holland, Belgien, Luxemburg, Frankreich, in die Schweiz, nach Liechtenstein, Österreich, Tschechien und Polen hinüberwirkt. Die Erkenntnis gilt jedoch insbesondere für die Rundfunksignale, die von Satelliten verbreitet werden, deren Ausleuchtzone Kontinente umfaßt.[420]

Rundfunkanbieter, die „von jenseits" senden – die also im Ausland angesiedelt sind, deren Programme hingegen für „Inländer" gestaltet sind oder wenigstens ein international standardisiertes Format haben, das auf viele Länder passt – sind nach bundesdeutschen Rechtsvorschriften nur schwer zu kontrollieren, geschweige denn zu regulieren. Wegen der Entwicklung hin zu europa- und weltweiten Märkten müssen größere und mächtigere Produktions- und Kooperations-Gemeinschaften geschmiedet

---

417 Zu den Gesellschafter der „Drefa" siehe oben § 2 B.IX.2. (S. 104).
418 Siehe Hamburger Abendblatt Nr. 131/1998 v. 9.6.1998, S. 9; *Löwisch*, Hamburger Abendblatt Nr. 23/1998 v. 28.1.1998, S. 9; *Leifer*, Journalist Nr. 7/1998, S. 78; *Biervert*, ZUM 1998, 19 (20).
419 BVerfGE 12, 205 (251).
420 Siehe oben: § 2 B.VIII. (S. 84 ff.); vgl. *Hartlieb*, Handbuch des Film-, Fernseh- und Videorechts, Kap. 195 Rn. 1.

werden. Ein internationalisierter und europäisierter Rundfunk ist keineswegs mehr Zukunftsmusik.[421] Bertelsmann-Chef Mark *Wössner* hat bereits 1996 bemerkt: „Wir sind längst auf dem globalen Spielfeld angekommen."[422]

Ein bedeutsames Problemfeld bereitet das Voranschreiten der politischen Einigung Europas. Die Mitgliedstaaten der Europäischen Union (EU) sind in den letzten Jahren enger zusammengewachsen und zusammengerückt. Alle haben Regelungskompetenzen an die Organe der Gemeinschaft in Brüssel, Straßburg und Luxemburg abgetreten. Deutsches Verfassungsrecht kann nicht mehr isoliert betrachtet werden. Vielmehr ist es eingebettet in eine internationale Rechtsordnung und mit dieser auf das engste verflochten.[423] Die Kommissare der EU haben längst ihre Fühler nach dem Rundfunk ausgestreckt, insbesondere der zuletzt für die Wettbewerbsordnung zuständige EU-Kommissar Karel *van Miert*.

Ein „Europäischer Rundfunkmarkt" ist im Entstehen.[424] Eine europäische Rundfunkordnung ist schon vorstellbar, wenngleich noch nicht ausgebildet. Diese Entwicklung hat auch Auswirkungen auf die ARD und die Rolle, die die Gemeinschaft im internationalen Konzert spielt.

I. Grenzüberschreitender Rundfunk

Grenzüberschreitung ist dem Rundfunk systemimmanent. Dieser Umstand hat durch den Siegeszug des ASTRA-Satellitensystems mittlerweile eine beinahe globale Dimension erreicht. Denn nun besteht die Möglichkeit, über Satellit allein in Europa mehr als 400 Mio. Menschen zu erreichen. Die geographischen Grenzen des Erdteils sind aus medienpolitischer Sicht längst verwischt.[425] Für das künftige Schicksal der ARD im dualen Hörfunksystem, für ihre Perspektiven, ihre Konkurrenzfähigkeit und ihre Entwicklung wird also auch die internationale Dimension eine Rolle spielen, die bis zur Mitte der 1980er Jahre so nicht bestanden hat. Die bundesdeutsche Rundfunkordnung muss nunmehr in einem internationalen Zusammenhang gesehen werden.[426]

Rundfunk ohne Grenzen ist längst mediale Realität.[427] Auch die ARD nimmt am grenzüberschreitenden Rundfunk teil. ARD-Programme werden über die Satelliten des ASTRA-Gestirns und über „Kopernikus" europaweit verbreitet. Die Programme der Deutschen Welle sind per Satellit sogar weltweit zu empfangen. Auch die meisten ARD-Hörfunkprogramme werden über Satellit, MW, KW und LW in andere europäische Staaten abgestrahlt.[428]

---
421 *Hoffmann-Riem*, in: Rundfunk im Wettbewerbsrecht, S. 201 (201 f.).
422 Der Spiegel Nr. 29/1996, S. 22.
423 *Schütz*, in: Ricker/Schiwy, Kap. H Rn. 1.
424 *Bullinger*, JZ 1987, 257 (259).
425 *Herrmann*, Rundfunkrecht, § 8 Rn. 1.; *Hoffmann*, Möglichkeiten der Finanzierung öffentlich-rechtlichen Rundfunks in der Bundesrepublik Deutschland, S. 11; *Dörr*, MP 1996, 87; *ders.* NJW 1995, 2263.
426 *Seemann*, ZUM 1987, 255 (261).
427 So auch *Hartlieb*, Handbuch des Film-, Fernseh- und Videorechts, Kap. 195 Rn. 1.
428 Siehe oben § 2 B.VIII.2. (S. 87).

Doch nicht nur der öffentlich-rechtliche Rundfunk arbeitet grenzüberschreitend. Auch die ausländische Konkurrenz übt Druck auf den inländischen Rundfunkmarkt aus. Die ARD sieht sich auf dem deutschen Markt einer zunehmenden Konkurrenz durch ausländische Mitbewerber ausgesetzt. Von den rund 35 verschiedenen Programmen, die – in unterschiedlichen Konstellationen – in die deutschen Kabelnetze eingespeist werden, stammen mehr als 15 von ausländischen Rundfunkanbietern, oder wenigstens von Tochterunternehmen, deren Konzernmutter im Ausland angesiedelt ist. Auf dem marktbeherrschenden ASTRA-Satellitensystem, in dessen Ausleuchtzone Deutschland den geographischen (und auch wirtschaftlichen) Mittelpunkt ausmacht, sind derzeit immerhin 24 TV-Sender in deutscher Sprache aufgeschaltet – ungefähr ein Drittel, rechnet man die Pay-Programme mit.[429] Den Rezipienten in der Bundesrepublik stehen also nicht nur die deutschen Anbieter zur Informationsgewinnung zur Verfügung, sondern auch in nahezu jeder gewünschten Zahl Anbieter aus dem Ausland, teilweise sogar deutsch- oder mehrsprachig.[430] Dieses Hineinwachsen in den europäischen Rundfunkmarkt muss jedenfalls auch bei der verfassungsrechtlichen Beurteilung des inländischen Gesamtangebotes an Rundfunk berücksichtigt werden.

Von den ausländischen Mitbewerbern gehen somit im zunehmenden Maße Wettbewerbsimpulse auch auf den deutschen Medienmarkt aus, die auch die ARD berühren. Für die damalige Bundesregierung war das bereits 1986 Grund genug, in einem Bulletin ihre Besorgnis um ein freies Presse- und Rundfunkwesen in Deutschland auszudrücken.[431]

Umgekehrt nimmt auch die ARD in beschränktem Umfang an der internationalen „Landflucht" teil: Zusammen mit ausländischen Kooperationspartnern betreiben die Landesrundfunkanstalten internationale Kooperationsprogramme, die sich durch Schwerpunktbildungen in Österreich, Frankreich und der Schweiz in einem gewissen Umfang auch dem deutschen Rechtskreis entziehen. Durch die Aufschaltung der ARD-Programme auf die luxemburgischen ASTRA-Satelliten haben sie nicht nur die Verbreitungshoheit aus den Händen, sondern auch aus dem nationalen Rechtskreis gegeben.

An dieser internationalen Dimension des Rundfunkmarktes muss sich auch die Struktur und das Programmangebot des öffentlich-rechtlichen Rundfunks in Deutschland ausrichten. Wie kann ein national reglementiertes oder zumindest limitiertes Rundfunkangebot bestehen, wenn es jedem europäischen Rundfunkanbieter zunehmend leichter wird, seinen Standort außerhalb der Bundesrepublik zu nehmen und über Ländergrenzen hinweg das deutsche Rundfunk-Publikum zu binden und Reichweiten abzuziehen? Nationalen Regierungen ist es praktisch unmöglich gewor-

---

429 Siehe *Hahn/Binder*, ARD-Jahrbuch 97, S. 26 (31 f., 39).
430 Siehe *Seemann*, ZUM 1987, 255 (261).
431 Bulletin der Bundesregierung Nr. 77 v. 28.6.1986, S. 649 (650).

den, eine eigene, unabhängige Rundfunkpolitik durchzusetzen; nationalen Rundfunkanbietern verbietet es sich, ein nationales „Programmsüpplein" zu kochen.[432] Freiheit und auch Chancengleichheit in den Medien erhalten, wie *Bullinger* betont, ihre volle Aktualität und Brisanz erst, wenn sie im Hinblick auf einen europäischen Medienmarkt und in absehbarer Zeit auch auf einen Weltmedienmarkt untersucht werden. Wenn Ausländer und ausländische Unternehmen im Inland nicht nur Presseerzeugnisse, sondern auch Fernseh- und Hörfunkprogramme verbreiten dürfen, und das auch noch zu den gleichen oder sogar zu günstigeren Bedingungen möglich ist, stellt sich die Frage, ob nicht rechtliche Vorkehrungen notwendig sind, um sicher zu stellen, dass in die Bildung der nationalen öffentlichen Meinung hinreichend auch die heimischen politischen und kulturellen Vorstellungen eingebracht werden können.[433]

Die ARD hat die grenzüberschreitende Bedeutung des Rundfunks seit langem erkannt und sich bereits in den 50er Jahren einer internationalen Rundfunkorganisation angeschlossen. Seit Februar 1950 existiert die Union der Europäischen Rundfunkorganisationen (*Union Européenne des Radio-Télévision*, UER / englisch: *European Broadcasting Union*, EBU) mit Sitz in Genf. Ihre Aufgabe es ist, die Interessen ihrer Mitglieder auf internationaler Ebene zu unterstützen. Sie verfolgt außerdem den Zweck der internationalen Zusammenarbeit und des Programmaustauschs unter den Mitgliedern. Die UER ist ein Zweckverband von Rundfunkveranstaltern in „öffentlicher Verantwortung" und vertritt die Interessen ihrer Mitglieder in technischen, programmlichen und rechtlichen Fragen. Unter dem Dach der UER bildet die „Eurovision" den weltweit größten Verbund zum Austausch von Fernsehprogrammen und Nachrichtenbeiträgen. Die UER zählt 117 Mitglieder aus 39 Ländern – in Deutschland neben der ARD nur das ZDF.[434]

Hinter diesem Engagement steckt nicht zuletzt die Überzeugung, dass der grenzüberschreitenden Kommunikation neben der politischen auch ein kulturelle Komponente innewohnt. Rundfunk kann wesentlich dazu beitragen, dass die europäischen Nationen eine eigene Identität entwickeln und „sich [...] als eine Schicksalsgemeinschaft auf vielen Gebieten verstehen lernen"[435]. Es besteht eine realistische Chance, durch grenzüberschreitende Verbreitung von Rundfunkprogrammen zur Bildung eines europäischen Bewusstseins beizutragen. Nicht zuletzt diesem Zweck dienen auch die europäischen Gemeinschaftsprogramme der ARD, insbesondere „arte", dessen Ziel die Völkerverständigung zwischen Deutschland und Frankreich ist.

---

432 *Scholz*, AfP 1995, 357 (359); *Hoffmann*, Möglichkeiten der Finanzierung öffentlich-rechtlichen Rundfunks in der Bundesrepublik Deutschland, S. 11.
433 *Bullinger*, JZ 1987, 257 (262).
434 *Hartlieb*, Handbuch des Film-, Fernseh- und Videorechts, Kap. 195 Rn. 3; ARD, ABC der ARD, 2. Auflage, S. 171; *Herrmann*, Rundfunkrecht, § 16 Rn. 62.
435 So das Grünbuch „Fernsehen ohne Grenzen" der Europäischen Kommission, siehe BR-Drucksache 360/84, S. 28.

II. Europarechtliche Dimension

Die europäische Dimension des Rundfunks hat zur Konsequenz, daß sich für die ARD eine europa*rechtliche* Dimension eröffnet. Europäische Handlungsmöglichkeiten müssen genutzt, eruopäische Gremien eingesetzt werden. In einem Großteil der Mitgliedsstaaten der Europäischen Gemeinschaft sind private Anbieter tätig, von denen, wie gezeigt, zunehmend Wettbewerbsimpulse auf das Ausland und die ARD ausgehen. Auf diese Konkurrenten kann allenfalls im Rahmen internationalen Rechts und mit Hilfe der Europäischen Gemeinschaft und des Europarates Einfluß genommen werden. So konnte die Kartellbildung der *global players* Bertelsmann, *Kirch* und DTAG beim Digitalen Fernsehen mit Hilfe der Europäischen Kommission gestoppt werden.[436]

Umgekehrt kann es aber auch zu Beeinträchtigungen des inländischen Medienmarktes durch europäische Gremien kommen, die von aus- oder inländischen Konkurrenten der ARD angerufen wurden. So hat beispielsweise der Verband Privater Rundfunk und Telekommunikation (VPRT) Beschwerde gegen das Gemeinschaftsprogramm „PHOENIX" bei der EU-Kommission eingelegt.[437]

Insbesondere *van Miert* hat immer wieder Angriffe auf die Gebührenfinanzierung der öffentlich-rechtlichen Rundfunkanstalten gefahren und damit auch die Mischfinanzierung der ARD elementar in Frage gestellt. Sollte die EU-Kommission sich dauerhaft mit seiner Auffassung durchsetzen, würde sich dies auf den öffentlich-rechtlichen Rundfunk unmittelbar existenzbedrohend auswirken.[438]

Die vielfältigen Aktivitäten der Europäischen Kommission, aber auch des Rates, des EuGH und des Europäischen Parlamentes zeigen, dass Rundfunk nicht länger allein unter der Perspektive nationalen Rechts behandelt werden kann.[439]

Die Grenzenlosigkeit des Rundfunks hat ein Geflecht internationaler Verträge, Abkommen und Ordnungen hervorgebracht. Rundfunkrechtliche Auswirkungen haben die Satzung und die Fernseh-Konvention des Europarates sowie die Europäische Menschenrechtskonvention (EMRK).[440] Das maßgebliche Gesetzeswerk im Bereich der Europäischen Union ist der EG-Vertrag (EGV) in der jüngsten Fassung des Vertrages von Amsterdam, deren Protokollerklärungen gerade für den öffentlich-rechtlichen Rundfunk bedeutsam sind. Dieser Vertrag umfasst nach Auffassung der Europäischen Kommission den Rundfunk in mehrfacher Hinsicht, wie diese 1984 in einem Grünbuch „Fernsehen ohne Grenzen" ausführte.[441] Die maßgeblichen Gesichtspunkte

---

436 Siehe Journalist Nr. 6/1998, S. 5.
437 Vgl. FK Nr. 22/1997, S. 41 f.; Hamburger Abendblatt Nr. 266/1998 v. 14./15.11.1998, S. 8.
438 FAZ Nr. 227/1998 v. 1.10.1998, S. 18; Hamburger Abendblatt Nr. 229/1998 v. 1.10.1998, S. 11; FAZ Nr. 228/1998 v. 2.10.1998, S. 16; FAZ Nr. 243/1998 v. 20.10.1998, S. 18; Hamburger Abendblatt Nr. 266/1998 v. 14./15.11.1998, S. 8; FK Nr. 40/1998, S. 17; vgl. auch *Selmer/Gersdorf*, Die Finanzierung des Rundfunks in der Bundesrepublik Deutschland auf dem Prüfstand des EG-Beihilferegimes, S. 9; epd medien Nr. 77/1998, S. 20 f.
439 *Hoffmann-Riem*, Rundfunkrecht neben Wirtschaftsrecht, S. 181.
440 Siehe dazu *Herrmann*, Rundfunkrecht § 8 Rn. 4 ff.
441 Siehe BR-Drucksache 360/84.

resultieren aus der Einordnung des Rundfunks als Dienstleistung im Sinne von Art. 50 EGV. Danach schreibt Art. 49 EGV die Aufhebung aller Beschränkungen des freien Rundfunkverkehrs innerhalb der Gemeinschaft vor und untersagt jede Form von neuen Beschränkungen der Freiheit des Dienstleistungsverkehrs. Der EGV gewährt also allen Veranstaltern von Rundfunk die Freiheit, ihre Sendungen auch in den anderen Mitgliedsstaaten auszustrahlen oder zu übertragen.[442]

Auch auf dem Gebiet der Medienkonzentration hat die Kommission die Initiative an sich gerissen. Mit ihrem Grünbuch über Pluralismus und Medienkonzentration im Binnenmarkt hat sie deutlich gemacht, dass sie pluralismussichernde Maßnahmen als Einschränkung der Meinungsfreiheit ansieht. Das steht in unmittelbarem Gegensatz zur Auffassung des Bundesverfassungsgerichts, das die Sicherung der Meinungsvielfalt als Voraussetzung für eine funktionsfähige Demokratie ansieht.[443]

Europaweit unterstützt die EU Deregulierungstendenzen und die Lockerung nationaler Strukturen. Seit Anfang der 80er Jahre bemühen sich das Europäische Parlament und die Europäische Kommission um die Schaffung eines „Fernsehen ohne Grenzen". In ihrem Grünbuch heißt es, dass die Schaffung eines gemeinsamen Marktes für Fernsehen und Hörfunk ein vorrangiges Ziel ist, das sich im Rahmen der Gemeinschaftsaktionen auf kulturellem Gebiet einfügt.[444] In jüngster Zeit ist erkennbar, dass Europarecht zur Gestaltung der Rundfunkordnung einsetzbar ist und dass die Rundfunkordnung infolge der Errichtung des privaten Rundfunks erhebliche Überschneidungen mit der Wirtschaftsordnung hat.[445]

Immerhin haben sich die Mitgliedsstaaten in dem schon erwähnten Protokoll über den öffentlich-rechtlichen Rundfunk zum Amsterdamer Vertrag beschlossen, dass die Bestimmungen des EGV unter bestimmten Umständen nicht die Befugnis der Mitgliedstaaten berühren, den öffentlich-rechtlichen Rundfunk zu finanzieren, soweit diese Finanzierung mit einem gesetzlich festgeschriebenen Programmauftrag verknüpft ist. Insoweit schien zunächst wenigstens die Gebührenfinanzierung der ARD aus der europarechtlichen Diskussion genommen.[446] Dieses Ergebnis wurde jedoch zwischenzeitlich von der EU-Kommission wieder in Frage gestellt. Im Herbst 1998 entbrannte ein heftiger Streit zwischen den gebührenfinanzierten Rundfunkanstalten, gerade in Deutschland, und dem EU-Kommissar *van Miert*. Dieser forderte er in einem „Diskussionspapier" der von ihm geleiteteten Generaldirektion IV die Trennung von öffentlichen und privaten Sendeinhalten. Danach sollten – sichergestellt durch eine transparente Haushaltsführung – nur noch die Programme, die nach Ansicht der Kommission zur Grundversorgung zu rechnen sind, durch

---

442 BR-Drucksache 360/84, S. 8.
443 *Dörr*, MP 1996, 87 (89).
444 Vgl. *Hoffmann*, Möglichkeiten der Finanzierung öffentlich-rechtlichen Rundfunks in der Bundesrepublik Deutschland, S. 11.
445 *Hoffmann-Riem*, Rundfunk im Wettbewerbsrecht, S. 201.
446 Zu der Verknüpfung des Programmauftrages mit der staatlichen Finanzierungsgarantie sei vorerst nach unten verwiesen; siehe dazu § 4 D.I. (S. 273 ff.); vgl. FK Nr. 4/1996, S. 6 f.

Gebühren finanziert werden.[447] Dazu rechnet die Generaldirektion IV unter *van Miert* alle Sendungen, die von privaten Anbietern nicht in gleicher Art und Qualität geliefert werden, also vor allem Nachrichten-, Kultur- und Bildungssendungen. Sport-, Spiel- und Showprogramme dürften hingegen nur noch durch Werbung finanziert werden. Alle öffentlichen Mittel, die über die Finanzierung der öffentlichen Aufgaben hinausgehen, seien als Verzerrung der europäischen Wettbewerbsordnung zu Lasten privater Rundfunkunternehmen zu werten.[448]

Es ist zu überprüfen, inwieweit das Rechtsverständis der EU-Kommission mit den europarechtlichen und (deutschen) verfassungsrechtlichen Grundsätzen überhaupt zu vereinbaren ist. Überdies stellt sich – abgesehen von den einfachrechtlichen Problematiken des europäischen Wettbewerbs- und Kartellrechts, des Jugendschutzes, der Werbung, der Gegendarstellung und des Urheberrechts[449] – die Frage, ob das Europarecht Einfluss auf die verfassungsrechtlichen Prämissen in der Bundesrepublik Deutschland nimmt und nehmen darf.

1. Rundfunkbetätigung

Bereits in der Vergangenheit haben die wachsende wirtschaftliche Bedeutung des Telekommunikationssektors und die Veränderungen bei der Technik vielfältige Aktivitäten der Europäischen Union zur Folge gehabt. Vor allem die Europäische Kommission hat die Entwicklung aufgegriffen und versucht, dem entstehenden europäischen Medienmarkt durch die Schaffung einer europäischen Medienordnung gerecht zu werden, die allerdings bisweilen mit zentralistischen Tendenzen in Konflikt mit der föderalen Medienordnung der Bundesrepublik Deutschland tritt.[450]

Angesichts der Rechtsprechung des EuGH lässt sich nicht bestreiten, dass der Europäischen Gemeinschaft Kompetenzen zustehen, die sich auf den Bereich des Rundfunks auswirken.[451]

Eine ausdrückliche Rundfunkkompetenz für die Gemeinschaft ist im EGV jedenfalls nicht vorgesehen. Auch eine Auslegung der globalen Zielregelungen des EGV (Präambel, Art. 2) ergibt keine verpflichtende Aufgabenstellung der EG für den Bereich der Kultur allgemein oder des Rundfunks speziell.[452]

---

447 Diese Diskussionsansätze entsprechen exakt den Vorstellungen von *Selmer/Gersdorf*, Die Finanzierung des Rundfunks in der Bundesrepublik Deutschland auf dem Prüfstand des EG-Beihilferegimes, S. 85 ff.
448 Siehe epd medien Nr. 77/1998, S. 20 (21); FAZ Nr. 243/1998 v. 20.10.1998, S. 18; Hamburger Abendblatt Nr. 266/1998 v. 14./15.11.1998, S. 8.
449 Vgl. dazu. *Hartlieb*, Handbuch des Film-, Fernseh- und Videorechts, Kap. 195 Rn. 1 ff.
450 *Dörr*, MP 1996, 87.
451 So *Dörr*, ZUM 1996, 617 (629).
452 *Delbrück*, MP 1987, 55 (56).

a. Rundfunk als Kulturgut

Der Rundfunk fällt allerdings keineswegs allein wegen seines kulturellen Charakters und der daraus resultierenden kulturpolitischen Dimension von vornherein aus dem Regelungsbereich der EG heraus. Art. 151 EGV, der durch den Maastrichter Vertrag eingefügt wurde,[453] befasst sich mit den Aufgaben der Gemeinschaft im Bereich der Kultur. Grundsätzlich soll danach der kulturelle Bereich unter der Obhut der Mitgliedsstaaten verbleiben und die nationale und regionale Vielfalt wahren. In diesem Sinne kann man durchaus von einer Begrenzung der Gemeinschaftskompetenz sprechen. Der Gemeinschaft ist in diesem Zusammenhang die Aufgabe zuerkannt, diese nationalen Kulturpolitiken zu fördern. Der Achtung der kulturellen Vielfalt wird in Art. 151 Abs. 5 EGV Ausdruck verliehen, der eine Harmonisierung der Rechts- und Verwaltungsvorschriften im kulturellen Bereich explizit ausschließt.[454] Auch das präventive Verbot mit Erlaubnisvorbehalt in Art. 87 Abs. 3 lit. d) EGV für staatliche Beihilfen zur Förderung der Kultur und der Erhaltung des kulturellen Erbes rekurriert auf die Kulturverpflichtung der Gemeinschaft sowie seiner Unionsstaaten.[455]

b. Rundfunk als Wirtschaftsfaktor

Allerdings hat Rundfunk, wie schon Hans *Bredow* erkannte, auch eine Bedeutung als Wirtschaftsfaktor.[456] Die wirtschaftsrechtliche Literatur zögert nicht, etwa die Art. 81 ff. EGV über die Wettbewerbsregeln für Wirtschaftsunternehmen auf den Rundfunk anzuwenden, und zwar auch auf den öffentlich-rechtlichen.[457]

An dieser Stelle setzte auch *van Miert* an, der in der Mischfinanzierung des öffentlich-rechtlichen Rundfunks einen Wettbewerbsverstoß sieht. Konkret geht es dabei um die Anwendung der Beihilfebestimmungen des Art. 87 EGV auf den öffentlich-rechtlichen Rundfunk. Die Kommission beharrt auf ihrer Ansicht, Rundfunk sei als Wirtschaftsgut oder Dienstleistung zu betrachten und die Gebührenfinanzierung als wettbewerbswidrige staatliche Beihilfe im Sinne von Art. 87 ff. EGV, „eine Möglichkeit, die anderen in der Regel verschlossen ist"[458].

Lediglich solche Bereiche des öffentlich-rechtlichen Rundfunks, die in den Bereich der von Brüssel definierten Grundversorgung hineinfallen,[459] lassen sich nach

---

453 Art. 151 EGV trug vor der Neunummerierung durch den Amsterdamer Vertrag die Nummer 128.
454 *Dörr*, ZUM 1996, 617 (629 f.).
455 Siehe *Selmer/Gersdorf*, Die Finanzierung des Rundfunks in der Bundesrepublik Deutschland auf dem Prüfstand des EG-Beihilferegimes, S. 92 ff.
456 Siehe *Hoffmann-Riem*, Rundfunk im Wettbewerbsrecht, S. 201 (202); a. A. *Thull*, FK Nr. 6/1995, S. 1 (2).
457 Vgl. *Hoffmann-Riem*, Rundfunkrecht neben Wirtschaftsrecht, S. 197 m.w.N.
458 So das Diskussionspapier der EU-Kommission, siehe FK Nr. 40/1998, S. 17.
459 Die Kommission gesteht den Mitgliedstaaten zu, den öffentlich-rechtlichen Auftrag eigenständig festzulegen. Dieser müsse sich jedoch mit dem von der Gemeinschaft zu bewertenden Gemeinschaftsinteresse decken; vgl. FK Nr. 40/1998, S. 17.

Ansicht der Kommission nicht unter diesen Tatbestand subsumieren. Ausschließlich in diesem Bereich sei eine Gebührenfinanzierung also zulässig.[460] Die Kommission ist somit um gleiche Bedingungen für öffentlich-rechtliche und private Anbieter bemüht, die, entsprechend einem Vorschlag von *Selmer* und *Gersdorf*, vor allem durch getrennte Buchhaltung für „öffentlich-rechtliche" und „private" Sendeinhalte erreicht werden soll.[461] Diese „Einzelfinanzierung" soll erreichen, daß öffentlich-rechtliche Veranstalter nicht zur Erzielung von Werbeeinnahmen berechtigt sind, während die „privaten" Sendeinhalte im öffentlich-rechtlichen Programm von privatwirtschaftlichen Tochterunternehmen geführt werden sollen.

Zwar ist *Selmer/Gersdorf* grundsätzlich zuzustimmen, soweit sie die Rundfunkgebühren unter den Beihilfetatbestand in Art. 87 EGV subsumieren.[462] Die ARD hat jedoch selbst immer wieder bestritten, überhaupt ein Unternehmen im Sinne des EGV zu sein, und sich auf die kulturelle und meinungsbildende Bedeutung des Rundfunks berufen.

Der Blick auf die Rechtsprechung des Europäischen Gerichtshofes demonstriert, dass der EuGH keinerlei Bedenken hat, die Tätigkeiten der öffentlich-rechtlichen Anstalten wirtschaftliche Betätigung zu bewerten und diese damit wie jedes andere Wirtschaftsgut dem EG-Wettbewerbsrecht zuzuordnen.[463] Leider fehlt im bisher ausgebildeten Europarecht die Möglichkeit, die wirtschaftsrechtliche Primärorientierung der EG im Zuge der Herstellung praktischer Konkordanz mit kultur- und rundfunkrechtlichen Vorgaben zu relativieren und damit Rundfunkverhalten nicht allein als Marktverhalten zu interpretieren. Hier zeigt sich, so *Hoffmann-Riem*, eine grundsätzliche Schwäche des EGV im Verhältnis zum nationalen Verfassungsrecht.[464]

Insofern ist die Gefahr nicht zu übersehen, dass die europäischen Regelungen den Rundfunk auch zukünftig allein unter dem Gesichtspunkt der Dienstleistungen und des Wirtschaftsgutes in den Blick nehmen und die besonderen Funktionen des Rundfunks für die Demokratie viel zu wenig beachten. Daher wurde auch die besondere Aufgabe des öffentlich-rechtlichen Rundfunks auf europäischer Ebene bisher kaum zur Kenntnis genommen.[465]

Die EG ist zwar vorrangig eine Wirtschaftsgemeinschaft, aber doch nicht in absolutem Sinn. Eine Wirtschaftsintegration ist schließlich ohne Einbeziehung der wirtschaftlichen Aspekte von Kulturleistungen gar nicht möglich. Der ursprüngliche EWG-V ist hingegen nicht dazu bestimmt gewesen, die politisch-kulturelle Einheit in

---

460 Vgl. FK Nr. 40/1998, S. 17.
461 Vgl. epd medien Nr. 77/1998, S. 20 (21); *Selmer/Gersdorf*, Die Finanzierung des Rundfunks in der Bundesrepublik Deutschland auf dem Prüfstand des EG-Beihilferegimes, S. 85 ff.
462 *Selmer/Gersdorf*, Die Finanzierung des Rundfunks in der Bundesrepublik Deutschland auf dem Prüfstand des EG-Beihilferegimes, S. 22 ff.
463 Überblick bei *Selmer/Gersdorf*, Die Finanzierung des Rundfunks in der Bundesrepublik Deutschland auf dem Prüfstand des EG-Beihilferegimes, S. 37 f.
464 *Hoffmann-Riem*, Rundfunkrecht neben Wirtschaftsrecht, § 13 S. 202.
465 *Dörr*, MP 1996, 87 (90).

Europa herzustellen. Die Kommission hat bisher davon abgesehen, Rundfunkbetätigung allein als Marktverhalten zu deuten und wirtschafts- oder kartellrechtlich zu würdigen. Das war lange Zeit als Indiz dafür zu deuten, dass sie – ebenso wie die Monopolkommission und das Bundeskartellamt – für den Programmbereich einen marktbezogenen Wettbewerb verneint.[466]

Bisher hatte die Kommission stets deutlich gemacht, dass sie die Rolle des öffentlich-rechtlichen Rundfunks bei der Grundversorgung der Bevölkerung in allen Programmbereichen nicht in Frage stellen will und keinesfalls schon entschieden habe, dass die öffentliche Gebührenfinanzierung des öffentlich-rechtlichen Rundfunks eine wettbewerbsverfälschende Beihilfe darstelle.[467] Diese Entscheidung hat sie sich allerdings stets vorbehalten.

Die jüngste Entwicklung nach dem Vorstoß der Kommission im Herbst 1998 mit dem erwähnten „Diskussionspapier" schien insoweit eine Vorentscheidung gegen die Gebührenfinanzierungen einzuleiten.

c. Kultur- und Kommunikationsverfassung der Unionsstaaten

Dennoch ist davon auszugehen, dass der EGV niemanden ermächtigt, in den Kernbereich der Rundfunkkompetenzen der Mitgliedsstaaten einzugreifen.[468] Grundsätzlich ist die Kompetenzverteilung innerhalb der EG nicht mit der Befugnisregelung des Grundgesetzes zu vergleichen. Insbesondere richtet sich die Regelungskompetenz nicht nach Sach- und Lebensbereichen. Die EG kann deshalb auch im kulturellen Bereich durchaus Kompetenzen haben.[469] Zu beachten ist stets der Enumerationsgrundsatz bei der Zuständigkeitsordnung der EG. Allerdings wird Art. 151 EGV als Begrenzung der Gemeinschaftskompetenzen gerade für den Bereich des Rundfunks verstanden.

Damit aber drohen bei der Anwendung des EG-Vertrages auf den Rundfunkbereich kulturverfassungsrechtliche Besonderheiten eliminiert zu werden.[470] Das widerspricht jedoch den Vorentscheidungen der EMRK und des nationalen Verfassungsrechts, deren Erheblichkeit nicht durch den EGV beseitigt worden sind. Insbesondere Art. 10 EMRK kann keinesfalls als Handlungsermächtigung der EG herangezogen werden. Denn dieses Recht auf Informations- und Rundfunkfreiheit ist als Menschenrecht lediglich Freiheitsschutz und Abwehrrecht.

Folgt man dem, ist die öffentliche Verantwortung der Mitgliedstaaten für Kultur durch die Vergemeinschaftung aber nicht berührt. Denn in diesem den einzelnen Mitgliedsstaaten verbliebenen Verantwortungsbereich liegen die wesentlichen Funktio-

---

466 So *Hoffmann-Riem*, Rundfunkrecht neben Wirtschaftsrecht, S. 198.
467 Vgl. eingehend zur Problematik des Beihilfetatbestandes des Art. 87 EGV (damals noch Art. 92 EGV): *Dörr*, MP 1996, 87 (90).
468 Siehe *Herrmann*, Rundfunkrecht, § 8 Rn. 84.
469 *Hoffmann-Riem*, Rundfunk im Wettbewerbsrecht, S. 201 (203).
470 *Hoffmann-Riem*, Rundfunkrecht neben Wirtschaftsrecht, § 13 S. 202.

nen zur Bildung und Erhaltung der politischen Einheit.[471] Der Rundfunk wiederum erfüllt einerseits allgemeine kulturpolitische Funktionen der Versorgung mit Informationen, der kommunikativen Orientierung der Bürger und vor allem ihrer Unterhaltung,[472] andererseits nimmt er besondere verfassungspolitische Funktionen wahr, etwa bei der politischen Willensbildung und der gesellschaftlichen Integration.[473]

Es ist mithin nicht verwunderlich, dass in allen europäischen Staaten der Rundfunk Teil einer besonderen Kommunikationsverfassung geworden ist und keineswegs regelungsfrei gestellt wurde. Die Staaten haben ihn vielmehr treuhänderischen Bindungen unterworfen und dem so genannten Public-Service-Modell unterworfen. Der EuGH hat dementsprechend in seinen Entscheidungen in der Sache „Veronica" und „TV 10 SA" darauf hingewiesen, dass die Gewährleistung des Pluralismus im Rundfunkwesen ein im Allgemeininteresse liegendes Ziel nationaler Rundfunkpolitik ist, das Einschränkungen der Dienstleistungsfreiheit zu rechtfertigen vermag.[474]

d. Wirtschaftskompetenz der Gemeinschaft

Grundsätzlich ist gleichwohl davon auszugehen, dass die Gemeinschaft die Befugnis hat, zumindest von ihrer Wirtschaftskompetenz ausgehend in den Rundfunk auch dort hineinzuwirken, wo er innerhalb der Kompetenzordnung des deutschen Grundgesetzes den Bundesländern unterfällt.

Gerade wegen des wirtschaftlichen Charakters des grenzüberschreitenden Rundfunks kann es als Aufgabe der EG angesehen werden, durch Richtlinien die Angleichung der nationalen Rechtsvorschriften voranzutreiben und den Rundfunk der gemeinsamen Ordnung eines freien Dienstleistungsverkehrs – insbesondere im Bereich der Rundfunkwerbung, aber auch beim Jugendschutz und Urheberrecht – zu unterstellen. In diesem Verständnis hat die EG bereits 1989 eine Fernsehrichtlinie (EG-FRiL[475]) erlassen, die sich mit den Rahmenbedingungen der Rundfunkbetätigung befasst.[476]

Der traditionell territoriale Länder-Rundfunk Deutschlands lässt sich jedoch nicht ohne weiteres in einen gemeinsamen Markt für Rundfunkdienstleistungen überführen – jedenfalls nicht ohne Übergangsregelungen und Reibungsverluste. Der EG kommt insofern die Aufgabe zu, die wirtschaftlichen Aspekte des Rundfunks frühzeitig so zu ordnen, dass die essentiellen Funktionen des gebietsbezogenen Rundfunks in den

---

471 *Ipsen*, Europäisches Gemeinschaftsrecht, S. 187 f.; ders. Rundfunk im Europäischen Gemeinschaftsrecht, S. 40.
472 BVerfGE 57, 295 (319 f.).
473 BVerfGE 57, 295 (319); *Hoffmann-Riem*, Rundfunk im Wettbewerbsrecht, S. 201 (203).
474 EuGH EuZW 1993, 251 v. 3.2.1993 (Az. Rs C – 148/91 – „Veronica"); vgl. *Dörr*, NJW 1995, 2263 (2265); *Delbrück*, MP 1987, 55 (56).
475 EG-Fernsehrichtlinie vom 3.10.1989 (ABl. Nr. L 298 v. 17.10.1989, S. 23 ff.), abgedruckt in: RuF 1989, 532 ff.
476 Siehe dazu *Schwartz*, ZUM 1989, 381 ff.

Mitgliedstaaten erhalten bleiben können und Reformverluste gar nicht erst entstehen.[477] Das kann aber nicht bedeuten, dass die Finanzierungsgrundlagen und Rahmenbedingungen in ganz Europa angeglichen werden. So lange Rundfunk zumindest auch eine kulturelle Aufgabe wahrnimmt, kann auch seine Finanzierung dem Verantwortungsbereich der Mitgliedstaaten nicht vollends entzogen werden.

e. Anwendungsbereich des EGV

Es zeichnet sich deshalb zu Recht ab, dass sich *van Miert* mit seiner Ansicht weder in der EU noch in der Kommission wird durchsetzen können. Nach mehrwöchigen Rückzugsgefechten, urteilte der Kommissar im November 1998 schließlich im Sinne der Protokollerklärung zum Amsterdamer Vertrag,[478] jedenfalls was ARD und ZDF anbetrifft. Die deutschen Fernsehsender hätten bereits eine transparente Haushaltsführung, weshalb in der Gebührenfinanzierung öffentlich-rechtlicher Unterhaltungs- und Sportsendungen keine Wettbewerbsbeeinträchtigung zu sehen sei.[479]

Faktisch bleibt es also bei Diktion der Protokollerklärung zum Amsterdamer Vertrages, wonach die Finanzierung des öffentlich-rechtlichen Rundfunks in den Verantwortungsbereich der Mitgliedsstaaten zurückverlagert wurde. Der EGV ist insoweit gar nicht erst anwendbar.

Damit ist zugleich auch die Feststellung von *Selmer/Gersdorf*, die mit einem Blick auf das EG-Beihilferegime eine Zuweisung von Gebühren auch an private Rundfunkanbieter fordern, von der Entwicklung überholt worden und vorerst von rein rechtshistorischer Bedeutung.[480] Auch die Frage, ob es sich bei den Gebühren um staatliche Beihilfen handelt, braucht folglich nicht abschließend geklärt zu werden.[481]

Dass das Europarecht bezüglich einer Rundfunkordnung in der konkreten Ausprägung bisher zumindest in seiner Bedeutung hinter das deutsche Verfassungsrecht zurückgetreten ist, liegt auch an der Subsidiarität des Gemeinschaftsrechts gemäß Art. 5 EGV,[482] zum anderen aber auch an der wohltuenden Zurückhaltung des Europäischen Gerichtshofes und des Rates. Letzterer ist ausweislich der Erwägungsgründe ständig bemüht, die Besonderheiten des Rundfunks unter Einschluss seiner kulturpolitischen Bedeutung zu respektieren. Die Aussagen zeigen jedenfalls, insbesondere im Zusammenwirken mit den Einzelregelungen, dass die EG nicht plant, das Rundfunkrecht seiner Besonderheiten zu entkleiden und in das allgemeine Wirtschaftsrecht zu über-

---

477 *Bullinger*, AfP 1985, 257 (263 f.).
478 Über dessen Wert siehe Anmerkungen bei *Kammann*, epd medien Nr. 77/1998, S. 3 (5); vgl. epd medien Nr. 77/1998, S. 20.
479 Siehe Hamburger Abendblatt Nr. 266/1998 v. 14./15.11.1998, S. 8; vgl. auch Hamburger Abendblatt Nr. 245/1998 v. 21.10.1998, S. 10.
480 *Selmer/Gersdorf*, Die Finanzierung des Rundfunks in der Bundesrepublik Deutschland auf dem Prüfstand des EG-Beihilferegimes, S. 56, 85 ff.
481 Vgl. dazu § 4 D.I. (S. 273).
482 Offenbar a. A. ist *Dörr*, MP 1996, 87 (91).

führen. Auch wenn *van Miert* vermutlich lieber andere Wege gehen will,[483] macht das deutlich, dass eine Zuordnung der Gebührenfinanzierung zum Beihilferegime spätestens seit dem Amsterdamer Vertrag unangebracht ist, ja sogar gegen Gemeinschaftsrecht verstößt.

Die Problematik könnte allerdings wieder aufleben, wenn es zu einer Erweiterung des Anwendungsbereiches europarechtlicher Vorschriften kommt, was angesichts der wachsenden Bedeutung des europäischen Gedankens und der quirligen Aktivitäten der Kommission als wahrscheinlich angenommen werden kann.

Das würde bedeuten, dass bei der rechtlichen Beurteilung des öffentlich-rechtlichen Rundfunks in der Bundesrepublik Deutschland schon jetzt der Blick auf die Gesamtheit Europas zu richten ist. Die Schwierigkeit einer EG-weiten Rundfunkregulierung liegt jedoch darin, dass das im Inland und auch im Ausland verbreitete Programm *identisch* ist, eine EG-Regelung für den Exportanteil also automatisch auch auf das gebietsbezogenen Inlandsprodukt durchschlägt.[484] Aus diesem Grund sollte also auch heute das übergeordnete Recht der Europäischen Gemeinschaften zumindest Berücksichtigung finden.

Auch durch die EG-FRiL wird das grundsätzliche Zuordnungsverhältnis zwischen Rundfunk- und Wirtschaftsrecht nicht betroffen. Ausweislich der Erwägungsgründe versteht sich die Richtlinie nur als „notwendiges Mindestmaß" zur Verwirklichung freien grenzüberschreitenden Sendeverkehrs ausschließlich im Fernsehbereich, das jedoch ergänzende Regeln zur Organisation, Finanzierung und zu den Programminhalten nicht ausschließt.

Die durch die EG-FRiL bewirkte Harmonisierung ist dabei nur auf Teilbereiche der Rundfunk*betätigung* beschränkt, etwa auf Förderungsmaßnahmen zur Fernsehproduktion, auf Werberegeln und -beschränkungen sowie den Jugendschutz. Diese Normen haben Rückwirkungen auf den Programmbereich sowie auf die Tätigkeiten im vor- und nachgelagerten Bereich auch im öffentlich-rechtlichen Rundfunk,[485] nicht jedoch auf die Struktur der Anstalten. Diese bleibt weiterhin in der Regelungskompetenz der nationalen Gesetzgeber. Damit erkennt die EG bewusst und nachweisbar die Sonderrolle des Rundfunks, seinen gesellschaftlichen und kulturellen Auftrag, die Rundfunk- und Verfassungsordnung der Mitgliedsstaaten sowie deren ureigenes Verständnis der Grundrechte an.[486]

2. Vor- und nachgelagerter Bereich

Ein anderer Aspekt macht bei der Beurteilung der ARD-Strukturen die Beachtung europarechtlicher Bezüge unbedingt erforderlich: Die EG-Kommission hat nämlich bisher nicht gezögert, das EG-Recht auf Tätigkeiten anzuwenden, die der Programmbe-

---

483 *Hoffmann-Riem*, Rundfunkrecht neben Wirtschaftsrecht, § 13, S. 183.
484 *Bullinger*, AfP 1985, 257 (263).
485 *Hoffmann-Riem*, Rundfunkrecht neben Wirtschaftsrecht, § 13, S. 182.
486 So *Schwartz*, ZUM 1989, 381 (383).

tätigung vor- und nachgelagert sind. Deutlich wurde dies in der Filmeinkaufsentscheidung, in der es um Beschaffungsmaßnahmen ging und von der EG-Kommission eine Öffnung des Marktes für Verwertungstätigkeiten gefordert wurde.[487] Weitere Kommissionsentscheidungen befassten sich mit programmbegleitenden Maßnahmen und der Anwendung von Wettbewerbsrecht in anderen Kulturbereichen.[488] Dabei gibt es keinerlei anerkannte Möglichkeiten, um im Rahmen von Abwägungsentscheidungen praktische Konkordanz zwischen der Rundfunkfreiheit und der Wettbewerbsfreiheit bzw. Wirtschaftsfreiheit herzustellen. Nach der bisherigen Praxis der EG könnte sich Rundfunkrecht nur dann durchsetzen, wenn eine vollständige Vereitelung der Aufgabenerfüllung der Rundfunkanstalten abzeichnete.[489]

EG-Wettbewerbsrecht findet also jedenfalls in den Bereichen des Werbefunks sowie der Programmbeschaffung und -verwertung Anwendung. Hier treten die öffentlich-rechtlichen Rundfunkanstalten als Nachfrager und Anbieter am Markt und damit erwerbswirtschaftlich auf.[490]

III. Fit für Europa

Das soeben Beschriebene macht deutlich, dass die Landesrundfunkanstalten bei ihren Rundfunkbetätigungen das europäische Wirtschaft- und Wettbewerbsrecht beachten müssen. Für die Strukturfragen, die nicht in den Funkhäusern, sondern in den Landtagen und Staatskanzleien entschieden werden, bildet das Europarecht bisher noch keine verbindlichen Regeln, insbesondere was die Finanzierungsfragen anbetrifft.

Es mag sein, dass die Mitgliedsstaaten der Europäischen Gemeinschaft eines Tages im Rahmen der Europäischen Union auch eine in sich geschlossene Europäische Rundfunkordnung schaffen wollen und werden. So weit ist es bisher aber noch nicht gekommen.[491]

Gleichwohl dürfen in den Staatskanzleien die Augen nicht vor der europäischen Entwicklungen verschlossen werden. Im Bereich des Rundfunks sind die Länder ganz sicher auf eine Zusammenarbeit angewiesen. So müssen interföderative Einrichtungen geschaffen und Staatsverträge geschlossen werden.[492] Es dürfen vor allem aber die für eine derart weittragende politische Entwicklung notwendigen Verfassungsentscheidungen nicht durch EG-Aktivitäten ersetzt oder gar vorweggenommen wer-

---

487 Entscheidung der Kommission v. 15.9.1989, ABl. 1989 Nr. L 284/36; vgl. *Hoffmann-Riem*, Rundfunkrecht neben Wirtschaftsrecht, § 13, S. 198.
488 Entscheidung der Kommission v. 21.12.1988, ABl. 1989 Nr. L 78/43 (Az.IV/31.851 – „Magil TV Guide / ITP, BBC und RTE"); Entscheidung v. 12.07.1989, ABl. 1989 Nr. L 226/25 (Az. IV/31.734 – Filmeinkauf deutscher Fernsehanstalten, „UIP"); Entscheidung v. 12.12.1988, ABl. 1989 Nr. L 22/12 (Az. IV/27.393 und IV/27.394 – „Netto-Bücher"-Vereinbarung); vgl. *Hoffmann-Riem*, Rundfunkrecht neben Wirtschaftsrecht, § 13 S. 198.
489 *Hoffmann-Riem*, Rundfunkrecht neben Wirtschaftsrecht, § 13 S. 201.
490 So auch *Selmer/Gersdorf*, Die Finanzierung des Rundfunks in der Bundesrepublik Deutschland auf dem Prüfstand des EG-Beihilferegimes, S. 38.
491 *Herrmann* bezeichnet die derzeitige Rechtslage auf Gemeinschaftsebene als „Keimsprossen" für eine Europäische Rundfunkordnung; vgl. Rundfunkrecht, § 8 Rn. 99.
492 So auch *Dörr*, ZUM 1996, 617 (626).

den.⁴⁹³ Insofern ist es die vorrangige Aufgabe der nationalen Gesetzgeber, ihre Rundfunkordnung intern auf den sich entwickelnden Europäischen Rundfunkmarkt vorzubereiten. Um es schlagkräftig zu formulieren: Die ARD muss „fit für Europa" gemacht werden.

Es scheint auf der anderen Seite nicht vollkommen unwahrscheinlich, dass die EU auf dem für die Mitgliedstaaten und ihre demokratische Ordnung besonders wichtigem Gebiet des Rundfunks dazu übergeht, von der in ihrer Aufbauphase legitimen, einseitig expansionistischen Auslegung der Kompetenzen abzugehen.⁴⁹⁴ Schon jetzt ist in gewissen Teilbereichen bereits ein Umdenkprozeß innerhalb der EU festzustellen, wenn auch nicht gerade in der Kommission.

Andererseits sind im Bereich des Telekommunikationsrechtes Aktivitäten zu verzeichnen, die darauf abzielen, den Rundfunksektor zu deregulieren und mehr und mehr dem freien Spiel der Kräfte zu überlassen. Es erscheint daher denkbar, dass der EuGH zukünftig sehr viel stärker die Bestimmungen des Art. 151 Abs. 4 EGV und Art. 5 EGV betonen wird und damit eher eine Kompetenzerweiterung der EG annimmt. Dies wäre, wie *Dörr* anmerkt, eine Entwicklung, die den Föderalismus mit den bestehenden Länderkompetenzen im Rundfunkbereich in beachtlicher Weise berührt und den verbleibenden Regelungsspielraum auf dem Gebiet des Rundfunkrechts für die Mitgliedstaaten und ihre Regionen immer kleiner werden lässt.⁴⁹⁵

Die Entwicklung des europäischen Einflusses auf die nationalen Rundfunkmodelle ist, kurz gesagt, auch weiterhin für Überraschungen gut geeignet. Um den öffentlichrechtlichen Rundfunk in diesem Zusammenhang aus der Regelungsbefungnis der Gemeinschaft herauszuhalten, ist es vor dem Hintergrund der ökonomischen Primärorientierung der EG-Kompetenzen und der gleichgelagerten EG-Aktivitäten⁴⁹⁶ ratsam, die Rundfunkanstalten zu entkommerzialisieren, bzw. eine weitere Verwirtschaftung zu unterbinden. Staatliche Finanzierung ist, das wissen wir seit dem Amsterdamer Vertrag, Sache der Mitgliedsstaaten, freiwirtschaftliche Finanzierung bleibt Angelegenheit der EG. Hier hat der Amsterdamer Vertrag zu einer Grenzziehung geführt und eine Schwerpunktverlagerung deutlich werden lassen.

Vermutlich wird deshalb vor dem Forum des europäischen Wettbewerbsrecht besonders eingehend auf Verzerrungen geachtet werden, die daraus resultieren, dass öffentlich-rechtliche Rundfunkveranstalter sich einerseits am ökonomischen Markt finanzieren und andererseits vorrangig öffentliche Mittel in Form von Rundfunkgebühren erhalten.⁴⁹⁷ Vermutlich wird die ARD auch vor dem Europarecht gestärkt, wenn der schmale Anteil der Werbefinanzierung wegfiele.⁴⁹⁸

---

493 *Herrmann*, Rundfunkrecht, § 8 Rn. 100.
494 *Bullinger*, AfP 1985, 257 (264).
495 *Dörr*, MP 1996, 87 (92).
496 *Hoffmann-Riem*, Rundfunkrecht neben Wirtschaftsrecht, § 13, S. 183.
497 *Hoffmann-Riem*, in: Rundfunk im Wettbewerbsrecht, S. 201 (218).
498 *Kammann*, epd medien Nr. 77/1998, S. 3 (5).

Solange der Rundfunk nur den publizistischen Wettbewerb bestreitet und sich weitgehend aus dem wirtschaftlichen Wettbewerb heraushält, unterfällt er nicht einer europäischer Wettbewerbsordnung und ist sozusagen vor „bösen Überraschungen" aus Brüssel geschützt.[499] Nur dann besteht eine Chance, das „pfiffige Konzept des Bundesverfassungsgerichts zum dualen Rundfunk [...] real umzusetzen".[500] Nicht umsonst haben die Karlsruher Richter offenbar selbst die europäische Einflussnahme als eine Bedrohung „ihrer" Rundfunkordnung angesehen. Nur das erklärt die auffallend starke Betonung der kulturellen Verantwortung des öffentlich-rechtlichen Rundfunks in der „Niedersachsen-Entscheidung".[501]

Den Rundfunk frei von Deregulierungen aus Brüssel zu halten, ist wünschenswert, um im derzeitigen Umbruch die ARD nach nationalen Vorstellungen auf die anstehenden Anforderungen im digitalen Zeitalter vorzubereiten. Die Lösung der medienpolitischen Probleme muss gleichwohl langfristig auf europäischer Ebene gefunden werden, sowohl in zwischenstaatlicher Zusammenarbeit als auch in der Vereinheitlichung nationaler Vorschriften.[502]

---

499 Vgl. *Hoffmann-Riem*, in: Rundfunk im Wettbewerbsrecht, S. 201 (218).
500 So *Hoffmann-Riem*, in: Rundfunk im Wettbewerbsrecht, S. 201 (221).
501 Siehe BVerfGE 73, 118 (158 ff.).
502 So *Hartlieb*, Handbuch des Film-, Fernseh- und Videorechts, Kap. 195 Rn. 2.

§ 3 Verfassungsrechtliche Vorgaben

Die Freiheit der Berichterstattung durch den Rundfunk ist eine grundgesetzliche Gewährleistung, die wie kaum eine andere zum Gegenstand gestaltender Judikatur des Bundesverfassungsgericht geworden ist. Der verfassungsrechtliche Gehalt der Freiheitsverbürgung ergibt sich nahezu ausschließlich aus dieser Rechtsprechung.[1]

Im Rahmen der Verfassungsrechtsprechung zum Art. 5 Abs. 2 S. 1 GG sind bislang elf Entscheidungen veröffentlicht, in denen das Bundesverfassungsgericht Gehalt und Bedeutung des Grundrechts der Rundfunkfreiheit schrittweise herausgearbeitet hat: Es sind die so genannten acht Rundfunkentscheidungen[2], das „Lebach-Urteil"[3], der „Freie-Mitarbeiter-Beschluß"[4] und das jüngste Urteil über die unentgeltliche Kurzberichterstattung im Fernsehen.[5]

Nachfolgend soll anhand der in den genannten Entscheidungen aufgestellten Axiome der Karlsruher Richter eine Skizze der Konturen der deutschen Rundfunkordnung gezeichnet werden. Dabei kommt es darauf an, auf sicherem und gesichertem verfassungsrechtlichen Boden die Voraussetzungen für die Reformgesetzgebung von Bund und Ländern aufzuzeigen.

A. Verfassungsrechtliche Stellung des öffentlich-rechtlichen Rundfunks

Das Bundesverfassungsgericht hat die Aufgabe des öffentlich-rechtlichen Rundfunks bereits in seinen ersten drei Rundfunkurteilen beschrieben: Die öffentlich-rechtlichen Rundfunkanstalten haben zur Sicherung der Meinungsvielfalt und Wiedergabe aller kulturellen und politischen Strömungen beizutragen. Sie haben die Pflicht, die Grundversorgung der gesamten Gesellschaft mit Rundfunk zu sichern.[6]

Auch in den folgenden fünf Urteilen zur deutschen Rundfunkordnung befasste sich das Bundesverfassungsgericht mit der Bestimmung des öffentlich-rechtlichen Rundfunkauftrages.

---

1 *Goerlich/Radeck*, JZ 1989, 53 (54).
2 BVerfGE 12, 205-264 (=NJW 1961, 547; 1. Rundfunkurteil: „Deutschland-Fernsehen") v. 22.2.1961 (Az. 2 BvG 1,2/60); E 31, 314-357 (=NJW 1971, 1739; 2. Rundfunkurteil: „Mehrwertsteuerurteil") v. 27.7.1971 (Az. 2 BvF 1/68, 2 BvR 702/68); E 57, 295-335 (=NJW 1981, 1774; 3. Rundfunkurteil: „FRAG-Entscheidung") v. 16.6.1981 (Az. 1 BvL 89/78): E 73, 118-205 (=NJW 1987, 239; 4. Rundfunkurteil: „Niedersachsen-Entscheidung) v. 4.11.1986 (Az. 1 BvF 1/84); E 74, 297-357 (=NJW 1987, 2987; 5. Rundfunkurteil: „Baden-Württemberg-Beschluß") v. 24.3.1987 (Az. 1 BvR 147/86, 1 BvR 478/86); E 83, 238-341 (=NJW 1991, 899; 6. Rundfunkurteil: „NRW-Beschluß") v. 5.2.1991 (Az. 1 BvF 1/85, 1 BvF 1/88); E 87, 181-206 (=NJW 1992, 3285; 7. Rundfunkurteil: „Hessen-3-Beschluß") v. 6.10.1992 (Az. 1 BvR 1586/89, 487/92); E 90, 60-107 (=NJW 1994, 1942=AfP 1994, 32; 8. Rundfunkurteil: „Gebührenurteil") v. 22.2.1994 (Az. 1 BvL 30/88).
3 BVerfGE 35, 202-245 (=NJW 1973, 1226) v. 5.6.1973 (Az. 1 BvR 536/72)
4 BVerfGE 59, 231-263 (=NJW 1982, 1447) v. 13.1.1982 (Az. 1 BvR 848/77 u.a.).
5 BVerfG NJW 1998, S. 1627-1632 (= epd medien Nr. 14/1998) v. 17.2.1998 (Az. 1 BvF 1/91).
6 BVerfGE 12, 205; E 31, 314; 57, 295.

Betrachtet man diese acht Urteile, so fällt auf, dass vor dem Hintergrund der normativen, also faktisch veränderlichen Kraft der Rundfunkfreiheit[7] Inhalt und Reichweite des öffentlich-rechtlichen Programmauftrages zum Teil widersprüchlich, immer aber einzelfallorientiert und letztlich nicht hinreichend justitiabel bestimmt sind.[8] Das Verständnis der umfassenden Judikatur wird vor allem dadurch erschwert, dass das Bundesverfassungsgericht unterschiedliche Begriffe für die Beschreibung des Rundfunkauftrages verwendet – zum Teil synonym, teilweise aber auch alternativ. So fallen etwa im 4. Rundfunkurteil elementare Begriffe wie „unerlässliche Grundversorgung"[9], „Klassischer Rundfunkauftrag"[10] oder „essentielle Funktionen des Rundfunks", ohne dass es zu einer genauen Definition, geschweige denn zu einer klaren Abgrenzung dieser Institute kommt.[11]

Diese bilden seither immerhin die Eckpunkte der dualen Rundfunkordnung, ohne dass es jemals zu einer eindeutigen Klärung oder gar Definition der Begrifflichkeit durch das Bundesverfassungsgericht gekommen wäre.[12] Es wird also Aufgabe dieses Abschnittes sein, die verfassungsrechtlichen Voraussetzungen für die ARD als Bestandteil des öffentlich-rechtlichen Rundfunks so zu ordnen, dass sie ein für den Sendebetrieb und die Bildung rechtmäßiger Strukturen der Gemeinschaft praktikable Grundlage bilden.

I. Medium und Faktor

Nach Auffassung des Bundesverfassungsgerichts vollzieht sich die freie Meinungsbildung in einem Prozess der Kommunikation, der verfassungsrechtlich in Art. 5 Abs. 1 GG über die Inhalte der Meinungsäußerungs-, Meinungsverbreitungs- und Informationsfreiheit geschützt ist. Dabei gehört der Rundfunk zu den unentbehrlichen modernen Massenkommunikationsmitteln. Der Rundfunk ist jedoch mehr als nur Vermittler der Kommunikationsinhalte, er ist vielmehr als „Medium und Faktor" des Meinungsbildungsprozesses zu sehen.[13]

Rundfunk gibt demnach als Medium Gelegenheit zur Meinungsbildung und ist als Faktor selbst Meinungsbildner.[14] Hieraus wiederum ergibt sich die Aufgabe der öffentlich-rechtlichen Rundfunkanstalten, in möglichster Breite und Vollständigkeit zu informieren.

Die institutionelle Rundfunkfreiheit enthält also die Verpflichtung des Rundfunkanstalten zu Sicherstellung des freien und individuellen Meinungsbildungsprozesses in der Bundesrepublik Deutschland, mithin ein Element objektiver Ordnung, das für

---

7 BVerfGE 83, 238 (302).
8 *Scheble*, Perspektiven der Grundversorgung, S. 321 ff.
9 BVerfGE 73, 118 (197).
10 BVerfGE 73, 118 (158).
11 *Grimm*, RuF 1987, 25 (28).
12 *Kresse*, Grundversorgung und integrative Pluralismussicherung, S. 6 ff.
13 BVerfGE 12, 205 (260), seitdem ständige Rechtsprechung.
14 *Libertus*, Grundversorgungsauftrag und Funktionsgarantie, S. 9.

die freiheitlich-demokratische Grundordnung schlechthin konstituierend ist und der Aufrechterhaltung und Förderung einer freien und offenen Meinungsbildung dient.[15] In dieser These des Bundesverfassungsgerichts kann man einen Dreischritt in der Argumentation erkennen: Einerseits verdeutlicht das Bundesverfassungsgericht in ständiger Rechtsprechung die elementare Bedeutung der Medien für den Prozess der sozialen Kommunikation. „Freie Meinungsbildung ist Voraussetzung sowohl der Persönlichkeitsentfaltung als auch der demokratischen Ordnung und vollzieht sich in einem Prozess der Kommunikation, der ohne Medien, die Informationen und Meinungen verbreiten und selbst Meinungen äußern, nicht aufrechterhalten werden könnte".[16]

Diesen Medien wird zum zweiten eine „Vermittlungsfunktion" zugeschrieben. Dem Rundfunk kommt dabei nach Auffassung des Bundesverfassungsgerichts „wegen seiner Breitenwirkung, Aktualität und Suggestivkraft besondere Bedeutung zu." Freie Meinungsbildung werde daher nur in dem Maße gelingen, wie der Rundfunk seinerseits frei, umfassend und wahrheitsgemäß informiere.[17]

Aus diesem Grund verlangt das Gericht – drittens – eine „positive Ordnung, welche sicherstellt, dass der Veranstalter die Vielfalt der Themen und Meinungen aufnimmt und wiedergibt, die in der Gesellschaft eine Rolle spielen."[18] Dabei geht es um Kommunikationsthemen, die in der Gesellschaft eine Rolle spielen, also keineswegs um normative Festlegungen der Rundfunkanbieter, was eine Rolle spielen soll, sondern um die Vermittlung real ablaufender Kommunikationsprozesse.[19]

II. Sondersituation

Obwohl in Art. 5 GG sowohl die Presse- als auch die Rundfunkfreiheit konstitutiv verankert sind, macht das Bundesverfassungsgericht einen grundlegenden Unterschied zwischen den beiden „für die Demokratie schlechthin konstitutiven" Grundrechten. Diese begründete es seit dem 1. Fernsehurteil von 1961 vor allem mit der Beobachtung, dass in der deutschen Presselandschaft eine große Anzahl von selbständigen Presseerzeugnissen existiert, während im Bereich des Rundfunks aus technischen Gründen im Übertragungssektor und wegen des außergewöhnlichen hohen finanziellen Aufwands für die Veranstaltung von Rundfunkdarbietungen die Zahl der Rundfunkanbieter verhältnismäßig klein ist. Diese „Sondersituation im Bereich des Rundfunkwesens" erfordere besondere Vorkehrungen zur Verwirklichung und Aufrechterhaltung der Rundfunkfreiheit,[20] also zur Verwirklichung des Meinungspluralismus im Rundfunk.

---

15 Vgl. *Bethge*, JöR 35 (1986), 103 (107).
16 BVerfGE 90, 60 (87).
17 BVerfGE 90, 60 (87).
18 BVerfGE 90, 60 (88).
19 *Glotz*, epd medien Nr. 30/1997, S. 7.
20 BVerfGE 12, 205 (261), seitdem ständige Rechtsprechung.

Eine solche Vorkehrung war zunächst die Übertragung der Rundfunkaufgabe an staatliche Einrichtungen in Form von öffentlich-rechtlichen Anstalten, die durch ihre binnenpluralistische Organisation die Sicherstellung von Meinungspluralismus im Rundfunk dadurch ermöglichen sollte, dass alle gesellschaftlich relevanten Gruppen gleichermaßen Einfluss auf die Programmgestaltung und die Inhalte der Rundfunkdarbietung üben können, ohne dass sich der Staats als solcher des Rundfunks bemächtigen könnte.[21]

Vielen Seiten gehen schon jetzt davon aus, dass die Sondersituation im Zuge der rasanten technischen Entwicklung im Kabel- und Satellitenbereich speziell in den 1980er Jahren längst entfallen sei. Durch die Nutzbarmachung digitaler Übertragungsformen und der dafür typischen Vervielfachung der Sendeplätze könne von einer Begrenztheit der Sendekapazitäten faktisch keine Rede mehr sein.

Ob das tatsächlich so ist, hält das Bundesverfassungsgericht jedoch für unbeachtlich und kann hier dahinstehen.[22] An der Grundüberlegung von 1961 ändert sich nämlich nach Ansicht des Gerichts auch dann nichts, wenn die durch Knappheit der Sendefrequenzen und den hohen finanziellen Aufwand bedingte Sondersituation entfallen sein sollte oder gar bereits entfallen ist. Auch dann müssten nämlich Vorkehrungen zur Gewährleistung der Freiheit des Rundfunks getroffen werden, weil in einer von der Eigengesetzlichkeit des Wettbewerbs und des Marktes bestimmte Rundfunkordnung nicht mit hinreichender Wahrscheinlichkeit erwartet werden kann, dass die Meinungsvielfalt in ihrer gesamten Breite zum Ausdruck gelangt. Hinzu kommt, dass Fernsehen und Hörfunk wegen ihrer weitreichenden Wirkungen und Möglichkeiten sowie der Gefahr des Missbrauchs zum Zwecke einseitiger Einflussnahme auf die öffentliche Meinung grundsätzlich nicht dem freien Spiel der Kräfte überlassen werden können.[23]

Seitdem das Bundesverfassungsgericht in seiner „FRAG-Entscheidung" auf die Zulässigkeit privaten Rundfunks hingewiesen hat und sich infolgedessen in allen Ländern eine duale Rundfunkordnung auf der Grundlage neuer Mediengesetze herausgebildet hat, wies es primär den öffentlich-rechtlichen Rundfunkanstalten die Aufgabe der Pluralismussicherung zu. Es sei die Sache des öffentlich-rechtlichen Rundfunks, die „unerlässliche Grundversorgung" der Bevölkerung mit Rundfunk sicherzustellen, während an die privaten Wettbewerber geringere Anforderungen in puncto Meinungspluralismus zu stellen seien, solange und soweit nämlich die Wahrnehmung dieser Aufgaben vom öffentlich-rechtlichen Rundfunk erfüllt werden.[24]

---

21 BVerfGE 12, 205 (262).
22 Dazu unten im § 4 B.III. (S. 198).
23 BVerfGE 57, 295 (322 ff.).
24 BVerfGE 73, 118 (157 ff.); vgl. auch *Kresse*, Grundversorgung und integrative Pluralismussicherung, S. 7 f.

B. Grundverständnis des Art. 5 Abs.1 S. 2 Grundgesetz

Träger des Grundrechts der Rundfunkfreiheit sind alle natürlichen und juristischen Personen und Personenvereinigungen, die eigenverantwortlich Rundfunk veranstalten und verbreiten. Die Landesrundfunkanstalten sind nach der Rechtsprechung des Bundesverfassungsgerichts ebenfalls Träger des Grundrechts. Sie sind zwar Einrichtungen des Staates, die jedoch die Grundrechte in einem Bereich bestreiten, in dem sie vom Staate unabhängig sind und mithin des Schutzes des Art. 5 Abs. 2 S. 1 GG bedürfen. Sie könnten mithin sogar zum Mittel der Verfassungsbeschwerde greifen.[25] Das müsste bei konsequenter Befolgung des Verfassungsrechtsprechung auch für die ARD als Arbeitsgemeinschaft gelten, soweit diese selbst Rundfunk veranstaltet und nicht nur die Interessen oder Aufgaben der Landesrundfunkanstalten bündelt.

Trotz der richtungsweisenden Aussagen des Bundesverfassungsgerichts bestehen in der Literatur jedoch unterschiedliche Auffassungen über den sachlichen Schutzbereich des Art. 5 Abs.1 S. 2 GG. Im großen und ganzen haben sich dabei zwei grundsätzlich verschiedene Argumentationslinien herausgebildet.[26]

I. Subjektiv-rechtliches Verständnis

Auf der einen Seite gibt es ein eines subjektiv-individualrechtliches Verständnis von Rundfunkfreiheit, die diese als individuelles Grundrecht im Sinne eines klassischen Abwehrrechts auffasst (*status negativus*[27]). Die Rundfunkfreiheit beinhaltet danach das subjektive Recht auf Rundfunkveranstaltung. Soweit die technischen Möglichkeiten dies zulassen, dürfe ein Zugang zur Rundfunkveranstaltung nicht verhindert werden.

Den Ausgangspunkt dieser Betrachtung bildet das Recht, im Rundfunk seine Meinung frei zu äußern. Dieser Freiheitsgewährleistung sei es immanent, dass der Zugang zur Rundfunkbetätigung jedermann eröffnet ist. Das folge nicht zuletzt aus der Tatsache, dass der gleiche Wortlaut in Art. 5 Abs. 1 S. 2 GG sowohl die Rundfunkfreiheit als auch die – unbestritten subjektiv-rechtliche – Pressefreiheit umschließt.

II. Objektiv-rechtliches Verständnis

Dieser Auffassung stehen die Vertreter eines vornehmlich objektiv-institutionellen Verständnisses von Rundfunkfreiheit gegenüber. Diese verstehen den freien und offenen Prozess der Meinungs- und Willensbildung als primäres Schutz- und Ordnungsziel der Rundfunkfreiheit. Nach der dreischrittigen Argumentation der Verfassungsrechtsprechung wird eine freie und individuelle Berichterstattung als Vorausset-

---

25 BVerfGE 31, 314 (322); E 59, 231 (254 f.); E 78, 101 (102); *Jarass*, in: Jarass/Pieroth, Art. 5 Rn. 34.
26 Einen umfassenden Überblick über den Literaturstreit gibt *Niepalla*, Die Grundversorgung durch die öffentlich-rechtlichen Rundfunkanstalten, S. 6 ff. m.w.N.
27 Grundlage dafür ist das klassisch-liberale Grundrechtsverständnis.

zung für einen funktionieren Meinungsbildungsprozess nur dann gelingen, wenn der Rundfunk seinerseits frei von Beeinflussungen Dritter ist. Vom grundrechtlichen Schutz seiner Vermittlungsfunktion hängt daher unter den Bedingen der Massenkommunikation die Erreichung des Normziels des Art. 5 Abs. 1 S. 2 GG ab.[28] Die aus der staatlichen Verantwortung für die Freiheit des Rundfunks resultierende Berechtigung und Verpflichtung, das Rundfunkwesen zu ordnen, versetze den Staat in die Rolle des Garanten der Rundfunkfreiheit. Dabei komme ihm die Ausgestaltungsfreiheit zu, die ihre Grenzen darin finde, dass der Rundfunk weder staatlichem noch einseitigem gesellschaftlichen Einfluss unterliegt.

III. Eine dienende Freiheit

Das Bundesverfassungsgericht erteilt dem streng subjektiv-rechtlichen Verständnis der Rundfunkfreiheit eine Absage und verlagert diese auf eine Sekundärebene.[29] Die durch Art. 5 Abs. 1 S. 2 GG gewährleistete Rundfunkfreiheit ist nach seiner Auffassung eine „primär dienende" Freiheit. Sie dient – wie alle Garantien des Art. 5 Abs. 1 GG – der Gewährleistung der freien, individuellen und öffentlichen Meinungsbildung.[30] Nach Auffassung des Bundesverfassungsgerichts wird das Grundrecht daher seinem Träger eben nicht „zum Zweck der Persönlichkeitsentfaltung oder Interessenverfolgung" eingeräumt.[31] „Als dienende Freiheit wird sie nicht primär im Interesse der Rundfunkveranstalter, sondern im Interesse freier, individueller und öffentlicher Meinungsbildung gewährleistet".[32]

Dieser dienenden Funktion gegenüber dem Prozeß freier Meinungsbildung kann die Rundfunkfreiheit nur entsprechen, wenn der Rundfunk frei von staatlichen Eingriffen bleibt und gleichzeitig sichergestellt ist, daß die Vielfalt der bestehenden Meinungen in größter Breite und Vollständigkeit Ausdruck findet. Denn vom grundrechtlichen Schutz seiner Vermittlungsfunktion hängt unter den Bedingungen der modernen Massenkommunikation die Realisierung des Normziels von Art. 5 Abs. 1 GG ab.[33]

Der subjektiv-rechtliche Schutzgehalt der Rundfunkfreiheit steht zumindest *auch* im Interesse privatautonomer Selbstverwirklichung. Subjektiv- und objektivrechtliche Komponenten stehen in einem Verhältnis der Zuordnung im Sinne gegenseitiger Durchdringung, wobei der objektiv-rechtliche Gehalt individuelle Freiheitsräume teilweise erweitern, teilweise verkürzen kann. Das subjektv-rechtliche Feld wird von der objektive-rechtlichen Bedeutung des Art. 5 Abs. 1 S. 2 GG also überlagert.

Die dem öffentlich-rechtlichen Rundfunk zugewiesene Grundversorgungsfunktion führt zum normativen Befund einer verfassungsrechtlich begründeten Programmauf-

---

28 BVerfGE 90, 60 (87).
29 Vgl. *Niepalla*, Die Grundversorgung durch die öffentlich-rechtlichen Rundfunkanstalten, S. 14.
30 BVerfGE 57, 295 (319 f.).
31 BVerfGE 87, 181 (197).
32 BVerfGE 83, 238 (315), vgl. auch *Seelmann-Eggebert*, ZUM 1992, 79 (83).
33 BVerfGE 90, 60 (87); *Betz*, MP 1997, 2 (5).

gabe, die allerdings nicht zwangsweise als verfassungsrechtliches Kriterium anzusehen ist, die dem Gesetzgeber „unvorgreiflich" sein soll.[34]

IV. Schranken der Rundfunkfreiheit

Gemäß Art. 5 Abs. 2 GG gelten die Grundrechte aus Art. 5 Abs. 1 GG nicht vorbehaltlos. Die Rundfunkfreiheit findet ihre Schranken in den „allgemeinen Gesetzen, den gesetzlichen Bestimmungen zum Schutze der Jugend und in dem Recht der persönlichen Ehre." Dabei handelt es sich um einen qualifizierten Gesetzesvorbehalt.[35]

Unter Zugrundelegung der Rechtsprechung des Bundesverfassungsgericht muss dabei allerdings zwischen der Ausgestaltung der Rundfunkfreiheit und den Eingriffen in dieselbe unterschieden werden. Daraus folgt eine zweistufige Prüfungsfolge für alle gesetzlichen Bestimmungen im Rundfunkbereich.

Auf der 1. Stufe gilt es zu prüfen, ob die gesetzliche Norm überhaupt eine Ausgestaltung der Rundfunkordnung darstellt. Denn eine zulässige Ausgestaltung der Rundfunkfreiheit ist kein Grundrechtseingriff und damit nicht an den Schranken des Art. 5 Abs. 2 GG zu messen. Ausgestaltungen unterliegen lediglich dem rechtsstaatlichen Bestimmtheitsgebot und dem Verhältnismäßigkeitsgrundsatz im weiteren Sinne: Sie müssen geeignet sein, den Prozess öffentlicher und privater Meinungsbildung zu fördern, während die Kriterien der Erforderlichkeit und Verhältnismäßigkeit im engeren Sinne nicht zum Tragen kommen. Schließlich steht bei der Ausgestaltung der Rundfunkfreiheit dem Gesetzgeber ein Gestaltungsspielraum zu.[36]

Das Bundesverfassungsgericht geht in ständiger Rechtsprechung davon aus, dass die Landesrundfunkgesetze keine Schranken bilden, sondern Ausgestaltungsgesetze sind.[37]

Schrankengesetze hingegen rechtfertigen auf der 2. Stufe einen Eingriff in die Rundfunkfreiheit zum Schutze von kollidierenden, verfassungsrechtlich geschützten Rechtspositionen, insbesondere sonstiger Grundrechte. Solche Beeinträchtigungen sind in jeder Form von *unzulässigen*, also ungeeigneten Ausgestaltungen der Rundfunkfreiheit zu sehen.[38] Als Schrankengesetze kommen staatliche Regelungen zum Schutz nicht kommunikationsbezogener Rechtsgüter in Frage, die mit der Rundfunkfreiheit kollidieren. Dabei muss es sich gem. Art. 5 Abs. 2 GG um allgemeine Gesetze handeln.[39] Das sind solche Regelungen, die sich nicht gegen bestimmte Meinungen oder gegen die Äußerung einer Meinung als solche richten, als vielmehr dem

---

34 *Grawert*, AfP 1986, 277; a. A. *Libertus*, Grundversorgungsauftrag und Funktionsgarantie, S. 78.
35 *Pieroth/Schlink*, Grundrechte, Rn. 667 ff.
36 BVerfGE 83, 238 (296); anderer Auffassung ist *Ricker*, in: Ricker/Schiwy, Rundfunkverfassungsrecht, Kap. B, Rn. 185.
37 Vgl. *Ricker*, in: Ricker/Schiwy, Rundfunkverfassungsrecht, Kap. B, Rn. 185.
38 BVerfGE 74, 297 (336 ff.)
39 Siehe *Jarass*, in: Jarass/Pieroth, Art. 5 Rn. 45 ff.

Schutz eines Rechtsgutes dienen, das gegenüber der Betätigung von Meinungsfreiheit Vorrang hat.[40]

Eingriffe in die Rundfunkfreiheit sind nach der Schrankensystematik des GG immer dann rechtmäßig, wenn sie den Ausgleich zwischen den verschiedenen Rechtsgütern im Zuge der Herstellung praktischer Konkordanz und damit unter Berücksichtigung des aus dem Rechtsstaatsprinzip fließenden Verhältnismäßigkeitsgebotes vornehmen.

Als Beispiel für kollidierende Rechte hat das Bundesverfassungsgericht Persönlichkeits- oder Urheberrechte sowie den Jugendschutz anerkannt.[41] Eine große Rolle in der Strukturdebatte um den Rundfunk spielt außerdem die Sicherung der Funktionsfähigkeit der ökonomischen Wettbewerbsordnung.[42]

Daneben kann die Rundfunkfreiheit auch durch die verfassungsimmanenten Schranken eingeschränkt werden. Das sind diejenigen Schranken, die in der Verfassung selbst angelegt sind und die mit Rücksicht auf die Einheit der Verfassung und der von ihr geschützten Wertordnung selbst bestimmt werden. Solche verfassungsimmanenten Schranken sind insbesondere die kollidierenden Grundrechte Dritter.[43] In Frage kommen nach der Rechtsprechung des Bundesverfassungsgerichts unter dem Gesichtspunkt der Gebührenfinanzierung des öffentlich-rechtlichen Rundfunks vor allem eine Verletzung der Eigentumsfreiheit gemäß Art. 14 GG, der Berufsfreiheit gemäß Art. 12 GG sowie der allgemeinen Handlungsfreiheit nach Art. 2 Abs. 1 GG.[44]

V. Rundfunkbegriff

Die Verfassung verwendet in Art. 5 Abs. 1 S. 2 GG den Begriff „Rundfunk", ohne ihn jedoch zu definieren. Erst einfachgesetzliche Normen haben sich mit einer engeren Definition des Rundfunkbegriffes befasst. So wird üblicherweise § 2 Abs. 1 RStV herangezogen, nach dem Rundfunk „die für die Allgemeinheit bestimmte Veranstaltung und Verbreitung von Darbietungen aller Art in Wort, in Ton und in Bild unter Benutzung elektromagnetischer Schwingungen ohne Verbindungsleitung oder längst oder mittels eines Leiters" ist. Dies entspricht den auf einen Fernsehbegriff reduzierten Anforderungen des Art. 1 lit. a) der EG-FRiL von 1989, die ihrerseits das Europäische Übereinkommen über das grenzüberschreitende Fernsehen aus dem gleichen Jahr (EuFÜ) umsetzte.

---

40 BVerfGE 7, 189 (209 f.), E 28, 282 (292); E 50, 234 (241); zur Wechselwirkungslehre anschaulich *Bleckmann/Pieper/Erberich*, Öffentlich-rechtliche Spartenprogramme als Bestandteil der Grundversorgung, S. 53.
41 Vgl. BVerfGE 74, 297 (336 ff.); E 73, 118 (200 f.); E 57, 295 (326).
42 *Hoffmann-Riem*, MP 1996, 73 (75).
43 BVerfGE 28, 243 (261); E 30, 173 (193); E 47, 327 (369); E 66, 116 (136).
44 Vgl. *Bleckmann/Pieper/Erberich*, Öffentlich-rechtliche Spartenprogramme als Bestandteil der Grundversorgung, S. 54.

Einfachgesetzliche Regeln wie der RStV, die Landesrundfunkgesetze oder die EG-FRiL sind allerdings nicht geeignet, einen verfassungsrechtlichen Begriff zu definieren, schon gar nicht durch Vereinbarungen unter den Ländern, die nicht über die Verfassung des Bundes verfügen können.[45] Das Bundesverfassungsgericht hat überdies darauf hingewiesen, dass sich der Rundfunkbegriff nicht in einer „ein für allemal" gültigen Definition fassen lasse, weil Inhalt und Tragweite sich bei Veränderungen wandeln können und er sich somit jeder statischen Festlegung entzieht. Vielmehr sei der Rundfunkbegriff „dynamisch" und am „normativen Funktionszweck" orientiert zu interpretieren und damit für neue technische Entwicklungen flexibel und offen zu halten.[46] Der verfassungsrechtliche Rundfunkbegriff hängt mithin von der Situation im Realbereich der Massenkommunikation ab. Daher können also auch jederzeit neue Kommunikationsformen unter den Rundfunkbegriff gefasst werden.[47]

Mit der Digitalisierung und dem zunehmenden Einsatz von Glasfasertechnik, die über die Vervielfachung von der Übertragung von Programmen hinaus zukünftig auch die interaktive Kommunikation zwischen Teilnehmern und Anbietern zulassen werden, wird die Abgrenzung des Rundfunkbegriffes zunehmend problematisch. Entscheidend für die Einordnung einer Kommunikationsform unter den Rundfunkbegriff ist nach herrschender Meinung die Erfüllung von drei Tatbestandsmerkmalen: sie muss erstens eine Darbietung sein, die zweitens für die Allgemeinheit bestimmt ist und drittens fernmeldetechnisch mit Hilfe elektromagnetischer Schwingungen verbreitet wird.[48]

VI. Positive Rundfunkordnung

Nach Auffassung des Bundesverfassungsgerichts verlangt das Grundrecht der Rundfunkfreiheit eine positive Ordnung, die sicherstellt, dass der Rundfunk die Vielfalt der Meinungen und Themen, die in der Gesellschaft eine Rolle spielen, aufgenommen und wiedergegeben werden. Auf diese Weise soll verhindert werden, dass der Rundfunk dem Staat oder einer gesellschaftlichen Gruppe ausgeliefert werden kann.[49] Das Gericht lässt aber zunächst offen, welche Gremien in welchem Umfang an dem Verfahren zur Gestaltung der Rundfunkordnung zu beteiligen sind und in welchem Umfang eine solche Beteiligung erforderlich ist – in Betracht kommen, wie *Kops* und *Sieben* aufzählen, die Rundfunkanstalten selbst, die Landesregierungen, Sachverständigengremien wie die KEF, die Gebührenzahler und diese vertretenden Gremien wie

---

45 *Ricker*, in: Ricker/Schiwy, Rundfunkverfassungsrecht, Kap. B, Rn. 34; vgl. FK Nr. 45/1995, S. 3.
46 BVerfGE 74, 118 (154); E 74, 297 (350); vgl. auch die amtliche Begründung zum RStV-1991 B I 2 zu § 2, abgedr. bei: *Ring*, Medienrecht, C-0.1.
47 *Hoffmann-Riem*, MP 1996, 73 (75).
48 *Gersdorf*, Der verfassungsrechtliche Rundfunkbegriff im Lichte der Digitalisierung der Telekommunikation, S. 84 ff., 148; *Ricker*, in: Ricker/Schiwy, Rundfunkverfassungsrecht, Kap. B, Rn. 34 ff; *Schrape*, Digitales Fernsehen, S. 128 ff.
49 BVerfGE 12, 205 (262), seitdem ständige Rspr., zuletzt in BVerfGE 90, 60 (88).

z. B. die Rundfunkräte.⁵⁰ Gleichwohl ist, unabhängig von den Fragen der Zuständigkeit für die Schaffung einer Rundfunkordnung, grundsätzlich eine klare Regelung der rundfunkpolitischen Kompetenzen zu fordern. Der öffentlich-rechtliche Rundfunk steht ständig in einem dialektischen Spannungsverhältnis zum Staat. Er ist auf den Gesetzgeber angewiesen. Die Rundfunkanstalt selbst geht auf einen staatlichen Konstitutionsakt zurück und benötigt gleichzeitig auch ein Programmgerüst, Finanzmittel und Frequenzen. Dafür ist jeweils die Mitwirkung der Legislativen erforderlich. Dem Staat wiederum obliegt die Funktionsverantwortung,⁵¹ Eingriffe in die Programmgestaltung sind ihm jedoch grundsätzlich verwehrt.⁵² *Bethge* ist angesichts dieses Spannungsverhältnisses gar der Ansicht, dass sich Rundfunkfreiheit in erster Linie als ein Organisationsproblem darstellt.⁵³

An dieser Stelle kommt die sog. „Wesentlichkeitstheorie" des Bundesverfassungsgerichts zum Tragen: Dieses hat entschieden, aus dem Demokratieprinzip folge, dass *wesentliche* Entscheidungen einer parlamentarischen Absicherung durch Gesetz bedürfen, während alle *laufenden* Aufgaben sowie traditionell gewachsene Verwaltungsvorbehalte der Initiative der Verwaltung überlassen bleiben müssen.⁵⁴ Es bleibt zu klären, welche Fragen im Zusammenhang mit der Rundfunkfreiheit wesentlich sind und welche als laufende Fragen im Aufgabenbereich der Verwaltung – in diesem Fall also der Rundfunkanstalten und ihrer Organe – liegen.

Als wesentlich gilt grundsätzlich alles, was außerhalb klassischer Eingriffe den grundrechtsrelevanten Bereich berührt. Das ist insgesamt bei der Abgrenzung sich überschneidender Grundrechtsbereiche, den sog. „grundrechtlichen Gemengelagen", der Fall.⁵⁵ In Frage kommen hier Kollisionen der geschützten Rundfunkbetätigung öffentlich-rechtlicher Anstalten mit den unterschiedlichen Grundrechten privater Anbieter und auch denen der Rezipienten.⁵⁶ Sobald also Maßnahmen, die nicht als Eingriff, sondern als Ausgestaltung der Rundfunkfreiheit zu sehen sind, Grundrechte Dritter betreffen, bedürfen sie einer parlamentarischen Absicherung.

Das Bundesverfassungsgericht hat aber auch konkret die für die organisatorische Ausgestaltung des Rundfunks notwendigen Entscheidungen als „wesentlich" eingestuft, „weil sie, abgesehen von der sachlichen Bedeutung des Rundfunks für das individuelle und öffentliche Leben der Gegenwart, im grundrechtsrelevanten Bereich er-

---

50 *Kops/Sieben*, in: Kops/Sieben, S. 9 (19).
51 BVerfGE 57, 295 (320); E 83, 238 (296); vgl auch *Bethge*, MP 1996, 66 (68).
52 Siehe dazu unten: § 3 B.VII. (S. 141).
53 *Bethge*, JöR 35 (1986), 103 (109).
54 BVerfGE 33, 125 (158 ff.) v. 9.5.1972 (Az. 1 BvR 518/62 und 308/64); E 33, 303 (346) v. 18.7.72 (Az. 1 BvL 32/70 und 25/71); E 34, 165 (192 ff.) v. 26.9.72 (Az. 1 BvR 230/70 und 95/71); E 40, 237 (250 f.) v. 28.10.75 (Az. 2 BvR 883/73 und 379, 497, 526/74); E 58, 257 (269) v. 20.10.1981 (Az. 1 BvR 640/80); E 68, 1 (87) v. 18.12.1984 (Az. 2 BvE 13/83); E 77, 170 (230) v. 29.10.1987 (Az. 2 BvR 624, 1080, 2029/83); E 80, 124 (132) v. 6.6.1989 (Az. 1 BvR 727/84).
55 BVerfGE 83, 130 (142) v. 27.11.1990 (Az. 1 BvR 402/87).
56 Sehr umfangreich: *Schiwy*, in: Ricker/Schiwy, Kap. B Tz. 186 ff.

gehen und [damit] wesentlich für die Verwirklichung der Grundrechte sind"[57]. Dazu zählt es ganz sicher alle Grundentscheidungen zur modellhaften Ausgestaltung der Rundfunkordnung – also etwa die Frage, ob die Rundfunkanbieter öffentlich-rechtlich oder privat organisiert sein sollen.[58]

Zum wesentlichen Bereich gehört nach der Rechtsprechung aber auch die Zuteilung von Frequenzen und Sendeplätzen. Das ist auf die Sondersituation im Rundfunk zurückzuführen, von der das Bundesverfassungsgericht in ständiger Rechtsprechung ausgeht.[59] Auch die Finanzausstattung gehört nach der Gebührenentscheidung zu den Grundvoraussetzungen des Gebrauchs der Rundfunkfreiheit und somit zu den wesentlichen Dingen des Rundfunkmodells. Gerade wegen der Abhängigkeit der grundrechtlich den Rundfunkanstalten zugewiesenen Programmgestaltung von der staatlichen Finanzausstattung seien Finanzierungsentscheidungen ein besonders wirksames Mittel zur indirekten Einflussnahme auf die Erfüllung des Rundfunkauftrages.[60]

Die Tatsache, dass das Bundesverfassungsgericht keinen weiteren wesentlichen Bereich herausgearbeitet hat, rechtfertigt aber keineswegs die Annahme, dass damit eine abschließende Beurteilung dieser Frage getroffen wurde. Vielmehr können auch andere Bereiche „wesentlich" sein oder es durch Fortschreiten der technischen oder programmlichen Entwicklung werden. So hat es darauf hingewiesen, dass dem Gesetzgeber auch medienpolitische und programmleitende Entscheidungen möglich sein können.[61]

1. Gesetzgeberische Ausgestaltung

Wenn das Bundesverfassungsgericht also die Schaffung einer positiven, vielfaltsstiftenden und -erhaltenden Rundfunkordnung verlangt, so steckt dahinter die Annahme, dass nur mit materiellen, organisatorischen und prozeduralen Regelungen, die an der Aufgabe des Rundfunks orientiert sind, das Normziel des Art. 5 Abs. 1 S. 2 GG erreicht werden könne: die Sicherung der Vielfalt der bestehenden Meinungen in möglichst großer Breite und Vielfalt.

Das Bundesverfassungsgericht beschreibt also nicht nur die Aufgabe, sondern auch zugleich den Umfang der gesetzgeberischen Aufgabe.

Die Notwendigkeit gesetzgeberischer Ausgestaltung der Rundfunkordnung folgt keineswegs allein aus der verfassungsrechtlichen Konfliktlage zwischen Rundfunkfreiheit und anderen Verfassungsgütern. Diese wären allein auf der Schrankenebene der Rundfunkfreiheit zu lösen. Vielmehr ist die Ursache für den rundfunkspezifischen

---

57 BVerfGE 57, 295 (320 f.).
58 BVerfGE 57, 295 (321 f.); E 73, 118 (153).
59 VerfGH Sachsen, ARD-Jahrbuch 97, 443 (446); *Kresse*, Grundversorgung und integrative Pluralismussicherung, S. 21 ff.; vgl. auch VG Hamburg, Urteil v. 26.10.1998 (Az. 17 VG 748/94) dokumentiert in: Hamburger Abendblatt Nr. 252/1998 v. 29.10.1998, S. 11.
60 BVerfGE 90, 60 (93).
61 BVerfGE 90, 60 (94); *Bleckmann/Pieper/Erberich* gehen etwa davon aus, daß auch die Einführung von Spartenprogrammen einer gesetzlichen Grundlage bedürfen, was noch zu klären sein wird, siehe *dies.*, Öffentlich-rechtliche Spartenprogramme als Bestandteil der Grundversorgung, S. 50.

Ausgestaltungsvorbehalt dem Grundrecht der Rundfunkfreiheit immanent.[62] Dies hat zur Folge, dass die gesetzgeberischen Regelungen als ausgestaltende Regelungen an den dafür geltenden Voraussetzungen des Art. 5 Abs. 1 S. 2 GG zu messen sind und nicht als Schrankengesetze an Art. 5 Abs. 2 GG. Derartige Ausgestaltungen bedürfen also keiner weiteren verfassungsrechtlichen Rechtfertigung, sondern unterliegen lediglich dem rechtsstaatlichen Bestimmtheitsgebot und dem Verhältnismäßigkeitsgrundsatz im weiteren Sinne und müssen geeignet sein, den Prozess öffentlicher und privater Meinungsbildung zu fördern.[63] Bei der Ausgestaltung kann der Gesetzgeber im Prinzip also frei handeln, doch dürfen seine Maßnahmen kein schlechteres Umfeld für die freie Meinungsbildung bieten als die bis zum Zeitpunkt des Erlasses geltenden Vorschriften, wobei die getroffenen Maßnahmen hinsichtlich ihrer Eignung zu überprüfen sind.[64]

Zu den Fragen, die der Gesetzgeber „frei" zu regeln hat, gehört die Entscheidung über allen Grundlinien der Rundfunkordnung. Im Rahmen des zugrundeliegenden Ordnungsmodells hat er dafür Sorge zu tragen, daß das Gesamtangebot der inländischen Programme der bestehenden Meinungsvielfalt im wesentlichen entspricht.[65] Auch in sachlicher Hinsicht hat der Gesetzgeber für den Inhalt des Gesamtprogramms Leitgrundsätze verbindlich zu machen, „die ein Mindestmaß von inhaltlicher Ausgewogenheit, Sachlichkeit und gegenseitiger Achtung gewährleisten."[66] Insoweit besteht eine Funktionsgewährleistungspflicht des Staates.[67]

Wichtig ist jedoch, dass nach der Diktion des Gerichts die Parlamente das zur Gewährleistung der Rundfunkfreiheit Wesentliche selbst bestimmen müssen. Die Entscheidung darüber steht weder der Exekutiven, geschweige denn den Rundfunkanstalten zu – auch nicht in der Form, dass dies zwar nicht ausdrücklich, aber der Sache nach durch nicht hinreichend bestimmte Normierungen geschieht.[68] Die Entscheidungen dürfen also weder mittelbar noch unmittelbar der Verwaltung überlassen werden. Die Gewährleistung der Rundfunkfreiheit darf auch nicht dem Veranstalter zur Regelung durch Satzung oder Vertrag überlassen werden. Diese Erkenntnis benennt die unteren Grenze der gesetzgeberischen Ausgestaltung. Der Bereich der Zuordnung von Sendemöglichkeiten erfordert demzufolge nicht nur ein gleichheitsgerechtes Zugangsverfahren, sondern auch, dass der Zugang nicht nur durch Verfahrensgrundsätze der Exekutive, sondern in allen entscheidenden Bezügen durch Vorgaben des Parlaments geregelt wird.[69]

---

62 So genannte „Gewährleistungsebene der Rundfunkfreiheit", vgl. *Pieroth*, in Jarass/Pieroth, Art. 5 Rn. 37.
63 BVerfGE 73, 118 (166); siehe oben § 3 B.IV. (S. 129).
64 *Seelmann-Eggebert*, ZUM 1992, 79 (84).
65 BVerfGE 57, 295 (321 f.); E 73, 118 (153).
66 BVerfGE 12, 205 (263); E 31. 314 (326); E 73, 118 (152 f.); E 74, 297 (324).
67 *Bethge*, JöR 35 (1986), 103 (112).
68 BVerfGE 57, 295 (321).
69 BVerfGE 57, 295 (321); vgl. *Selmer*, Bestands- und Entwicklungsgarantien für den öffentlichrechtlichen Rundfunk in einer dualen Rundfunkordnung, S. 62.

Generell wird dem Vorbehalt des Gesetzes nur dann in rechtsstaatlich angemessener Weise genügt, wenn die Regelung hinreichend präzise und damit dem Gebot der „Meßbarkeit und Berechenbarkeit" grundrechtsrelevanten Handels entsprechend gestaltet.[70] Je tiefer sich der Staat im grundrechtsrelevanten Bereich bewegt, desto detaillierter muss der Gesetzgeber die Regelungen ausgestalten.[71] Was aus dem Gesetzesvorbehalt für das Verhältnis zwischen Gesetzgeber einerseits und grundrechtsgeschützer Rundfunkanstalt andererseits herzuleiten ist, ist mit die Zuordnung zwischen Legislative und Exekutive regelnden Kriterien aber nicht ohne weiteres deckungsgleich. Nicht jede Aktivität der grundrechtstragenden Anstalt darf noch muss gesetzlich bis in allen Einzelheiten vorgezeichnet werden.[72] Die Ausführungen des Bundesverfassungsgerichts in seinem 3. Rundfunkurteil über die Verantwortung des Gesetzgebers für die Grundentscheidungen der Rundfunkorganisationen stehen in unmittelbarem Zusammenhang mit der entscheidungserheblichen Frage nach der Zulassung von Rundfunkveranstaltern des Privatrechts; für die Organisation der Rundfunkanstalten des öffentlichen Rechts kann insoweit nichts anderes gelten.[73]

Bei der Frage nach dem Umfang der gesetzgeberischen Befugnisse und Pflichten stellt sich andererseits auch die Frage nach den oberen Grenzen der Einwirkungsbefugnis des Staates. Zu fragen ist andererseits, welches Maß an gesetzlicher Konkretisierung der Parlamentsvorbehalt gebietet.

Grundsätzlich gilt: Nur *konkrete* Gründe für Maßnahmen, die die Rundfunkfreiheit bessern oder zumindest gleichgewichtig sichern, akzeptiert das Bundesverfassungsgericht als zulässige Ausgestaltung. Alles, was darüber hinaus als Zweck eines Ausgestaltungsgesetzes dient, ist demnach unzulässig. Die verfassungsrechtlichen Grenzen des Gestaltungsspielraums der Landesparlamente bei der Ausgestaltung der Rundfunkfreiheit enden schließlich in Pluralismusanforderungen, also dort, wo die freie Meinungsbildung durch den Rundfunk behindert oder verkürzt wird – etwa durch die Institutionalisierung eines lokalen Sendeverbotes für den öffentlich-rechtlichen Rundfunk.[74]

Eine weitere Grenze hat das Bundesverfassungsgericht in der Funktionsfähigkeit des privaten Rundfunks als zweite Säule der dualen Rundfunkordnung gezogen. Dieser darf keinen Bedingungen unterworfen werden, die seine Veranstaltung in hohem Maße erschweren oder unmöglich machen.[75] Außerdem ende der Ausgestaltungsspielraum auf jeden Fall dort, wo der Rundfunk einem Einzelnen oder einer gesellschaftlichen Gruppe ausgeliefert würde.

---

70 BVerfGE 8, 274 (325) v. 12.11.1958 (Az. 2 BvL 4, 26, 40/56 und 1, 7/57); E 9, 137 (147) v. 3.2.1959 (Az. 2 BvL 10/56); E 17, 306 (313 f.) v. 7.4.1964 (Az. 1 BvL 12/63).
71 BVerfGE 47, 46 (79) v. 21.12.1977 (Az. 1 BvL 1/75, 1 BvR 147/75); E 49, 89 (126) v. 8.8.1978 (Az. 2 BvL 8/77).
72 *Bethge*, JöR 35 (1986), 103 (106).
73 BVerfGE 57, 295 (320 f.); *Oppermann*, JZ 1981, 727 ff.
74 So im Falle des „Baden-Württemberg-Beschlusses", vgl. BVerfGE 74, 297 (331).
75 BVerfGE 73, 118 (157); E 83, 238 (317).

Generell sollte der Gesetzgeber seine Grenzen dort sehen, wo er zu Überreglementierungen neigt. Grundsätzlich trifft ihn keine Verpflichtung zu lückenlosen Regelungen und zur Sicherung von bestehenden Grundregeln, die alles Wesentliche enthalten.[76] Eine solche Grundregel ist zum Beispiel in der Verpflichtung der öffentlich-rechtlichen Anstalten auf die Gewährleistung der Grundversorgung zu sehen.[77] Es ist dabei nicht Sache des Staates, einer öffentlich-rechtlichen Rundfunkanstalt konstitutiv den Grundversorgungsstatus zu verleihen, wie *Bethge* verdeutlicht. Die Grundversorgung folgt allein aus dem Grundrechtsstatus der Anstalt. Die Grundversorgung muss insofern in vollem Umfang als Gegenstand der Programmautonomie der Rundfunkanstalten angesehen werden, denen eine Einschätzungsprärogative bezüglich der Ausfüllung zukommt.[78]

Die Grundversorgung der Bevölkerung mit Rundfunk ist also keineswegs eine Angelegenheit des Staates, der diese nicht aus eigenem Recht sicherstellt, sondern diese als eigene Funktion der Anstalten gewährleistet. Der Staat hat mithin keine kondominalen Anteilsrechte an der Grundversorgung.[79] Er hat auch keine Berechtigung, Fragen zu regeln, die allein die Programmautonomie der Anbieter betreffen.[80]

2. Kompetenzen

Die Organisationskompetenz für das Rundfunkwesen war um 1960 herum Gegenstand schwieriger Auseinandersetzungen zwischen Bund und Ländern.[81] Doch seit dem 1. Rundfunkurteil, in dem das Bundesverfassungsgericht die Gründung von *Adenauers* „Deutschland-Fernsehen GmbH" nach Bundesrecht für verfassungswidrig erklärte, ist allgemein anerkannt, daß die Ordnung des Rundfunkwesens in der Bundesrepublik Deutschland allgemein Sache der Bundesländer ist und das Grundgesetz dem Bund hierfür keine Kompetenzen zuordnet.[82] Eine Ausnahme besteht lediglich dort, wo dem Bund die Kompetenzen kraft Sachzusammenhangs erwachsen. Das ist etwa im Falle der „Deutschen Welle" anerkannt, wo der Bund die Regelungsbefugnis als Wahrnehmung der Bundeszuständigkeit für die auswärtigen Angelegenheiten nach Art. 73 Nr. 1, Art. 87 Abs. 3 GG hat.[83] Im übrigen hat das 1. Rundfunkurteil bestätigt, daß der Bund nach Art. 73 Nr. 3 GG die alleinigen Kompetenzen im Bereich des Fernmeldewesens hat. Diese Regelungskompetenz betrifft auch partiell den Rundfunk, allerdings nur soweit, wie es um die Regelung der Übertragungskomponente, also die rein fernmeldetechnische Verbreitung geht. Dieser

---

76 *Libertus*, Grundversorgungsauftrag und Funktionsgarantie, S.78.
77 *Hoffmann-Riem*, Rundfunkneuordnung in Ostdeutschland, S. 36 ff.
78 Vgl. BVerfGE 181 (201); *Bethge*, MP 1996, 66 (69).
79 Vgl. *Bethge*, MP 1996, 66 (68).
80 *Goerlich/Radeck*, JZ 89,53 (60).
81 Sehr anschaulich dargestellt bei: *Schiwy*, in: Ricker/Schiwy, Rundfunkverfassungsrecht, Kap. A. Tz. 49 ff.
82 *Herrmann*, Rundfunkrecht, § 9 Rn. 8.
83 *Herrmann*, Rundfunkrecht, § 9 Rn. 13; vgl. *Schütz*, in Ricker/Schiwy, Rundfunkverfassungsrecht, Kap. B Tz. 232.

fernmeldetechnische Rundfunkbegriff umfaßt lediglich den sendetechnischen Aspekt unter Ausschluß freilich der Studiotechnik, die in die Programmautonomie der Rundfunkanstalten fällt.[84]

Bemerkenswert ist in diesem Zusammenhang, daß der Rundfunk in Deutschland neben den, kompetenziell begründeten, föderalistischen auch unitarische Tendenzen aufweist.[85] Dies gilt insbesondere für das Fernsehen, wo kooperative Formen das Bild prägen, im Falle der beiden DLR-Programme, aber auch für den Hörfunk. Auch auf der Ebene der Landesrundfunkanstalten, wo immerhin drei Mehrländeranstalten bestehen, sind unitarische Ansätze zu erkennen. Bei genauer Betrachtung der Rechtsgrundlagen wird jedoch auch bei diesen Rundfunkanstalten die Landeskompetenz deutlich: Mehrländeranstalten werden immer aufgrund von Staatsverträgen unter den Teilnehmerländern legitimiert.

a. Neugründung von Rundfunkanstalten

Eine öffentlich-rechtliche Rundfunkanstalt kann wirksam nur durch die Gebietskörperschaft gegründet werden, die nach der Verfassungsordnung dafür zuständig ist – d.h. jedes Bundesland ist zuständig für die Gründung der Rundfunkanstalten auf seinem Gebiet.[86]

Dass es bereits in jedem Bundesland mindestens eine öffentlich-rechtliche Rundfunkanstalt gibt, kann grundsätzlich nicht als Hindernis dafür angesehen werden, weitere zu gründen. So darf nicht vergessen werden, dass es dank DLR und ZDF sozusagen eine flächendeckende Mehrfachversorgung gibt. Die Frage, inwieweit eine zusätzliche Neugründung von Rundfunkanstalten politisch sinnvoll und dem Pluralismus förderlich ist, hat jedenfalls keine Auswirkungen auf die kompetenziellen Gesichtspunkte. Sie muss an anderer Stelle beantwortet werden.[87]

Bei der Neugründung von öffentlich-rechtlichen Anstalten muss das Gründungsgesetz jedenfalls die organisatorisch-verfahrenstechnischen Folgerungen der Rundfunkrechtsprechung beachten. Es muss also organisatorische und prozedurale Regelungen enthalten, die ihrerseits an der Aufgabe der Rundfunkfreiheit orientiert sind.[88] *Hoffmann-Riem* erwähnt in diesem Zusammenhang insbesondere die institutionelle Verankerung des organisatorischen Binnenpluralismus, aber auch die organisatorische Sicherung der Programmverantwortung durch die Leitungsbefugnis und Verantwortung des Intendanten.[89] Schließlich sind nach § 8 ARD-S ja nur solche Rundfunkanstalten beitrittsberechtigt, die in ihrer Organisationsstruktur den bisherigen ARD-Anstalten entsprechen. Dabei gilt, dass alles das zu den Grundzügen des Auf-

---

84 BVerfGE 12, 205 (225 ff.); vgl. *Schütz*, in: Ricker/Schiwy, Rundfunkverfassungsrecht, Kap. B Tz. 211 ff.
85 *Dörr*, ZUM 1996, 617 (626).
86 *Herrmann*, Rundfunkrecht, § 9 Rn. 8.
87 Siehe § 5 B.II.3.c und d. (S. 378).
88 BVerfGE 57, 295 (320).
89 *Hoffmann-Riem*, Rundfunkneuordnung in Ostdeutschland, S. 64.

baus gehört, was auf die Art der gemeinschaftlichen Aufgabenerfüllung zurückwirkt. Das heißt zum einen, dass die Anstaltsorganisation eine reibungslose verfahrensgerechte Koordination im ARD-Verbund ermöglicht, und zum anderen, dass eine interne Anstaltsstruktur erforderlich ist, die hinreichende organisatorische, verfahrensmäßige, personelle und finanzielle Sicherungen dafür enthält, dass die jeweilige Anstalt ihren Gemeinschaftsaufgaben hinreichend nachkommen kann.[90]

Auch wenn gerade private Handlungsformen nicht vor einseitiger Einflussnahme geschützt sind, hat das Bundesverfassungsgericht eingestanden, dass der Staat nicht auf das binnenpluralistische Rundfunkmodell der öffentlich-rechtlichen Anstalten beschränkt ist. „Solange und soweit" das Gericht davon ausgeht, dass die Vielfalt nicht in hinreichender Form von privaten Rundfunkanbietern gesichert werden kann, verlangt es die Sicherstellung der Grundversorgung durch binnenplural organisierte öffentlich-rechtliche Rundfunkanstalten. Faktisch ist der Gesetzgeber also doch – wenigstens vorübergehend – an dieses Organisationsmodell auch für neue Rundfunkanstalten gebunden. Auch nach der Neugründung einer Anstalt muss schließlich die Aufgabe der Grundversorgung im Bereich der den Gründungsakt vornehmenden Gebietskörperschaft weiterhin wahrgenommen werden.[91]

b. Auflösung von Rundfunkanstalten

Ungeachtet der verfassungsrechtlichen Garantie des öffentlich-rechtlichen Rundfunks garantiert Art. 5 Abs. 1 S. 2 GG weder den gegenwärtigen Status quo der öffentlich-rechtlichen Organisationsstruktur noch den *numerus clausus* der öffentlich-rechtlichen Anstalten.[92] Es ist daher festzustellen, dass die Rundfunkanstalten vom Staat, dem sie ihre Entstehung verdanken, auch wieder liquidiert werden können, also hinsichtlich ihrer Existenz grundsätzlich voll zur Disposition gestellt werden können. Keine öffentlich-rechtliche Rundfunkanstalt genießt eine Ewigkeitsgarantie.[93] In diesem Zusammenhang ist das Primat der staatlichen Organisationsgewalt unbestritten.[94] Die Garantie umfasst lediglich den Bestand des öffentlich-rechtlichen Rundfunks an sich mit seiner funktionserforderlichen Tätigkeit, nicht aber in allen Ausprägungen. Anderenfalls wäre der öffentlich-rechtliche Rundfunk reformunfähig.[95]

Auch die Gemeinschaft der ARD genießt keinen Existenzgewährleistungsanspruch. Der kooperative Föderalismus berechtigt zwar die Länder zur Einigkeit, verpflichtet sie aber nicht dazu, interföderative Einrichtungen auf dem Rundfunksektor zu installieren. Staatsverträge, die kooperative Verbandsstrukturen anordnen, können auch aufgekündigt werden.[96]

---

90 Vgl. *Hoffmann-Riem*, Rundfunkneuordnung in Ostdeutschland, S. 31 f.
91 *Goerlich/Radeck*, JZ 1989, 53 (59).
92 *Libertus*, Grundversorgungsauftrag und Funktionsgarantie, S. 104 m.w.N.
93 BVerfGE 89, 144 (153).
94 Vgl. *Bethge*, JöR 35 (1986), 103 (111).
95 *Bullinger*, Länderfinanzausgleich und Rundfunkfinanzausgleich, S. 48.
96 *Bethge*, MP 1996, 66 (70).

In diesem Zusammenhang stellt sich dabei natürlich die Frage, ob Auflösungsentscheidungen zur exekutiven Hausmacht zählen oder ob der Gesetzgeber über sein allgemeines Präokkupationsrecht hinaus kraft institutionellen oder rechtsstaatlich-grundrechtlichen Gesetzesvorbehalts die Vorhand hat.

Die Frage löst sich am besten im Zusammenhang mit den sekundär subjektivrechtlichen Auswirkungen der Rundfunkfreiheit: Ist ein Rundfunkveranstalter erst einmal zugelassen, so erschließt sich ihm der gesamte Schutzbereich des Art. 5 Abs. 1 S. 2 GG im Sinne eines herkömmlichen Individualgrundrechts.[97] Das Bundesverfassungsgericht beschreibt deshalb in seiner „Baden-Württemberg-Entscheidung", dass das Verbot eines bereits bestehenden öffentlich-rechtlichen Rundfunkprogramms nur dann rechtmäßig ist, wenn es eine zulässige Ausgestaltung oder wenigstens eine den Anforderungen des Art. 5 Abs. 2 GG genügende Einschränkung der Rundfunkfreiheit enthielte.[98]

Es ist daher der Auffassung zuzustimmen, dass die Auflösung einer öffentlichrechtlichen Rundfunkanstalt nicht ohne ranggleichen *actus contrarius* der Gründungsinstitution möglich ist.[99]

Bei „Einländeranstalten" ist insoweit zunächst einmal ein formelles Gesetz des zuständigen Landesparlamentes zu fordern. Die Exekutive kann allein nicht zuständig sein. Soweit es sich um einer Mehrländeranstalt handelt, kann diese nach allgemeiner Ansicht grundsätzlich nur durch einen Aufhebungsstaatsvertrag aller Vertragspartner aufgelöst werden, soweit nicht der Gründungsstaatsvertrag Kündigungsbestimmungen enthält, wie es derzeit bei allen Mehrländeranstalten der Fall ist.[100] Unter dieser Voraussetzung bedarf es lediglich einer Kündigungserklärung durch die Landesregierung.[101] Es bedarf nach Auffassung des Bundesverwaltungsgerichts nicht einmal eines Gesetzes zur Aufhebung des Transformationsgesetzes. Bereits mit dem Austritt sind alles staatsvertraglichen Bindungen erloschen, der Landesgesetzgeber hat nur noch die Rechtsmacht, eine eigene Landesanstalt zu gründen.[102]

Soweit es sich bei der Auflösung um eine Ausgestaltung der Rundfunkordnung handeln soll, sind die weiteren verfassungsrechtlichen Voraussetzungen zu beachten. Die Auflösung der Anstalt muss dem Zweck dienen, den Prozess öffentlicher und privater Meinungsbildung zu fördern. Dazu muss sie auch generell geeignet sein. Das wird, wie im Rahmen der Erörterungen zur sog. „Bestands- und Entwicklungsgarantie" noch zu vertiefen sein wird, in aller Regel nicht der Fall sein, wenn eine Rundfunkanstalt ersatzlos aufgelöst wird. Bei Auflösung einer Anstalt muss der Gesetzgeber vielmehr für die Aufrechterhaltung der verfassungsrechtlich gebotenen Grundver-

---

97 *Seelmann-Eggebert*, ZUM 1992, 79 (86).
98 BVerfGE 74, 297 (340).
99 *Herrmann*, Rundfunkrecht, § 9 Rn. 45 f.
100 Siehe § 44 NDR-StV, § 44 MDR-StV, § 43 SWR-StV, § 36 DLR-StV, § 33 ZDF-StV.
101 Aus diesem Grund konnte 1978 der NDR-Staatsvertrag durch den schleswig-holsteinischen Ministerpräsidenten *Stoltenberg* ohne Zustimmung des Landtages wirksam werden, vgl. BVerwGE 60, 162 (175 ff.) v. 28.5.1980 (Az. BVerwG 7 A 2.79).
102 BVerwGE 60, 162 (207).

sorgung, etwa durch Gründung einer neuen Anstalt.[103] Im Falle einer Neugründung muss der neu entstehende Sender also zumindest die Aufgaben seines Vorgängers übernehmen. Anderenfalls muss das Gesetz an Art. 5 Abs. 2 GG gemessen werden, d.h. es muss ein allgemeines Gesetz sein, das dem Schutz eines schlechthin zu schützenden Rechtsgutes dient, das gegenüber der Betätigung von Meinungsfreiheit Vorrang hat.[104] Bei Auflösung einer Mehrländeranstalt entsteht hingegen ein Vakuum, das zu schließen der Gesetzgeber nach Art. 5 GG verpflichtet ist. Für eine Übergangszeit kann im Zweifel sogar eine Pflicht zur Herstellung einer staatsvertraglichen Vereinbarung über die Nutzung bisheriger Rundfunkstrukturen im Sinne einer Zuteilung „liquidatorischer Senderechte" entstehen.[105]

c. Beschränkung der Anstalten

Kein Grundrechtseingriff nach Art. 5 Abs. 2 GG, sondern eine Ausgestaltung nach Abs. 1 liegt vor, wenn neu gegründeten öffentlich-rechtlichen Rundfunkanstalten von vornherein eine Höchstzahl zulässiger Programme gesetzlich vorgeschrieben wird. Dass es sich bei einer solchen Limitierung jedenfalls um ein förmliches Gesetz als Ausgestaltung der Rundfunkordnung handeln muss, ergibt sich unmittelbar aus dem soeben beschriebenen. Es ist insoweit nur noch maßgeblich, ob mit einer Beschränkung die Verbesserung des Meinungsbildungsprozesses bezweckt wird. Auch die gesetzliche Beschränkung einer bestehenden Rundfunkanstalt auf eine bestimmte Anzahl von Programmen, die oberhalb der aktuellen Programmzahl liegt, ist allein an diesem Maßstab zu messen.

In einer Limitierung kann daher kein unzulässiger Eingriff in die Rundfunkfreiheit der Anstalten liegen, weil subjektive Abwehrrechte den Rundfunkanstalten nur insoweit zu Gebote stehen, als die bestehende gesetzliche Ausgestaltung durch den Gesetzgeber die entsprechende Programmfreiheit auch tatsächlich eröffnet.[106] In diesem Zusammenhang sei darauf hingewiesen, dass das Fehlen von normativen Obergrenzen in den Rundfunkgesetzen nicht gleichzusetzen ist mit pauschalen Ausweitungsgarantien für die Anstalten. Das würde nämlich der Wesentlichkeitstheorie widersprechen, weil die Erlaubnis zur Programmaufnahme zu den wesentlichen Fragen der Rundfunkordnung gehört, die einer detaillierten gesetzlichen Normierung bedarf.[107] Allerdings dürfen die öffentlich-rechtlichen Rundfunkanstalten nicht *generell* von der Veranstaltung bestimmter Rundfunkprogramme oder rundfunkähnlicher Kommunikationsdienste ausgeschlossen werden. Das verbietet Art. 5 Abs. 1 S. 2 prinzipiell.[108]

---

103 Vgl. *Herrmann*, Rundfunkrecht, § 9 Rn. 49.
104 Siehe oben § 3 B.IV. (S. 129).
105 BVerwGE 60, 162 (175).
106 *Kull*, AfP 1987, 568 (571).
107 Mehr dazu unten § 3 D.III. (S. 169 ff.).
108 BVerfGE 74, 297 (325 f.).

Problematisch ist somit allein der faktische Ausschluss von bisher durch öffentlich-rechtliche Anstalten veranstalteten Programmen. Hier prallen die beiden Pole aufeinander: Einerseits muss der Gesetzgeber die den Anstalten zugesicherte Autonomie respektieren, andererseits handelt es sich bei der Anzahl der zulässigen Programme einer Anstalt um einen grundrechtsrelevanten Bereich, der den Gesetzgeber verpflichtet, detaillierte Regelungen zu treffen. Auf diesen Problemkreis wird im Rahmen der so genannten „Bestands- und Entwicklungsgarantie" einzugehen sein.[109]

VII. Gebot der Staatsferne

Schon in seinem 1. Rundfunkurteil beschreibt das Bundesverfassungsgericht die Grundsätze der Staatsfreiheit des Rundfunks. Als Medium und Faktor im freien und individuellen Meinungsbildungsprozess dürfe dieser nicht vom Staat beeinflusst, geschweige denn beherrscht werden.[110] Die Aufgabe des Rundfunk verlangt die Freiheit von jeglicher staatlicher Beeinflussung oder Beherrschung. Dem ließe sich bereits durch eine negatorische Gestaltung gerecht werden.[111] Die dem Gesetzgeber aufgegebene Ausgestaltung einer positiven Rundfunkordnung ist von diesem Grundsatz der Staatsfreiheit geprägt.[112]

Nach Ansicht des Bundesverfassungsgericht hat sich die Veranstaltung von Rundfunk im deutschen Rechtssystem zu einer öffentlichen Aufgabe entwickelt. Wenn sich der Staat damit in irgendeiner Form befasse, werde diese zur „staatlichen Aufgabe", deren Erfüllung nach Art. 30 GG Sache der Länder ist, da das Grundgesetz keine andere kompetenzielle Regelung getroffen habe.[113] Das Bundesverfassungsgericht hat dabei mehrfach betont, dass Rundfunk als Sache der Allgemeinheit nicht staatliche Aufgabe im eigentlichen Sinn ist.[114] Vielmehr geht es um eine öffentliche Aufgabe, die einem staatsfremden Träger zugewiesen ist, der nach seiner Organisation die Gewährleistung dafür bieten soll, dass in seinem Programm alle gesellschaftlich relevanten Gruppen zu Wort kommen.[115] Seiner öffentlichen Aufgabe muss der Rundfunk daher „staatsfrei" nachkommen können.[116] Dieser Grundsatz ist vor allem auf die geschichtlichen Erfahrung mit staatlicher Lenkung des Rundfunks während des Nationalsozialismus zurückzuführen.[117]

Auf der anderen Seite hat der Staat die Rundfunkveranstalter von jeder Form der Lenkung und Behinderung freizuhalten. Die Landesgesetzgeber dürfen mithin nicht

---

109 Siehe unten § 3 (S. 123 ff.)
110 BVerfGE 12, 205 (262).
111 BVerfGE 73, 118 (152).
112 BVerfGE 77, 65 (74) mit Nachweisen zur ständigen Rechtsprechung.
113 BVerfGE 12, 205 (243).
114 BVerfGE 12, 205 (243); 31, 314 (327).
115 BVerfGE 12, 205 (246, 262).
116 BVerwGE 31, 314 (337); BVerfGE 12, 205 (241 ff.)
117 Vgl. *Schiwy*, in: Ricker/Schiwy, Rundfunkverfassungsrecht, Kap. D Tz. 3.

direkt in die Programmgestaltung eingreifen. Vielmehr sind sie nur befugt, die Rahmenbedingungen des Rundfunks schlechthin auszugestalten.[118]

Nach Ansicht des Bundesverfassungsgerichts stellt ein geeignetes und erforderliches Mittel die Rechtsaufsicht über den Rundfunk dar. Der Staat als Muttergemeinwesen habe darüber zu wachen, dass „seine" Rundfunkanstalten sich im Rahmen des rechtlich Zulässigen bewegen.[119] Eine Fachaufsicht steht dem Staat hingegen nicht zu, weil diese eine inhaltliche Reglementierung durch die Aufsichtsbehörde ermöglichen würde.[120]

Die Verfassungswirklichkeit weicht zum Teil erheblich von der Theorie ab. So offenbart sich die staatliche Trägerschaft bei den Rundfunkanstalten sowohl bei der Errichtung in der damit verbundenen Organisations- und Finanzverfassung als auch bei deren späterer Auflösung.[121] Dazwischen sollte sich der Staat aber aus den Rundfunkanstalten und aus deren Arbeit heraushalten und seine Trägerschaft allein auf seine Obhutspflicht als Muttergemeinwesen beschränken. Die Wirklichkeit sieht anders aus: So sind es bei den öffentlich-rechtlichen Anstalten letztlich die politischen Parteien, die in den maßgeblichen Gremien den bestimmenden Einfluss ausüben. Das gilt auch hinsichtlich personeller Fragen, wie es das in der öffentlichen Diskussion bekannte Schlagwort vom „Parteienproporz" kennzeichnet.[122]

Die Obhutspflicht des Staates aktualisiert sich im übrigen, wie beschrieben, vorwiegend in einer Garantie von Funktion, Bestand und Entwicklung.[123] Zum anderen aber drückt sie sich in der Fürsorgepflicht des staatlichen Muttergemeinwesens aus, etwa in der Form der Gewährung von Schutz (einschließlich Rechtsschutz) gegenüber Dritten.[124]

C. Grundversorgung

In der „Niedersachsen-Entscheidung" des Bundesverfassungsgerichts wird der Begriff „Grundversorgung" erstmals als verfassungsrechtliche Kategorie in die Recht-

---

118 Siehe oben: § 3 B.VII. (S. 141).
119 *Von Münch/Kunig*, GG, Art. 5 Rn. 55.
120 *Enz*, ZUM 1987, 58 (64 f.); *Herrmann*, Rundfunkrecht § 9 Rn. 39; diese „Janusköpfigkeit" ist Ausdruck des Spannungsverhältnisses zwischen dem Verbot staatlichen Programmeinflusses und dem Gebot der Staatsfreiheit des Rundfunks, vgl. *Schiwy*, in: Ricker/Schiwy, Rundfunkverfassungsrecht, Kap. D Tz. 6.
121 *Herrmann*, Rundfunkrecht, § 9 Rn. 37.
122 Vgl. *Niepalla*, Die Grundversorgung durch die öffentlich-rechtlichen Rundfunkanstalten, S. 17 m.w.N.; das Prinzip der Besetzung von Rundfunkrat oder Verwaltungsrat durch Parlamentsentscheidungen nach Parteiproporz ist hingegen vom BVerfG bereits in seiner 1. Fernsehentscheidung legitimiert worden, soweit der Rundfunk nicht *einer* gesellschaftlichen Gruppe ausgeliefert wird, vgl. BVerfGE 12, 205 (264).
123 Siehe oben, § 3 D. (S. 162).
124 Vergleiche die Aktivitäten des Landes Hessen, das sich ebenso wie der Hessische Rundfunk selbst gegen die Einführung der Umsatzbesteuerung für öffentlich-rechtliche Landesrundfunkanstalten durch ein Bundesgesetz gewendet hat; BVerfGE 31, 314 (2. Rundfunkurteil – „Mehrwertsteuerentscheidung") v. 27.7.1971 (Az. 2 BvF 1/68, 2 BvR 702/68); *Herrmann*, Rundfunkrecht, § 4 Rn. 72, § 9 Rn. 38.

sprechung eingeführt und in Beziehung gesetzt zu den Aufgaben des öffentlich-rechtlichen Rundfunks.

In einem solchen dualen Rundfunksystem soll den öffentlich-rechtlichen Anbietern die „unerlässliche Grundversorgung" zukommen, heißt es dort. Als Begründung führt das Bundesverfassungsgericht die Tatsache an, dass „ihre terrestrischen Programme nahezu die gesamte Bevölkerung erreichen und [dass] sie nicht in gleicher Weise wie private Veranstalter auf hohe Einschaltquoten angewiesen" seien. Mithin seien allein die öffentlich-rechtlichen Anstalten zu einem „inhaltlich umfassenden Programmangebot in der Lage".[125]

Der Grundversorgungsbegriff hat seit dem „Niedersachsenurteil" 1986 die Gemüter bewegt. *Kull* nannte ihn die „Supernova am juristischen Begriffshimmel"[126], während *Kresse* die Grundversorgung als einen der „schillerndsten Begriffe unserer Rechtssprache"[127] bezeichnete. Dieser erwies sich jedoch in der Verfassungswirklichkeit als so schillernd wie konturlos – oder wie es *Libertus* ausdrückte: als „oszillierend"[128]. Denn was zur Grundversorgung gehört und was nicht, wird jedenfalls anhand der schlichten Terminologie nicht deutlich, und auch das Bundesverfassungsgericht hält sich mit einer Konkretisierung zurück.

Zu einer abschließenden Klarheit führt auch ein Blick in die Literatur nicht. Dort gehen die Meinungen über den Umfang der Grundversorgung sehr stark auseinander.[129] Die einen deuten den Begriff als „Magna Charta" des öffentlich-rechtlichen Rundfunks"[130], andere als „Kapitulationsformel auf Zeit"[131].

Auch über den Inhalt gibt es keine „herrschende" Meinung. So umschreibt *Herrmann*, der 1973 den Begriff in die Rechtssprache einführte,[132] beispielsweise „Grundversorgung" schlagwortartig als die Aufgabe, „den Bürgern ‚gründ'liche Informationen und ein ‚grund'legendes Angebot" zu gewähren,[133] ohne damit aber der Tragweite und Bedeutung der – wohl bemerkt – späteren Verfassungsrechtsprechung gerecht zu werden. Andere wiederum kritisieren die Entscheidungen des Bundesverfas-

---

125 BVerfGE 73, 118 (157).
126 *Kull*, AfP 1987, 462.
127 *Kresse*, ZUM 1996, 59 (60).
128 *Libertus*, Grundversorgungsauftrag und Funktionsgarantie, S. 28.
129 Einen Überblick gibt *Niepalla*, Grundversorgung durch die öffentlich-rechtlichen Rundfunkanstalten, S. 4, 118; vgl. auch *Kresse*, Grundversorgung und integrative Pluralismussicherung, S. 6; *ders.* ZUM 1995, 178 (180) m.w.N.; *Bleckmann/Pieper/Erberich*, Öffentlich-rechtliche Spartenprogramme als Bestandteil der Grundversorgung, S. 58 f.; *Berg*, MP 1987, 265; *Kresse*, ZUM 1995, 178 (181); *Starck*, NJW 1992, 3257 ff.; *Stock*, NJW 1987, 217 ff.
130 *Bethge*, ZUM 1987, 199 (202).
131 So *von Sell*, epd/Kirche und Rundfunk Nr. 3/1988, S. 6 (7).
132 *Herrmann*, Fernsehen und Hörfunk in der Verfassung der Bundesrepublik Deutschland, S. 322. Einige Chronisten benennen als Zeitpunkt für das Auftauchen des Begriffes „Grundversorgung" 1975. *Herrmann* verwendete den Begriff aber als erster in seiner Habilschrift, die 1973 erschien und 1975 zweitveröffentlicht wurde.
133 *Herrmann*, Rundfunkrecht, § 10 Rn. 147.

sungsgerichts: Durch die Sanktionierung öffentlich-rechtlicher Tätigkeit auch außerhalb der Grundversorgung sei der Begriff nunmehr „funktionslos".[134]
Das Bundesverfassungsgericht selbst hat den Begriff der „Grundversorgung" in Beziehung gesetzt zu den Aufgaben des Rundfunks schlechthin. In der dualen Rundfunkordnung sei es Aufgabe des öffentlich-rechtlichen Rundfunks, die unerlässliche Grundversorgung der Bevölkerung mit Rundfunk sicherzustellen. Das ist seit dem 1. Fernsehurteil von 1961 unumstritten.

Wie oben bereits ausgeführt, liegt diese Aufgabe des Rundfunks in allererster Linie in der Sicherstellung eines freien, individuellen Meinungsbildungsprozesses. Der Rundfunk als „Medium und Faktor" dieses Meinungsbildungsprozesses muss frei von jeglicher staatlicher Beeinflussung und Beherrschung einzelner gesellschaftlicher Gruppen sein.[135] Rundfunk muss ein Mindestmaß an inhaltlicher Ausgewogenheit, Sachlichkeit und gegenseitiger Achtung gewährleisten.[136]

Wenn die Grundversorgung aber in Beziehung zu eben dieser Funktion des Rundfunks als Medium und Faktor gesetzt wird, kann ihr Inhalt doch nichts anderes umfassen als eine Garantie von inhaltlicher Ausgewogenheit und gleichgewichtiger Vielfalt für den Rundfunks als Ganzes. Darin allein liegt die Funktion des öffentlich-rechtlichen Rundfunks in einer dualen Rundfunkordnung.

Während der private Rundfunk schlagwortartig die Erlaubnis zu Unausgewogenheit und Beeinflussung durch einzelne hat, muss der öffentlich-rechtliche Rundfunk dafür sorgen, dass in der Gesamtschau der Rundfunk in der Bundesrepublik Deutschland eben doch als ausgewogen und vielfältig zu bewerten ist. Nur solange und soweit die öffentlich-rechtlichen Sender die Grundversorgung sicherstellen, kann umgekehrt an das Programm der Privatsender geringere Anforderungen gestellt werden.[137]

Dass eigentliche Problem der Grundversorgungsdiskussion hat das Bundesverfassungsgericht aber schon in seinem Niedersachsen-Urteil erfasst und beschrieben:

> Wann „gleichgewichtige Vielfalt" besteht oder zu erwarten ist, lässt sich nicht exakt bestimmen, weil es hierfür an eindeutigen Maßstäben fehlt; es handelt sich um einen Zielwert, der sich stets nur annäherungsweise erreichen lässt. Dies muss um so mehr gelten, wenn eine Mehrzahl von Programmen [...] von Teilen der Bevölkerung empfangen werden kann.[138]

Die gesamte Diskussion ist somit als Indiz dafür zu werten, dass es in der Tat keinen Sinn macht, normativ Programmbereiche festzulegen, die zur Grundversorgung gehören, wie *Glotz* – zugegeben aus kommunikationswissenschaftlicher Sicht – befindet.[139] Doch auch das Bundesverfassungsgericht hat den Inhalt – bewusst oder als

---

134 *Ory*, ZUM 1987, 427 (429).
135 Siehe oben § 3 A.I. (S. 124).
136 BVerfGE 73, 118 (153).
137 BVerfGE 73, 118 (158); vgl. *Enz*, ZUM 1987, 58 (69).
138 BVerfGE 73, 118 (156).
139 *Glotz*, epd medien Nr. 30/1997, 7 (8).

Zeichen von Unsicherheit in der Terminologie – nicht näher präzisiert; kein Wunder, dass für viele die Grundversorgung als eine „eher unverbindliche moralische Forderung" erscheint.[140] Fraglich und allein maßgebend ist folglich, wie weit das Bundesverfassungsgericht in seiner Rechtsprechung die Grundversorgungsaufgabe fasst, was also, abstrakt wie konkret, unter Grundversorgung fällt. An diesen Maßstab muss sich die Untersuchung – um in der Begrifflichkeit der Karlsruher Richter zu bleiben – „annäherungsweise" heran arbeiten.

I. Die drei Stufen der Grundversorgung

Wie oben dargelegt, hat das Bundesverfassungsgericht die Aufgabe des öffentlichrechtlichen Rundfunks als die Pflicht, zur Sicherung der Meinungsvielfalt und Wiedergabe aller kulturellen und politischen Strömungen beizutragen, beschrieben. Die Anstalten haben die Aufgabe, die gesamte Gesellschaft mit Rundfunk so zu versorgen, dass die Meinungsvielfalt in der verfassungsrechtlich gebotenen Weise gesichert ist.[141]

Im Zeichen der Erweiterung des Rundfunkangebotes um private Sender und der sich abzeichnenden Entwicklung eines europäischen Rundfunkmarktes kam es zum Zeitpunkt des vierten und fünften Rundfunkurteils darauf an zu gewährleisten, dass die klassische Aufgabe des Rundfunks erfüllt wird. Diese machte es nach Ansicht des Bundesverfassungsgerichts notwendig, die technischen, organisatorischen, personellen und finanziellen Vorbedingungen von staatlicher Seite sicherzustellen.[142]

Nachdem das Bundesverfassungsgericht in seinem 4. Rundfunkurteil zum Niedersächsischen Landesrundfunkgesetz den unbestimmten Rechtsbegriff einführte,[143] stützt es sich bei der Ausfüllung des Begriffes seit dem 5. Rundfunkurteil auf ein zumeist als „Drei-Säulen-Modell" bezeichnetes Konzept.[144] Danach bezieht sich der Begriff „Grundversorgung" zunächst auf die technische Reichweite des Rundfunks, also die „Übertragungstechnik, bei der ein Empfang von Sendungen für alle sichergestellt ist", als erste Säule. Außerdem umfasst „Grundversorgung" die Gewährleistung eines inhaltlichen Programmstandards als zweite Säule. Als dritte Säule tritt die Sicherung gleichgewichtiger Vielfalt als organisatorisch-verfahrensrechtlicher Aspekt dazu.[145]

Nach dem hier vertretenen Verständnis der Rechtsprechung handelt es sich bei der Konstruktion allerdings eher um ein „Drei-Stufen-Modell". Danach wird von der Erkenntnis ausgegangen, dass die Grundversorgung vorwiegend programmbezogen ist.

---

140 *Merten/Gansen/Götz*, Veränderungen im dualen Hörfunksystem, S. 79.
141 BVerfGE 74, 297 (325).
142 BVerfGE 74, 297 (324 f.).
143 BVerfGE 73, 118 (Ls. 1 157 f.); zur Bez. „unbestimmter Rechtsbegriff" siehe *Kull*, AfP 1987, 462 (463), *Scheble*, Perspektiven der Grundversorgung, S. 73; *Kresse*, ZUM 1995, 67 (75).
144 BVerfGE 74, 297 (326); vgl. *Goerlich/Radeck*, JZ 1989, 53 (55); *Ory*, ZUM 1987, 427 (428).
145 BVerfGE 74, 297 (326).

Schließlich dient die Grundversorgung ja dem Meinungsbildungsprozess – einem primär themen- und inhaltsbezogenen Vorgang. Die inhaltlichen Standards stellen also das „Herzstück" der Grundversorgung dar. Die technischen Voraussetzungen und die organisatorisch-verfahrensrechtlichen Folgen sind lediglich vor- bzw. nachgelagerte Begleitvorkehrungen zur Sicherungen und Unterstützung der programmlichen Vorgaben.[146]

Fasst man diese Gesichtspunkte zusammen, so ist festzustellen, dass das Bundesverfassungsgericht mit dem Grundversorgungsbegriff technische, programminhaltliche sowie ausgewogenheitsbezogene Komponenten herausgearbeitet hat, die das *Mindestmaß* dessen kennzeichnen, was notwendig ist, um in wirksamer Weise den Grundversorgungsauftrag zu erfüllen.[147]

1. Inhaltlicher Standard

Nach der maßgebenden Auffassung des Bundesverfassungsgerichts benötigen die zur Sicherstellung der Grundversorgung dienenden Rundfunkprogramme grundsätzlich einen inhaltlichen Standard „im Sinne eines Angebots, das nach seinen Gegenständen und der Art der Darbietung oder Behandlung dem dargelegten Auftrag des Rundfunks [...] nicht nur zu einem Teil, sondern voll entspricht".[148]

a. Umfassende Information

Insbesondere ist dabei sicherzustellen, dass die öffentlich-rechtlichen Rundfunkanstalten für die Gesamtheit der Bevölkerung Programme anbieten, die umfassend und in der vollen Breite des klassischen Programmauftrages informieren.[149] Von diesem umfassenden Angebot soll keine Programmrichtung oder Sparte ausgeschlossen sein, weil die im Wege der Grundversorgung zu ermöglichende Meinungsbildung durch *jede* Art von Sendung erfolgt, wie das Bundesverfassungsgericht bereits seit seinem 1. Rundfunkurteil betont.[150]

Die Grundversorgung und damit die öffentlich-rechtlichen Programme sind keineswegs auf politische, bildende oder informative Sendungen beschränkt. Ausdrücklich wird neben der Information auch die Unterhaltung in den Grundversorgungsbegriff einbezogen. Ergänzend verweist das Bundesverfassungsgericht auf die kulturelle

---

146 So auch *Hoffmann-Riem*, Rundfunkneuordnung in Ostdeutschland, S. 43; *Niepalla*, Die Grundversorgung durch den öffentlich-rechtlichen Rundfunk, S. 117. Daß etwa die Übertragungstechnik nur ein begleitendes und keinesfalls entscheidendes Element ist, macht folgende Überlegung deutlich: Wäre die Grundversorgung auch dem privaten Rundfunk zugedacht, könnte die technische Gewährleistungspflicht des Gesetzgebers eingreifen und durch eine bevorzugte Frequenzvergabe jene flächendeckende Versorgung ermöglicht werden, die dem privaten Rundfunk derzeit fehlt, vgl. *Scheble*, Perspektiven der Grundversorgung, S. 142 f.
147 Vg. *Libertus*, Grundversorgungsauftrag und Funktionsgarantie, S. 54.
148 BVerfGE 74, 297 (326).
149 BVerfGE 83, 238 (298).
150 BVerfGE 12, 205 (260), seitdem in ständiger Rechtsprechung, zuletzt BVerfGE 74, 297 (323).

Verantwortung des Rundfunks,[151] zu der auch der Beratungs- und Bildungsauftrag gehören. Danach ist davon auszugehen, dass die traditionellen Programmsparten Bildung, Kultur, Unterhaltung und Information vom öffentlich-rechtlichen Rundfunk abgedeckt werden müssen, aber auch Beratungsthemen müssen Berücksichtigung finden.[152]

In funktionaler Betrachtung ist der Auftrag nicht nur mit Blick auf das Demokratieprinzip,[153] sondern auch auf den „kulturellen Auftrag", also die Kulturstaatsverpflichtung des Grundgesetzes, zu ermitteln.[154] Diese Erkenntnis steckt auch im 3. Rundfunkurteil und in der „Lebach-Entscheidung", nach denen die Rundfunkfreiheit nicht von vornherein eine Unterscheidung der Sendungen nach dem jeweils verfolgten Interesse, der Qualität der Darbietung oder gar eine Differenzierung nach anerkennenswerten Interessen zulässt.[155]

Grundversorgung bezieht sich daher auf alle Sparten und Programmfarben, Themen und Inhalte. Thematische Bereiche, in denen sich etwa nur die Privaten betätigen dürfen, gibt es nach dieser Rechtsprechung nicht.[156]

b. Klassischer Rundfunkauftrag

Bereits im 4. Rundfunkurteil tritt neben den Begriff der Grundversorgung der bereits angesprochene sog. „Klassische Rundfunkauftrag" als „zweite Kategorie"[157], der im Zeichen der Erweiterung des Rundfunkangebots gewährleistet werden müsse.[158] Dieser wird von den Karlsruher Richtern dahin umschrieben, dass er „neben seiner Rolle für die Meinungs- und politische Willensbildung, neben Unterhaltung und über laufende Berichterstattung hinausgehender Information seine kulturelle Verantwortung umfasst".[159] Der Begriff scheint mithin die programmliche Seite der Grundversorgung abzudecken.[160]

Der klassische Rundfunkauftrag wird geprägt von der sich von jeher aus dem einfachen Rundfunkrecht ergebenden Aufgabentrias Information, Bildung und Unter-

---

151 BVerfGE 74, 297 (324).
152 Vgl. *Hoffmann-Riem*, Rundfunkneuordnung in Ostdeutschland, S. 41; *Libertus*, Grundversorgungsauftrag und Funktionsgarantie, S. 80.
153 *Niepalla*, Die Grundversorgung durch die öffentlich-rechtlichen Rundfunkanstalten, S. 66 f.
154 *Hoffmann-Riem*, Rundfunkneuordnung in Ostdeutschland, S. 41.
155 BVerfGE 31, 314 (326); E 35, 202 (222 f.); vgl *Libertus*, Grundversorgungsauftrag und Funktionsgarantie, S. 81.
156 Vgl. *Niepalla*, Die Grundversorgung durch die öffentlich-rechtlichen Anstalten, S.117.
157 *Kresse*, ZUM 1995, 178 (179).
158 Mittlerweile ständige Rspr., Vgl. BVerfGE 73, 118 (158); E 74, 297 (324); E 83, 238 (298); E 87, 181 (199).
159 BVerfGE 73 , 118 (158).
160 So auch *Kresse*, Grundversorgung und integrative Pluralismussicherung, S. 4.

haltung sowie aus Kultur und den diesen Begriffen entsprechenden größeren Programmsparten.[161]

Das Verhältnis zwischen Grundversorgung und klassischem Rundfunkauftrag wird hingegen in letzter Konsequenz nicht ganz deutlich. Aus dem Zusammenhang ist zu erkennen, dass beide Begriffe miteinander korrespondieren und zumindest teilweise deckungsgleich sind.

Der klassische Rundfunkauftrag umfasst die programmliche Seite des Rundfunks, ohne aber die vom Grundversorgungsbegriff umfasste technische und organisatorische Dimension abzudecken.[162] Das wird an der Formulierung deutlich, nach der Grundversorgung „eine Versorgung mit Programmen [ist], die dem klassischen Rundfunkauftrag entsprechen [...] und die technisch für alle empfangbar sind."[163]

Zu den Schwierigkeiten bei der Abgrenzung der Begriffe hat auch die „Baden-Württemberg-Entscheidung" des Bundesverfassungsgerichts beigetragen, nach der regionaler und lokaler Rundfunk zwar von der Erfüllung der Grundversorgung ausgeklammert werden, das Gericht den Anstalten jedoch aus Art. 5 Abs. 1 S. 2 GG ausdrücklich das Recht zugesteht, solche Programme zu veranstalten, weil sich die publizistische Konkurrenz zu den Privatanbietern und der lokalen Presse belebend auf den Meinungsmarkt auswirke. Insofern würden sie dem klassischen Rundfunkauftrag gerecht.[164]

Auch ordnet das Gericht die Veranstaltung von Spartenprogrammen und neuen technischen Diensten in bestimmtem Umfang dem klassischen Rundfunkauftrag zu,[165] verneint aber gleichzeitig eine Zugehörigkeit dieser rundfunklichen Tätigkeiten zur Grundversorgung.[166]

Zum klassischen Rundfunkauftrag könne grundsätzlich auch die Veranstaltung von Spartenprogrammen „im Kultur- und Bildungsbereich" zählen, weil diese regelmäßig von privaten Veranstaltern nicht zu erwarten seien. Damit, so das Bundesverfassungsgericht weiter, können die Anstalten in Wahrnehmung des klassischen Rundfunkauftrages neben der Breite des Gesamtprogrammangebotes „in diese [gemeint sind die Programm] auch ein für das kulturelle Leben [...] wesentliches Element einbringen"[167]. Daraus folgt, dass für das Bundesverfassungsgericht der klassische Rundfunkauftrag offenbar weiter reicht, als für die Grundversorgung notwendig ist.[168]

---

161 Das ergibt sich aus den einzelnen Rundfunkgesetzen, etwa in Art. 4 Abs. 1 S 1 BR-G, in den Staatsverträgen oder Satzungen der Landesrundfunkanstalten, vgl. *Libertus*, Grundversorgungsauftrag und Funktionsgarantie, S. 89 f. m.w.N.
162 *Kresse*, ZUM 1995, 178 (180), der sich da jedoch nur zwei Seiten weiter anders entscheidet, siehe a.a.O. S. 182.
163 BVerfGE 87, 181 (199); E 74, 297 (325 f.).
164 BVerfGE 74, 297 (332 f.).
165 BVerfGE 74, 297 (346).
166 BVerfGE 74, 297 (354).
167 BVerfGE 74, 297 (346).
168 *Kresse*, ZUM 1995, 178 (180 ff.).

Das Gericht zieht es neuerdings vor, den Grundversorgungsbegriff zu meiden und statt dessen nur noch vom klassischen Rundfunkauftrag zu sprechen.[169] Fest steht: Der inhaltliche Standard des öffentlich-rechtlichen Rundfunks muss jedenfalls dem klassischen Rundfunkauftrag voll entsprechen.[170] *Bethge* resümiert daher wohl zutreffend, der Grundversorgungsbegriff benenne den klassischen Rundfunkauftrag und stelle mithin dessen Konkretisierung dar.[171] Insoweit bildet also der klassische Rundfunkauftrag eine Vorgabe, die mit der Grundversorgung zu erfüllen ist.[172]

Der Programmauftrag des öffentlich-rechtlichen Rundfunk ist dabei allerdings nicht statisch. Er muss sich ständig den sich verändernden Verhältnissen anpassen. Insoweit ist der überkommene Programmauftrag nur in dem Sinne „klassisch", soweit er sich auf Inhalte bezieht.[173] Insofern kann der klassische Rundfunkauftrag auch neue Programmformen und Sendeinhalte umfassen.

c. Bildungsauftrag

Libertus beschreibt, dass die Wurzeln des Bildungsauftrages des Rundfunks zurück bis in die Weimarer Republik reichen. Dadurch werde u.a. der Erkenntnis Rechnung getragen, dass Bildung eine bestimmte Sozialisationswirkung zukommt. Als Kommunikations- und Informationsvorgänge zielen die Inhalte von Bildungssendungen auf die Schaffung von Gesprächs- und damit Meinungsbildungsfähigkeit ab. Darin liegen die eigentlichen Berührungspunkte von Bildung und Rundfunk.[174] Zu den Bildungssendungen, die das Bundesverfassungsgericht ebenfalls dem klassischen Rundfunkauftrag zumisst und die vorwiegend der Vermittlung von Wissen dienen, gehören in erster Linie Sendungen mit pädagogischem Inhalt.[175]

Es ist vor allem die Notwendigkeit programmlicher Massenattraktivität der Privaten, die das Bundesverfassungsgericht bewegt haben, dem öffentlich-rechtlichen Rundfunk die Aufgabe zukommen zu lassen, den Bildungsauftrag des Rundfunks zu erfüllen. Unter dem Diktat der Massenattraktiviät als Voraussetzung höchstmöglicher Werbeeinnahmen müssten „anspruchsvolle [...] Sendungen [...] in der Regel zurücktreten, wenn nicht gänzlich fehlen"[176].

d. Kulturreserve

Auch im Kulturbereich ist die notwendige Massenattraktivität der Privatsender der Grund dafür, dass dem öffentlich-rechtlichen Rundfunk die Aufgabe zukommt, für

---

169 *Hoffmann-Riem*, Pay-TV im öffentlich-rechtlichen Rundfunk, S. 64.
170 *Libertus*, Grundversorgungsauftrag und Funktionsgarantie, S. 81.
171 *Bethge*, MP 1996, 66 f.; a. A. ist *Kresse*, Grundversorgung und integrative Pluralismussicherung, S. 6.
172 *Libertus*, Grundversorgungsauftrag und Funktionsgarantie, S. 79; *Enz*, ZUM 1987, 58 (68 f.).
173 *Libertus*, Grundversorgungsauftrag und Funktionsgarantie, S. 81.
174 Siehe *Libertus*, Grundversorgungsauftrag und Funktionsgarantie, S. 90 f.
175 Vgl. *Herrmann*, Rundfunkrecht, § 10 Rn. 39.
176 BVerfGE 73, 118 (155 f.).

einen medialen Meinungsbildungsprozess zu sorgen. Kultursendungen seien eben nicht im notwendige Maße von den Privaten zu erwarten. Aus diesem Grund sei der öffentlich-rechtliche Rundfunk als „Kulturreserve" unabdingbar.

Auffallend ist die starke und häufige Betonung der kulturellen Verantwortung des öffentlich-rechtlichen Rundfunks im 4. und 5. Rundfunkurteil vor dem Hintergrund des sich bereits damals abzeichnenden europäischen Rundfunkmarktes. Dem öffentlich-rechtlichen Rundfunk spricht das Bundesverfassungsgericht hier die Rolle des Wahrers der kulturellen Identität zu.[177] Das Bundesverfassungsgericht sieht den Kulturauftrag der öffentlich-rechtlichen Rundfunkanstalten insofern als Teil der Aufgabe, ein inhaltlich umfassendes Programmangebot der öffentlich-rechtlichen Anstalten zu schaffen.[178] Erstaunlich ist insoweit, dass der Kulturauftrag in die meisten Mediengesetze und Staatsverträge keine Aufnahme gefunden hat.[179]

Das Bundesverfassungsgericht nimmt nicht etwa einen „elitären" Kulturbegriff auf und beschränkt seine Ausführungen nicht auf kulturelle Angebote im engeren Sinne.[180] Auch denkt es nicht nur an „anspruchsvolle kulturelle Sendungen". Dem Gericht geht es schließlich, wie *Hoffmann-Riem* zu Recht anmerkt, nicht um formale Berücksichtigung bestimmter Kategorien, sondern um die Sicherung der kulturellen Funktion des Rundfunks.[181]

Dieses Grundverständnis von Rundfunk als Kulturinstrument schließe es zugleich aus, Kultur lediglich als bestimmte Programmsparte des Rundfunks zu qualifizieren.[182]

e. Transportfunktion von Unterhaltungsprogrammen

Auch die Unterhaltung wird vom Bundesverfassungsgericht ausdrücklich in den Programmkatalog aufgenommen, der die Bestandteile des klassischen Rundfunkauftrages benennt. Sie ist also gleichfalls ein Teil der Grundversorgung.

Gerade dieser Programmbereich hat jedoch mit Akzeptanzproblemen zu kämpfen, weil vielfach die Unterhaltung gegenüber den anderen Programmbereichen als minderwertig angesehen wird.[183] Diese Auffassung verträgt sich allerdings nicht mit der Einstufung der Unterhaltung als Teil des klassischen Rundfunkauftrages. Denn die Unterhaltungsprogramme genießen mit dieser Grundsatzentscheidung des Bundesverfassungsgerichts den gleichen verfassungsrechtlichen Stellenwert wie Information, Berichterstattung, Kultur oder Bildung. Demgemäß ist sie im Rahmen der Grundversorgung ihrer Bedeutung entsprechend zu berücksichtigen.

---

177 *Kresse*, ZUM 1996, 59 (60).
178 BVerfGE 73, 118 (157 f.); E 74, 297 (324).
179 Vgl. *Libertus*, Grundversorgungsauftrag und Funktionsgarantie, S. 92.
180 *Niepalla*, Die Grundversorgung durch die öffentlich-rechtlichen Rundfunkanstalten, S. 71 ff.
181 *Hoffmann-Riem*, Rundfunkneuordnung in Ostdeutschland, S. 41.
182 *Libertus*, Grundversorgungsauftrag und Funktionsgarantie, S. 83.
183 Vertiefend: *Libertus*, Grundversorgungsauftrag und Funktionsgarantie, S. 91 m.w.N.

Wie groß die Bedeutung quantitativ zu bemessen ist, ist der Rechtsprechung hingegen nicht zu entnehmen. Im Gegensatz zum Kultur- und Bildungsauftrag ist damit zu rechnen, dass die massenattraktive Unterhaltung umfassend von den privaten Rundfunkanbietern berücksichtigt wird. Den öffentlich-rechtlichen Anstalten kommt insofern keine „Reservefunktion" wie beim Kultur- und Bildungsauftrag zu.

Allerdings muss berücksichtigt werden, dass Unterhaltungsprogramme auch eine „Transportfunktion" für die sozusagen anspruchsvollen Programmbestandteile wahrnehmen. Nur durch den stetigen Wechsel von Informations- und Unterhaltungssendungen können alle Zuschauergruppen erreicht werden. Gerade das Publikum, das vorwiegend Unterhaltungsprogramme zur Zerstreuung oder Entspannung rezipiert, könnte anderenfalls kaum mit bildenden oder informativen Inhalten erreicht werden. Insoweit kommt der Unterhaltung ein Integrationsauftrag zu.

Diese Erkenntnis muss auch den Umfang dessen beeinflussen, was quantitativ im öffentlich-rechtliche Rundfunk an Unterhaltung erlaubt ist. Es muss gerade soviel sein, dass auch die Zuschauer, die Unterhaltung haben wollen, den Weg in die öffentlich-rechtlichen Programme finden, und diejenigen, die Information oder Bildung suchen, nicht aus den Programmen vertrieben werden.

f. Information und Beratung

Auch Sendungen zu Information und Beratung gehören nach Ansicht des Bundesverfassungsgerichts zum Kernbestand des öffentlich-rechtlichen Rundfunkprogramms. Hiermit knüpft das Gericht an die von ihm gesehene Medium- und Faktorfunktion an. Nach Auffassung von *Libertus* ist dieser Informations- und Beratungsauftrag ein Ergebnis der Rolle des öffentlich-rechtlichen Rundfunks für die politische Willens- und Meinungsbildung sowie der Garantiestellung für über die laufende Berichterstattung hinausgehende Information.[184]

Nachrichten sind daher in manchen Rundfunkgesetzen ausdrücklich als Pflichtaufgabe genannt. Zur „Information" gehören die allgemeinen Nachrichten ebenso wie Wirtschafts-, Sport- und Kulturnachrichten, Informationen über soziale, technische, wissenschaftliche und religiöse Fragen und Entwicklungen.[185]

Von den Sendeformen her geschieht Meinungsbildung durch Nachrichtensendungen, politische Kommentare, Sendereihen über vergangene, gegenwärtige oder zukünftige Probleme, aber auch durch Fernseh- und Hörspiele, musikalische Darbietungen sowie Unterhaltungssendungen.[186]

---

184 *Libertus*, Grundversorgungsauftrag und Funktionsgarantie, S. 92 unter Bezug auf BVerfGE 73, 118 (158) und BVerfGE 74, 297 (324).
185 Vgl. *Herrmann*, Rundfunkrecht, § 10 Rn. 36.
186 BVerfGE 59, 231 (257); E 73,118 (152).

2. Die übertragungstechnische Vorstufe

Die gesetzliche Aufgabe des öffentlich-rechtlichen Rundfunks zur „Veranstaltung von Sendungen" umfasst naturgemäß auch die Aufgabe, die produzierten Programme fernmeldetechnisch zu verbreiten. Der programmbezogenen Grundstufe ist somit eine technische Vorstufe als Begleitvorkehrung vorgelagert.

Was rundfunkimmanent seine Begründung schon aus Art. 5 Abs. 1 S. 2 GG zieht, wird in Folge der Rechtsprechung zusätzlich in einzelnen Rundfunkgesetzen deklaratorisch normiert.[187] Danach muss zur Sicherstellung der Grundversorgung mit Rundfunk in übertragungstechnischer Sicht eine dem jeweiligen Stand der Technik und der Rezeptionsbedürfnisse angepasste Gestaltung gewählt werden, die einen Empfang der Sendungen für alle sicherstellt.[188]

Die Erkenntnis beachtend, dass zur Veranstaltung von Rundfunk auch die Übertragung gehört, geht diese Stufe der Grundversorgungslehre rechtshistorisch auf die bereits im 1. Rundfunkurteil aufgestellte These von der Sondersituation des Rundfunks im Meinungsbildungsprozess zurück. Die öffentlich-rechtlichen Anstalten waren es, denen die wenigen terrestrischen Frequenzen eingeräumt wurden. Eine flächendeckende terrestrische Abstrahlung von zunächst mehr als zwei privaten Programmen war rein technisch nicht möglich. Das Bundesverfassungsgericht sieht die Grundversorgung somit in enger Verbindung mit der terrestrischen Verbreitung der Programme.

Gerade die Veränderung der Rezeptionsgewohnheiten durch einen unaufhaltsamen Fortschritt in der technischen Entwicklung bereitet heute Probleme. Denn die vom Gericht gewählte Formulierung „bis auf weiteres" macht deutlich, dass der öffentlich-rechtliche Rundfunk nicht auf Dauer an eine bestimmte Verbreitungsart und insbesondere nicht an die Terrestrik gebunden ist.[189] Während nämlich ursprünglich nur die terrestrische Verbreitung für die Grundversorgung *aller* in Frage kam, hat sich die Situation heute dahingehend geändert, dass auch andere Übertragungsformen wie Satellitendirektübertragung oder Kabelverbreitung in Frage kommen – oder zumindest absehbar ist, dass diese Techniken der Terrestrik auf Dauer den Rang ablaufen.[190] Die damit einhergehende Vervielfachung der Sendeplätze mag schon heute die Sondersituation beendet haben, auf jeden Fall aber wird dies langfristig so sein.

So gesehen ist die enge Verbindung von Grundversorgung und terrestrischer Verbreitung lediglich eine zeitbezogene Bestandsaufnahme, ein beschreibender und keinesfalls ein normativer Befund.[191]

Gleichwohl sind die öffentlich-rechtlichen Anstalten nach Ansicht des Bundesverfassungsgerichts noch heute die einzigen Rundfunkanbieter, die „Grundversorgung

---

187 Vgl. Art. 2 BR-G, § 18 Abs. 2 SaarLRG, § 3 Abs. 1 ORB-G, § 3 Abs. 2 WDR-G, § 2 HR-G, § 2 SFB-s.
188 *Hoffmann-Riem*, Rundfunkneuordnung in Ostdeutschland, S. 39.
189 *Libertus*, Grundversorgungsauftrag und Funktionsgarantie, S. 86.
190 Siehe dazu unten: § 4 B.I. (S. 195).
191 *Berg*, AfP 1987, 457 (461); *Libertus*, Grundversorgungsauftrag und Funktionsgarantie, S. 86.

für alle" herstellen können. Die 1961 festgestellte Sondersituation wurde zuletzt in der „Niedersachsen-Entscheidung" vom Verfassungsgericht überprüft. Aus diesem Urteil ergibt sich, dass sich zumindest die technischen Voraussetzungen seit 1961 verbessert haben. Gleichwohl sei die Sondersituation noch immer nicht vollends entfallen, so das Bundesverfassungsgericht. Begründet wurde das 1986 aber nicht mehr vorwiegend mit der Begrenztheit der Frequenzen, die das Bundesverfassungsgericht oberflächlich als „noch für längere Zeit" gegeben kategorisiert. In den Mittelpunkt der Argumentation tritt nun vielmehr der hohe finanzielle Aufwand gerade für Fernsehprogramme und „eine ähnlich, wenn auch im ganzen günstigere Situation für [...] Hörfunkprogramme".[192]

Das Bundesverfassungsgericht umgeht also offenkundig eine Entscheidung über den Fortbestand der Sondersituation und verlagert seine grundrechtsdogmatische Argumentation für die Sonderrolle des öffentlich-rechtlichen Rundfunks von einer Frequenz- auf eine Finanz-Argumentation. Hinter dieser Verlagerung steckt natürlich auch der Wille der Verfassungsrichter, angesichts der veränderten Situation im Bereich der Übertragung die Grundlage für die gesamte duale Rundfunkordnung nicht aufgeben zu müssen. Das wird auch im weiteren Verlauf der „Niedersachsen-Entscheidung" deutlich, wo sich das Urteil schnell von der übertragungstechnischen Stufe fortbewegt und die Argumentation auf die Entwicklung des europäischen Rundfunkmarktes und die Schwierigkeiten der Privaten zu einer ausgewogenen Programmgestaltung richtet.[193] Auch ist auffällig, dass das Gericht in den folgenden vier Rundfunkurteilen die Sondersituation nicht mehr anspricht.

Die Beurteilung sieht nämlich dann anders aus, wenn irgendwann einmal – sei es aufgrund des Fortschreitens der technischen Möglichkeiten, sei es durch vollständige Verbreitung von digitalen Empfängern – die Frequenzknappheit definitiv und nachweisbar überwunden ist.[194] Ob dann die öffentlich-rechtlichen Programme immer noch die einzigen sind, die flächendeckend die gesamte Bevölkerung mit Rundfunk versorgen können, bedarf zu diesem Zeitpunkt einer neuerlichen Untersuchung. Sollte das nämlich nicht der Falls sein, wäre möglicherweise die gesamte Grundversorgungsdoktrin ihrer Grundlage ledig.

Die Vernebelungstaktik der Verfassungsrichter kann andererseits aber keinesfalls bedeuten, dass die öffentlich-rechtlichen Anstalten grundsätzlich auf die terrestrischen Übertragungen beschränkt sind. Das liefe der vom Gericht bewusst anspruchsvoll konzipierten Grundfunktion des öffentlich-rechtlichen Rundfunks zuwider, der dieser nur dann entsprechen kann, wenn er in der Lage ist, den sich wandelnden faktischen Gegebenheiten Rechnung zu tragen. Insofern hat der öffentlich-rechtliche Rundfunk sogar die Pflicht zur Nutzung neuer Techniken. Falls nämlich andere Übertragungstechniken in der Zukunft einen wesentlich verbesserten Empfang ermöglichen sollten, könnte die Qualität der Grundversorgung über ausschließlich

---
192 BVerfGE 73, 118 (154 f.).; vgl. auch § 4 B.III. (S. 198).
193 BVerfGE 73, 118 (155).
194 Das ist für *Scholz* schon jetzt der Fall, siehe AfP 1995, 357 (359).

terrestrische Übertragung dann Einbußen erleiden. Damit entspräche die Grundversorgung nicht mehr dem Stand der Technik.[195] Nicht nur die entsprechenden Vorschriften in den Rundfunkgesetzen und Staatsverträgen verpflichten daher die Rundfunkanstalten zur technischen Weiterentwicklung;[196] dieses Gebot ist vielmehr verfassungsimmanent.

3. Der organisatorisch-verfahrensrechtliche Aufbau

Zuletzt fordert das Bundesverfassungsgericht zur Sicherstellung des Meinungspluralismus im Rundfunk einen pluralistischen Aufbau der öffentlich-rechtlichen Rundfunkanstalten im organisatiorisch-verfahrensrechtlichen Sinne, der sich in einem inhaltlich ausgewogenen Gesamtprogramm niederschlagen soll. Darin besteht die 3. Stufe des „Drei-Stufen-Modells", sozusagen eine „Aufbaustufe".

Das Bestehen von Meinungspluralismus setzt nach Ansicht des Bundesverfassungsgerichts voraus, dass die in der Gesellschaft vorhandenen Strömungen im Rundfunk soweit wie möglich gleichgewichtig zur Sprache kommen.[197] Zur Sicherung des programminhaltlichen Auftrages genüge es nicht, diesen gesetzlich zu normieren. Denn demokratische Willensbildung vollzieht sich in einem Widerstreit der Meinungen, der „organisatorische und prozedurale Regelungen" benötige.[198] Das Gericht weist deshalb darauf hin, dass zumindest der Rundfunk als „Hauptforum" die Berücksichtigung aller Meinungsrichtungen sicherstellen müsse. Der so genannte „inhaltliche Pluralismus" setzt dabei voraus, dass alle Sparten, Themen, Regionen und Programmgruppen berücksichtigt werden.[199]

Das gilt eben nicht nur für das Gesamtprogrammangebot des Rundfunks, sondern auch für die Organisationsform des Rundfunks. Die diesen Grundsätzen generell förderlichen Organisationsformen des Rundfunks hat das Bundesverfassungsgericht bereits 1961 in seinem ersten Rundfunkurteil beschrieben: entweder eine Organisation nach dem Modell der Presse, wo eine „relativ große Zahl von selbständigen, nach ihrer Tendenz, politischen Färbung oder weltanschaulichen Grundhaltung miteinander konkurrierenden Pressezeugnissen existiert" (sog. „Außenpluralismus") oder eine Organisationsform, die „hinreichende Gewähr bietet, dass in ihr [...] alle gesellschaftlich relevanten Kräfte zu Wort kommen und die Freiheit der Berichterstattung unangetastet bleibt" (sog. „Binnenpluralismus").[200] Der Pluralismus kann im dualen Rundfunkmodell vor allem durch den öffentlich-rechtlichen Rundfunk mit seinen ausgewogen zusammengesetzten Kontrollorganen gesichert

---

195 *Libertus*, Grundversorgungsauftrag und Funktionsgarantie, S. 86; *Niepalla*, Die Grundversorgung durch die öffentlich-rechtlichen Rundfunkanstalten, S. 114.
196 So *Herrmann*, Rundfunkrecht, § 10 Rn. 111.
197 BVerfGE 47, 46 (320); E 74, 118 (156, 159 f., 171).
198 BVerfGE 57, 294 (320).
199 *Rager/Weber*, Publizistische Vielfalt zwischen Markt und Politik, S. 12; *Kresse*, ZUM 1995, 178 (181); *Hoffmann-Riem*, Rundfunkrecht, S.17 ff.
200 BVerfGE 12, 205 (261 ff)

werden. Insoweit hält das Bundesverfassungsgericht den Binnenpluralismus für überlegen.[201] Soweit die für die Programmgestaltung letztlich verantwortlichen Gremien aus Repräsentanten der wichtigsten gesellschaftlich relevanten Gruppen bestehen, wird sich deren Einfluss effektiv auf die Programmgestaltung auswirken.[202]

Die Aufgabe des privaten Rundfunks ist es hingegen, nach dem Gedanken des Außenpluralismus zusätzliche, unterschiedliche (und in sich möglicherweise sogar einseitige) Stimmen in den Meinungsmarkt einzubringen und in der Gesamtbetrachtung den Pluralismus auf diese Weise zu stärken.[203]

Bezogen auf den öffentlich-rechtlichen Rundfunk kann die Forderung nach Binnenpluralität aber andererseits nur bedeuten, dass ein Programm nur dann dem Grundversorgungsgedanken gerecht wird, wenn eben alle Meinungen, Themen, Sparten und Regionen integriert sind.[204]

Das Bundesverfassungsgericht betont auf der 3. Ebene seiner Grundversorgungsargumentation, dass auch die Organisation des öffentlich-rechtlichen Rundfunks als verfassungsrechtliche Kategorie zur Grundversorgung gehört. Der Grundversorgungsauftrag hat damit also auch eine organisatorische und prozedurale Dimension, die ihn mit der Funktionsgarantie verkoppelt.[205]

II. Ausfüllung des Begriffes

Eine Zuordnung einzelner Programme zur Grundversorgung wird vom Bundesverfassungsgericht nicht ausdrücklich vorgenommen. Und auch dem Wort selbst fehlt jegliche normative Prägnanz.[206] Eine Entscheidung, was konkret zur Grundversorgung gerechnet wird, lässt selbst die 5. Rundfunkentscheidung offen.[207]

Abgesehen von den oben dargestellten drei Stufen[208] bestimmt das Bundesverfassungsgericht die Grundversorgung nur andeutungsweise und vermeidet eine klare Festlegung sowohl in *quantitativer* als auch in *qualitativer* Hinsicht.[209] Dass bei einer Bewertung der Literatur zur Grundversorgung ebenso wenig von einer einheitlichen Begriffsbestimmung gesprochen werden kann,[210] muss auch das Bundesverfassungsgericht erkannt haben, das folgerichtig keine Literaturstimmen zur Grundversorgungsfrage aufgreift, sondern einfach den Terminus übernimmt und ihm seinen eigenen Bedeutungsgehalt zumisst.

---

201 BVerfGE 73, 118 (157); 74, 297 (324 f.); 83, 238 (316); *Niepalla*, Sie Grundversorgung durch die öffentlich-rechtlichen Rundfunkanstalten, S. 127.
202 BVerfGE 12, 205 (261); E 57, 295 (325); E 73, 118 (153).
203 *Niepalla*, Die Grundversorgung durch die öffentlich-rechtlichen Rundfunkanstalten, S. 19.
204 *Kresse*, ZUM 1995, 178 (182).
205 *Hoffmann-Riem*, Rundfunkneuordnung in Ostdeutschland, S. 43.
206 *Bethge*, MP 1996, 66.
207 BVerfGE 74, 297 (325 f.).
208 Siehe oben § 3 C.I. (S. 145).
209 So auch *Bleckmann/Pieper/Erberich*, Öffentlich-rechtliche Spartenprogramme, S. 56.
210 *Berg*, MO 1987, 265 (267).

Zwar hat das Gericht eine Stichtagsregelung eingeführt, nach der „zumindest" das zum Entscheidungszeitpunkt des 4. Urteils (also zum 4. November 1986) veranstalteten öffentlich-rechtlichen Programmangebot dem Grundversorgungsgebot gerecht wurde.[211] Jedoch vermag diese Regelung unter dem Gesichtspunkt der dynamischen Fortentwicklung von einzelnen Programmformaten nicht zu überzeugen. Ein Programm, dass einmal der Grundversorgung zuträglich ist, muss dieser schließlich nicht ein für allemal genügen. Außerdem ist, wie selbst *Kresse* einräumt, nicht einzusehen, warum das am 6. Oktober 1986 – also vor dem 4. Rundfunkurteil – gestartete vierte Hörfunkprogramm des Hessischen Rundfunks noch zur Grundversorgung gehören soll, das am 1. Dezember 1986 in Betrieb genommene vierte Programm von Radio Bremen aber nicht.[212] Materielle Gründe – also die unterschiedliche Größe des Sendegebietes oder die finanzielle Ausstattung der Anstalten sucht man in der Verfassungsrechtsprechung jedenfalls vergeblich.

Die Frage, welche Programme jeweils zur notwendigen Grundversorgung gehören, ist folglich positiv nur in einer Momentaufnahme zu bestimmen. Nichts anderes stellt die Baden-Württemberg-Entscheidung dar: eine Momentaufnahme und keine Stichtagsregelung mit einem Davor und Danach, was nicht zuletzt an der einschränkenden Formulierung „zumindest" deutlich wird.[213]

Gleichwohl wird die Festlegung des Bundesverfassungsgerichts auf einen Status quo von den Privaten beharrlich als Argument gegen die Ausweitung des öffentlich-rechtlichen Programmangebotes gewertet: Die Forderung nach einem „Status quo plus" bedürfe einer besonderen Rechtfertigung.[214]

Dagegen bleibt festzuhalten und zu wiederholen, dass grundsätzlich auch neue Programmtypen und Programmkonzepte Bestandteil der notwendigen Grundversorgung sein oder aufgrund von Veränderungen im Rezeptionsverhalten – unter Umständen sogar erst durch die Gewöhnung an neue Rundfunkangebote – in die Grundversorgung hineinwachsen können.[215] Bei der „Stichtagsregelung" handelt sich allenfalls um eine Untergrenze, eine obere Begrenzung fehlt.[216]

Den Anstalten wird durch Art. 5 Abs. 1 S. 2 GG eine umfassende Programmfreiheit gewährleistet, die nicht nur die Art und Weise der Programmgestaltung schützt, sondern grundsätzlich auch die Entscheidung darüber, aus wie vielen einzelnen Programmen das Gesamtangebot einer Anstalt besteht.[217]

Grundversorgung bedeutet ein programmlich und technisch auf die gesamte Bevölkerung abzielendes Rundfunkprogramm. Dass ein solcher Programmauftrag jeden-

---

211 BVerfGE 74, 297 (325 f.).
212 *Kresse*, ZUM 1995, 178 (180).
213 So auch *Goerlich/Radeck*, JZ 1989, 53 (58); zustimmend *Zuck*, MDR 1987, 717 (718); vgl. *Hoffmann-Riem*, Rundfunkneuordnung in Ostdeutschland, S. 45.
214 *Bleckmann/Pieper/Erberich*, Öffentlich-rechtliche Spartenprogramme, S. 60.
215 Vgl. *Goerlich/Radeck*, JZ 1989, 53 (58).
216 *Niepalla*, Die Grundversorgung durch die öffentlich-rechtlichen Rundfunkanstalten, S. 118 ff.
217 *Berg*, MP 1987, 737 (741); *Niepalla*, Die Grundversorgung durch die öffentlich-rechtlichen Rundfunkanstalten, S. 146.

falls nicht sachgerecht in einem einzigen Hörfunk- und Fernsehprogramm erfüllt werden kann, sondern der aktuellsten technischen Wege, geeigneter Mitarbeiter und genügender Finanzen bedarf, versteht sich dabei von selbst. Ist der Programmauftrag dynamisch und dem Wechsel unterworfen, so nehmen an dieser verfassungsrechtlichen Garantie auch die technischen, organisatorischen, personellen und finanziellen Vorbedingungen teil.[218]

Wenn Grundversorgung dynamisch ist, kann das allerdings nicht nur bedeuten, dass der Bestand ausschließlich nach oben verändert werden kann; denn Dynamik kann sich nicht nur positiv, sondern auch negativ auswirken. Es stellt sich also auch die Frage, welches Mindestmaß Grundversorgung ausmacht.[219]

Bullinger geht davon aus, dass drei Vollprogramme unerlässliche Voraussetzung für außenplurale Vielfalt sind.[220] Auch *Libertus* verweist auf die Äußerungen des Bundesverfassungsgerichts in der „Niedersachsen-Entscheidung" zu der als „eindeutig" empfundenen Regelung des § 11 Abs. 2 des Schleswig-Holsteinischen Rundfunkgesetzes.[221] Danach wird Ausgewogenheit dann als erreicht angesehen, wenn neben den Programmen der öffentlich-rechtlichen Rundfunkanstalten mindestens *vier* weitere deutsche Vollprogramme empfangbar sind, die derselben Programmart angehören und in derselben Technik verbreitet werden.

Beide lassen hingegen offen, was und wie viel zur Sicherstellung der Grundversorgung durch innenplurale Rundfunkprogramme geleistet werden muss. Insoweit muss aber davon ausgegangen werden, dass die Grundversorgung der Bevölkerung mit einen vielfaltsbezogenen öffentlich-rechtlichen Programmangebot erst recht dann sichergestellt sein muss, wenn vier öffentlich-rechtliche Vollprogramme dem Meinungsbildungsprozess als Medium und Faktor zur Verfügung stehen. Diese Zahl kann zweifellos als *hinreichend* angesehen werden, was aber nicht die Frage beantwortet, welche Anzahl *notwendig* ist.[222]

Fest steht jedenfalls, dass die Programmautonomie der öffentlich-rechtlichen Rundfunkanstalten Grenzen unterworfen sein muss und es auch ist – wenigstens dort, wo sie auf die Grundrechte Dritter stößt.

Daran wird deutlich, dass die Frage nach der Anzahl der öffentlich-rechtlichen Programme über einen dogmatischen Umweg durchaus einer verfassungsrechtlichen Beurteilung zugänglich ist, auch wenn das Bundesverfassungsgericht bisher jeglicher Festlegung aus dem Weg gegangen ist.[223] Diese Beurteilung kann aber nicht abstrakt,

---

218 *Enz*, ZUM 1987, 58 (69).
219 Vgl. *Hoffmann*, Möglichkeiten der Finanzierung öffentlich-rechtlichen Rundfunks in der Bundesrepublik Deutschland, S. 145.
220 *Bullinger*, ZUM 1994, 596 (598).
221 *Libertus*, Grundversorgungsauftrag und Funktionsgarantie, S. 87, unter Verweis auf BVerfGE 73, 118 (164).
222 *Hoffmann* geht dabei von nur einem einzigen ausgewogenen Programm aus, vgl. *Hoffmann*, Möglichkeiten der Finanzierung öffentlich-rechtlichen Rundfunks in der Bundesrepublik Deutschland, S. 146.
223 Vgl. *Niepalla*, Die Grundversorgung durch die öffentlich-rechtlichen Rundfunkanstalten, S. 118.

sondern ausschließlich konkret getroffen werden. Eine grundsätzlich Festlegung auf beispielsweise sechs, zehn oder 15 Fernseh- und 35 oder vielleicht auch 55 Hörfunkprogramme wäre widersinnig und würde der Dynamik der Rundfunkfreiheit entgegenstehen, weil sie reale Positionen Dritter – etwa der privaten Wettbewerber oder der Rezipienten – aus den Augen verlieren müsste.[224] Notwendig ist also eine wiederkehrende und regelmäßige Überprüfung des Gesamtangebots anhand der Rechte Dritter.

Auch die Zuordnung einzelner Programmkategorien zur Grundversorgung entbehrt in Literatur und Rechtsprechung einer klaren Deduktion. Eine Unterscheidung der Sendungen nach dem jeweils verfolgten Interesse oder der Qualität der Darbietung, eine Beschränkung auf seriöse Sendungen lässt das Bundesverfassungsgericht ausdrücklich nicht zu, da dies auf eine Bewertung und Lenkung durch staatliche Stellen hinauslaufen würde.[225] Demnach haben die Anstalten zwar den mit dem Rundfunkauftrag verbundenen Anforderungen zu entsprechen, jedoch obliegt ihnen selbst die Entscheidung, wie diese im einzelnen zu verwirklichen sind. Aus diesen Grund kommt innerhalb der binnenpluralistisch organisierten Rundfunkanstalten den Aufsichtsgremien in Form der Rundfunkräte die Aufgabe zu, die unmittelbar programmgestaltenden Mitarbeiter zu kontrollieren und zu korrigieren. Ihnen kommt in der letzten Konsequenz die Bestimmung darüber zu, mit welchen programmlichen Inhalten die Grundversorgung bestritten wird. Insofern besteht heute hinsichtlich dieser Entscheidung über den konkreten Programminhalt hinsichtlich der Grundversorgung kein Unterschied zwischen der Betätigung der Anstalten zur Zeit des öffentlichrechtlichen Sendemonopols.[226]

Nachfolgend bleibt deshalb nichts anderes, als lediglich eine Annäherung an den Umfang des Begriffes „Grundversorgung" zu versuchen, um damit die Voraussetzungen für eine spätere Beurteilung des realen Programmangebotes des öffentlich-rechtlichen Rundfunks und insbesondere der ARD zu schaffen.

1. Funktionelle Akzessorietät

In der Literatur wird in starker Ausprägung eine „symbiotische Verklammerung"[227] zwischen dem öffentlich-rechtlichen und dem privaten Rundfunk angenommen, wonach die Grundversorgung durch die öffentlich-rechtlichen Rundfunkanstalten eine Vorbedingung für die Existenz der privaten Anbieter ist.[228]

---

224 So auch *Hoffmann*, Möglichkeiten der Finanzierung öffentlich-rechtlichen Rundfunks in der Bundesrepublik Deutschland, S. 145.
225 BVerfGE 35, 202 (222).
226 *Bethge*, ZUM 1987, 199 (202); *Niepalla*, Die Grundversorgung durch die öffentlich-rechtlichen Rundfunkanstalten, S. 121; *Berg*, AfP 1987, 457 (460).
227 Zum Begriff vgl. *Libertus*, Grundversorgungsauftrag und Funktionsgarantie, S. 96.
228 Vgl. *Bethge*, ZUM 1987, 199 (202); *Grimm*, RuF 1987, 25 (30 ff.); *Berg*, AfP 1987, 457 (459).

Demzufolge wird die duale Rundfunkordnung als „funktionell akzessorisches" Modell angesehen, bei dem der private Rundfunk in Gründung und Existenz abhängig ist von einem parallel bestehenden funktionsfähigen öffentlich-rechtlichen Modell. Die Privatprogramme können nach Ansicht des Bundesverfassungsgerichtes die Aufgabe einer umfassenden Information nicht erfüllen.[229] Einen wesentlichen Grund sehen die Richter darin, dass private Anbieter zur Finanzierung ihrer Tätigkeit weitgehend auf Werbeeinnahmen angewiesen sind und somit auf massenattraktive Angebote zurückgreifen müssen. Das verhindert wiederum die Ausstrahlung von Sendungen für kleinere Zielgruppen, die jedoch für eine umfassende Information und folglich für einen freien Meinungsbildungsprozess im Sinne der Gewährleistung des Art. 5 Abs. 1 S. 2 GG von elementarer Bedeutung sind.[230]

Aus diesem Grund haben die öffentlich-rechtlichen Anbieter die Funktion, den Programmbedarf zu erfüllen, der von den Privaten generell nicht zu erwarten ist.[231] Die geringen Anforderungen an die Breite des Programmangebots und die Sicherung gleichgewichtiger Vielfalt im privaten Rundfunk sind nämlich nach der Rechtsprechung nur hinnehmbar, „solange und soweit wirksam sichergestellt ist, dass die unerlässliche Grundversorgung der Bevölkerung vom öffentlich-rechtlichen Rundfunk ohne Einbußen erfüllt wird."[232]

2. Restriktive Wortlautinterpretation als Basisversorgung

Diese These von der Akzessorietät wird nach Ansicht von *Kull* durch den Zusammenhang widerlegt, in dem das Bundesverfassungsgericht den Begriff der Grundversorgung gebraucht.[233] Er weist außerdem darauf hin, daß sich eine Auslegung des Begriffes Grundversorgung zunächst einmal am Sprachgebrauch orientieren sollte, ähnlich wie es *Herrmann* ursprünglich gezeigt hat.[234] Der Wortteil „Grund" impliziere eine Reduktion des Versorgungsumfangs auf bestimmte Basisinhalte und enthalte mithin eine Absage an das Verständnis von umfassender Versorgung. Dies zeige ein Vergleich mit Begriffen wie „Grundbedürfnis", „Grundausstattung" oder „Grundnahrungsmittel". Mit Grundversorgung könne daher nur das Elementare, unbedingt Notwendige, aber auch das Wesentliche gemeint sein. Der Wortlaut spreche mithin für ein restriktives Verständnis.[235]

Das werde auch an der Formulierung des Gegenteils von Grundversorgung deutlich. Im Kontrast dazu stünden Begriffe wie Zusatzversorgung, Vollversorgung,

---

229 BVerfGE 73, 118 (155); E 83, 238 (297).
230 BVerfGE 73, 118 (155 f.).
231 *Glotz*, epd medien Nr. 30/1997, 7 (9), vgl. *Libertus*, Grundversorgungsauftrag und Funktionsgarantie, S. 96.
232 BVerfGE 83, 238 (298) unter Verweis auf BVerfGE 74, 297 (325 f.).
233 *Kull*, AfP 1987, 462.
234 Siehe oben § 3 C (S. 142).
235 *Kull*, AfP 1987, 462 (463); *Bleckmann/Pieper/Erberich*, Öffentlich-rechtliche Spartenprogramme, S.56 f.; *dies.* AfP 1997, 417 (420).

Überversorgung[236] oder Ergänzungsversorgung[237]. Ein solcher Auftrag könne den Rundfunkanstalten innerhalb der dualen Rundfunkordnung niemals erteilt werden. Grundversorgung im dualen System impliziere mithin Begrenzung bei den Frequenzen, bei der Finanzierung und bei den Inhalten.[238]

3. Negative Deduktion

Soweit ihm schon positiv keine Deduktion möglich ist, nimmt das Verfassungsgericht als ausdrückliche Reaktion auf die soeben beschriebenen Literaturstimmen wenigstens in der negativen Vorgehensweise eine klare Umschreibung dessen vor, was es selbst unter Grundversorgung versteht. Es legt sich also nur insoweit fest, als es sagt, was Grundversorgung nicht sein darf. Eine genauere Bestimmung würde wohl auch der Dynamik entgegenstehen und so die Rundfunkfreiheit gefährden.[239]

a. Nicht Minimal-, sondern Vollversorgung

Das Bundesverfassungsgericht widerspricht vor allem der restriktiven Wortlautinterpretation, wonach Grundversorgung nur eine Minimalversorgung darstellt. Dafür findet sich in der „Baden-Württemberg-Entscheidung" eine ausdrückliche Umschreibung. Grundversorgung sei *eben nicht* eine „Mindestversorgung, auf die der öffentlich-rechtliche Rundfunk beschränkt ist oder ohne Folgen für die an den privaten Rundfunk zu stellenden Anforderungen reduziert werden könnte.[240] Es muss „vielmehr sichergestellt sein, dass die öffentlich-rechtlichen Rundfunkanstalten für die Gesamtheit der Bevölkerung Programme anbieten, die umfassend und in der vollen Breite des klassischen Rundfunkauftrags informieren", heißt es schließlich in der 6. Rundfunkentscheidung.[241]

Dabei dürfen auch die Zuschauer nicht vergessen werden. Die Finanzierung des öffentlich-rechtlichen Programms durch Gebühren gebietet den Rundfunkanstalten schon aus verfassungsrechtlichen Gründen, auf Einschaltquoten zu achten, soweit es der Auftrag eines Programms für alle verlangt.[242] Denn Quoten sind Menschen,[243] die Grundversorgung und die daraus folgende Gebührenpflicht erlegen den Rundfunkanstalten auf zu gewährleisten, dass nicht nur wenige etwas von dem Angebot haben, sondern auch Mehrheiten erreicht werden. Ihre Aufgabe ist, dafür Sorge zu tragen, dass für die Gesamtheit der Bevölkerung ein Programmangebot besteht, welches um-

---

236 *Kull*, AfP 1987, 462 (464)
237 *Hoffmann-Riem*, Pay-TV im öffentlich-rechtlichen Rundfunk, S. 65 f.
238 *Kull*, AfP 1987, 462 (464).
239 *Hoffmann*, Möglichkeiten der Finanzierung öffentlich-rechtlichen Rundfunks in der Bundesrepublik Deutschland, S. 145.
240 BVerfGE 74, 297 (325 f.).
241 BVerfGE 83, 238 (297 f.).
242 *Enz*, ZUM 1987, 58 (76).
243 So der Stellvertretende NDR-Intendant Joachim *Lampe* bei einem öffentlichen Vortrag am 8. Juni 1998 in Hamburg, nicht veröffentlicht; vgl. *Springer*, Die Welt vom 13.06.1998, S. 11.

fassend und in der vollen Breite des Rundfunks informiert und die Meinungsvielfalt in der verfassungsrechtlich gebotenen Weise sichert. Auf eine Mindestversorgung dürfte der öffentlich-rechtliche Rundfunk nach Auffassung des Bundesverfassungsgerichts schon aus diesen Gründen nicht festgelegt werden. Eine Mindestversorgung durch den öffentlich-rechtlichen Rundfunk könnte überdies nicht ohne Auswirkungen auf den privaten Rundfunk und die an diesen zu stellenden Vielfaltsanforderungen bleiben.[244]

Solange man sich also innerhalb der verfassungsgerichtlichen Vorgaben bewegt, die, wie *Goerlich* und *Radeck* betonen, an Klarheit nichts zu wünschen lassen,[245] kann die Wortlautauslegung zurücktreten.

Danach ist folglich ein breites und vielfältiges Programmangebot bei den öffentlich-rechtlichen Anstalten möglich und sogar erforderlich, so dass die Pflicht zur Grundversorgung sich auf eine *Vollversorgung* mit sämtlichen für die freie Meinungsbildung der Bürger wichtigen Programminhalten bezieht. Daraus wiederum folgt positiv, dass Grundversorgung nicht schon dann gegeben ist, wenn allein politisch informierende und kulturell orientierende Sendungen ausgestrahlt werden, sondern überhaupt erst dann, wenn das Programm auch ein ins Gewicht fallendes Publikum erreicht. Denn das Programm muss die Kommunikationsinteressen aller Bevölkerungsteile befriedigen, also die Massen ebenso wie Minderheiten.[246]

Die ARD darf folglich auch Sendungen veranstalten, die jenseits der engeren Grundversorgungsaufgabe liegen. Sie ist von der Veranstaltung von massenattraktiven Programmen nicht ausgeschlossen. Diese dürfen jedoch das Gesamtangebot nicht dominieren.

b. Keine Grenzziehung

Ebenso wenig handelt es sich bei der Grundversorgungsaufgabe um eine Grenzziehung oder Aufgabenteilung zwischen öffentlich-rechtlichen und privaten Rundfunk, etwa in dem Sinne, dass Programme oder Sendungen, die der Grundversorgung zuzurechnen sind, etwa dem öffentlich-rechtlichen Rundfunk vorbehalten wären, alle übrigen dem privaten.[247]

Auch kommt den öffentlich-rechtlichen Anstalten eben keine reine Kompensationsfunktion zu. Gerade das aber scheint dem gelegentlichen Eindruck nach das Ziel der EU-Kommission zu sein. Durch ihren Einfluss auf die europäische Telekommunikationsordnung und damit auf die Rundfunkordnung scheint sie eine Deregulierung des gesamten Rundfunkrechts erreichen und den öffentlich-rechtlichen Rundfunk in eine Restversorgung abdrängen zu wollen.[248] Auch wenn *van Miert* seinen Vorschlag

---

244 BVerfGE 74, 297 (325 f.).
245 *Goerlich/Radeck*, JZ 1989, 53 (57).
246 BVerfGE 87, 181 (199); vgl. *Hoffmann-Riem*, Rundfunkneuordnung in Ostdeutschland, S. 44; *Grimm*, RuF 1987, 25 (35).
247 BVerfGE 74, 297 (326).
248 So *Dörr*, MP 1996, 87 (89).

der Trennung von „privaten" und „öffentlich-rechtlichen" Programmbestandteilen – zumindest in betriebswirtschaftlicher Sicht – für die deutschen Rundfunkanstalten zurückgenommen hat, lässt sich dieser Eindruck nicht verwischen.
Das ist aber nach der Verfassungsrechtsprechung ausdrücklich nicht gewollt. Denn dem Nebeneinander von öffentlich-rechtlichem und privatem Rundfunk liegt der Gedanke zugrunde, dass sich der publizistische Wettbewerb zwischen beiden „anregend und belebend" auswirkt und die Meinungsvielfalt auf diese Weise gestärkt und erweitert wird. Mit diesem Grundgedanken ist es unvereinbar, dem privaten Rundfunk zwar die Aufgabe einer publizistischen Konkurrenz gegenüber dem öffentlich-rechtlichen Rundfunk zuzumessen, dem öffentlich-rechtlichen Rundfunk aber eine solche Konkurrenz gegenüber dem privaten zu versagen. Das betont das Bundesverfassungsgericht in seinem 5. Rundfunkurteil.[249]

Programme oder Sendungen, die der Grundversorgung zuzurechnen sind, bleiben mithin nicht allein dem öffentlich-rechtlichen Rundfunk und alle anderen dem privaten Rundfunk vorbehalten. Ebenso wenig kann eine Zuordnung in umgekehrter Weise schlüssig vollzogen werden.

Auch durch diese Erkenntnis ist sichergestellt, dass die Veranstaltung von massenattraktiven Programme nicht von vornherein für den öffentlich-rechtlichen Rundfunk aus dem Grund ausgeschlossen sind, dass schon die privaten Anbieter diesen Bereich abdecken. Sie liegen auch nicht *per se* jenseits dessen, was das Bundesverfassungsgericht mit dem Begriff „Grundversorgung" verbindet.[250] Dann nämlich könnte der öffentlich-rechtliche Rundfunk in Wahrnehmung seiner Grundfunktion die strukturellen Defizite der Privaten nur noch ausgleichen; die Grundversorgung verkäme mithin doch zu einer reinen Kompensationsfunktion.[251]

D. Bestands- und Entwicklungsgarantie

Seit der Novellierung des Rundfunkstaatsvertrages im Jahre 1987 ist dem öffentlichrechtlichen Rundfunk vom Gesetzgeber eine ausdrückliche Bestands- und Entwicklungsgarantie eingeräumt worden.[252] Auch heute noch findet sich in der Präambel der aktuellen Fassung des Rundfunkstaatsvertrages sowie in § 11 Abs. 1 RStV die einfachgesetzliche Willensbekundung des Gesetzgebers, für den öffentlich-rechtlichen Rundfunk Bestand und Entwicklung dauerhaft zu garantieren und für seine Finanzierung zu sorgen. Dazu gehört „seine Teilhabe an allen neuen technischen Möglichkeiten in der Herstellung und zur Verbreitung sowie die Möglichkeit zur Veranstaltung neuer Formen von Rundfunk".

Nach Ansicht von *Bethge* und *Herrmann* handelt es sich bei dieser Zusicherung um ein Element der staatlichen Funktionsverantwortung für den öffentlich-rechtlichen

---

249 BVerfGE 74, 297 (332).
250 *Goerlich/Radeck*, JZ 1989, 53 (57 f.).
251 *Bethge*, MP 1996, 66 (67).
252 Vgl. Art. 4 Abs. 2 Nr. 2 RStV-1987.

Rundfunk; der Finanzgewährleistungsanspruch wurzele in der trägerschaftlichen Fürsorgepflicht des Muttergemeinwesens, das dafür Sorge zu tragen habe, dass „seine" Rundfunkanstalten die für die Aufgabenerfüllung notwendigen Mittel zur Verfügung habe.[253]

Gerade das Bundesverfassungsgericht hat auf diese Bestandsgarantie des Staates für die Rundfunkanstalten immer wieder hingewiesen. Die essentiellen Funktionen einer qualitativ definierten Grundversorgung verlangen nach ständiger Rechtsprechung „die technischen, organisatorischen, personellen und finanziellen Vorbedingungen ihrer Erfüllung sicherzustellen"[254]. Insoweit sind also die Normierungen in den Rundfunkgesetzen seit 1987 als Reaktion auf die Rechtsprechung zu verstehen.[255]

Kaum ein Bereich innerhalb der verfassungsgerichtlichen Rechtsprechung zur Rundfunkfreiheit ist im vergleichbaren Maße umstritten, wie die Ausführungen zur Bestands- und Entwicklungsgarantie. Dabei wäre für die privaten Anbieter eine Bestandsgarantie des öffentlich-rechtlichen Rundfunk durchaus von Vorteil, weil immerhin durch die Gewährleistung der Grundversorgung ihre eigenen Vielfalts- und Ausgewogenheitsdefizite ausgeglichen werden. Doch dem Bestehen einer Entwicklungsgarantie stehen die privaten Wettbewerber kritisch, ja furchtsam gegenüber, soweit nämlich die Rundfunkanstalten unter dem Schutz der Entwicklungsgarantie weiter expandieren dürfen.[256]

Der Grund dafür liegt in den widerstreitenden Interessen der beiden Säulen der dualen Rundfunkordnung, die in diesem Konfliktthema ihre elementaren Interessen bedroht sehen: Felder, in denen dem öffentlich-rechtlichen Rundfunk von Verfassungs wegen die Teilhabe oder sogar die Entwicklung zugesichert wird, sind für die privaten Wettbewerber schließlich schwerer zu beackern. Nicht umsonst wird die Entwicklungsgarantie von den Privaten vielfach als „Kampfbegriff" angesehen, den die Vertreter der öffentlich-rechtlichen Anstalten als Schutzschild und Rechtfertigung für expansive Bestrebungen heranziehen.[257]

Von der Hand zu weisen ist diese Position in der Tat nicht. Die öffentlich-rechtlichen Rundfunkanstalten haben in den vergangenen Jahren ihre Programm-, Werbe- und Wirtschaftsaktivitäten in bis dahin ungeahnte Weise verstärkt und ausgedehnt. In diesem Zusammenhang verwundert es nicht, wenn die Privaten ihrer staatlichen Konkurrenz vorwerfen, dass alle Aktivitäten letztlich auf den Versuch hinauslaufen, alle in Betracht kommenden Medienmärkte zu besetzen oder gar zu „monopolisieren" und somit eine „öffentlich-rechtliche Marktverstopfung" voranzutreiben.[258] Diese Vorgehensweise wird von den Vertretern der Landesrundfunkanstalten (natürlich, möchte

---

253 *Bethge*, JöR 35 (1986), 103 (105); *Herrmann*, Rundfunkrecht, § 9 Rn. 41 f. m.w.N.
254 BVerfGE 73, 118 (158).
255 Vgl. *Kübler*, NJW 1987, 2961 (2964).
256 *Hoffmann*, Möglichkeiten der Finanzierung des öffentlich-rechtlichen Rundfunks, S. 14; vgl. *Berg*, MP 1987, 737 (738).
257 Vgl. *Kresse*, Grundversorgung, S. 15.
258 Vgl. *Selmer*, Bestands- und Entwicklungsgarantien für den öffentlich-rechtlichen Rundfunk in einer dualen Rundfunkordnung, S. 58 f.; *Kull*, AfP 87, 568.

man meinen) bestritten.[259] Gleichwohl wird die Debatte um die Gewährleistungen das Menetekel der Verfassungswidrigkeit nicht los, so dass die Frage im Raume stehen bleibt: Gibt es eine Bestands- und Entwicklungsgarantie wirklich und wie weit reicht sie überhaupt?

I. Grundlagen

Die Bestands- und Entwicklungsgarantie besteht als Folge der Inhaltsbezogenheit der Rundfunkfreiheit vor allem um der Programmgestaltung der öffentlich-rechtlichen Rundfunkanstalten willen und umfaßt daher als Grundlage dieser Aufgabe die erforderlichen „technischen, organisatorischen, personellen und finanziellen Voraussetzungen". Sie ist mithin auf den im Rahmen der Grundversorgungsthematik erörterten programmlichen Zielwert gerichtet.

Von diesen Zielsetzungen aus sind die Anforderungen ebenfalls im Hinblick auf die Voraussetzungen zu bestimmen. Das bedeutet, daß der öffentlich-rechtliche Rundfunk auch insoweit garantiert ist, wie es um die infrastrukturellen Voraussetzungen der Erfüllung der Programmaufgabe in der jeweils aktuellen Gestaltung erforderlich ist. Das Bundesverfassungsgericht betont daher, dass die Anpassungsflexibilität auch dann gegeben sein muss, „wenn sich die Aufgabe der Grundversorgung nicht in den Bereich neuer rundfunkähnlicher Dienste verlagern sollte", weil damit die publizistische Konkurrenz verbessert würde. Infrastrukturelle Voraussetzungen müssen also auch für den Bereich der Ergänzungsversorgung gesichert werden.[260]

Herrmann spricht in diesem Zusammenhang sogar von einer *dynamischen* Bestands- und Entwicklungsgarantie: Der Finanzgewährleistungsanspruch beinhalte „ganz klar" mehr als nur die Pflicht zur Rettung vor der Illiquidität, nämlich auch den Anspruch auf Gewährung des zum Leben und für kreative Funktionen gebotenen Finanzvolumens.[261]

Der Begriff „Bestandsgarantie" bezeichnet also die normative Sicherung der Existenz sowie des Status quo der öffentlich-rechtlichen Rundfunkanstalten und ist als solcher schon vom Wortlaut her einer extensiven Interpretation nicht zugänglich.[262] Die „Entwicklungsgarantie" hingegen umfasst die Gewährleistung einer künftigen Fortschreibung der Bestandsgarantie, sozusagen als „Verlängerung der Bestandsgarantie", und beinhaltet damit auch die Ablehnung der dauerhaften Festschreibung eines Status quo.[263]

Betrachtet man die einfachgesetzlichen Regelungen der Bestands- und Entwicklungsgarantien in den Landesrundfunkgesetzen und Staatsverträgen, so geht es dort

---

259 So beispielsweise vom damaligen SFB-Intendanten *Lojewski*, in: Der Spiegel Nr. 6/1995, S. 21
260 BVerfGE 74, 297 (354); *Hoffmann-Riem*, Pay-TV im öffentlich-rechtlichen Rundfunk, S. 68 ff.
261 *Herrmann*, Rundfunkrecht, § 9 Rn. 44.
262 *Selmer*, Bestands- und Entwicklungsgarantie, S. 54; siehe Anm. von *Bleckmann/Pieper/Erberich*, AfP 1997, 417 (421).
263 *Tettinger*, JZ 1986, 806 (807); *Ory*, AfP 1987, 466 (469); *Libertus*, Grundversorgungsauftrag und Funktionsgarantie, S. 132.

vor allem um die Erhaltung der Senderechte und der bestehenden Finanzierungsgrundlagen. So kann etwa der WDR nach § 3 Abs. 3 WDR-G bei der Wahrnehmung seiner Aufgaben in sendetechnischer, programmlicher und finanzieller Hinsicht ebenso wie andere Rundfunkunternehmen im Geltungsbereich des Grundgesetzes alle für Rundfunkunternehmen zur Verfügung stehenden Möglichkeiten nutzen. Dazu gehört insbesondere die Möglichkeit, die Übertragungstechnik von Satelliten und Breitbandkabelnetzen zu nutzen und im Rahmen der Anstaltsaufgaben neue Dienste mittels neuer Techniken anzubieten.[264]

Dabei hat das Bundesverfassungsgericht in seiner 7. Rundfunkentscheidung wohl im wesentlichen die technischen Entwicklungen im Auge gehabt, insbesondere die sich ungleich dynamisch entwickelnde Digitaltechnologie, von deren Fortschreiten der öffentlich-rechtliche Rundfunk nicht abgekoppelt werden sollte.[265] Zudem betonen die Richter ausführlich, dass auch neue Übertragungsformen von der Entwicklungsgarantie umfasst werden. Dies steht bezüglich neuer Inhalte deutlich im Vordergrund. Fraglich ist demnach, inwieweit diese tatsächlich dynamische und in die Zukunft gerichtete Komponente der Rundfunkfreiheit[266] eine Teilhabe an der Entwicklung auf dem programmlichen Sektor ermöglicht.

Das Bundesverfassungsgericht weist in der gleichen Entscheidung aber auch auf die umfassende Programmautonomie der Rundfunkanstalten hin, die im Rahmen der verfassungsrechtlichen Vorgaben und der gesetzlichen Aufgabenzuweisungen frei entscheiden können, wie sie ihre Funktion erfüllen. Es sei Sache der Anstalten, aufgrund „ihrer professionellen Maßstäbe" zu bestimmen, was der Rundfunkauftrag in publizistischer Hinsicht verlangt. Mit der Bestimmung des Programmumfangs sei mittelbar auch eine Festlegung des Geldbedarfs der Rundfunkanstalten verbunden, so das Bundesverfassungsgericht.[267]

II. Spannungsfelder auf dem Rundfunkmarkt

Schon das 1. Rundfunkurteil hat mit seinem Schlüsselwort der technisch und wirtschaftlich bedingten „Sondersituation" keinen Zweifel daran gelassen, dass die Marktzugangschancen von ausschlaggebender Bedeutung für die Interpretation von Rundfunkfreiheit sind.[268] Im „Rundfunkgebührenurteil" ergänzt das Bundesverfassungsgericht, dass ähnlich wie die Erteilung von Zulassungen und die Zuteilung von Übertragungskapazitäten auch die Finanzausstattung der Rundfunkanbieter zu den Grundvoraussetzungen des Gebrauchs der Rundfunkfreiheit gehören.[269]

---

264 Vgl. auch Art. 15 Abs. 1. S. 1 BR-G.
265 So *Bleckmann/Pieper/Erberich*, AfP 1997, 417 (421), *dies.*, Öffentlich-rechtliche Spartenprogramme, S. 65.
266 *Selmer*, Bestands- und Entwicklungsgarantie, S. 55.
267 BVerfGE 87, 181 (201).
268 So *Kull*, AfP 87, 568 (569) unter Verweis auf BVerfGE 12, 205 (261 f.).
269 BVerfGE 90, 60 (93).

In beiden Bereichen – Finanzausstattung und Zuteilung von Übertragungskapazitäten – sind die Rundfunkanstalten allerdings nicht allein. Hier kommt es jeweils zu Kollisionen mit den Interessen Dritter. Diese werden beeinträchtigt durch die Bestands- und Entwicklungsgarantien, die den freien Wettbewerb nach Maßgabe der jeweiligen Privilegien außer Funktion setzen.[270]

1. Programmausweitung auf Kosten der Gebührenzahler

Niepalla beschreibt anhand der Bestands- und Entwicklungsgarantie zwei Fixpunkte der Grundversorgungsproblematik und ihre Auswirkungen auf die reale Rundfunksituation: Zum einen die grundrechtlich geschützte Freiheit der Rundfunkanstalten, selbst darüber zu entscheiden, wie viele Programme ihr Programmangebot ausmachen sollen, zum anderen eben die Verpflichtung des Gesetzgebers, diese Programmentscheidungen zu tragen und die finanziellen Vorbedingungen des Grundversorgungsauftrages sicherzustellen:

> Von diesen beiden Vorgaben stellt die Programmautonomie der Anstalten die „unabhängige Variable" dar. Die Anstalten selbst legen danach den Umfang des Programmangebotes fest, niemand darf hier eingreifen. Dabei muss der Gesetzgeber Schritt halten, d. h. er muss die Finanzierung der Programme jeweils in dem Ausmaß sicherstellen, das die Anstalten bestimmt haben. Demnach wäre es theoretisch denkbar, dass die Anstalten in kurzer Zeit ihr Programmangebot z. B. verdoppeln. Dem Gesetzgeber wäre es dann nicht nur verboten, hier einzugreifen, sondern er wäre sogar verpflichtet, deren Finanzierung sicherzustellen.[271]

Die Folge wäre, dass die Gebühren weiter angehoben werden müssten, was wiederum ein gesteigerte Belastung der Gebührenzahler zur Folge hätte. *Kull* bezeichnet die Konsequenz der Programminnovationsfreiheit als „Blankoscheck" für die öffentlich-rechtlichen Rundfunkanstalten.[272]

In jeder Gebührenerhebung liegt ein Eingriff in das nach Art. 14 GG geschützte Eigentum des Gebührenzahlers. Die Konsequenz der Gebührenausweitung betrifft zudem die Grundsätze des verfassungsrechtlich bestätigten Sozialstaatsgebotes. Danach hat sich der soziale Staat um einen „erträglichen Ausgleich der widerstreitenden Interessen und um die Herstellung erträglicher Lebensbedingungen zu bemühen".[273] Dazu gehört auch ein freier Zugang auf das Medienangebot. In diese Freiheit wird dann sozialwidrig eingegriffen, wenn die Gebührenlast dazu führt, dass auf den Rundfunkempfang verzichtet werden müsste.[274]

---

270 *Selmer*, Bestands- und Entwicklungsgarantien für den öffentlich-rechtlichen Rundfunk in einer dualen Rundfunkordnung, S. 58.
271 Siehe *Niepalla*, Die Grundversorgung durch die öffentlich-rechtlichen Rundfunkanstalten, S. 146 unter Verweis auf BVerfGE 73, 118 (158) und E 74, 297 (324 f.).
272 *Kull*, AfP 87, 568 (571).
273 BVerfGE 1, 97 (105).
274 *Herrmann*, Rundfunkrecht, § 31 Rn. 17 f, *Ricker*, in: Ricker/Schiwy, Kap. C Rn. 96.

2. Wettbewerb um Werbegelder

Eine weitere Verdrängungssituation ergibt sich aus der Mischfinanzierung der öffentlich-rechtlichen Anstalten. Soweit nämlich die öffentlich-rechtlichen Programme Werbung ausstrahlen, konkurrieren sie auf dem Werbemarkt mit den privaten Anbietern, die sich ausschließlich aus Werbeeinnahmen tragen. Auch die Tagespresse finanziert sich derzeit zu rund zwei Dritteln aus diesem Werbemarkt.[275]

Problematisch bei der Verbreiterung des öffentlich-rechtlichen Angebots ist vor allem die Tatsache, dass die im wesentlichen konstante Nachfrage der Werbewirtschaft mit einem begrenzten Finanzvolumen auf ein entsprechend verbreitertes Werbeangebot stößt. Mit einer Ausweitung öffentlich-rechtlicher Aktivitäten auf dem begrenzten Werbemarkt werden also mittelbar die Grundrechtspositionen der privaten Rundfunkanbieter und der Presse betroffen. So entfalten die Existenzgarantien Rückwirkungen auf die existenzwichtigen Einnahmequellen des Werbegeschäfts.[276]

3. Wirtschaftliche Folgen des Publizistischen Wettbewerbs

Doch auch außerhalb der unmittelbaren Konkurrenzsituation auf der Werbemarkt kommen sich die beiden Säulen der dualen Rundfunkordnung ins Gehege. Denn sie konkurrieren auch im so genannten publizistischen Wettbewerb, der *mittelbare* Auswirkungen auf die wirtschaftliche Situation der Privaten hat, mithin ebenfalls grundrechtsrelevant ist. So besteht auch bei werbefreien öffentlich-rechtlichen Rundfunkprogrammen die Gefahr einer Marktverdrängung, gelegentlich wird den Anstalten sogar die Absicht dazu unterstellt.

Während nämlich die öffentlich-rechtlichen Programme „staatlich bevorteilt"[277] sind, weil sie auf die vorhandene, gebührenfinanzierte Rundfunkinfrastruktur zurückgreifend können, müssen die privaten Wettbewerber ihre Programme im wesentlichen aus Werbeeinnahmen finanzieren. Das schlägt sich nicht nur nach Ansicht des Bundesverfassungsgerichts auf die Qualität des Programms nieder. Insofern verringert eine Ausweitung der Senderechte der öffentlich-rechtlichen Rundfunkanstalten in jeglicher Hinsicht zugleich die Chancen der privaten Wettbewerber, sich auf dem Markt zu behaupten. Die Chancen der Akzeptanz für die Mitbewerber werden weiter reduziert.[278] Dabei kommt es jedoch nicht allein zur Abschöpfung von Werbegelder von einem begrenzten Werbemarkt, sondern auch zum erheblichen Kampf um Marktanteile und Zuschauerreichweiten, die sich indirekt auf die (Werbe-)Einnahmen der privaten Anbieter auswirken (sog. „mittelbarer Wettbewerb"). Das hat die für die pri-

---

275 Vgl. *Ory*, AfP 1987, 466 (470).
276 *Selmer*, Bestands- und Entwicklungsgarantie für den öffentlich-rechtlichen Rundfunk in einer dualen Rundfunkordnung, S. 60.
277 *Bleckmann/Pieper/Erberich*, AfP 1997, 417 (423).
278 *Selmer*, Bestands- und Entwicklungsgarantie für den öffentlich-rechtlichen Rundfunk in einer dualen Rundfunkordnung, S. 58; *Ricker*, AfP 1992, 19 (21).

vaten Programme deswegen eine einschneidende Bedeutung, weil ja die Werbeerlöse in unmittelbarer Abhängigkeit von den Einschaltquoten stehen. So hat etwa die Einführung des fünften – werbefreien – Radioprogramms des NDR zu massiven wirtschaftlichen Einbußen bei den privaten Rundfunkanbietern im Norden Deutschlands geführt. „OK Radio", „RSH", „ffn" und „delta-Radio" mussten durch die Programmoffensive von „N-Joy Radio" und der damit verbundenen Programmsegmentierung zum Teil erhebliche Reichweitenverluste hinnehmen.[279] Ein anderes Beispiel bietet der private Kindersender „Nickelodeon", der im Juni 1998 dem Druck durch den öffentlich-rechtlichen und ebenfalls werbefreien „Kinderkanal" nicht mehr standhielt und seinen Sendebetrieb wegen zu geringer Marktanteile einstellen musste.[280]

Zu denken ist überdies an den Bereich des Bezahlfernsehens, wo bei den Rezipienten nur ein begrenztes Medienbudget zur Verfügung steht, das sich die Wettbewerber untereinander aufteilen müssten.[281] Was in diesem Bereich etwa für denkbare öffentlich-rechtliche Pay-Programme vom Verbraucher investiert wird, steht nicht mehr für privates Bezahlfernsehen zur Verfügung stehen. Insofern haben die vorwiegend publizistischen Qualitätsmerkmale von Fernsehprogramm, die über Reichweiten und Rezeptionsquoten entscheiden, Auswirkungen auf die wirtschaftlichen Situationen der Wettbewerber. In diesen wie in anderen Bereichen ist der publizistische vom wirtschaftlichen Wettbewerb kaum mehr zu trennen.[282]

4. Kabelverstopfung mit „ranghohen" Programmen

Der Zusammenhang zwischen der Grundversorgungsdogmatik und den Problemen einer Entwicklungsgarantie wird insbesondere aufgrund der schon jetzt bestehenden Frequenzknappheit in den Kabelnetzen deutlich – trotz, oder gerade wegen der Entscheidung der Landesmedienanstalten vom Juni 1995, alle verfügbaren Kanäle in den Kabelnetzen zur vollständigen Besetzung freizugeben.[283]

Aufgrund der absehbaren Verengung der Kabelnetze haben die Landesgesetzgeber Regelungen für die Belegung der Kabelkanäle getroffen. Hierbei sind grundsätzlich zwei Modelle zu unterscheiden. In den meisten Bundesländern gilt ein Rangfolgemodell, bei der nach einer festgelegte Rangfolge die Programme eingespeist werden: zunächst die gesetzlich bestimmten, also in der Regel öffentlich-rechtlichen Programme, dann die „ortsüblichen", die „ortsmöglichen" und zuletzt die „herangeführten" Programme. In Bayern, Sachsen und Berlin-Brandenburg haben die gesetzlich

---

279 *Bleckmann/Pieper/Erberich*, Öffentlich-rechtliche Spartenprogramme, S. 17.
280 Vgl. Hamburger Abendblatt Nr. 124/1998 v. 30.5.1998, S. 9.
281 Vgl. *Hoffmann-Riem*, Pay-TV im öffentlich-rechtlichen Rundfunk, S. 130. Zum publizistischen Wettbewerb siehe *Bleckmann/Pieper/Erberich*, Öffentlich-rechtliche Spartenprogramme, S. 84.
282 So auch *Bleckmann/Pieper/Erberich*, Öffentlich-rechtliche Spartenprogramme, S. 84.
283 Siehe FK Nr. 50/1996, S. 5.

bestimmten und die im Lande lizenzierten privaten Programme generellen Vorrang, während die anderen den Entscheidungen der Landesmedienanstalten unterliegen.[284]

Eine weitere Regelung ist § 38 SächsPRG, wonach in Kabelanlagen die nach § 11 SächsPRG zugelassenen Privatanbieter und die aufgrund sonstiger Gesetze für Sachsen veranstalteten Programme, also die vom Freistaats Sachsen sanktionierten staatsvertraglich geregelten Programme von ARD, MDR und ZDF[285] vorrangig einzuspeisen sind. Der VerfGH Sachsen hat die Regelung ausdrücklich anerkannt und als mit der Rundfunkfreiheit vereinbare Norm begrüßt.[286]

In jedem Fall wird den öffentlich-rechtlichen Programmen also ein höherer Rang eingeräumt, während private Programme bei Hinzutreten neuer öffentlich-rechtlicher Programm auf der Rangliste nach unten rutschen. Die Gefahr für die nachrangigen privaten Programme ist also groß, nicht mehr berücksichtigt oder nur noch über *channel sharing* verbreitet zu werden, während neue und „alte" öffentlich-rechtliche Programme stets einen Anspruch auf einen Kabelplatz genießen. Eine Gefahr liegt auch darin, durch den Vorrang anderer eine Abdrängung in einen der Sonderkanäle im Hyperband zu erfahren, da dort die Reichweiten niedriger und die wirtschaftlichen Chancen geringer sind. Schließlich sind doch erst etwa 30 Prozent der Fernsehgeräte mit einem Hyperband-Tuner ausgestattet.[287]

III. Zusammenfassung und eigener Befund

Eine unbegrenzte Expansion des Programmangebotes, wie sie *Niepalla* beschrieben hat,[288] kann unter den angeführten Gesichtspunkten der Gebührenexplosion, Marktverstopfung oder Kabelverdrängung auf gar keinen Fall möglich sein. Eine Bestands- und Entwicklungsgarantie kann schon wegen der betroffenen Grundrechtspositionen Dritter nicht isoliert betrachtet werden, sondern muss stets im Zusammenhang mit den anderen Grundrechtsträgern innerhalb des Kommunikationsprozesses des Art. 5 Abs. 1 GG gesehen werden.

Selmer weist zu Recht darauf hin, dass die verfassungsrechtliche Problematik der in ihrer Kumulation für die privaten Anbieter erdrückenden Privilegien, die die Bestands- und Entwicklungsgarantie den öffentlich-rechtlichen Anstalten ungeachtet ihrer glänzenden Marktposition zugesteht, offensichtlich sei. So erscheine bereits fraglich, ob und inwieweit die Zuerkennung von Bestands- und Entwicklungsprivilegien überhaupt noch in den Problemkreis der Ausgestaltung des Rundfunkwesens fällt und nicht schon in den Bereich des Wettbewerbsrechts.[289]

---

284 Vgl. *Breunig*, MP 1996, 195 (202 f.); Einige Rundfunkgesetz räumen außerdem den (privaten) Vollprogrammen eine besondere Stellung ein, vgl. *Bullinger*, ZUM 1994, 596 (597)
285 Für den sächsischen Raum sind das demzufolge „Das Erste", ZDF, „PHOENIX", „Kinderkanal", „mdr 3", „3sat" und „arte". Stand: 1997; Vgl. *Wille*, ARD-Jahrbuch '97, 442 (443).
286 VerfGH Sachsen, ARD-Jahrbuch '97, 443 (447).
287 *Schrape*, Digitales Fernsehen, S. 132.
288 Siehe oben § 3 D.II.1. (S. 166).
289 *Selmer*, Bestands- und Entwicklungsgarantie für den öffentlich-rechtlichen Rundfunk in einer dualen Rundfunkordnung, S. 59.

Das Bundesverfassungsgericht betont vor diesem Hintergrund zu Recht, dass „keine Pflicht des Gesetzgebers [besteht], jede Programmentscheidung, die die Rundfunkanstalten in Wahrnehmung ihrer Programmfreiheit treffen", zu tragen oder gar ihre Finanzausstattung sicherzustellen.[290] Die Bestimmung dessen, was zur Funktionserfüllung notwendig ist, könne nicht den Rundfunkanstalten allein obliegen, weil das der Ausgestaltungskompetenz des Gesetzgebers insbesondere bei grundrechtlichen Gemengelagen zuwiderliefe.[291]

Grundsätzlich braucht ohnehin wegen der notwendigen Frequenzzuweisung jedes neue Programm eine formelle gesetzliche Grundlage.[292] Die Entscheidung über eine Programmausweitung kann mithin nicht dem Rundfunkanbieter allein obliegen. Grundsätzlich gilt: Jeder generalklauselartigen Garantiebekundung wohnt ein Moment der Zukunftsgerichtetheit inne, das wegen Verstoßes gegen das rechtsstaatliche Vorbehaltsprinzip generell verfassungswidrig ist.[293] Denn Art. 5 Abs. 1 S. 2 GG fordert gesetzgeberische Flexibilität und Korrekturbereitschaft nach Maßgabe der zwischenzeitlich eingetretenen Entwicklung. Eine zeitlich vorverlagerte (Zukunfts-)Garantie präjudiziert das Ergebnis dieser Entwicklungen und ist somit eine nicht vertretbare Verkürzung späteren gesetzgeberischen Ermessens.[294] Eine *pauschale* Bestands- und Entwicklungsgarantie ist also wegen der ungesicherten prognostischen Grundlagen verfassungswidrig.

Soweit eine verfassungsrechtlich gebotene absolute Bestands- und Entwicklungsgarantie für den öffentlich-rechtlichen Rundfunk mithin nicht ersichtlich ist, bleibt zu überprüfen, inwieweit die vorhandenen einfachgesetzlichen Ausgestaltungen einer solchen Garantie dem Art. 5 Abs. 1 S. 2 GG entsprechen. Derartige Bestands- oder Entwicklungsgarantien stoßen ebenfalls nicht auf ungeteilte Zustimmung, wobei sich die Kritik an der Garantie als solcher entzündet. Dabei würde es jedoch eine Verengung der verfassungsrechtlichen Perspektiven bedeuten, wenn allein die Interessen potentiell konkurrierender privater Rundfunkanbieter ins Blickfeld gerückt würde. Beachtung muss auch die schutzwürdige verfassungsrechtliche Position der öffentlich-rechtlichen Anstalten selbst finden, die schließlich in vollem Umfang an der Rundfunkfreiheit teilhaben.[295]

Die Garantien der Landesrundfunkgesetze müssen in erster Linie im Lichte des Art. 5 Abs. 1 S. 2 GG ausgelegt werden. Insofern unterliegen sie den gleichen Beurteilungsmaßstäben wie auch die verfassungsrechtlichen Garantiebekundungen des Bundesverfassungsgerichtes. Einfachgesetzliche Entwicklungsgarantien können sich

---

290 BVerfGE 87, 181 (201).
291 BVerfGE 83, 130 (142); E 87, 181 (202); *Ory*, AfP 1987, 466 (469); vgl. auch § 3 B.VI.1. (S. 133).
292 *Bleckmann/Pieper/Erberich*, Öffentlich-rechtliche Spartenprogramme, S. 50, siehe oben, § 3 B.IV. (S. 129).
293 *Selmer*, Bestands- und Entwicklungsgarantien für den öffentlich-rechtlichen Rundfunk in einer dualen Rundfunkordnung, S. 64 ff.; zu den Mängeln in der gesetzlichen Ausgestaltung und Begründung vgl. *ders.*, S. 66 f.
294 *Selmer*, a.a.O., S. 68 f.
295 Vgl. *Bethge*, JöR 35 (1986), 103 (104 f.).

also ebenso wenig wie einfachgesetzliche Bestandsgarantien in absoluter Form auf den öffentlich-rechtlichen Rundfunk schlechthin beziehen und erst recht nicht die ARD als solche oder gar einzelne Programme, Programmteile, Sendungen oder Techniken sanktionieren. Denn auch hier gilt: *Pauschale* Garantien sind verfassungswidrig, weil sie die in Art. 5 Abs. 1 S. 2 GG angelegte und zwingend erforderliche gesetzgeberische Flexibilität vermissen lassen.[296]

Die Normen der Landesrundfunkgesetze müssen mithin, soweit sie pauschale Garantien aussprechen, verfassungskonform ausgelegt und reduziert werden, was zwingend zur Folge hat, dass die Bestands- und Entwicklungsgarantien stets im Zusammenhang mit der notwendigen Aufgabenerfüllung des öffentlich-rechtlichen Rundfunks zu sehen sind. Schließlich sagt das Bundesverfassungsgericht selbst, dass Programmgestaltungsfreiheit nicht bedeuten kann, dass *jede* Programmentscheidung einer Rundfunkanstalt finanziell zu honorieren wäre.[297] Vielmehr habe der öffentlich-rechtliche Rundfunk die Aufgabe, dafür zu sorgen, dass ein dem klassischen Rundfunkauftrag entsprechendes Programm für die gesamte Bevölkerung angeboten wird, das einerseits dem Wettbewerb mit den privaten standhalten kann, andererseits aber auch einen Wettbewerb mit den Privaten ermöglicht.[298]

1. Verknüpfung von Grundversorgung und Bestandsprivilegien

Den oben beschriebenen Gefahren für die Rundfunkfreiheit lässt sich daher nur begegnen, wenn die staatliche Rundfunkfinanzierung strikt an ihren Zweck gebunden ist. Sie soll den öffentlich-rechtlichen Rundfunk in den Stand setzen, die zur Erfüllung seiner Funktion erforderlichen Programme zu verwirklichen und auf diese Weise die Grundversorgung der Bevölkerung mit Rundfunk sicherzustellen.[299] Auch die Bestands- und Entwicklungsgarantie muss sich also an der Dogmatik der „Sondersituation" aus dem 1. Rundfunkurteil des Bundesverfassungsgerichts messen lassen und im Sinne der daran anschließenden Grundversorgungsdoktrin verstanden werden. Wenn also oben festgestellt wurde, dass die Grundversorgung das Mindestmaß dessen kennzeichnet, was notwendig ist, um in wirksamer Weise den klassischen Rundfunkauftrag zu erfüllen,[300] so bestätigt sich an dieser Stelle die These, dass die Grundversorgung zugleich das Höchstmaß des Erlaubten umreißt. Der Umfang der finanziellen Gewährleistungspflicht des Staates für die öffentlich-rechtlichen Anstalten wird von ihrer Funktion umgrenzt. Diese ist in ihren Grundzügen (durch die Grund-

---

296 *Selmer*, Bestands- und Entwicklungsgarantien für den öffentlich-rechtlichen Rundfunk in einer dualen Rundfunkordnung, S. 68.
297 BVerfGE 87, 181 (201).
298 Die Existenz eines Wettbewerbs ist eine unabdingbare Voraussetzung für ein Bestehen im Wettbewerb. Vgl. BVerfGE 90, 60 (92).
299 BVerfGE 90, 60 (93).
300 Siehe oben § 3 C.II. (S. 155 f.).

versorgungsdogmatik) verfassungsrechtlich festgelegt und wird durch die Rundfunkgesetzgebung der Länder konkretisiert.[301]

Hinsichtlich des Umfangs der Finanzierung ist es danach ausschlaggebend, dass die verfassungsrechtliche Zulässigkeit des dualen Systems von der Funktionstüchtigkeit des öffentlich-rechtlichen Rundfunks abhängt. Die Rundfunkgebühr ist so festzusetzen, dass der anderweitig nicht gedeckte Finanzbedarf des öffentlich-rechtlichen Rundfunks befriedigt wird. Zu diesem Finanzbedarf dürfen auch zum Schutz der Rundfunkgebührenzahler nur die Kosten derjenigen Programme gerechnet werden, die *notwendig* sind, um die Funktion des öffentlich-rechtlichen Rundfunks zu erfüllen (Funktionserforderlichkeit). Die bloße Zugehörigkeit zu den Funktionen des öffentlich-rechtlichen Rundfunks (Funktionseignung) genügt nicht.[302]

Aus diesem Grundsatz hat das Gericht für die Dauer der medienpolitischen Grundentscheidung des Gesetzgebers zugunsten einer dualen Rundfunkordnung die Bestand- und Entwicklungsgarantie des öffentlich-rechtlichen Rundfunks abgeleitet.[303]

Die essentielle Funktion des öffentlich-rechtlichen Rundfunks wiederum ist – wie mehrfach dargelegt – die Sicherstellung der Grundversorgung aller mit Rundfunk. Wenn das Bundesverfassungsgericht dem öffentlich-rechtlichen Rundfunk mithin eine Finanzierungsgarantie zugesprochen hat, so kann dies nur eines bedeuten: Der alimentierte Programmauftrag kann nur so weit gehen, wie dies zur Sicherung des Pluralismus erforderlich ist.[304] Oder wie NDR-Intendant *Plog* es ausdrücken würde: Die öffentlich-rechtlichen Sender haben nur dann eine Garantie für Bestand und Entwicklung zu erwarten, wenn sie dem Gebührenzahler als Gegenleistung Programme liefern, die dem Grundversorgungsauftrag entsprechen.[305]

Der finanzielle Gewährleistungsrahmen hat von seinem Umfang her also alles das sicherzustellen, was zur Grundversorgung gehört. Den öffentlich-rechtlichen Rundfunkanstalten ist die Finanzierung derjenigen Programme zu ermöglichen, deren Veranstaltung ihren spezifischen Funktionen nicht nur entspricht, sondern die zur Wahrnehmung dieser Funktionen auch erforderlich ist.[306]

Das gleiche gilt nach der Verfassungsrechtsprechung für die Programmverbreitung. Für die Übertragung der zur Grundversorgung gehörenden Programme können die öffentlich-rechtlichen Rundfunkanstalten für den Fall, dass nicht genügend Frequenzen oder Kanäle zur Verfügung stehen, Vorrang vor den Programmen der privaten Anbieter beanspruchen. Das geht aus dem „Baden-Württemberg-Beschluß" des

---

301 BVerfGE 87, 181 (200 f.).
302 BVerfGE 87, 181 (201 ff.); E 90, 60 (95).
303 BVerfGE 73, 118 (158); E 74, 297 (324 f.); E 83, 238 (298 f.); E 90, 60 (91).
304 *Bleckmann/Pieper/Erberich*, Öffentlich-rechtliche Spartenprogramme, S. 63 f.; *Kresse*, ZUM 1995, 178 (182).
305 *Plog*, erste von zwölf Thesen, abgedr. In: FK Nr. 16/1996, S. 8.
306 *Bleckmann/Pieper/Erberich*, Öffentlich-rechtliche Spartenprogramme, S. 66 f.; *dies.* AfP 1997, 417 (419); a. A. war 1987 *Kull*, der in der Kommentierung des 5. Rundfunkurteils einen gedanklichen Zusammenhang zwischen Grundversorgung und Bestandsgarantie noch kategorisch ablehnte, vgl. *Kull*, AfP 1987, 462 (463).

Bundesverfassungsgerichts hervor. Das ist im Umkehrschluss den Ausführungen zu solchen Programmen zu entnehmen, die jenseits der Grundversorgung liegen, und eben keine vorrangige, wohl aber eine gleichrangige Einspeisung beanspruchen können.[307]
Auch bei der Übertragung gilt also der Umfang der Funktionserforderlichkeit als Maßstab für die obere Begrenzung des Erlaubten.

2. Bestand Grundversorgungsfremder Leistungen

Das Erforderlichkeitskriterium erlaubt einen angemessenen Ausgleich zwischen der Programmautonomie der Anstalten und den vom Gesetzgeber wahrzunehmenden Interessen der Gebührenzahler.[308] Zur Gewährleistungspflicht gehört aber nach § 11 Abs. 1 RStV auch die Erfüllung der gesetzlichen Aufgaben, wie beispielsweise die Veranstaltung von regionalen Programmen.[309]

Schwierig wird die Beurteilung insofern dort, wo öffentlich-rechtliche Rundfunkanstalten Programme veranstalten, die außerhalb des klassischen Rundfunkauftrages liegen. Zwar würde die Einführung solcher Programme vom Gesetzgeber wohl nicht ohne weiteres gesetzlich legitimiert werden. Allerdings gehört zur Programmautonomie des Anstalten die wettbewerbsfähige Fortführung bestehender Programme und damit auch ihre konzeptionelle Veränderung, sogar in den Grundversorgungsfremden Bereich hinein.[310]

Derartige Programme könnten weder eine Bestands- noch eine Entwicklungsgarantie für sich in Anspruch nehmen. Die bloße Zugehörigkeit zu den Funktionen des öffentlich-rechtlichen Rundfunks genügt nicht.[311] Von Verfassungs wegen besteht kein Anspruch auf solche Programme, weil sie für die Erfüllung der Funktion des öffentlich-rechtlichen Rundfunks nicht erforderlich sind. Fraglich ist angesichts des umfassenden Programmangebots der ARD, inwieweit die Veranstaltung von Programmen, die nicht mehr zur Grundversorgung zu zählen sind, durch die Bestands- und Entwicklungsgarantie legitimiert werden.[312]

Immerhin wäre ja denkbar, dass die Landesrundfunkanstalten die Programme, die über den klassischen Rundfunkauftrag hinausgehen, quasi Grundversorgungsneutral finanzieren.[313] Das wiederum impliziert die Fragestellung, inwieweit die Programme der ARD-Anstalten, die am klassischen Rundfunkauftrag vorbeigehen, überhaupt verfassungsrechtlich zulässig sind. Die Antwort muss anhand der Systematik des Art. 5 Abs. 1 S. 2 GG gefunden werden.

---

307 BVerfGE 74, 297 (332 f.); vgl. *Niepalla*, Die Grundversorgung durch die öffentlich-rechtlichen Rundfunkanstalten, S. 115.
308 Vgl. BVerfGE 87, 181 (202); *Braun* u.a., ZUM 1996, 201 (207); *Ring*, Medienrecht, C-0.3 Rn. 7.
309 Vgl. zum Beispiel § 4 Abs. 3 WDR-G.
310 *Goerlich/Radeck*, JZ 89, 53 (60).
311 BVerfGE 87, 181 (201 ff.); E 90, 60 (95).
312 Vgl. auch *Mahrenholz*, Verfassungsfragen des Rundfunkfinanzausgleichs, S. 18; *ders.*, epd medien Nr. 46/1997, S. 30.
313 Vgl. *Kresse*, ZUM 1995, 178 (186).

Das Bundesverfassungsgericht hat in ständiger Rechtsprechung stets auf den dienenden Charakter der Rundfunkfreiheit hingewiesen.[314] Dabei handele es sich um eine institutionelle Garantie, die in erster Linie der aus dem Demokratieprinzip hergeleiteten Aufgabe der Pluralismussicherung diene und nicht der freien Selbstentfaltung des einzelnen.[315] Darüber hinaus hat das Bundesverfassungsgericht den öffentlich-rechtlichen Anbietern ein Abwehrrecht gegenüber staatlichen Eingriffen zugestanden.[316] Auch den zugelassenen privaten Anbietern muss dieses Recht zugebilligt werden.[317] Der Gesetzgeber ist im Rahmen seiner Ausgestaltungspflicht an den Verhältnismäßigkeitsgrundsatz gebunden.[318] Die objektive Garantie kann daher nur soweit greifen, wie der Auftrag zur Pluralismussicherung reicht. Demnach werden private Veranstalter in ihren eigenen Rechten betroffen, wenn die öffentlich-rechtlichen Anstalten über den klassischen Rundfunkauftrag hinausgehende Programme veranstalten. Die öffentlich-rechtlichen Programme besetzen zu einem erheblichen Teil den Zuschauermarkt, der ansonsten den privaten Anbietern zu Verfügung stehen könnte. Geschieht dies, ohne dass es zur Erfüllung des öffentlich-rechtlichen Auftrages erforderlich ist, wird damit in die Entwicklungsmöglichkeiten privater Rundfunkanbieter eingegriffen. Denn in diesem Fall ist das Engagement der öffentlich-rechtlichen Anstalten in den oben beschriebenen Verdrängungssituation nicht erforderlich und somit nicht zu rechtfertigen. Die Rundfunktätigkeit der Privatanbieter würde mithin in unzulässiger Weise substantiell erschwert.[319]

Der Betrieb von gebührenfinanzierten Programmen, die über den klassischen Rundfunkauftrag hinausgehen, verstößt folglich im Grundsatz gegen Art. 5 Abs. 1 S. 2 GG.

Gleichwohl hat nach dem Baden-Württemberg-Urteil der Gesetzgeber den öffentlich-rechtlichen Rundfunkanstalten auch jenseits der Grundversorgung grundsätzlich die freie Veranstaltung von Rundfunkprogrammen zu gleichen Bedingungen zuzulassen, da sich diese belebend auf den Meinungsmarkt auswirken. Diesen Programmen dürfe allerdings bei der Zuteilung knapper Frequenzen oder Kanäle kein Vorrang zukommen, wohl aber ein gleicher Rang wie die Programme der privaten Rundfunkanbieter.[320] Darin liegt die erste verfassungsrechtliche Einschränkung für Grundversorgungsfremde öffentlich-rechtliche Programme.

Eine zweite verfassungsrechtliche Einschränkung für die Rundfunkanstalten liegt in der Finanzzumessung für Grundversorgungsfremde Programme. Das Bundesver-

---

314 BVerfGE 57, 295 (319 ff.); E 73, 118 (152 f.); E 74, 297 (323); E 83, 238 (295, 315); E 87, 181 (197); E 90, 60 (87).
315 BVerfGE 87, 181 (197).
316 BVerfGE 31, 315 (322).
317 *Hesse*, Rundfunkrecht, S. 69 f.
318 BVerfGE 87, 182 (202); siehe oben § 3 B.VI. (S. 131)
319 Vgl. BVerfGE 83, 238 (311); *Kresse*, ZUM 1995, 178 (187).
320 BVerfGE 74, 297 (332 f.).

fassungsgericht ließ nämlich ausdrücklich offen, ob der Gesetzgeber auch für die Finanzierung von solchen Programmen Sorge tragen muss.[321]

Das Gericht beschreibt hingegen in seinem „Rundfunkgebührenurteil", in dem es die Eckpunkte der Rundfunkfinanzierung neu definiert hat, dass die Landesrundfunkanstalten auf die Verwirklichung von Programmen, die für die Erfüllung des klassischen Rundfunkauftrages nicht erforderlich sind, keinen *verfassungsrechtlichen* Anspruch haben. Vielmehr sei die Heranziehung von Rundfunkteilnehmern, die die Mittel für den öffentlich-rechtlichen Rundfunk aufbringen müssen, nur in dem Maß gerechtfertigt, das zur Funktionserfüllung geboten ist.[322]

Einer Rundfunkanstalt dürfen also für die Veranstaltung von Programmen jenseits des klassischen Rundfunkauftrages keine Gebühren zur Verfügung gestellt werden, soweit nicht wenigstens eine einfachgesetzliche Grundlage dafür besteht. Sie darf aber auch keine regulär, also für Grundversorgungs-Programme erhobene Gebühren für die Veranstaltung nicht erforderlicher Programme in Form einer Quersubventionierung heranziehen, weil sonst die Gewährleistung der Grundversorgung durch die Grundversorgungskonformen Programme gefährdet würde, deren Finanzierungsgrundlagen zwangsläufig ausgedünnt würden. Eine Quersubventionierung zu Lasten des Grundversorgungsauftrages wäre also verfassungsrechtlich unzulässig.[323]

Es ist deshalb ganz wichtig, zur rechtmäßigen Finanzausstattung ein Programm außerhalb des klassischen Rundfunkauftrages auf das Fundament einer gesetzlichen Grundlage zu stellen.[324] In diesem Fall würde die betreffende Anstalt eine gesetzliche Aufgabe wahrnehmen, eine Gebührenzumessung wäre mithin legitim.

Sollte der Gesetzgeber hingegen nicht bereit sein, eine gesetzliche Grundlage für solche Programme zu schaffen, wäre es sinnvoll und widerspruchsfrei, wenn sich die öffentlich-rechtlichen Anstalten freiwillig auf den klassischen Rundfunkauftrag mit all seinen Anforderungen beschränken. Anderenfalls könnte nämlich eine Einstellung Grundversorgungsfremder Programme von politischer Seite nicht angeordnet werden, weil eine Untersagung von einzelnen Programmen der Gewährleistung der Rundfunkfreiheit zuwiderliefe.[325] Eine solche Maßnahme müsste schlichtweg gegen das Prinzip der Staatsferne des Rundfunks verstoßen: Eine Abgrenzung zwischen einer gesetzlich verfügten Programmeinstellung zur Sicherstellung der Grundversorgung und einer solchen, die etwa ein politisch unliebsames Programm beenden soll, ist in der Praxis nur schwer zu finden – abgesehen davon, dass für ein *konkretes* Programmverbot wohl kaum ein *allgemeines* Gesetz zu finden ist, wie es Art. 5 Abs. 2 GG vorsieht.[326]

---

321 In BVerfGE 83, 238 (310) wird lediglich beschrieben, daß der Gesetzgeber für die Finanzierung der verfassungsrechtlich gebotenen, also grundversorgungsdienlichen Programme zu sorgen habe.
322 BVerfGE 90, 60 (92).
323 *Bleckmann/Pieper/Erberich*, Öffentlich-rechtliche Spartenprogramme, S. 83.
324 So auch *Bleckmann/Pieper/Erberich*, Öffentlich-rechtliche Spartenprogramme, S. 71.
325 Vgl. BVerfGE 74. 297 (346).
326 *Niepalla* geht davon aus, daß derartige Maßnahmen gar nicht notwendig würden, weil die Rundfunkanstalten die verfassungsrechtlichen Vorgaben „selbstverständlich" einhalten würden und auf

Ein Ausweg aus dem Spannungsfeld zwischen fehlendem Finanzanspruch und Programmgestaltungsfreiheit – wenn die Rundfunkanstalten nicht freiwillig ihr Grundversorgungsfremdes Programm einstellen, der Gesetzgeber das Programm aber auch nicht gesetzlich verbieten kann – liegt in einem quasi Grundversorgungsneutralen Betrieb des Programmes. Das könnte folgendermaßen aussehen: Die öffentlich-rechtlichen Anstalten müssten sich, wie ihre privaten Wettbewerber, auf dem gesetzlichen vorgeschriebenen Weg um Frequenzen und Kabelplätze bemühen (ohne freilich einen Vorrang bei der Vergabe zu genießen) und schließlich ihr Programm gebührenneutral finanzieren, etwa aus Werbeeinnahmen oder anderen Erträgen. Unter Berücksichtigung der grundrechtlich geschützten Wettbewerbschancen der privaten Rundfunkanbieter dürften die fraglichen öffentlich-rechtlichen Programme allerdings nicht auf die (gebührenfinanzierten) Infrastrukturen der Landesrundfunkanstalten zurückgreifen. Die Grundversorgungsfremden Programme müssten sich also am Markt exakt wie private Anbieter verhalten,[327] ohne aber selbst gewinnorientiert zu sein. Dabei dürfte sich auch eine getrennte Buchführung für die unterschiedlichen Projekte als erforderlich erweisen, um die Transparenz der Finanzierung zu gewährleisten. Nach der Rechtsprechung des Bundesverfassungsgerichts zum WDR-Gesetz muss jedenfalls verhindert werden, dass sich öffentlich-rechtliche Anstalten zu quasi privaten Großunternehmen wandeln könnten, die im Kern allein oder zumindest überwiegend wirtschaftliche Ziele verfolgen und damit die duale Rundfunkordnung unterlaufen.[328]

3. Garantie für technische und programmliche Entwicklungen

Auch die technischen und programmlichen Entwicklungen eröffnen sich den öffentlich-rechtlichen Anstalten nur in dem Maße, das für die Sicherstellung der Grundversorgung erforderlich ist. Dabei kann eine steigende Nachfrage sowohl in programmlicher als auch in technologischer Hinsicht in einem Bereich, der heute noch nicht vom Grundversorgungsbegriff umfasst wird, dazu führen, dass sich der Grundversorgungsbegriff wandelt und auch neue Technologien davon umfasst werden. Entwickelt sich etwa das Zuschauerverhalten weg von der Rezeption bestimmter Vollprogramme hin zur gezielten Auswahl themenorientierter Sendungen oder weg von der Nutzung terrestrischer Übertragung, muss die ARD darauf auch reagieren dürfen. Denn in einer derartigen Situation auf einer Fortführung der bestehenden Programmtypen zu beharren, widerspräche der Entwicklungsgarantie, die eben nicht primär technik- und auf das bestehende Programmangebot bezogen ist. Vielmehr legt das Bundesverfassungsgericht ausdrücklich dar, dass sich die Entwicklungsgarantie auch auf programmliche Entwicklungen bezieht.[329]

---

eine unangemessene Ausweitung ihrer Programme von selbst verzichten würden; vgl. *Niepalla*, Die Grundversorgung durch die öffentlich-rechtlichen Rundfunkanstalten, S. 149
327 Vgl. *Bleckmann/Pieper/Erberich*, Öffentlich-rechtliche Spartenprogramme, S. 100 f.
328 BVerfGE 83, 238 (302).
329 *Betz*, MP 1997, 2 (7); a.A. *Bleckmann/Pieper/Erberich*, a.a.O.

Das gilt auch für die Teilhabe an technischen Entwicklungen. Dürften sich diese nicht der ARD erschließen, müssten die Landesrundfunkanstalten bald mit einer vollkommen veralteten Technologie im publizistischen Wettbewerb bestehen. Wie unsinnig das wäre, zeigt das Beispiel des Farbfernsehens: Ohne gebührenfinanzierte Entwicklungsmöglichkeiten in der 60er Jahren würde das öffentlich-rechtliche Fernsehen noch immer schwarzweiß senden, und der Hörfunk hätte sich noch immer nicht auf Stereophonie umgestellt.[330]

Solange nicht zu erwarten ist, dass die vom Bundesverfassungsgericht befürchteten Ausgewogenheitsdefizite des privaten Rundfunks grundsätzlich entfallen, ist die Bestands- und Entwicklungsgarantie des öffentlich-rechtlichen Rundfunks wichtig und ggf. sogar auszubauen. Denn dem öffentlich-rechtlichen Rundfunk kommt für diese Situation nun einmal die Ausgleichsfunktion zu.

Dabei ist insbesondere die Vervielfältigung der Lebensformen, aber auch die Individualisierung der Lebenserfahrungen einzubeziehen, ebenso wie die Beweglichkeit sozialer Milieus, Szenen und Gruppen.[331] Berücksichtigt werden müssen auch die Rezeptionschancen der unterschiedlichen Programmformen und Sendeinhalte. Maßgeblich ist dabei der Umfang des Grundversorgungsauftrages, den die öffentlich-rechtlichen Anstalten wahrzunehmen haben.

Das ist der Maßstab, an dem die Beurteilung der Programme wie Programmvorhaben der ARD zu messen sein wird.

E. Die Kardinalfrage der Strukturdiskussion

Die bisherigen Ausführungen verdeutlichen die immense Bedeutung einer gründlichen Anwendung des Grundversorgungsbegriffes auf die Strukturen und Programme der ARD. Fast alle beschriebenen grundrechtlichen Problemkreise finden ihre Auflösung in der Abgrenzung dessen, was funktionserforderlich ist und was nicht: Die Grundversorgung des öffentlich-rechtlichen Rundfunks steht im Spannungsverhältnis zwischen den grundrechtlich geschützten Interessen des öffentlich-rechtlichen Veranstalters einerseits und der legislatorischen Einwirkungsbefugnis des Staates andererseits. Der Auftrag des Rundfunk definiert sich über die Grundversorgung, der Umfang von Bestand und Entwicklungsmöglichkeiten des öffentlich-rechtlichen Rundfunks ist mit der Grundversorgung verknüpft, die Anzahl der zulässigen und der erforderlichen Programme einer jeden Rundfunkanstalt wird letztlich durch die Grundversorgung definiert.

Allgemeingültige Abwägungs- und Abgrenzungsvorgaben lassen sich dabei nicht aufstellen. Parameter wie Rundfunkfreiheit auf der einen und Staatsferne sowie Parlamentsvorbehalt auf der anderen Seite stecken nur die Koordinaten der Argumentation ab. Im einzelnen bedarf es jedoch einer Ausdifferenzierung und Operationalisie-

---

330 Vgl. *von Sell*, in: ARD-Gespräch, S. 5 (7).
331 *Hoffmann-Riem*, Pay-TV im öffentlich-rechtlichen Rundfunk, S. 122.

rung des komplexen und kompakten Grundversorgungsbegriffes und der mit ihm korrespondierenden Bestands- und Entwicklungsgarantie.[332]

Glotz weist darauf hin, dass der Begriff der Grundversorgung auch deshalb so umstritten ist, weil er nicht nur für die Öffentlich-rechtlichen von großer Bedeutung ist, sondern auch im Interesse der privaten Rundfunkveranstalter eine Rolle spielt:

> Die Privaten definieren Grundversorgung eng, um die Konkurrenz der Öffentlichrechtlichen zurückzudrängen. Am liebsten hätten sie, wenn alle öffentlich-rechtlichen Sender sich verhielten wie ARTE oder 3sat, wie Channel Four in Großbritannien oder das Public Televison in den Vereinigten Staaten. [...] Umgekehrt neigen die öffentlich-rechtlichen Rundfunkanstalten dazu, ihren Grundversorgungsauftrag auf alles und jedes auszudehnen [...][333]

Damit aber stellt sich die Frage, welche Programme zur Gesamtheit der Grundversorgung zu rechnen sind, als die Kardinalfrage der zukünftigen Entwicklung der ARD dar. Hier schlägt die vom Bundesverfassungsgericht mit dem Idiom des „strukturell bedingten Dilemmas"[334] charakterisierte Problemlage voll durch.[335] Die Grundversorgung wird sich deshalb auch bei der Strukturdebatte weiterhin als Schlüsselbegriff und Reizthema gleichermaßen erweisen.[336]

Das gilt insbesondere, soweit man die Entwicklung hin zu einem europäischen Rundfunkmarkt auch auf die Beurteilung der Situation des Rundfunks in Deutschland auswirken lassen will. Folgt man der Ansicht des Bundesverfassungsgerichts zur Sicherstellung der Grundversorgung für jedermann durch die öffentlich-rechtlichen Rundfunkanstalten, so kann dies nur die Folge haben, dass zur Beurteilung der Rundfunksituation hierzulande auch das Programmangebot der ausländischen Rundfunkanbieter herangezogen werden müssen, soweit diese auf das Bundesgebiet ausgestrahlt werden. Das heißt also, dass der öffentlich-rechtliche Rundfunk in Deutschland auch die Aufgabe hat, vielfaltbezogene Defizite der ausländischen Anbieter auszugleichen.

Auf der anderen Seite kann aber deutsches Verfassungsrecht niemals erfordern, dass deutsche Rundfunkanbieter – soweit sich diese außerhalb der Bundesrepublik engagieren – dort auch eine Grundversorgung sicherstellen müssen. Das ist nur im Inland erforderlich. Dieselbe Erkenntnis gilt im übrigen auch für die einzelnen inländischen Landesrundfunkanstalten, deren erforderliches Versorgungsgebiet auf das eigene Sendegebiet beschränkt ist.

Die Zuordnung einzelner Programmkategorien zur Grundversorgung gestaltet sich auch aus diesem Grund problematisch. Sie entbehrt sowohl in Rechtsprechung als auch Literatur einer klaren Deduktion. Das Bundesverfassungsgericht selbst sagt hingegen, dass sich die Frage, welche Programme der öffentlich-rechtlichen Rundfunk-

---

332 *Bethge*, MP 1996, 66 (69).
333 *Glotz*, epd medien Nr. 30/1997, S. 7 (8).
334 BVerfGE 90, 60 (95).
335 *Kresse*, ZUM 1995, 67 (69).
336 Vgl. *Bethge*, MP 1996, 66.

anstalten im einzelnen zur Grundversorgung gehören, nicht isoliert für einzelne Programme oder Programmteile beantworten lässt, weil Grundversorgung stets eine Mehrzahl von Programmen voraussetzt.[337]
Die Frage, wie viele Programme aktuell Grundversorgung ausmachen, ist noch immer ungeklärt. Eine fixe Zahl vorgeschriebener und erlaubter Programme hat das Bundesverfassungsgericht bisher nicht genannt. Auch in Zukunft ist damit nach den hier zur Grundversorgung angestellten Überlegungen nicht zu rechnen.[338]

Um das Gesamtangebot der ARD und ihrer Anstalten am klassischen Rundfunkauftrag messen zu können, ist es mithin notwendig, die gesamte Programmstruktur der ARD auf ihre Grundversorgungskonformität unter Beachtung der Finanzierung der ARD-Anstalten sowie der von ihnen produzierten Programme zu untersuchen. Dabei muss zugleich berücksichtigt werden, dass die Rundfunkanstalten bei der Programmgestaltung über eine Einschätzungsprärogative für die Wertigkeit und Wichtigkeit ihres Grundversorgungsanliegen verfügen. Denn in der Art und Weise ihrer Funktionserfüllung sind die Rundfunkanstalten grundsätzlich frei. Die Bestimmung dessen, was die verfassungsrechtlich vorgegebenen und gesetzlich näher umschriebenen Funktion publizistisch erfordert, steht allein ihnen zu. Gerade darin liegt letztlich der Sinn der grundrechtlichen Gewährleistung des Art. 5 Abs. 1 S. 2 GG, die sich schließlich in erster Linie auf Inhalt und Form der Programme bezieht. In der Entscheidung über die Ausgestaltung der Programme liegt zugleich eine Entscheidung über die zu ihrer Verwirklichung benötigte Zeit und damit zugleich auch über Anzahl und Umfang der Programme. Diese Entscheidung wird daher ebenfalls grundsätzlich vom Schutz der Rundfunkfreiheit umfasst und ist primär Sache der Rundfunkanstalten.[339]

Wie lange die Grundversorgungsdogmatik noch derart im Mittelpunkt der Strukturdebatte stehen wird, ist nicht absehbar. *Libertus* weist zwar darauf hin, dass dies nur eine „Übergangszeit" sein wird, die den Privaten die Möglichkeit eröffnet, sich in den Grundversorgungsbereich hinein zu entwickeln.[340]

Nicht vereinbar mit der Verfassungsrechtsprechung ist die These, der öffentlich-rechtliche Rundfunk habe nur so lange die Grundversorgung sicherzustellen und damit seine Existenzberechtigung, wie der Privatfunk noch nicht voll ausgebildet und für alle empfangbar sei. Denn das Bundesverfassungsgericht sagt lediglich, dass an den privaten Rundfunk verminderte Anforderungen gestellt werden, solange und soweit die Wahrnehmung der Grundversorgung durch die öffentlich-rechtlichen Anstalten gesichert wird. Umkehrschlüsse lässt diese Aussage nur in eine Richtung zu.

Auch die technische Entwicklung der privaten Anbieter hat demnach keine Auswirkung auf die Dauer des Grundversorgungspostulates an den öffentlich-rechtlichen Rundfunk. Selbst wenn die gesamte Bevölkerung von kommerziellen Sendern und

---

337 BVerfGE 74, 297 (326).
338 Siehe oben: § 3 C.II. (S. 155 ff.).
339 BVerfGE 90, 60 (92); *Betz*, MP 1996, 2 (6); *Bethge*, MP 1996, 66 (69).
340 *Libertus*, Grundversorgungsauftrag und Funktionsgarantie, S. 98.

Sendungen erreicht wird, ändert sich nichts an den wirtschaftlichen Gegebenheiten, die ein breites und vielfältiges Programmangebot der Privaten eben nicht erwarten lassen.

Daran wird deutlich, dass für die verfassungsrechtliche Beurteilung der ARD der Zustand des privaten Rundfunks keine Rolle spielt. Denn nur der Stand des öffentlich-rechtlichen Rundfunks wirkt sich auf den privaten aus, nicht umgekehrt.[341]

Solange von den Privaten kein in seinem Inhalt breit angelegtes Angebot von Programmen zu erwarten ist, und für den Zeitraum der angestrebten Reformen in der ARD und weit darüber hinaus wird das zweifellos so sein, bleibt die Grundversorgung also das alleinige Maß aller Dinge.[342]

---

341 So auch *Berg*, MP 1987, 265 (270).
342 Vgl. zum Fortbestand der Grundversorgungsdogmatik § 4 B.III. (S. 198).

§ 4 Verfassungsrechtliche Beurteilung des Status quo der ARD

Im Mittelpunkt einer rechtlichen Bewertung der ARD-Strukturen steht nach den erarbeiteten verfassungsrechtlichen Voraussetzungen das Programm. Der öffentlich-rechtliche Programmauftrag ist Angelpunkt aller Entscheidungen über Strukturen, Finanzen und Technik. Nach der Systematik des Art. 5 Abs. 2 S. 1 GG muss bei allen Entscheidungen im Zusammenhang mit öffentlich-rechtlichen Rundfunkanstalten stets das kommunikationspolitische Ziel der publizistischen Vielfalt Berücksichtigung finden. Dieses muss zwar mit dem Ziel der ökonomischen Effizienz in Einklang gebracht werden; der programmbezogene Ansatz muss gleichwohl im Vordergrund stehen.[1]

Generell gilt es, bei der Beurteilung der Strukturmerkmale zwei Ebenen zu unterscheiden, die in der Realität miteinander verschwimmen und in vielen Fällen nicht zu trennen sind.

Auf der einen Ebene stehen die parlamentarischen Beschlüsse der Länder als Muttergemeinwesen aller öffentlich-rechtlichen Anstalten. Ihnen obliegen die Entscheidungen über die Grundlinien der Rundfunkordnung. Zu diesen zählen alle wesentlichen Dinge wie Regelungen der Finanzausstattung, Zuteilung der Frequenzen und Sendeplätze, aber auch Entscheidungen über die Gebietsstrukturen der Anstalten sowie über deren organisatorische Gliederung.[2]

Bei der Ausgestaltung der Rundfunkordnung kann der Gesetzgeber prinzipiell frei handeln. Angesichts der dogmatischen Systematik des Art. 5 GG müssen sich alle gesetzlichen Maßnahmen aber am rechtsstaatlichen Bestimmtheitsgebot und dem Verhältnismäßigkeitsgrundsatz im weiteren Sinne messen lassen. Soweit durch gesetzliche Entscheidungen über die Rundfunkordnung das Forum freier Meinungsbildung nicht verschlechtert wird, handelt es sich dabei um eine rechtmäßige Ausgestaltung.[3]

Auf der zweiten Ebene stehen die Beschlüsse der Landesrundfunkanstalten als Träger der Rundfunkfreiheit. Unterhalb der Gesetzesebene können sie sämtliche Entscheidungen über die Ausfüllung der gesetzlich umrissenen Rundfunkordnung autonom treffen. Dazu zählen neben den unmittelbaren Programmentscheidungen auch Entscheidungen über den Einsatz von Übertragungstechniken, den Abschluss von Kooperationsvereinbarungen sowie ihm Rahmen der gesetzlichen Vorgaben Beschlüsse über Auslagerungen und Privatisierungen.

Verfassungsrechtlicher Maßstab für alle kostenträchtigen Entscheidungen der ARD ist das Merkmal der Funktionserforderlichkeit. Die öffentlich-rechtlichen Anstalten haben einen Anspruch auf hinreichende Finanzierung all dessen, was zur Aufrechterhaltung ihrer Funktion erforderlich ist. Als Funktion der öffentlich-rechtlichen Anstalten ist der klassische Rundfunkauftrag und die Sicherstellung der Grundversorgung aller mit Rundfunk anzusehen. Die ARD hat den Auftrag, zur Sicherung der

---
1 Vgl. *Gläser*, in: Kops/Sieben, S. 275 (278).
2 Vgl. § 3 B.VI.1. (S. 133).
3 Siehe oben § 3 B.VI.1. (S. 133).

Meinungsvielfalt und Wiedergabe aller kulturellen und gesellschaftlichen Strömungen beizutragen. Sie hat die Pflicht, die Grundversorgung der Gesellschaft mit Rundfunk sicherzustellen.[4] Dazu hat sie in möglichster Breite und Vollständigkeit zu informieren.[5]

Im Rahmen der Grundversorgung steht den Landesrundfunkanstalten – und das ist für die rechtliche Beurteilung von besonderem Interesse – eine volle Programmautonomie zu. Bezüglich der Ausfüllung kommt ihnen mithin eine Einschätzungsprärogative zu, die nicht in vollem Umfang einer rechtlichen Überprüfung zugänglich ist.[6] Es ist allein Sache der Anstalten, aufgrund ihrer eigenen professionellen Maßstäbe zu bestimmen, was der Rundfunkauftrag in publizistischer Hinsicht verlangt.[7]

In dieser Untersuchung wird daher zunächst die Rechtmäßigkeit der Organisationsstrukturen der ARD und der einzelnen Landesrundfunkanstalten untersucht. Dabei stehen vor allem Kooperationen und die Tendenz zum Outsourcing, also zur Auslagerung von Betriebseinheiten auf privatrechtliche Tochterunternehmen, im öffentlichen Interesse. Davon versprechen sich die Anstalten erhebliche Einspar- und Synergiepotentiale,[8] wobei sie aber in den meisten Fällen auf die Mitwirkung des Gesetzgebers angewiesen sind. Bei einer Beurteilung der Rechtmäßigkeit einzelner Programmkooperationen spielen auch wettbewerbs- und kartellrechtliche Fragen eine Rolle, insbesondere auf europäischer Ebene.

Es folgt der Blick auf die der Programmgestaltung vorgelagerten „1. Stufe".[9] Nach der Rechtsprechung des Bundesverfassungsgerichts ist schließlich Voraussetzung für die Grundversorgung, dass die ARD-Programme in ihrer Gesamtheit technisch geeignet sind, „für alle" zu empfangen zu sein. Deshalb gilt es zu klären, welche Übertragungstechniken die Grundversorgung zum aktuellen Zeitpunkt dadurch garantieren können, dass sie in der Lage sind, alle Rezipienten zu erreichen. Denn nur Programme, die auf diesen Wegen verbreitet werden, sind überhaupt Grundversorgungsrelevant.

Erst im Anschluss kann die Grundversorgungskompatibilität der einzelnen ARD-Programme beurteilt werden, weil deren Funktionserforderlichkeit auch vom individuellen Übertragungsweg abhängen. Hierbei wird es um die Frage gehen, ob das Gesamtangebot der öffentlich-rechtlichen Rundfunkanstalten geeignet ist, die Grundversorgung für alle sicherzustellen. Diese ist umfassend und nicht nur als Minimalversorgung zu verstehen.[10] Sie beschränkt sich nicht nur auf politische, bildende oder informierende Sendungen. Keine Programmrichtung oder Sparte ist von der Grundversorgung ausgeschlossen.[11] Insbesondere gehören auch kulturelle und unterhaltende

---

4   Vgl. § 3 A. (S. 123).
5   Vgl. § 3 A.I. (S. 124).
6   Siehe oben § 3 B.VI.1. (S. 133).
7   Vgl. § 3 D.I. (S. 164).
8   Vgl. *Kresse*, ZUM 1995, 178 (186).
9   Siehe oben § 3 C.I. (S. 145).
10 Vgl. § 3 C.II.3.a. (S. 160).
11 Siehe oben § 3 C.I.1.a. (S. 146).

Sendungen zum Programmauftrag der ARD.[12] Diese Grundsätze sind bei der Beurteilung des Programmangebotes zu beachten.

Abschließend kommen die Finanzstrukturen der ARD auf den verfassungsrechtlichen Prüfstand. Dabei ist zu beachten, dass nur die zur Aufrechterhaltung der Funktion erforderlichen Leistungen der ARD einer Finanzierungsgarantie unterliegen. Bei der Beurteilung der Mischfinanzierung wird es zudem auf die Frage ankommen, mit welcher Finanzierungsform die ARD den geringsten politischen oder gesellschaftlichen Einflüssen ausgesetzt wird.

A. Organisationsstrukturen

Der Gesetzgeber hat sich beim organisatorischen Aufbau des öffentlich-rechtlichen Rundfunks und damit der ARD und der in ihr zusammengeschlossenen Anstalten für den „Binnenpluralismus" organisatorisch festgelegt. Lediglich an der Struktur der Gemeinschaft wurde Kritik laut, insbesondere von den Ministerpräsidenten Bayerns und Sachsens, *Stoiber* und *Biedenkopf*. Sie begründen ihre Forderung nach einer Abschaffung des Gemeinschaftsprogrammes vor allem mit der Entwicklung der Gemeinschaft zu einem „konzernähnlichen Gebilde" unter der Führung des WDR, die zu einer nachhaltigen Verringerung der Selbständigkeit der Landesrundfunkanstalten geführt habe.[13] Die Ministerpräsidenten kritisieren, dass der gegenwärtig in der ARD praktizierte Finanzausgleich dem Prinzip des Wettbewerbs widerspreche und das nötige Kostenbewusstsein beeinträchtige.[14] Dadurch komme es zu wirtschaftlichen Abhängigkeiten der kleineren Anstalten, die weder mit dem Gedanken der Vielfalt, noch mit der Notwendigkeit von Wettbewerb miteinander vereinbar sind. Faktisch sei der WDR so zu einer die ARD dominierenden Anstalt geworden.[15]

Die ARD ist jedoch eine Arbeitsgemeinschaft von selbständigen Rundfunkanstalten und kein Medienkonzern, der von irgendjemand geleitet oder gar übernommen werden kann. Gemäß § 4 Abs. 3 ARD-Satzung (ARD-S) haben alle Landesrundfunkanstalten eine Stimme bei Mehrheitsbeschlüssen in der Gemeinschaft. Eine Stimmengewichtung wie sie für die Länder im Bundesrat vorgesehen sind, gibt es in der ARD nicht.[16] Nach § 4 Abs. 2 ARD-S müssen die meisten Beschlüsse sogar einstimmig gefasst werden. Eine vorherrschende Macht in der Gemeinschaft wird dadurch also schon von der Satzung her ausgeschlossen.

Ein gewisses Übergewicht des WDR besteht gleichwohl. Als finanzstärkster Sender liefert er mit 22 Prozent den größten Bestandteil des Gemeinschaftsprogramms und genießt das Privileg, besondere Gemeinschaftsaufgaben federführend zu leiten. Auch muss konzidiert werden, dass mehrere für den Meinungsbildungsprozess wichtige Sendungen wie Berichterstattungen über Parteitage oder „Monitor" ebenso vom

---

12 Siehe oben § 3 C.I.1.e. (S. 150).
13 *Stoiber/Biedenkopf*, MP 1995, 104 (105).
14 *Stoiber/Biedenkopf*, MP 1995, 104 ff. (These 14).
15 Mehr dazu unten § 5 B.I.1.b. (S. 311).
16 Vgl. dazu § 5 B.I.1.c. (S. 314).

WDR hergestellt werden wie meinungsrelevanten Unterhaltungsserien wie „Lindenstraße". Der WDR nimmt mit seinen Auslandsstudios, vor allem in den politisch besonders wichtigen Städten Brüssel, Moskau und Washington, D.C., eine führende Rolle im ARD-Korrespondentennetz ein.[17]

Von einer Konzentration von Koordinations- und Kontrollaufgaben mit Programmbezug beim WDR kann dennoch nicht die Rede sein. Das Erste Fernsehprogramm setzt sich aus Beiträgen aller Rundfunkanstalten zusammen und wird, wie beschrieben, durch eine Programmkoordination vorstrukturiert und entsteht durch Beschlüsse der Programmkonferenz. Nur eine von acht Koordinationen innerhalb der ARD ist beim WDR angesiedelt. In keiner der neun Arbeitsgruppen der Fernsehprogrammkonferenz hat der WDR den Vorsitz. In der Fersehprogrammkonferenz hat er, wie in der Intendantenkonferenz, nur eine Stimme.[18] Solange innerhalb der Gemeinschaft die Entscheidungsfindung ausschließlich nach dem Prinzip „ein Sender, eine Stimme", ungeachtet der Größe und Leistungsfähigkeit der einzelnen Anstalten erfolgt, schließt das Einstimmigkeitsprinzip eine Hegemonie zumindest bei grundlegenden Entscheidungen aus. Von einer „Konzernführung" des WDR kann also de facto keine Rede sein. Die Argumente von *Stoiber* und *Biedenkopf* müssen mithin wohl als vorwiegend politisch motivierte Angriffe gegen den den Unionspolitikern unliebsamen WDR zu werten sein.

I. Binnenplurale Anstaltsstrukturen

Die Organisations- und Verfahrensbestimmungen der Staatsverträge und Rundfunkgesetze stellen eine rechtmäßige Ausgestaltung der Rundfunkordnung dar, die dem freien individuellen und öffentlichen Meinungsbildungsprozess förderlich sind und als optimale Möglichkeit gelten, die Konzentration von Meinungsmacht zu verhindern.

Dem Gesetzgeber steht bei der Festlegung der Organisationsstrukturen der öffentlich-rechtlichen Rundfunkanstalten eine Ausgestaltungsfreiheit zu. Aus diesem Grund müssen diese auch nicht bei allen Landesrundfunkanstalten exakt übereinstimmen. Auch strukturelle Unterschiede wie bisher bei Radio Bremen sind insofern verfassungsrechtlich unbedenklich, solange keine Einwände gegen die Tauglichkeit zur Förderung der Kommunikation bestehen. Entscheidend ist schließlich nur, dass die Organe durch die Landesgesetze und anstaltsinterne Vorschriften einen entscheidenden Einfluss auf die Programmgestaltung haben.[19] Dass dies bei allen Landesrundfunkanstalten der Fall ist, ist unbestritten.

Insbesondere die Zusammensetzung des Rundfunkrates mit allen gesellschaftlich relevanten Gruppen ist Ausdruck des Pluralismusgedanken. Der Rundfunkrat überwacht die Programmgestaltung und kontrolliert, ob wirklich alle Gruppierungen im

---

17 Vgl. Der Spiegel Nr. 6/1995, S. 18 (21).
18 Vgl. Äußerungen von *Nowottny*, FK Nr. 5/1995, S. 5.
19 *Niepalla*, Die Grundversorgung durch die öffentlich-rechtlichen Rundfunkanstalten, S. 127 f.

Programm der Anstalt in ausreichendem Maße zu Wort kommen. Diese binnenpluralistischen Organisationsstrukturen der Landesrundfunkanstalten und der ARD werden offenbar nicht in verfassungsrechtliche Frage gestellt. Sie sind mehrfach Gegenstand der Prüfungen des Bundesverfassungsgerichtes gewesen und von diesem stets als rechtmäßig beurteilt worden.[20] Auch in der Literatur bestehen offenbar keine Zweifel an der Recht- und Zweckmäßigkeit des Binnenpluralismus.

II. Auslagerungen an private Produktionsfirmen

Probleme bezüglich seiner Struktur bereitet hingegen der MDR. Dort erscheint die ausgedehnte Beteiligung der Anstalt an Studio- oder Produktionsunternehmen nicht nur unter dem Aspekt der Programmfreiheit bedenklich. Denn von dieser werden solche Tätigkeiten des öffentlich-rechtlichen Rundfunks nicht mehr erfasst, die nicht seinem Programmauftrag dienen oder bei denen „rein erwerbswirtschaftliche Ziele" verfolgt werden.[21] Zudem besteht der Einwand, dass die Auslagerungen und Privatisierungen die Grundsätze der Gebührenfinanzierung verletzen und damit die Erfüllung des Programmauftrages gefährden.[22]

Das „Agieren auf dem Markt", wie es MDR-Intendant *Reiter* anstrebt,[23] kann jedenfalls kein Ziel für eine öffentlich-rechtliche Rundfunkanstalt sein. Nach den vom Verfassungsgericht aufgestellten Kriterien ist nämlich alles bedenklich, was öffentlich-rechtliche Rundfunkanstalten über das Anstaltsprinzip hinaus erwerbswirtschaftlich betätigen. In seiner „NRW-Entscheidung" hat das Gericht befunden, dass eine Gefährdung der Grundversorgung in dem Moment vorliegt, in dem sich die wirtschaftliche Betätigung einer Rundfunkanstalt zum Selbstzweck wandelt und diese damit quasi als Wirtschaftsunternehmen agiert. Nach § 36 MDR-StV darf sich die Anstalt deshalb nur in Ausnahmefällen an einem Unternehmen beteiligen, das einen wirtschaftlichen Zweck verfolgt – zum Beispiel, wenn das aus Gründen der Wirtschaftlichkeit geboten ist und es der Erfüllung der gesetzlichen Aufgabe dient.

Dabei bedarf es insbesondere einer Vergleichsrechnung, ob die vom Outsourcing betroffenen Bereiche bei Inanspruchnahme der Ausnahmeregelung durch die Verlagerung der anstaltseigenen Gesellschaften dem Grundsatz der Wirtschaftlichkeit und Sparsamkeit genügen. Ergeben sich durch die Auslagerung keine Vorteile muss es nach dem Regel-Ausnahme-Prinzip des § 36 MDR-StV beim Verbot einer Beteiligung an Gesellschaften und mithin einer Erfüllung der Aufgabe mit anstaltsinternen Mitteln bleiben.

Diese Feststellung der Wirtschaftlichkeit aber blieb der MDR bis zum Beschluss der Auslagerungen schuldig. Hier wäre eine detaillierte und plausible Berechnung notwendig gewesen, dass die Auslagerungen wirklich zu Kostenersparnissen führen.

---

20 BVerfGE 12, 205 (262), seitdem ständige Rspr., zuletzt in BVerfGE 73, 118 (153, 157, 171).
21 BVerfGE 83, 238 (311).
22 So MDR-Mitarbeiter in einer Resolution gegen die Auslagerungen, vgl. *Leifer*, Journalist Nr. 7/1998, S. 78; siehe Journalist Nr. 8/1997, S. 22.
23 Vgl. *Leifer*, Journalist Nr. 7/1998, S. 78.

Der MDR errechnete lediglich, dass die Anfangsinvestitionen erst im Jahr 2011 aufgefangen sein würden, wenn der so genannte „Break-Even-Point" erreicht sei.[24] So konnte es kaum verwundern, dass die KEF Ende 1999 sogar zu dem Ergebnis kam, dass der Aufwand des Outsourcing bei MDR den wirtschaftliche Nutzen dauerhaft übersteige. In der kommenden Gebührenperiode am 2001 habe die Auslagerungspolitik des MDR den von der gesamten ARD angemeldeten Finanzbedarf um 160,24 Mio. € erhöht. Das Break-Even sei, so die KEF, überdies nur „im günstigsten Fall" zu erreichen. Mit einem Ausgleich von Investitionen und Einsparungen sei tatsächlich erst im Jahr 2020/21 zu rechnen.[25]

Die fehlenden fundierte Berechnungen beim MDR sind aber noch in einer weiteren Hinsicht problematisch. Sie beweisen nämlich, dass durch die Beauftragung von privaten Tochterfirmen mit Produktionsvorhaben die Kostentransparenz der Rundfunkbetätigung verloren gehen könnte. Die Verwendung von Gebühren wird damit der Kontrolle der Gremien entzogen. Die Gebührenzumessung gerät zum Ratespiel.

Das hat auch der Sächsische Landesrechnungshof kritisiert. Durch die Ausgliederungen beim MDR werden die Kontrolle der Verwendung öffentlicher Gelder erschwert, heißt es in einem Gutachten, das im November 1999 vorgelegt wurde.[26] Eine solche Umgehung der Rechtaufsicht des Muttergemeinwesens darf bei einer öffentlich-rechtlichen Anstalt keinesfalls geduldet werden. Es ist daher ganz wichtig, dass der MDR sowohl der KEF als auch dem Rechnungshof erweiterte Prüfmöglichkeiten einräumt, um die wirtschaftlichen Vorgänge bei seinen Tochterunternehmen transparent zu machen.

Außerdem besteht bei der „Media & Communication Systems" (MCS) wie bei der „Drefa Atelier Medienholdig GmbH", in denen die Produktionstechniken privatisiert wurden, die Gefahr einer Überbetonung wirtschaftlicher Gesichtspunkte. Beide Gesellschaften sollen nämlich ausdrücklich auch Dritterlöse erzielen und Arbeitsplätze schaffen. Nach der Verfassungsrechtsprechung darf die Produktionskapazität der MDR-Tochter, die Dritten zur Verfügung gestellt wird, gegenüber der Produktion für die Mutter nicht überwiegen oder diese gar verdrängen. So dürfen beispielsweise Produktionen für den MDR terminlich nicht hinter Produktionen für Dritte zurückgestellt werden.

Nach dem Abgrenzungskriterium der dienenden Funktion für den Meinungsmarkt kann eine Beteiligung an einem Produktionsunternehmen nur dann unter die erlaubte Randnutzung fallen, wenn der Sender dort eigene Beiträge produzieren lässt, mit denen er seinem Programmauftrag nachkommt. Das ist zumindest nach den vom MDR benannten Unternehmenszielen der Fall, weshalb bisher noch keine Einwände gegen die Auslagerungen bestehen. Allerdings wäre die programmspezifische Funktion nicht mehr erfüllt, wenn sich eine der Rundfunkanstalten an solchen Unternehmen

---

24 Siehe die Kleine Anfrage im Landtag von Sachsen, vgl. *Leifer*, Journalist Nr. 7/1998, S. 78; Journalist Nr. 1/2000, S. 6.
25 Berechnung der KEF, vgl. Journalist Nr. 1/2000, S. 6.
26 Hamburger Abendblatt Nr. 259/1999 v. 05.11.1999, S. 9.

beteiligt, deren Unternehmenszweck oder deren Unternehmenspraxis hauptsächlich in der Fremdproduktion zu sehen ist, wenn also erwerbswirtschaftliche Zwecke im Vordergrund stehen. Denn damit würde weder die Grundversorgung noch in sonstiger Weise der klassische Rundfunkauftrag gefördert.[27] Diese Grundsätze muss der MDR beachten, seine Auslagerungstendenzen dürfen keinesfalls eine rein erwerbswirtschaftliche Tätigkeit entwickeln. Denn das wäre nicht von der Programmfreiheit gedeckt und damit verfassungsrechtlich nicht zulässig.

Nach den Grundsätzen der Verfassungsrechtsprechung umfasst die unerlässlich Grundversorgung stets auch eine technische Komponente. Zur Grundversorgung gehören die Bereitstellung einer Übertragungstechnik, die einen Empfang der Programme für alle sicherstellt, sowie ausreichende Produktionsstätten, ohne die keine adäquate Programmgestaltung erfolgen kann. Denn die sinnlich-ästhetische Gestaltung eines Programmbeitrages kann nicht von seinem Inhalt getrennt werden. Das Gericht hat dazu umfassende technische Voraussetzungen bei allen Rundfunkanstalten gefordert.[28]

Eine Rundfunkanstalt, die über keine oder nur sehr wenige eigene technische Produktionskapazitäten verfügt, verliert die erforderlichen Voraussetzungen für eine selbständige Erfüllung der Grundversorgungsaufgabe. Diese muss auch vom MDR gewährleistet werden können. Die mit der vollständigen organisatorischen Trennung von Redaktion und Technik aufgegebene Möglichkeit der Eigenproduktion („Kaputtschrumpfen"[29]) gefährdet die Unabhängigkeit des öffentlich-rechtlichen Rundfunks von privaten oder anderen öffentlich-rechtlichen Produktionseinheiten. Denn die Programme müssen jederzeit in der für die Grundversorgung erforderlichen ausgewogenen Vielfalt, auch hinsichtlich sinnlicher Qualität und ästhetischer Gestaltung, verfügbar sein. Die Eigenproduktionsfähigkeit jeder Anstalt ist Garant sowohl für ihre ökonomische als auch publizistische Unabhängigkeit. Die verfassungsrechtliche Verpflichtung zur Sicherstellung der Grundversorgung umfasst daher ebenso die Pflicht, die Produktionen durch eigene Herstellungseinheiten zu gewährleisten.[30]

Schon jetzt werden jedoch Befürchtungen laut, dass die ARD und insbesondere der MDR einen Personalstand an der Untergrenze dessen aufweist, was zur Wahrung der Unabhängigkeit notwendig ist.[31] Das darf nicht passieren!

Die Auslagerung von Arbeitseinheiten und Teilleistungen im Bereich privatwirtschaftlicher Organisationen kann nicht Selbstzweck sein, sondern muss sich stets an den Funktionserfordernissen legitimieren. Bei allem verständlichen Bemühen „um eine schlanke Rundfunkanstalt" ist zu vermeiden, dass diese in die Magersucht getrieben wird.[32] Soweit der MDR seine Technik und das dazugehörige Personal voll-

---

27 Vgl. *Ricker*, in: Ricker/Schiwy, Kap. F Rn. 49.
28 BVerfGE 83, 238 (331 f.); BVerfGE 73, 118 (155 ff.); vgl. *Biervert*, ZUM 1998, 19 (22).
29 *Biervert*, ZUM 1998, 19 (20); *Henke von der Kamp*, Journalist Nr. 7/1999, S. 18 ff.
30 *Hoffmann-Riem*, Rundfunkneuordnung in Ostdeutschland, S. 74; *Biervert*, ZUM 1998, 19 (23).
31 Siehe Journalist Nr. 2/1998, S. 27.
32 *Hoffmann-Riem*, Rundfunkneuordnung in Ostdeutschland, S. 81.

ständig privatisiert, müssen ihm auch die Möglichkeiten zum ungehinderten Zugriff auf diese Ressourcen zustehen. Muss er somit seine Produktionsfähigkeit nur über Verträge mit privaten Unternehmen sichern, so begibt er sich damit eine externe Abhängigkeit. Dieses Gefahr bildet die Grundlage für die Regelung in § 7 Abs. 1 S. 1 MDR-StV, nach der die Anstalt im Rahmen ihres Programmauftrages nur in *angemessenem* Umfang Dritte mit der Herstellung von Rundfunkproduktionen beauftragen soll. Auch § 6 Abs. 2 RStV fordert, dass die Fernsehvollprogramme aller Anstalten neben Auftrags- und Gemeinschaftsproduktionen einen wesentlichen Anteil an Eigenproduktionen enthalten sollen. Die beschriebene Entwicklung aber kollidiert mit der Pflicht des MDR, jederzeit selbst in der Lage zu sein, die Grundversorgungsaufgabe erfüllen zu können, und zieht somit Grenzen zur Unangemessenheit, die § 7 Abs. 1 S. 1 MDR-StV benennt. Der MDR muss deshalb für technische Produktionsfaszilitäten sorgen, die jederzeit die Aufrechterhaltung des technischen Betriebes ermöglichen.[33]

Die Verlagerung von Produktionen an Dritte setzt darüber hinaus voraus, dass bei der verlagernden Anstalt selbst hinreichende personelle und organisatorische Kapazitäten bestehen, um die Grundlage einer real ausgeübten Programmverantwortung laufend zu sichern. Beim Outsourcing besteht eine grundsätzliche Gefahr für die Unabhängigkeit der Programmgestaltung. So warnt *Hoffmann-Riem* davor anzunehmen, das technische Personal habe keinen relevanten Einfluss auf das Rundfunkprogramm. Vielmehr sei allgemein bekannt, dass Kameraleute und auch Cutter inhaltlich selegieren und damit Einfluss auf das Produkt nehmen können.[34] Auch die Leitung von privaten Produktionsgesellschaften und „kreativen" Abteilungen brauche eine wirkungsvolle Kontrolle nach den Maßstäben des öffentlich-rechtlichen Programmauftrages. Sollen solche Unternehmen nämlich besonders preisgünstig produzieren, so kann nicht ausgeschlossen werden, dass sie versucht sein könnten, unter dem Schutzmantel mangelnder Transparenz zu kostensparenden Abstrichen zu kommen, selbst wenn diese mit dem öffentlich-rechtlichen Programmauftrag kollidieren. Die Praxis der Erzielung zusätzlicher Einnahmen durch *product placement*, also der getarnten Einbindung von Produktwerbung in Rundfunkprogramme, ist nur ein möglicher Weg, wie Produktionsbetriebe zusätzliche Einkünfte erzielen und dabei auch die Grundsätze manipulationsfreier Berichterstattung verletzen.[35] Folgerichtig bezweifeln der Deutsche Journalistenverband (DJV), die Deutsche Angestellten-Gewerkschaft (DAG) und die IG Medien, dass Fremdunternehmen jederzeit in der Lage sind, den Programmanforderungen zu genügen.[36]

Outsourcing darf nicht zu Lasten der Programmgestaltungsmöglichkeiten und der programmlichen Unabhängigkeit der Anstalten führen. Insofern ist es geboten, die Tätigkeit der privaten Produktionsgesellschaften in hinreichender Weise anzuleiten

---

33 *Hoffmann-Riem*, Rundfunkneuordnung in Ostdeutschland, S. 74.
34 *Hoffmann-Riem*, Rundfunkneuordnung in Ostdeutschland, S. 73.
35 *Hoffmann-Riem*, Rundfunkneuordnung in Ostdeutschland, S. 82; *Springer*, Schleichwerbung, S. 63.
36 Siehe Journalist Nr. 2/1998, S. 27.

und zu kontrollieren. Eine Auslagerung in den privaten Bereich setzt daher ebenso Sicherungen voraus wie beim redaktionellen Personal, allerdings abgestimmt auf die Besonderheiten der technischen Leistungen. Dabei wird es regelmäßig nicht damit getan sein, eine Person mit der Aufgabe der Koordination zu betrauen.[37]

Eine Auslagerung von Produktionseinheiten auf Unternehmen, an denen auch private Konzerne beteiligt sind, insbesondere solchen, die der Medienbranche angehören, müssen also Grenzen haben. Diese Konstellation ist bei der „Drefa Atelier Medienholdig GmbH" gegeben, an der auch die Kirch-Gruppe beteiligt ist. Hier dürfen beispielsweise dem privaten Teilhaber keinerlei Sperrminoritäten eingeräumt werden, noch darf dieser über die Mehrheitsrechte an der Tochtergesellschaft verfügen. Auch ist darauf zu achten, dass der Programmauftrag der öffentlich-rechtlichen Anstalten „nicht auf diesem Weg von anderen, insbesondere tendenziösen oder kommerziellen Orientierungen überlagert und schließlich ausgehöhlt wird"[38]. Diese Grundsätze finden sich letztlich auch in § 36 MDR-StV wieder, der die organisatorischen Verschränkungen zwischen dem MDR und seinen Beteiligungen regelt. Diese Norm erlaubt lediglich Beteiligungen an Gesellschaften, die entweder vom MDR allein oder von anderen öffentlich-rechtlichen Rundfunkanstalten getragen werden (§ 36 Abs. 1 S. 2 Nr. 2 MDR-StV) oder in denen ein ausreichender Einfluss des MDR sichergestellt ist (§ 36 Abs. 1 S. 3 i.V.m § 36 Abs. 1 S. 2 Nr. 1 MDR-StV).

Eine völlige Abschaffung der Eigenproduktionsfähigkeit bei öffentlich-rechtlichen Rundfunkanstalten wäre anderenfalls verfassungsrechtlich unzulässig.[39]

Da diese Kriterien im MDR-StV – wie gezeigt – überwiegend deklaratorisch für unmittelbar aus Art. 5 Abs. 1 S. 2 GG fließende Grundsätze stehen, haben sie uneingeschränkte Bedeutung auch für die anderen Landesrundfunkanstalten. Auch diese müssen bei ihren Auslagerungen die beschrieben Grundsätze beachten, um ihre Funktionsfähigkeit zu erhalten. Das gilt für den WDR ebenso wie für den NDR, der seit längerem den Weg der Auslagerungen beschreitet, jedoch aufgrund seiner historisch gewachsenen Struktur an engere Grenzen gebunden ist.[40]

III. Gemeinschaftseinrichtungen und Kooperationen

Kooperationen und ihre institutionalisierte Form, nämlich dauerhafte Gemeinschaftseinrichtungen, scheinen das Allheilmittel zur Kostenersparnis in der ARD zu sein. Aus Gründen der Effizienz, aber auch aus denen der Wirtschaftlichkeit wird die Zahl der Gemeinschaftseinrichtungen und Kooperationen immer größer. Schon jetzt gibt es offene und versteckte Verflechtungen im lokalen, regionalen, nationalen und internationalen Rahmen. Auch zwischen privaten Unternehmen (zum Teil Eigenbe-

---

37 *Hoffmann-Riem*, Rundfunkneuordnung in Ostdeutschland, S. 73, 84.
38 BVerfGE 83, 238 (306).
39 So auch *Biervert*, ZUM 1998, 19 (23).
40 Vgl. *Hoffmann-Riem*, Rundfunkneuordnung in Ostdeutschland, S. 77.

triebe der Landesrundfunkanstalten) und den öffentlich-rechtlichen Rundfunkanstalten gibt es Kooperationen.[41]

Das Netz der Medienverflechtung ist so engmaschig und dynamisch, dass eine Beleuchtung jeden Details beinahe unmöglich ist. Deshalb soll an dieser Stelle die Erscheinung des „Kooperationalismus" als solcher beleuchtet werden, nicht aber einzelne Abkommen. Maßgeblich dafür sind allgemeine Gedanken über die Folgen der Zusammenarbeit zwischen Rundfunkanstalten untereinander sowie mit Privaten.

1. Systeminterne Kooperationen

Systeminterne öffentlich-rechtliche Kooperationen können sowohl im Programm- als auch im Servicebereich sinnvoll sein. Sie setzen finanzielle Mittel frei, die für programmliche Innovationen und Qualitätssteigerungen verwendet werden können und damit zur Erfüllung des Programmauftrages beitragen. *Ricker* hält unter Verweis auf die Verfassungsrechtsprechung Kooperationen im Bereich der Programmerstellung für das eigene Programm für „unproblematisch".[42]

Von rundfunkverfassungsrechtlicher Seite müssen allerdings solche Spar- und Kooperationsmaßnahmen von Interesse sein, welche die Meinungsvielfalt des öffentlich-rechtlichen Rundfunks verkürzen würden. Diese sicherzustellen, ist immerhin die vordringliche verfassungsrechtliche Aufgabe der Rundfunkanstalten. Bei Sparmaßnahmen dürfen als Konsequenz auf gar keinen Fall Einschnitte in den Programmpluralismus und eine Reduzierung von Meinungsvielfalt entstehen.

Bei Programmkooperationen der Rundfunkanstalten wird regelmäßig ein Interessenkonflikt zu beobachten sein: Auf der einen Seite steht das Interesse, den Meinungsbildungsprozess möglichst vielfältig und ausgewogen zu gestalten. Dem wird oft ein möglichst breites Programmangebot zuträglich sein mit unterschiedlichen Produktionen der unterschiedlichen Landesrundfunkanstalten.

Andererseits kosten viele Produktionen viel Geld. Deshalb wird im Hinblick auf die Finanzausstattung in der Regel eine Tendenz hin zu weitgehenden Kooperationen bestehen. Die freiwerdenden Mittel könnten dann etwa in die Programmqualität investiert werden.

Diese kollidierenden Interessenlagen müssen zum Ausgleich gebracht werden. Dabei ist darauf zu achten, dass Koproduktionen in der Regel keine Rücksicht auf regionale und lokale Besonderheiten nehmen können; denn die Gemeinschaftssendungen müssen in allen Landesteilen auf ungeteiltes Interesse stoßen. Kooperationen im Bereich von Regionalsendungen, bei landsmannschaftlichen Themen oder für Regionalprogramme sind deshalb eher zu vermeiden.

Was überregionale Themen anbetrifft, sind Kooperationsprogramme hingegen zu begrüßen. In diesem Bereich können nämlich die unterschiedlichen Auffassungen mehrerer Rundfunkanstalten in die Programmgestaltung einfließen, was für eine grö-

---

41 Siehe oben § 2 B.IX. (S. 96 ff.).
42 *Ricker*, in: Ricker/Schiwy, Kap. F Rn. 39.

ßere Programmqualität und Ausgewogenheit sorgen wird. Außerdem kann die Programmqualität gesteigert werden, was wiederum durch erhöhtes Publikumsinteresse dem öffentlichen Meinungsbildungsprozess zugute käme. Kooperationssendungen sind nicht notwendigerweise problematisch, solange die funktionserforderliche, gebietsbezogene Versorgung durch die „zuständige" Landesrundfunkanstalt garantiert ist. Außer den besonders funktionsnotwendigen „Heimatsendungen" können die Programmangebote ohne Vielfaltseinbußen auch in Kooperation mit anderen Anstalten erbracht werden.

Die Veranstaltung von Gemeinschaftsprogrammen innerhalb des öffentlich-rechtlichen Rundfunk unterliegt überdies dem Gesetzesvorbehalt, weil es eine Frage seiner Grundrechtsausübung ist, ob der öffentlich-rechtliche Rundfunk über seinen gebietsbezogenen Auftrag hinausgeht. Diese Ergebnis wird faktisch dadurch bestätigt, dass existierende Gemeinschaftsprogramme stets eine staatsvertragliche Grundlage besitzen.[43]

Bei großen Kooperationsprojekten macht gerade der Verband Privater Rundfunk und Telekommunikation (VPRT) auch wettbewerbsrechtliche Bedenken geltend, insbesondere auf europarechtlicher Ebene. So hat er gegen die gemeinschaftliche Veranstaltung der Kooperationsprogramme „PHOENIX" und „Kinderkanal" Beschwerde bei der EU-Kommission eingelegt.[44] Die Privatsender sahen in der gemeinschaftlichen Veranstaltung durch ARD und ZDF einen Verstoß gegen das Verbot wettbewerbsbeschränkender Vereinbarungen in Art. 81 EGV, weil die Zusammenarbeit geeignet sei, zu einem vollständigen Ausschluss des noch bestehenden Restwettbewerbs zwischen den beiden öffentlich-rechtlichen Anstalten zu führen. Diese Kombination von Marktmacht wirke sich zu Lasten der privaten Wettbewerber aus.[45]

Unabhängig von der Frage, inwieweit nach den Vereinbarungen im Amsterdamer Vertrag der EGV überhaupt Anwendung auf Programmtätigkeiten öffentlich-rechtlicher Rundfunkanstalten findet, hatte der EuGH in seiner Entscheidungen in der Sache „Veronica" und „TV 10 SA" darauf hingewiesen, dass die Gewährleistung des Pluralismus im Rundfunkwesen ein im Allgemeininteresse liegendes Ziel ist, das Einschränkungen der Dienstleistungsfreiheit zu rechtfertigen vermag.[46] Solange also keine spezielle Regelung der EG für das Kooperationsverhalten von Rundfunkanbietern besteht, könnte eine etwaige Einschränkung der Wirtschaftlichkeit mithin dadurch gerechtfertigt sein, dass diese der Gewährleistung des Pluralismus dient.

Da aber das zentrale Element der Pluralismussicherung innerhalb der deutschen dualen Rundfunkordnung die Grundversorgungsfunktion der öffentlich-rechtlichen Programme ist und die vorrangige Einspeisung öffentlich-rechtlicher Programme in die Kabelnetze ebenfalls von diesem Maßstab abhängt, bemisst sich auch die Zuläs-

---

43 *Ricker*, in: Ricker/Schiwy, Kap. F Rn. 40.
44 Eine Dokumentation der VPRT-Beschwerde findet sich in FK Nr. 22/1997, S. 41 ff.
45 Siehe FK Nr. 22/1997, S. 41 (42).
46 EuGH EuZW 1993, 251; vgl. *Dörr*, NJW 1995, 2265.

sigkeit der beiden Spartenprogramme von ARD und ZDF allein an deren Grundversorgungsfunktion. Ob diese zur Grundversorgung gehören oder wenigstens dem publizistischen Wettbewerb auf dem Meinungsmarkt förderlich sind, wird noch zu klären sein.[47] Jedenfalls sah der EuGH keinen widerrechtlichen Verstoß gegen Art. 81 f. EGV. Und auch die EU-Kommission hat die VPRT-Beschwerde zurückgewiesen. Sie ist im Ergebnis somit auch davon ausgegangen, dass „PHOENIX" und „Kinderkanal" eine Grundversorgungsfunktion haben.[48]

Nach deutschen Maßstäben sind kartellrechtlich relevant jedenfalls nur Kooperationsabkommen, die nach dem GWB tatbestandsmäßig sind.[49] Außer Betracht bleiben nach herrschender Meinung von vornherein solche Kooperationen, für die der so genannte Arbeitsgemeinschaftsgedanke gilt, wonach eine Wettbewerbsbeschränkung nicht vorliegt, wenn nach vernünftiger kaufmännischer Betrachtung die Anstalten nicht miteinander im Wettbewerb stehen und eine für sich allein die gemeinschaftliche Tätigkeit nicht ausführen würde.[50]

Dies gilt ohne Zweifel für „PHOENIX" und „Kinderkanal", denn ARD und ZDF stehen weder im wirtschaftlichen Wettbewerb zueinander,[51] noch wäre einer der Kooperationspartner wirtschaftlich und infrastrukturell in der Lage, die nationalen Programme in der aktuellen Form allein zu veranstalten. Soweit diese Gestaltung zur Wahrnehmung der Funktion des öffentlich-rechtlichen Rundfunks, also zur Sicherung der Meinungsfreiheit erforderlich ist, ist auch das in Frage stehende Kooperationsprojekt nach den Maßstäben des GWB unbedenklich.[52]

Ausgangspunkt für die Frage, ob das GWB auf diese Kooperationsprogramme anwendbar ist, ist überdies somit ebenfalls der Grundversorgungsmaßstab.[53] Das gilt auch für die Beurteilung aller anderen Kooperationen der ARD-Anstalten untereinander und mit dem ZDF. Solange diese der Grundversorgung dienen, tritt das GWB zurück. In den Fällen jedoch, in denen durch Ausnutzung des eigenen Spielraums ohne Gefährdung der Grundversorgungsfunktion publizistischer Wettbewerb möglich ist, findet das GWB uneingeschränkt Anwendung.[54]

2. Systemübergreifende Kooperationen

Einzelne Landesrundfunkgesetze gestatten den Rundfunkanstalten, ihren wirtschaftlichen und unternehmerischen Aktionsradius auszudehnen und dabei auch Veranstal-

---

47 Siehe unten 3. Teil: C.I.1.c) und 3. Teil: C.II.2. (Seite 205 ff. bzw. 215 ff.).
48 Vgl. Hamburger Abendblatt Nr. 244/1998 v. 20.10.1998, S. 11.
49 Zur Anwendbarkeit des Bundeskartellrechts auf den Rundfunk siehe *Ricker*, in: Ricker/Schiwy, Kap. C Rn. 70 f.
50 *Klaue*, in: Hoffmann-Riem, Rundfunk im Wettbewerbsrecht, S. 84 (92).
51 Siehe oben § 2 A.II. (S. 35).
52 Vgl. KG Berlin AfP 1991, 745 (747) v. 26.6.1991 (Az. Kart. 23/89); *Ricker*, in: Ricker/Schiwy, Kap. C Rn. 72.
53 Siehe oben 3. Teil: C.I.1.c) und 3. Teil: C.II.2. (Seite 205 ff. bzw. 215 ff.).
54 *Klaue*, in: Hoffmann-Riem, Rundfunk im Wettbewerbsrecht, S. 84 (94).

terkooperationen mit dem privaten Rundfunk einzugehen.[55] Zur Vermeidung eines Mischsystems haben andere Landesgesetzgeber die Zusammenarbeit zwischen dem öffentlich-rechtlichen und dem privaten Rundfunk deutlich eingegrenzt: In Baden-Württemberg, Sachsen und Mecklenburg-Vorpommern können private Rundfunkanbieter mit öffentlich-rechtlichen Rundfunkanstalten nur in der Weise zusammenarbeiten, dass sie „einzelne Ton- und Bewegtbildsendungen mit ihnen gemeinsam herstellen und öffentlich-rechtliche Rundfunkanstalten ihnen diese zuliefern oder von ihnen abnehmen".[56]

Das Bundesverfassungsgericht hat stets betont, dass in der dualen Rundfunkordnung keine Modellkonsistenz bestehe; die Zulässigkeit von Kooperationen zwischen öffentlich-rechtlichen Rundfunkanstalten und privaten Dritten stellt allerdings eine Abweichung von der bewussten Ausgestaltung der beiden Modelle durch Mischformen dar. Insofern hat das Gericht Kooperationen immer wieder an die Erfüllung der Anstaltsaufgabe gekoppelt und gleichzeitig von „Gefahren" gesprochen, „dass die jeweiligen Bindungen und Pflichten durch die Kooperation umgangen oder abgeschwächt werden".[57] Es müsse daher Sorge getragen werden, dass der öffentlich-rechtliche Programmauftrag nicht „von anderen, insbesondere tendenziösen oder kommerziellen, Orientierungen überragt und schließlich ausgehöhlt" werde.[58] Grundsätzlich kommt es darauf an, wie groß die Wahrscheinlichkeit einer Kollision von Aufgabenerfüllung und Gewinnerzielung einzuschätzen ist. Nur eine vergleichsweise geringe Gefahr ist hinnehmbar.[59]

So befürchteten etwa die Gewerkschaften im Vorfeld der Beteiligung des Kirch-Unternehmens „Neue Deutsche Filmgesellschaft" an der MDR-Tochter „Drefa Atelier Medienholding GmbH", dass sich dem „Medienmogul" und Lieblingsgegner der Öffentlich-rechtlichen eine Pforte in die ARD öffnet.[60] Heutzutage kommt es jedoch darauf an, den Rundfunkanstalten eine wirtschaftlich und finanzkräftige Struktur zu verpassen. Wenn dazu die Beteiligung des führenden Medienunternehmers erforderlich oder hilfreich ist, sollten keine überlieferten Berührungsängste davon abhalten. Werden in einem privatrechtlichen Vertragswerk über Form und Inhalt der Zusammenarbeit Sicherungsvorkehrungen gegen die beschriebenen Gefahren verankert, bestehen grundsätzlich keine Bedenken gegen eine Kooperation zwischen Öffentlich-rechtlichen und Privaten, und zwar sowohl in den der Veranstaltung vorgelagerten Bereichen der Produktion als auch dem nachgelagerten Bereich der Verwertung.[61] Das Bundesverfassungsgericht erlaubt sogar eine Zusammenarbeit im Bereich der

---

55 So § 3 BR-G, §§ 10, §§ 3, 41 ORB-G, 35 NDR-StV, § 4 HambMG, § 20 RB-G, § 3 WDR-G, § 6 Abs. 4 LRG-NRW, § 40 SaarlLRG.
56 Vgl. § 13 Abs. 4 LMG-BW, § 11 Abs. 2 LRG-MV.
57 BVerfGE 83, 238 (305); *Ory*, AfP 1987, 466 (471 f.).
58 BVerfGE 83, 238 (306).
59 *Libertus*, Grundversorgungsauftrag und Funktionsgarantie, S. 152.
60 Vgl. *Busche*, Journalist Nr. 2/1998, S. 23; *Löwisch*, Hamburger Abendblatt, Nr. 23/1998 v. 28.01.1998, S. 9; *Hiller*, Journalist Nr. 5/1998, S. 96.
61 *Hoffmann-Riem*, Rundfunkneuordnung in Ostdeutschland, S. 83.

Programmveranstaltung, allerdings nur dort, wo durch eine Segmentierung des Gemeinschaftsprogramms die Programmveranstaltung der öffentlich-rechtlichen Rundfunkanstalt abgrenzbar und das Programm ihr zurechenbar ist. Das könnte auf optische oder akustische Weise deutlich gemacht werden.[62]

Überdies hat der Bayerische Verfassungsgerichtshof befunden, dass bei Einbeziehung privater Anbieter in einen öffentlich-rechtlichen Rundfunkbetrieb Art. 111a Abs. 1 S. 1 BayV gesetzliche Regeln gebietet, die das Entstehen vorherrschender Meinungsmacht in einem bestimmten Verbreitungsgebiet verhindern.[63] Diese Rechtsprechung ist in Anbetracht der Bedeutung der Meinungsvielfalt in der Rechtsprechung zu Art. 5 Abs. 1 S. 2 GG ohne weiteres auch auf das gesamte Bundesgebiet anzuwenden. Ihre Grundsätze gelten somit auch für die anderen Landesrundfunkanstalten.

Die in der gesamten Gemeinschaft zu beobachtenden Tendenzen zu Partnerschaften mit privaten Unternehmen, insbesondere solchen, die der Medienbranche angehören, müssen also Grenzen haben. So dürfen beispielsweise private Teilhaber über keinerlei Sperrminoritäten verfügen, geschweige denn über die Mehrheitsrechte an gemeinsamen Gesellschaften. Entsprechende Regelungen finden sich folgerichtig in § 36 MDR-StV, § 40 Abs. 2 SaarlRG oder in § 47 WDR-G.

B. Übertragungstechniken

Die Frage nach den für die öffentlich-rechtlichen Rundfunkanstalten erforderlichen Übertragungstechniken war zur Zeit des 1. Rundfunkurteiles (1961) für das Bundesverfassungsgericht leicht zu beantworten: Außer der terrestrischen Übertragung war weit und breit keine Alternative zu sehen. Die Satellitenübertragung steckte Anfang der 60er Jahre noch in den Kinderschuhen, auch Kabelfernsehen war zwar bereits bekannt, sollte in Deutschland aber noch mehr als 20 Jahren auf seinen Durchbruch warten.[64]

Die Möglichkeiten der „allgemeinen Rundfunkversorgung" ist nur die Vorbedingung zur Erfüllung dessen, was die eigentliche Funktion des Rundfunks im Sinne der Grundversorgung darstellt. Wenn also von der „Grundversorgung für alle" die Rede ist,[65] ist damit eine Verbreitungstechnik für Rundfunk bestimmt, die potentiell jedermann erreichen kann und allen Nutzern den Empfang des Programms erlaubt.[66] Das Bundesverfassungsgericht hat dabei die Grundfunktion des öffentlich-rechtlichen Rundfunks bewusst anspruchsvoll konzipiert. Ihr kann die ARD nur dann entsprechen, wenn sie in der Lage ist, sich den wandelnden technischen Gegebenheiten anzupassen. Insofern hat die ARD sogar die Pflicht zur Nutzung neuer Techniken, hat

---

62 BVerfGE 83, 238 (306 f.); *Ricker*, in: Ricker/Schiwy, Kap. C Rn. 68.
63 BayVerfGH AfP 1987, 394 (Ls. 8).
64 Vgl. beispielsweise ARD, ABC der ARD, S. 83, 146.
65 BVerfGE 73, 118 (158).
66 *Goerlich/Radeck*, JZ 1989, 53 (56).

sie doch die Aufgabe, die „Grundversorgung für alle" dauerhaft, also auch über den Tag hinaus sicherzustellen. Falls nämlich neuere Übertragungstechniken als die bereits genutzten einen wesentlich verbesserten Empfang ermöglichen, könnte die Qualität der Grundversorgung Einbußen erleiden, wenn die ARD diese Techniken nicht bedienen. Damit entspräche die Grundversorgung nicht mehr dem Stand der Technik.[67]

Verfassungsrechtlich gibt es also so etwas wie zwei Kategorien, die das Bundesverfassungsgericht eingeführt hat. Zum einen erfordert die Grundfunktion des öffentlich-rechtlichen Rundfunks eine dem jeweiligen Stand der Technik und der Rezeptionsbedürfnisse angepasste Übertragungsform, die einen Empfang der Sendungen *für alle* sicherstellt.[68] Des weiteren existiert die Kategorie derjenigen Übertragungstechniken, bei denen es nach dem heutigen Stand der Technik möglich und einigermaßen wahrscheinlich ist, dass sie eines Tages bei sich wandelnden technischen und faktischen Gegebenheiten in den Bereich der Grundversorgung hineinwachsen. Hier greift die Entwicklungsgarantie, die ein Engagement der ARD im Bereich der neuen Technologien legitimiert.

I. Situationsbeschreibung

Noch zum Zeitpunkt des 5. Rundfunkurteils, also im Jahr 1987, ging das Bundesverfassungsgericht davon aus, dass „bis auf weiteres (die) herkömmliche terrestrische Technik" die Übertragungstechnik ist, die allein zur Grundversorgung gehört, mithin dem öffentlich-rechtlichen Rundfunk wesentlich ist.[69]

Mittlerweile haben sich jedoch die technischen Voraussetzungen der Veranstaltung und Verbreitung von Rundfunkprogrammen durch die Entwicklung der „Neuen Medien" derart verbessert, dass eine aktuelle Überprüfung aller Übertragungstechniken am Grundversorgungsmaßstab notwendig ist.

Die technische Möglichkeit zu Versorgung der Allgemeinheit mit Rundfunk ist eine unabdingbare Voraussetzung zur Erfüllung der Grundversorgung. Diese kann jedenfalls technisch mit terrestrischer Übertragung erreicht werden, die rechnerisch rund 98 Prozent der Bevölkerung erreicht.[70] Nur in den Neuen Bundesländern ist das Netz der Sendeanlagen der Telekom, über die auch die öffentlich-rechtlichen Programme verbreitet werden, noch nicht zufriedenstellend. In Großstädten wie Rostock ist beispielsweise weder das „Erste" noch das örtliche Dritte Programm in gewünschter Qualität über Zimmerantennen zu empfangen. Auch aus diesem Grund spielt die Satellitentechnik in den neuen Bundesländern eine entscheidende Rolle für die Grundversorgung mit Rundfunk.

Auch sind die Möglichkeiten der Terrestrik wegen der nach wie vor bestehenden Frequenzknappheit begrenzt. Aus diesem Grund haben sich die Nutzungsgewohn-

---

67 Siehe oben § 3 C.I.2. (S. 152 f.).
68 *Hoffmann-Riem*, Rundfunkneuordnung in Ostdeutschland, S. 39.
69 BVerfGE 74, 297 (326).
70 *Libertus*, Grundversorgung und Funktionsgarantie, S. 86.

heiten der Fernsehzuschauer hin zu Techniken verlagert, welche die Übertragung von mehr als sieben Programmen ermöglichen. Waren bis Mitte der 80er Jahren alle Fernsehhaushalte ausschließlich über Antenne zu erreichen, hat die Verbreitung von Rundfunk über Kabel und Satellit der herkömmlichen terrestrischen Ausstrahlung mittlerweile den Rang abgelaufen. Während 1992 noch 59 Prozent der Rezipienten ihre Fernsehprogramme „über den Äther" empfingen, waren es 1996 nur noch 17 Prozent. Bis 1999 sank diese Zahl sogar weiter ab: auf gut elf Prozent. Die Akzeptanz der Satellitenübertragung ist im gleichen Zeitraum von sieben auf über 26 Prozent angestiegen, die der Kabelverbreitung von 34 auf inzwischen 37 Prozent.[71] Die Grundversorgung ist faktisch also längst schon nicht mehr allein über Terrestrik zu gewährleisten. Kabel und Satellit spielen mit zusammen 83 Prozent die weitaus wichtigere Rolle. 17 Mio. Haushalte verfügen über einen Kabelanschluss. Ihnen stehen neun bis zehn Mio. Satellitenhaushalte gegenüber. Es gibt Schätzungen, dass die Anzahl der ausschließlich auf terrestrischen Fernsehempfang angewiesene Haushalte inzwischen auf fünf bis sechs Mio. gesunken ist.[72] Mittelfristig ist sogar davon auszugehen, dass diese Übertragungswege die terrestrische Verbreitung vollends verdrängen werden. Im Jahr 2010 wird der terrestrische Empfang allenfalls noch eine Nebenbedeutung haben.

Im Hörfunk ist die Situation etwas anders. Auch dort finden zwar die Kabel- und Satellitenprogramme wachsenden Zuspruch, vor allem im digitalen Bereich. Allerdings ist die Verbreitung von UKW-Sendern noch immer der unangefochtene Standard. Die UKW-Frequenzen sind dementsprechend begehrt bei allen Rundfunkanbietern, während im Kabel- und Satellitenbereich noch von einem Frequenzüberangebot die Rede sein kann. Abgesehen von den erforderlichen Zusatzkosten für Digitaldekoder haben diese Verbreitungswege nämlich den Nachteil, dass sie nur einen stationären Rundfunkempfang ermöglichen. Hörfunk ist hingegen ein Begleitmedium, das zu großen Teilen im mobilen Bereich (im Auto oder mit „Kofferradios") eingesetzt wird.[73] Außerdem hat sich als Hindernis für die Kabelnutzung herausgestellt, dass den einzelnen Programmen dort andere Frequenzen als im gewohnten UKW-Bereich zugewiesen werden. Die Identifikation mit Hörfunksendern findet aber häufig über jahrelang bekannte Frequenz statt. Radiohörer halten an ihren Rezeptionsgewohnheiten fest, „zappen" mit einem Tageskonsum von nur 1,3 Programmen kaum und beweisen Wellentreue.[74] Die Kabelnutzung – jedenfalls so lange Geräte mit *Radio Data System* (RDS) nicht verbreitet sind – scheitert hingegen an einer fehlenden Programmidentifikation.

Via Satellit ist technisch inzwischen eine flächendeckende Versorgung des Bundesgebietes möglich. Die Ausleuchtzonen der in Deutschland gängigen Rundfunksa-

---

71 Vgl. ARD-Jahrbuch 1997, S. 26; *Sommer*, Journalist Nr. 9/1999, S. 42.
72 *Hahn/Binder*, ARD-Jahrbuch 97, S. 26 (27 f.); *Bleckmann/Pieper/Erberich*, Öffentlich-rechtliche Spartenprogramme als Bestandteil der Grundversorgung, S. 40.
73 Vgl. *Hahn/Binder*, ARD-Jahrbuch 97, S. 26 (39 f.).
74 Siehe *Wolf*, Journalist Nr. 6/1998, S. 12 (13).

telliten des ASTRA-Gestirns und „Kopernikus" umfassen weite Bereiche Mitteleuropas. Dass diese faktisch noch nicht erreicht wurden, liegt an den fehlenden Empfangsanlagen bei den Rezipienten.

II. Defizite der Kabel- und Satellitenübertragung

Bei der Kabelverbreitung stellt sich die Situation derart dar, dass erst rund 63 Prozent der Haushalte an die Breitbandkabelnetze der Deutschen Telekom angeschlossen sind.[75] Diese Zahl kann zwar noch leicht ausgeweitet werden, doch bleibt ein Restsatz, der aus „nicht vertretbaren Kostengründen" grundsätzlich nicht mit Kabelanschlüssen versorgt werden. Die Telekom verfolgt das Konzept der großflächigen Verkabelung mit einem Versorgungsgrad von 80 Prozent. Vor allem in unzugänglichen, bergigen Gegenden besteht daher zur terrestrischen Verbreitung des Rundfunks nach wie vor keine Alternative.[76]

Gerade in den ostdeutschen Bundesländern liegt der aktuelle Kabelversorgungsgrad noch deutlich unter dem erwünschten Maß. Nicht einmal 27 Prozent aller Haushalte (West-Berlin mitgerechnet) sind an das Telekom-Netz angeschlossen, gerade einmal 40,7 Prozent der Haushalte sind überhaupt anschließbar.[77] Die insgesamt fast 10 Mio. Haushalte in der ehemaligen DDR können mithin nicht über Kabel ihre Rundfunk-Grundversorgung erhalten. Hier ist eindeutig auf die terrestrische Verbreitung und die Satellitentechnik abzustellen.[78]

Daneben tritt die Tatsache, dass sich die EU verstärkt mit der Deregulierung der Kabelnetze befasst. Die Richtlinie zur Einführung eines offenen Netzzugangs berührt zwar nur peripher den eigentlichen Rundfunkbereich, greift aber durchaus auf die Rundfunkdienstleistungen in Richtung einer Marktöffnung zu. Die Deregulierung und Öffnung von Kabelfernsehnetzen tangiert dabei mittelbar über die Auswahl- und Zulassungsbefugnisse der Landesmedienanstalten auch die ARD. Ob nämlich dauerhaft die bisherige Praxis der vorrangigen Einspeisung aller öffentlich-rechtlichen Programme in die Netze aufrechterhalten werden kann, erscheint heute mehr als fraglich. Möglich ist, dass die Bestimmungen über die Rangfolge der Einspeisungen der Programme gegen Art. 49 EGV verstößt. Über weitere Regelungen zu technischen Normungen könnte die EU sogar noch mehr Entscheidungsspielräume an sich ziehen.

---

75 Quelle: Deutsche Telekom; vgl. FK Nr. 19/1995, S. 11.
76 Allein für die Restversorgung der letzten 2 % der Einwohner ist der gleiche finanzielle Aufwand erforderlich wie für die bestehende Versorgung; *Hartlieb*, Handbuch des Filmrechts, Kap. 184 Rn. 1.; *Seemann*, ZUM 1987, 255 (258).
77 Quelle: Deutsche Telekom; vgl. FK Nr. 19/1995, S. 11.
78 Im Gegensatz hierzu greift die Prognose der Monopolkommission weiter, wenn sie ausführt, daß mittelfristig die vorhandenen öffentlichen Netze für Dialog-, Abruf- und Verteildienste zusammenwachsen werden, die Netzausbaustrategie der Deutschen Post AG auf ein Breitband-ISDN mit einer Integration der schmal- und breitbandigen Kommunikation gerichtet ist und seit 1992 der Übergang zum „Integrierten Breitbandingen Fernmeldenetz" (IBFN) für alle Dienste vorangetrieben wird; vgl. *Seemann*, ZUM 1987, 255 (258).

Ein ähnliches Problem besteht bei der Satellitenbelegung. Hier ist von verfassungsrechtlicher Bedeutung, dass die Verbreitung kaum mehr durch inländische Satellitenbetreiber vorgenommen wird. Satelliten, die der Verfügungsgewalt der Telekom als einzigem deutschen Satellitenbetreiber unterliegen spielen im Direktempfang keine Rolle mehr. Die in der Praxis bedeutsamsten Satelliten des ASTRA-Gestirns gehören einem Luxemburger Unternehmen, das nicht den deutschen Regulierungsvorschriften unterliegt und – abgesehen von den bestehenden europäischen Regeln – allein wirtschaftliche Maßstäbe bei der Vergabe der Transponder anlegt.[79]

Im übrigen ist der finanzielle Aufwand für einen Rezipienten, der seine Programme über Kabel oder Satellit beziehen müsste, so erheblich, dass eine Rundfunkversorgung der gesamten Bevölkerung zu vertretbaren Kosten nicht zumutbar wäre. Die Gewährleistung der Grundversorgung kann damit noch nicht in voller Breite sichergestellt werden, wenn die Teilnahme am Meinungsbildungsprozess für den Rezipienten von erheblichen Anfangsinvestitionen für Satellitenantennen, Tuner oder Set-Top-Boxen abhängig ist. Der terrestrische Rundfunk ist hingegen durch den Betrieb eines einfachen Empfangsgeräts ohne jede Zusatzeinrichtung möglich. Insofern bleibt also im Zweifelsfall allein die terrestrische Übertragung möglich.[80]

Wie wichtig die Fortführung der Versorgung mit terrestrischem Hörfunk durch die öffentlich-rechtlichen Anstalten ist, zeigt auch die Beobachtung, dass immer häufiger private Rundfunkanbieter die ihnen zugeordneten regionalen Frequenzen zurückgeben, weil ihnen die Nutzung der Sender und Erfüllung der Auflagen zur Veranstaltung regionaler Fensterprogramme durch die Landesmedienanstalten als zu teuer erscheinen. Mit Blick auf die Kosten legen kommerzielle Sender auf regional begrenzte terrestrische Frequenzen nur noch bedingt Wert.[81] Zum Vergleich: Die Landesrundfunkanstalten geben für den Betrieb ihres eigenen Sendernetzes und für die Anmietung der von der Telekom betriebenen Sendeanlagen jährlich dreistellige Millionenbeträge aus.[82]

III. Verfassungsrechtliche Bestandsaufnahme

Zusammenfassend lässt sich also feststellen, dass zum Ende des ersten Rundfunkjahrhunderts die technische Situation schwieriger ist als noch zur Zeit des 1. Rundfunkurteils. Keine der drei „großen" Übertragungstechniken kann heute mehr allein die Grundversorgung für alle sicherstellen.

Am ehesten wäre die terrestrische Übertragung dazu in der Lage. Die Rezeptionsgewohnheiten haben sich allerdings in eine andere Richtung entwickelt, und in Teilen der neuen Bundesländern ist die Übertragungssituation nicht befriedigend. Die Satellitentechnik hingegen wäre ohne weiteres in der Lage, die Bundesrepublik flächendeckend in hoher Qualität zu versorgen. Allerdings ist sie aufgrund der hohen An-

---

79 Vgl. *Ricker*, in: Ricker/Schiwy, Kap. G Rn. 23 ff.
80 BVerfGE 73, 118 (123); vgl. *Goerlich/Radeck*, JZ 1989, 53 (56).
81 Vgl. *Hahn/Binder*, ARD-Jahrbuch 97, S. 26 (28).
82 *Hahn/Binder*, ARD-Jahrbuch 97, S. 26 (28).

fangsinvestitionen den Rezipienten für eine alleinige Grundversorgung nicht zumutbar. Das gilt auch für die Kabelverbreitung, die gerade in Ballungsgebieten der Terrestrik den Rang abgelaufen hat, allerdings zu einer flächendeckenden Versorgung der deutschen Bevölkerung überdies nicht geeignet ist.

Die Grundversorgung für alle kann heute nur noch durch die drei Übertragungstechniken gemeinsam erbracht werden. Dabei kommt der Terrestrik als kostengünstigster, flächendeckender Technik eine herausragende Funktion als Subsidiärtechnik zu, die die beschriebenen Defizite der anderen beiden Techniken aufzufangen in der Lage ist.

Andererseits zeigen die hier angestellten Untersuchungen, dass die vom Verfassungsgericht schon 1961 beschriebene Sondersituation im Rundfunk, die die Grundlage für die Grundversorgungsdogmatik bildet, keineswegs überwunden ist, sondern beinahe unverändert fortbesteht. Im Bereich der terrestrischen Frequenzen existiert noch immer die bisherige Knappheit. Für Fernsehsendungen konnten technisch nur wenige zusätzlichen Kanäle im lokalen Bereich erschlossen werden; für den Hörfunk steht zwar privaten Anbietern zusätzlich der UKW-Bereich von 100 bis 108 MHz zur Verfügung, für eine Deckung der Nachfrage an Frequenzen konnte das allerdings nicht reichen.[83]

Wesentlich erhöht werden konnte die Zahl der empfangbaren Fernseh- und UKW-Hörfunkprogramme mit Hilfe von Breitbandkabelnetzen, doch auch hier ist die Zahl der Sendeplätze begrenzt. Höchstens 31 Kanäle fassen die Kabelnetze in Deutschland, drei davon liegen im Hyperband.[84] Zusätzlich bietet mittlerweile die Satellitentechnik eine Fülle von Programmplätzen, die längst zu einer weiteren Vermehrung der empfangbaren Sender führte.

Was die terrestrische Verbreitung von Programmen anbetrifft, sind die Möglichkeiten wegen der nach wie vor bestehenden Frequenzknappheit begrenzt. Nichts anderes gilt für die Verbreitung mittels Kabel oder Satellit, auch wenn dort die Anzahl der übermittelbaren Programme weitaus höher liegt als in der Funkübertragung. Begrenzt ist die Anzahl gleichwohl.

Die Einführung und mittelfristig auch fortschreitende Verbreitung von digitalen Rundfunkbouquets hat die Anzahl von übertragbaren Programmen noch einmal vervielfacht. In diesem Bereich kommt allerdings die zweite Ursache für die Sondersituation zum Tragen: die hohe Kostenbelastung auf der Veranstalterseite. Mehr als fünf Mio. € kostet ein Satellitentransponder jährlich. Gerade kleinere Rundfunkanbieter können sich diesen Verbreitungsweg auf Dauer nicht leisten. Die Anfangsinvestitionen im Bereich des digitalen Fernsehens sind sogar so hoch, dass selbst Mediengiganten wie *Kirch* und Bertelsmann versuchten, für ein gemeinsames „Premiere digital" ein europaweites Kartell zu schmieden.

---

83 BVerfGE 73, 118 (121 f.).
84 *Breunig*, MP 1996, 195.

Der finanzielle Aufwand zur Veranstaltung von Rundfunkprogrammen ist seit dem 1. Rundfunkurteil deutlich kleiner geworden, so dass ein Hörfunkprogramm schon mit vergleichsweise geringen Mitteln verwirklicht werden kann. Für die Veranstaltung von kommerziellem Rundfunk ist aber nach wie vor nur mit einer kleinen Anzahl von Anbietern zu rechnen, da die Erfahrung gezeigt hat, dass viele private Hörfunkanbieter jahrelang in der Verlustzone funken.[85]

Die Rolle der öffentlich-rechtlichen Rundfunkanstalten im dualen Rundfunksystem hat sich somit nicht geändert. Die Voraussetzungen der Grundversorgungsdogmatik bestehen fort.

IV. Neuere technische Entwicklungen

Über die beschriebenen Übertragungstechniken hinaus engagiert sich die ARD auf mehreren technischen Innovationsgebieten: digitales Fernsehen, dessen Verbreitung zunächst über Satellit und Kabelanlagen erfolgt und später auch terrestrisch denkbar ist, terrestrisches DAB, PAL-Plus (Breitbandfernsehen im 16:9-Format), High Definition Televison (HDTV), allerdings nicht mehr in der neuen Europäischen Fernsehnorm „D2-MAC", die mittlerweile gescheitert ist.[86]

Diese Techniken gehören nicht zur Grundversorgung. Sie sind Minderheitentechniken, die von den Rezipienten nur in Ausnahmefällen genutzt werden können. Das liegt nicht zuletzt an den erheblichen Kosten, die eine Nutzung überhaupt erst möglich machen. Die Nutzer müssen hohe Anfangsinvestitionen für spezielle Fernsehgeräte, Tuner, Set-Top-Boxen und Radioapparate tätigen.

Vor dem beschriebenen Hintergrund der veränderten technischen Gegebenheiten muss jedoch schon jetzt eine Neuausrichtung des öffentlich-rechtlichen Rundfunks und seiner technischen Gegebenheiten ins Auge gefasst werden.[87] Dem öffentlich-rechtlichen Rundfunk müssen Entwicklungsmöglichkeiten in unterschiedliche technische Richtungen geöffnet und offengehalten werden. Bestands- und Entwicklungsgarantie erfordern, dass der ARD Finanzmittel in ausreichender Höhe zum Engagement etwa im Bereich digitaler Übertragungstechniken oder anderer Formen der Signalweiterleitung zugebilligt werden. Auch an der Weiterentwicklung langfristig hoffnungsvoller Techniken, insbesondere bei der Verknüpfung herkömmlicher Medien, müssen sich die Landesrundfunkanstalten beteiligen, auch wenn dies zunächst als „unnötig" angesehen werden könnte. Anderenfalls hätte in den 60er und 70er Jahren der Schritt vom Schwarzweiß- zum Farbfernsehen oder vom Mono- zum Stereoton nicht gemacht werden können.

Dabei muss den Verantwortlichen der Sendeanstalten eine Einschätzungsprärogative zugestanden werden; denn sie allein sind in der Regel sachverständig genug, die Entwicklung von Technik und Rezeptionsverhalten einigermaßen zuverlässig ab-

---

85 BVerfGE 73, 118 (123); *Wolf*, Journalist Nr. 6/1998, S. 17.
86 Vgl. *Breunig*, MP 1996, 195; ARD, ABC der ARD, 2. Auflage, S. 36, 73, 117.
87 Vgl. *Bethge*, JöR 35 (1986), 103

schätzen und kurzfristig darauf reagieren zu können. Insoweit muss von einer reduzierten Kontrolldichte ausgegangen werden. Es kommt lediglich zu einer Überprüfung der „höchstpersönlichen" Entscheidungsvorgänge der Anstalten auf logische Fehler.[88]

Für den öffentlich-rechtlichen Rundfunk ist die Absicherung des „digitalen Terrains" von zukünftiger praktischer Bedeutung. Ziel muss die diskriminierungsfreie Verbreitung sein, und zwar auch im Digitalstandard, weil die ARD sonst im digitalen Angebot nicht mehr vertreten wäre oder für die Zukunft mit schlechten Kanalplätzen gehandicapt wäre.[89] In diesem Entwicklungsprozess sieht die ARD – gerade vor den Hintergrund der gescheiterten Kartellbildung von *Kirch*, Bertelsmann und DTAG – ihre Rolle in einer Wächterfunktion auf dem digitalen Rundfunkmarkt. Ihr Aufgabe sei es, dafür zu sorgen, dass die Verbreitung und die Zugänge aller Rundfunkanbieter zum digitalen Standard diskriminierungsfrei erfolgen könne.[90]

Nach Einschätzung der Plattform „Digitaler Rundfunk" ist es keine Frage mehr, dass sich die digitale Fernsehtechnik langfristig und im Zuge des Erneuerungsbedarfs schrittweise durchsetzen und somit dem Zuschauer die erweiterten Empfangsmöglichkeiten bieten wird, auch unabhängig von der Bereitschaft, PayTV zu abonnieren. Auch die ARD ist davon überzeugt, dass die Digitalisierung des Rundfunks in wirtschaftlicher und kultureller Hinsicht von überragender Bedeutung ist.[91]

Die Pläne der ARD für eine Präsenz auf den digitalen Plattformen unterscheiden sich grundlegend von den Intentionen der kommerziellen Medienkonzernen. Ihr Ziel ist nicht die Suche nach zusätzlichen Einnahmemöglichkeiten, indem zu Höchstpreisen erworbene Programmrechte durch zum Teil exklusive Präsentationen in Pay-Kanälen den Zuschauer dazu bringen sollen, für diese Programme gesondert zu bezahlen. Vielmehr geht es bei den öffentlich-rechtlichen Rundfunkanstalten um die Frage, wie auf der Basis der vorhandenen Ressourcen die neuen Möglichkeiten digitalen Fernsehens genutzt werden können, um dem Zuschauer ein vielfältigeres Angebot zu unterbreiten.[92]

Wann die digitale Technik die analoge Verbreitung tatsächlich gänzlich abgelöst haben wird, es also nicht mehr zu einer parallelen Ausstrahlung der Fernsehsignale in analoger und digitaler Technik kommen muss, ist derzeit noch nicht abzusehen. Die Initiative „Digitaler Rundfunk" geht von einer flächendeckenden Durchsetzung bei gleichzeitiger Ablösung analoger Übertragungstechniken bis zum Jahr 2010 aus. Bis dahin sollen 95 Prozent der Fernsehgeräte digitale Programme empfangen können. Die Digitalisierung der terrestrischen TV-Netze soll bis dahin abgeschlossen sein,

---

88 BVerfGE 84, 34 (53 f.); BVerwGE 72, 38 (54); E 77, 75 (85); *Jarass*, in: Jarass/Pieroth, Art. 19 Rn. 35a.
89 *Kresse*, ZUM 1996, 59 (64); vgl. FK Nr. 24/1996, S. 13.
90 So der Stellvertretende NDR-Intendant *Lampe* am 8.6.1998 in Hamburg (nicht veröffentlicht).
91 Vgl. BT-Drucksache Nr. 13/11380, S. 2.
92 *Zimmer*, MP 1996, 386 (399).

analoge TV-Übertragungen sollen gänzlich auslaufen.[93] Rund 3,9 Mio. Haushalte werden schon im Jahr 2000 digitales Fernsehen konsumieren, schätzte die Bad Homburger Beratungsfirma „Gemini" 1996 in ihrer Studie zu den Marktchancen von DVB.[94] Die englische Marktforschungsfirma „Inteco" ging zum gleichen Zeitpunkt sogar von 9,8 Mio. Digitalkunden aus.

Die digitale Übertragungstechnik eröffnet dem Fernsehen neue Chancen und neue Perspektiven. Gegenüber der analogen Verbreitung via Satellit oder Kabel bringt sie durch Datenkompression eine Vervielfachung des Kanalangebotes mit sich.[95] Auf einem bislang analogen Kanal kann man terrestrisch in Zukunft vier bis sechs Fernsehprogramme digital ausstrahlen, über Kabel und Satellit bis zu zehn. Die strukturelle Frequenzknappheit, in der Vergangenheit das entscheidende Problem, dürfte dann zumindest für eine Übergangszeit überwunden sein.[96] Dazu kommt ein erheblicher publizistischer Mehrwert, der nicht nur in den Möglichkeiten der Vernetzung und Verspartung liegt.[97]

Auf absehbare Zeit und im Zuge des Generationswechsels wird sich das digitale Fernsehen gegenüber dem analogen ganz sicher durchsetzen, so wie sich die CD gegenüber der Vinylplatte durchsetzen musste.[98] Dass die ARD bei dieser Entwicklung in Rundfunksektor dabei sein will, kann nicht falsch sein. Vielmehr hat sie sogar die verfassungsrechtliche Pflicht, sich an den Innovationen im digitalen Sektor zu beteiligen.

Auch im terrestrischen Bereich des digitalen Radios geht die ARD davon aus, dass sich die neuen Techniken mit der Zeit durchsetzen werden. Aufgrund der Erfahrungen aus anderen Bereichen ist allerdings mit einer Marktdurchdringung von nicht mehr als etwa fünf Prozent innerhalb der ersten acht Jahren zu rechnen.[99] Ob und wann terrestrisches Digitalradio über die Pilotprojekte hinaus flächendeckend eingeführt wird und schließlich den bisherigen UKW-Funk ablösen kann, ist noch völlig ungewiss. Die Plattform „Digitaler Rundfunk" geht von einem „sanften Übergang" aus, der sich an der europäischen Entwicklung orientieren muss. Zunächst soll die Verbreitung von T-DAB vorangetrieben werden. Erst im Jahr 2003 soll dann die Entscheidung fallen, welcher Zeitraum für ein Auslaufen analoger Übertragung beim Hörfunk festgelegt werden kann.[100]

Das hängt nicht zuletzt davon ab, ob die Landesrundfunkanstalten auch für ihre T-DAB-Programme ihre Sendeanlagen selbst betreiben können und ob sie bei der Ka-

---

93 BT-Drucksache 13/11380, S. 9 f.; FAZ Nr. 196/1998 v. 25.8.1998, S. 13; Hamburger Abendblatt Nr. 197/1998 v. 25.8.1998, S. 11; *Zimmer*, MP 1996, 386 (400).
94 Der Spiegel Nr. 29/96, 22 (32).
95 *Zimmer*, MP 1996, 386.
96 Anderer Auffassung ist *Reiter*, der die Frequenzknappheit für dauerhaft passé hält, siehe *Reiter*, MP 1997, 410.
97 *Reiter*, MP 1997, 410 (411).
98 *Albrecht*, MP 1997, 45.
99 *Hörhammer*, in: Ory/Bauer, Hörfunk-Jahrbuch 96/97, S. 137.
100 BT-Drucksache 13/11380, S. 3.

pazitätszuordnung angemessen berücksichtigt werden.[101] Jedenfalls scheinen die Erfolgsaussichten durchaus gegeben. T-DAB bietet Radio in CD-Qualität und perfekten Empfang auch im Auto, wo immerhin ein Großteil des Radiokonsums stattfindet.[102] Insgesamt eröffnet T-DAB zahlreiche neue Möglichkeiten. Die Programme werden nicht einzeln auf jeweils einer Frequenz übertragen, sondern gemeinsam in Blöcken. Zusätzlich zu den Hörfunkprogrammen können vielfältige Datendienste übertragen werden.[103]

Da die Marktchancen von T-DAB auch von der Beteiligung der ARD abhängt, sind die Voraussetzungen für die Ermessensbetätigung der ARD offensichtlich richtig gewesen. Logische Fehler sind bisher nicht ersichtlich.

Fraglich ist dann nur noch, ob die Angebote Internet im Bereich des *audio on demand* und des *video on demand*[104] zu den erforderlichen Übertragungstechniken gehören. Die ARD geht davon aus, dass die Internetverbreitung von Rundfunk in Zukunft erheblich an Bedeutung gewinnen wird.

Es mag sein, dass die Entwicklung attraktiver Informationsangebote im Internet erst durch geeignete Verschlüsselungsverfahren bei Bezahlung mit „digitalem Geld" kommerziell interessant wird. Auf jeden Fall steckt in den Entwicklungsmöglichkeiten des Internets oder anderer globaler Netzwerke ein enormes Wachstumspotential. Ein Potential liegt auch in der Übertragung von *audio* und *video on demand* über das Internet, die schon jetzt auf eine erhebliche Nachfrage stoßen.

Technisch handelt es sich bei der Internet-Nutzung um einen Kommunikationsprozess zwischen zwei Teilnehmern, dem Server auf der einen Seite und dem User auf der anderen. Nach der Diktion des Bundesverfassungsgerichts in der „Baden-Württemberg-Entscheidung" erstreckt sich die Schutzwirkung des Art. 5 Abs. 1 S. 2 GG auch auf derartige rundfunkähnliche Dienste, denn bei den Sendungen im *audio on demand* handelt es sich um die gleichen Inhalte wie bei den herkömmlich verbreiteten. Aufgrund der Struktur des Internets, das sich an eine unbegrenzte Vielzahl von Nutzern richtet, sind diese Sendungen faktisch auch an eine Allgemeinheit gerichtet, die ihrerseits die Möglichkeit der Nutzung durch Ein- und Ausloggen aus dem Netz steuern können. Der Vorgang des *audio* oder *video on demand* über das Internet gehört somit zur verfassungsrechtlich geschützten Rundfunkbetätigung, an deren Entwicklungen auch die ARD teilhaben darf.[105]

V. Einfachgesetzliche Probleme

Die Nutzung der unterschiedlichen Übertragungswege für öffentlich-rechtliche Programme ist einfachgesetzlich kaum geregelt. Die Rundfunkgesetze unterscheiden üblicherweise nicht, ob ein Sender auf einem Berg, auf einem Fernsehturm oder auf

---

101 *Hahn/Binder*, ARD-Jahrbuch 97, S. 26 (40); Post Politische Information Extra Nr. 8/1997, S. 2.
102 Vgl. *Wolf*, Journalist Nr. 6/1998, S. 13.
103 *Hörhammer*, in: Ory/Bauer, Hörfunk-Jahrbuch 96/97, S. 129.
104 Z.B. Tagesschau Online, im Internet unter http://www.tagesschau.de.
105 BVerfGE 74, 297 (350 f.); vgl. FK Nr. 42/1996, S. 4 (6); siehe oben § 3 B.V. (S. 130).

einem Satelliten im Orbit angebracht ist. Der RStV-1987 enthielt in Art. 1 eine ausdrückliche Vorschrift über die Nutzung der Satellitentechnik. Der aktuelle RStV nennt in den §§ 19, 51 im Zusammenhang mit den öffentlich-rechtlichen Anstalten ausdrücklich auch technische Satellitenaufgaben.[106] Wo keine besonderen Regeln gelten, ist allein das Kriterium der Grundversorgung maßgeblich.

Allerdings regeln einzelne Landesrundfunkgesetze auf unterschiedliche Weise die Möglichkeiten zur technischen Nutzung für bestimmte Programme. So enthält § 3 Abs. 1 MDR-StV die ausdrückliche Regelung, dass der MDR drei Hörfunkprogramme veranstaltet, die über UKW verbreitet werden.

Zu gerichtlichen Auseinandersetzungen mit privaten Rundfunkanbietern ist es daraufhin erwartungsgemäß gekommen, der MDR neben den Landesprogrammen von „MDR 1", dem damaligen „MDR life" (heute: „Jump FM"), „MDR Kultur" und „MDR info" auch noch „MDR SPUTNIK" als fünftes Hörfunkprogramm auf lokalen Frequenzen in terrestrischer Weise auszustrahlen begann.[107] Die Klagen der privaten Konkurrenten sind vom LG Leipzig zurückgewiesen worden, allerdings nur wegen fehlender subjektiver Rechte. Eine Aufschaltung von „MDR SPUTNIK" betreffe formal nur die MDR-Staatsvertragsländer und den MDR selbst, nicht aber die Kläger.[108]

Gegen die Aufschaltung von „MDR SPUTNIK" auf UKW ist auch das rechtsaufsichtsführende Land Sachsen vorgegangen, das einen Rechtsaufsichtsbescheid gegen den MDR mit der Aufforderung zur Abschaltung des Jugendprogramms erlassen hat.[109]

Dennoch zeigt die zugespitzte Entwicklung zwischen dem Freistaat Sachsen und dem MDR, worauf rechtliche Vorschriften, die in den Programmbereich von Rundfunkanbietern gehen, hinauslaufen. Sie werden stets auf verfassungsrechtliche Schwierigkeiten stoßen.

Es ist schwer zu begründen, wie in einem Verbot für eine Rundfunkanstalt, mehr als drei Sender über UKW zu betreiben, eine Verbesserung des öffentlichen und individuellen Meinungsbildungsprozesses liegen kann. Das Verbot von Programmen oder von programmlichen Übertragungswegen, wie es der Sächsische Rechtsaufsichtsbescheid aufgrund von § 3 Abs.1 MDR-StV vorsieht, muss sich mithin an den Schranken von Art. 5 Abs. 2 GG messen lassen.

Als Schrankengesetze kommen auch staatliche Regelungen zum Schutz nicht kommunikationsbezogener Rechtsgüter in Frage, die mit der Rundfunkfreiheit kollidieren. Als Beispiel spielt die Sicherung der Funktionsfähigkeit der ökonomischen Wettbewerbsordnung.[110] Genau hierin liegt der Grund für § 3 Abs. 1 MDR-StV.

---

106 *Herrmann*, Rundfunkrecht, § 10 Rn. 120.
107 Vgl. *Wille/Schneider-Freyermuth*, ZUM 1999, S. 713 ff.
108 LG Leipzig (Urteil vom 15.4.1998, Az. nicht bekannt), epd medien Nr. 28-29/1998, S. 16; vgl. auch FK Nr. 26-27/1996, S. 9.
109 VG Leipzig ZUM 1999, S. 757 ff.; vgl. epd medien Nr. 28-29/1998, S. 16.
110 *Hoffmann-Riem*, MP 1996, 73 (75).

Durch eine Beschränkung des MDR auf drei Programme im UKW-Bereich soll die Wettbewerbsfähigkeit der privaten Rundfunkanbieter in den Staatsvertragsländern gesichert werden. Eingriffe in die Rundfunkfreiheit sind nach der Schrankensystematik des GG immer dann rechtmäßig, wenn sie den Ausgleich zwischen den verschiedenen Rechtsgütern im Zuge der Herstellung praktischer Konkordanz und damit unter Berücksichtigung des aus dem Rechtsstaatsprinzip fließenden Verhältnismäßigkeitsgebotes vornehmen.[111]

Die Herstellung praktischer Konkordanz zwischen den Grundrechtspositionen muss allerdings zu einer verfassungskonformen Reduktion zwingen. Dem MDR steht eine Einschätzungsprärogative in der Frage zu, welche und wie viele Programme zur Grundversorgung der Bevölkerung mit Rundfunk erforderlich sind. So lange der MDR also davon ausgeht, dass fünf Programme erforderlich sind und dabei keine Fehler in der „höchstpersönlichen" Ermessensausübung ersichtlich sind, ist ein Verbot der Veranstaltung dieser Programme und auch der Verbreitung über bestimmte Wege ein unverhältnismäßiger Eingriff in die Rundfunkfreiheit der Rundfunkanstalt.

Die Norm in § 3 Abs.1 MDR-StV muss mithin so ausgelegt werden, dass der MDR drei Hörfunkprogramme, die über UKW verbreitet werden, veranstalten *soll*. Soweit er zur Sicherstellung der Grundversorgung mehr Programme für erforderlich hält, muss ihm auch dies gestattet sein. Und auch ein Rechtsaufsichtsbescheid muss diese reduzierten Voraussetzungen beachten.

Vergleichbar ist im übrigen die Problematik des SWR-Jugend-Multimedia-Projekt „DASDING", dessen dauerhafte terrestrische Verbreitung und Überführung in den Regelbetrieb im Ergebnis ein Verstoß gegen § 3 Abs. 3 SWR-StV darstellt.[112]

VI. Europarechtliche Probleme

Der VPRT sieht in der privilegierten Einspeisung der öffentlich-rechtlichen Spartenprogramme „PHOENIX" und „Kinderkanal" einen Verstoß gegen das Verbot einer marktbeherrschenden Stellung nach Art. 82 EGV, weil diese eine unmittelbare Gefährdung der privaten Wettbewerber zur Folge habe. Schließlich habe die Einspeisung bei einigen Privatanbietern zum vollständigen Verlust des jeweiligen Kabelplatzes und somit zu einer unmittelbaren Bedrohung der wirtschaftlichen Existenz geführt.[113]

Der EuGH hat jedoch in seiner Entscheidungen in der Sache „Veronica" und „TV 10 SA" darauf hingewiesen, dass die Gewährleistung des Pluralismus im Rundfunkwesen ein im Allgemeininteresse liegendes Ziel ist, das Einschränkungen der Dienstleistungsfreiheit zu rechtfertigen vermag.[114] Solange also keine spezielle Regelung der EG beispielsweise für das Kooperationsverhalten von Rundfunkanbietern besteht,

---

[111] Siehe oben § 3 B.IV. (S. 129).
[112] Vgl. *Diesbach*, ZUM 1999, 228 f.
[113] Die VPRT-Beschwerde bei der EU-Kommission ist dokumentiert in FK Nr. 22/1997, 41, vgl. S. 42; siehe auch die Erwiderung der ARD in FK Nr. 22/1992, S. 19; vgl. FK Nr. 29-30/1996, S. 9.
[114] EuGH EuZW 1993, 251; vgl. *Dörr*, NJW 1995, 2265.

könnte eine etwaige Einschränkung der Wirtschaftlichkeit mithin dadurch gerechtfertigt sein, dass diese der Gewährleistung des Pluralismus dient. Da aber das zentrale Element der Pluralismussicherung innerhalb der deutschen dualen Rundfunkordnung die Grundversorgungsfunktion der öffentlich-rechtlichen Programme ist und die vorrangige Einspeisung öffentlich-rechtlicher Programme in die Kabelnetze ebenfalls von diesem Maßstab abhängt, bemisst sich auch die Zulässigkeit der beiden Spartenprogramme von ARD und ZDF allein an deren Grundversorgungsfunktion.

Ob diese zur Grundversorgung gehören, wird noch zu klären sein.[115] Wenn dem so ist, wäre Verstoß gegen Art. 82 EGV mithin gerechtfertigt, so dass auch die VPRT-Beschwerde keine Aussicht auf Erfolg haben wird.

C. Die Programme

Auch der Programmbereich bedarf einer Überprüfung anhand der verfassungsrechtlichen Beurteilungsmaßstäbe. Es gilt mithin, die einzelnen Programme der ARD an ihren Besonderheiten und Eigenarten zu untersuchen, um beurteilen zu können, inwieweit sie zur Grundversorgung gehören und im Rahmen des Finanzierungsgebotes für die spezifischen Funktionen des öffentlich-rechtlichen Rundfunks erforderlich sind, indem sie den öffentlich-rechtlichen Programmauftrag voll erfüllen. Wie oben dargestellt, hat die vom Bundesverfassungsgericht zugesicherte Finanzierungsgarantie für die ARD die „Kehrseite", dass der alimentierte Programmauftrag nur so weit gehen kann, wie dies zur Pluralismussicherung *erforderlich* ist.[116]

Andererseits ist keine schematische Deduktion einzelner Programme oder Programmbestandteile unter den Begriff „Grundversorgung" möglich. Die Frage, welche Programme der ARD zur Grundversorgung gehören, lässt sich nach der Verfassungsrechtsprechung nicht isoliert für einzelne Programme oder gar Programmteile beantworten. Das Bundesverfassungsgericht sagt im „Baden-Württemberg-Beschluß" eindeutig, dass Grundversorgung stets eine Mehrzahl von Programmen voraussetzt.[117] Es kommt somit auf eine Gesamtschau an, so dass das Gesamtprogrammangebot der ARD im Hinblick auf jede einzelne der „Drei Stufen" zu untersuchen und zu beurteilen ist. Es reicht nicht allein eine Analyse der Programminhalte, sondern notwendig ist auch eine Betrachtung der Übertragungswege jedes einzelnen Programms sowie der organisatorischen Hintergründe.[118] Bei dieser Untersuchung verdienen die inhaltlichen Elemente allerdings besondere Beachtung.

Nach den Ausführungen des Bundesverfassungsgerichts stellt sich dabei zunächst die Frage, inwieweit einzelne Programme einen Programmstandard aufweisen, der dem klassischen Rundfunkauftrag im Bereich von Information, Kultur und Unterhal-

---

115 Siehe oben 3. Teil: C.I.1.c) und 3. Teil: C.II.2. (Seite 205 ff. bzw. 215 ff.).
116 Siehe oben: § 3 D.III. (S. 169 f.); BVerfGE 87, 181 (201).
117 BVerfGE 74, 297 (326).
118 Siehe oben: § 3 C.I (S. 145).

tung gerecht wird. Dabei muss für jedes einzelne Programm bestimmt werden, inwieweit es die einzelnen Sparten Bildung, Kultur und Unterhaltung bedient, und Informationen und Berichterstattung für Mehrheiten und wechselnde Minderheiten gleichermaßen liefert.[119] Man ist hier, wie *Niepalla* bemerkt, mit einer unklaren Aussage konfrontiert, die widersprüchliche Rückschlüsse auf die Grenzziehung in Sachen „Grundversorgung" zulassen. Letztlich kann das Bundesverfassungsgericht also nur meinen, dass lediglich eine Gesamtschau auf die dargebotenen Programme ein Urteil darüber zulässt, ob Grundversorgung in ausreichendem Maße geleistet wird.[120] Auch die Frage nach der Anzahl der erforderlichen ARD-Programme ist abstrakt nicht zu beantworten, wenngleich sie einer verfassungsrechtlichen Beurteilung durchaus zugänglich ist. Entscheidend ist hier ein Blick auf die konkreten Programme, deren Addition Grundversorgung ausmacht.[121]

Die Frage, welche Programme jeweils zur Grundversorgung gehören, ist überdies nur in einer Momentaufnahme zu bestimmen. So muss auch die Stichtagsregel des Bundesverfassungsgerichts aufgefasst werden, nach der „zumindest" die am 4. November 1986 terrestrisch verbreiteten Programme dazu zählen. Es bedarf vielmehr einer regelmäßig wiederkehrenden Untersuchung zum jeweiligen Zeitpunkt einer anstehenden medienpolitischen Veränderung. Was die Funktionserfüllung erfordert, lässt sich nicht ein für alle mal bestimmen, sondern hängt von den Umständen ab, die im wesentlichen von den technischen Entwicklungen und dem Verhalten der privaten Veranstalter geprägt werden, denen gegenüber der öffentlich-rechtliche Rundfunk konkurrenzfähig bleiben muss, um nicht insgesamt die Anforderungen des Art. 5 Abs. 1 S. 2 GG zu verfehlen.[122]

Mit besonderem Interesse wird also zu beobachten sein, inwieweit sich die so genannte „Konvergenzthese im dualen Rundfunksystem" bewahrheitet, nach der mit dem Aufkommen privater Rundfunkanstalten das Programmangebot von öffentlich-rechtlichen und privaten Rundfunkanbietern eine Angleichung aneinander erfahren.[123] Diese Konvergenz läuft nach Auffassung von *Stock* stets auf eine Angleichung der Programmstruktur der öffentlich-rechtlichen Sender an die private Konkurrenz hinaus, deren massenattraktives Programm abgekupfert wird.[124]

Sollte sich die Konvergenzthese in der von *Stock* verstandenen Richtung bestätigen, wäre ihm dahingehend zuzustimmen, dass in der Entwicklung *vermutlich* eine Gefährdung der Grundversorgung und damit eine Verletzung des geltenden Rundfunkrechts zu sehen ist, weil Massenattraktivität zumeist auch Qualitätsverlust mit sich bringen dürfte.

---

119 BVerfGE 73, 118 (160); 74, 297 (325).
120 *Niepalla*, Grundversorgung, S. 118.
121 Siehe oben. § 3 C.II. (S. 155 ff.).
122 BVerfGE 87, 181 (203).
123 *Merten*, Konvergenz der deutschen Fernsehprogramme, S. 16.
124 *Stock*, MP 1990, 745; *Hoffmann*, Möglichkeiten der Finanzierung des öffentlich-rechtlichen Rundfunks, S. 120.

Konvergenz ist aber auch in einer anderen Richtung denkbar – und es wäre verfassungsrechtlich ganz sicher nicht zu kritisieren, wenn die privaten Sender ihre Programme der erfolgreichen öffentlich-rechtlichen Konkurrenz angleichen und hochwertige öffentlich-rechtliche Programmangebot kopieren. In diesem Fall läge eine Niveauangleichung auf hoher Ebene vor, die positiv zu beurteilen wäre.

Die Überprüfung, wer da eigentlich wen kopiert hat, muss also zwingend einer Beurteilung der Programmangleichung nachfolgen – ein Notwendigkeit, die die Konvergenz-Mahner in der Regel plakativen Konvergenzvorwürfen zuliebe verschweigen oder – wie *Merten* ausführt – in den Hintergrund stellen.[125]

Das wiederum zeigt, dass die Konvergenzthese für die Beurteilung der Grundversorgung durch die öffentlich-rechtlichen Anstalten letztlich wertlos ist. Entscheidend ist allein, ob das öffentlich-rechtliche Programmangebot dem Grundversorgungsgebot gerecht wird und einen freien und individuellen Meinungsbildungsprozess fördert, und nicht, ob die Programme von öffentlich-rechtlichen und privaten Anbietern einander ähneln oder gar austauschbar sind.[126]

Wenn *Herzog* also mangelnde Qualität im öffentlich-rechtlichen Fernsehen beklagt und den Fernseher als „Kasten" bezeichnet, der Moral, Kultur oder Durchblick in die Wohnzimmer liefern soll, der in Wirklichkeit aber eine Maschine sei, die den Zuschauern Zerstreuung und Werbebotschaften bringe und den Betreibern möglichst viel Geld, so hat dies allenfalls eine moralische oder idealistische Dimension.[127] Für die Rechtmäßigkeit des Programmangebotes ist diese Beobachtung für sich ohne Bedeutung.

Bei der Beurteilung der Grundversorgungskonformität des Programmangebots unterscheidet das Bundesverfassungsgericht zwischen Vollprogrammen und Spartenprogrammen. Das Bundesverfassungsgericht hat im „Baden-Württemberg-Beschluß" klargestellt, dass öffentlich-rechtliche Spartenprogramme keinesfalls der „unerlässlichen" Grundversorgung zuzurechnen seien, da sie sich eben nur an einen begrenzten Teilnehmerkreis richten und auch thematisch begrenzt sind und somit für sich genommen keine umfassende Meinungsbildung ermöglichen.[128] Allerdings könnten öffentlich-rechtliche Spartenprogrammen Beiträge bringen, welche von privaten Anbietern nicht zu erwarten seien.

Folgt man den klassischen Kategorien des Rundfunkrechts, bilden Information, Beratung, Bildung und Unterhaltung die wesentlichen Bestandteile eine Vollprogramms.[129] In diesem Sinne haben sich die Länder auf eine Definition von „Vollprogrammen" geeinigt: Nach § 2 Abs. 2 Ziff. 1 RStV handelt es sich um „Rundfunkprogramme mit vielfältigen Inhalten, in welchen Bildung, Beratung und Unterhaltung

---

125 *Merten*, Konvergenz der deutschen Fernsehprogramme, S. 136 f., *Merten/Gansen/Götz*, Veränderungen im dualen Hörfunksystem, S. 76 f.
126 So auch *Stock*, MP 1990, 745 (750).
127 Der Spiegel Nr. 29/1996, 22 (28).
128 *Kresse*, Grundversorgung, S. 10; *Braun* u.a., ZUM 1996, 201 (204 f.)
129 *Volpers/Schnier*, MP 1996, 249 (251).

einen wesentlichen Teil des Gesamtprogramms bilden." Ziff. 2 definiert im Gegensatz dazu Spartenprogramme als Rundfunkprogramme „mit wesentlich gleichartigen Inhalten.". Auch die Landesrundfunkgesetze verwenden ähnliche Begriffsbestimmungen.

Die Literatur hingegen versteht unter „Spartenprogrammen" solche Programme, die nicht die gesamte Breite des Programmspektrums in Bezug auf Information, Bildung, Kultur, Beratung und Unterhaltung umfassen, sondern sich lediglich auf eine oder mehrere Angebotsgruppen beschränken.[130]

Das Bundesverfassungsgericht umschrieb Spartenprogramme damit, dass sie „sich nur an einen begrenzten Teilnehmerkreis richten und auch thematisch begrenzt sind".[131] Das Bundesverfassungsgericht ergänzt die Definition also um den Faktor der Zielgruppenorientierung. Spartenprogramme und Zielgruppenprogramme werden also grundsätzlich gleichermaßen beurteilt. Demzufolge hat das Bundesverfassungsgericht auch von „Sparten- oder Zielgruppenprogrammen" gesprochen.[132] Es verwendet somit eine alternative Begrifflichkeit für einen inhaltlich identischen Sachverhalt, wobei der Terminus „Spartenprogramm" dann angebracht erscheint, wenn der Schwerpunkt auf der *gegenständlichen* Beschränkung des Programms ruht (etwa bei Sport-, Musik- oder Nachrichtenkanälen), während „Zielgruppenprogramm" sich auf ein insbesondere hinsichtlich des *angestrebten Empfängerkreises* homogenes Programm bezieht (etwa Kinder- oder Jugendprogramme).[133] Die rechtliche Bewertung bleibt trotzdem gleich.

Spartenkanäle sind schon lange nichts Ungewöhnliches mehr. Als typische Beispiele lassen sich etwa Sportkanäle, Musikkanäle oder Nachrichtenkanäle nennen. Während derartige Programme im Fernsehbereich zunächst nur privaten Veranstaltern vorbehalten waren („DSF", „MTV", „VH-1", „VIVA", „n-tv", „CNN" u.ä.), sind es im Hörfunk vor allem die öffentlich-rechtlichen Anstalten, die zum Mittel Segmentierung ihrer Programme greifen.[134]

Nach der beschriebenen Unterscheidung betreiben die öffentlich-rechtlichen Anstalten im Hörfunk zur Zeit 14 Zielgruppen- oder Spartenprogramme: Dazu gehören die Nachrichtenwellen „B5 aktuell"[135], „hr Skyline", „MDR info", „InfoRadio" und „NDR 4 Info". Schließlich sind auch die Klassikwellen „Radio 3"[136], „Bayern 4 Klassik"[137] und „hr2plus:Klassik" thematisch begrenzt und somit als Spartenprogramme

---

130 Vgl. *Bleckmann/Pieper/Erberich*, Öffentlich-rechtliche Spartenprogramme als Bestandteil der Grundversorgung, S. 19 f.; *Ory*, ZUM 1987, 427 (428).
131 BVerfGE 74, 297 (345).
132 BVerfGE 73, 118 (188); vgl. *Bleckmann/Pieper/Erberich*, AfP 1997, 417.
133 So auch *Bleckmann/Pieper/Erberich*, Öffentlich-rechtliche Spartenprogramme als Bestandteil der Grundversorgung, S. 21.
134 Vgl. *Betz*, MP 1997, 2 ff.
135 Vom Bayerischen Rundfunk selbst als Spartenkanal eingestuft; vgl. oben § 2 B.VII.2.d. (S. 73).
136 Zu diesem Schluß kommt auch *Volpers*, Hörfunklandschaft Niedersachsen, S. 116.
137 Vom Bayerischen Rundfunk selbst als Spartenkanal eingestuft; vgl. oben § 2 B.VII.2.d. (S. 73).

einzustufen.[138] Außerdem sind Spartenprogramme die sechs kulturorientierten Wellen „hr2", „SR2 KulturRadio", „MDR KULTUR", „*radio kultur", „Bayern2Radio" und vermutlich auch „SWR2".[139]
Außerdem können die Jugendwellen „N-Joy Radio", „MDR SPUTNIK", „hr XXL", „Fritz" und möglicherweise „SWR3" als inhaltlich begrenzte Zielgruppenprogramme für Jugendliche zwischen 14 und 20 eingeordnet werden, die sich vorwiegend am Massengeschmack orientieren.[140] Als Dreh- und Angelpunkt beinahe jedes Hörfunkprogrammes gilt seine Musikfarbe. Öffentlich-rechtliche Hörfunkwellen dekken dabei das gesamte Spektrum ab, von Schlager- und Heimatwellen bis zur Techno-Szene. Gleichwohl kann nicht jedes Programm, das eine bestimmte Musikfarbe beinhaltet, als Spartenprogramm angesehen werden, auch wenn *de facto* hinter jeder Musikfarbe natürlich ein bestimmtes Zielpublikum steht.

Als Spartenprogramme können gleichwohl nur solche Programme gelten, die sich entweder selbst als Spartenprogramm sehen oder eindeutig auf ein besonderes eng gefasstes Zielpublikum ausgerichtet sind, das nur einen verhältnismäßig geringen Altersbereich umfasst (also nicht, wie etwa die Servicewellen auf die 14- bis 49jährigen ausgerichtet ist).

Daneben sind im TV-Angebot seit dem 3. RÄndStV neben „arte", das bereits seit seiner Einrichtung als Spartenprogramm bezeichnet wird, ausdrücklich zwei zusätzliche Spartenprogramme vorgesehen. Dabei handelt es sich um den „Kinderkanal", der eigentlich ein Zielgruppenprogramm ist, und um „PHOENIX", die beide mit Inkrafttreten des Vertrages 1997 ihren Sendebetrieb aufnahmen. Nach § 19 Abs. 2 RStV und den Vorschriften über „arte" in § 19 Abs. 4 RStV können die in der ARD zusammengeschlossenen Anstalten und das ZDF zusammen nunmehr insgesamt drei gesetzlich legitimierten Spartenprogramme veranstalten. Dazu kommt als viertes öffentlich-rechtliches Fernseh-Spartenprogramm der Bildungskanal „BR α alpha"[141].

Die übrigen Programme sind als Vollprogramme einzuordnen. Problematisch ist dies lediglich bei „3sat"[142] und den Dritten Programmen. „3sat" wird seit dem Eintritt der ARD und der programmlichen Erweiterung um Sport, Magazine und Musik und der Ausweitung des Sendevolumens auf 15 Stunden täglich von seinen vier Betreibern nicht mehr als reines „Kulturprogramm" bezeichnet, sondern ausdrücklich als Vollprogramm klassifiziert. Dieser Einschätzung wird hier gefolgt, weil das Programm in der Tat nicht mehr die typischen Voraussetzungen eines Spartenprogramms aufweist, sondern vielmehr ein umfassendes Programmangebot ist, das sämtliche Sparten und Genres berücksichtigt.

---

138 *Kresse*, Grundversorgung und integrative Pluralismussicherung, S. 1. In diesen Bereich kann auch von „Schwerpunktprogrammen" gesprochen werden. So *Bleckmann/Pieper/Erberich*, Öffentlich-rechtliche Spartenprogramme als Bestandteil der Grundversorgung, S. 21.
139 Die neue Kulturwelle vom SWR kann noch nicht abschließend beurteilt werden.
140 *Kresse*, Grundversorgung und integrative Pluralismussicherung, S. 1.
141 Siehe oben § 2 B.VII.2.b. (S. 72).
142 *Betz* sieht „3sat" als kulturelles Spartenprogramm, vgl. ARD-Jahrbuch 97, S. 17.

Das gilt auch für die Dritten, deren Programm ursprünglich regional thematisiert und eingeschränkt war. Durch die Ausweitung des Sendevolumens und den praktizierten Austausch von Magazinsendungen unter den Landesrundfunkanstalten ist diese thematische Begrenzung längst fortgefallen. Die Dritten Programme haben sich somit zu Vollprogrammen entwickelt.

Neben den klassischen Vollprogrammen können zur Erfüllung des Programmauftrages auch Spartenprogramme für ein Publikum geeignet sein, dessen Interessen etwa aus wirtschaftlichen Gründen in kommerziellen Programmen nicht hinreichend berücksichtigt werden können. klassische Musik, Theater, Oper, Sendungen für Ausländer und ethnische Minderheiten etwa finden im privaten Bereich bisher wenig statt und sind dennoch zur Sicherung des Pluralismus erforderlich. Sie verhelfen einzelnen gesellschaftlichen Gruppen zu einer gleichberechtigten Geltung und fördern die kulturelle Identität des Landes.[143] Gerade weil der publizistischen Konkurrenz öffentlich-rechtlicher Spartenprogramme zum privaten Rundfunk eine geminderte Bedeutung zukomme, sei es entscheidend, dass Spartenprogramme der öffentlich-rechtlichen Anstalten Beiträge enthalten, „welche von privaten Anbietern nicht zu erwarten sind"[144]. Nur unter diesen Umständen sind öffentlich-rechtliche Spartenprogramme überhaupt zulässig, weil sie die Vielfältigkeit des gesamten Programmangebots erhöhen und ein wesentliches Element für das kulturelle Leben einbringen, womit der klassische Rundfunkauftrag wahrgenommen wird. Ein grundsätzliches Verspartungsverbot für die ARD besteht somit nicht.[145]

Bei den folgenden Beurteilungen kann das ZDF-Programm im übrigen ruhig vernachlässigt werden, weil dieses gegenüber möglichen Defiziten der anderen Programmangebote schließlich nicht als Reserve dienen darf: Das Bundesverfassungsgericht zählt schließlich zur unabdingbaren Grundversorgung das ARD-Angebot „neben" dem ZDF-Angebot.[146]

I. Vollprogramme

Vollprogramme sind (im Unterschied zu Spartenprogrammen) auf das verpflichtet, was in der Literatur gemeinhin als „Universalität" bezeichnet wird.[147] Sie nehmen den „Klassischen Rundfunkauftrag" dahingehend wahr, dass sie möglichst alle Meinungen, Regionen, gesellschaftlichen Gruppierungen und alle Themen zur Geltung bringen. Sie vermitteln die integrative Wirkung von Rundfunk und machen den unterschiedlichen gesellschaftlichen Gruppen die Interessen der jeweils anderen verständlich.[148]

---

143 *Kresse*, ZUM 1995, 178 (182 f.).
144 BVerfGE 74, 297 (346).
145 *Braun* u.a., ZUM 1996, 201 (205).
146 *Hoffmann-Riem*, Rundfunkneuordnung in Ostdeutschland, S. 48.
147 *Kresse*, ZUM 1995, 178 (182); *Glotz*, epd medien Nr. 30/1997, 7 (9).
148 *Kresse*, Grundversorgung und integrative Pluralismussicherung, S. 9.

1. Das Erste Programm

Eine Zuordnung des ARD-Gemeinschaftsprogramms zu der Gruppe der Vollprogramme ist unproblematisch. „Das Erste" berücksichtigt schon von seiner Aufgabe her alle Themen und Meinungen und bedient sich dazu sowohl Informations- und Bildungs- als auch Unterhaltungssendungen. Auch die unterschiedlichen Regionen des bundesweiten Sendegebietes Bundesrepublik Deutschland kommen im Gemeinschaftsprogramm zu Wort und Gehör. Wie oben bereits erwähnt, haben alle Landesrundfunkanstalten gemäß ihrem Anteil am Gemeinschaftsprogramm festgelegte Pflichtanteile beizusteuern.[149] Diese Aufteilung gilt auch für die einzelnen Programmsparten Politik, Gesellschaft und Kultur, Fernsehspiel, musikalische Sendungen, Unterhaltung, Familienprogramm, Spielfilm, Sport sowie Kirchensendungen, so dass die regionale Vielfalt zumindest organisatorisch sichergestellt ist.

Sieht man vom Streit über die parteipolitische Ausgewogenheit ab, so hat vor der Zulässigkeit privater Rundfunkanbieter kaum jemand daran gezweifelt, dass das „Erste" Grundversorgungskonform und als regional gegliedertes landesweites Programm zur Erfüllung der Funktion erforderlich ist.[150]

Gleichwohl ist heute längst nicht mehr unumstritten, ob das „Erste" noch immer dem klassischen Rundfunkauftrag genügt. Zwar verhindert schon die binnenplurale Organisation der ARD nach Auffassung des Bundesverfassungsgerichts die Gefahr der Entstehung einseitiger Meinungsmacht; umstritten ist die inhaltliche Ausgewogenheit des „Ersten" gleichwohl. Insbesondere die stark betonte Unterhaltungskomponente[151] führt häufig zu Zweifeln an der Grundversorgungskonformität des ARD-Gemeinschaftsprogrammes.

Die Zusammenstellung des Ersten Programms bezeichnet *Scheble* folglich als „Grundversorgungs-Mischprogramm": als Mischung von „Elementen des klassischen Rundfunkauftrages und Elementen eines Spartenprogramms". Diese Mischung würde zwar zur Erfüllung des klassischen Rundfunkauftrages „beitragen", aber den Unterhaltungsaspekt überproportional berücksichtigen, so dass „anderen Bereichen nicht ausreichend Sendezeit zukommen kann".[152] Zwar könne auch Unterhaltung meinungsbildend sein, allerdings kämen bei der jetzigen Programmgestaltung andere Programmsparten zu kurz.

Dem zustimmend diagnostiziert *Merten*, Direktor des Medienforschungsinstitutes „COMDAT", eine Konvergenz des ARD-Programms.[153] Seine Analyse führt vor, dass bei den öffentlich-rechtlichen Sendern das Volumen massenattraktiver Sparten

---

149 Siehe oben: § 2 B.VII.1.a. (S. 64 ff.).
150 *Kull*, AfP 1987, 462 (464).
151 „Klassische Unterhaltung" setzt sich nach umfassender Ansicht zusammen aus: Familienserien, Quiz, Kabarett und Shows. Zu Unterhaltung „im weiteren Sinne" gehören zudem: Fernsehfilme, Musiksendungen und Sportberichterstattung; vgl. *Krüger*, MP 1996, 418 (426); zu den unterschiedlichen kommunikationswissenschaftlichen Unterhaltungsbegriffen vgl. *Neumann-Braun*, Rundfunkunterhaltung, S. 38 ff.
152 *Scheble*, Perspektiven der Grundversorgung, S. 199.
153 Zur Konvergenzthese siehe 3. Teil: C. (S. 175 f.).

zu Lasten weniger attraktiver Sparten vergrößert worden ist.[154] So habe das „Erste" im Zuge der Programmausweitung zwar eine Vergrößerung des absoluten Informationsangebotes erfahren, gleichzeitig jedoch eine „Austrocknung" informativer Inhalte, deren Bestandteil im „Ersten" im Vergleich zur Unterhaltung abgenommen habe. Bei der Aufteilung des Sendeangebotes zeige sich ein sinkender Anteil an Information, der von 39,5 Prozent im Jahr 1980 auf 26,9 Prozent in 1992 und auf 23,3 Prozent in 1993 zurückgeht. Gleichzeitig habe sich eine Verwischung der Grenzen und eine Vermischung der Genres Information und Unterhaltung eingestellt. Im Gegensatz dazu sei der Fictionanteil signifikant gestiegen: von 28 Prozent in 1980 auf 36,6 Prozent in 1993. Der relative Sendeanteil der übrigen Programmsparten sei von 1980 bis 1993 in etwa gleich geblieben. Insofern habe also eine Verschiebung der Schwerpunkte stattgefunden.[155]

Andere Zahlen legt *Krüger* vom Kölner Institut für empirische Medienforschung (IFEM) vor, der die Konvergenzthese ablehnt und feststellt, dass öffentlich-rechtliche und private Programme deutlich unterschiedliche Programmprofile aufweisen – und zwar gerade im Informationsbereich. Dort habe die ARD 1995 mit 39,5 Prozent fast dreimal soviel geboten wie „RTL", „SAT.1" und „ProSieben".[156] Den Unterhaltungsanteil des „Ersten" beziffert *Krüger* für 1985 mit 59 Prozent und für 1995 mit 56 Prozent.[157] Zu einem ähnlichen Ergebnis kommt die GfK, die den Informationsanteil mit 41 Prozent angibt.[158]

Auch die ARD selbst nennt andere Zahlen als COMDAT. Sie beziffert den Informationsanteil für 1996 mit 35,8 Prozent, an anderer Stelle mit „fast 40 Prozent" – deutlich höher als bei den Privaten. Sportberichterstattung im Umfang von 10,3 Prozent ist diesem Wert noch nicht zurechnet. Die klassische Unterhaltung umfasst danach 49,6 Prozent.[159] 1983 betrug der reine Informationsanteil laut ARD noch knapp 40 Prozent, während der klassische Unterhaltungsanteil mit 43 Prozent beziffert wurde. Die restlichen Anteile entfielen auf Sportberichterstattung, Mischformen und Überleitungen.[160]

Es bestehen also erhebliche Unterschiede in den Statistiken, welche die medienpolitische Brisanz der Kategorisierung deutlich machen.[161] Die ARD hat naturgemäß ein besonderes Interesse, den Informationsanteil ihres Programms hoch zu beziffern, um die Qualität der eigenen Leistung zu betonen, während die privaten Auftraggeber

---

154 *Merten*, Konvergenz der deutschen Fernsehprogramme, S. 135.
155 *Merten*, Konvergenz der deutschen Fernsehprogramme, S. 66 f.
156 *Krüger*, MP 1996, 418 (431); vgl. FK Nr. 40/1996, S. 13; 1994 waren es lt. IFEM 38,4 %; vgl. FK Nr. 6/1995, S. 10.
157 In diesem Prozentsatz ist allerdings die Sportberichterstattunge enthalten, vgl. *Krüger*, MP 1996, 418 (426).
158 *Gerhards/Grajczyk/Klingler*, MP 1996, 572 (575).
159 ARD, ARD-Jahrbuch 97, S. 357; ARD-Intendanten, FK Nr. 5/1995, S. 42; *Struve*, ARD-Jahrbuch 94, S. 21 (23)
160 ARD, ARD-Jahrbuch 84, S. 366.
161 Zur Glaubwürdigkeit von Statistiken der ARD siehe oben § 1 (S. 21).

der *Merten*-Studien eher eine Bestätigung der Konvergenzthese suchen, um die Existenzberechtigung der Gebührenfinanzierung in Frage zu stellen. Unterschiede bestehen so bereits in den Erhebungszeiträumen, den Ermittlungsmethoden und Vergleichsobjekten. Die Werte für Unterhaltung bei *Krüger* enthalten etwa grundsätzlich auch Sportberichterstattung, bei der ARD jedoch nicht. *Krüger* vergleicht als *prime time* den Zeitraum von 19 bis 23 Uhr, während die ARD für ihre Zahlen jeweils die 20-Uhr-Grenze als Einschnitt wählt. Außerdem bereinigt die ARD stets die Statistik für das „Erste" um die Werte des (regional organisierten) Vorabendprogramms und des (gemeinsam mit dem ZDF veranstalteten) Mittagsmagazins.

Die Statistiken bedürften insofern einer kritischen Überprüfung oder einer unabhängigen Erhebung. Exakte Trennlinien lassen sich ohnehin bei den Kategorisierungen kaum finden. Gerade im Sport- und Kulturbereich verwischen die Grenzen zwischen Unterhaltung und Information oft bis zur Unkenntlichkeit (sog. „Infotainment").[162] Außerdem kommt es weniger auf eine Einordnung als auf die Inhalte und die Gestaltung der Sendungen an, was allerdings auf eine verfassungsrechtlich problematische inhaltliche Bewertung hinauslaufen kann.

Fest steht jedenfalls, dass das „Erste" seine Programmstruktur umgestellt hat, seit die Privaten den Werbemarkt beherrschen. Das gilt insbesondere für den Vorabend. Das Programm zwischen 17.43 und 19.59 Uhr, das den überwiegenden Teil der Werbung umfasst und das die öffentlich-rechtlichen Anstalten selbst ausdrücklich als Werberahmenprogramm sehen,[163] ist mittlerweile von der Programmkultur der Privaten geprägt: Es dominieren Spielshows („Herzblatt") und Familienserien. So gibt die ARD selbst den Anteil der Unterhaltung im Vorabendprogramm mit 69,2 Prozent an. Dazu kommen 2,4 Prozent Sport und 16,1 Prozent Werbung. Den Informationsanteil beziffert sie mit niedrigen 7,7 Prozent.[164]

Gleichwohl sind die öffentlich-rechtlichen Anstalten ständig bemüht, ihr Programm noch massenattraktiver und stromlinienförmiger zu gestalten, um Kosten und Nutzen weiter zu optimieren. Unterhaltung ist billig und bringt Einschaltquoten, von denen Werbeaufträge abhängen. Der ARD stehen für das „Erste" insgesamt knapp 2,8 Mrd. Mark jährlich zur Verfügung. Für Unterhaltungsprogramme werden davon an direkten Mitteln gerade mal 90 Mio. Mark (46,02 Mio. €) verwendet.[165] So kostet die Produktion einer Sendeminuten für das Erste Programm durchschnittlich 6425 Mark (3285 €), für das Vorabendprogramm aber nur 1492 Mark (763 €) – und das, obwohl Fernsehspiele und Unterhaltungsproduktionen eigentlich mit 20.286 Mark (10.372 €) bzw. 10.428 Mark (5332 €) pro Minute besonders teuer sind, während Informations-

---

162 Bleckmann/Pieper/Erberich, Öffentlich-rechtliche Spartenprogramme als Bestandteil der Grundversorgung, S.67.
163 So etwa das ZDF in der Überschrift eines Programmschemas für Werbetarife: ZDF-Werbefernsehen-Info – Programm und Tarife '95; vgl. Bleckmann/Pieper/Erberich, Öffentlich-rechtliche Spartenprogramme als Bestandteil der Grundversorgung, S. 85, Fn. 296.
164 ARD, ARD-Jahrbuch 97, S. 357, 362 f.
165 Struve, in: Kops/Sieben, S. 201 (209).

sendungen zwischen 4000 und 7600 Mark (2045 bis 3886 €) kosten.[166] Der Schluss liegt also nahe, dass für das Vorabendprogramm besonders billig produziert wird, dass es dort allein auf Effektivität ankommt. Das kann kein Kriterium für die Erstellung öffentlich-rechtlicher Programme sein!

Immerhin ist die ARD im Zuge ihrer Reform des Vorabendprogramms davon abgegangen, amerikanische Unterhaltungsserien zu platzieren, die nahezu überhaupt keinen Bezug zum deutschen Meinungsbildungsprozess haben[167] und insofern vom Publikum auch nicht speziell mit öffentlich-rechtlichen Angeboten in Verbindung gebracht wurden, sondern eher den privaten Programmprofilen zugerechnet werden.[168]

Auch im Nachmittagsprogramm zwischen 14.03 und 17.43 Uhr ist eine Konvergenz hin zur Programmstruktur kommerzieller Sender zu beobachten. Während früher Sportübertragungen, Kinder-, Bildungs- und Beratungssendungen ausgestrahlt wurden, dominieren heute Wiederholungen und „leichte Kost": etwa unterhaltungsorientierte Beratungssendungen (Kochsendungen wie „Alfredissimo"), Boulevardmagazine („Brisant") und „Betroffenheits-Talkshows"[169] („Fliege"). Auch ZDF, „RTL", „ProSieben" und „SAT.1" füllen ihr Nachmittagsprogramm mit Talkshows.

Diese Entwicklung ist allerdings nicht auf Werbezwänge zurückzuführen. Vielmehr ist das Problem am Nachmittag, dass relativ lange Sendestrecken gefüllt werden müssen, denen nur ein kleines, für die Werbebranche vergleichsweise unattraktives, weil statistisch unterdurchschnittlich gebildetes und informationsinteressiertes Publikum – vor allem Schulkinder, Hausfrauen oder Arbeitslose – gegenübersteht. Dem Kostendruck entgegnet nicht nur die ARD mit einem Billig-Angebot, in dem es auf Masse statt Klasse ankommt und das auf das erreichbare Zielpublikum zugeschnitten ist. Eine Talkrunde mit Jürgen *Fliege* weicht somit nur graduell von einer mit Hans *Meiser* oder Ilona *Christen* (bei „RTL") ab.[170]

Außerdem dient das Fernsehen gerade nachmittags immer mehr als Begleitmedium oder zur kurzen und kurzfristigen Entspannung. Sendungen, die eine längere Verweildauer oder erhöhte Aufmerksamkeit der Rezipienten erfordern, haben nur geringe Erfolgschancen.

Sowohl im Nachmittags- als auch im Vorabendprogramm hat in der Tat eine Angleichung der ARD-Sendungen an die private Konkurrenz stattgefunden. In beiden Bereichen kann das „Erste" somit seine Kompensationsfunktion nicht mehr wahrnehmen, sondern verstärkt den vielfaltsbezogenen Charakter des Privatfernsehen.

---

166 Laut Finanzstatistik der ARD 1995, Tabelle 40.
167 US-amerikanische Serien sind konsequent professionell gemacht und auf einen multinationalen Zuschauer ausgerichtet, vgl. *Hoffmann*, Möglichkeiten der Finanzierung des öffentlich-rechtlichen Rundfunks, S. 121.
168 Vgl. *Struve*, ARD-Jahrbuch 94, S. 21 (25 f.).
169 *Tittelbach*, Hamburger Abendblatt Nr. 46/1998 v. 24.2.1998, S. 11.
170 Die Fairness gebietet allerdings anzuerkennen, daß zwischen dem ARD-Talk „Fliege" und den sog.„Schmuddel-Talkshows" wie „Arabella Kiesbauer" oder „Bärbel Schäfer" Welten liegen; Hamburger Abendblatt Nr. 88/1998 v. 16.4.1998, S. 13; Hamburger Abendblatt Nr. 96/1998 v. 25./26.4.1998, S. 8; Journalist Nr. 5/1998, S. 7; *Koschnik*, Journalist Nr. 6/1998, S. 40 ff.

Andererseits dürfen die Grundversorgungsprogramme nicht nur Minderheiten erreichen. Sie sollen durchaus auch massenattraktiven Charakter haben. Vor allem auf diese Weise vermitteln sie die integrative Wirkung des Rundfunks und machen den unterschiedlichen gesellschaftlichen Gruppen die Interessen der jeweils anderen verständlich.

Unterhaltung wird vom Bundesverfassungsgericht ausdrücklich in den Umfang des klassischen Rundfunkauftrages aufgenommen. Sie ist Teil des Grundversorgungsauftrages. Ohne dass es zu einer quantitativen Aussage kommt, sagt das Gericht, dass der Unterhaltung der gleiche verfassungsrechtliche Stellenwert zukommt wie Information, Berichterstattung, Bildung und Kultur. Entscheidend für den erforderlichen Umfang ist der Integrationsauftrag der ARD. Gerade soviel muss erlaubt sein, dass auch die Zuschauer, die Unterhaltung haben wollen, den Weg zum „Ersten" finden und dieses Medium des Meinungsbildungsprozesses überhaupt nutzen.[171] Ohne Unterhaltungssendungen würde das „Erste" nur noch den Informationsaspekt abstellen können und somit an der Nachfrage vorbeioperieren. Die Gefahr, zu einem „Fernsehen für Introvertierte"[172], also einem reinen Nischenprodukt degradiert zu werden, wäre dann groß.[173] Das würde aber der Grundversorgungsfunktion des öffentlichrechtlichen Rundfunks zuwiderlaufen, dem das Bundesverfassungsgericht eine höhere Gemeinwohlverpflichtung zugeschrieben hat als dem privaten Rundfunk.[174]

Insofern ist es richtig, dass die ARD in der Gestaltung ihres Gemeinschaftsprogramms auf die Interessen des Publikums abstellt. Unterhaltungsangebote am Nachmittag und am Vorabend entsprechen eindeutig der Nachfragesituation auf dem Rundfunkmarkt. Allerdings ist es nicht richtig, wenn das „Erste" allein diesen Interessen gerecht wird. Auch die anderen Sparten, Bildung, Information und Berichterstattung, müssen Berücksichtigung finden. Das ist allerdings nachmittags nur sehr eingeschränkt und am Vorabend gar nicht mehr der Fall.

Besser ist es hingegen um das Abendprogramm bestellt. Zwar steht auch in der *prime time* zwischen 20 und 23 Uhr im großen Umfang die Unterhaltung im Mittelpunkt des ARD-Gemeinschaftsprogramms. So werden im Durchschnitt im Abendprogramm 55,3 Prozent Spielfilme, Unterhaltungs- und Musiksendungen nach ARD-Angaben ausgestrahlt.[175] Dazu kommen Sportberichterstattungen in Höhe von 13,4 Prozent der Gesamtprogrammleistung der ARD,[176] so dass Unterhaltung im weiteren Sinne fast 70 Prozent des Programms ausmacht, nach *Krüger* 57 Prozent.[177] Allerdings weist das „Erste" einen mit 17 Prozent unverändert und unvergleichbar hohen Nachrichtenanteil in der *prime time* auf, der charakteristisch für die „Informations-

---

171 Siehe oben § 3 C.I.1.e. (S. 150).
172 So der medienpolitische Sprecher der CDU, *Neumann*, in: Töne - Texte - Bilder. Das Medienmagazin des WDR v. 22.10.1994, S. 3
173 So auch Der Spiegel Nr. 6/1995, S. 18; *Kammann*, epd medien Nr. 37, 38/1997, S. 3 (8).
174 BVerfGE 83, 238 (298 f.); Vgl. *Scheble*, Perspektiven der Grundversorgung, S. 267.
175 Quelle: ARD, ARD-Jahrbuch 97, S. 357.
176 Quelle: ARD, ARD-Jahrbuch 97, S. 357.
177 *Krüger*, MP 1996, 418 (426 f.).

stärke"[178] der ARD ist und deutlich über dem vergleichbaren privater Vollprogramme liegt. *Krüger* ermittelte sogar einen Informationsanteil von 36,2 Prozent.[179] Allerdings ist Ausgewogenheit der Genres und Meinungsrichtungen nur eine verfassungstheoretische Größe, die praktisch nicht herzustellen ist. So lässt sich ein politisch „linkslastiger" Jugendbeitrag nicht durch ein konservatives zeitkritisches Magazin aufwiegen. Wäre dies auch theoretisch immer noch denkbar, so liefe dieser Versuch aber hinsichtlich der individuellen Rezipienten ins Leere, weil beide Programmbestandteile ganz unterschiedliche Zielgruppen erreichen.

Das informationsorientierte ARD-Vormittagsprogramm schafft mit seinen nur 17,6 Prozent Unterhaltung im weiteren Sinne bei 65,1 Prozent Politik, Gesellschaft, Kultur, Wissenschaft und Religion[180] somit nur ein statistisches Gegengewicht zum Vorabendprogramm, und auch der Rückgang der Informationsangebote im ARD-Vorabendprogramm im Zuge der Harmonisierung ist durch die Angebotserhöhung in anderen Tageszeitphasen lediglich statistisch ausgeglichen.[181] Ein Unterhaltungsbestandteil von mindestens 49,6 Prozent im Tagesdurchschnitt ist also in jedem Fall zuviel und lässt sich weder theoretisch noch praktisch aufwiegen.[182]

Immerhin fallen die Unterhaltungsanteile bei den Privatsendern dauerhaft höher aus als beim „Ersten". Und auch in der Nachrichtenberichterstattung liegt die ARD vorn. „Das Erste" rückt nach einem Gutachten von IFEM die Politik stärker in den Mittelpunkt und ist in seiner Berichterstattung pluralistischer. Danach bietet das Erste Programm 113 Minuten tagesaktuelle Nachrichten, „RTL" aber nur 63, „SAT.1" 35 und „ProSieben" 24 Minuten. Zugleich können sich die Zuschauer beim „Ersten" in kürzeren Abständen informieren.[183]

Das „Flaggschiff" der Informationsberichterstattung in der ARD ist nach wie vor die 20-Uhr-Ausgabe der „Tagesschau", die im Jahresdurchschnitt – die Parallelausstrahlungen bei „PHOENIX", „3sat" und den Dritten mitgerechnet – 8,46 Mio. Zuschauer erreicht und auf damit einen Marktanteil von über 30 Prozent kommt.[184] Auch die „Tagesthemen" und die immerhin 13 unterschiedlichen politischen, wirtschaftlichen und kulturellen Magazine („Weltspiegel", „Fakt", „Monitor", „Kontraste", „Panorama", „Report aus München", „Report aus Baden-Baden", „Plusminus", „Kulturweltspiegel", „Kulturreport", „Titel, Thesen, Temperamente", „ZAK" oder das Boulevardmagazin „Brisant")[185] sowie „ARD-exklusiv" und „Brennpunkt" gelten als ausgewogen und qualitativ hochwertig[186] und verzeichnen darüber hinaus stetige Zuschauergewinne.

---

178 So die Analyse von *Krüger*, siehe FK Nr. 40/1996, S. 13.
179 *Krüger*, MP 1996, 418 (435).
180 Quelle: ARD, ARD-Jahrbuch 97, S. 362 f.
181 *Krüger*, MP 1996, 418 (419).
182 Vgl. ARD, ARD-Jahrbuch 97, S. 357.
183 Lt. IFEM-Gutachten „News Monitor 1996", vgl. FK Nr. 16/1997, S. 17.
184 Quelle: ARD, ARD-Jahrbuch 97, S. 163.
185 ARD, FK Nr. 5/1995, S. 42.
186 *Struve*, ARD-Jahrbuch 94, S. 21 (23).

Nachrichtensendungen finden im „Ersten" häufiger statt als in jedem privaten Vollprogramm. Neben der „Tagesschau" (9, 12, 13, 14, 15, 17 und 20 Uhr) haben auch die „Tagesthemen" um 22.30 Uhr und das Nachtmagazin um 0.00 Uhr (eine Wiederholung im Nachtprogramm) einen festen Sendeplatz. An einem gewöhnlichen Sendetag werden im „Ersten" 27 Nachrichtensendungen ausgestrahlt. „RTL" und „SAT.1" kommen nur auf 12, „ProSieben" sogar nur auf vier Ausgaben.[187] Dementsprechend hoch ist die Nutzung von Informationssendungen durch die Rezipienten: Im Durchschnitt widmen die Zuschauer ein Drittel der beim „Ersten" verbrachten Zeit den Informationssendungen, das sind durchschnittlich 978 Sekunden am Tag. „RTL" und „SAT.1" bringen es laut GfK zusammen nur auf 457 Sekunden.[188]

Während es in den ARD-Informationssendungen zu etwa zwei Dritteln um die Programmsparten Politik, Wirtschaft und Gesellschaft, Kultur und Wissenschaft geht, verwenden „RTL" und „ProSieben" drei Viertel ihrer Informationssendezeit für Boulevard und Alltagsthemen mit emotionaler Auflagung. „SAT.1" liegt in dieser Statistik sogar bei 65 Prozent.[189] Die ARD überbietet „RTL", „SAT.1" und „ProSieben" nicht nur im informationellen Angebotsumfang, sondern vor allem auch durch mehr Vielfalt bei Sendethemen und Titeln und durch höhere Relevanz. Während im öffentlich-rechtlichen Programm Politik, Wirtschaft, Gesellschaft und Kultur breit thematisiert werden und Vertreter des gesamten Spektrums der institutionellen und organisierten Öffentlichkeit umfassend zu Wort kommen, bestimmen bei den privaten Sendern eher Alltag, Sensation, Katastrophen und abweichende Verhaltensformen die Themenselektion. Diese Aufmerksamkeit für das Unpolitische und eher Private kennzeichnet das Informationsverständnis der Privatsender.[190]

Darüber hinaus ist laut IFEM die Nachrichtenberichterstattung in der ARD ausgewogener und neutraler als bei den Privaten. In der „Tagesschau" und den „Tagesthemen" kommen mehr unterschiedliche gesellschaftliche und politische Gruppen zu Wort als in den privaten Konkurrenzangeboten. Kirchen und Gewerkschaften beispielsweise kommen beinahe ausschließlich in ARD und ZDF zur Geltung.[191]

Diese Qualitätsmerkmale schlagen sich eindeutig auf der Habenseite einer Bewertung des „Ersten" nieder. Das erkennt auch der Zuschauer an. Für die Nutzung der öffentlich-rechtlichen Programme gilt, dass sich ihre Zuschauer erheblich ausgewogener den Angeboten der verschiedenen Sparten zuwenden, als dies bei den privaten Programmanbietern der Fall ist. So entfallen auf das „Erste" bezogen auf die Sparte Information 32 Prozent, auf die Sparte Fiction 35 Prozent der Fernsehzeit, während die privaten Anbieter einen deutlichen Überhang bei den Fictionangeboten aufweisen.[192]

---

187 Lt. IFEM-Gutachten „News Monitor 1996", vgl. FK Nr. 16/1997, S. 17.
188 Lt. GfK, siehe *Gerhards/Grajczyk/Klingler*, MP 1996, 572 (575).
189 So eine Studie des IFEM-Institus, siehe ARD-Jahrbuch 97, S. 164.
190 *Krüger*, MP 1996, 418 (425 f.).
191 FK Nr. 16/1997, S. 17 (18),
192 Quelle: GfK, siehe *Gerhards/Grajczyk/Klingler*, MP 1996, 572 (574).

Außerdem weist das „Erste" gegenüber den privaten Vollprogrammen, dem ZDF und den Dritten eine Besonderheit auf, die in seiner pluralistischen Organisationsstruktur – sowohl vertikal, als auch horizontal – beruht. Durch die plurale Zusammensetzung der Aufsichtsgremien aller Landesrundfunkanstalten einerseits und die Zulieferung der Programmbestandteile durch alle Landesrundfunkanstalten gemäß ihrem Anteil am Gemeinschaftsprogramm ist die regionale Vielfalt organisatorisch sichergestellt – und zwar in allen Programmsparten. Auf diese Weise kann das „Erste" rund um die Uhr die „konstitutive Vielfalt der Länder" repräsentieren.[193] Nur so kommen die unterschiedlichen Regionen des Sendegebietes Bundesrepublik Deutschland in einem homogenen Programm zu Wort und Gehör. So sind die zentralen Gemeinschaftseinrichtungen für das „Erste" in verschiedenen Regionen Deutschlands angesiedelt: „ARD aktuell" beim NDR in Hamburg, „Das Mittagsmagazin" beim BR in München und das Vormittagsprogramm beim WDR in Köln.

Der Rezipient erhält also nur im Ersten Programm regionale Vielfalt geboten, wo er auf einem Kanal Originalbeiträge aus allen Teilen der Bundesrepublik gebündelt sehen kann – eine „idealtypische Realisierung föderaler Programmgestaltung"[194].

Allerdings kommt die regionale Vielfalt trotz der organisatorischen Kontrollmechanismen in Teilen des Gemeinschaftsprogramms der ARD zu kurz. Das „Erste" unterscheidet sich in dieser Hinsicht kaum mehr vom ZDF.[195] Die Kritik trifft insbesondere das Vorabendprogramm, das ursprünglich als Regionalprogramm konzipiert war und somit speziell dem Interesse diente, den föderalen Aspekt im Gemeinschaftsprogramm zu betonen. Gerade dort ist jedoch der Unterhaltungsanteil exorbitant hoch.[196]

Bis 1993 war das Vorabendprogramm regional in zuletzt zehn Einzelprogramme aufgeteilt, die gleiche Serienfolgen zu unterschiedlichen Zeitpunkten anboten. Mittlerweile ist es allerdings „harmonisiert", d.h. bundesweit auf ein Schema festgelegt, und damit – abgesehen von den regionalen Kurzinformationen – ein einheitliches Programm unter dem Titel „ARD Vorabendprogramm". Regionalität findet kaum noch statt. Längere Regionalsendungen wie beispielsweise die „Hessenschau" sind im Zuge der Harmonisierung in die Dritten Programme abgeschoben worden.[197]

Zwar sind die Anstalten bemüht, den einzelnen Familienserien, die im Vorabendprogramm dominieren, einen regionalen Anstrich zu geben. So spielt „Gegen den Wind" in St. Peter Ording an der Nordsee, das „Großstadtrevier" und „Blankenese" in Hamburg, die RB-Erfolgsserie „Nicht von schlechten Eltern" in Bremen und seinem niedersächsischen Umland, „Wildbach" in Bayern und „Praxis Bülowbogen" in Berlin. Das gilt auch für die beiden halbstündigen *daily soaps* „Verbotene Liebe"

---

193 Vgl. *Herrmann*, epd/Kirche und Rundfunk Nr. 12/1995, S. 3 (4).
194 *Herrmann*, epd/Kirche und Rundfunk Nr. 12/1995, S. 3 (7).
195 *Hoffmann*, Möglichkeiten der Finanzierung des öffentlich-rechtlichen Rundfunks, S. 130.
196 Er liegt nach ARD-Angaben bei 69,2 Prozent., siehe ARD-Jahrbuch 97, S. 363.
197 ARD, ABC der ARD, 2. Auflage, S. 17 f..

(wochentags um 17.55 Uhr) und „Marienhof" (wochentags um 18.25 Uhr), die in Düsseldorf und Umgebung, bzw. in Köln spielen.[198] Das Vorabendprogramm wird mehr und mehr zum „von Serien geprägten unterhaltenden Werberahmenprogramm"[199]. Nach Auffassung von ARD-Programmdirektor *Struve* soll das Vorabendprogramm unterhalten und nicht regional informieren oder integrieren: „Im Vorabend [...] stehen nicht die integrativen und informativen Aufgaben des öffentlich-rechtlichen Rundfunks im Vordergrund, hier ist vielmehr Unterhaltung für alle [...] verlangt."[200]

Auch wenn das „Erste" zusammen mit dem ZDF das einzige Programm ist, das bundesweit flächendeckend terrestrisch verbreitet wird und deshalb allein von der technischen Seite her eine Grundversorgungsfunktion wahrnehmen kann, bleibt festzuhalten, dass das Gemeinschaftsprogramm für sich betrachtet nur in Teilen den klassischen Rundfunkauftrag im überregionalen, bundesweiten Bereich gerecht wird. Insgesamt weist es einen zu hohen Unterhaltungsanteil, aber zu wenig regionale Aspekte auf und zu wenig Bildungssendungen. Das ist problematisch, solange das Bundesverfassungsgericht darauf besteht, dass die programmlichen Standards dem Rundfunkauftrag „nicht nur zu einem Teil, sondern voll" entsprechen müssen.[201] Insgesamt ist allerdings festzustellen, dass das „Erste" eine zwischen den Bereichen Information und Fiction deutlich ausgewogenere Angebotsstruktur aufweist als alle privaten Sender. Dem steht eine entsprechend ausgewogenere Nutzungsstruktur gegenüber.[202] Allerdings beklagt *Kull* zu Recht, dass das Erste Programm zu stark an der Reichweite orientiert ist. Kulturell anspruchsvolle Sendungen müssen nicht zwangsläufig in die späten Abendstunden verbannt werden, „als wären sie für Jugendliche verboten – und natürlich für die arbeitende Bevölkerung".[203]

Insgesamt wird das Gemeinschaftsprogramm der ARD-Anstalten als solches der Grundversorgungsaufgabe mithin gerade eben gerecht. Da aber – wie mehrfach dargelegt – keine Deduktion *einzelner* Programme unter den Begriff „Grundversorgung" möglich ist, bleibt gleichwohl abzuwarten, was die Gesamtbetrachtung der öffentlich-rechtlichen Programme ergibt.[204]

2. Die Dritten Programme

Gänzlich anders gelagert ist die Grundversorgungsproblematik bei den zehn Dritten Programmen der Landesrundfunkanstalten. Hier wird von keiner Seite ernsthaft bezweifelt, dass die Programme eine ausreichende und erforderliche Mischung von Information, Unterhaltung, Bildung und Kultur darbieten.

---

198 *Werner*, ARD-Jahrbuch 93, S. 39 ff.
199 ARD, ABC der ARD, S. 134.
200 *Struve*, in: Kops/Sieben, S. 201 (208).
201 BVerfGE 74, 297 (326).
202 So auch das Urteil der GfK, siehe *Gerhards/Grajczyk/Klingler*, MP 1996, 572 (576).
203 *Kull*, AfP 1987, S. 462 (464).
204 Dazu siehe unten: § 4 C.VI (S. 267 ff.).

a. Inhalt

In ihrer Gesamtheit kommen die Dritten mit 37,7 Prozent Politik und Wissenschaft bei lediglich 28,8 Prozent Unterhaltung (incl. Sportanteil)[205] auf ein Informationsniveau, das kein anderes deutsches Vollprogramm bieten kann. Auch bei der Einzelbetrachtung ergibt sich ein positives Bild bezüglich des Informations- und Bildungsbereiches. In Bayern erzielt die „Rundschau" des BR mit ihrer Hauptsendung um 18.45 Uhr einen Marktanteil von fast 20 Prozent, im Dritten Programm des HR ist die „Hessenschau" nach wie vor mit 12,6 Prozent die erfolgreichste Sendung, auf „N3" erfreut sich „Das!" eines Marktanteils von fast elf Prozent, während die Regionalmagazine sogar auf fast 20 Prozent kommen. Auch beim ORB ist eine Informationssendung Spitzenreiter in der Zuschauergunst: „Brandenburg aktuell" bringt es dort auch einen Marktanteil von 14,4 Prozent. Beim SFB kommt die Abendschau auf „B1" sogar auf durchschnittlich 21 Prozent. Die drei Dritten Programme im Südwesten haben einen starken regionalen Anstrich in ihrem gemeinsamen Mantelprogramm und in den landesspezifischen Fenstern einen ausgewiesenen Regionalbezug mit Nachrichten und Magazinsendungen.

Aus dem Rahmen fällt lediglich das „MDR Fernsehen", das mit 39,7 Prozent einen vergleichsweise hohen Unterhaltungsanteil aufweist, während der Anteil der Programmsparte Politik und Gesellschaft auf für Dritte Programme unterdurchschnittliche 31,6 Prozent kommt.[206] Auch der Anteil von Bildungs- und Beratungssendungen im MDR Fernsehen ist ungewöhnlich niedrig; er beträgt inklusive Schulfernsehen lediglich 0,5 Prozent.[207]

Diese Besonderheit erklärt sich in der Rolle des MDR, der sich in der Tradition des DDR-Fernsehens sieht und sich stark an dessen Programmschema orientiert. So berücksichtigt die Dreiländeranstalt die Sehgewohnheiten der Zuschauer in ihrem Sendegebiet, indem sie bewährte Unterhaltungssendungen des früheren „Fernsehens der DDR" (Deutscher Fernsehfunk, DFF) fortführt.[208] Auch das „Fernsehen Brandenburg" vom ORB greift vermehrt auf Sendungen der Länderkette des früheren DFF zurück, um den Sehgewohnheiten der Brandenburger zu entsprechen. Durch das gemeinsame Tagesprogramm mit „N3" schlägt sich diese Praxis allerdings kaum in der Programmstatistik nieder.[209]

Bemerkenswert ist überdies die Tatsache, dass gerade die Dritten durch Sendungen in Mundarten ein Angebot unterbreiten, das in keinerlei Hinsicht von Privatsendern zu erwarten ist. Wie populär etwa die niederdeutsche Sendung „Talk op platt" auf „N3" ist, zeigten die Protestürme nach einer Verlegung des Sendeplatzes im Frühjahr 1998.[210] Und auch Sendungen in Sorbisch im „Fernsehen Brandenburg" er-

---

205 Quelle: ARD, ARD-Jahrbuch 97, S. 364 f.
206 Quelle: ARD, ARD-Jahrbuch 97, S. 364 f.
207 Quelle: ARD, ARD-Jahrbuch 97, S. 364 f.
208 ARD, ABC der ARD, 2. Auflage, S. 97 f.
209 ARD, ABC der ARD, S. 40.
210 Vgl. die Titelberichterstattung im Hamburger Abendblatt Nr. 112/1998 v. 15.5.1998, S. 1.

freuen sich hoher Beliebtheit. Überdies bringen alle Dritte Programme im größeren Umfang regional ausgerichtete Sendungen, die sich mit landsmannschaftlichen Einflüssen in der Musik, Kultur und Gesellschaft befassen.

Auf diese Weise leisten die Dritten in puncto Regionalität einen wichtigen Beitrag zur Grundversorgung. Schließlich sind die Interessen der unterschiedlichen Bevölkerungsgruppen im jeweiligen Sendegebiet verschieden.

Die Aufgabe der Dritten Programme ist es, regionale Akzente zu setzen und ein regionales Publikum zu versorgen. Ihr kommen die Dritten in hervorragender Weise nach. Ihre regionale Kompetenz ist nach Auffassung des Publikums dominierend.[211] Regionale Berichterstattung, die über das minutenweise Auseinanderschalten in Regionalfenster hinausgeht, ist erfahrungsgemäß vom Privatfernsehen nicht zu erwarten. Die Aufgabe der Regionalberichterstattung nimmt den Dritten also niemand ab.[212]

Auch was die Marktanteile der gesamten Programme anbetrifft, können die Landesrundfunkanstalten mit ihren Dritten Programmen zufrieden sein. Bundesweit bringen sie es zusammen auf einen Marktanteil von rund zehn Prozent, in der *prime time* kommen sie sogar auf 11,5 Prozent: Das ist immerhin der 5. Platz. Mit „N3" und dem „MDR Fernsehen" kommen zwei der Dritten auf einen landesweiten Marktanteil von jeweils mehr als sieben Prozent.[213]

Es sind wohl nur VPRT-Studien, die Qualitätsmängel in den Dritten Programmen ausmachen konnten. Laut *Merten* habe zwischen 1980 und 1993 der Informationsanteil „deutlich" abgenommen, von 59,9 Prozent auf 53,9 Prozent. Der Fictionanteil sei von 16,3 Prozent auf 18,2 Prozent gestiegen, was überwiegend auf einen Anstieg in der Unterkategorie „TV-Serien" zurückzuführen sei. Zudem habe der Anteil der Kurs- und Lernprogramme im gleichen Zeitraum dramatisch abgenommen: von 32,9 Prozent auf 17,4 Prozent.[214]

Zudem seien erhebliche Unterschiede bei den Anteilen der Information zu registrieren. Während im „Bayerischen Fernsehen" der Informationsanteil konstant sei und zwischen 1988 und 1991 sogar zugenommen habe (bei Rückgang des Fiction-Anteils von 25,4 Prozent auf 19,6 Prozent), hätten die übrigen Dritten Programme ihren Informationsanteil um zehn und mehr Prozent gesenkt und ihren Fictionanteil aufgestockt.[215]

Allerdings liegt nicht nur „WEST 3" mit einem Informationsanteil von 63,5 Prozent in 1980 und 58,3 Prozent in 1993 deutlich besser als das Gros der Dritten Programme,[216] sondern insgesamt liegt der Anteil von Informations- und Bildungssen-

---

211 Vgl. ARD, ARD-Jahrbuch 97, S. 166 f.; WDR-Rundfunkrat, Resolution zu *Stoiber/Biedenkopf*, abgedr. in FK Nr. 10/1995, S. 34 f.; *Binder*, MP 1992, 29 (31).
212 *Reiter* in einem Interview, siehe *Lehmann/Gertis*, Kabel & Satellit Nr. 33/1994, S. 4.
213 Quelle: ARD, ARD-Jahrbuch 97, S. 165.
214 *Merten*, Konvergenz der deutschen Fernsehprogramme, S. 69 f.; zu einem ähnlichen Ergebnis gelangt die jüngste VPRT-Studie des Medieninstitutes Ludwigshafen, vgl. FAZ Nr. 242/1998 v. 19.10.1998, S. 35.
215 *Merten*, Konvergenz der deutschen Fernsehprogramme, S. 70.
216 So *Merten*, Konvergenz der deutschen Fernsehprogramme, S. 70 f.

dungen in allen Dritten Programmen mit 49,4 bis 58,8 Prozent deutlich über den Anteilen in allen anderen deutschen Vollprogrammen.[217] Nach wie vor liegt auch für die relativen Anteile der Programmsparten an der Gesamtsendezeit ein deutlich zu erkennender Schwerpunkt auf Information und Bildung. Insoweit können die Dritten mit Fug und Recht als vorbildlich bezeichnet werden, auch wenn möglicherweise die Information in den letzten 15 Jahren leicht zurück gegangen ist, was ja auch an der Ausweitung der Sendezeit liegt. Die Dritten Programme werden, wie die GfK herausgefunden hat, mit ihrem Informationsangebot von durchschnittlich 59 Prozent zudem voll der Nachfrage an Informationen durch die Zuschauer der Dritten gerecht. Wer hier zuschaut, widmet 55 Prozent seiner Fernsehzeit der Information und nur 23 Prozent den Fictionangeboten.[218]

Kritisiert wird auch die Ausweitung des Programmangebotes der Landesrundfunkanstalten durch den Ausbau der Dritten zu Vollprogrammen. Das gehe über die Erfordernisse der Grundversorgung hinaus, heißt es etwa bei *Stoiber/Biedenkopf*.[219]

Diese Kritik widerspricht jedoch der Rechtsprechung des Bundesverfassungsgerichts. Dieses hat festgestellt, dass Grundversorgung eben nicht mit einer Mindestversorgung gleichzusetzen ist und dass es insofern nicht zu einer Aufgabenteilung zwischen öffentlich-rechtlichem und privatem Rundfunk kommen könne.[220] Die Landesrundfunkanstalten haben nicht die Pflicht, lediglich bestimmte Programminteressen als Ausgleich zu den von den Privaten offen gelassenen Lücken zu bedienen. Sie können vielmehr auch regionale Vollprogramme veranstalten.

b. Satellitenverbreitung

Fragen wirft aber auch vor allem die bundes- oder sogar europaweite Verbreitung der Dritten Programme auf, die per Satellit über die Grenzen des herkömmlichen Sendegebietes und die geographischen Grenzen der tragenden Länder hinausgeht. Acht der zehn Dritten werden über Satellit europa- und bundesweit verbreitet. Auch in den meisten deutschen Kabelnetzen sind die Programme zu empfangen. Lediglich das SFB-Dritte „B1" und das „SR Fernsehen Südwest" sind auf das Gebiet der Bundesländer Berlin und Brandenburg bzw. des Saarlandes beschränkt – nur dort werden sie terrestrisch verbreitet, und nur dort werden sie in die Kabelnetze eingespeist.

Der Vorwurf lautet, Satellitenverbreitung sei „Expansionsfunk" und gehe über die Grundversorgung hinaus, was zwangsläufig Probleme aufwirft, weil die Technik gebührenfinanziert sei. Allein für die Verbreitung der Dritten Programme über Satellit gibt die ARD jährlich mehr als 100 Mio. Mark (51,13 Mio. €) aus.[221] Was aber nicht zur Grundversorgung gehöre, sei nicht erforderlich und bedürfe staatsvertraglicher Abkommen, die die Abstrahlung in die einzelnen Bundesländer regeln und somit eine

---

217 *Merten*, Konvergenz der deutschen Fernsehprogramme, S. 71, Tabelle 11.
218 Quelle: GfK, siehe *Gerhards/Grajczyk/Klingler*, MP 1996, 572 (574 f.).
219 So *Stoiber/Biedenkopf*, MP 1995, 104 (106).
220 BVerfGE 74, 297 (325 f.); siehe oben § 3 C.II.3.b. (S. 161).
221 Hamburger Abendblatt Nr. 95/1998 v. 21.4.1998, S. 9.

Legitimation der Gebührenfinanzierung dieser Grundversorgungsfremden Leistung herstellen.[222]

Wenn bisher Sende- und Verbreitungsgebiet der terrestrisch ausgestrahlten Programme stets identisch waren, so war das ausschließlich so wegen der aus der grundgesetzlichen Kompetenzordnung folgenden Befugnis der Bundesländer, in ihrem Bereich die Rundfunkordnung alleinverantwortlich auszugestalten und den zugelassenen Sendern bzw. ihren Programmen die erforderlichen Frequenzen zuzuweisen („Territorialprinzip"). Das brachte es bisher notwendigerweise mit sich, dass die Landesprogramme nur im Gebiet des Muttergemeinwesens verbreitet und empfangen werden konnten.[223]

Wenn aber, wie oben dargelegt, die Nutzung der Satellitentechnik zur Grundversorgung gehört,[224] so muss auch den einzelnen Landesrundfunkanstalten ein Engagement auf diesem Sektor möglich sein. In diesem Fall ist eine Ausstrahlung der Dritten Programme über Satellit erforderlich, um die Grundversorgung für *alle* Rezipienten im eigenen traditionellen Sendegebiet sicherzustellen. Wollen die Landesrundfunkanstalten ihrer Grundfunktion voll genügen, müssen sie unter Berücksichtigung auch der sich entwickelnden Rezeptionsgewohnheiten als Angebot in allen Verbreitungsformen präsent sein.[225] Insofern haben die Landesrundfunkanstalten sogar die Pflicht zur Nutzung der Satellitentechnik. Das *spill over* als unvermeidbare Folge der Nutzung von Satellitentechnik muss dabei in Kauf genommen werden. Der Teilhabe des öffentlich-rechtlichen Rundfunks an technischen Entwicklungen muss eindeutig der Vorrang gegenüber etwaigen Gebietsbezogenheiten eingeräumt werden. Insofern unterliegt die Möglichkeit der öffentlich-rechtlichen Rundfunkanstalten, ihre Landesprogramme auch über Satellit zu verbreiten, der unmittelbar aus Art. 5 Abs. 1 S. 2 GG abzuleitenden Entwicklungsgarantie geschützt.

Fraglich ist allerdings, ob die Satellitenübertragung einer gesetzlichen Grundlage bedarf.[226] Diese Erforderlichkeit könnte sich aus der Wesentlichkeitsrechtsprechung ergeben und könnte aus der Gefahr folgen, daß das Programm auch inhaltlich auf das Publikum des erweiterten Sendegebiets eingestellt und damit der speziellen Aufgabe gebietsbezogener Darstellung des kulturellen und politischen Spektrums des eigenen Sendegebiets entfremdet würde. Das größere Verbreitungsgebiet könnte somit Rückwirkungen auf die Gestaltung des Programms haben.[227] Entscheidend ist schließlich, daß der ursprüngliche Gedanke, der der Veranstaltung von Dritten Programmen zugrunde lag, nämlich einen regionalen Bezug herzustellen, durch die expandierte Übertragung keinesfalls nur noch nachrangige Bedeutung zukommt.[228]

---

222 Siehe oben § 3 D.III.2. (S. 173).
223 *Binder*, MP 1992, 29 (32).
224 Vgl. § 4 B.III. (S. 198).
225 *Berg*, MP 1987, 265 (273).
226 Das bejaht *Ricker*, AfP 1992, 19 (21 f.)
227 *Bullinger*, AfP 1985, 257 (261); *Binder*, MP 1992, 29 (33).
228 *Bleckmann/Pieper/Erberich*, Öffentlich-rechtliche Spartenprogramme als Bestandteil der Grundversorgung, S. 15.

Diese beschriebene Gefahr hat sich allerdings bisher nicht bewahrheitet. Aber auch wenn sie einträte, dürfte dies jedoch nicht zur Annahme eines Gesetzesvorbehaltes führen. Dagegen spricht nämlich, daß dem Gesetzgeber auf diese Weise eine Einflußmöglichkeit auf die Programmgestaltung eröffnet und ermöglich würde, daß die Möglichkeit zur Nutzung der Satellitentechnik von dessen „guten Willen" abhängig würde.[229]

Absehen davon wird in der Literatur aus der „Niedersachsen-Entscheidung", in der das Bundesverfassungsgericht urteilte, daß die Entscheidung über die Nutzung von Direktsatelliten den Ländern in ihrer Gesamtheit zustehe,[230] verallgemeinernd geschlossen, daß die bundesweite Verbreitung eines Dritten über Satellit stets der Zustimmung aller Länder bedürfe.

Aus dem „Niedersachsen-Urteil" kann ein solcher Schluß bei gründlicher Betrachtung allerdings nicht gezogen werden. Zur Recht unterscheidet das Bundesverfassungsgericht nämlich zwischen der Nutzung von Satellitenkapazitäten einerseits und etwa erforderlichen Verbreitungsregeln andererseits. Während die Verfügung über die Ausstrahlung von in allen Ländern direkt empfangbaren Rundfunkprogrammen nur den Ländern gemeinsam zukommen könne, ergebe sich die Notwendigkeit einer solchen föderativen Kooperation bei der Regelung der Verbreitung nicht bereits aus der Eigenart der Aufgabe und den für deren Wahrnehmung maßgeblichen Grundsätzen. Diese folge – soweit das für ein funktionierendes System erforderlich sei – aus dem Grundsatz bundesfreundlichen Verhaltens.[231]

Ein funktionierendes System der Verbreitung hängt allein von einer Koordination der landesgesetzlichen Regelungen und damit von einer Kooperation der Länder ab. Anders als bei der Nutzung von Satellitenkapazitäten, bei welcher die Verfügung über die Ausstrahlung von in allen Ländern direkt empfangbaren Rundfunkprogrammen nur allen Ländern gemeinsam zukommen kann, ergibt sich die Notwendigkeit einer solchen Kooperation bei der Regelung der Verbreitung nicht bereits aus der Eigenart der Aufgabe und den für deren Wahrnehmung maßgebenden Grundsätzen; sie folgt aber, soweit das für ein funktionierendes System erforderlich ist, aus dem Grundsatz bundesfreundlichen Verhaltens, der auch die Länder untereinander zu gegenseitiger Abstimmung, Rücksichtnahme und Zusammenarbeit verpflichtet.[232]

Eine aus diesem Grundsatz folgende Kooperationspflicht, aus der sich die Notwendigkeit einer gemeinsamen Regelung für bundesweit empfangbare Programme ergeben könnte, besteht also nur dann, wenn das für ein funktionierendes System „erforderlich" ist. Das zeigt, daß das die Richter am Bundesverfassungsgericht die mit dem Direktempfang von außerhalb des jeweiligen Landes veranstalteten Programmen verbundene Beeinträchtigung der Regelungsautonomie für durchaus hinnehmbar hält, wenn und soweit die unerläßliche Grundversorgung gewährleistet ist. Gefahren für

---

229 Vertiefend: *Binder*, MP 1992, 29 (33).
230 BVerfGE 73, 118 (154 ff.).
231 Vgl. *Binder*, MP 1992, 29 (35).
232 BVerfGE 73, 118 (196 f.).

die im Geltungsbereich eines Landesrundfunkgesetzes bestehende Balance sieht das Gericht allenfalls durch die Einstrahlung einer Vielzahl von „externen" *privaten* Programmen.[233] Dagegen wird man schon vom Ansatz her kaum annehmen können, daß die Meinungs-Balance ausgerechnet von der Einstrahlung „externer" öffentlich-rechtlicher Programme, die ihrerseits ja dem klassischen Rundfunkauftrag gerecht werden müssen, gefährdet werden könnte.[234] Eine Einstrahlung fremder Dritter Programme mit ihrem vielfältigen Regional-, Kultur- und Bildungsangebot dürfte vielmehr sogar zur Bereicherung und Vielfalt des Programmangebots beitragen und die publizistische Konkurrenz erweitern.[235]

Eine bundesweite gesetzliche Regelung der Satellitenübertragung von Dritten Programmen ist somit nicht erforderlich. Die Satellitenübertragung der Dritten ohne eine solche Regelung ist rechtmäßig. Das muss aber zur Folge haben, dass bundesweit verbreitete Dritte außerhalb ihres originären Sendegebietes keinen Vorrang bei der Einspeisung in die örtlichen Kabelnetze beanspruchen können, wohl aber einen gleichen Rang wie kommerzielle Konkurrenten; denn „fremde" Dritte Programme gehören eben nicht zu unerlässlichen Grundversorgung und sind auch keine gesetzlich bestimmten Programme.[236]

3. 3sat

Auch wenn „3sat" seit dem Beitritt der ARD am 1. Dezember 1993 als Vollprogramm gewertet wird, handelt es sich beim Angebot des deutsch-österreichisch-schweizerischen Gemeinschaftsprojektes noch immer um ein kulturorientiertes Fernsehen. Der alte Vorwurf, das Programm habe „beim besten Willen nichts mit jener Grundversorgung zu tun [...], in der nach den Worten des Bundesverfassungsgerichts die ‚besondere Eigenart' des öffentlich-rechtlichen Rundfunks [...] ihre Rechtfertigung findet"[237], ist allerdings seit der Erweiterung des Programmangebots verstummt. In § 19 Abs. 4 RStV i.V.m. dem 3sat-V vom 8.7.1993[238] hat das Programm zudem einen gesetzlichen Auftrag gefunden, so dass auch diesbezüglich von einer Zulässigkeit von „3sat", seiner Satellitenübertragung und seiner vorrangigen Einspeisung in die Kabelnetze ausgegangen werden kann, selbst wenn das Programm als nicht erforderlich betrachtet wird.[239]

Das Angebot von „3sat" gilt als ausgewogen und kultur- bzw. informationsorientiert. 63 Prozent des Programms entfallen laut GfK auf Information, nur 19 Prozent gehören der Unterhaltung, 18 Prozent sind Fictionangebote.[240] Auch bei der Nutzung

---

233 BVerfGE 73, 118 (196).
234 So auch *Binder*, MP 1992, 29 (36).
235 *Hahn/Binder*, ARD-Jahrbuch 97, S. 26 (30).
236 So auch *Hahn/Binder*, ARD-Jahrbuch 97, S. 26 (30; *Breunig*, MP 1996, 195 (203 f.).
237 So *Kull*, AfP 1987, 462 (465).
238 Abgedr. in: ARD-Jahrbuch 93, S. 382 ff.
239 Vgl. dazu unten § 4 C.VI (S. 267).
240 *Gerhards/Grajczyk/Klingler*, MP 1996, 572 (575).

liegt ein deutlicher Schwerpunkt bei den Informationsangeboten. Wer „3sat" einschaltet, widmet die Hälfte seiner Zeit der Information und nur 30 Prozent Fictionangeboten.[241]

4. DW-tv

Die Programme der DW genießen einen Sonderstatus. Aufgrund der Tatsache, dass die DW als Rundfunkanstalt des Bundesrechts aus dem Haushalt des Bundes finanziert wird, kommt es nicht zu den Grundrechtskollisionen, die eine Gebührenfinanzierung von Rundfunk herbeiführt. Da das Programm der DW – sowohl im TV- also auch im Hörfunkbereich – zudem nicht auf den inländischen Markt abzielt, sondern ausschließlich auf das ausländische Publikum gerichtet ist, bemisst sich seine Zulässigkeit auch nicht an der Meinungsbildungsfreiheit des deutschen Grundgesetzes. Es ist folglich auch nicht am Maßstab der Grundversorgung oder des klassischen Rundfunkauftrages zu messen.

Schon im Bereich der Kompetenzverteilung bezüglich der Gestaltung einer Rundfunkordnung wurde darauf hingewiesen, dass dem Bund die Kompetenz zusteht, einen auf das Ausland gerichteten Rundfunksender zu betreiben.[242] Rechtliche Schwierigkeiten können also nur dort entstehen, wo die Programme der DW in Deutschland empfangen werden können. Das ist etwa bei der Verbreitung über Fernmeldesatelliten wie „ASTRA 1A" der Fall, die auch auf das Inland abstrahlen. Ob es sich dabei terminologisch um ein *spill over* oder ein *„spill under"* handelt, ist nicht geklärt, aber auch nicht entscheidend. Maßgeblich ist vielmehr, dass es zur Aufgabe der DW gehört, auch das europäische Ausland mit deutschem Rundfunk zu versorgen. Dass dabei das Programm auch auf die Bundesrepublik abgestrahlt wird, muss in Kauf genommen werden, soweit es zur Funktionserfüllung nicht zu vermeiden ist.

Problematischer ist hingegen die Einspeisung von „DW-tv" in bundesdeutsche Kabelnetze, etwa in Berlin. Da das Programm auf das Ausland gerichtet ist, gehört „DW-tv" nicht zu den für das Inland gesetzlich vorgeschriebenen Programmen. Mithin kann es keinen Vorrang bei der Einspeisung in Kabelnetze beanspruchen. Ihm steht nicht einmal ein gleicher Rang zu wie Privatprogrammen, die auf die Bundesrepublik ausgerichtet sind. Vielmehr muss sich „DW-tv" sogar hinter den ausländischen Programmen einreihen, die zumindest *auch* für das deutsche Publikum bestimmt sind. Eine Ausnahme besteht allenfalls in der Bundeshauptstadt. Dort leben in größerer Konzentration als anderswo Ausländer, etwa Angehörige der Botschaften ausländischer Staaten und andere politische Gäste der Bundesrepublik Deutschland. Die fremdsprachigen Sendungen von „DW-tv" sind auch auf dieses Publikum ausgerichtet; sie sollen ihm ein Bild von Deutschland vermitteln. Insofern findet sich eine Ausrichtung der DW auch auf die Bundeshauptstadt, so dass dort eine vorrangige Einspeisung in das Kabelnetz vertretbar ist.

---

241 *Gerhards/Grajczyk/Klingler*, MP 1996, 572 (574).
242 Siehe oben § 3 B.VI.2. (S. 136).

5. Hörfunk

Einhellig wird davon ausgegangen, dass zumindest die Gesamtheit der öffentlich-rechtlichen Vollprogramme im Hörfunkbereich die Grundversorgung sicherstellt, soweit sie informierende, beratende, und bildende Funktionen für die Mehrheit ebenso wie für wechselnde Minderheiten erfüllen. Seinem kulturvermittelnden Auftrag kommt der öffentlich-rechtliche Hörfunk durch umfangreiche Kulturberichterstattung auch auf den Hauptwellen sowie durch populäre und ernste Wortunterhaltung nach.[243]

Hierbei entspricht allerdings nicht jedes Programm im vollen Umfang den Anforderungen, die das Bundesverfassungsgericht an Vollprogramme stellt. In zahlreichen Vollprogrammen ist der Unterhaltungsanteil deutlich zu hoch. Außerdem weisen fast alle Hörfunkprogramme der ARD einen sehr hohen Musikanteil auf. Dieser variiert nach Angaben der ARD zwischen 99,1 Prozent bei „Bayern 4" und 0,6 Prozent beim Nachrichtenkanal „B5 aktuell" – beides zugegebenermaßen Spartenprogramme. Doch auch Vollprogramme sind zum Teil erheblich musiklastig: So liegt der Musikanteil von „NDR 2" mit 72,7 Prozent laut *Merten* sogar über dem Durchschnitt der privaten Sender in Norddeutschland (71,1 %).[244] Im bundesweiten Durchschnitt liegt der Musikanteil aller öffentlich-rechtlichen Hörfunkprogramme bei 63,6 Prozent.

Insgesamt kann durchaus von einer überdurchschnittlichen Betonung der Musik in den öffentlich-rechtlichen Hörfunkprogrammen ausgegangen werden, was allerdings nicht unproblematisch ist. Musik ist schließlich nicht im Katalog der explizit zur Grundversorgung gehörenden Programmbestandteile zu finden. Soweit jedoch Unterhaltung im weiteren Sinn auch Musiksendungen umfasst, kann davon ausgegangen werden, dass das Bundesverfassungsgericht auch musikalische Sendungen zum klassischen Rundfunkauftrag zählt. Außerdem umfasst Musik in jeder Färbung auch einen kulturellen Gesichtspunkt.

Überdies ist die Pauschalmeinung, Musik trage nicht zur Meinungsbildung bei, spätestens seit den „Beatles" oder gar seit Bill Haley nicht mehr vertretbar. Denn auch in Fragen des Musikgeschmacks, der Ausbildung neuer Musikrichtungen und der Berichterstattung über Musikkonzerte, -interpreten oder -veröffentlichungen ist ein ausgeprägter Meinungsbildungsbestandteil enthalten. Dabei kommt der Berichterstattung im Radio eine besondere Bedeutung für den Meinungsbildungsprozess zu. Es muss auch berücksichtigt werden, dass ein Musiktitel in der Regel mehrere Minuten dauert, also sehr viel länger ist als ein Nachrichten-, Bildungs- oder Informationsbeitrag. Insofern kommt bei musikalischen Sendungen automatisch ein sehr viel höherer statistischer Musikanteil zustande.

Gleichwohl werden durch die starke Betonung der Musik in einzelnen Programmen die konstitutiven Bestandteile der Beratung und Bildung vernachlässigt. Gerade in den Pop-Programmen wie „NDR 2", „hr3", „Bayern 3", „Jump FM", „Radio Eins" und „RB 4", aber auch in „Eins Live" fehlen daher Bildungskomponenten.

---

243 Vgl. Resümee bei *Volpers*, Hörfunklandschaft Niedersachsen, S. 116.
244 *Merten/Gansen/Götz*, Veränderungen im dualen Hörfunksystem, S. 74.

Dabei darf jedoch nicht übersehen werden, dass die Dichte der regionalen Radiosender ungleich höher ist als die der TV-Stationen. Viele Landesrundfunkanstalten produzieren bis zu fünf Hörfunk-Vollprogramme, die sich im Hinblick auf die Grundversorgung ergänzen und gemeinsam zur Erfüllung des klassischen Rundfunkauftrages beitragen. Dementsprechend können sie ihre Programmangebote stärker ausdifferenzieren und an der individuellen Nachfrage ausrichten. Anders wäre es etwa nicht zu realisieren, dass gleich mehrere Hörfunkprogramme der ARD Sendungen in Minderheitensprachen anbieten. So enthalten „MDR 1 RADIO SACHSEN" und „Antenne Brandenburg" Sendungen in sorbischer Sprache[245], die Landesprogramme von „NDR 1" senden regelmäßig niederdeutsche Beiträge.[246]

Außerdem muss berücksichtigt werden, dass die Rezeptionsgewohnheiten und Rezeptionsfähigkeiten des Hörfunkpublikums einen viel kleineren Wort- und Informationsanteil erfordern als beim Fernsehen. Der Umgang mit dem Medium Hörfunk hat sich in den vergangenen Jahren enorm verändert. Radio ist in den meisten Fällen – anders als das Fernsehen – ein reines Begleitmedium, das etwa beim Autofahren, Lesen oder Arbeiten rezipiert wird. Nur selten ist es erste Medienwahl. *Wolf* hat einen zutreffenden Vergleich gezogen: „Radio ist wie Wasserversorgung: Wird der Hahn aufgedreht, fließt Programm."[247]

Der Hörer sucht in vielen Fällen eine musikalische Begleitung seiner Haupttätigkeit, nicht ein Orientierungsmedium, dem er seine volle Aufmerksamkeit widmen muss. Radio soll inzwischen nicht mehr als offene Ohren verlangen, die auch „auf Durchzug" gestellt sein dürfen – es „dudelt" vor sich hin, versorgt den Hörer mit gut gelaunten Stimmen, Musik und Moderatorenwitzen, liefert die Uhrzeit, das Wetter und pünktlich zur gewohnten Zeit die Nachrichten. Nicht umsonst liegt die Aufnahmefähigkeit der Hörer deutlich unter dem Aufmerksamkeitsniveau einer audiovisuellen Übertragung.

Die Sender – auch die öffentlich-rechtlichen – haben aus dieser veränderten Hörfunksituation Folgerungen gezogen. Die meisten Programme sind insofern durchformatiert zu so genannten „Radiowellen", die durch großflächige Magazine („Programmteppiche") charakterisiert sind, in denen es auf Wiedererkennung ankommt – Programme zum Durchhören. Die Anstalten rechnen nicht mehr mit Hörern, die gezielt bestimmte Sendungen einschalten, sondern mit solchen, die einmal einschalten und dann nicht mehr abschalten sollen. Auch aus diesem Grund wandelte der WDR gleich alle fünf Hörfunkprogramme auf Wellen um, als letztes sogar sein Klassikprogramm „WDR 3". Auch wenn andere Sender Kompromisse versuchen und mit ihren Inforadios oder anderen Spartenprogrammen Alternativen anbieten, ist eine einheitliche Wellenpolitik der Landesrundfunkanstalten deutlich erkennbar.

Dabei mag zu kritisieren sein, dass die gebotene Vielfalt von Information, Bildung und Unterhaltung auf verschiedene Wellen verteilt worden ist. Angesichts der

---

245 Vgl. Videotext des MDR, MDR-Text, S. 407.
246 Vgl. ARD, ABC der ARD, 2. Auflage, S. 108 f.
247 *Wolf*, Journalist Nr. 6/1998, S. 12 (13).

geringen Wechselquote der Rezipienten ist die überbrachte Integrationsfunktion des öffentlich-rechtlichen Rundfunks damit *de facto* außer Kraft gesetzt. Ein überwiegend wortorientiertes Radioprogramm für alle Hörerschichten würde jedoch eklatant am Interesse der Hörer vorbei gehen und keineswegs seine Aufgabe erfüllen, Grundversorgung für alle herzustellen.[248]

Die verfolgte Politik der Senderformatierung ist insofern eine Konsequenz der Rezeptionswünsche, die nicht zuletzt wegen der zielgruppenorientierten Privatprogramme eine Veränderung erfahren hat. Die öffentlich-rechtlichen Programme haben mit ihrer Formatbildung der Entwicklung auf dem Rundfunkmarkt Rechnung getragen. Ein Festhalten an alten Programmschemata wäre deshalb marktfeindlich und somit in letzter Konsequenz ein Verstoß gegen das Grundversorgungsgebot.

Überdies umfasst das ARD-Radioangebot auch Vollprogramme, die allein auf kulturelle oder informierende Inhalte setzt. Ein Beispiel ist „Radio 5" vom WDR, das ausgeprägte Wortbeträge beinhaltet, jedoch nicht in das Schema von Nachrichtenspartenkanälen passt. Hier laufen klassische Nachrichtensendungen mit Wetter- und Verkehrsmeldungen nur im Stundenrhythmus, zu Spitzenzeiten am Morgen und Vorabend auch zur halben Stunde. Dazwischen beinhaltete das Angebot Magazinsendungen aus dem politischen, gesellschaftlichen und sozialen Bereich, Hörspiele und Fremdsprachenprogramme. Auch „DeutschlandRadio Berlin" und „Deutschlandfunk" sind explizite Wortwellen, die sich als kultur- und politikgeprägte Rundfunkprogramme verstehen.[249]

Hervorzuheben sind auch die unterschiedlichen kulturellen Schwerpunktprogramme, die keine reinen Spartenprogramme sind: die Kulturwellen „hr 2", „SR2 KulturRadio", „MDR KULTUR", „*radio kultur", „Bayern2Radio" und „SWR2". Bei ihnen handelt es sich um Programme, die sich schwerpunktmäßig mit Kultur und kulturellen Beiträgen befassen. Aufgrund ihrer universelleren Ausrichtung – die Programme umfassen in geringerem Umfang auch aktuelle Information, Unterhaltungsmusik und klassische Musik sowie Unterhaltungssendungen – kann nicht von „klassischen" Spartenprogrammen die Rede sein.

Um so mehr muss die Zugehörigkeit zur Grundversorgung bejaht werden. Mit ihrer kulturellen Ausrichtung, die von privater Seite nicht zu erwarten ist, und dem Bezug auf andere Programmsparten und unterschiedliche Musikrichtungen leisten sie nämlich einen hervorragenden Beitrag zum individuellen Meinungsbildungsprozess. Sie erfüllen somit die Voraussetzungen, die das Bundesverfassungsgericht benannt hat, in besonderer Weise.

Die Gesamtheit der öffentlich-rechtlichen Vollprogramme im Hörfunkbereich leistet somit einen wichtigen Beitrag zur Grundversorgung. Lediglich die extrem spezialisierten Spartenprogramme erfordern eine nähere Beurteilung.

---

248 Vgl. auch *Wolf*, Journalist Nr. 6/1998, S. 12 (13 f.).
249 *Wolf*, Journalist Nr. 6/1998, S. 12 (18).

II. Sparten- oder Zielgruppenprogramme

Spartenprogramme unterscheiden sich vom herkömmlichen Vollprogramm durch ihre thematische Einseitigkeit[250] oder ihre Ausrichtung auf bestimmte Zielgruppen. Die Erfahrung im Konkurrenzkampf auf dem enger werdenden Rundfunkmarkt zeigt, dass Programme für kleinere Zielgruppen zwar weniger Rezipienten ansprechen können, für diese aber deutlich mehr Bindungskräfte entwickeln.[251]

Grundsätzlich betrachtet das Bundesverfassungsgericht solche Programme als nicht zur Grundversorgung gehörig, da diese nicht den qualitativen Anforderungen an eine unerlässliche Grundversorgung entsprechen. Abgeleitet wird dieses Ergebnis aus der Natur der Spartenprogramme als nur an einen begrenzten Teilnehmerkreis gerichtete und thematisch begrenzte Veranstaltungen, die für sich genommen umfassende Information und Meinungsbildung nicht ermöglichen.[252]

Ein Betrieb von öffentlich-rechtlichen Spartenkanälen also ist im Hinblick auf den Grundsatz des Meinungspluralismus problematisch, allerdings keineswegs in Anbetracht des Rundfunkbegriffes. Das dafür allein fragwürdige Tatbestandsmerkmal, „Bestimmung für die Allgemeinheit" im Sinne einer beliebigen Öffentlichkeit oder eines Teils von ihr, richtet sich nach der Art der Empfangbarkeit, nicht nach der Art des kommunikativen Inhalts.[253] Das Merkmal entfällt nicht durch eine Eingrenzung der Zielgruppe des fraglichen Programmes.[254]

Die Untersuchung muss mithin vorwiegend den Meinungspluralismus ins Auge fassen. Wie bereits dargelegt, setzt sein Bestehen voraus, dass die in der Gesellschaft vorhandenen Strömungen im Rundfunk soweit wie möglich gleichgewichtig zur Sprache kommen.

Spartenprogramme verhelfen nach Auffassung des Bundesverfassungsgerichts einzelnen gesellschaftlichen Gruppen zu einer gleichberechtigten Geltung und fördern die kulturelle Identität des Landes.[255] Gerade weil der publizistischen Konkurrenz öffentlich-rechtlicher Spartenprogramme zum privaten Rundfunk eine geminderte Bedeutung zukommt, ist es entscheidend, dass Spartenprogramme der öffentlich-rechtlichen Anstalten Beiträge enthalten, „welche von privaten Anbietern nicht zu erwarten sind"[256]. Unter diesen Umständen sind öffentlich-rechtliche Spartenprogramme überhaupt nur zulässig.

Als Beispiel hat das Bundesverfassungsgericht ausdrücklich Programme im Kultur- und Bildungsbereich angeführt. Mit derartigen Spartenprogrammen könnte der öffentlich-rechtliche Rundfunk die Breite des gesamten Programmangebots erhöhen

---

250 *Libertus*, Grundversorgungsauftrag und Funktionsgarantie, S. 144.
251 *Penninger*, in: Bauer/Ory, Hörfunk-Jahrbuch '94, S. 75.
252 BVerfGE 74, 297 (345 f.).
253 *Hoffmann-Riem*, MP 1996, 73 (75); FK Nr. 15/1997, S. 6 f.
254 Anderenfalls wäre ja etwa eine Fußball- oder Formel-1-Übertragung gar nicht als Rundfunk zu werten, da sich diese auch an bestimmte Zielgruppen wendet, etwa Frauen oder Kinder.
255 *Kresse*, ZUM 1995, 178 (182 f.).
256 BVerfGE 74, 297 (346).

und auf diese Weise ein zusätzliches, für das kulturelle Leben in der Bundesrepublik wesentliches Element einbringen, was dem klassischen Auftrag des Rundfunks entspräche.[257]

Öffentlich-rechtliche, also gebührenfinanzierte Spartenprogramme verstoßen auch nicht grundsätzlich gegen das Verbot staatlicher Beihilfen gemäß Art. 87 EGV, wie *Bleckmann* findet – jedenfalls solange sie sich innerhalb ihres verfassungsrechtlichen und gesetzmäßigen Auftrages bewegen. Dieser Auftrag kann, da Spartenprogramme nicht der Grundversorgung im engen Sinne zugehören, nur der klassische Rundfunkauftrag sein – für öffentlich-rechtliche Spartenprogramme ebenso wie für öffentlich-rechtliche Vollprogramme. An dieser Leistung müssen sie sich messen lassen.[258]

Eine Interpretation des Umfangs der Grundversorgung bedarf immer auch einer Einbeziehung der besonderen Integrationsfunktion des Rundfunks. Der öffentlich-rechtliche Rundfunk hat schließlich diese Integration zu gewährleisten, wie das Bundesverfassungsgericht wiederholt hervorgehoben hat („öffentlich-rechtlicher Integrationsfunk").[259] Der Gewährleistung der Meinungsvielfalt kommt, wie gezeigt, höchste Priorität zu. Der Pluralismus einer Gesellschaft bringt immer auch die Notwendigkeit mit sich, die Interessen der verschiedenen Gruppen zu einem einheitlichen Gemeinwohl zusammenzuschmelzen. In engem Zusammenhang mit dem Integrationsauftrag steht insofern das Bild von einer pluralistischen Gesellschaft, deren Zusammensetzung sich auch in den Programmen widerspiegeln soll.[260]

Gerade das aber ist bei Spartenprogrammen in der Regel nicht der Fall. Diese wenden sich von vornherein an bestimmte Zielgruppen und teilen damit die Gesamtheit der Gesellschaft in verschiedene Gruppen, denen ein gemeinsames, gruppenübergreifendes Forum damit möglicherweise verloren geht. Nach Ansicht der privaten Rundfunkanbieter sind öffentlich-rechtliche Spartenprogramme daher stets und ohne Ausnahme verfassungswidrig.[261]

Das Bundesverfassungsgericht hat in der Tat bereits in seinem 5. Rundfunkurteil klargestellt, dass öffentlich-rechtliche Spartenprogramme keine umfassende Informations- und Meinungsbildung ermöglichen und daher keinesfalls der „unerlässlichen" Grundversorgung zuzurechnen sind.[262]

Das spielt bei der verfassungsrechtlichen Beurteilung jedoch keine *entscheidende* Rolle. Neben klassischen Vollprogrammen sollen auch Spartenprogramme zur Erfüllung des Rundfunkauftrages für ein bestimmtes Publikum geeignet sein, dessen Interessen aus wirtschaftlichen Gründen in kommerziellen Privatprogrammen nicht

---

257 BVerfGE 74, 297 (346).
258 Vertiefend *Betz*, MP 1997, 2 (9 ff.).
259 BVerfGE 47, 198 (225); BVerfGE 31, 314 (329); *Bleckmann/Pieper/Erberich*, Öffentlich-rechtliche Spartenprogramme als Bestandteil der Grundversorgung, S. 60.
260 *Bleckmann/Pieper/Erberich*, Öffentlich-rechtliche Spartenprogramme als Bestandteil der Grundversorgung, S. 61.
261 So der Geschäftsführer von n-tv, *Kuhlo*, siehe FK Nr. 50/1996, S. 6 f.; vgl. *Bleckmann/Pieper/Erberich*, Öffentlich-rechtliche Spartenprogramme als Bestandteil der Grundversorgung, S. 62.
262 BVerfGE 74, 297 (346).

hinreichend berücksichtigt werden können.[263] So sind etwa klassische Musik, kulturelle Sendungen, Theater, Oper, Programme für Ausländer und ethnische Minderheiten im privatem Bereich bisher wenig vertreten, jedoch nach umfassender Ansicht zur Sicherung der Meinungsvielfalt erforderlich. Die Aufzählung möglicher Inhalte durch das Gericht war dabei an den Sachvortrag von Verfahrensbeteiligten orientiert und hat damit lediglich beispielhaft Inhalte benannt.[264]

Es sei, so heißt es im „Baden-Württemberg-Beschluß", mit der Rundfunkfreiheit und freien Meinungsbildung unvereinbar, dem privaten Rundfunk zwar die Aufgabe einer publizistischen Konkurrenz gegenüber dem öffentlich-rechtlichen Rundfunk zuzumessen, dem öffentlich-rechtlichen Rundfunk jedoch eine solche Konkurrenz gegenüber den Privaten zu verbieten. Freie, umfassende und wahrheitsgemäße Meinungsbildung lebe nun einmal davon, dass den an diesem Prozess Beteiligten Informationen nicht vorenthalten werden. Das Bundesverfassungsgericht wörtlich: „Verbote von Beiträgen zur geistigen Auseinandersetzung haben Meinungsfreiheit noch niemals sichern, geschweige denn fördern können." Auch jenseits der Grundversorgung sind insofern auch den öffentlich-rechtlichen Anstalten Programme zur freien Veranstaltung zuzulassen. Eine Unterbindung des freien publizistischen Wettbewerbs hält das Bundesverfassungsgericht demgemäss für nicht mit Art. 5 Abs. 1 S. 2 GG vereinbar.[265]

Entscheidend ist letztlich, folgt man der Karlsruher Rechtsprechung, ob die fraglichen öffentlich-rechtlichen Spartenprogramme, auch wenn sie sich nur an einen begrenzten Teilnehmerkreis richten, Beiträge enthalten, die von privaten Anbietern nicht zu erwarten sind. Ist das nicht der Fall, liegen sie jenseits des klassischen Rundfunkauftrages und benötigen eine ausdrückliche gesetzliche Legitimation.[266]

Allerdings ist aufgrund der sozialen Integrationsfunktion des öffentlich-rechtlichen Rundfunks jedes Spartenprogramm daraufhin zu überprüfen, ob nicht eine Platzierung der speziellen Inhalte im Rahmen eines der bestehenden Vollprogramme möglich ist. Auf gar keinen Fall dürfen die Spartenprogramme dazu führen, dass die Vollprogramme der ARD ausgedünnt werden.[267] *Bleckmann*, *Pieper* und *Erberich* gehen davon aus, dass sich öffentlich-rechtliche Rundfunkanstalten grundsätzlich nicht durch eine gleichzeitige Ausstrahlung gleicher Programminhalte im Voll- und Spartenprogramm selbst Konkurrenz machen werden.[268] Diese These wird noch zu überprüfen sein. Kultur- und Bildungssendungen, Kinder- und Nachrichtensendungen müssen jedenfalls ein Bestandteil aller ARD-Vollprogramme bleiben – und zwar auch zur Hauptsendezeit.[269]

---

263 *Kresse*, ZUM 1995, 178 (182 f.).
264 Vgl. *Braun/Gillert/Hoberg/Hübner/Kamps*, ZUM 1996, 201 (205).
265 BVerfGE 74, 297 (332).
266 *Kresse*, ZUM 1996, 59 (61 f.).
267 *Kresse*, ZUM 1996, 59 (63).
268 *Bleckmann/Pieper/Erberich*, Öffentlich-rechtliche Spartenprogramme als Bestandteil der Grundversorgung, S. 62.
269 So auch *Kresse*, ZUM 1995, 178 (183).

An der Beurteilung ändert es auch nichts, ob das betreffende Programm von vornherein als Spartenprogramm gestaltet wurde wie etwa „Der Kinderkanal" oder „PHOENIX" oder ob ein bestehendes Vollprogramm, das schon immer „Special-interest-Sendung" enthalten hatte, zu einem „Special-interest-Programm" umgebaut wurde, wie jüngst im Fall von „NDR 4".[270] Special-interest-Programmteile wie Kinderfernsehen oder Parlaments- und Ereignisberichterstattung sind, wie *Kresse* anmerkt, von jeher Bestandteil des öffentlich-rechtlichen Rundfunks gewesen.[271] Diese Genres waren bisher in die Vollprogramme integriert und haben so wesentlich zur Gewährleistung der Grundversorgung beigetragen.

Die Umgestaltung eines bestehenden Vollprogramms hat folglich den Nachteil, dass ein Teil seiner bisherigen Grundversorgungsaufgabe von anderen Programmen übernommen werden müsste. Dabei ist in erster Linie an Bildungsprogramme, Funkkolleg, kirchliche Sendungen und – im Rahmen der kulturellen Vielfalt – auch an Musiksendungen zu denken, die unterschiedliche Genres abdecken.[272] Keinesfalls darf eine Verspartung dazu führen, dass die Vollprogramme zugunsten des Spartenprogramms ausgedünnt werden.

Unabhängig davon, was die Einzelprüfung der öffentlich-rechtlichen Spartenprogramme nachfolgend ergibt, steht damit eines sicher fest: *Bleckmann* und *Kuhlo* liegen jedenfalls falsch, wenn sie behaupten, öffentlich-rechtliche Spartenprogramme seien generell verfassungswidrig.[273]

Es kommt – wie so oft im Rundfunkrecht – auf die Einzelbetrachtung an.

1. Kultur- und Bildungsbereich

In seiner beispielhaften Aufzählung der möglichen Inhalte von zulässigen öffentlich-rechtlichen Programmangeboten nennt das Bundesverfassungsgericht ausdrücklich Programme im Kultur- und Bildungsbereich. In diesem thematischen Bereich seien gerade von den privaten Rundfunkanbietern aus Kostengründen solche Beiträge nicht zu erwarten, weil eine ausschließliche Werbefinanzierung immer auch massenattraktive Programminhalte erfordere, die von einem möglichst großen Rezipientenkreis genutzt werden. Das aber sei weder für kulturelle noch für bildende Sendungen zu erwarten.[274]

Die ARD hat diese verfassungsrechtlich vorgegebene Nische für ihre öffentlich-rechtliche Spartenprogramm-Angebote konsequent genutzt. Neben zahlreichen kulturellen Hörfunk-Spartenprogrammen bietet sie zusammen mit dem ZDF zwei Spartenfernsehprogramme im kulturellen bzw. bildenden Bereich: „arte" und den

---

270 Zur „Verspartung der Medienlandschaft" siehe *Braun/Gillert/Hoberg/Hübner/Kamps*, ZUM 1996, 201 (202).
271 *Kresse*, ZUM 1996, 59 (61).
272 So *Plog*, in: Kops/Sieben, S. 257 (261).
273 Vgl. auch die Argumentation von *Betz*, 1997, 2 (6).
274 BVerfGE 74, 297 (345 f.); *Kresse*, Grundversorgung und integrative Pluralismussicherung, S. 5 f.

„Kinderkanal". Der BR betreibt zudem mit „BR α alpha" einen reinen Bildungskanal. Damit können die Anstalten in Wahrnehmung des klassischen Rundfunkauftrages neben der Breite des GesamtProgrammangebotes „in dieses auch ein für das kulturelle Leben in der Bundesrepublik wesentliches Element einbringen."[275]

a. arte

Bei „arte" handelt es sich schon nach seiner Bestimmung um einen solchen Fall. Das Programm ist mit seinen deutschen und französischen Bestandteilen thematisch eng begrenzt und eindeutig im Kulturbereich anzusiedeln. Es richtet sich mit Dokumentationen, Fernsehspielen, Filmen, Musik- und Theatersendungen speziell an ein kulturell interessiertes Publikum. Ein Spezifikum im Programmkonzept sind neben der durchgehenden Zweisprachigkeit vor allem die Themenabende dreimal wöchentlich: Abende, an denen ein spezielles Thema in Sendungen unterschiedlicher Genres umfassend behandelt wird. Dabei umfasst das Programm einen 55-Prozent-Anteil Information und einen 38-Prozent-Anteil fiktionaler Sendungen.[276]

Das deutsch-französische Gemeinschaftsprogramm gehört damit eindeutig in die Aufzählung des Bundesverfassungsgericht, die Programminhalte umreißt, welche von Privatanbietern bisher aus kommerziellen Gründen nicht abgedeckt wurden. Ein „arte" äquivalentes Kulturprogramm ist bei den Privaten auch in Zukunft nicht zu erwarten. Mit Marktanteilen im Promillebereich[277] und mit einem Zuschauerprofil jenseits aller wirtschaftlich interessanten Zielgruppen ließe sich ein solches Programm kaum über Werbung finanzieren.

Gleichwohl hat sich „arte" in Europa ein gutes Image erworben. Umfragen zeigen, dass insbesondere die qualitativ hochwertigen Programme geschätzt werden.[278]

Gleichzeitig ist nicht zu erkennen – und es wird von den Gegnern von „arte" auch nicht vorgebracht –, dass die Einführung des Kulturfernsehens bei den ARD-Vollprogrammen, insbesondere den Dritten zu einer Ausdünnung von kulturellen Sendeinhalten geführt hat. Vielmehr ist die Rede von Synergieeffekten zwischen „arte" und seinen Betreibern. Kulturprogramme werden von „arte" produziert und finanziert und anschließend auf den Dritten Programmen wiederholt. Damit hat „arte" sogar eine für die anderen ARD-Programme kulturverstärkende Tendenz.[279]

Somit erfüllt „arte" alle Voraussetzungen, die das Bundesverfassungsgericht für die Zugehörigkeit eines Spartenprogrammes zum klassischen Rundfunkauftrag benannt hat. Da „arte" zudem in Deutschland mit § 19 Abs. 1 RStV über eine gesetzliche Grundlage verfügt, ist an der Zulässigkeit des Programms nichts auszusetzen.[280]

---

275 BVerfGE 74, 297 (346).
276 ARD, ABC der ARD, 2. Auflage, S. 19; *Gerhards/Grajczyk/Klingler*, MP 1996, 572 (575).
277 „arte" selbst benennt seinen Marktanteil mit 0,7 Prozent; vgl. ARTE Online im Internet unter http://www.sdv.fr/arte/index_d.html.
278 *Schroeder*, MP 1996, 93 (112).
279 Vgl. ARD, ABC der ARD, 2. Auflage, S. 19.
280 Vgl. aber die Zusammenfassung in § 4 C.VI (S. 267 ff.).

b. BR α alpha

Auch das Bayerische Bildungsfernsehen „BR α alpha" fällt in den vom Verfassungsgericht umschriebenen Bereich des klassischen Rundfunkauftrages außerhalb der Grundversorgung. Das Programm ist thematisch eng auf bildende Sendeinhalte beschränkt. So werden in der Reihe „alpha-Campus" Vorlesungen aus bayerischen Universitäten gesendet. „alpha-Job" wird in Zusammenarbeit mit der Bundesanstalt für Arbeit produziert und stellt Berufe und deren Aussichten auf dem Arbeitsmarkt vor. Im „alpha-Forum", einer 45-minütigen Gesprächssendung, kommen Persönlichkeiten aus Kultur, Wissenschaft, Religion, Wirtschaft und anderen Bereichen ausführlich zu Wort.[281]

Das Programmangebot wird ergänzt durch den Videotext „BR-alpha-Text" und die Internetinformationen „BR-Online". Damit werden zusätzliche Informationen, Begleit- und Übungsmaterialien zur Verfügung gestellt und der Zugang zum weltweit immer stärker vernetzten Informations- und Wissensangebot ermöglicht.[282] Auch Kursprogramme waren von Beginn an feste Bestandteile des Bildungskanals.

Bisher ist ein vergleichbares Bildungsfernsehen von privater Seite nicht angeboten worden. Und auch in Zukunft ist mit einem Äquivalent nicht zu rechnen. Zwar liegen noch keine Zahlen über Marktanteile und Reichweiten von „BR α alpha" vor, doch ist leicht abzusehen, dass es sich dabei um ein ausgeprägtes Minderheitenprogramm handelt, das nur geringe Einschaltquoten aufweisen wird. Ein privates Pendant wäre nicht über Werbung zu finanzieren, zumal wissenschaftliche Sendungen in ihrer Produktion eher kostspielig sind.

In dieser Erkenntnis sind auch die Probleme mit der Beurteilung von „BR α alpha" begründet. Bei der letzten Gebührenzumessung durch die KEF ist ein bayerisches Bildungsfernsehen nämlich nicht berücksichtigt. Das Programm wird somit aus dem regulären Gebührenhaushalt des BR bestritten, das bisher für die Grundversorgung bestimmt war. Auch wenn es zu Synergieeffekten zwischen „BR α alpha" und „B3" kommen sollte, zieht das Bildungsfernsehen – allein schon durch die kostspielige Satellitenübertragung – Mittel aus dem herkömmlichen Programmbereich. Auch verfügt der Kanal über keine gesetzliche Grundlage.

An der Zulässigkeit von „BR α alpha" kann das nichts ändern. Dem BR steht eine Einschätzungsprärogative bezüglich der erforderlichen Programme zu. Allerdings sollte er sich um eine gesetzliche Grundlage und vor allem um eine zusätzliche Gebührenzumessung durch die KEF in der nächsten Gebührenperiode bemühen. Unterbleibt dies, so sollte der BR von der Fortsetzung von „BR α alpha" Abstand nehmen.

c. Kinderkanal

Anders verhält es sich im Falle des 1997 eingerichteten „Kinderkanals". Hierbei handelt es sich keineswegs um ein klar strukturiertes, lupenreines *Bildungs*programm für

---

281 Siehe Videotext des BR „Bayerntext", S. 807.
282 Siehe Videotext des BR „Bayerntext", S. 808.

Kinder, wenngleich dieser Aspekt immer wieder von öffentlich-rechtlicher Seite angedeutet und vorgebracht wird. Doch informationsbezogene Inhalte, etwa Nachrichten für Kinder, Vorschulprogramme und Schulfernsehen, Sendungen mit primär bildendem Charakter (z.B. über Geschichte, Politik, Literatur oder Naturwissenschaften) oder auch beratender Natur[283] spielen beim Kinderprogramm nur eine untergeordnete Rolle. Es dominieren vordergründig unterhaltende Zeichentrickserien und Kindersendungen wie „Biene Maja", „Es war einmal...", „Dornröschen", „Käpt'n Blaubär", „Löwenzahn" oder „Die Sendung mit der Maus".

Das Konzept des „Kinderkanals" sieht ein ausschließlich gebührenfinanziertes und – darauf kommt es der ARD offensichtlich an – ein pädagogisch wertvolles Angebot für Kinder der unterschiedlichen Altersgruppen vor, das auf gewalthaltige Beiträge verzichten und ein von den jeweiligen Hauptprogrammen von ARD und ZDF unabhängiges Profil erhalten soll.[284] Inwieweit dieses Konzept auch umgesetzt wurde, bedarf einer besonderen Untersuchung.

Maßgeblich für die Beurteilung der Zulässigkeit dieses Zielgruppenprogramms für Kinder ist – wie für alle Spartenprogramme – die Rechtsprechung des Bundesverfassungsgerichtes, insbesondere das Baden-Württemberg-Urteil.[285]

aa. Konkurrenz- und Kompensationsfunktion

Der erste Maßstab, den das Bundesverfassungsgericht für öffentlich-rechtliche Spartenprogramme gesetzt hat, ist die Frage, ob das Programm Inhalte bietet, die von privater Seite nicht zu erwarten sind.

Ob dieses Kriterium vom „Kinderkanal" erfüllt wird, ist überaus problematisch, zumindest formal. Dem „Kinderkanal" stand anfangs mit „Nickelodeon" ein reines Kinderprogramm von privater Seite gegenüber,[286] mit „SuperRTL", „ProSieben" und „RTL 2" gibt es zudem gleich drei Privatsender, die in den Morgenstunden und am Nachmittag umfangreiche Kinderprogramme senden. Insofern kann also davon ausgegangen werden, dass es insgesamt ein weitgefächertes Programmangebot speziell für Kinder gibt.

Das kann nicht verwundern, denn Kinderfernsehen ist für private Rundfunkanbieter ausgesprochen attraktiv. Einfache Sendungen sind kostengünstig zu produzieren, wegen der kurzen Dauer der Zugehörigkeit der Rezipienten zur Zielgruppe sind überdies auf lange Sicht kurze Wiederholzyklen möglich. Amerikanische Zeichentrickserien und Kindersendung sind auf dem Weltmarkt in scheinbar unerschöpflicher Fülle verfügbar – und das zu günstigen Preisen.

Kinder sind für die Werbebranche ein extrem attraktives Zielpublikum, weil sie über ein überdurchschnittliches Markenbewusstsein und einen aktiven Einfluss auf

---

283 Vgl. *Kresse*, Grundversorgung und integrative Pluralismussicherung, S. 13.
284 ARD-Jahrbuch 96, S. 142 (151).
285 BVerfGE 74, 297 ff.
286 „Nickelodeon" hat im Juni 1998 seinen Sendebetrieb eingestellt; vgl. Hamburger Abendblatt Nr. 124/1998 v. 30.5.1998, S. 9.

die Kaufentscheidungen der Eltern verfügen. Niedrigen Produktionskosten stehen somit in der Regel hohe Werbeeinnahmen gegenüberstehen. Die fast acht Mio. Kinder in der Bundesrepublik bilden für die werbetreibende Wirtschaft eine Zielgruppe mit einem enormen Kaufpotential von rund 17 Mrd. Mark (8,69 Mrd. €) jährlich.[287] Kaum eine andere Zuschauergruppe wird von der Werbung und von den aus Werbung finanzierte kommerziellen Fernsehsendungen so intensiv umworben wie die Kinder. Von den durchschnittlich 15.000 Werbespots pro Woche im deutschen Fernsehen richten sich mehr als 4000 an Kinder, in der Vorweihnachtszeit sind es sogar mehr als 6000 pro Woche; an einzelnen Programmplätzen – etwa bei „Kabel 1" – ist sogar jeder zweite Spot an Kinder gerichtet. Die Einnahmen für die Rundfunkanbieter aus der auf Kinder ausgerichteten Werbung belaufen sich inzwischen auf mehr als 350 Mio. Mark jährlich.[288]

Trotz dieser ausgeprägten Konkurrenzsituation hält die ARD an ihrem Spartenkanal fest – und zwar mit der Begründung einer höheren Qualität und einer kindgerechten Programmgestaltung. In der Tat ist die fehlende Nennung von Kinderfernsehen im Zusammenhang mit Spartenprogrammen durch das Bundesverfassungsgericht vor allem damit zu erklären, dass sich die Entwicklung der privaten Kinderprogramme zu einem zielgruppenspezifischen Rahmenprogramm für Spielzeug- und Markenartikelwerbung bei gleichzeitiger Verflachung und Brutalisierung der Programminhalte[289] zum Zeitpunkt des „Baden-Württemberg-Beschlusses" im Jahr 1987 noch nicht für alle abzeichnete, wenngleich sie wohl zu befürchten war.

Kommerzielle Fernsehprogrammanbieter, die Kinder und Jugendliche als Zielgruppe gewinnen und behalten wollen, richten sich mit ihrem Programm danach, was quantitativ messbar „ankommt".[290] Einschaltquoten sind das Maß der Dinge, die die Werbeeinnahmen hochhalten. *Erlinger* ist sogar der Auffassung, dass es kein reineres Kommerzfernsehen gibt als in den Kinderblöcken von 6 bis 10 Uhr bei „RTL" und „SAT.1". Nirgendwo sei eine derartige Konzentration gleicher Genres und ein regelmäßigerer Programmrhythmus über viele Stunden zu beobachten: „Zeichentrick, Werbung, Trailer und Sendereigenwerbung [...] im 20- bis 30-Minuten-Takt".[291] Unter diesem Gesichtspunkt setzt sich das Angebot des „Kinderkanals" von privaten Kinderprogrammen wie „SuperRTL" oder dereinst „Nickelodeon" deutlich ab. Sein kindgerechtes Programm ist werbefrei, die Einnahmen stammen ausschließlich aus dem Gebührenaufkommen – eine Voraussetzung, die aus pädagogischer Sicht in der Literatur als unbestritten notwendig angesehen wird. So hat im Juni 1996 das Deutsche Kinderhilfswerk neben der Arbeitslosigkeit die zunehmend aggressive Werbung für den Anstieg der Kinderkriminalität verantwortlich gemacht. Aggressive Werbung

---

287 Je nachdem, ob man den Einfluß der Kinder auf die Kaufentscheidungen der Eltern mitwertet, gehen die Schätzungen bis zu 40 Mrd. Mark jährlich, vgl. *Oberst*, MP 1997, 23 (24) m.w.N.
288 *Schäfer*, ARD-Jahrbuch 97, S. 57. *Oberst*, MP 1997, 23 (24); Programmkommission des Kinderkanals, MP 1997, 17 (21).
289 Vgl. *Oberst*, MP 1997, 23.
290 *Oberst*, MP 1997, 23 (24).
291 *Erlinger*, Handbuch des Kinderfernsehens, S. 450.

verschärfe den Druck auf Kinder, notfalls auch widerrechtlich in den Besitz der angepriesenen Waren zu kommen.[292] Kinder sind im Gegensatz zu Erwachsenen der TV-Werbung gegenüber verhältnismäßig unkritisch eingestellt und für jede Werbebotschaft offen. Sie gelten als besonders leicht zu beeinflussendes Publikum, das speziell der audiovisuellen Verführung besonders ungeschützt ausgesetzt ist.[293] Insgesamt beurteilen sie Werbung an sich leicht positiv.[294] Auch das Image der kommerziellen Anbieter ist bei Kindern überwiegend positiv: So nannten bei der Untersuchung der Universität Bielefeld mehr als 82,4 Prozent der befragten Kinder einen kommerziellen Anbieter als Lieblingssender, während nur 7,3 Prozent dabei an eine öffentlich-rechtliche Anstalt dachten.[295]

Auch im inhaltlichen Vergleich mit den umfangreichen Kinderprogrammen der RTL-Familie und bei „ProSieben" weist der „Kinderkanal" deutliche Unterschiede auf. Diesen Privatsendern bescheinigt eine Programmstrukturanalyse vom IFEM eine Kinderprogrammgestaltung „mit überwiegend fiktionalen Sendungen in Form von Cartoons",[296] deren Bildungs- und Informationsgehalt als eher gering einzuschätzen ist. Das Publikum wird mit einer „geradezu unglaublichen Masse von inhaltlich fragwürdigen und dramaturgisch simplen Sendungen sowie mit einer unglaublichen Anzahl von Kaufanreizen [...] überflutet"[297] Die erfolgreichsten Zeichentrickserien im privaten Fernsehen sind „Tom & Jerry", „The real Ghostbusters", „Tiny Toon Abenteuer", „Die verrückte Vampy-Show", „Bugs Bunny" oder „Turbo Teen" – allesamt amerikanische Produktionen im rein fiktionalen Bereich.[298]

Ansonsten steht „Action" und Gewalt im Mittelpunkt von Angeboten wie den „Power Rangers" auf „RTL", in der fünf Jugendliche gegen eine böse Hexe aus dem Weltall kämpfen, „Karate Kid" oder „Superhuman Samurai Syber-Squad".[299] Spezialeffekte, laute Geräusche und schnellen Bildfolgen werden von Kindern als angenehme physiologische Erregung erfahren, die sie von ihren Sorgen und Gefühlen ablenkt. Fernsehhelden könne als Vorbilder fungieren, der Orientierung dienen und zur Bewältigung eigener Probleme beitragen.[300] An der nachweisbaren Tatsache, dass mit der Vermehrung von Gewaltdarstellungen in den Medien auch der absolute Umfang von Gewalt in der kulturellen Symbolwelt zugenommen hat, bestehen kaum mehr Zweifel.[301] Gewalt wird Kindern vielfach als ein geeignetes Mittel zur Konfliktlösung suggeriert, ohne dass auch nur ansatzweise auf die negativen Aspekte von Gewaltan-

---

292 Vgl. *Betz*, ARD-Jahrbuch 97, S. 17 (20).
293 *Feierabend/Windgasse*, MP 1996, 186.
294 *Vollbrecht*, MP 1996, 294 (295 f.)
295 *Vollbrecht*, MP 1996, 294 (295)
296 Vgl. FK Nr. 6/1995, S. 10 (11).
297 *Schäfer*, ARD-Jahrbuch 97, S. 57.
298 *Feierabend/Windgasse*, MP 1997, 186 (192 ff.)
299 FK Nr. 5/1995, S. 8; *Betz*, ARD-Jahrbuch 97, S. 17 (18); *Oberst*, MP 1997, 23 (25).
300 *Groebel*, MP 1994, 21 (24).
301 Vgl. *Krüger*, MP 1996, S. 114 (115).

wendungen eingegangen wird. Ein gewaltfreies Kinderprogramm erfüllt mithin auch eine soziale Aufgabe.

Im „Kinderkanal" hingegen, der aus der Diskussion um Gewalt im Fernsehen in den Jahren 1995 und 1996 hervorgegangen ist,[302] dominieren zurückhaltende Programminhalte, ältere Zeichentrickserien aus den 70er und 80er Jahren oder fiktionale Spielfilme mit konservativen Inhalten, etwa Verfilmungen von traditionellen Märchen der Brüder Grimm. Gewaltdarstellungen kommen im Angebot so gut wie gar nicht vor.[303] Dazu kommen pädagogisch ausgerichtet Programme, die eine Mischform von Unterhaltung und Bildung darstellen (sozusagen „Edutainment"), etwa „Löwenzahn", „Käpt'n Blaubär", „Sesamstraße" oder die „Sendung mit der Maus". Auch Zeichentrickserien wie „Flitz, das Bienenkind" oder „Isnogud", Serien wie „Sprechstunde bei Dr. Frankenstein" oder „Amanda & Betsy", Filmklassiker wie „Die Augsburger Puppenkiste" sowie mehrere Spielfilme fanden 1997 großen Anklang.[304]

Eine Besonderheit gegenüber den meisten Kindersendungen in privaten Programmen liegt außerdem darin, dass der „Kinderkanal" überwiegend Sendungen anbietet, die in Deutschland produziert wurden und somit die Lebenswirklichkeit von Kindern in der Bundesrepublik in ihrer gesamten Komplexität widerspiegelt. Die Sendungen nehmen Bezug auf die für Kinder existierenden Fragen und Lebenswirklichkeiten.[305]

Darin unterscheidet sich der „Kinderkanal" sogar vom mittlerweile eingestellten „Nickelodeon", dem einzigen weitgehend gewaltfreien Kinderprogramm eines privaten Anbieters. Dieser vermittelte überwiegend den *American way of life* und kam somit dem Kulturauftrag des Art. 5 Abs. 1 S. 2 GG auch nur eingeschränkt nach. Auch bei „SuperRTL", dessen Sendungen zu weiten Teilen dem „Disney Channel" entstammen, werden überwiegend keine deutschen Kulturmerkmale vermittelt.

Dem „Kinderkanal" kommt somit auch ein essentieller kultureller Aspekt zu. Er vermittelt den Kindern einen Eindruck von deutscher Kultur, den sie auf anderen Programmen nicht finden können.

Auch das zeigt, dass der „Kinderkanal" in der Tat mit programmlichen Merkmalen aufwartet, die von privater Seite nicht geboten werden und auch in Zukunft nicht zu erwarten sind. Es ist unrealistisch zu hoffen, dass kommerzielle Sender auf ergiebige Gewinnmöglichkeiten verzichten und statt dessen lieber „wertvolles" Fernsehen anbieten.

„Der Kinderkanal" belebt mithin den publizistischen Wettbewerb auf dem Meinungsmarkt für Kinder.

---

302 Vgl. *Oberst*, MP 1997, 23 (25).
303 Programmkommission des Kinderkanals, MP 1997, 17 (20 f.); vgl. Untersuchung von *Feierabend/Windgasse*, MP 1997, 186 (192 ff.).
304 *Feierabend/Klingler*, MP 1998, 167 (173).
305 So die Programmkommission des Kinderkanals, MP 1997, 17 (20 f.).

bb. „Edutainment"

Von privater Seite wird kritisiert, das Programm des „Kinderkanals" habe „überwiegend unterhaltenden Charakter"[306]. Ein Blick auf die Programmstatistik des Erfurter Senders scheint dies zu bestätigen.

Eltern können ihren Kindern in der Regel nicht verbieten fernzusehen. Aber viele Eltern sehen dieser Freizeitbeschäftigung ihrer Kinder beruhigter zu, wenn sie wissen, dass der Nachwuchs nicht nur mit Werbebotschaften und Gewaltdarstellungen konfrontiert wird, werden doch die intellektuellen Fähigkeiten eines Menschen vor dem fünften Lebensjahr vermittelt.

Wenn aber Kinder in der Wahl ihrer Programme nur eingeschränkt geleitet werden können, muss ihnen auch ein Programm angeboten werden, das sie freiwillig nutzen. Bei reinen, isolierten Bildungsprogrammen wird das nicht der Fall sein. Kinder bevorzugen nun einmal Fiction sowie spezielle Kinder- und Jugendsendungen. Informationssendungen meiden sie rigoros. Kinder sehen am liebsten spezielle Kinderprogramme, insbesondere Cartoons und Unterhaltung.[307]

Es ist deshalb völlig verfehlt, wenn selbsternannte Experten aus dem juristischen Elfenbeinturm bei der Beurteilung von Kinderfernsehen die gleichen Maßstäbe ansetzen wie beim Erwachsenenfernsehen. Welch eine Arroganz steckt hinter der These, ein ausschließlich an Kinder gerichtetes Angebot könne nicht zur „gesellschaftlichen Meinungsbildung" beitragen![308] Auch Kinder haben eine Meinung, die – im Gegensatz zu der vieler Erwachsener – sogar noch beeinflussbar und entwicklungsfähig ist. Sie bestreiten einen individuellen Meinungsbildungsprozess, und sie nehmen in ihrer eigenen Art und Weise am gesamtgesellschaftlichen Meinungsbildungsprozess durchaus teil. Nicht umsonst ist das Grundrecht aus Art. 5 GG ein „Jedermann-Recht" und kein „Erwachsenen-Recht".[309]

Auch Kinder haben einen Anspruch auf ein qualitativ hochwertiges Programmangebot. Dieses muss jedoch in unterhaltende Form gekleidet werden. Das ist vergleichbar mit bitterer Medizin, die Kindern ja auch auf einem Stück Zucker verabreicht wird.

Kinderprogramme lassen sich also nicht aus rein juristischer Sicht analysieren, schon gar nicht, soweit es um die Frage geht, was „qualitativ hochwertig" ist. Diese Frage muss vielmehr aus medienpädagogischer Sicht beantwortet werden. Ein Kinderprogramm muss edukativ und unterhaltsam zugleich sein und der emotionalen Entwicklung von Kindern gerecht werden.[310]

---

306 *Bleckmann/Pieper/Erberich*, AfP 1997, 417 (422).
307 *Krüger*, MP 1996, 114 (122 f.).
308 So *Bleckmann/Pieper/Erberich*, AfP 1997, 417 (422).; *dies.*, Öffentlich-rechtliche Spartenprogramme als Bestandteil der Grundversorgung, S. 72 f.
309 *Von Münch*, in: von Münch/Kunig, GGK, Art. 5 Rn. 2; *Jarass*, in: Jarass/Pieroth, Art. 5 Rn. 23, Art. 19 Rn. 10 f.
310 Programmkommission des Kinderkanals, MP 1997, 17.

Deshalb dominieren „Edutainment"-Programme den „Kinderkanal", also solche Programme, die bildende und meinungsbildende Inhalte in unterhaltsame und amüsante Formen kleiden. Paradebeispiele für diese Mischung aus Unterhaltung und Information mit kindgerechter Ansprache sind die „Sesamstraße", die „Sendung mit der Maus" und „Löwenzahn". Dabei handelt es sich um Fernseh-Reihen, die für Vorschulkinder konzipiert sind, die aufgrund des hohen Unterhaltungswertes und der interessanten bildenden Inhalte aber auch von älteren Kindern konsumiert werden. Die Beiträge vermitteln Kindern die alltäglichen, selbstverständlichen und weniger alltäglichen Gegenstände auf eine spielerische Art. Auch erste Lese- und Rechenfähigkeiten werden mittels Sketchen und Unterhaltungseinlagen vermittelt.[311] Ein Beispiel für gelungenes „Edutainment" für ältere Kinder ist die Zeichentrickserie „Es war einmal...", die auf unterhaltsame und lustige Weise detaillierte und fundierte Geschichtskenntnisse vermittelt.

Keiner der privaten Mitbewerber bietet zweimal täglich eine Kindernachrichtensendung wie „logo" oder einen „Kinderweltspiegel",[312] Sendungen, die sicherlich im Vergleich zur „Tagesschau" unterhaltungsorientierter, deshalb aber nicht minder einzigartig sind.

cc. Marktbehauptung

Problematisch ist die Zielrichtung der ARD-Verantwortlichen, den „Kinderkanal" als „Alternative" zu ähnlichen Projekten kommerzieller Anbieter am Markt zu platzieren.[313] Es steht fest, dass das Programm eine erheblich Konkurrenz für die privaten Anbieter darstellt – und das, obwohl es sich schließlich ausnahmslos über Gebühren finanziert. So hat etwa der Privatsender „Kabel 1" im April 1998 sein gesamtes Kinderprogramm eingestellt. Als Grund gab der Sender „die bevorzugte Einspeisung des Kinderkanals in die Kabelnetze" an, die einen Rückgang des Marktanteils von „Kabel 1" in der Zielgruppe von Drei- bis 13jährigen zur Folge gehabt hätte.[314] Ende Mai folgte „Nickelodeon": Der deutsche Ableger des amerikanischen Kinderprogramms stellte im Mai 1998 seinen Sendebetrieb ein. Bis dahin hatte er wegen fehlender Kabelplätze, der Konkurrenz durch den „Kinderkanal" und daraus resultierenden geringen Werbeeinnahmen Anlaufverluste von 150 Mio. Mark angehäuft.[315]

Gleichzeitig konnten auch nach Einführung des öffentlich-rechtlichen „Kinderkanals" im Jahr 1997 private Sender ihre Marktführerschaft bei Kindern behaupten: „ProSieben" mit 15,4 Prozent, dahinter „RTL" mit 15,3 Prozent. „Der Kinderkanal" erreichte Ende des Jahres immerhin 12,5 Prozent. „Das Erste" hielt 1997 einen Marktanteil von nur 8,1 Prozent, die Dritten kamen auf 5,7 Prozent.[316]

---

311 Vgl. ARD, ABC der ARD, S. 113.
312 *Schäfer*, ARD-Jahrbuch 97, S. 57 (64).
313 Siehe FK Nr. 5/1995, S. 8.
314 *Tittelbach*, Hamburger Abendblatt Nr. 46/1998 v. 24.2.1998, S. 11.
315 Siehe *Karepin*, Journalist Nr. 7/1998, S. 80.
316 *Feierabend/Klingler*, MP 1998, 167 (173).

Kinder im Alter von drei bis 13 Jahren sehen an einem durchschnittlichen Wochentag rund 95 Minuten fern. In fast jedem dritten Haushalt gibt es bereits zwei oder mehr TV-Geräte, jedes dritte neun- bis zehnjährige Kind verfügt sogar über ein eigenes Fernsehgerät.[317] Fernsehen gehört für Kinder zu den beliebtesten Freizeitbeschäftigungen. Knapp ein Fünftel ihrer Fernsehzeit verbrachten Kinder nach einer groß angelegten Untersuchung des Zentrums für Kindheits- und Jugendforschung der Universität Bielefeld aus dem Jahr 1995 allein bei „ProSieben" (19,4 %), danach folgen „RTL" (17,5 %), „RTL 2" (13,1 %) und „SAT.1" (9,9 %), erst dann kommt die ARD mit 9,2 Prozent an Platz 5 der Rangliste. Dieser Untersuchung zufolge hatten die fünf großen Privatanbieter mehr als 66 Prozent Marktanteile im Kinderfernsehen – mehr als sieben Mal soviel wie die ARD.[318] Dieses Verhältnis hat sich zwischenzeitlich nach der Einführung der privaten Kinderprogramme „Nickelodeon" und mit Einschränkungen „SuperRTL" sogar weiter zu Lasten der Öffentlich-rechtlichen verschoben.

Das kindliche Publikum hat es vor allem zu den Privatprogrammen gezogen, weil sie dort ein permanentes Programmangebot erwartet, verbunden mit einem gut erinnerbaren Programmschema. In ARD und ZDF hingegen wurde das Kinderprogramm bisher zu einer Zeit angeboten, in der Kinder offenbar nicht sehbereit waren, etwa am frühen Nachmittag.[319]

Auch wenn es den Öffentlich-rechtlichen immer wieder mit einzelnen Sendungen und Serien an bestimmten Tagen gelingt, einen Großteil der bundesdeutschen Kinder an sich zu binden, muss der ARD gestattet sein, den jugendlichen Rezipienten ein qualitativ hochwertiges, dem kindlichen Meinungsbildungsprozess[320] förderliches, pädagogisch zumindest überwiegend wertvolles, vor allem aber werbe- und gewaltfreies Alternativprogramm zu unterbreiten, so lange Privatprogramme wie „Nickelodeon" oder „Super RTL" Kinder aus den Vollprogrammen herauslocken. Mit relativ kleinen, zuweilen unzuverlässig ausgestrahlten und manchmal schwer auffindbaren Programminseln hätte die ARD keine Chancen, sich gegen die großflächigen Kinderangebote der vielen privaten Programme zu behaupten.[321]

Wie oben bereits erörtert wurde, ist das Bundesverfassungsgericht der Auffassung, dass dem Nebeneinander von öffentlich-rechtlichem und privatem Rundfunk der Gedanke zugrunde liegt, dass sich der publizistische Wettbewerb zwischen beiden „anregend und belebend" auswirke und Meinungsvielfalt auf diese Weise gestärkt und erweitert werde. Damit sei es unvereinbar, dem privaten Rundfunk zwar die Aufgabe einer publizistischen Konkurrenz gegenüber dem öffentlich-rechtlichen Rund-

---

317 *Feierabend/Klingler*, MP 1998, 167 (168); *Feierabend/Windgasse*, MP 1997, 186; *dies.*, MP 1996, 186; *Oberst*, MP 1997, 23; Programmkommission des Kinderkanals, MP 1997, 17 f.
318 Dabei wurden mehr als 1600 Kinder befragt, vgl. *Vollbrecht*, MP 1996, 294 ff.; zu ähnlichen Ergebnissen kam die GfK, vgl. *Feierabend/Windgasse*, MP 1997, 186 (190).
319 So die Programmkommission des Kinderkanals, MP 1997, 17 (18).
320 Den gibt es schließlich auch, auch wenn einige Kommentatoren das permanent übersehen oder ignorieren.
321 Vgl. *Schäfer*, ARD-Jahrbuch 97, S. 57 (64).

funk zuzumessen, dem öffentlich-rechtlichen Rundfunk aber eine solche Funktion gegenüber den Privaten zu versagen.[322] Der ARD ist es mithin gestattet, auch in *gezielte* publizistische Konkurrenz zu den Privaten zu treten. Das ist insbesondere vor dem Hintergrund bedeutsam, dass in den privaten Programmen Gewalt- und Sexdarstellungen häufiger vertreten sind als bei der ARD. 90 Prozent der von Kindern gesehenen Gewaltdarstellungen entfallen auf die privaten Sender.[323] Es ist somit ein berechtigtes Anliegen, das jugendliche Publikum früh an öffentlich-rechtliche Programmprofile und deren Qualitätsmaßstäbe zu binden.

Sollte es dabei im Bereich des ökonomischen Wettbewerbs zu einer Beeinträchtigung der Grundrechtspositionen der privaten Anbieter – etwa aus Art. 14 GG – kommen, so wäre diese mit der Sicherstellung und Förderung des Meinungsbildungsprozesses gerechtfertigt. Die Eigentumsposition des einzelnen würde jedenfalls hinter das überragende Grundrecht der Meinungsbildungsfreiheit aus Art. 5 Abs. 1 GG als konkurrierende Verfassungsnorm zurücktreten müssen, insbesondere dort, wo es um den freien, individuellen Meinungsbildungsprozess der gesamten Bevölkerung – oder im Falle des „Kinderkanals" – um den der Bevölkerung im Alter von vier bis 14 Jahren geht.[324]

dd. Auszehrung der Vollprogramme

Für die Beurteilung der verfassungsrechtlichen Zulässigkeit des „Kinderkanals" ist letztlich entscheidend, dass die Veranstaltung nicht zur Auszehrung der zur Erfüllung des klassischen Programmauftrages unabdingbaren Programme führt. Unabdingbare Programme sind zur Zeit voranging die Vollprogramme. Der Beurteilungsgegenstand ist somit also nicht das isoliert betrachtete Programm des „Kinderkanals", sondern seine Auswirkung auf das Gesamtangebot des öffentlich-rechtlichen Rundfunks.[325]

Special-interest-Programmteile wie Kinderfernsehen oder Parlaments- und Ereignisberichterstattung sind, wie *Kresse* anmerkt, von jeher Bestandteil des öffentlich-rechtlichen Rundfunks gewesen.[326] Diese Genres waren aber bisher in die Vollprogramme integriert und haben so wesentlich zur Gewährleistung der Grundversorgung beigetragen.

Man könnte der Meinung sein, die Einführung des Kinderfernsehens würde zwangsläufig dazu führen, dass der Anteil der Kindersendungen in den Vollprogrammen abnimmt. Erwachsene würden somit nur noch partiell Kindersendungen schauen und damit an diesen Sendungen nicht mehr teilnehmen. Kindersendungen, die von Erwachsenen gesehen werden, tragen hingegen auch zu einer Information der Erwachsenen über Bedürfnisse und Erlebnisse der Kinderwelt bei.[327]

---

322 BVerfGE 74, 297 (332); siehe oben § 4 C.II. (S. 231 f.).
323 *Krüger*, MP 1996, 114 (125).
324 *Jarass*, in: Jarass/Pieroth, Art. 14 Rn. 36.
325 *Hoffmann-Riem*, MP 1996, 73 (77).
326 *Kresse*, ZUM 1996, 59 (61).
327 So *Bleckmann/Pieper/Erberich*, AfP 1997, 417 (423); *Kresse*, ZUM 1996, 59 (62).

Zu Beginn der Planung wurde ein Finanzbedarf des „Kinderkanals" von jährlich 67,2 Mio. Mark für die Gebührenperiode bis 2000 ermittelt und von Seiten der ARD und des ZDF zugesichert, dass „Umfang und Qualität der Kindersendungen in den anderen Programmen [...] durch den neuen Spartenkanal nicht beeinträchtigt werden".[328] Die ARD selbst hat immer wieder versichert, dass das bisherige Angebot für Kinder in ihren Programmen ungeschmälert beibehalten werden soll.[329] Dass das Programm von ARD und ZDF durch die Einführung des „Kinderkanals" dennoch ausgedünnt werden könnte, ist also zunächst nichts anderes als eine These – ein Befürchtung oder Prophezeiung. Ob eine Ausdünnung eintritt oder sogar schon eingetreten ist, lässt sich allerdings statistisch überprüfen.

Dafür spricht, dass bereits wenige Monate nach Einführung des „Kinderkanals" das Kinderprogramm bei der ARD aus dem werktäglichen Nachmittagsprogramm herausgenommen und dafür am Wochenende konzentriert in einer Fläche von sechs Stunden angeboten wurde.[330] Damit hat sich das „Erste" beim kindlichen Publikum allerdings nachhaltig als konkurrenzfähig erwiesen. Auch wochentags überbietet das ARD-Programm die Marktanteile des „Kinderkanals" etwa regelmäßig am Morgen zwischen 9 und 10 Uhr. Gerade der „Tigerenten Club" hat sich als sehr beliebt erwiesen. Das beweist, dass auch im „Ersten" noch immer attraktive Kindersendungen gezeigt werden. Von einer essentiellen Ausdünnung kann nicht die Rede sein – im Gegensatz zum ZDF, das bei Kindern lediglich auf einen Marktanteil von 5,2 Prozent kommt und keine Erfolgssendung mehr im Programm hat.[331] Dieses Problem kann aber nicht der ARD angelastet werden. Außerdem zeigt die Entwicklung der Kindersendungen im „Ersten", dass es sich bei dieser Entwicklung im ZDF um keinen Automatismus handelt.

Auch die Kritik an der Praxis, Kindersendungen zeitgleich auf ARD oder ZDF und dem „Kinderkanal" auszustrahlen,[332] geht ins Leere. *Hoffmann-Riem* merkt zu Recht an, es gebe keinen rundfunkverfassungsrechtlichen Grundsatz, dass Sendungen bei einer zeitlich gestaffelten Mehrfachverwertung immer zuerst im Vollprogramm ausgestrahlt werden müssen und erst nachrangig im Bereich etwa des „Kinderkanals".[333] Das gilt natürlich erst recht für die Parallelausstrahlung. Gleichwohl steckt hinter einer derartigen Praxis eine für den Integrationsauftrag gefährliche Tendenz; denn dadurch sollen Kinder aus den Vollprogrammen dauerhaft in das Spartenfernsehen gelockt werden.

Dass derartige Entwicklungen nicht ideal sind, sei zugestanden. Es wäre gleichwohl ein gehöriges Maß weltfremd zu glauben, Kindersendungen innerhalb eines Vollprogramms würde heute noch den Zuspruch finden, den ein ungestörter Integra-

---

328 ARD-Presseinformation vom 23.3.1995, vgl. *Oberst*, MP 1997, 23 (25).
329 ARD-Jahrbuch 96, 142 (151).
330 Siehe Programmkommission des Kinderkanals, MP 1997, 17 (18).
331 Vgl. *Feierabend/Klingler*, MP 1998, 167 (177).
332 Siehe Programmkommission des Kinderkanals, MP 1997, 17 (19 f.).
333 *Hoffmann-Riem*, MP 1996, 73 (77 f.).

tionsprozess erfordert. Auch ist es einer Integration nicht zuträglich, wenn das Kinderprogramm innerhalb eines Vollprogramms auf das Wochenende beschränkt ist und dort – wie es derzeit geschieht – geblockt wird. Andererseits nützt es aber niemandem, wenn Kindersendungen sorgfältig über die ganze Woche auf die Vollprogramme verteilt werden, dort aber kein Publikum finden. Eine derart an der Nachfrage vorbei führende Programmpolitik ist der ARD nicht zuzumuten. Das gilt insbesondere, weil vor Einführung des „Kinderkanals" der Ruf immer lauter wurde, die ARD solle sich verstärkt ihrer Aufgabe widmen, Kindern zur geeigneten Sendezeit ein entsprechendes Programmangebot zu unterbreiten.[334] Die Entscheidung, welche Sendezeit „geeignet" ist, hängt letztlich vom Nachfrageverhalten des jugendlichen Publikums ab.

Solange Spartenkanäle für Kinder existieren (seien es auch private), bevorzugen Kinder diese, anstatt die ständigen Enttäuschungen durch Programmverschiebungen oder -ausfälle zugunsten von „Erwachsenensendungen" auf Vollprogrammen zu riskieren. Der Trend führt nun einmal zum Kindersparenfernsehen.[335] Das zeigt nicht zuletzt die hohe Verweildauer von Kindern beim Fernsehen. 160 Minuten bleiben 3- bis 13jährige durchschnittlich vor dem Gerät sitzen, haben sie erst einmal eingeschaltet.[336] Kein Vollprogramm kann tagsüber derart lange Strecken mit Kindersendungen bestücken. Kinder müssten also auf nicht für Kinder bestimmte und somit nicht kindgerechte Sendungen ausweichen.

Es gilt zudem zu bedenken, dass die höchste Fernsehnutzung durch Kinder genau wie bei Erwachsenen zwischen 18 und 21 Uhr besteht.[337] Zwar ist es theoretisch wünschenswert, dass Eltern und Kinder in dieser Zeit gemeinsam fernsehen und dann sowohl dem Integrationsprozess als auch einem gelungenen Familienleben zuarbeiten. In der Praxis aber sieht das anders aus: Da bestimmen nämlich zumeist die Eltern, welches Programm eingeschaltet wird. Vorabendserien wie „Marienhof" (im Ersten) oder „Gute Zeiten, schlechte Zeiten" (RTL) oder Boulevardmagazine wie „Taff" (ProSieben) oder „Explosiv" (RTL) haben daher einen sehr hohen Anteil an drei- bis 13jährigen Zuschauern – von Themenwahl und -umsetzung sind derartige Sendungen aber keineswegs als kindgerecht einzustufen.[338] Wenn Kinder zu dieser Zeit schon fernsehen, dann ist es schon besser, wenn sie am Zweit- oder Drittgerät ein kindgerechtes Programm rezipieren.

Auf diese Weise wird letztlich auch das Gesamtangebot der ARD dem Integrationsauftrag gerecht. Das deckt sich auch mit dem „Baden-Württemberg-Beschluß", der ja ausdrücklich betont, für die Beurteilung der Grundversorgung sei das Gesamtangebot öffentlich-rechtlicher Sender heranzuziehen. Entscheidend ist, dass die ARD ihren vom Bundesverfassungsgericht geforderten umfassenden Programmauftrag

---

334 *Oberst*, MP 1997, 23.
335 Vgl. Hamburger Abendblatt Nr. 54/1998 v. 5. 3. 1998, S. 11.
336 Laut GfK, vgl. *Feierabend/Klingler*, MP 1998, 167 (169).
337 *Feierabend/Klingler*, MP 1998, 167 (172); *Feierabend/Windgasse*, MP 1997, 186 (189).
338 Programmkommission des Kinderkanals, MP 1997, 17 (18).

auch für Kinder erfüllt. Ob dies in den Hauptprogrammen oder in Spartenprogrammen erfolgt, muss letztlich der Einschätzung der ARD überlassen bleiben.[339]

ee. Fazit

Alles in allem ist also festzuhalten, dass „Der Kinderkanal" ein zulässiges Angebot von ARD und ZDF im Rahmen des klassischen Rundfunkauftrages darstellt. Es handelt sich dabei um ein qualitativ hochwertiges Programm, das bildende und kulturfördernde Bestandteile für interessierte Kinder beinhaltet, von privater Seite nicht geboten wird und auch in Zukunft nicht zu erwarten ist. Außerdem erfüllt das Kinderprogramme durch seine Gewaltfreiheit eine nicht unbedeutende soziale Aufgabe, denn die Gesellschaft hat ein Recht auf Bewahrung vor Schaden, sowohl im Individualbereich als auch im Bereich der kulturellen Umwelt. Dies muss für Kinder insbesondere gelten.[340]

Zwar hat die Einführung des Spartenprogramms zu einer leichten Ausdünnung der Vollprogramme mit Kindersendungen geführt, darin liegt jedoch keine nachhaltige Beeinträchtigung des Meinungsbildungsprozesses, weil es sich um eine erforderliche Reaktion auf die veränderten Sehgewohnheiten des jungen Publikums handelt.[341] Gleichwohl wäre zukünftig eine erneut stärkere Berücksichtigung von Kinderinteressen in den Hauptprogrammen wünschenswert.

2. Nachrichten- und Dokumentationsprogramme

Bei der Suche nach medialen Nischen und dem Versuch, die Reichweiten ihrer Programme auszudehnen, ist in den letzten Jahren eine Tendenz zu beobachten, nach der die Landesrundfunkanstalten verstärkt bemüht sind, einen qualitätsbetonten Kontrapunkt zur massenattraktiven Billigware der privaten Konkurrenz zu setzen. Das hat zu einer Entwicklung geführt, die Info- und Nachrichtenkanäle aus dem Boden schießen ließ.

Vorläufer dieser Entwicklung war das bayerische Radio „B5 aktuell", das am 6. Mai 1991 als erster reiner Nachrichten- und Informationskanal auf den deutschsprachigen Hörfunkmarkt drängte.[342] Es folgten in kurzen Abständen „MDR info" (1. Januar 1992), „InfoRadio" (SFB/ORB – 28. August 1995) und zuletzt am 2. Juni 1998 „NDR 4 Info" als Umwidmung des bisherigen Mischprogramms „NDR 4" mit vergleichbarem Inhalt und ähnlicher Gestaltung wie „B5 aktuell".[343] Eine Besonderheit ist „hr Skyline", ein allein im Rhein-Main-Gebiet terrestrisch verbreitetes Ergän-

---

339 *Betz*, ARD-Jahrbuch 97, S. 17 (24).
340 *Krüger*, MP 1996, 114 (115).
341 *Schäfer*, ARD-Jahrbuch 97, S. 57 (64).
342 *Aigner/van Eimeren*, MP 1995, 542.
343 Vgl. Hamburger Abendblatt Nr. 112/1998 v. 15.5.1998, S. 7; siehe auch *Schwiesau*, ARD-Jahrbuch 97, S. 74 (75 ff.).

zungsprogramm von „hr4", das sich an Fachleute aus der Wirtschaft sowie alle wirtschaftlich Interessierten Hörer richtet.

Auch im Fernsehbereich hat die ARD auf die Informationsschiene gesetzt. Am 7. April 1997 ging der öffentlich-rechtliche Spartenkanal „PHOENIX" mit einem rein non-fiktionalen Programm auf Sendung. Nach Angaben der ARD handelt es sich dabei um einen „Ereignis- und Dokumentationskanal", also um kein klassisches Nachrichtenfernsehen und um keine Parlamentsfernsehen nach dem Vorbild des US-amerikanischen Senders „C-SPAN".

Gleichwohl beklagt der Verband Privater Rundfunk und Telekommunikation (VPRT) gerade im Zusammenhang mit „PHOENIX" die Marktverdrängungsstrategien der ARD: Der Dokumentationskanal habe allein den Sinn, eine öffentlich-rechtliche Konkurrenz zum erfolgreichen privaten Nachrichtenfernsehen „n-tv" zu bilden.[344] Auch auf die englischsprachigen *news channels* „CNN", „BBC World" und „CNBC" ziele die Strategie von „PHOENIX" ab.

In der Tat zeigt der missglückte Start des privaten Berliner Nachrichtenradios „Info 101" und die schwierige Anlaufphase des Hamburger „Klassik-Radios", dass Hörfunkwellen, die aus dem Rahmen des gewohnten Programmangebotes fallen, auf rein werbefinanzierter Grundlage nicht oder nur unter erheblichen Anlaufverlusten am Markt zu platzieren sind. *Jenke* sieht den Grund darin, dass die Publikumsstruktur zu diffus ist und die Durchschnittsreichweiten sich kaum messen lassen.[345] Gerade vor diesem Hintergrund ist eine öffentlich-rechtliche Konkurrenz auf ohnehin schon engen Marktsegmenten für einzelne private Marktteilnehmer der Todesstoß. Die Befürchtungen der privaten Nachrichtensender, durch die Einführung eines öffentlich-rechtlichen Konkurrenten vom Markt verdrängt zu werden, ist also zumindest verständlich. Ein Überleben in derartigen Bereichen wird ihnen deutlich erschwert und in Einzelfällen auch unmöglich gemacht. Gleichwohl hat die ProSieben Media Group mittlerweile den Plan umgesetzt, mit „N24" einen eigenen Nachrichtenkanal auf den Markt zu bringen.

Es wurde schon mehrfach beschrieben, dass den öffentlich-rechtlichen Rundfunkanstalten eine Konkurrenz zu den Privaten keineswegs kategorisch verboten ist, auch wenn der VPRT immer wieder darauf insistiert. Vielmehr gestattet das Bundesverfassungsgericht den Öffentlich-rechtlichen die Veranstaltung von bestimmten Spartenprogrammen ausdrücklich unter Verweis auf die wünschenswerte publizistische Konkurrenz zu den privaten Anbietern, die sich belebend auf den Meinungsmarkt auswirken könne.[346]

Die bloße Existenz einer direkten publizistischen Konkurrenzsituation kann sich also auf die Zulässigkeit öffentlich-rechtlicher Spartenkanäle nicht negativ auswirken. Gerade weil deren publizistische Konkurrenz zum privaten Rundfunk eine gemin-

---

344 *Gangloff*, Journalist Nr. 5/1998, S. 34.
345 *Jenke*, in: Ory/Bauer, Hörfunk-Jahrbuch '94, S. 87 (92); so auch *Schwiesau*, ARD-Jahrbuch 97, S. 74 (76).
346 BVerfGE 74, 297 (332 f, 346).

derte Bedeutung zukomme, ist vielmehr entscheidend, dass Spartenprogramme der öffentlich-rechtlichen Anstalten Beiträge enthalten, „welche von privaten Anbietern nicht zu erwarten sind"[347]. Nur unter diesen Umständen sind öffentlich-rechtliche Spartenprogramme überhaupt zulässig, weil sie die Vielfältigkeit des gesamten Programmangebots erhöhen und ein wesentliches Element für das kulturelle Leben einbringen, womit der klassische Rundfunkauftrag wahrgenommen wird.[348]

Erforderlich ist also eine Einzelbetrachtung der oben beschriebenen öffentlichrechtlichen Spartenprogrammen im Informationssektor.

Alle in Frage stehenden ARD-Nachrichtenradios sind im „All-news-Format" schematisiert. Bei ihnen läuft vom frühen Morgen bis zum Abend ein reines Wortprogramm, das nach einem formatierten Stundenschema Beiträge aus den Bereichen Aktuelles, Wirtschaft, Service, Sport, Regionales, Kultur und Wissenschaft beinhaltet. Dazwischen gibt es im 15-Minuten-Rhythmus Nachrichten, die so genannten „Top News". Im Viertelstundenrhythmus werden die Nachrichten bzw. Berichte und Reports aktualisiert, ergänzt oder wiederholt, so dass das Wichtigste zum Tage für den Hörer regelmäßig abrufbar ist. Zweimal in der Stunde gibt es Börseninformationen und am Ende jeder Viertelstunde Wetter- und Verkehrsmeldungen. Bei besonderen Ereignissen verlassen die Programme den normalen Viertelstundenrhythmus und berichtet live – z.B. von wichtigen Fußballspielen oder aus dem Bundestag.[349]

Leichte Abweichungen im Sendeschema weist das Berlin-Brandenburger „InfoRadio" auf, das nicht an Viertelstunden-, sondern an 20-Minuten-Blöcken ausgerichtet ist.[350] Im Mittelpunkt von „hr Skyline" stehen Berichte über Handel, Verkehr und Lifestyle sowie aktuelle Verkehrsinformationen. Als bundesweit einziges öffentlichrechtliches Radioprogramm mit dem Schwerpunkt Wirtschaft liefert es täglich die wichtigsten Börsentendenzen, Wirtschaftsnachrichten und Hintergrundinformationen.

Mit den beschriebenen Viertelstundenrastern der „All-news-Programme" setzen die Landesrundfunkanstalten auf ein gravierend anderes Hörverhalten als bei einer auf Mehrheiten ausgerichteten Begleitwelle. Die Programme richten sich an Hörer mit einem flexiblen Hörerverhalten und solche, die sich bevorzugt bei den privaten Programmen bedienen und bei den öffentlich-rechtlichen Infowellen seriöse Informationen „zwischendurch" suchen.[351] Das Ziel der Infowellen ist also gerade nicht, den privaten Unterhaltungsprogrammen dauerhaft das Wasser abzugraben. Im Unterschied zu diesen auf Mehrheiten ausgerichteten Programmen soll die Verweildauer der Hörer nicht einfach maximiert werden, sondern auf eine oder mehrere Viertelstunden im Tagesablauf begrenzt bleiben.

---

347 BVerfGE 74, 297 (346).
348 Siehe oben § 4 C.II. (S. 231 f.).
349 *Schwiesau*, ARD-Jahrbuch 97, S. 74 (75); speziell für „B5 aktuell", an dessen Programmphilosophie die anderen Nachrichten-Wellen ausgerichtet sind, vgl. Videotext des BR „Bayerntext", S. 450.
350 *Schwiesau*, ARD-Jahrbuch 97, S. 74 (77).
351 Vgl. *Aigner/van Eimeren*, MP 1995, 542.

Es ist nicht bekannt, dass diese öffentlich-rechtlichen Hörfunkangebote in Konkurrenz zu einer oder gar mehreren dauerhaft bestehenden privaten Infowellen stehen. Zwar sendete in der Eifel zwischen 1990 und 1995 das private „RadioRopa", das allerdings Mitte 1995 sein Sendegebiet nach Sachsen verlegte und sein Angebot „relaunchte".[352] Seitdem handelt es sich lediglich um ein „informationsorientiertes" Vollprogramm mit stündlichen und halbstündlichen Nachrichten, einer musik- und informationsorientierte Moderation und Redaktion, die die thematisch aktuellen Nachrichten ergänzt und neueste Meldungen sofort ins Programm bringt. Auch in Berlin hat es Versuche von privaten Inforadios gegeben. „Info 101" hat den Betrieb allerdings wegen wirtschaftlicher Erfolglosigkeit wieder einstellen müssen. Inzwischen versucht „Hundert,6" sein Glück. Dieser Sender bezeichnet sich selbst als eine „Mischung aus Musik und Gewinnspiel", die vor allem der optimalen Platzierung von Werbespots dient.[353]

Weder bei „RadioRopa" noch bei „Hundert,6" kann also das „All-news-Format" konsequent durchgehalten werden. Nicht einmal in Berlin, Hamburg oder Frankfurt am Main, wo am ehesten damit zu rechnen wäre, sind somit den öffentlich-rechtlichen Newswellen vergleichbare private Angebote vorhanden. Das ist bei gründlicher Analyse auch nicht anders zu erwarten gewesen. Nur eine öffentlich-rechtliche Anstalt kann es sich leisten, als flankierende Maßnahme zu ihren massenattraktiven Programmen Minderheitenprogramme der beschriebenen Art anzubieten.[354] Aufgrund der Konzeption der „Viertelstundenwellen" ist nicht einmal die direkte Konkurrenz zu privaten Vollprogrammen möglich.

Schwieriger stellt sich die Situation im Fernsehen dar, wo mit „n-tv" ein erfolgreicher privater Nachrichtensender im deutschsprachigen Raum besteht, wo mit „CNN" und „BBC World" zwei englischsprachige Varianten sogar zu Weltruhm gekommen sind und wo mit „N24" ein weiteres deutschsprachiges Nachrichtenfernsehen auf den Markt drängt. Diese Sender treten ebenfalls im rein non-fiktionalen Bereich auf und leisteten, zum Teil lange vor der Einführung von „PHOENIX", seriöse und ernsthafte Berichterstattung.

Das ist wohl auch der Grund gewesen, weshalb ARD und ZDF von ihrem ursprünglichen Plan abgerückt sind, einen reinen Nachrichtenkanal einzurichten. Statt dessen haben sie eine andere Alternative gewählt und mit „PHOENIX" einen so genannten „Ereignis- und Dokumentationskanal" etabliert.[355] Dieser kann nach Ansicht der ARD zu einer deutlichen Verbesserung insbesondere der gesellschaftspolitischen Berichterstattung und Hintergrundinformation beitragen.[356] Das Programm von „PHOENIX" umfasst drei Schwerpunkte: Ereignisübertragung (43 % der Sendezeit),

---

352 Siehe „RadioRopa – wir über uns" im Internet http://www.radioropa.de/wir.htm.
353 Vgl. Internetangebot von „Hundert,6" http://www.hundert6.de/whm_info.htm.
354 So auch *Jenke*, in: *Ory/Bauer*, Hörfunk-Jahrbuch '94, S. 87 (92).
355 FK Nr. 47/1996, S. 7 f.; FK Nr. 50/1996, S. 6 f.; FK Nr. 6-7/1997, S. 8 f.; *Anschlag*, FK Nr. 15/1997, S. 3 (5).
356 Vgl. *Betz*, MP 1997, 2.

Dokumentationen (36 %) und Gesprächssendungen (14 %).[357] Der Sender hat dabei die Aufgabe, mit Dokumentationen, Live-Übertragungen Reportagen und Features den Hintergrund gesellschaftspolitischer Ereignisse zu beleuchten. Parlamentsdebatten und andere Ereignisse im In- und Ausland sollen dokumentiert werden. Das Besondere ist – und nicht zuletzt dadurch setzt sich „PHOENIX" deutlich gegenüber der Nachrichtenberichterstattung im Privatfernsehen und auch gegenüber dem US-amerikanischen Parlamentsfernsehen „C-SPAN" ab –, dass im Programm keinerlei Kommentierung der Ereignisse stattfindet. „PHOENIX" analysiert und dokumentiert, kommentiert aber nicht.[358]

Eine weitere Besonderheit, mit der die privaten Sender nicht mithalten, ist die Begleitung der Nachrichtensendungen von ARD und ZDF durch Gebärdendolmetscher. „PHOENIX" kommt damit einem Wunsch der gehörlosen und hörbehinderten Zuschauer nach und schließt eine langjährige Service- und wohl auch Marktlücke.[359]

Vor dem Hintergrund der „Boulevardisierung der Informationen im Privatfernsehen"[360] stellt sich gerade „PHOENIX" als neue Programmform im Sinne des dynamischen Grundversorgungsbegriffes nach dem „Baden-Württemberg-Beschluß" dar. In die Beurteilung fließt auch das ein, was das Gericht eigentlich zu Regionalsendern befunden hat, was aber auch für „PHOENIX" gilt: Entscheidend ist, dass sich die Behandlung der Themen und die Art der Darstellung bei dem öffentlich-rechtlichen Spartensender wesentlich von denen der Privatkonkurrenz unterscheidet.[361] Das ist zumindest überwiegend der Fall, wogegen auch nicht die Tatsache spricht, dass ein Ereignis- und Dokumentationskanal in der Aufzählung des Bundesverfassungsgerichtes nicht zu finden ist.[362]

„PHOENIX" dient folglich der politischen Meinungs- und Willensbildung, indem es Hintergründe zeigt, die in anderen Programmen nicht zu finden sind. Zugleich ist das Programm durchaus in der Lage, den demokratischen Parlamentarismus zu fördern, indem es der demokratischen Kultur mehr Zeit widmet als andere und so das Verständnis seiner Zuschauer für parlamentarische Abläufe fördert. Die Zuschauer schätzen bei „PHOENIX" das Höchstmaß an Objektivität, gerade bei den „Vor-Ort-Übertragungen": die Tatsache, dass die Ereignisse ungekürzt und ohne Kommentierung übertragen werden.[363]

Die Veranstaltung von öffentlich-rechtlichen Nachrichten-, Info- und Dokumentationsprogrammen in der beschriebenen Form entspricht also dem klassischen Rundfunkauftrag. Die bestehenden Wellen weisen einen demokratisch-funktionalen Ansatz

---

357 Zahlen nach dem PHOENIX-Programmgeschäftsführer *Radke*, MP 1997, 206 (207), der allerdings nicht angibt, was die restlichen 7 % ausmacht.
358 Siehe *Radke*, MP 1997, 206.
359 *Radke*, MP 1997, 206 (207).
360 *Krüger*, MP 1996, 362 ff.
361 BVerfGE 74, 297 (333).
362 So auch *Betz*, MP 1997, 2 (8).
363 So das Ergebnis einer Studie des Frankfurter Ernst Dichter Institutes, vgl. *Gangloff*, Journalist Nr. 5/1998, S. 34 (36); vgl. *Betz*, MP 1997, 2 (5).

auf, indem sie die individuelle Meinungsbildung fördern und als Medium und Faktor des Meinungsbildungsprozesses auftreten.[364] Sie sind somit verfassungsrechtlich unbedenklich.

3. Musikformate mit Zielgruppenbestimmung

Nahezu alle Hörfunkprogramme richten sich mit einer speziellen Musikfärbung an ein mehr oder weniger umgrenztes Publikum. Als Spartenprogramme können dennoch nur solche Programme eingeordnet werden, die sich entweder selbst als Spartenprogramm sehen oder eindeutig auf ein besonderes eng gefasstes Zielpublikum ausgerichtet sind, das nur einen verhältnismäßig geringen Altersbereich umfasst (also nicht, wie etwa die Servicewellen auf die 14- bis 49jährigen ausrichtet ist).[365]

a. Jugendprogramme

Eine besonders heftige Auseinandersetzung zwischen dem VPRT und den öffentlichrechtlichen Anstalten ist im Falle von Hörfunkprogrammen ausgebrochen, die straff durchgestylte Musikformate mit einer Zielgruppenbestimmung auf Jugendliche zwischen 14 und 20 Jahre senden. Ihre thematische Begrenzung dokumentiert sich in einem sehr hohen Musikanteil, der im Bereich von 80 bis 90 Prozent liegt, und einem dementsprechend niedrigen Wortanteil. Wie bereits dargestellt, wandeln sich immer mehr Hörfunkprogramme vom herkömmlichen Voll- zu derartigen Spartenprogrammen.[366] Beispiele dafür sind die Jugendwellen vom NDR („N-Joy Radio"), vom MDR („MDR SPUTNIK"), das Kooperationsprogramm von ORB und SFB („Fritz"),[367] und die Jugendwelle vom HR („hr XXL") sowie „DASDING" vom SWR samt seinem saarländischen Ableger „UnserDing".

Auch wenn die Jugendwellen zweifellos den verfassungsrechtlichen Unterhaltungsauftrag erfüllen, ist zweifelhaft, ob der für den Grundversorgungsauftrag wesentliche Beitrag zur Meinungsbildung sowie die notwendige Ausgewogenheit, Sachlichkeit und Vielfalt hinreichend gewährleistet sind. Eine Beurteilung der Zugehörigkeit der Jugendwelle zur Grundversorgung bemisst sich nach diesem Beitrag zu einer umfassenden Meinungsbildung.[368] Den können Spartenprogramme nach der Verfassungsrechtsprechung nur dann leisten, wenn sie dem Publikum ein Programmangebot unterbreiten, das von privater Seite nicht besteht und auch in Zukunft nicht zu erwarten ist.

---

364 Vgl. *Bleckmann/Pieper/Erberich*, AfP 1997, 417 (422).
365 Vgl. § 4 C. (S. 206).
366 Vgl. ARD-Jahrbuch 97, S. 342 ff.; *Bleckmann/Pieper/Erberich*, AfP 1997, 417 (422); siehe FK Nr. 22-23/1995, S. 14 f.
367 Siehe zum Beispiel *Merten/Gansen/Götz*, Veränderungen im dualen Hörfunksystem.
368 *Niepalla*, Die Grundversorgung durch die öffentlich-rechtlichen Rundfunkanstalten, S. 120; *Bleckmann/Pieper/Erberich*, Öffentlich-rechtliche Spartenprogramme als Bestandteil der Grundversorgung, S. 68.

Das erscheint fraglich: Die Jugendwellen wenden sich vorwiegend an jugendliche Zielgruppen, deren Interessen schon in den kommerziellen Pop-Programmen umfangreich berücksichtigt werden. So hat etwa der NDR durch den Erfolg von „N-Joy Radio", das mit einer Reichweite von 6,6 Prozent Hörern gestern und einem Marktanteil von 4,5 Prozent schon im ersten Sendejahr zu den privaten Marktführern unter den Jugendprogrammen in Norddeutschland aufschließen konnte, seine Gesamtposition im Sendegebiet an Nord- und Ostsee deutlich verbessern können. Er erreicht nunmehr mit allen vier Landesprogrammen und seinen vier überregionalen Programmen insgesamt 56 Prozent aller Hörer über 14 Jahren. Auch „MDR SPUTNIK" und „Fritz" haben Reichweitengewinne zu verzeichnen. Für „hr XXL" und „DASDING" bestehen noch keine langfristigen Statistiken, aber es ist anzunehmen, dass auch diese Jugendwelle den Geschmack der 14- bis 20jährigen in Hessen, Baden-Württemberg und Rheinland-Pfalz treffen dürften. Was für „N-Joy Radio" gilt, dürfte im übrigen auch für „hr XXL" seine Gültigkeit haben, denn sein Programm ist stark am Sendeschema des norddeutschen Jugendradios orientiert.

Die Programme sind nach Form und Inhalt stringent auf die jugendliche Zielgruppe ausgerichtet. Das Publikum wird selbstverständlich geduzt, die Sprache ist salopp, jugendlich, knapp und schnell. Vielfach wird das Wort unterlegt mit einem Musikteppich, wodurch ein permanentes Tempo in der Gesamtpräsentation erzeugt wird. Die Themen orientieren sich nahezu ausschließlich an den Interessen der Jugendlichen, selbst bei der Auswahl der Nachrichten. Sie handeln von Musik, Prominenten aus Film und Musik, Lifestyle, Schule/Ausbildung und Umwelt. Die Nachrichten sind knapp gehalten, auch Hintergrundinformationen, Berichte und Analysen sind spärlich und werden zumeist in den Vorabendstunden platziert, also zu Zeiten geringer Rezeptionsquoten.[369]

Insbesondere die Konvergenzthese und die These der Verwechselbarkeit öffentlich-rechtlicher und kommerzieller Programme gewinnen immer dann an publizistischer Bedeutung, wenn öffentlich-rechtliche Programme erfolgreich sind und den kommerziellen Programmen Marktanteile und Werbeeinnahmen entziehen.[370] So ist insbesondere das erfolgreiche Jugendprogramm des NDR „N-Joy Radio" in die Schusslinie des VPRT geraten, das hier beispielhaft beleuchtet werden soll.[371] Auftragsstudien des Medienforschungsinstitutes COMDAT haben herausgefunden, dass der Musikanteil von „N-Joy Radio" 85,3 Prozent umfasst.[372]

Nach diesen Untersuchungen liegt der Wortanteil der Jugendwellen noch erheblich unter dem Mittel der von COMDAT zum Vergleich herangezogenen privaten Sender, nämlich bei zielgenau 14,8 Prozent bei „N-Joy Radio", also just 0,2 Prozent unter der

---

369 *Volpers*, Hörfunklandschaft Niedersachsen, S. 26 f.
370 *Drengberg*, MP 1996, 134 (138).
371 *Merten/Gansen/Götz*, Veränderungen im öffentlich-rechtlichen Hörfunksystem, S. 9 f.
372 *Merten/Gansen/Götz*, Veränderungen im öffentlich-rechtlichen Hörfunksystem, S. 28.

von den Landesmedienanstalten als inoffizielle Richtschnur gehandhabten Mindestschwelle für kommerzielle Hörfunkprogramme.[373]

100 Prozent aller Nachrichten im mitteldeutschen Jugendprogramm und 91 Prozent aller redaktionellen Beiträge werden laut COMDAT außerdem mit Hintergrundmusik unterlegt. Der Anteil der musikalischen Untermalung bei Wortbeiträgen auf „N-Joy Radio" wird von *Merten* nur knapp darunter analysiert, nämlich mit 92,9 Prozent.[374] Außerdem decken die redaktionellen Beiträge lediglich vier von sechs möglichen funktionalen Kategorien ab.

Politik, Religion, Kultur und Wissenschaft sowie Sport kommen im redaktionellen Programm von „N-Joy Radio" immerhin noch mit 100 bis 116 Sekunden pro Tag vor. Das Mittel der Privatsender in diesen Rubriken liegt laut COMDAT zwischen 152 und 268 Sekunden pro statistischem Sendetag.

COMDAT resümiert schließlich in seinen Gutachten, dass die untersuchten öffentlich-rechtlichen Jugendformate von „N-Joy Radio", aber auch des damals zugleich beleuchteten „MDR life" nicht nur qualitativ die den privaten Minimalstandards „vielfältig und massiv" unterlaufen, sondern auch qualitativ in den Kategorien Information und Bildung zurückbleiben.

Zu einem erwartungsgemäß gänzlich anderen Ergebnis gelangt die „Quantitative Inhaltsanalyse" der vom NDR in Auftrag gegebenen Medienforschung durch das Baden-Badener Institut „Media Trend". Sie beziffert den Musikanteil von „N-Joy Radio" mit 79,1 Prozent und den Wortanteil mit den restlichen 20,9 Prozent. Die Privatsender Norddeutschlands kommen bei seiner Analyse durchweg auf vergleichbare Wortanteile. Allerdings zeigt die Untersuchung, dass „N-Joy Radio" gerade im journalistischen Bereich mit 5,1 Prozent Nachrichten und 5,2 Prozent Information auf quantitativ gleiche Werte kommt wie „ffn" und „Antenne Niedersachsen", „während „RSH" und das damalige „OK Radio" deutlich darunter liegende Anteile aufweisen.[375]

Auch *Volpers* diagnostiziert bei „N-Joy Radio" eine deutliche schematische Abweichung von den anderen Jugendwellen in Niedersachsen und relativiert damit in großen Teilen die Ansätze von *Merten*. In Musikfarbe und Präsentation unterscheide sich die NDR-Jugendwelle deutlich von ihren direkten Konkurrenzen im Untersuchungsgebiet Niedersachsen, den privaten Radios „ffn" und „Antenne Niedersachsen". Über die Unterschiede zu den anderen norddeutschen Popwellen wie „Radio Hamburg", „RSH" oder „Antenne MV" urteilt er nicht, jedoch kann anhand der vergleichbaren Ausrichtung aller privaten Radiosender davon ausgegangen werden, dass diese gleichartig sind.

---

373 *Merten*, Programmstrukturanalyse von MDR live, S. 9; *Merten/Gansen/Götz*, Veränderungen im öffentlich-rechtlichen Hörfunksystem, S. 28. Zur Kritik an den Merten-Studien und deren statistischer Nachprüfbarkeit siehe *Drengberg*, MP 1996, 134 (138).
374 *Merten*, Programmstrukturanalyse von MDR live, S. 6; *Merten/Gansen/Götz*, Veränderungen im öffentlich-rechtlichen Hörfunksystem, S. 28.
375 *Drengberg*, MP 1996, 134 (140 f.).

Wenn dem aber so ist, würde „N-Joy Radio" folgerichtig ein Programm anbieten, dass von den Privaten im Sinne der Verfassungsrechtsprechung eben nicht zu erwarten ist. In diesem Falle wäre das Programm als Bestandteil des klassischen Rundfunkauftrages verfassungsrechtlich explizit zulässig.

Außerdem kann nach Auffassung von *Volpers* nicht jedes einzelne öffentlich-rechtliche Vollprogramm für sich an den Anforderungen gemessen werden, die der Rundfunkstaatsvertrag an Vollprogramme stellt, „denn die Grundversorgung muss keineswegs durch eine Vielzahl von Vollprogrammen hergestellt werden."[376] Eine entsprechende Lesart der rundfunkrechtlichen Anforderungen erscheine weder haltbar noch sinnvoll. Sie würde Programmdiversifikationen und zielgruppenspezifische Ausrichtungen von öffentlich-rechtlichen Hörfunkprogrammen unmöglich machen. Vor diesem Hintergrund kommt die Untersuchung zu dem Schluss, dass bei einer Betrachtung in ihrer Gesamtheit von einer Konvergenz von Jugendwellen keine Rede sein kann.[377]

Wieder einmal halten sich also Auftragsstudien des VPRT mit Auftragsstudien von öffentlich-rechtlicher Seite die Waage. Das Problem ist, dass beide Seite unterschiedliche Statistiken aufbieten, die wegen abweichender Erhebungsmethoden nicht zuverlässig miteinander verglichen werden können.

Wer keine eigenen Erhebungen anstellen kann, muss also Gemeinsamkeiten aus den unterschiedlichen Studien herausziehen und diese bewerten. Eine solche Gemeinsamkeit ist der hohe Musikanteil und der niedrige Wortanteil bei allen Jugendwellen. Ob das Verhältnis bei 80 zu 20, bei 85 zu 15 oder bei 90 zu 10 liegt, ist letztlich unerheblich, weil das Bundesverfassungsgericht bei Aufstellung der Beurteilungskriterien ohnehin keine Grenzwerte benannt hat. Auch die inoffizielle Richtlinie der Landesmedienanstalten, die *Drengberg* bemüht und *Merten* beachtet, ist nur eine willkürliche festgelegt „*deadline*".

Geringe Wortanteile weisen so oder so stets das Defizit mangelnder Vielfalt auf und sind letztlich ein Zeichen von Unausgewogenheit. Die erforderlichen Programmbestandteile Kultur und Bildung sowie Service, Beratung und Information werden schließlich in der Regel nicht über Musikbeiträge transportiert.[378] Allerdings muss auch hier berücksichtigt werden, dass die veränderten Rezeptionsgewohnheiten und Rezeptionsfähigkeiten des Hörfunkpublikums einen viel kleineren Wort- und Informationsanteil ermöglichen als etwa beim Fernsehen. Radio ist in den meisten Fällen ein reines Begleitmedium. Der Hörer sucht in vielen Fällen eine musikalische Begleitung seiner Haupttätigkeit, nicht ein Orientierungsmedium, dem er seine volle Aufmerksamkeit widmen muss.[379]

---

376 *Volpers*, Hörfunklandschaft Niedersachsen, S. 113.
377 *Volpers*, Hörfunklandschaft Niedersachsen, S. 113.
378 Siehe Ausführungen bei *Bleckmann/Pieper/Erberich*, Öffentlich-rechtliche Spartenprogramme als Bestandteil der Grundversorgung, S. 69; AfP 1997, 417 (421).
379 Siehe oben § 4 C.I.5. (S. 228.).

Immerhin müssen auch die Gegner der Musikprogramme anerkennen, dass Musik ein Bestandteil der Kultur ist[380] und insofern letztlich auch dem klassischen Rundfunkauftrag zuträglich ist. Auch wenn das Bundesverfassungsgericht schon in seinem 1. Rundfunkurteil darauf hingewiesen hat, dass sich die Mitwirkung an der öffentlichen Meinungsbildung keineswegs auf die Nachrichtensendungen, politischen Kommentare und ähnliches beschränkt, kann ein reines Musikprogramm nach den aufgestellten Maßstäben nur zu einem sehr geringen Teil zur umfassenden Meinungsbildung beitragen.[381]

Meinungsbildung im Hörfunk geschieht schließlich – so das Gericht – ebenso in Hörspielen, Übertragungen kabarettistischer Programme und in musikalischen Darbietungen. Jedes Programm wird durch die Auswahl und Gestaltung der Sendungen eine gewisse Tendenz haben, insbesondere soweit es um die Entscheidung darüber geht, was nicht gesendet werden soll, was die Hörer nicht zu interessieren braucht, was ohne Schaden für die öffentliche Meinungsbildung vernachlässigt werden kann und wie das Gesendete geformt und gesagt werden soll.[382]

Ein bestimmtes Mischungsverhältnis zwischen den Genres hat das Bundesverfassungsgericht allerdings nicht vorgegeben. Auch ist der Wortanteil eines Programms allein jedenfalls kein hinreichender Indikator für die Informationshaltigkeit eines Hörfunkprogramms. Vielmehr müssen beispielsweise vom Wortanteil diejenigen Programmbestandteile abgezogen werden, denen eine Unterhaltungsfunktion zukommt.[383]

Auch kann es die Qualität und den Inhalt eines Wortbeitrages nicht schmälern, dass im Hintergrund eine musikalische Untermalung erfolgt. *Merten* bleibt jede Begründung schuldig, warum er diese Beurteilungskategorie in seine Programmuntersuchungen hat einfließen lassen.

So kann nicht die Tatsache, dass *überwiegend* Musik dargebracht wird, zu Bedenken hinsichtlich der Grundversorgungskonformität der Jugendprogramme führen, sondern allein die Tatsache, dass überhaupt eine einzelne Sparte im überwiegenden Maße berücksichtigt wird und alle anderen damit vernachlässigt werden.

Das Gebührenprivileg öffentlich-rechtlicher Spartenprogramme beruht gerade auf dem Angebot inhaltlicher Programmalternativen, zu denen ein privater Veranstalter insbesondere aufgrund seiner Werbefinanzierung, ursprünglich und letztlich aber auch aufgrund seiner technischen Rückstände regelmäßig nicht in der Lage ist.[384]

Alle Programmanalysen ergeben, egal in welchem Auftrag, dass die Sendeschemata der Jugendwelle thematisch eng umgrenzt, nämlich auf moderne, „trendige" Musik festgelegt sind. Die dazwischen liegenden An- und Abmoderationen haben al-

---

380 Vgl. *Romann*, FK Nr. 20/1995, S. 4 (6).
381 BVerfGE 12, 205 (260).
382 BVerfGE 12, 205 (260).
383 *Volpers*, Hörfunklandschaft Niedersachsen, S. 48.
384 *Elitz* bezeichnet die Gebühren daher als „Qualitätssicherungsgebühren": FK Nr. 50/1996, S. 13 f.

lenfalls verbindenden Charakter und stehen gegenüber den Musikdarbietungen thematisch deutlich im Hintergrund.
Damit sind die öffentlich-rechtlichen Jugendwellen aber mit denen der privaten Konkurrenz sehr wohl zu vergleichen. Das beweisen auch die Reichweitenveränderungen seit Eintreten der Jugendwellen in den Markt, die zeigen, dass der Betrieb von jugendorientierten Programmen die Tätigkeit privater Anbieter in Marktsegmenten erschwert, die eben nicht dem Kultur- und Bildungsbereich zuzuordnen sind.
In einzelnen Fällen haben sie diese sogar unmöglich gemacht. So hat der ehemalige Hamburger Jugendsender „OK Radio" 1995 sein Format explizit wegen des Erfolges von „N-Joy Radio" geändert, um so den drohenden Konkurs abzuwenden. Er wendet sich nach einer weiteren Umstrukturierung unter dem Namen „Mix 95.0" mit gesetzterer Popmusik und Oldies an ein älteres Publikum.[385]
Die Reichweitenänderungen zeigen andererseits aber zugleich, dass die Nachfrage des Zielpublikums zumindest in den Ballungsgebieten von privater Seite hinreichend befriedigt werden kann.
Der Schluss kann insofern nur lauten, dass die bestehenden öffentlich-rechtlichen Jugendwellen wenigstens in diesen Rundfunk-Ballungsgebieten nicht zum klassischen Rundfunkauftrag gehören. Das gilt jedenfalls für „N-Joy Radio", dem in Hamburg, Schleswig-Holstein und Niedersachsen mehrere private Jugendwellen gegenüberstehen, aber auch für „Fritz" in Berlin/Brandenburg. Für die anderen Jugendwellen ist entscheidend, ob die Veranstaltung der Spartenprogramme außerhalb der Kernversorgung zu einer Auszehrung der zur Erfüllung des klassischen Rundfunkauftrages unabdingbaren Programme – also der Hörfunk-Vollprogramme – geführt hat oder mit an Sicherheit grenzender Wahrscheinlichkeit führen wird.[386] Angesichts des großen Erfolges der auf ein ebenfalls jugendliches, Pop-orientiertes Publikum ausgerichteten Servicewellen kann diese Befürchtung jedoch als unbegründet zurückgewiesen werden. Special-interest-Programmteile für Jugendliche – Musiktrends, spezielle Wortbeiträge und Serviceleistungen – sind schließlich von jeher Bestandteil des öffentlich-rechtlichen Rundfunks gewesen.[387] Diese Genres waren aber bisher in die Vollprogramme integriert und haben so wesentlich zur Gewährleistung der Grundversorgung beigetragen. Das zu beurteilen, erfordert einen Blick auf das Gesamtangebot in den betreffenden Gebieten.
Im Fall von „N-Joy Radio" und „Fritz" liegt in der Gebührenfinanzierung ein Eingriff in die Eigentumsrechte der Gebührenzahler,[388] der seine Rechtfertigung eben nicht in der Erfüllung des klassischen Rundfunkauftrages findet. Und auch die Rechte der privaten Anbieter sind verletzt, und zwar unabhängig davon, dass die Jugendwellen allesamt ohne Werbung finanziert werden. Dass auch werbefreie öffentlich-recht-

---

385 Vgl. hierzu die Pressemitteilung der Hamburger Anstalt für Neue Medien (HAM) v. 24.8.1995; *Drengberg*, MP 1996, 134 (143); Hamburger Abendblatt Nr. 252/1998 v. 29.10.1998, S. 11.
386 Vgl *Hoffmann-Riem*, MP 1996, 73 (77).
387 *Kresse*, ZUM 1996, 59 (61).
388 Siehe oben § 3 D.II.1. (S. 166).

liche Programme wirtschaftliche Folgen für die privaten Wettbewerber haben können, wurde oben bereits beschrieben,[389] und der nachhaltige Misserfolg von „OK Radio" bzw. „OK Magic 95" ist ein weiteres Indiz dafür. Gleichwohl muss das Argument der Anstalten beachtet werden, die mit der Einführung ihrer Jugendwellen nicht nur Marktanteile, sondern auch Akzeptanz bei den 14- bis 20jährigen zurückgewinnen wollen, um dem Auftrag, Radio *für alle* zu machen, gerecht zu werden.[390]

Für junge Hörer ist Radio zwar attraktiv, allerdings nur als Begleitmedium. Von den vielfältigen kommunikativen Möglichkeiten des Mediums haben sie kaum eine Ahnung. Sie erwarten weder Hintergrundinformationen über Politik und Gesellschaft noch Ratschläge für den Alltag. Sie erwarten überwiegend nur Musik, die ihnen als Stimmungsregulator dient. Wortbeiträge dürfen da nicht länger als zwei Minuten sein, sonst kommt Langeweile auf.[391]

Nach Ansicht der betreffenden Landesrundfunkanstalten handelt es sich bei den dargestellten Jugendwellen folglich um ein Programmangebot, das *erforderlich* ist, um ein junges Publikum zu erreichen. In dieser Frage muss ihnen ein Beurteilungsermessen eingeräumt werden. Einer Überprüfung unterliegen also nur die Ermessensvoraussetzungen. Ermessensfehler sind derweil nicht ersichtlich. Das traditionelle öffentlich-rechtliche Hörfunkangebot musste nach der Etablierung des dualen Rundfunksystems massive Reichweitenverluste verbuchen,[392] die um so gravierender ausfielen, je jünger die Hörerschaft war. Auf diese Entwicklung haben die Landesrundfunkanstalten mit der Einrichtung der Jugendwelle erfolgreich reagiert. Diese Wellen sind Ergebnis des Versuches, das öffentlich-rechtliche Hörfunkangebot für Jugendliche attraktiver zu gestalten.[393] Dieses Ziel kann als Voraussetzung für eine Ermessensbetätigung nicht beanstandet werden. Schließlich muss das Gesamtprogramm die Kommunikationsinteressen der gesamten Bevölkerungsteile befriedigen und darf sich nicht auf bestimmte Sparten der Hörerschaft beschränken – also auch nicht auf die Über-20jährigen. Das Programm muss vielmehr insbesondere vor dem Hintergrund sich wandelnder Rezeptionsgewohnheiten die verschiedenen Bevölkerungsteile ansprechen.[394] Man kann nicht allen Ernstes von den Öffentlich-rechtlichen erwarten, dass sie wissentlich die Programmwünsche der jungen Hörer ignorieren, und damit – und das ist wohl der entscheidende Punkt – auch in Zukunft die Akzeptanz möglicher Rezipienten verlieren.[395]

Dass die Durchführung und die Umsetzung bei einzelnen Jugendwellen nicht den Erwartungen der Grundversorgung spricht, muss gleichwohl beanstandet werden. Auch wenn die Jugendwellen jenseits des klassischen Rundfunkauftrages liegen, ent-

---

389 Siehe oben § 3 D.II.3 und 4167 f.).
390 Vgl. *Drengberg*, MP 1996, 134 (135).
391 So das Ergebnis von Workshops des HR, vgl. *Wolf*, Journalist Nr. 6/1998, S. 12 (15).
392 Siehe oben § 2 A.III. (S. 36).
393 *Volpers/Schnier*, MP 1996, 249.
394 *Hoffmann-Riem*, MP 1996, 73 (77).
395 Anderer Auffassung sind *Bleckmann/Pieper/Erberich*, AfP 1997, 417 (421).

ziehen sie sich letztlich jedoch in dieser Frage der rechtlichen Überprüfung. Man kann insofern allenfalls an die Anstalten appellieren, von sich aus die Veranstaltung dieser Programme einzustellen oder wenigstens in den Bereich des klassischen Rundfunkauftrages zurückzuführen. Dass auch dieser Weg erfolgreich zu beschreiten ist, zeigt das Jugendprogramm vom WDR, „Eins Live", das wie auch die anderen Jugendsender durch seine Musikfarbe geprägt ist.[396] Im Vergleich zu seinem Vorläuferprogramm „WDR 1" konnte „Eins Live" nach der Modernisierung zu einem jugendorientierten Vollprogramm seine Reichweiten verdreifachen. Es gehört nach der Medienanalyse 1997 mit fast 2,5 Mio. Hörern zu den erfolgreichsten Programm in ganz Deutschland. Der WDR konnte mithin auch mit qualitativen Angeboten, längeren Wortbeiträgen, Hörspielen und *features* die Lokalsender in Nordrhein-Westfalen in Bedrängnis bringen.[397]

Diese Daten zwingen zu einer differenzierteren Betrachtung des Konsumverhaltens der Jugendlichen. Weder wünschen junge Hörer kategorisch Mainstream-Musik, noch wollen sie grundsätzlich nicht informiert werden. Sie erwarten nur andere Informationsformen: schneller, präziser, auf ihre Lebensverhältnisse zugeschnitten. Von den Moderatoren wird professionelles Auftreten erwartet, aber auch wirkliches Interesse an der Musik. Jugendliche wollen im Radio ernst genommen werden.[398]

Insbesondere von Seiten der Politik darf allerdings nicht auf ein Verbot der Programme hingewirkt werden. Hierin läge ein Verstoß gegen die Rundfunkfreiheit der Rundfunkanstalten gemäß Art. 5 Abs. 1 S. 2 GG.

Allerdings genießen „Fritz" und „N-Joy Radio" keinen Anspruch auf vorrangige Einspeisung in die Kabelnetze und auch nicht auf privilegierte Frequenzzuteilung im terrestrischen Bereich, solange sie nicht auf eine formelle gesetzliche Grundlage gestellt werden.

b. Klassikwellen

Schließlich sind auch die Klassikwellen „Radio 3"[399], „Bayern 4 Klassik" und „hr2plus:Klassik" thematisch begrenzt und somit als Spartenprogramme einzustufen. Bei ihnen handelt es sich um typische Minderheitenprogramme, die sich allerdings weniger über die Altersstruktur definieren, als vielmehr über ein spezifische und begrenztes Hörerinteresse, das quer durch alle Hörerschichten geht.[400] Neben populären Werken und Aufnahmen mit internationalen Klassikstars kommen auch weniger bekannte Komponisten zur Aufführung und werden aufstrebende Talente vorgestellt.

---

396 *Volpers/Schnier*, MP 1996, 249 f.
397 *Drengberg*, MP 1996, 134; *Keller/Klingler*, MP 1996, 441 f.; vgl. *Wolf*, Journalist Nr. 6/1998, S. 12 (14).
398 *Wolf*, Journalist Nr. 6/1998, S. 12 (15).
399 Zu diesem Schluß kommt auch *Volpers*, Hörfunklandschaft Niedersachsen, S. 116.
400 *Kresse*, Grundversorgung und integrative Pluralismussicherung, S. 1. In diesen Bereich kann auch von „Schwerpunktprogrammen" gesprochen werden. So *Bleckmann/Pieper/ Erberich*, Öffentlich-rechtliche Spartenprogramme als Bestandteil der Grundversorgung, S. 21; *Volpers*, Hörfunklandschaft Niedersachsen, S. 22 f.

klassische Musik erwartet den Hörer zu jeder Tageszeit, unterbrochen nur durch Nachrichten.[401]

Für diese Programme müssen – und das wurde in der Literatur bisher offenbar übersehen – die gleichen strengen Maßstäbe angesetzt werden wie für die öffentlich-rechtlichen Jugendwellen. Allerdings ist es verständlich, wenn der Vorwurf der Verflachung bei diesen Angeboten nicht laut wird, denn klassische Musik oder ernste Musik gelten gemeinhin als Beispiel für hochwertige Unterhaltung, während Popmusik, Disco, Trance oder HipHop exemplarisch für minderwertige, schnelle und niveaulose Musikrichtungen gelten. Diese inhaltliche Bewertung von Kulturgütern wird hier ausdrücklich missbilligt. klassische Musik dient ebenso wie andere Musikrichtungen der Unterhaltung und Entspannung der Rezipienten. Ob eine Musikwelle 85 Prozent Musik von den „Fantastischen Vier", „Fishmob" oder „Madonna" sendet (wie „N-Joy Radio) oder 85 Prozent Bach, Beethoven oder Mozart, darf zu keiner unterschiedlichen rechtlichen Bewertung führen.

Allein maßgeblich ist, dass Klassikwellen von privater Seite in der Regel nicht angeboten werden, weil sie über Werbung nur schwer zu finanzieren sind. Diese Regel wird zumindest in den Rundfunk-Ballungsgebieten durchbrochen. Seit Jahren ist das Hamburger „Klassik Radio" auf Sendung, das ebenfalls ein reines E-Musik-Programm unterhält, das allerdings über Werbung finanziert wird. Das Programm wird bundesweit in die Kabelnetze eingespeist und ist auch über „Eutelsat" zu empfangen. Allerdings sind die Empfangsmöglichkeiten in der für die Grundversorgung maßgeblichen terrestrischen Übertragung sehr begrenzt. Lediglich in den Stadtgebieten von Hamburg, Berlin, Würzburg, Nürnberg, Regensburg, Augsburg und München wird das „Klassik Radio" terrestrisch abgestrahlt.[402] In den ländlichen Gebieten von Niedersachsen, Schleswig-Holstein und Mecklenburg-Vorpommern, Brandenburg und Bayern sind hingegen nur die Programme von „Radio 3" und „Bayern 4 Klassik" zu empfangen. Und auch in Hessen gibt es keine privaten Alternativen zu „hr2plus: Klassik" auf terrestrischer Übertragung. Eine Änderung ist auch nicht zu erwarten. Die flächendeckende Versorgung des Bundesgebietes mit terrestrischen Sendern ist noch immer sehr teuer. Die werbefinanzierten Budgets von Minderheitenprogrammen sind aber sehr knapp. So sind die Einrichtung oder Anmietung von Senderketten für sie nicht zu bezahlen.

Eine flächendeckende terrestrische Versorgung mit privaten Klassikwellen ist also auch in Zukunft nicht zu erwarten. Das Angebot der Klassikwellen vom NDR, HR und BR ist somit als Bereicherung des Meinungsmarktes zu werten. Sie gehören folglich zum klassischen Rundfunkauftrag.

Das gilt insbesondere vor dem Hintergrund, dass in der Regel auch in Vollprogrammen nicht mit klassischen Musikbestandteilen zu rechnen ist. Sowohl öffentlich-rechtliche als auch private Vollprogramme bedienen sich in der Regel ausschließlich

---

401 Gruber, ARD-Jahrbuch 97, S. 81 f.
402 Lt. „Klassik Radio Online" im Internet http://www.klassikradio.de/ukw_empfang.htm.

der massenattraktiven entweder volkstümlichen, traditionellen und melodiösen Musikschiene oder aber der populären, modernen Musikfarben. Für ernste Musik ist da kein Platz mehr, und es besteht bei den Rezipienten dieser Programme in der Regel kein Interesse an Klassik.

Wenn die Landesrundfunkanstalten also die Einrichtung spezieller Klassikwellen für erforderlich halten, so liegt darin kein Fehlgebrauch ihres Beurteilungsermessens. Aufgrund der Struktur klassischer Musikstücke, die eben nicht wie Popmusik in zweieinhalb- bis dreiminütige Titel unterteilt ist, sind auf Klassikprogrammen überdies großflächige Sendeteppiche erforderlich. Eine Oper kann nicht ständig für Wortbeiträge unterbrochen werden. Informations- und Bildungsbestandteile müssen somit zwangsläufig hinter die Musikbeiträge zurücktreten.

Allerdings zeigen die Programme von „hr2" und „SR 2 KulturRadio", dass es auch anders geht. Beide Kulturwellen befassen sich mit anspruchsvollen Wortbeiträgen aus den Bereichen Bildung und Gesellschaft, liefern Hintergrundinformationen und können dennoch einen hohen Anteil ernster Musik liefern.[403] Es gilt hier jedoch im Prinzip das gleiche wie bei den Jugendwellen: Dass die Durchführung oder Umsetzung eines erforderlichen Programmangebotes nicht den Erwartungen der Grundversorgung spricht, kann zwar beanstandet werden. Man kann allenfalls an die Anstalten appellieren, ihre Klassikwellen in den Bereich der Grundversorgung zurückzuführen und den Anteil an Wortbeiträgen zu erhöhen, um so die Klassikwellen zu Vollprogrammen zu machen.

III. Regionalprogramme

Zahlreiche öffentlich-rechtliche Hörfunkprogramme enthalten regionale und lokale Fenster, so bei „Bayern2Radio", „Radio 5", „hr4", „ab" und „NDR 1 Radio Niedersachsen". Mit „hr Skyline" besteht zudem ein lokal ausgerichtetes Ergänzungsprogramm zu „hr4" im Rhein-Main-Gebiet, mit „hr2:plus Klassik" ein auf die Stadtgebiete von Wiesbaden und Kassel begrenztes Ergänzungsangebot zu „hr2". Beide sind jedoch keine Lokalprogramme, weil sich ihr jeweiliges Angebot nicht mit lokalen und regionalen Themen befasst. Vielmehr ist „hr Skyline" ein Wirtschaftsprogramm für das Wirtschaftsballungsgebiet um Frankfurt und „hr2:plus Klassik" ein Klassikspartenprogramm, das auf ein Großstadtpublikum ausgerichtet ist. Auch die Landesprogramme von „NDR 1", „MDR 1", „SWR1" und „SWR4" können nicht als Lokalprogramme gewertet werden. Dazu sind die Sendegebiete in den Flächenländern Niedersachsen, Mecklenburg-Vorpommern, Schleswig-Holstein, Sachsen-Anhalt, Thüringen, Sachsen, Baden-Württemberg und Rheinland-Pfalz einfach zu groß und zu heterogen. Lediglich das Hamburger Landesprogramm „NDR Hamburg-Welle 90,3" verdiente als Angebot für eine einzige Stadt die Einordnung als Lokalprogramm. Allerdings bestehen auch gute Gründe, von dieser Einordnung abzusehen, denn das Sen-

---

403 Siehe oben § 2 B.VII.2.d. (S. 73 ff.).

degebiet von Hamburg ist mit rund 1,7 Mio. Menschen[404] vergleichbar mit Mecklenburg-Vorpommern, deutlich größer als das Saarland oder das Bundesland Bremen und mindestens ebenso heterogen. Ein reines Hamburger Lokalprogramm dürfte somit lediglich auf Stadtteile oder Bezirke beschränkt sein. Das gleiche gilt auch für die auf das Stadtgebiet von Berlin beschränkten Programme des SFB.

Die Beurteilung öffentlich-rechtlicher Regionalprogrammen ist eng an die Voraussetzungen geknüpft, die das Bundesverfassungsgericht in seinem „Baden-Württemberg-Beschluß" benannt hat.

Die im Grundgesetz angelegte föderale Rundfunkverantwortung schafft für die öffentlich-rechtlichen Rundfunkanstalten einen besonderen Auftrag, den kulturellen Besonderheiten der Bundesländer Rechnung zu tragen und landsmannschaftlichen Traditionen, raumbezogenen Strukturunterschieden sowie ethnischen Besonderheiten Rechnung zu tragen. Dies muss insbesondere für Länder mit Gebietsteilen gelten, die historisch gesehen unterschiedliche Teilidentitäten herausgebildet haben.[405] Diese Voraussetzung gilt ganz sicher für Niedersachsen, das ein historisch-politisches Kunstgebilde ist, in dem die Länder Oldenburg, Braunschweig, Schaumburg-Lippe und Hannover aufgegangen sind, für Hessen, das ebenfalls ein Kunstgebilde aus den Ländern Kurhessen, Nassau, Hessen-Homburg, Hessen-Darmstadt und Frankfurt ist, und für Nordrhein-Westfalen, das aus den ehemaligen Ländern Westfalen und Lippe und den nördlichen Rheinprovinzen hervorgegangen ist.[406] Auch Bayern, das flächenmäßig größte Bundesland, ist in seiner Bevölkerungsstruktur und seiner räumlichen Zusammensetzung sehr heterogen. Dort leben Franken, Schwaben, Pfälzer und Bayern zusammen, die allesamt ethnische und kulturelle Besonderheiten und deshalb auch unterschiedliche Anforderungen an die Rundfunkversorgung haben.

In diesen Ländern muss auch im regionalen und lokalen Rundfunk, dem nicht nur das Bundesverfassungsgericht eine wachsende Bedeutung zuschreibt, sichergestellt werden, dass in ihm die bestehende Meinungsvielfalt des jeweiligen engeren räumlichen Bereichs zum Ausdruck gelangt.[407]

Das Gericht sah die baden-württembergischen Bemühungen für lokalen Rundfunk als hinreichend an, um eine Pflicht der öffentlich-rechtlichen Rundfunkanstalten verneinen zu können, zusätzlich im lokalen und regionalen Bereich die Aufgabe der Grundversorgung zu übernehmen.[408] Allerdings hat es zugleich auch entschieden, dass für den Rundfunk im regionalen und lokalen Bereich der Grundsatz von besonderer Bedeutung ist, dass auch jenseits der Grundversorgung durch die öffentlich-rechtlichen Rundfunk der Gesetzgeber die freie Veranstaltung von Rundfunkprogrammen zu gleichen Bedingungen zuzulassen hat. Im lokalen Bereich ist die Zahl der Anbieter von Beiträgen in der Presse oder im Rundfunk, die sich auf die Region

---

404 Quelle: Statistisches Bundesamt, siehe Fischer Weltalmanach '98, S. 185 f.
405 *Hoffmann-Riem*, Rundfunkneuordnung in Ostdeutschland, S. 54.
406 Meyers Großes Taschenlexikon, Bd. 15, S. 277; Bd. 9, S. 265; Bd. 16, S. 12.
407 BVerfGE 74, 297 (327).
408 BVerfGE 74, 297 (328).

oder den Ort beziehen, erheblich niedriger als im überregionalen Bereich. Bei dieser Sachlage öffentlich-rechtliche Regional- oder Lokalprogramme zu verbieten, bedeute von daher nichts anderes, als wirksame publizistische Konkurrenz zu unterbinden.[409] Die Veranstaltung der Lokal- und Regionalfenster gehört somit zwar nicht zur unerlässlichen Grundversorgung. Sie ist aber in allen Fällen dem klassischen Rundfunkauftrag zurechnen. Sie ist somit zulässig.[410]

IV. Digitale Programmangebote

Die ARD betreibt spezielle Programmangebote, die für den Bereich der digitalen Übertragungstechniken konzipiert wurden. Dabei muss sorgfältig zwischen der Soft- und der Hardware unterschieden werden. Oben wurde bereits dargelegt, dass die ARD die Gelegenheit wahrnehmen muss, sich in neuen technischen Übertragungswegen zu engagieren, um auf dem Stand der Technik zu bleiben, damit die Landesrundfunkanstalten auf den Zeitpunkt vorbereitet sind, an dem neue Verbreitungstechniken in den Bereich der Grundversorgung hineinwachsen.[411]

Das heißt aber nicht automatisch, dass für diese neuen Techniken zwangsläufig auch spezielle Programme oder Rundfunkangebote bestehen müssen.

Was die digitale Fernsehtechnik anbetrifft, ist davon auszugehen, dass sich diese langfristig und schrittweise im Zuge des Erneuerungsbedarfs durchsetzen und somit dem Zuschauer die erweiterten Empfangsmöglichkeiten bieten wird, auch unabhängig von der Bereitschaft, PayTV zu abonnieren. Wann die digitale Technik die analoge Verbreitung gänzlich abgelöst hat, es also nicht mehr zu einer parallelen Ausstrahlung der Fernsehsignale in analoger und digitaler Technik kommen muss, ist derzeit noch nicht bestimmbar. Schätzungen gehen davon aus, dass dies nicht vor dem Jahr 2010 der Fall sein dürfte.[412]

Die Beteiligung der ARD an diesen Angeboten ist erforderlich, da schon jetzt eine Entwicklung zu erkennen ist, wonach sich das digitale Fernsehen strikt auf den Bereich des Bezahlfernsehens entwickeln wird. Ohne schon jetzt über die Möglichkeiten der Teilhabe am PayTV zu urteilen,[413] lässt sich sagen, dass ein frei zugängliches Angebot erforderlich sein wird, um dem Publikum eine Entwicklung in den digitalen Bereich zu ermöglichen, ohne gleich den Pay-Bereich zu benutzen. Die Entwicklung des digitalen Marktes wird, insbesondere im Bereich des *free TV*, neue Formen des Programmarketings und neue Erfahrungen bei der Nutzung digitaler Vertriebswege mit sich bringen. Daran praktisch teilzuhaben, ist wichtig für die Zukunft der ARD.[414]

---

409 BVerfGE 74, 297 (332 f.)
410 Anderer Auffassung ist *Ory*, AfP 1987, 472 (470).
411 Siehe § 4 B.IV. (S. 200 f.).
412 So *Zimmer*, MP 1996, 386 (400).
413 Dazu unten § 5 B.II.1.c. (S. 347).
414 *Albrecht*, ARD-Jahrbuch 97, S. 49 (56).

Insofern hat die ARD sogar die Pflicht zur Nutzung dieser neuen Rundfunktechnik, um dauerhaft die Grundversorgung sicherzustellen.[415] Ohne ein spezielles Digitalbouquet, das die technischen Möglichkeiten der digitalen Vernetzung nutzt, wird ein öffentlich-rechtliches Programmangebot aber nicht auf das nötige Interesse stoßen. Aus der reinen Technik heraus ergibt sich für die Rezipienten kein Anreiz, am Digitalen Fernsehen teilzuhaben. Informationstechniken sind, wie *Reiter* gesagt hat, „nur Gefäße ohne Nutzen, wenn sie leer bleiben"[416]. Den meisten Nutzern dürfte es relativ gleichgültig sein, auf welchem Weg sie ihr Angebot empfangen; geringe qualitative Unterschiede in der Ton- und Bildübertragung werden vielfach überhaupt nicht wahrgenommen. Die Anbieter müssen deshalb vor allem bemüht sein, ein inhaltlich attraktives Angebot unter Ausnutzung des technischen Mehrwert zu präsentieren.[417] Das gilt auch für den öffentlich-rechtlichen Rundfunk, dessen Auffangfunktion bezüglich möglicher Defizite des privaten Rundfunks ansonsten fehlgehen würde.[418]

Zu diesem Zweck bietet „ARD Digital" eine vergleichsweise unaufwendige Umsetzung des herkömmlichen Programmangebots in die digitale Welt. Eine „mildere" Umsetzung als eine neue Zusammenstellung der ohnehin schon bestehenden Programmbestandteile ist nicht denkbar. „ARD Digital" ist somit funktionserforderlich und gehört zur unerlässlichen Grundversorgung des öffentlich-rechtlichen Rundfunks. ARD und ZDF vertreten deshalb zu Recht die Auffassung, daß ihre Digital Bouquets als gesetzlich bestimmte Angebote unter eine zu erwartende Must-Carry-Regelung fallen und somit absoluten Vorrang vor den privaten Digitalprogramm bei der Vergabe von Kabelkanälen haben.[419]

Nichts anderes gilt für das Engagement der ARD im Bereich des terrestrischen *digital audio broadcasting*. T-DAB ist mehr als nur Radio. Zusätzlich zu den Hörfunkprogrammen können vielfältige Datendienste übertragen werden. In diesem Bereich unterscheidet sich das digitale Übertragungsverfahren vollkommen vom analogen UKW-Rundfunk.[420] Wenn den Landesrundfunkanstalten ein Engagement in der neuen Technik gestattet ist, muß es ihnen auch möglich sein, mit speziellen Programmangeboten die Möglichkeiten der neuen Technologien zu nutzen, die über den herkömmlichen Rundfunk hinausgehen. Das stellt neue Anforderungen an die Rundfunkanbieter. Deshalb können die herkömmlichen Angebote die T-DAB-Potentiale nicht nutzen, das Angebot erweiterter Programme über das *silmulcasting*, also das Senden herkömmlicher Inhalte, hinaus gehört folglich zur unerläßlichen Grundversorgung mit der neuen Technik.

---

415 Siehe oben § 3 C.I.2. (S. 152).
416 *Reiter*, MP 1997, 410.
417 *Schrape*, Digitales Fernsehen, S. 9.
418 Vgl. *Hoffmann-Riem*, MP 1996, 73 (76).
419 *Albrecht*, ARD-Jahrbuch 97, S. 49 (54 f.).
420 *Hörhammer*, in: Ory/Bauer, Hörfunk-Jahrbuch 96/97, S. 129.

Etwas anderes mag für die speziellen Internetangebote gelten. Es kann sein, dass die Entwicklung attraktiver Informationsangebote im Internet erst durch geeignete Verschlüsselungsverfahren bei Bezahlung mit „digitalem Geld" kommerziell interessant wird. Auf jeden Fall steckt in den Entwicklungsmöglichkeiten des Internets oder anderer globaler Netzwerke ein enormes Wachstumspotential. Ein Potential liegt auch in der Übertragung von *audio* und *video on demand* über das Internet, die schon jetzt auf eine erhebliche Nachfrage stößt. An diesen Entwicklungen muss auch die ARD teilhaben. [421]

Spezielle ARD-Angebote im Bereich des *audio on demand* gibt es derzeit nicht. Allerdings sind auch die reinen Internet-Angebote zulässig, die zwar nicht selbst Rundfunk sind, aber im Zusammenhang mit der Verbreitung von „Demand-Angeboten" und herkömmlichen Rundfunkangeboten stehen, etwa „heute online" oder die Zusatzleistungen zu „DASDING".[422] In diesen Angeboten liegt eine eindeutige Vernetzung und Verknüpfung mit den Angeboten, die im Rahmen des klassischen Rundfunkauftrages liegen, und somit eine geschützte Randbetätigung der Rundfunkanstalten darstellen.[423]

Allerdings ist nicht ersichtlich, inwieweit es zur Programmaufgabe der Landesrundfunkanstalten gehört, spezielle umfangreiche Angebote im Internet zu unterhalten, die nicht zur Rundfunkbetätigung gehören, etwa Homepages mit Datenbeständen, Nachrichten oder Informationsleistungen. Hier entsteht die „Darbietung" erst durch das aktive Mitwirken des Nutzers, das über das für Rundfunk maßgebliche Ein- und Ausschalten hinausgeht.[424]

Soweit sich die Internet-Angebote allerdings im Rahmen der programmbegleitenden Aktivitäten halten, in die das Bundesverfassungsgericht nicht nur ausdrücklich die Verwertung eigener Rundfunkproduktionen verfassungsrechtlich eingeordnet hat, sondern auch Herstellung und Vertrieb von Programmzeitschriften,[425] ist gegen Internetangebote nichts einzuwenden, weil hiermit die Erfüllung der Aufgaben des öffentlich-rechtlichen Rundfunks sichergestellt wird. Insoweit liegen die Internetangebote im Rahmen der von Art. 5 GG geschützten Programmfreiheit.[426]

An den Ausführungen des Bundesverfassungsgerichts zu den Problemen der Programmzeitschriften wird zugleich deutlich, dass solche Online-Dienste, die eine wirtschaftliche Zielsetzung haben, über die verfassungsrechtlich geschützte Randbetätigung hinausgehen und damit nicht mehr von der Rundfunkfreiheit gedeckt sind.[427]

---

421 Vgl. FK Nr. 42/1996, S. 4 (6).
422 Journalist Nr. 10/1997, S. 5.
423 Vgl. *Ricker*, in: Ricker/Schiwy, Kap. F Rn. 45 f.; *Bethge*, JöR 35 (1986), 103 (112 f.).
424 *Schrape*, Digitales Fernsehen, S. 129.
425 Vgl. *Ricker*, in: Ricker/Schiwy, Kap. F Rn. 46.
426 BVerfGE 83, 238 (309 f.).
427 BVerfGE 83, 238 (310); *Ricker*, in: Ricker/Schiwy, Kap. F Rn. 46.

V. Videotext

Umstritten ist die Frage, ob die Videotextangebote der ARD verfassungsrechtlich zulässig sind. Die ARD vertritt die Auffassung, Videotext sei kein neues Medium, sondern sowohl technisch und rechtlich als auch funktional im Hinblick auf die Austastlücke der öffentlich-rechtlichen Hörfunkprogramme „Rundfunk" und somit Bestandteil der von Art. 5 GG geschützten Programmfreiheit.[428] Jedenfalls ist Videotext als Bestandteil des Rundfunks anzusehen, soweit es programmbegleitend gesendet wird und insoweit „akzessorisch" ist. Der Mediendienst wird in diesem Bereich von der Literatur als Annex des Rundfunks angesehen.[429] Das gilt etwa für Programmhinweise oder Untertitel für Hörgeschädigte.

Bei allen anderen Angeboten im Bereich des Videotextes gilt das vom Bundesverfassungsgericht zu den Problemen der Programmzeitschriften Ausgeführte. Danach wären solche Videotext-Angebote unzulässig, die eine wirtschaftliche Zielsetzung erfordern, über die verfassungsrechtlich geschützte Randbetätigung hinausgehen und damit nicht mehr von der Rundfunkfreiheit gedeckt sind.[430]

Soweit sich die Videotext-Angebote im Rahmen der programmbegleitenden Aktivitäten halten, ist gegen sie nichts einzuwenden, weil hiermit die Erfüllung der Aufgaben des öffentlich-rechtlichen Rundfunks sichergestellt wird. Insoweit liegt auch Videotext im Rahmen der von Art. 5 GG geschützten Programmfreiheit.[431]

Auch eine direkte Einbeziehung in den Schutzbereich der Gewährleistung ist nach der „Baden-Württemberg-Entscheidung" geboten, zumal Videotext sich von herkömmlichem Rundfunk nicht wesentlich unterscheidet. Zwischen den Sendungen des herkömmlichen Rundfunks und solchen des Videotextes besteht kein Unterschied in Punkten, die unter dem Blickwinkel des Art. 5 Abs. 1 S. 2 GG entscheidend sein könnten: weder dem Inhalt der Sendungen noch die am Kommunikationsprozess Beteiligten. In beiden Fällen werden Sendungen des gleichen meinungsrelevanten Inhalts verbreitet. Hier wie dort sind die Veranstalter und eine bestimmte Vielzahl von Rezipienten beteiligt; hier wie dort trifft der Teilnehmer Auswahlentscheidungen durch Ein- und Ausschalten.[432]

Wenn Videotext folglich dem verfassungsrechtlichen Rundfunkbegriff unterfällt, ist auch die Betätigung der ARD auf diesem Sektor geschützt. Zwar geht *Kresse* davon aus, dass Videotext nicht zur Grundversorgung zu rechnen und somit für die öffentlich-rechtlichen Anstalten nicht zulässig ist.[433] Seine Begründung kann allerdings nicht überzeugen. Videotext gehört schließlich inzwischen zu den gängigen und weit

---

428 Siehe Medienbericht der Bundesregierung von 1985 – Medienbericht '85 – BT-Drucksache 10/5663 v. 16.6.1986, S. 87.
429 Vgl. *Schütz*, in: Ricker/Schiwy, Kap. B Rn. 239.
430 BVerfGE 83, 238 (310); *Ricker*, in: Ricker/Schiwy, Kap. F Rn. 46.
431 BVerfGE 83, 238 (309 f.).
432 BVerfGE 83, 238 (350 ff.); vgl. auch *Schrape*, Digitales Fernsehen, S. 129.
433 *Kresse*, ZUM 1995, 67 (76).

verbreiteten Rundfunkdiensten, es ist mithin in den Bereich der Grundversorgung hineingewachsen. Da die Videotextangebote der Landesrundfunkanstalten sehr ausgewogen sind und, was von keiner Seite bestritten wird, thematisch alle Sparten berücksichtigen, kann auch an der Zugehörigkeit zur Grundversorgung nicht gezweifelt werden.

VI. Gesamtprogrammangebot

Aufs Ganze gesehen ist die Programmrealität im dualen Rundfunksystem durch eine strukturelle und programmliche Vielfalt auf beiden Seiten gekennzeichnet. Eine Konvergenz, wie sie von *Merten* beharrlich unterstellt wird, ist ingesamt nicht festzustellen, denn sonst bestünde, wie *Volpers* feststellt, die Hörfunklandschaft aus einer Monokultur formatierter Begleitprogramme im Hörfunk[434] und massenattraktiver Unterhaltungsprogramme im Fernsehen. Dem ist aber nicht so.

In der Bundesrepublik Deutschland existieren zwei große bundesweite Vollprogramme (incl. ZDF), zehn Dritte – allesamt Vollprogramme –, zwei kulturorientierte Satellitenprogramme, zwei nationale Spartenprogramme, jeweils in ihrer Form einzigartig und zum Teil konsequent ausdifferenziert, und ein Bildungsprogramm. Daneben bestehen 54 inländische Hörfunkprogramme der Landesrundfunkanstalten, teilweise noch regional untergliedert und mit entsprechenden Fenstern angereichert. Schließlich gehören zum Gesamtprogrammangebot noch zwei bundesweite Hörfunkprogramme. Und schon jetzt – noch am Beginn der digitalen Expansion – stehen bereits digitale Fernsehprogramme und Hörfunkwellen bereit. Vor diesem Hintergrund kann *Buchwald* unwidersprochen von „Medienwohlstand" ausgehen.[435]

Demgegenüber sind in Deutschland meistenorts kaum mehr als 20 Hörfunkprogramme zu empfangen, von denen die größte Zahl aus Nachbargebieten einstrahlt oder über Kabel, bzw. Satellit herangeführt wird. Die Vielfalt der amerikanischen Hörfunklandschaft beispielsweise ist für das deutsche Publikum noch lange nicht erreicht.[436]

Das Programmangebot hat unter dem Gesichtspunkt der Grundversorgung die Aufgabe, die Nachfrage eines breiten Rundfunkpublikums zu befriedigen. Nicht eine schmale Palette ist dabei effizient, sondern vielmehr eine breite und differenzierte. Eine Nachfrage besteht sowohl nach überregional ausgelegten Programmen als auch nach Programmen mit Regional- und Lokalbezug sowie nach Zwischenformen. Zudem besteht eine Nachfrage nach differenzierten Programmschematisierungen. Auch Spartenprogramme werden vom Publikum erwartet und verlangt, wobei der Trend sich sogar noch weiter zu verstärken scheint.

Je differenzierter das Programmangebot ist, desto eher deckt es sich mit der Bedarfs- bzw. Nachfragestruktur der Konsumenten.[437] Der pauschale Vorwurf, das

---

434 *Volpers*, Hörfunklandschaft Niedersachsen, S. 117.
435 *Buchwald*, Medien.Demokratie, S. 23 ff.
436 Vgl. *Jenke*, in: Ory/Bauer, Hörfunk-Jahrbuch '94, S. 87 (90).
437 Vgl. *Gläser*, in: Kops/Sieben, S. 275 (280).

ARD-Programmangebot sei zu ausdifferenziert und verspartet, trifft insofern nicht zu. Ein kleines, auf eine geringe Zahl von Programmen reduziertes Angebot – entsprechend dem zum vom Bundesverfassungsgericht benannten Stichtag veranstalteten – wären in der aktuellen Mediensituation nicht mehr ohne weiteres in der Lage, die Nachfrage des Publikums zu befriedigen. In Bezug auf den umfassenden Grundversorgungsauftrag des öffentlich-rechtlichen Rundfunks wäre ein solches Programmangebot schlichtweg untauglich.

Das heißt umgekehrt aber nicht, dass man das ARD-Programmangebot generell als Grundversorgungskompatibel einstufen muss, unabhängig von der Programmzahl oder Programmausrichtung. Schließlich muss zugleich berücksichtigt werden, dass die Rundfunkanstalten bei der Programmgestaltung über eine Einschätzungsprärogative über die Wertigkeit und Wichtigkeit ihres Grundversorgungsanliegen verfügen. In der Art und Weise ihrer Funktionserfüllung sind die Rundfunkanstalten somit grundsätzlich frei. Soweit den Landesrundfunkanstalten allerdings zur Beurteilung von zukunftsorientierten und komplexen Entscheidungsvorgängen eine Ermessensbefugnis eingeräumt wird, zu entscheiden, was zur Grundversorgung gehört und was nicht, können allenfalls eklatante Verstöße gegen das Grundversorgungsgebot oder generelle Beurteilungsfehler kritisiert werden. Insoweit muss von einer reduzierten Kontrolldichte ausgegangen werden, es kommt lediglich zu einer Überprüfung der „höchstpersönlichen" Entscheidungsvorgänge der Anstalten auf logische Fehler.[438] Gerade darin liegt letztlich der Sinn der grundrechtlichen Gewährleistung des Art. 5 Abs. 1 S. 2 GG, die sich schließlich in erster Linie auf Inhalt und Form der Programme bezieht.

Ein Verstoß gegen das Verbot sachfremder Erwägungen könnte in der Taktik der Landesrundfunkanstalten bei der Einführung der Jugendwellen liegen. So hat NDR-Intendant *Plog* eingestanden, dass eines der Ziele von „N-Joy Radio" war, die Privaten „gründlich durcheinander zu wirbeln". Dadurch, dass die Jugendwellen Rezipienten an sich binden, die anderenfalls private Angebote nutzen würden, werden die Marktchancen der privaten Wettbewerber gemindert.[439]

Eine isolierte Schädigungsabsicht wäre ganz sicher eine sachfremde Erwägung, die zu einer Rechtswidrigkeit von „N-Joy Radio" führen müsste. Allerdings stecken hinter den beschriebenen Motiven auch sachgerechte Erwägungen des NDR. Durch das „Durcheinanderwirbeln" des Marktes sollen auch die Reichweiten der öffentlich-rechtlichen Hauptprogramme gestärkt werden. Der NDR will mit „N-Joy Radio" jugendliche Hörer früh an seine Programmfamilie binden. Mit der Einführung der Jugendwelle sollten nicht nur Marktanteile, sondern auch Akzeptanz bei den 14- bis 20jährigen zurückgewonnen werden, um dem Auftrag, Radio *für alle* zu machen, gerecht zu werden.[440] Das ist sicherlich nicht „sachfremd". Soweit einzelne Anstalten

---

438 BVerfGE 84, 34 (53 f.); BVerwGE 72, 38 (54); E 77, 75 (85); *Jarass*, in: Jarass/Pieroth, Art. 19 Rn. 35a.
439 *Plog*, in: Kops/Sieben, S 257 (264); *Kresse*, ZUM 1995, 178 (179).
440 Vgl. *Drengberg*, MP 1996, 134 (135).

allerdings bewusst und zielgerichtet die Jugendprogramme eingerichtet haben, um private Mitbewerber vom Markt zu verdrängen, stellt das also einen Verstoß gegen Art. 5 Abs. 1 S. 2 GG dar. Abgesehen davon ist nicht ersichtlich, dass die Landesrundfunkanstalten Beurteilungsfehler bei der Zusammenstellung ihres Programmangebotes begangen haben.

Alle ARD-Programme stellen jedenfalls – und ganz besonders zusammen mit dem ZDF – in ihrer Summe die Grundversorgung sicher. Es gibt niemanden, der ernsthaft behauptet, das Gesamtangebot sei zu gering, zu schlecht oder zu unausgewogen.

Die im Grundgesetz angelegte[441] Regionalität kommt dabei im Ersten Programm – wie gezeigt – zu kurz. Diese Mängel werden allerdings durch die hohe regionale Kompetenz der Dritten Programme in der Programmgesamtheit ausgeglichen. Gleichwohl sollte sich die ARD bemühen, auch für das Gemeinschaftsprogramm den regionalen Aspekt wieder stärker zu betonen. Beides gilt auch für die Veranstaltung von Bildungs- und Kursprogrammen.

In vielen ARD-Hörfunkprogrammen und auch in Teilen des Gemeinschaftsfernsehprogramms ist mit einem überproportionalen Unterhaltungsanteil überdies die „Abflachungsspirale" (*Herzog*)[442] fortgeschritten. Dieses Defizit wird immerhin durch „niveauvolle" Sendungen kultureller und bildender Art in „3sat", „arte", den Dritten und zahlreichen Hörfunkprogrammen ausgeglichen. Das setzt allerdings voraus, dass das ganze Spektrum auch verfügbar ist. Dabei wird die technische Reichweite bald das geringste Problem sein. Es darf jedoch nicht vergessen werden, dass noch immer die terrestrische Übertragung die zentrale Übertragungstechnik ist und eben nicht jeder Haushalt über Satelliten- oder Kabelanschluss verfügt.

Die ARD sollte deshalb die Unterhaltungsschraube im „Ersten" zurückdrehen und die regionalen Aspekte und die Bildungsgehalte stärker in das Programm einfließen lassen als zuletzt. So sollten auch hochwertige und dennoch attraktive Informations- und Bildungssendungen im Nachmittags- und Vorabendprogramm Berücksichtigung finden.

Gleichwohl, das Vorurteil vom ständig schlechter werdenden Fernsehen ist wohlfeil wie falsch. Es beruht auf Verklärung, auch auf perspektivischen Verschiebungen. In den vermeintlich goldenen 60er und 70er Jahren hatten fast alle Sendungen einen anderen Stellenwert. Damals entwickelte das Medium einen großen Teil seiner Formen. Damals gab es, im überschaubaren Rahmen von zwei Hauptprogrammen und wenigen regional begrenzten Dritten, ganz von selbst mehr Markanz bei Gesichtern, Themen, Aussagen. In der Flut der jetzigen Programme hingegen büßt das Einzelstück drastisch ein. Der unablässige Bilderstrom bewirkt ständige Entwertung. Dabei belegt jeder Blick auf nahezu jeden beliebigen Sendetag: Zu jedem Zeitpunkt gibt es auch in zuschauerfreundlichen Zeiten Diskussions- und Sehwürdiges. Es wa-

---

441 *Hoffmann-Riem*, Rundfunkneuordnung in Ostdeutschland, S. 54.
442 Der Bundespräsident ist offenbar Verfechter der Konvergenzthese: Die wachsende Zahl der Fernsehkanäle habe zu einem „*more of the same*" geführt und nicht zu einer Programmvielfalt, vgl. Der Spiegel Nr. 29/1996, 22 (27).

ren noch nie so viele hochprofessionell gemachte, raffinierte, gut kalkulierte, auch kulinarische und opulente Sendungen zu sehen.[443]

Insgesamt zeigen die Programmanalysen von IFEM und SWF-Medienforschung übereinstimmend, dass der Informations- und Bildungsanteil in der ARD dem der privaten Programme derart deutlich überwiegt, dass ein ähnliches Programm von privaten Anstalten eben *nicht* zu erwarten ist. Auf der anderen Seite hat sich gezeigt, dass die Befürchtungen des Bundesverfassungsgerichts hinsichtlich des Programmniveaus der privaten Rundfunkanbieter bestätigt wurden. So kommen insbesondere kulturelle Informationen bei den „großen" Privatsendern so gut wie gar nicht vor, das Informationsniveau liegt deutlich unter dem der ARD, und der private Unterhaltungsanteil ist gigantisch hoch.[444]

Doch auch dort, wo alle Programme den klassischen Rundfunkauftrag erfüllen oder wenigstens über eine explizite gesetzliche Legitimation verfügen, muss kritisch hinterfragt werden, ob die Summe nicht doch zu einer Überversorgung führt. Das ist insbesondere in den Hörfunkballungsräumen in Bremen, Berlin und zum Teil auch im Saarland problematisch. Hier stellt sich die Frage, ob sich die vorhandene Zahl der empfangbaren öffentlich-rechtlichen Hörfunkprogramme im Hinblick auf Wirtschaftlichkeit und Angebotsvielfalt optimieren ließe. Die Linearisierung der aktuellen Magazin- und Servicewellen wie „NDR 2", einstmals „MDR life", „hr3" „WDR 2", „RADIO BREMEN HANSAWELLE" oder „SR 1 Europawelle", die sich letztlich an das gesamte Publikum richten, war ein erster Schritt in diese Richtung.[445]

Ein Programm gehört nur dann zur Grundversorgung, wenn es auch zur Funktion des öffentlich-rechtlichen Rundfunks *erforderlich* ist. Inzwischen ist die Zahl der Programme immer größer geworden. Am 4. November 1986, zum Zeitpunkt des „Niedersachsen-Urteils", unterhielt die ARD 34 Hörfunk- und acht Fernsehprogramme, 1995 war das Gesamtangebot bereits auf 52 Radioprogramme angestiegen, heute gehören zur ARD 54 Hörfunkprogramm und 16 TV-Programmen.[446] Das große Programmangebot kosten sehr viel Geld – Geld der Gebührenzahler, und zwar sehr viel mehr als jedes andere Land für seine öffentlichen Sender aufbringt. Auf rund sechs Mrd. € haben sich die Gebühren nach der letzten Erhöhung summiert. Neben dieser Riesensumme nehmen sich England und Frankreich mit weniger als der Hälfte der absoluten Haushaltssummen bescheiden aus. Auch die Pro-Kopf-Ausgaben spiegeln diesen Reichtum wider. Sie liegen etwa ein Drittel höher als in Frankreich, England oder Italien.[447]

---

443 *Kammann*, epd medien Nr. 37-38/1997, S. 3 (8 f.).
444 Bei RTL, SAT.1 und ProSieben beträgt der Anteil der kulturellen Information zwischen 0,0 und 1,5 Prozent der Gesamtsendezeit. Information und Bildung umfassen knapp 10 Prozent. Quelle: IFEM, vgl. *Scheble*, Perspektiven der Grundversorgung, S. 144.
445 Vgl. *Jenke*, in: Ory/Bauer, Hörfunk-Jahrbuch '94, S. 87 (90).
446 Dazu kommen noch die Programme der DW und die digitalen Programme; vgl. *Kalbitzer*, Journalist Nr. 10/1997, S. 40 (41); *Kresse*, Grundversorgung und integrative Pluralismussicherung, S. 1.
447 *Kammann*, epd medien Nr. 37-38/1997, S. 3 (4).

Wenn man nicht die Auffassung vertritt, der Meinungsbildungsprozess in diesen Ländern sei gegenüber Deutschland erheblich gestört, darf getrost die Frage gestellt werden, ob die deutsche Öffentlichkeit nicht auch mit weniger Qualität oder wenigstens weniger Umfang auskommt. Die ARD muss sich insofern die Frage nach der Erforderlichkeit einzelner Programme gefallen lassen.

Als erstes sollten die Landesrundfunkanstalten über ihre Zielgruppenprogramme nachdenken, die eben nicht zur Grundversorgung gehören: „N-Joy Radio", „hr XXL", „MDR SPUTNIK" und „DASDING" sollten nicht ohne weiteres weiterbetrieben werden. Vielmehr ist eine Rückführung auf den klassischen Rundfunkauftrag empfehlenswert. Als Leitlinie könnte das erfolgreiche Jugendprogramm des WDR, „Eins Live" dienen.

Wenn sich der Gesetzgeber nicht dazu durchringen kann, eine Rechtsgrundlage zu schaffen, muss auch über eine Einstellung dieser Programme nachgedacht werden. Das dürfte ohne schwerwiegende Verluste im Meinungsbildungsbereich möglich sein. Abgesehen davon, dass der Anteil der Jugendwellen am Gesamt-Meinungsmarkt ohnehin gering ist, könnte die Bedürfnisse der jugendlichen Hörer durch geringfügige Modifikationen der Servicewellen im Bereich der Musikfärbung und der Wortbeiträge erfüllt werden. Weder wünschen junge Hörer kategorisch Mainstream-Musik, noch wollen sie grundsätzlich nicht informiert werden. Sie erwarten nur andere Informationsformen: schneller, präziser, auf ihre Lebensverhältnisse zugeschnitten. Viele ARD-Servicewellen ähneln schon jetzt den „gefürchteten" privaten Popradios, auf die die Programmpolitik der Jugendwellen abzielt. Eine Anpassung ist möglich.[448]

Des weiteren sollten sich ARD und Landesgesetzgeber Gedanken über „arte" und „3sat" machen. Sicherlich handelt es sich bei beiden um kulturorientierte Programme, die auch als niveauvolles Gegengewicht zur Unterhaltungsflut der Privaten konzipiert sind. „arte" dient überdies der Verständigung und der Annäherung der Völker in Europa. Ob dieses Ziel aber mit Reichweiten im beinahe nicht mehr messbaren Bereich erreicht werden kann, ist fraglich. „3sat" ist da erfolgreicher. Das ursprüngliche Anliegen des „Fernsehens im deutschsprachigen Raum" war allerdings ein Engagement von ZDF, ORF und SRG in der damals neuen Satellitentechnik, ähnlich wie bei „EINS PLUS" der ARD, das in „3sat" aufgegangen ist.[449] Man wollte von der neuen Übertragungstechnik nicht ausgeschlossen sein.[450] Mittlerweile werden alle ARD-Programme über Satellit verbreitet. Zur „Erkundung" dieser Technik ist der Erhalt von „3sat" also nicht mehr erforderlich.

Es bleibt als Aufgabe von „3sat" also nur die Versorgung des deutschen Sprachraums mit kulturellen Sendungen (§ 2 3sat-V). Diese Aufgabe könnte doch auch „arte" erfüllen – oder umgekehrt: „3sat" könnte ohne große Umstrukturierung auch Frankreich und die frankophone Schweiz mit Kultursendungen versorgen. Dann wäre allerdings die Veranstaltung von „arte", das in Deutschland ohnehin nur gerin-

---
448 Vgl. *Jenke*, in: Ory/Bauer, Hörfunk-Jahrbuch '94, S. 87 (90 f.).
449 Vgl. ARD, ABC der ARD, S. 34.
450 *Kull*, AfP 1987, 462 (465).

gen Zuspruch findet, nicht mehr erforderlich. Und wer jetzt sagt, „arte" sei erforderlich, um die deutsche Kultur den Franzosen näher zu bringen oder auch, „3sat" sei erforderlich, um die bundesdeutschen Anliegen in Österreich oder der Schweiz zu vertreten, der wird vielleicht keinen Widerspruch ernten, wohl aber die Frage beantworten müssen, warum diese Programme gebührenfinanziert sind, nicht aber die DW, die immerhin genau diese „missionarischen" Aufgaben[451] erfüllt.

Man kann es drehen und wenden, zwei gebührenfinanzierte Kulturprogramme mit Auslandsausrichtung sind nicht erforderlich, eines könnte getrost eingestellt werden, eine Zusammenlegung ist möglich. Wenn jedoch der politische Wille zu beiden Programmen besteht, und die Verankerung im RStV spricht ja dafür, dann können beide auch – wie die DW – aus dem allgemeinen Bundeshaushalt bezuschußt werden. Das wäre systemkonform und sozial ausgewogener.

D. Mischfinanzierung

Die ARD deckt ihren Finanzbedarf aus unterschiedlichen Finanzierungsquellen. Die Eckpunkte dieser so genannten „Mischfinanzierung" sind zum einen das Gebührenaufkommen und zum anderen die Einnahmen aus der Wirtschaftswerbung. Dazwischen steht der Rundfunkfinanzausgleich, der einen „Spitzenausgleich" zwischen den unterschiedlichen Finanzkräften der Landesrundfunkanstalten vornimmt und die Funktionsfähigkeit der kleinen Anstalten herstellt.

Das Bundesverfassungsgericht hat sich zuletzt 1994 in seinem „Gebührenurteil" mit der Mischfinanzierung beschäftigt und diese für rechtmäßig erachtet.[452] Nach den Ausführungen früherer Urteile wiesen die Richter darauf hin, dass neben der Organisationsstruktur des öffentlich-rechtlichen Rundfunks auch seine Finanzierung dem Gesetzesvorbehalt unterliegt, so dass über die Ausgestaltung vom Gesetzgeber selbst zu entscheiden ist.[453]

Die Finanzierungsgrundlagen des Rundfunks gehören zu den elementaren Voraussetzungen, damit dieser seine Funktion erfüllen kann. Sie sind daher für die Grundrechtsausübung und somit für die Verwirklichung des Grundrechtsschutzes von unmittelbarer Bedeutung.[454] Darüber hinaus ist die Regelung der Rundfunkfinanzierung relevant für den Ausgleich kollidierender Grundrechtspositionen.[455] Hierzu gehört zum einen die wechselseitige Sicherung der unterschiedlichen Säulen der dualen Rundfunkordnung. Daneben stellt sich auch die Frage, inwieweit der Gesetzgeber berechtigt und sogar verpflichtet ist, andere Medien, etwa die Presse, bei seinen Entscheidungen über die Finanzstruktur des Rundfunks zu berücksichtigen.[456]

---

451 *Bullinger*, AfP 1985, S. 257 (261).
452 BVerfGE 90, 60 ff.
453 BVerfGE 57, 295 (321); E 87, 181 (198); E 90, 60 (98 f.).
454 BVerfGE 74, 237 (324 f.); E 83, 238 (304).
455 BVerfGE 57, 295 (321); E 87, 181 (198 f.).
456 *Ricker*, in: Ricker/Schiwy, Kap. C Rn. 73.

In Hinblick auf die Rundfunkfinanzierung hat das Bundesverfassungsgericht in seinem „Gebührenurteil" den Wesentlichkeitsgrundsatz insoweit eingeschränkt, als es auf die Wechselbeziehung zwischen der Finanzierung einerseits und die Ausübung der Programmfreiheit andererseits abgestellt hat. Auf letztere darf der Gesetzgeber nicht im Wege der Finanzierungsregelungen einwirken.[457]

I. Gebühren

Die Gebührenfinanzierung ist eine Eigenart des öffentlich-rechtlichen Rundfunks. Das Bundesverfassungsgericht hat mehrmals betont, dass sie die dem öffentlich-rechtlichen Rundfunk „gemäße" Art der Finanzierung ist.[458] Einzig sie allein erlaubt es den Rundfunkanstalten, unabhängig von Einschaltquoten und Werbeaufträgen ein Programm anzubieten, das den verfassungsmäßigen Anforderungen gegenständlicher und meinungsmäßiger Vielfalt entspricht. In der ungeschmälerten Erfüllung dieser Funktion und in der Sicherstellung der Grundversorgung der Bevölkerung mit Rundfunkprogrammen durch den gebührenfinanzierten Rundfunk findet die Gebührenfinanzierung ihre Rechtfertigung.[459]

1. Verfassungsrechtlicher Befund

Aus diesem Grund wird immer wieder auf den Zusammenhang zwischen Grundversorgungsauftrag und Gebührenfinanzierung hingewiesen. Zwar enthalte Art. 5 Abs. 1 S. 2 GG keinen Anspruch auf staatliche Zuwendung zur Ermöglichung der Grundrechtsausübung. Die Funktion der Rundfunkfreiheit als dienende Freiheit mache allerdings eine gesetzliche Ordnung notwendig, so dass eine öffentlich-rechtliche Rundfunkanstalt einen Anspruch auf funktionsgerechte Mittelausstattung zur Leistung der Grundversorgung habe. Der Grundversorgungsauftrag, der die reduzierte Funktionserfüllung der privaten Anbieter ja erst möglich mache, sei deshalb nicht nur Rechtfertigung, sondern auch Grund für die Gebührenfinanzierung.[460]

Diese Auffassung ist grundrechtsdogmatisch nicht schlüssig. Das Bundesverfassungsgericht spricht nicht ohne Grund ausdrücklich nur von einer *Rechtfertigung* der Gebührenfinanzierung durch die Wahrnehmung der Grundversorgung, weil die derzeitige Breite und thematische Vielfalt in den privaten Programmen Defizite aufweise, die ausgeglichen werden müssten. Während der Dauer dieser Grundversorgungsdefizite der Privaten sei ein funktionstüchtiger, gebührenfinanzierter öffentlich-rechtlicher Rundfunk zu *rechtfertigen*.[461] Der Zwang, auch dann Gebühren zu zahlen,

---

457 BVerfGE 90, 60 (95 f.).; *Ricker*, in: Ricker/Schiwy, Kap. C Rn. 73.
458 BVerfGE 90, 60 (96 f.) unter Verweis auf BVerfGE 73, 118 (158); 87, 118 (199).
459 Vgl. BVerfGE 90, 60 (96 f.); E 73, 118 (158); vgl. *Ricker*, in: Ricker/Schiwy, Kap. C Rn. 75. Über die Gesetzgebungskompetenz vgl. *Bullinger*, Länderfinanzausgleich und Rundfunkfinanzausgleich, S. 18; *Stock*, RuF 1992, 189 (191).
460 *Bleckmann/Pieper/Erberich*, Öffentlich-rechtliche Spartenprogramme als Bestandteil der Grundversorgung, S. 36 f.
461 BVerfGE 90, 60 (91).

wenn man gar nicht öffentlich-rechtliche Rundfunkprogramme rezipiert, rechtfertigt sich ebenfalls aus den verringerten Anforderungen an die (massen-)attraktiven Privatprogramme, die nur dadurch haltbar sind, dass die öffentlich-rechtlichen Rundfunkanstalten die Grundversorgung gewährleisten.

Hinter diesen Überlegungen steckt die Erkenntnis, dass die Gebührenfinanzierung die grundrechtlich geschützten Interessen anderer berührt und damit Spannungsfelder grundrechtlicher Art eröffnet.[462] So sind etwa die wirtschaftlichen Interessen der Gebührenzahler und ihre finanzielle Belastbarkeit nach Art. 14 GG geschützt. Der Ausschluss von einem ungestörten, bezahlbaren Zugang zu Medienangeboten wäre ein Verstoß gegen das Sozialstaatsprinzip. Auch die wirtschaftlichen Interessen der privaten Rundfunkanbieter müssen Beachtung finden.

In beiden Fällen stellt die Verknüpfung der Grundversorgungsaufgabe mit den Gebühren die dogmatische Rechtfertigung von Grundrechtseinschränkungen dar.[463] Ihr Zweck – das wurde schon gesagt – ist die unabhängige funktionsgerechte Finanzierung des öffentlich-rechtlichen Rundfunks. Die Gebührenfinanzierung ist dazu, wie nicht zuletzt die Erfahrung gezeigt hat, geeignet. Sie ist auch erforderlich, solange keine gleichwertige alternative Grundfinanzierungsquelle ersichtlich ist. Werbung kommt dafür aus den bekannten Gründen der Programmbeeinflussung durch Politik und andere gesellschaftliche Gruppen nicht in Frage. Problematisch ist mithin allenfalls die Verhältnismäßigkeit der Gebührenfinanzierung. Hier muss es zu der beschriebenen Güterabwägung kommen: Solange die Gebühren nur in der zur Funktionserfüllung der öffentlich-rechtlichen Anstalten in Grundversorgungsangelegenheiten notwendigen Höhe erhoben werden, sind grundrechtliche Belange Dritter nicht verletzt. Eine an die Grundversorgung gekoppelte Gebührenfinanzierung ist also verfassungsgemäß. Nicht umsonst ist die beschriebene Güterabwägung in Folge der Verfassungsrechtsprechung zum Teil des Gebührenfestsetzungsverfahren gemacht worden.[464]

Gleichzeitig wird in den verfassungsrechtlichen Anforderungen an das Gebührenfestsetzungsverfahren auch eine Besonderheit der Gebührenfinanzierung selbst signifikant, die ihrerseits eine Abhängigkeit des staatsfreien Rundfunks zu staatlichen Entscheidungsträgern unausweichlich erscheinen lässt: Solange die Gebührenhöhe staatsvertraglich festgelegt wird, können die theoretischen Vorteile der Gebührenfinanzierung von Politikern unterlaufen werden.[465] Hier liegt ein weiteres Spannungsfeld: der Konflikt zwischen Programmfreiheit und funktionsgerechter Finanzgewährleistung. Aus diesem Grund hat das Bundesverfassungsgericht mit seinem 8. Rundfunkurteil 1994 das alte Verfahren zur Festsetzung der Gebühren wegen zu großer Einwirkungsmöglichkeiten des Staates für verfassungswidrig erklärt und die

---

462 Siehe oben § 3 D.II. (S. 165 ff.).
463 Siehe oben § 3 D.III.1. (S. 171).
464 Siehe oben § 2 B.VI.1. (S. 50 f.).
465 *Radeck*, MP 1994, 278 (279).

Maßstäbe für ein verfassungsgemäßes Verfahren benannt, wohl die einzige Möglichkeit, einen hinreichenden Grundrechtsschutz zu gewähren.[466]

Die Verfahrensregeln für Landesgesetzgeber, Rundfunkanstalten und KEF, die im RFinStV geregelt wurden, entsprechen für sich betrachtet den Vorgaben des Verfassungsgerichts insofern, als sie selbst zweckmäßig und verhältnismäßig sind, den widerstreitenden Interessen gerecht werden und konsequent am „Gebührenurteil" ausgerichtet sind. *Ricker* weist jedoch darauf hin, dass bei der Sicherung der Staatsfreiheit der Rundfunkstaatsvertrag „auf halbem Wege stehen geblieben" ist. So verfolgt die Auswahl der KEF-Mitglieder gem. § 4 Abs. 5 RFinStV durch die Ministerpräsidenten, was den Länderregierungen mittelbar Einwirkungsmöglichkeiten eröffnet.[467] Auch kritisiert er, dass die Prüfungsmaßstäbe der KEF nicht stringent an den Vorgaben des Bundesverfassungsgerichts ausgerichtet wurden. Teilweise scheinen die Anforderungen sogar dem Gebührenurteil zu widersprechen, wenn etwa der Entwicklungsbedarf herangezogen werden soll, ohne darauf zu verweisen, dass dieser im Rahmen der Grundversorgung zu verbleiben hat.[468] Ähnliches gelte für die Bindung der KEF an den Rundfunkauftrag, soweit nicht festgestellt werde, dass die Finanzierung des öffentlich-rechtlichen Rundfunks dadurch beschränkt wird, dass eben nur das für die Grundversorgung Erforderliche zu finanzieren ist. Außerdem sei unterlassen worden, in den Verfahrensregeln die Zumutbarkeit der Gebühren für den Teilnehmer zu verankern.[469]

In der Tat werden die allgemeinen, vom Bundesverfassungsgericht aufgestellten Maßstäbe in der Praxis kaum durchgesetzt, weil es an einer effektiven Kontrolle fehlt. Die KEF überprüft lediglich, ob die Funktionserforderlichkeit und die Grundsätze der Sparsamkeit und Wirtschaftlichkeit evident verletzt sind.[470] Den Einwänden *Rickers* ist insofern zuzustimmen, als in den genannten Punkten ein Verstoß gegen Art. 5 Abs. 1 S. 2 GG zu erkennen ist. Der RFinStV wird diesbezüglich den Anforderungen des 8. Rundfunkurteils in der Tat nicht gerecht. Allerdings ist nicht von einer Verfassungswidrigkeit auszugehen, da die Verfahrensvorschriften verfassungskonform ausgelegt werden können und müssen. Die Kriterien des Bundesverfassungsgerichts für die Überprüfung der Bedarfsanmeldung der Anstalten durch die KEF müssen insoweit beachtet werden. Der KEF müssen zu diesem Zweck die nötigen Mittel an die Hand gegeben werden.

2. Europarechtlicher Befund

Der Befund, dass die öffentlich-rechtliche Gebührenfinanzierung ihre Rechtfertigung im staatlichen Programmauftrag findet, hat noch einen (für die ARD äußerst angenehmen) Nebeneffekt: Der Tatbestand des Protokolls zum Amsterdamer Vertrag über

---

466 BVerfGE 90, 60 ff.; *Ricker*, in: Ricker/Schiwy, Kap. C Rn. 91.
467 *Ricker*, in: Ricker/Schiwy, Kap. C Rn. 92.
468 *Ricker*, in: Ricker/Schiwy, Kap. C Rn. 96 c unter Verweis auf BVerfGE 90, 60 (91 f.).
469 *Ricker*, in: Ricker/Schiwy, Kap. C Rn. 96 c.
470 Vgl. KEF, 10. Bericht, Tz. 37, 40, 241.

den öffentlich-rechtlichen Rundfunk in den Mitgliedsstaaten ist nämlich erfüllt. Die Gebührenfinanzierung des ARD ist somit quasi vor europarechtlichen Einwänden gefeit. Durch die Verknüpfung der „staatlichen Finanzierung" mit dem „öffentlich-rechtlichen (Programm)Auftrag", sind die Bestimmungen des EGV in Finanzierungsdingen nicht anwendbar, jedenfalls soweit Handels- und Wettbewerbsbedingungen der EG nicht in einem besonderen Maße unterlaufen werden.[471]

Rechtliche Bedenken, dass die Gebührenfinanzierung der ARD gegen das europäische Subventionsrecht verstoßen könnten, sind somit seit dem 2. Oktober 1997 unbegründet. Eine unzulässige staatliche Beihilfe um Sinne der Art. 87 ff. EGV kann in den Rundfunkgebühren nun nicht mehr gesehen werden. Die Ansicht von *Selmer/Gersdorf*, derzufolge die Gebührenfinanzierung nur dann als mit Art. 87 Abs. 3 lit. d) EGV vereinbare Beihilferegelung gelten könnte, wenn auch dem privaten Rundfunk die Vergünstigung der öffentlich-rechtlichen Finanzierung zugeschrieben werde, kann damit als überholt betrachtet werden.[472]

Diese stellen im übrigen keine Begünstigung bestimmter Unternehmen dar, sondern vergüten den Aufwand des öffentlich-rechtlichen Rundfunks insgesamt, in Erfüllung seines Auftrags zur Grundversorgung. Eine Beihilfe liegt darüber hinaus auch aus anderen Gründen nicht vor: So werden die Gebühren nicht *freiwillig* vom Staat gewährt und schon gar nicht aus staatlichen Mitteln, wie es Art. 87 Abs. 1 EGV aber voraussetzt. Rundfunkgebühren sind direkte Abgaben der Rundfunkteilnehmer, für die der Staat nur die Rechtsetzungsbefugnis hat, und die, wie *Ricker* betont, wegen des vom Bundesverfassungsgericht geforderten staatsfernen Verfahrens der Entscheidungsfindung durch die KEF eher als private Finanzierungsleistung zu sehen ist.[473]

II. Finanzausgleich

Der Rundfunkfinanzausgleich wies seit seiner Einführung im Jahr 1954 lange Zeit ein rechtsdogmatisches Defizit auf: Es handelte sich dabei um ein über Jahrzehnte als wissenschaftlich unproblematisch mitgeführtes Verteilungsinstrument der Landesrundfunkanstalten, dessen rechtliche Grundlagen juristisch und politisch unumstritten waren.[474] Das gilt heute nicht mehr!

Im Gegensatz zum allgemeinen Länderfinanzausgleich beruht der Rundfunkfinanzausgleich nicht auf einer ausdrücklichen Verfassungsvorschrift, sondern ist staatsvertraglich und durch ergänzende Vereinbarungen der Landesrundfunkanstalten geregelt. Die Vorschrift des § 12 Abs. 1 S. 1 RStV räumt dem öffentlich-rechtlichen

---

471 Siehe § 2 C.II.1.e. (S. 117 f.).
472 Vgl. *Selmer/Gersdorf*, Die Finanzierung des Rundfunks in der Bundesrepublik Deutschland auf dem Prüfstand des EG-Beihilferegimes, S. 85 ff.; FK Nr. 15/1997, S. 6 f.
473 *Ricker*, in: Ricker/Schiwy, Kap. C Rn. 96 d; siehe oben § 2 B.VI.1. (S. 50); a.A. sind *Selmer/Gersdorf*, Die Finanzierung des Rundfunks in der Bundesrepublik Deutschland auf dem Prüfstand des EG-Beihilferegimes, S. 23 ff.
474 *Bethge*, Die Verfassungsrelevanz des föderalen Rundfunkfinanzausgleichs, S. 3 f.; *Mahrenholz*, Verfassungsfragen des Rundfunkfinanzausgleichs, S. 34 f.

Rundfunk einen Anspruch auf Finanzausstattung ein, die ihn in die Lage versetzt, die verfassungsmäßigen und gesetzlichen Aufgaben zu erfüllen. § 12 Abs. 2 RStV nimmt als Bestandteil des Finanzierungssystems eine Absicherung der Tätigkeit der finanzschwachen Anstalten über den Rundfunkfinanzausgleich vor. Die Garantie des Finanzausgleiches geht in ihrer jetzigen Form auf eine Einigung der Ministerpräsidentenkonferenz am 3. Oktober 1986 zurück und wurde erstmals für die Präambel des RStV-1987 staatsvertraglich festgelegt.[475]

Unabhängig von der staatsvertraglichen Verankerung des Finanzausgleiches hat das Institut einen anerkannten verfassungsrechtlichen Hintergrund. Art. 5 Abs. 1 S. 2 GG enthält eine institutionelle Garantie des öffentlich-rechtlichen Rundfunks. Damit ist auch eine Gewährleistung des Finanzaufkommens zur funktionsgerechten Aufgabenerfüllung verknüpft. Den Staat trifft insoweit eine Funktions- und Finanzgewährleistungspflicht.[476] Die Rundfunkgebühr dient insgesamt der Finanzierung der Gesamtveranstaltung Rundfunk in Deutschland.[477] Mit der Normierung des Finanzausgleichs ist der Gesetzgeber dieser Verpflichtung nachgekommen. Sie ist eine Ausgestaltung der Rundfunkordnung und als solche am Verhältnismäßigkeitsgrundsatz im weiten Sinne zu messen. Daß es sich bei dem aktuellen Finanzausgleich um eine geeignete Lösung zur Erreichung des legitimen Zwecks handelt, den finanzschwachen Anstalten die Finanzierung zu gewährleisten, wird nicht bestritten.

Nicht umsonst weist *Mahrenholz* darauf hin, daß sich das verfassungsrechtliche Problem zumeist auf ein politisches und wirtschaftliches Feld verschiebt.[478] Spezielle rundfunkverfassungsrechtliche Regeln sind schließlich für den Rundfunkfinanzausgleich bisher nicht entwickelt worden.[479]

Bullinger hingegen betont, dass die verfassungsrechtliche Legitimität des Rundfunkfinanzausgleichs nicht ausschließlich nach Art. 5 Abs. 1 S. 2 GG geprüft werden darf, sondern auch den Anforderungen der bundesstaatlichen Finanzverfassung genügen muss, denn dabei handelt es sich finanzrechtlich um einen „Sonderfinanzausgleich".[480]

So sei es verfassungsrechtlich problematisch, wenn freiwillige Finanzhilfen wie der Rundfunkfinanzausgleich nach politischem Ermessen bewilligt oder verweigert werden können. Das bringe die Möglichkeit mit sich, dass die Geber ohne begrenzende rechtliche Maßstäbe und ohne verfahrensmäßige Bestimmungen, Schranken und Sicherungen auf die Verwendung der Mittel Einfluss nehmen oder in anderer

---

475 *Ring*, Medienrecht, C-0.3, § 11 Rn. 2; *Hoffmann*, Möglichkeiten der Finanzierung des öffentlich-rechtlichen Rundfunks in der Bundesrepublik Deutschland, S. 65; zu den Vorläufermodellen, die bis in das Jahr 1949 zurückreichen siehe: *Libertus*, AfP 1993, 635.
476 Siehe oben § 3 D.I. (S. 164).
477 BVerfGE 31, 314 (239).
478 *Mahrenholz*, Verfassungsfragen des Rundfunkfinanzausgleichs, S. 36.
479 *Bullinger*, Länderfinanzausgleich und Rundfunkfinanzausgleich, S. 40.
480 *Bullinger*, Länderfinanzausgleich und Rundfunkfinanzausgleich, S. 14, 16; vgl. BVerfGE 86, 148 v. 27.5.1992 (Az. 2 BvF 1,2/88, 1/89 und 1/90 – „Länderfinanzausgleich").

Weise die Nehmer in eine Abhängigkeit bringen.[481] Das so genannte „Bettelverfahren" bei der Festsetzung des Rundfunkfinanzausgleichs ist dafür geradezu ein Musterbeispiel; es gerät so notwendig in Konflikt mit einem der grundlegenden Zwecke des Finanzausgleichs und verstößt im übrigen gegen den Grundsatz der Rundfunkfreiheit, dass die Rundfunkordnung so gestaltet sein muss, dass jegliche Abhängigkeiten verhindert werden.[482]

Außerdem muss der Finanzausgleich den Anreiz zum Wettbewerb bestehen lassen, der ein wesentliches Funktionselement des „konkurrenziellen Bundesstaates" bildet.[483] Daran mangelt es beim Rundfunkfinanzausgleich aber, der nicht zum Streben nach Effizienz, Sparsamkeit und Wirtschaftlichkeit verleitet, sondern durch die Umverteilung der Defizite kleiner Rundfunkanstalten den Anreiz für die kleinen Länder und ihre Anstalten erheblich vermindert, durch sparsame und wirtschaftliche, dabei funktionserhaltende Entscheidungen über Organisation und Programmgestaltung eine im Wettbewerb mit anderen ARD-Anstalten besonders effiziente Rundfunktätigkeit zu entfalten und die ARD dadurch insgesamt im Wettbewerb mit anderen Rundfunkanbietern zu stärken. Der durch wirtschaftlichere Arbeiten erzielbare Vorteil aller Anstalten erhöht also nur die Ausgleichslast oder vermindert die Ausgleichszahlungen und nützte so der Anstalt selbst überhaupt nicht. Durch den dauerhaften Charakter des Ausgleichssystems könnte zudem der finanzielle Anreiz zur Anpassung der Finanzkraftunterschiede erlahmen.[484]

Der Rundfunkfinanzausgleich hat in seiner bisherigen Form mithin eine den Zwecken des allgemeinen Länderfinanzausgleichs zumindest teilweise zuwiderlaufende Wirkung. Er schwächt mangels klarer Maßstäbe bei der Festsetzung und der Verteilung des Finanzaufkommens die Selbständigkeit nicht nur der Nehmer-Anstalten, sondern auch der Nehmer-Länder und verringert die effizienzsteigerne Dezentralisierungsfunktion und den Wettbewerbsanreiz untereinander. Der Finanzausgleich ist, wie *Bullinger* schon befand, „verfassungsrechtlich zumindest anpassungsbedürftig".[485]

III. Werbung

Wie oben bereits dargestellt, ist die Gebührenfinanzierung nicht die einzige Finanzierungsquelle der ARD. Das Bundesverfassungsgericht hat deshalb auch andere Finanzierungsquellen als grundsätzlich zulässig erachtet. Wichtigste Sekundär-Finanzquelle ist die Werbefinanzierung, die sich als Pendant zu den Eigenarten der Gebührenfinanzierung des öffentlich-rechtlichen Rundfunks darstellt. Die Gewinne aus den Werbeeinnahmen fließen schon von der Funktionsbestimmung her wenigstens mittelbar in das Programm zurück.

---

481 BVerfGE 39, 96 (107 ff.) v. 4.3.1975 (Az. 2 BvF 1/72; „Städtebauförderung").
482 *Bullinger*, Länderfinanzausgleich und Rundfunkfinanzausgleich, S. 29.
483 *Bullinger*, Länderfinanzausgleich und Rundfunkfinanzausgleich, S. 30 f.
484 *Bullinger*, Länderfinanzausgleich und Rundfunkfinanzausgleich, S. 32 f., 36 f.
485 *Bullinger*, Länderfinanzausgleich und Rundfunkfinanzausgleich, S. 33.

1. Zulässigkeit von Werbung

Das Bundesverfassungsgericht hat festgestellt, daß die Finanzierung des öffentlich-rechtlichen Rundfunks zu den Kernaufgaben der Ausgestaltung der Rundfunkordnung gehört, die vom Gesetzgeber als formelles Gesetz geregelt werden muß.[486] Dem sind die Länder durch eine Zulassung von Werbung in § 12 Abs.1 RStV und entsprechenden Regeln in den Landesrundfunkgesetzen nachgekommen.

Maßgeblich für die Beurteilung der Verfassungskonformität dieser Bestimmungen ist die Frage, ob durch die zusätzliche Werbefinanzierung die Unabhängigkeit der ARD gestärkt werden kann. Das Bundesverfassungsgericht hält sie unter dem Aspekt staatlicher und parteipolitischer Einflußmöglichkeiten bei dem bisherigen Gebührenfestsetzungsverfahren unter Mitwirkung der Landesparlamente sogar für geeignet, die Unabhängigkeit der Rundfunkanstalten zu stärken.[487]

Dabei setzt das Gericht wegen der möglichen programm- und vielfaltsverengenden Tendenzen voraus, daß die Werbefinanzierung hinter die Gebühreneinnahmen zurücktritt, weil anderenfalls „gerade jene Anforderungen an die Programmgestaltung gefährdet sind, die sich für den öffentlich-rechtlichen Rundfunk aus der Grundversorgungsaufgabe ergeben". Werbeeinnahmen dürfen neben der Gebührenfinanzierung nur in dem Maße zulässig sein, wie sie für den öffentlich-rechtlichen Rundfunk ein „zweites finanzielles Standbein eröffnen", aber wirtschaftlich nachrangig bleiben.[488]

Das zumindest ist derzeit vollkommen unproblematisch. Durch den Einbruch der Werbeeinnahmen bringt die ARD schließlich nur noch etwa sieben Prozent ihrer Einnahmen durch Werbung auf.[489] 1984 waren es noch fast 30 Prozent.[490] Die Bedeutung der Werbung für die ARD ist seit Öffnung des Rundfunkmarktes immer weiter hinter die Gebührenfinanzierung zurückgetreten.

Der Grund für die Skepsis des Bundesverfassungsgerichts liegt darin, dass Werbung nicht allein Sendezeit in Anspruch nimmt, sondern das gesamte Erscheinungsbild des Rundfunks beeinflusst; Rückwirkungen auf das Programm sind wahrscheinlich und auch tatsächlich zu beobachten. Es ist zu berücksichtigen, dass Werbung in der Regel in ein entsprechendes programmliches „Umfeld" eingebettet wird, das für die werbetreibende Wirtschaft besonders interessant ist, weil es entweder so massenattraktiv ist, dass die Werbung ein großes Publikum erreicht, oder aber für den Transport von Werbebotschaft strukturell-emotional geeignet ist.

Dass das auch für die öffentlich-rechtlichen Rundfunkanstalten gilt, ergibt sich, wie *Ory* darlegt, bereits aus dem „Programmbeitrag der Arbeitsgemeinschaft Rundfunkwerbung (ARW)" vom 1. Januar 1981: Nach § 1 Abs. 2 sollten die Programme,

---

486 BVerfGE 87, 181 (198 ff.); vgl. *Ory*, AfP 1987, 466 (470).
487 BVerfGE 90, 60 (91 f.).
488 BVerfGE 83, 238 (311); E 87, 181 (199 f.).
489 1996 nahmen die ARD-Anstalten insgesamt 9.362.277 TDM ein, nur 678.400 TDM durch Werbung; vergleiche ARD-Jahrbuch 97, S. 290; siehe auch *Berg*, MP 1995, 94 (95).
490 Vgl. *Kresse*, ZUM 1995, 67 (69); *EG-Kommission*, Grünbuch, S. 107; *Hartlieb*, Handbuch des Film-, Fernseh- und Videorechts, Kap. 187, Rn 2; *Enz*, ZUM 1987, 58 (78).

in die Werbung eingebettet ist, das Interesse der Zuschauer gewinnen, wobei die Programmgrundsätze der beteiligten ARD-Anstalten verkürzt wurden.[491]
Wie sehr die ARD tatsächlich schon im Werbedruck gefangen ist, zeigt der Zwiespalt im Vorabendprogramm. Wo traditionell regionale Interessen berücksichtigt werden sollten, bieten heute Unterhaltungssendungen im Anteil von exorbitanten 69,2 Prozent des Angebots ein echtes „Werberahmenprogramm." Nach Auffassung von Programmdirektor *Struve* soll das Vorabendprogramm unterhalten und nicht regional informieren oder integrieren:

> Im Vorabend sind genauso wenig [...] regionale Elemente notwendig wie in der Unterhaltung. Hier stehen nicht die integrativen und informativen Aufgaben des öffentlich-rechtlichen Rundfunks im Vordergrund, hier ist vielmehr Unterhaltung für alle [...] verlangt.[492]

Der Vorabend ist bisher die einzige Tageszeit, zu der die ARD Fernsehwerbung ausstrahlt. *Struve* räumt auch ein, dass die ARD naturgemäß versucht, hier eine möglichst große Zielgruppe anzusprechen und auch für ein jüngeres Publikum attraktiv zu sein. „Hier wollen wir eindeutig massenattraktiv sein", gestand der ARD-Programmdirektor 1994 unverblümt.[493]

Die ARD will also – dieser Schluss ist zwingend – unterhalten und massenattraktiv sein, um die Werbeerträge zu maximieren, was nicht zuletzt dadurch deutlich wird, dass faktisch längst die Werbetöchter die Gestaltung des Vorabendprogramms übernommen haben. Eine ihrer ersten Maßnahmen war die Harmonisierung des Vorabendprogrammes und die Einrichtung einer Vorabendredaktion, um die bundesweite Verbreitung von Werbung zu optimieren, Beiträge austauschbar zu machen und ein optimales Werbe-Umfeld zu schaffen.[494]

Dem steht die Erkenntnis gegenüber, dass es sich gerade bei dem werbefreien ARD-Programm nach 20 Uhr und in den Dritten sowie in den Satellitenprogrammen um ein Qualitätsmerkmal des öffentlich-rechtlichen Rundfunks handelt, das dem Grundversorgungsauftrag in besonderer Weise gerecht wird.[495]

Die vielfaltsverengenden Tendenzen müssen trotz der prinzipiellen Zulässigkeit von Werbung immer beachtet werden. Die Mischfinanzierung dient gleichwohl der Streuung von Abhängigkeitsverhältnissen. Das Bundesverfassungsgericht hat deshalb festgestellt, dass Werbeeinnahmen geeignet sind, die Unabhängigkeit des öffentlich-rechtlichen Rundfunks gegenüber dem Staat als Gewährleister der Gebührenfinanzie-

---

491 *Ory*, AfP 1987, 460 (470) unter Verweis auf „Recht der Publizistik", Nr. 1110.
492 *Struve*, in: Kops/Sieben, S. 201 (208).
493 *Struve*, ARD-Jahrbuch 94, S. 21 (25).
494 Vgl. *Werner*, ARD-Jahrbuch 93, S. 39 ff.; *Struve*, ARD-Jahrbuch 97, S. 25; siehe oben § 2 B.I. (S. 39).
495 Vgl. Hamburger Abendblatt Nr. 87/1998 v. 15.4.1998, S. 9; *Krüger*, MP 1996, 418 ff.

rung zu stärken.[496] Die Finanzierung des öffentlich-rechtlichen Rundfunks aus mehreren Quellen sei eine „Diversifizierung der Abhängigkeiten".[497]

2. Werbebeschränkungen

Medienpolitisch umstritten und verfassungsrechtlich in Frage gestellt ist insbesondere die Beschränkung der Werbung im Programm der ARD.[498]

Das Bundesverfassungsgericht hat dem Gesetzgeber die generelle Befugnis eingeräumt, im Rahmen seines Ermessens die Werbung zu beschränken.[499] Mit der Einrichtung der Werberestriktion nach § 15 RStV hat er von dieser verfassungsrechtlichen Möglichkeit Gebrauch gemacht. Die Werberestriktionen dienen in erster Linie der Sicherung des Grundversorgungsauftrages der ARD. Die Vorgabe zielt außerdem auf die funktionsgerechte Finanzierung des öffentlich-rechtlichen Rundfunks und damit der ARD. Des weiteren soll die Begrenzung das für die Presse und die privaten Rundfunkanbieter notwendige Werbevolumen absichern.[500]

Fraglich ist zunächst, ob es sich bei den Werbebeschränkungen um eine Ausgestaltung der Rundfunkordnung handelt. Dann müsste die Regelung geeignet sein, den Prozess öffentlicher und privater Meinungsbildung zu fördern.[501] Dabei ist zu beachten, dass dem Gesetzgeber prinzipiell bei der Entscheidung, mit welchen Maßnahmen er das Regelungsziel erreichen will, ein Beurteilungsermessen zusteht.

Eine Regulierung der Werbung sichert den Grundversorgungsauftrag der ARD, denn ohne eine solche Beschränkung müßte insgesamt wie im Vorabendprogramm ein werbeförderliches Programmumfeld geschaffen werden, was zum Vorrang massenattraktiver Sport- und Unterhaltungssendungen führen würde. Daß diese Annahme gerechtfertigt ist, wurde bereits daran gezeigt, daß die Programme der ARD in der werbefreien Zeit einen anderen Charakter haben als in der übrigen.[502]

Zum anderen ist die Begrenzung geeignet, das für die Presse und Privatanbieter existenziell notwendige Werbevolumen abzusichern. Der Werbemarkt hat sich zuletzt als begrenzt erwiesen und ist nicht unbegrenzt erweiterbar. Jede Verschiebung müßte somit als Gefahr für die finanziellen Grundlagen privater Werbeträger angesehen werden. Das gilt insbesondere für die privaten Rundfunkanbieter, die gerade im abendlichen prime-time-Bereich den Hauptanteil ihrer Werbeeinnahmen erzielen.[503]

Das alles zeigt, daß die Werbebeschränkung geeignet ist, den öffentlichen und durch die finanzielle Sicherung der Privatsender und der Presse auch den privaten Meinungsbildungsprozeß zu verbessern. Die Regularien stellen somit eine zulässige

---

496 BVerfGE 90, 60 (91).
497 *Ladeur*, ZUM 1987, 491 (495).
498 Siehe oben § 2 B.VI.3. (S. 56 ff.); vgl. *Ricker*, in: Ricker/Schiwy, Kap. F Rn. 103 m.w.N.
499 BVerfGE 87, 181 (200).
500 Vgl. amtliche Begründung zu § 16 RStV-1991, abgedr. bei: *Ring*, Medienrecht, C-0.1, S. 20.
501 Vgl. § 3 B.IV. (S. 129).
502 Siehe oben § 4 C.I.1. (S. 212).
503 *Ricker*, in: Ricker/Schiwy, Kap. F Rn. 104 m.w.N.

Ausgestaltung der Rundfunkordnung, mithin eine zulässige zeitliche und mengenmäßige Beschränkungen der Werbemöglichkeiten dar, wie sie das Bundesverfassungsgericht in seinem „Hessen-3-Beschluß" beschrieben hat. Auch der Ausgestaltung, derzufolge Werbung in bestimmten Hörfunkprogrammen, den Dritten Fernsehprogrammen, bei „3sat", „arte", „PHOENIX" und dem „Kinderkanal" generell untersagt ist, steht Art. 5 Abs. 1 S. 2 GG nicht entgegen, solange der Gesetzgeber dem öffentlich-rechtlichen Rundfunk nur durch anderweitige Einnahmen die funktionserforderlichen Finanzmittel verschafft.[504]

E. Zusammenfassung

Die Prüfung der aktuellen Strukturen der ARD hat ergeben, dass sowohl das Programmangebot als auch die Organisationsmerkmale der ARD im großen und ganzen den verfassungsrechtlichen Vorgaben gerecht wird. Gleichwohl gibt es die eine oder andere Beanstandung, an der Korrekturen vorgenommen werden sollten.

Die Organisation der ARD und ihrer Landesrundfunkanstalten ist durch den Binnenpluralismus geprägt. Dabei handelt es sich um die einzige organisatorische Vorgabe mit Verfassungsrang. Durch Arbeitsteilung und gegenseitige Kontrolle wird eine gesellschaftliche Selbstverwaltung gewährleistet, die dazu führen soll, dass alle gesellschaftlichen Kräfte gleichermaßen im Rundfunk Gehör finden.

Die Kritik von *Stoiber/Biedenkopf*, die ARD sei ein durch den WDR beherrschter Medienkonzern, geht weitgehend fehl. Bei der ARD handelt es sich um eine Arbeitsgemeinschaft von eigenständigen Rundfunkanstalten, die gleichberechtigt auftreten. Allerdings ist ein gewisses faktisches Übergewicht des WDR zu konstatieren. Als finanzstärkster Sender liefert er mit 22 Prozent den größten Anteil des Gemeinschaftsprogramms, leistet die höchsten Zahlungen in den Finanzausgleich und genießt besondere Privilegien bei der Berichterstattung.

Von einer Konzentration von Koordination- und Kontrollaufgaben mit Programmbezug kann jedoch noch nicht die Rede sein. Solange innerhalb der Gemeinschaft die Entscheidungsfindung ausschließlich nach dem Prinzip „ein Sender, eine Stimme", ungeachtet der Größe und Leistungsfähigkeit der einzelnen Anstalten erfolgt, schließt das Einstimmigkeitsprinzip eine Hegemonie zumindest bei grundlegenden Entscheidungen aus.

Entscheidend ist angesichts der programmbezogenen Bedeutung des Art. 5 Abs. 1 S. 2 GG, dass keine der großen Anstalten Einflussmöglichkeiten auf die Programmgestaltung anderer Anstalten hat. Das ist derzeit nicht der Fall, weil auch die kleinen Anstalten eigenständig reagieren können. Allerdings hat das Finanzkraftgefälle in der Gemeinschaft zur Folge, dass die kleinen Anstalten auf die Wahrnehmung ihnen zustehender Gemeinschaftsaufgaben verzichten. Hierin liegt eine Beeinträchtigung des integrativen Charakters der ARD, weil auf diese Weise der Berichterstattung aus den Sendegebieten kleiner Anstalten geringere Bedeutung zuwächst. Das Ziel eines aus-

---

[504] BVerfGE 87, 181 (200).

gewogenen Meinungsbildungsprozesses in ganz Deutschland legt also die Forderung nach einer ARD mit weitgehend gleich starken Mitglieder nahe.

Die Strukturen der einzelnen Anstalten entsprechen hingegen exakt den Vorgaben des Bundesverfassungsgerichts. Durch ihren binnenpluralistischen Aufbau ist gewährleistet, dass alle gesellschaftlichen Gruppen im Rundfunkprogramm zu Wort kommen und so der freie und individuelle Meinungsbildungsprozess sich in gebotener Breite und Vielfalt entwickeln kann.

Lediglich der MDR bereitet bezüglich seiner Struktur Probleme. Dessen ausgedehnte Privatisierungs- und Auslagerungspraxis ist hinsichtlich der eigenen Programmfreiheit bedenklich. Soweit die Anstalt mit privaten Tochterunternehmen „auf dem Markt" agiert, verstößt sie gegen die Grundsätze des Art. 5 Abs. 1 S. 2 GG. Denn dadurch besteht die Gefahr, dass sich die wirtschaftliche Betätigung zum Selbstzweck wandelt und der publizistische Programmauftrag in den Hintergrund tritt. Die Privatisierung technischer Einheiten stellt ebenfalls eine Gefahr für die eigene Programmgestaltungsfreiheit dar. Grundversorgung umfasst immer auch eine technische Komponente; eine Rundfunkanstalt, die über sehr wenige oder keine eigenen technischen Produktionskapazitäten verfügt, verliert die erforderlichen Voraussetzungen für eine selbständige Erfüllung der Grundversorgungsaufgabe. Schon jetzt hat der MDR einen Personalstand an der Untergrenze dessen, was zur Aufrechterhaltung der Unabhängigkeit notwendig ist. Außerdem behindert die dezentrale Struktur des „MDR-Konzerns" die Transparenz der Gebührenbemessung und der Verwendung öffentlicher Gelder, abgesehen davon, dass der MDR nach wie vor den Beweis der Rentabilität schuldig ist.

Die technischen Faszilitäten der ARD im Übertragungsbereich sind insgesamt als rechtmäßig zu beurteilen. Terrestrische Übertragung, Satellitenverbreitung und Kabelrundfunk stellen addiert die technische Seite der Grundversorgung dar, indem sie den Empfang der Grundversorgungsrelevanten Programme für alle sicherstellen. Keine der drei „großen" Übertragungstechniken kann heute mehr allein die Grundversorgung für alle sicherstellen. Dennoch kommt der Terrestrik als kostengünstigster, flächendeckender Technik eine herausragende Funktion zu, nämlich die der Subsidiärtechnik, die die Defizite der anderen beiden Techniken aufzufangen in der Lage ist. Das Engagement der ARD in allen drei unterschiedlichen Übertragungstechniken ist erforderlich, um die Funktion des öffentlich-rechtlichen Rundfunks zu erfüllen.

Das gleiche gilt für eine Betätigung der Gemeinschaft im Bereich neuer Übertragungstechniken, insbesondere digitaler Art. Dies ist erforderlich, um die Konkurrenzfähigkeit bei veränderten technischen Gegebenheiten aufrechtzuerhalten. Die Absicherung des „digitalen Terrains" ist für die ARD von zukünftiger praktischer Bedeutung, um die Gewährleistung der Grundversorgung über die Jahrtausendwende hinaus zu garantieren. Die Frage nach der Erforderlichkeit einzelner Techniken ist allein von den Landesrundfunkanstalten zu beantworten. Diesen kommt eine alleinige Einschätzungsprärogative zu; die Ermessensvorgänge entziehen sich einer vollständigen rechtlichen Überprüfung.

Auch das Gesamtprogrammangebot der ARD ist insgesamt als rechtmäßig zu beurteilen. Entscheidend für die Beurteilung ist allein, ob das Programm in seiner Gesamtheit dem Grundversorgungsgebot gerecht wird und einen freien und individuellen Meinungsbildungsprozess fördert. Das ist insgesamt zu bejahen. Allerdings bestehen Zweifel an der Erforderlichkeit der hohen Anzahl von Programmen, insbesondere in den Hörfunkballungsgebieten in Bremen und Berlin, zum Teil auch im Saarland.

Auch gibt es im Einzelbereich deutliche Defizite zu verbuchen. So bleibt das Vorabendprogramm im „Ersten Deutschen Fernsehen", das als unterhaltungslastiges Werberahmenprogramm von den Werbetochtergesellschaften besonders billig produziert wird, qualitativ hinter den sonst üblichen Programmstandards zurück. Dabei fehlt es insbesondere an den zur Grundversorgung gehörenden Programmsparten Bildung, Information und Berichterstattung. Vor allem aber fehlt es – auch bei der Gesamtbetrachtung des „Ersten" – an regionaler Berichterstattung. Das Programm beinhaltet zu viel Unterhaltung und zu wenig Bildungssendungen, um als ausgewogen beurteilt werden zu können.

Insgesamt bleibt festzuhalten, dass das „Erste" nur in Teilen dem klassischen Rundfunkauftrag im überregionalen, bundesweiten Bereich nachkommt. Gleich mehrere öffentlich-rechtliche Hörfunkprogramme weisen eine deutliches Defizit in Vielfaltsgesichtspunkten auf. Insgesamt kann von einer überdurchschnittlichen Betonung musikalischer Beiträge im ARD-Hörfunk ausgegangen werden, die im Bereich der Hörfunkvollprogramme jedoch als angemessene Reaktion auf veränderte Rezeptionswünsche zu rechtfertigen ist.

Anders fällt die Beurteilung bei den Spartenprogrammen im Klassikbereich und für das jugendliche Publikum zwischen 14 und 20 Jahren aus. Hohe Musik- und niedrige Wortbestandteile geringerer Qualität schließen eine Zugehörigkeit zur Grundversorgung aus. Allerdings werden Klassikprogramme bundesweit und Jugendwellen zumindest in einigen Landesteilen außerhalb von Hörfunkballungsgebieten von privaten Anbieter nicht geboten und sind auch in Zukunft nicht zu erwarten. Die betreffenden öffentlich-rechtlichen Spartenprogramme stellen vor diesem Hintergrund eine Bereicherung des Meinungsmarktes dar und sind somit verfassungsrechtlich vertretbar. Das gilt jedoch nicht für die beiden öffentlich-rechtlichen Jugendkanälen „N-Joy Radio" von NDR und „Fritz" von SFB und ORB. Diesen Wellen stehen in ihren jeweiligen Sendegebieten zahlreiche vergleichbare private Jugendprogramme gegenüber.

Allerdings können die verantwortlichen Anstalten, die ihr Beurteilungsermessen im Rahmen der eingeschränkten gesetzlichen Überprüfbarkeit ordnungsgemäß ausgeübt haben, nicht zu einer Einstellung dieser Programme gezwungen werden. Das würde gegen die Grundsätze der Programmgestaltungsfreiheit verstoßen. Die Programme haben jedoch keine Anspruch auf vorrangige Frequenzzuweisung.

Im Gegensatz dazu leisten gerade die Dritten Programme einen wichtigen Beitrag zum Meinungsbildungsprozess, insbesondere im regionalen Bereich. Bei den Landesprogrammen ist lediglich die bundesweite Übertragung via Satellit rechtlich umstritten. Ausschlaggebend für die Zulässigkeit dieser Übertragungstechnik ist die Feststellung, dass die Satellitentechnik inzwischen voll zur Grundversorgung zu rechnen ist. Wollen die Landesrundfunkanstalten ihrer Grundfunktion voll genügen, müssen sie unter Berücksichtigung auch der sich entwickelnden Rezeptionsgewohnheiten als Angebot in allen wichtigen Verbreitungsformen präsent sein. Insofern besteht sogar die Pflicht für die Landesrundfunkanstalten zur Nutzung der Satellitentechnik für ihre Dritten Programme. Wenn dies aber so ist, ist die notwendigerweise bundesweite Übertragung dieser Programme per Satellit zur Wahrung der Funktion erforderlich und damit rechtlich zulässig.

Auch der „Kinderkanal" stellt ein zulässiges Programmangebot von ARD und ZDF im Rahmen des klassischen Rundfunkauftrages dar. Es handelt sich um ein qualitativ hochwertiges Programm, das bildende und kulturfördernde Bestandteile für interessierte Kinder beinhaltet, von privater Seite so nicht geboten wird und auch in Zukunft nicht zu erwarten ist. Außerdem erfüllt das Kinderprogramm durch seine Gewaltfreiheit eine nicht unbedeutende soziale Aufgabe. Die Gesellschaft hat ein Recht auf Bewahrung vor Schaden, sowohl im Individualbereich als auch im Bereich der kulturellen Umwelt.

Gleichwohl wäre zukünftig eine erneut stärkere Berücksichtigung von Kinderinteressen in den Hauptprogrammen wünschenswert.

Zuletzt wurde gezeigt, dass eine an die Grundversorgung gekoppelte Gebührenfinanzierung der Landesrundfunkanstalten verfassungsgemäß ist, weil sie die optimale Unabhängigkeit der öffentlich-rechtlichen Rundfunkanstalten von gesellschaftlichen und politischen Einflüssen garantiert.

Die verfassungsrechtliche Überprüfung des Rundfunkfinanzausgleichs hat hingegen ergeben, dass dieser anpassungsbedürftig ist. Er hat eine den Zwecken des allgemeinen Länderfinanzausgleiches zumindest teilweise zuwiderlaufende Wirkung. Er schwächt mangels klarer Absprachen bei der Festsetzung und der Verteilung des Finanzaufkommens die Selbständigkeit der Nehmer-Anstalten und verringert die effizienzsteigernde Dezentralisierungsfunktion und den Wettbewerbsanreiz untereinander.

Auch die Werbung ist verfassungsrechtlich problematisch. Sie weist stets vielfaltsverengende Tendenzen auf, weil sie Einflussmöglichkeiten der werbetreibenden Wirtschaft auf die Programmgestaltung durch die ARD eröffnet. So lange sie aber einer Streuung der Abhängigkeitsverhältnisse dient, ist sie letztlich verfassungsrechtlich zulässig.

§ 5 Darstellung und Beurteilung der Reformvorschläge

Sowohl die ARD-Verantwortlichen als auch Öffentlichkeit und Politik haben auf die Schwäche der Gemeinschaft in den frühen 1990er Jahren mit einer Vielzahl von Reformvorschlägen reagiert, die zum Teil auch schon realisiert wurden. Während die verfassungsrechtlichen Grundsätze für öffentlich-rechtliche Rundfunkbetätigung bereits erörtert wurden,[1] ist noch offen, nach welchen Maßstäben – sowohl in faktischer als auch in verfassungsrechtlicher Sicht – für die Beurteilung von zukünftigen Reformvorhaben angelegt werden müssen.

Elementare Voraussetzung jeder Rundfunkreform muss selbstredend die Einhaltung der verfassungsrechtlichen Grenzen sein, die das Grundgesetz und die daraus fließende Rechtsprechung des Bundesverfassungsgerichts ziehen. Kernbestandteil ist dabei die Förderung des freien und individuellen Meinungsbildungsprozesses, dem der Rundfunk als Medium und Faktor zu dienen hat.[2] Jede rechtmäßige Strukturreform muss mithin dem Ziel dienen, den Meinungsbildungsprozess zu fördern und vor allem, diesen gegenüber dem vorhergehenden Zustand zu verbessern.

Bei der Ausgestaltung der Rundfunkordnung kann der Gesetzgeber im Prinzip frei handeln, doch dürfen seine Maßnahmen kein schlechteres Umfeld für die freie Meinungsbildung bieten als der zum Zeitpunkt des Erlasses geltende Rechtsrahmen, wobei die getroffenen Maßnahmen hinsichtlich ihrer Eignung, den Prozess öffentlicher und privater Meinungsbildung zu fördern, zu überprüfen sind.[3] Sie unterliegen somit lediglich dem rechtsstaatlichen Bestimmtheitsgebot und dem Verhältnismäßigkeitsgrundsatz im weiteren Sinne.[4] Jede Reform muss also präzise sein und damit dem Gebot der „Meßbarkeit und Berechenbarkeit" grundrechtsrelevanten Handels entsprechen.[5]

Außerdem gilt: Nur *konkrete* Gründe für Maßnahmen, die die Rundfunkfreiheit bessern oder zumindest gleichgewichtig sichern, akzeptiert das Bundesverfassungsgericht als zulässige Ausgestaltung der positiven Rundfunkordnung.[6]

Die naheliegende These, dass ein Mehr an Rundfunkprogrammen immer auch eine Verbesserung des Meinungsbildungsprozesses zur Folge hat, ist angesichts der Verfassungsrechtsprechung zu verwerfen. Denn wie bereits beschrieben wurde, eröffnet jede Ausweitung des Programmangebotes Spannungsfelder auf dem Meinungsmarkt, die Einschränkungen bei den öffentlich-rechtlichen Anstalten erfordern.[7]

Eine Verbesserung des Meinungsbildungsprozesses muss daher zukünftig wohl vor allem auch durch Verbesserung publizistischer Qualität erreicht werden, die sich

---

1 Siehe oben § 3 . (S. 123 ff.).
2 Siehe oben § 3 A.I und § 3 B.III. (S. 124 und S. 128).
3 *Seelmann-Eggebert*, ZUM 1992, 79 (84).
4 BVerfGE 73, 118 (166).
5 BVerfGE 8, 274 (325) v. 12.11.1958 (Az. 2 BvL 4, 26, 40/56 und 1, 7/57); E 9, 137 (147) v. 3.2.1959 (Az. 2 BvL 10/56); E 17, 306 (313 f.) v. 7.4.1964 (Az. 1 BvL 12/63).
6 Siehe § 3 B.VI.1. (S. 133 ff.).
7 Vgl. § 3 D.II. (S. 165 ff.).

allerdings einer rechtlichen Überprüfung vollends entzieht. Für die Beurteilung kann es allein auf die Prognose der zuständigen Rundfunkanstalt ankommen. Denn Qualität von Kulturleistungen lässt sich nicht nach Produktivitätsmaßstäben oder sonst welchen Vergleichswerten messen.[8]

Als Nahziel aller Reform muss deshalb – und das gilt insbesondere vor dem Hintergrund der kaum erst überwundenen Finanzkrise der ARD – eine Verbesserung der Wirtschaftlichkeit der Landesrundfunkanstalten und damit der Voraussetzungen für eine qualitätsvolle Rundfunkberichterstattung angestrebt werden.

Entscheidend für die Qualität einer Strukturreform der ARD ist letztlich die Frage nach einer Verbesserung der gesamtgesellschaftlichen Stellung der Gemeinschaft. Maßstab dafür sind neben Wirtschaftlichkeit Kriterien wie Regionalkompetenz, Vielfalt, Konsensualität und Informativität.[9] Notwendig ist deshalb, dass alle Reformvorschläge in jeder Einzelheit auf ihre Auswirkungen auf den Meinungsbildungsprozess und die Gesellschaft geprüft werden. Die jeweiligen Vorteile müssen gegenüber den Nachteilen abgewogen werden.

Grundsätzlich anders müssen die in die Programmfreiheit der Rundfunkanstalt fallenden Reformentscheidungen beurteilt werden. Programmentscheidungen unterliegen – das wurde bereits betont – nicht dem Gesetzesvorbehalt, sondern allein dem Beurteilungsermessen der Rundfunkanstalten. Der Maßstab, an dem solche Reformen zu messen sind, ist allein die Grundversorgung. Sie unterliegt in vollem Umfang der Programmautonomie der Landesrundfunkanstalten, denen eine Einschätzungsprärogative bezüglich der Ausfüllung zukommt.[10] Im Rahmen der verfassungsrechtlichen Vorgaben dürfen sie frei entscheiden, wie sie ihre Funktion erfüllen. Es ist allein Sache der Anstalten, aufgrund ihrer professionellen Maßstäbe zu bestimmen, was der Rundfunkauftrag in publizistischer Hinsicht verlangt.[11]

Vor einer jeden Beurteilung gilt es jedoch, die Reformdebatte zu ordnen. Die Vorschläge, die vor allem aus Reihen der Politik und ARD-Funktionäre stammen, sind sehr unübersichtlich, überschneiden und ergänzen sich zum Teil. *Ausing* vertritt die Meinung, dass die Strukturdiskussion von vier einzelnen Begriffen geprägt sei: erstens der Territorialreform, zweitens der Binnenreform der Gemeinschaft (Schwerpunktbildung und Kooperation), drittens der anstaltsspezifischen Effizienzverbesserung sowie viertens der Bündelung aller Maßnahmen zur Verstärkung der Wettbewerbsfähigkeit gegen die kommerzielle Konkurrenz.[12] Dabei übersieht er jedoch, dass die anstaltsspezifischen Effizienzverbesserungen oftmals, ja sogar in der Regel über Kooperationen und Schwerpunktbildungen innerhalb der Gemeinschaft führen müssen. Eine Erneuerung und Verbesserung des Finanzgefüges innerhalb der ARD sollte

---

8   So auch *Weinmann*, ARD-Jahrbuch 96, S. 66 (67).
9   Vgl. § 1 A. (S. 21).
10 Siehe oben § 3 B.VI.1. (S. 133).
11 Vgl. § 3 D.I. (S. 164).
12 Siehe *Brunnen-Wagenführ*, FI 1997, 287 (290).

daher lieber in der Gesamtheit beurteilt werden und neben mögliche Gebietsreformen treten.

Bevor aber auf die Rahmenbedingungen für öffentlich-rechtlichen Rundfunk eingegangen werden kann, ist es erforderlich, die unterschiedlichen neuartigen Projekte auf dem Sektor der Rundfunkbetätigung zu beleuchten, die die ARD derzeit in Planung hat oder die in der öffentlichen Diskussion angeregt wurden. Im Falle ihrer Verwirklichung müssten diese schließlich in die weitere Beurteilung einfließen. Das Fortschreiten der Digitalisierung im gesamten Ablauf Produktion, Übertragung und Empfang ermöglicht heute die Umsetzung neuartiger Programmangebote.[13] Deshalb wird die öffentliche Diskussion von einer Vielzahl neuartiger Programmdienste bestimmt. Diese sind in der praxisgesteuerten Realität allerdings nur im Ausnahmefall in einer der Reinformen geplant, geschweige denn bisher umgesetzt worden. Vielmehr sind Mischformen an der Tagesordnung und in der Planung der Rundfunkanbieter und Medienkonzerne – insbesondere was die Art des Zugriffs und die Finanzierungsfragen anbetrifft.[14] Einer gründlichen rechtlichen Beurteilung zuliebe ist es folglich angeraten, diese Bereiche zu trennen, ohne dass sich dadurch die Gesamtbetrachtung im Ergebnis verändern würde.[15]

A. Rundfunkbetätigung

Bei der Beurteilung von geplanten und denkbaren Vorhaben im Bereich der Rundfunkbetätigung am Maßstab der Funktionserforderlichkeit ist sowohl technisch als auch rechtlich zu differenzieren zwischen dem Rundfunk in der „klassischen Ausprägung" (also Ton- und Bewegtbilddienste, die drahtlos, mittels Kabelnetzen oder über Satelliten, analog oder digital verbreitet werden) und den Programmen, die – vereinfacht gesagt – auf dem Weg und mit den Mitteln der modernen elektronischen Telekommunikation verbreitet werden.[16]

Jährlich 268 Mio. Mark (rd. 137 Mio. €) hat die ARD in ihrer Bedarfsanmeldung für die Gebührenperiode 1997 bei 2000 bei der „Kommission zur Ermittlung des Finanzbedarfs der öffentlich-rechtlichen Rundfunkanstalten" (KEF) für die Bereiche Programminnovation und technische Entwicklung veranschlagt, „um im Wettbewerb mit anderen Sendern Schritt halten zu können".[17] Das macht einen Anteil von etwa 3,5 Prozent des Gesamtgebührenaufkommens aller Landesrundfunkanstalten aus. Dieser verhältnismäßig geringe Kostenanteil muss berücksichtigt werden, wenn über die Bedeutung der Projekte im Bereich neuer Medien geurteilt wird.

---

13 *Schrape*, Digitales Fernsehen, S. 7.
14 Beispielsweise würde der Telekommunikationsdienst „*Near video on demand*" im Zuge eine Programmausweitung über digitale Verbreitungstechniken angeboten; die Finanzierung erfolgte nach dem System des „*pay per view*".
15 Dieser Ansicht ist auch *Hoffmann-Riem*, PayTV im öffentlich-rechtlichen Rundfunk, S. 119; wohl auch *Schrape*, Digitales Fernsehen, S. 8.; vgl. *Zimmer*, MP 1996, 386.
16 *Hartlieb*, Handbuch des Film-, Fernseh- und Videorechts, Kap. 182 Rn. 4.
17 Vgl. FK Nr. 22-23/1995, S. 10 (11); KEF, 10. Bericht, Tz. 62.

Allein 725 Mio. Mark (rd. 370 Mio. €) stehen für die Landesrundfunkanstalten und die Gemeinschaft in der Gebührenperiode 1997 bis 2000 für die Entwicklung und Einführung von Programminnovationen bereit.[18]

I. Ausweitung des klassischen Angebotes

Zunächst soll auf die denkbaren Programmausweitungen im Bereich des klassischen Rundfunks eingegangen werden. Ausweitungen sind in diesem Fall in zwei Formen denkbar. Zum einen könnten die Rundfunkanstalten die Zahl ihrer Programme erhöhen und eine stärke Ausdifferenzierung des Angebots ins Auge fassen, etwa durch die Einführung neue Spartenkanäle oder zusätzlicher Lokal- und Regionalprogramme. Des weiteren ist eine Expansion des bestehenden Rundfunkangebotes über die bisherigen Sendegebiete hinaus denkbar.

1. Programmausweitung

Es wurde bereits beschrieben, dass jede Programmausweitung der ARD auf jeden Fall einer formellen gesetzlichen Grundlage bedarf. Eine unbegrenzte Expansion des Programmangebotes, wie sie *Niepalla* beschrieben hat, kann unter den Gesichtspunkten der Gebührenexplosion, Marktverstopfung oder Kabelverdrängung auf gar keinen Fall möglich sein.[19] Das Bundesverfassungsgericht hat daher zu Recht betont, dass „keine Pflicht des Gesetzgebers [besteht], jede Programmentscheidung, die die Rundfunkanstalten in Wahrnehmung ihrer Programmfreiheit treffen", zu tragen oder gar ihre Finanzausstattung sicherzustellen.[20] Die Bestimmung dessen, was zur Funktionserfüllung notwendig ist, ist nicht allein Sache der Rundfunkanstalten, weil das der Ausgestaltungskompetenz des Gesetzgebers bei grundrechtlichen Gemengelagen zuwiderliefe.[21]

Allerdings hat das Bundesverfassungsgericht mit Nachdruck beschrieben, dass die Rundfunkfreiheit dem Gesetzgeber prinzipiell verwehrt, die Veranstaltung bestimmter Rundfunkprogramme zu untersagen.[22] Über diesen scheinbaren Widerspruch schlägt das Merkmal der Funktionserforderlichkeit eine verfassungsrechtliche Brücke: Soweit die Veranstaltung eines Programms zur Erfüllung der Funktion öffentlich-rechtlicher Rundfunkanstalten *erforderlich* ist, hat der Gesetzgeber die verfassungsrechtliche Pflicht zur Schaffung einer entsprechenden formellen Grundlage. Der finanzielle Gewährleistungsrahmen hat von seinem Umfang her alles sicherzustellen, was zur Grundversorgung gehört. Den öffentlich-rechtlichen Rundfunkanstalten ist somit die Finanzierung derjenigen Programme zu ermöglichen, deren Veran-

---

18 KEF, 10. Bericht, Tz. 60.
19 Siehe oben die Ausführungen zur Bestands- und Entwicklungsgarantie des öffentlich-rechtlichen Rundfunks, § 3 D.II.1. (S. 166 ff.) und § 3 D.III. (S. 169 ff.).
20 BVerfGE 87, 181 (201).
21 BVerfGE 83, 130 (142); E 87, 181 (202); *Ory*, AfP 1987, 466 (469); vgl. oben § 3 C.I. (S. 145).
22 BVerfGE 74, 297 (331 ff.).

staltung ihren spezifischen Funktionen nicht nur entspricht, sondern die zur Wahrnehmung dieser Funktionen auch erforderlich ist.[23] Das Kriterium der Funktionserfüllung ist allerdings unbestimmt und zieht die Notwendigkeit einer rechtlichen Begrenzung nach sich. So muss die Grundversorgung in vollem Umfang Gegenstand der Programmautonomie der Rundfunkanstalten bleiben, denen eine Einschätzungsprärogative bezüglich der Ausfüllung zukommt.[24] Dabei können allenfalls eklatante Verstöße gegen das Grundversorgungsgebot oder generelle Beurteilungsfehler kritisiert werden. Insoweit muss auch hier von einer reduzierten Kontrolldichte ausgegangen werden, es kommt lediglich zu einer Überprüfung der „höchstpersönlichen" Entscheidungsvorgänge der Anstalten auf logische Fehler.[25] Gerade darin liegt letztlich der Sinn der grundrechtlichen Gewährleistung des Art. 5 Abs. 1 S. 2 GG, die sich schließlich primär auf Inhalt und Form der Programme bezieht.[26]

Zur Beurteilung konkreter Programmausweitungsvorhaben muss daher der Vorgang der Ermessensausübung gründlich beleuchtet werden. Das ist hier allerdings zumeist nicht möglich, jedenfalls soweit die Überlegungen der Anstalten über Angebotsausweitungen noch nicht in ein konkretes Planungs- und Verwirklichungsstadium eingetreten sind, wie etwa bei dem von *Berg* angeregten öffentlich-rechtlichen Jugendkanal für ein Publikum zwischen zwölf und 18 Jahren.[27] Allerdings können durchaus allgemeine Überlegungen zu der Problematik angestellt werden.

a. Vollprogramme

Der staatliche Gewährleistungsrahmen hat von seinem Umfang her alles sicher zu stellen, was zur Grundversorgung gehört. Den öffentlich-rechtlichen Rundfunkanstalten ist die Veranstaltung derjenigen Programme zu ermöglichen, die ihren spezifischen Funktionen nicht nur entsprechen, sondern die zur Wahrnehmung dieser Funktionen auch erforderlich sind.[28] Da eine Veranstaltung zusätzlicher Programme für die Landesrundfunkanstalten nur unter der Voraussetzung bestehender formell-gesetzlicher Grundlagen möglich ist, trifft den Gesetzgeber insofern die Pflicht, Programm-

---

23 *Bleckmann/Pieper/Erberich*, Öffentlich-rechtliche Spartenprogramme als Bestandteil der Grundversorgung, S. 66 f., 88; *dies.* AfP 1997, 417 (419); a. A. war 1987 *Kull*, der in der Kommentierung des 5. Rundfunkurteils einen gedanklichen Zusammenhang zwischen Grundversorgung und Bestandsgarantie noch kategorisch ablehnte, vgl. AfP 1987, 462 (463).
24 Vgl. BVerfGE 181 (201); *Bethge*, MP 1996, 66 (69).
25 BVerfGE 84, 34 (53 f.); BVerwGE 72, 38 (54); E 77, 75 (85); *Jarass*, in: Jarass/Pieroth, Art. 19 Rn. 35a.
26 Vgl. *Kresse*, ZUM 1995, 67 (73).
27 Vgl. FK Nr. 37/1999, S. 13.
28 *Bleckmann/Pieper/Erberich*, Öffentlich-rechtliche Spartenprogramme als Bestandteil der Grundversorgung, S. 66 f.; *dies.* AfP 1997, 417 (419); a. A. war 1987 *Kull*, der in der Kommentierung des 5. Rundfunkurteils einen gedanklichen Zusammenhang zwischen Grundversorgung und Bestandsgarantie noch kategorisch ablehnte, vgl. AfP 1987, 462 (463).

entscheidungen der Anstalten im Bereich der unerlässlichen Grundversorgung mit der Schaffung einer solchen Grundlage zu honorieren.

Die Einrichtung von zusätzlichen bundes- oder landesweiten öffentlich-rechtlichen Rundfunkprogrammen – wie etwa ein bundesweit konzentriertes Drittes Programm „ARD 3"29 – dürfte jedenfalls im Rahmen der öffentlich-rechtlichen Einschätzungsprärogative regelmäßig im Bereich der Grundversorgung anzusiedeln sein, da in klassischen Vollprogrammen normalerweise alle Programmrichtungen und -sparten berücksichtigt werden und diese ein Ausdruck programmlicher Vielfalt sind. Besondere Beachtung muss allerdings auch bei der Einrichtung neuer Vollprogramme das Erforderlichkeitskriterium finden.

Im Einzelfall kommt es auf die Motive für das neue Programm und seine konkrete Ausgestaltung an. So dürfte jedenfalls ein Programm, das inhaltlich und schematisch mit einem im identischen Sendegebiet bereits bestehenden Programm vergleichbar ist, nicht erforderlich sein.

Neue Vollprogramme müssten somit in den Bereich bisheriger Vielfalts- und Programmnischen hinein konzipiert werden. Dass solche Nischen derzeit offensichtlich nicht vorhanden sind, ist dabei bedeutungslos. Wieder einmal kommt es allein auf die Einschätzung der Rundfunkanstalten an, denen ein Ermessensspielraum zuzubilligen ist. In deren Ermessensausübung muss dann auch berücksichtigt werden, ob die Programmnischen nicht durch eine thematische Ausweitung der bestehenden Vollprogramme zu schließen wären. In einem solchen Fall wäre ein neues Programm eben nicht *erforderlich.*

Etwas anderes gilt für ein von ARD, ZDF und DW im Jahr 1999 angedachtes weiteres deutschsprachiges Auslandsfernsehen namens „German TV".[30] Schon bald, nachdem die Pläne bekannt wurden, meldete sich der Bundesrechnungshof zu Wort und kritisierte das Vorhaben. Dieses sei „überflüssig", da in Übersee nur etwa zehn Mio. Menschen der deutschen Sprache mächtig seien und nur ein Teil von ihnen über die technischen Möglichkeiten verfüge, Satellitenfernsehen zu empfangen.[31]

Darüber hinaus wäre eine Verwendung von Rundfunkgebühren zu diesem Zweck schlichtweg rechtswidrig. ARD und ZDF erhalten die Gebühren schließlich, um die Grundversorgung der inländischen deutschen Bevölkerung sicherzustellen, nicht für die Fernsehversorgung Deutscher oder Deutschsprachiger im Ausland. Dafür ist allein die DW zuständig, die schließlich ja auch aus dem Bundeshaushalt finanziert wird. Eine Zusammenarbeit der DW mit ARD und ZDF könnte zudem die Eigenverantwortlichkeit der DW und damit ihre Existenzberechtigung nachhaltig in Frage stellen.

---

29 So ein Vorschlag von *Kammann,* epd medien Nr. 37-38/1997, S. 3 (10), aber auch ein Gedankenspiel von *Stoiber/Biedenkopf,* MP 1994, 104 (106 f.).
30 Zu den Plänen im einzelnen: FK Nr. 41/1999, S. 13 f.
31 Journalist Nr. 11/1999, S. 6.

b. Spartenprogramme

Gerade im Bereich der Verspartung und Ausdifferenzierung des öffentlich-rechtlichen Programmangebotes sind zusätzlich zu den bereits beschriebenen Vorgängen neue Entwicklungen zu erwarten. So hat beispielsweise der SR vor, eine spezielle Hörfunk-Jugendwelle nach dem Beispiel von „N-Joy Radio" zu schaffen.[32] Allerdings haben Medienpolitiker aller Parteien eingeräumt, dass eine weitere Verspartung des öffentlich-rechtlichen Programms kritisch zu beurteilen ist. Die Rundfunkexperten der CDU/CSU beispielsweise haben sich im März 1998 gegen weitere Spartenprogramme der ARD ausgesprochen: Es dürfe keine weitere Reduzierung von Programmsegmenten im öffentlich-rechtlichen Rundfunk geben.[33]

Spartenrundfunk eröffnet, wie bereits mehrfach gezeigt wurde, eine spezielle verfassungsrechtliche Kategorie. Bei den privaten Spartenkanälen im Fernsehen zeigt sich nämlich schon jetzt ein Bild, das die dienende Freiheit des Rundfunks nur sehr eingeschränkt erfüllt: Spielfilmkanäle, Musik- und Sportprogramme beherrschen die Szene. Würden derartige Spartenprogramme von öffentlich-rechtlichen Anstalten angeboten, wäre dies kaum als Teil des Grundversorgungsauftrages zu rechtfertigen, weil sie völlig einseitig ausgerichtet sind und eben nicht zu einer umfassenden Meinungsbildung beitragen.[34]

Das Bundesverfassungsgericht hat deshalb in seinem 5. Rundfunkurteil unterstrichen, dass Spartenprogramme im öffentlich-rechtlichen Rundfunk nur auf gesetzlicher Grundlage zulässig sein können.[35] Öffentlich-rechtliche Spartenprogramme können zudem nach der Verfassungsrechtsprechung nur dann dem klassischen Rundfunkauftrag zugerechnet werden, wenn sie zur Funktionserfüllung des öffentlich-rechtlichen Rundfunk erforderlich sind, etwa weil sie von privaten Rundfunkanbietern nicht zu erwarten sind. Nur in diesem Bereich ist eine gesetzliche Legitimation öffentlich-rechtlicher Spartenprojekt zulässig.[36]

Wenn der Gesetzgeber sich hingegen der Zulassung gewünschter Spartenprogramme verschließt, stellt sich die Frage, inwieweit die öffentlich-rechtlichen Rundfunkanstalten im Rahmen des § 19 Abs. 3 RStV einen Anspruch auf Zulassung weiterer Programme durch staatsvertragliche Vereinbarung aller Länder geltend machen können. *Betz* ist sogar der Auffassung, der Befugnis zur Veranstaltung dreier Spartenprogramme nach § 19 RStV komme ausschließlich deklaratorische Bedeutung zu. Aus der verfassungsrechtlich verbürgten Programmautonomie der Rundfunkanstalten

---

32 Das hat der Intendant Fritz *Raff* bei seiner Wahl angekündigt, vgl. FK Nr. 21/1996, S. 17 (18).
33 Aussage des CDU-Medienexperten Anton *Pfeifer*; siehe: Hamburger Abendblatt Nr. 59/1998 v. 11.3.1998, S. 9.
34 *Bleckmann/Pieper/Erberich*, Öffentlich-rechtliche Spartenprogramme als Bestandteil der Grundversorgung, S.72.
35 BVerfGE 74, 297 (345); zum früheren Meinungsstreit in dieser Angelegenheit bis zum 5. Rundfunkurteil: *Libertus*, Grundversorgungsauftrag und Funktionsgarantie, S. 144 f.
36 *Kresse*, ZUM 1995, 67 (76).

resultiere eine Befugnis zur Veranstaltung beliebiger Spartenprogramme. Einer ausdrücklichen gesetzlichen Zulassung bedürfe es daher nicht.[37]
Dem wäre jedenfalls dann zuzustimmen, wenn es einen grundrechtlich besonders, möglicherweise sogar eingriffsresistent geschützten Tätigkeitsbereich der öffentlichrechtlichen Rundfunkanstalten gäbe, in den Spartenprogramme fallen. Denn in diesem Fall wäre ein Verbot solcher Spartenprogramme ein Eingriff in die Rundfunkfreiheit der öffentlich-rechtlichen Rundfunkanstalten.[38]

Dem ist nicht so. In jedem Fall ist das Erforderlichkeitskriterium der Schlüssel zur Auflösung von Grundrechtskollisionen. Solange die Rundfunkanstalten die Einrichtung bestimmter Spartenprogramme für erforderlich halten, haben sie auch einen Anspruch an den Gesetzgeber auf Schaffung der rechtlichen Grundlage,[39] jedenfalls wenn ihr Ermessen im Bereich des zugestandenen Spielraumes fehlerfrei ausgeübt wurde.

Solange die Programmvorhaben der öffentlich-rechtlichen Anstalten der Schließung von Lücken im Meinungsmarkt dienen, also sich mit solchen Themen befassen, die von privater Seite nicht zu erwarten sind, dürfte die Ermessensausübung nach Berücksichtigung der Verfassungsrechtsprechung vermutlich beanstandungsfrei bleiben.[40] Soweit sie allerdings, wie im Bereich der Hörfunkspartenprogramme für Jugendliche beanstandet, vorwiegend als Maßnahme des Frequenzverdrängungswettbewerbs zu Lasten privater Hörfunkjugendprogramme gehen,[41] liegt darin tendenziell eher ein Verstoß gegen das Verbot sachfremder Erwägungen, also ein „höchstpersönlicher" Fehler im Vorgang der Ermessensausübung.[42]

Andererseits ist die Pluralisierung der Lebensformen und die Individualisierung der Lebenserfahrungen ebenso einzukalkulieren wie die Beweglichkeit sozialer Milieus, Szenen und Gruppen. Soweit nämlich Vollprogramme keine hinreichenden Rezeptionschancen mehr haben, ist eine Ausdifferenzierung der Angebote des öffentlich-rechtlichen Rundfunks nicht nur möglich, sondern, wie *Hoffmann-Riem* meint, auch verfassungsrechtlich geboten. Anderenfalls entstünden Defizite in der Kommunikationsverfassung.[43] Insofern hat der VGH Baden-Württemberg zu Recht entschieden, dass ein neues Hörfunkprogramm auf der Grundlage einer weiten Auslegung der Entwicklungsgarantie dann zulässig ist, wenn dieses wegen der „Abwanderungstendenzen" bestimmter Hörergruppen zum Zwecke einer Zielgruppendifferenzierung und zur Erhaltung der Wettbewerbsfähigkeit des öffentlich-rechtlichen Rundfunks notwendig erscheint.[44]

---

37 *Betz*, MP 1997, 2 (13 f.).
38 *Bleckmann/Pieper/Erberich*, Öffentlich-rechtliche Spartenprogramme als Bestandteil der Grundversorgung, S. 51.
39 *Ring*, Medienrecht, C-0.3, § 12 Rn. 101.
40 *Libertus*, Grundversorgungsauftrag und Funktionsgarantie, S. 145.
41 Vgl. *Kresse*, ZUM 1995, 67 (74).
42 BVerfGE 72, 38 (54); E 77, 75 (85).
43 *Hoffmann-Riem*, MP 1996, 73 (75).
44 VGH Baden-Württemberg, AfP 1995, S. 426 ff.

Entscheidend ist zudem, dass Einführung von Sparten- und Zielgruppenprogrammen außerhalb der Kernversorgung nicht zu einer Auszehrung der zur Erfüllung des klassischen Rundfunkauftrages unabdingbaren Programme führen darf.[45] Das gilt auch für eine Umstrukturierung einzelner, bereits bestehender Programme zu Sparten- oder Mehrspartenprogrammen, also für die „Verspartung" bestehender Programme.[46] Natürlich ist dabei die Gefahr einer Auszehrung des Gesamtprogrammangebotes noch höher als bei der Einführung neuer Zielgruppenprogramme. Es ist somit wichtig, dass in der Gesamtschau alle denkbaren thematischen Interessen der Rundfunknutzer befriedigt werden.[47]

Welche Programme langfristig zur Erfüllung des klassischen Rundfunkauftrages bestehen und wie diese gestaltet sein müssen, kann zum heutigen Zeitpunkt nicht beurteilt werden. Einer auf Dauer zuverlässigen Prognose macht die dynamische Komponente der Grundversorgung einen Strich durch die Rechnung.

c. Regional- und Lokalprogramme

Möglich ist auch die Einrichtung neuer Regional- und Lokalprogramme durch die Landesrundfunkanstalten. In diesem Bereich ist das Angebot noch nicht vollständig ausdifferenziert. So planen NDR und RB in Zusammenarbeit die Einführung eines „Nordwest-Radios" für die Küstenregion Niedersachsens und das Gebiet von Bremen und Bremerhaven.[48] Der WDR denkt über lokale Programmfenster für Dortmund, Düsseldorf und Köln nach

Diese Einführung eines Regionalradios ist rechtlich nicht unproblematisch. So hat etwa das baden-württembergische Landesmediengesetz vom Dezember 1985 mit einem lokalen und regionalen Rundfunk den privaten Veranstaltern ein noch unbestelltes Feld reserviert, um der öffentlich-rechtlichen Marktverstopfung wenigstens teilweise Einhalt zu gebieten. Danach sollten nur solche öffentlich-rechtlichen Lokal- und Regionalprogramme weiter verbreitet werden dürfen, die am 31. Dezember 1984 schon bestanden hatten.

Auf die Verfassungsbeschwerden des SWF und des SDR hat das Bundesverfassungsgericht dieses Verbot der Regionalisierung und lokalen Auffächerung für verfassungswidrig erklärt. Auch jenseits der Grundversorgung habe der Gesetzgeber dem öffentlich-rechtlichen Rundfunk grundsätzlich die freie Veranstaltung von Rundfunkprogrammen zuzulassen, weil dadurch eine Konkurrenzsituation entstehen könne, die sich anregend und belebend auf den publizistischen Wettbewerb auswirke. Dieser Grundsatz sei für den Rundfunk im lokalen und regionalen Bereich von besonderer Bedeutung. In diesem Bereich sei nämlich die Zahl der Informationsanbieter in der

---

45 Siehe oben § 4 C.II. (S. 231 ff.), vgl. *Hoffmann-Riem*, MP 1996, 73 (77).
46 So auch *Bleckmann/Pieper/Erberich*, Öffentlich-rechtliche Spartenprogramme als Bestandteil der Grundversorgung, S. 86.
47 Vgl. *Libertus*, Grundversorgungsauftrag und Funktionsgarantie, S. 146.
48 Siehe Hamburger Abendblatt Nr. 80/1998 v. 4./5.4.1998, S. 8; Hamburger Abendblatt Nr. 96/1998 v. 25./26.4.1998, S. 8; *Lilienthal*, Journalist Nr. 6/1998, S. 28 (30).

Presse oder im Rundfunk, die sich auf die Region oder den Ort beziehen, erheblich niedriger als im überregionalen Bereich. Bei dieser Sachlage öffentlich-rechtliche Regional- oder Lokalprogramme zu verbieten, bedeute von daher nichts anderes, als wirksame publizistische Konkurrenz zu unterbinden.[49]

Die im Grundgesetz angelegte föderale Rundfunkverantwortung schafft für die öffentlich-rechtlichen Rundfunkanstalten einen besonderen Auftrag, den kulturellen Besonderheiten der Bundesländer, landsmannschaftlichen Traditionen, raumbezogenen Strukturunterschieden und ethnischen Besonderheiten Rechnung zu tragen. Dies muss insbesondere für Länder mit Gebietsteilen gelten, die historisch gesehen unterschiedliche Teilidentitäten herausgebildet haben.[50] Durch die „Hessen-3-Entscheidung" wird klargestellt, dass die Veranstaltung regionaler Programme jedenfalls in größeren Flächenstaaten, zu denen Niedersachen zählt, für die funktionsgerechte Erfüllung des Rundfunkauftrages erforderlich ist.[51]

In diesen Ländern muss auch im regionalen und lokalen Rundfunk, dem nicht nur das Bundesverfassungsgericht eine wachsende Bedeutung zuschreibt, sichergestellt werden, dass in ihm die bestehende Meinungsvielfalt des jeweiligen engeren räumlichen Bereichs zum Ausdruck kommt.[52]

Das sind die Voraussetzungen, an denen sich die Zulässigkeit neuer Lokal- und Regionalprogramme messen lassen muss. Für das geplante „Nordwest-Radio" sieht es grundsätzlich nicht schlecht aus, weil es sich schon einmal mit der Regionalberichterstattung im zweitgrößten Flächenland Deutschlands befasst. Das ist nach den Ausführungen der Verfassungsrichter ausdrücklich zulässig, ja sogar wünschenswert. Allerdings erscheint auch hier das Erforderlichkeitskriterium zumindest fraglich. Mit „NDR 1 Radio Niedersachsen" besteht schon jetzt ein Hörfunkprogramm des NDR, das sich mit den Themen und Problemen Niedersachsens befasst und das überdies ein spezielles Regionalfenster für den Raum Oldenburg/Ostfriesland/Bremen/Cuxhaven hat, also in etwa für das Sendegebiet eines „Nordwest-Radios". Zudem bestehen in Bremen vier eigene Hörfunkprogramme, die nach Aussagen von RB nicht nur auf das Stadtgebiet von Bremen und Bremerhaven ausgerichtet sind, sondern auch auf das niedersächsische Umland. Es liegt somit schon jetzt ein sehr umfangreiches regionales Rundfunkangebot der öffentlich-rechtlichen Anstalten für den fraglichen Raum vor. Inwieweit ein weiteres Programm erforderlich ist, hängt maßgeblich von der eigenen Beurteilung beider Kooperationspartner ab. Die bisher bekannt gewordenen Gründe, nämlich eine Ausweitung einer der vier Radio-Bremen-Wellen als „Gegenleistung" für zukünftige Finanzhilfen des NDR,[53] lassen auf einen mangelhaften Subsumtionsvorgang schließen. Allein finanzielle Kriterien dürfen keineswegs als Be-

---

49 BVerfGE 74, 297 (332 f.)
50 *Hoffmann-Riem*, Rundfunkneuordnung in Ostdeutschland, S. 54.
51 BVerfGE 87, 181 (204).
52 BVerfGE 74, 297 (327).
53 Siehe Hamburger Abendblatt Nr. 80/1998 v. 4./5.4.1998, S. 8; Hamburger Abendblatt Nr. 96/1998 v. 25./26.4.1998, S. 8; *Lilienthal*, Journalist Nr. 6/1998, S. 28 (30).

gründung für eine Ausweitung des Programmangebots herhalten. Sollten diese tatsächlich die maßgeblichen Erwägungen gewesen sein, dürfte ein Beurteilungsfehler beim NDR und bei RB vorliegen, das geplante „Nordwest-Radio" wäre wegen sachwidriger Programmziele verfassungswidrig.

2. Expansion des Sendegebietes

Die Landesrundfunkanstalten als Anbieter primär gebietsbezogenen Rundfunks könnten in Versuchung geraten, einen konkurrenzbedingten Rückgang des Publikums im primären Zielgebiet sowie allgemeine Finanzierungsschwierigkeiten dadurch aufzufangen, dass werbefreie Programme oder Programme mit Werbespots auch außerhalb dieses Gebiet verbreitet werden, um so die eigenen Reichweiten auszuweiten.[54] Eine Ausweitung des Sendegebietes innerhalb der Bundesrepublik Deutschland ist im öffentlich-rechtlichen Fernsehsektor nur noch für die Dritten Programm von SFB und SR denkbar, weil alle anderen öffentlich-rechtlichen Fernsehprogramme über Kabel und Satellit praktisch flächendeckend zu empfangen sind, die Ausschöpfung der terrestrischen Frequenzen eine zusätzliche Abstrahlung einzelner Programme hingegen nicht mehr ermöglicht. Für eine satellitengestützte Ausdehnung von „B1" über die Ländergrenzen Berlin/Brandenburgs hinaus kann unterdessen nichts anderes gelten als für die Satellitenverbreitung der übrigen Dritten Programme anderer Landesrundfunkanstalten. Soweit diese hier für zulässig erachtet wurden, muss dies im Ergebnis auch auf „B1" und „SR Fernsehen Südwest" anzuwenden sein.[55]

Fragen kann mithin vor allem die bundesweite Ausdehnung einzelner Hörfunkwellen über ihr ursprüngliches Sendegebiet hinaus aufwerfen. Konkrete Vorhaben in diesem Bereich sind zwar nicht bekannt, was aber auch am gängigen, relativ kostengünstigen Transport der Hörfunkprogramme über ADR liegt, das aufgrund der hohen digitalen Kompressionsrate gleich mehrere Hörfunkprogramme über einen Satellitentransponder übertragen kann. Die analoge Übertragung eines Stereohörfunkprogrammes ist hingegen mit verhältnismäßig hohen Kosten von rund 425.000 Mark jährlich verbunden.[56]

Grundsätzlich kann für die nationale Abstrahlung von Hörfunkprogrammen nichts anderes gelten als für die Dritten Fernsehprogramme.[57] Allerdings ist, wie oben dargelegt, die konkrete technische Situation im Hörfunk anders als im Fernsehsektor. Auch dort finden die Kabel- und Satellitenprogramme wachsenden Zuspruch, vor allem im digitalen Bereich. Allerdings ist die terrestrische Verbreitung im UKW-Bereich immer noch der unangetastete Standard.[58]

---

54 *Bullinger*, AfP 1985, 257 (261).
55 Siehe oben § 4 C.I.2. (S. 220).
56 Siehe oben § 2 B.VIII.2und § 2 B.VIII.4. (S. 87 ff. und 93 ff.).
57 Das gilt insbesondere für die Forderungen nach einer staatsvertraglichen bundesweiten gesetzlichen Grundlage für „Expansionsfunk", die hier ebenfalls abzulehnen ist, vgl. § 4 C.I.2. (S. 220).
58 Siehe oben § 4 B.II. (S. 197 f.).

Allerdings kann die Nutzung der Satellitentechnik auch im Hörfunkbereich durchaus in die Grundversorgung hineingewachsen und möglicherweise eines Tages die Terrestrik als Grundversorgungstypische Übertragungstechnik ablösen. Wenn dem so ist, muss auch den einzelnen Landesrundfunkanstalten ein Engagement auf diesem Sektor möglich sein. In diesem Fall wird eine Ausstrahlung von Hörfunkprogrammen über Satellit erforderlich, um die Grundversorgung für *alle* Rezipienten im eigenen traditionellen Sendegebiet sicherzustellen.

Soweit ist es, wie beschrieben, allerdings noch nicht. Gleichwohl haben die Landesrundfunkanstalten die Pflicht, den zukünftigen Nutzern von Satellitenhörfunk ein Angebot zu unterbreiten.[59] Sie haben mithin sogar die Pflicht zur Nutzung der Satellitentechnik. Das *spill over* als unvermeidbare Folge der Nutzung von Satellitentechnik muss dabei in Kauf genommen werden.

Der Teilhabe des öffentlich-rechtlichen Rundfunks an technischen Entwicklungen muss eindeutig der Vorrang gegenüber etwaigen Gebietsbezogenheiten eingeräumt werden, insbesondere, soweit die Übertragung im digitalen Bereich mit geringen Kosten verbunden ist. Insofern unterliegt die Möglichkeit der öffentlich-rechtlichen Rundfunkanstalten, ihre Landesprogramme auch über Satellit zu verbreiten, dem Schutz der unmittelbar aus Art. 5 Abs. 1 S. 2 GG abzuleitenden Entwicklungsgarantie.

Fraglich ist allerdings der Umfang der erforderlichen Satellitenangebote im Hörfunkbereich. Jedenfalls scheint eine Übertragung *aller* Hörfunkprogramme auf diesem Weg nicht erforderlich zu sein. Insbesondere die Programme mit ausgeprägtem Regionalbezug benötigen eher keine Satellitenübertragung. Im Spannungsfeld zwischen Kosten und Nutzungspflicht der neuen Übertragungstechniken empfiehlt sich vor allem eine Verbreitung der Programme, die von überregionalem Interesse sind. Auch erscheint die Annahme realistisch, dass vor allem jüngere Hörer neue Übertragungstechniken eher nutzen werden als ältere. Insofern bieten sich auch Programme für ein jüngeres Zielpublikum eher an als etwa die Heimatsender. Im Interesse gleichgewichtiger Kooperation ist es zudem tendenziell unbedenklich, auch Kooperationsprogramme über Satellit auszustrahlen.[60]

Gegenüber der bundesweiten Verbreitung der werbefreien Dritten Programme besteht aber bei solchen Hörfunkprogrammen, die Werbeblöcke beinhalten, ein rechtlicher Unterschied. Hier kommt es nämlich neben dem unverzichtbaren publizistischen Wettbewerb zwischen den Rundfunkanbietern auch zu einem unmittelbaren ökonomischen Wettbewerb mit den privaten Sendern. Öffentlich-rechtlicher Rundfunk, der über Ländergrenzen hinweggeht, sollte grundsätzlich ohne Werbung sein. Anderenfalls bedarf die grenzüberschreitende Ausstrahlung nach dem klassischen Verständnis des territorialen Rundfunks der Zustimmung der betroffenen Länder. Insoweit muss die Güterabwägung zwischen dem nach Art. 5 Abs. 1 S. 2 GG geschützten

---

59 *Berg*, MP 1987, 265 (273).
60 *Plog*, in: Kops/Sieben, S. 257 (268).

Vielfaltsinteresse des regionalen Rundfunkmarktes und den Grundrechten der privaten Rundfunkanbietern nach Art. 14 GG zu einem anderen Ergebnis führen als bei werbefreien Programmen. Die oben beschriebenen Gefahren, die von einem Gesetzesvorbehalt für die Verbreitungswege auf die Programmgestaltungsfreiheit der Anstalten ausgehen,[61] werden durch das Kriterium einer Werbefreiheit nicht eröffnet. Schließlich kann der Gesetzgeber – ohne Blick auf die Programminhalte – die Zulässigkeit von Werbung beeinflussen und damit auch die Voraussetzungen für länderübergreifende Ausstrahlung setzen.[62]

II. Neue Übertragungstechniken

Vor dem schon mehrfach beschriebenen Hintergrund der veränderten technischen Gegebenheiten im Rundfunk erscheint es heute sehr wahrscheinlich, dass selbst in naher Zukunft weitere neuartige Übertragungstechniken erfunden werden und auf den Weltmarkt drängen. Die „digitale Revolution" gehört momentan zu den zentralen Schlagworten in der medienpolitischen Diskussion. Im Blickpunkt steht dabei vor allem das Fernsehen, doch auch im Hörfunk ist die Digitalisierung in vollem Gange.[63] Der ARD müssen in diesem Bereich auch zukünftig Entwicklungsmöglichkeiten geöffnet werden. Bestands- und Entwicklungsgarantie erfordern es, dass der ARD Finanzmittel in ausreichender Höhe zur Entwicklung und Einführung neuer Übertragungstechniken oder anderer Formen der Weiterleitung zugebilligt werden, auch wenn diese zunächst als „unnötig" angesehen werden.

Dem entspricht auch die Formulierung in der Präambel des RStV, die den Gedanken des 6. Rundfunkurteils aufgreift, wenn dort von der Gewährleistung des Bestandes und der Entwicklung und der „Teilhabe an allen neuen technischen Möglichkeiten in der Herstellung und zur Verbreitung" die Rede ist. Damit sind durch das Bundesverfassungsgericht und den Staatsvertrag aller Bundesländer alle Zweifel über die Berechtigung der öffentlich-rechtlichen Rundfunkanstalten beseitigt, die neuen Übertragungstechniken für die Erfüllung ihrer gesetzlichen Aufgaben zu nutzen. Es wäre schlechthin unzulässig, die Landesrundfunkanstalten von der Nutzung neuer technischer Möglichkeiten auszugrenzen. Gesetzliche Aufgabe für den öffentlich-rechtlichen Rundfunk ist ein Engagement nach dem jeweiligen „Stand der Technik".[64]

Dabei muss den Verantwortlichen der Sendeanstalten eine Einschätzungsprärogative zugestanden werden. Sie allein sind in der Regel sachverständig genug, die Entwicklung von Technik und Rezeptionsverhalten einigermaßen zuverlässig abschätzen und kurzfristig darauf reagieren zu können. Insoweit muss von einer reduzierten

---

61 Vgl. § 4 C.I.2. (S. 220).
62 Vgl. *Ricker*, AfP 1992, 19 (21); zur Frage der Zulässigkeit eines Werbeverbotes für öffentlich-rechtliche Programme siehe unten § 5 B.II.1.c.bb. (S. 352).
63 *Hörhammer*, in: Ory/Bauer, Hörfunk-Jahrbuch 96/97, S. 129 f.
64 Vgl. *Herrmann*, Rundfunkrecht, § 10 Rn. 115.

Kontrolldichte ausgegangen werden, es kommt lediglich zu einer Überprüfung der „höchstpersönlichen" Entscheidungsvorgänge der Anstalten auf logische Fehler.[65]

Dass dabei auch Fehlschläge wie die gescheiterte Europäische Fernsehnorm „D2-MAC"[66] zustande kommen können, ist bei zukunftsgerichteten Entscheidungen zu erwarten gewesen. Jede Prognose enthält immer auch ein Fehlerpotential. Die Gebührenfinanzierung des Entwicklungsetats in Höhe von beinahe 180 Mio. € zwingt die Landesrundfunkanstalten allerdings, bei der Ausübung ihres Beurteilungsermessens besondere Sorgfalt walten zu lassen.[67]

So könnte die terrestrische digitale Verbreitung in Zukunft eine wichtige Rolle spielen. Die ARD bereitet in diesem Bereich ein Engagement vor.[68] Terrestrisches DVB ist dadurch gekennzeichnet, dass mehr Sendefrequenzen zur Verfügung stehen und die Kosten für die Übertragung des einzelnen Programms reduziert werden. Prinzipiell ist es überdies möglich, den für den digitalen Verbreitungsweg definierten programmlichen Mehrwert dem Nutzer auch unabhängig von stationären Empfangssystemen zugänglich zu machen, also auch beim mobilen Empfang mit portablen Geräten. Darin könnte für die ARD der Reiz in der Erschließung terrestrischen DVB liegen. Ein Engagement in diesem Bereich ist somit keines sachfremd.[69]

Auch eine Ausweitung der Verbreitung von klassischen Rundfunkprogrammen über das Internet oder andere Online-Datennetze dürfte nach heutiger Einschätzung an Bedeutung gewinnen. Nach Einschätzung der früheren Bundesregierung werden künftig Fernsehprogramme auch über Telefonnetze empfangen und Rundfunknetze zum Telefonieren genutzt werden können.[70]

Auch wenn es bisher einige Beispiele für die Verbreitung konventioneller Rundfunkprogramme in diesem Bereich gibt, handelt es sich dabei bisher eher um ein Erprobungsprojekt. Insofern sprechen alle Anzeichen dafür, dass die Landesrundfunkanstalten ihr Engagement in diesem Bereich noch weiter ausdehnen wollen und werden, wie die erst vor kurzem realisierte „*real-video*"-Darstellung der „Tagesschau" im Internetangebot der ARD beweist, die eine Form von echtem *video-on-demand* ist.[71]

Es mag sein, dass die Entwicklung attraktiver Informationsangebote im Internet erst durch geeignete Verschlüsselungsverfahren bei Bezahlung mit „digitalem Geld" kommerziell interessant wird. Auf jeden Fall steckt in den Entwicklungsmöglichkeiten des Internets oder anderer globaler Netzwerke ein enormes Wachstumspotential.[72]

Zwar handelt es sich technisch bei der Internet-Nutzung um einen Kommunikationsprozess zwischen zwei Teilnehmern, die dem Rundfunkbegriff eigentlich fremd

---

65 BVerfGE 84, 34 (53 f.); BVerwGE 72, 38 (54); E 77, 75 (85); *Jarass*, in: Jarass/Pieroth, Art. 19 Rn. 35a.
66 Vgl. *Breunig*, MP 1996, 195; ARD, ABC der ARD, 2. Auflage, S. 36.
67 Vgl. KEF, 10. Bericht, Tz. 60.
68 Siehe ARD-Jahrbuch 97, S. 141.
69 *Albrecht*, ARD-Jahrbuch 97, S. 49 (55).
70 FAZ Nr. 196/1998 v. 25.8.1998, S. 13.
71 Nach Informationen in Tagesschau Online, im Internet unter http://www.tagesschau.de.
72 Vgl. FK Nr. 42/1996, S. 4 (6).

ist.⁷³ Nach der Diktion des Bundesverfassungsgerichts in der „Baden-Württemberg-Entscheidung" erstreckt sich die Schutzwirkung des Art. 5 Abs. 1 S. 2 GG aber auch auf derartige rundfunkähnliche Dienste. Bei den Sendungen im *audio-on-demand* und im *video-on-demand* handelt es sich schließlich um die gleichen meinungsrelevanten Inhalte wie beim herkömmlich verbreiteten Rundfunk. Aufgrund der Struktur des Internets, das sich an eine unbegrenzte Vielzahl von Nutzern richtet, sind diese Sendungen faktisch auch an eine Allgemeinheit gerichtet, die ihrerseits die Möglichkeit der Nutzung durch Ein- und Ausloggen aus dem Netz nutzen können. Der Vorgang des *audio-* oder *video-on-demand* über das Internet gehört somit zur verfassungsrechtlich geschützten Rundfunkbetätigung, an deren Entwicklungen auch die ARD teilhaben darf.⁷⁴

Es liegt nicht nur nach Ansicht von *Hoffmann-Riem* in der Logik der Medienentwicklung, dass neue Dienste, insbesondere Zugriffs- und Abrufdienste für einen erheblichen Teil des Publikums einen wesentlichen Teil der Kommunikationsversorgung ausmachen werden.⁷⁵ Deshalb ist es geboten, die Funktionserfordernisse des dualen Rundfunks flexibel und zukunftsorientiert auch mit Blick auf solche Dienste zu wahren. Die Auffangfunktion öffentlich-rechtlichen Rundfunks im Hinblick auf mögliche Defizite privaten Rundfunks ist auch insoweit wichtig, als Vollprogramme ihre publizistische Bedeutung ganz oder teilweise einbüßen könnten. Daher können auch rundfunkähnliche Dienste in den Bereich der Grundversorgung hineinwachsen.⁷⁶ Soweit also die ARD eine Ausweitung der klassischen Programmangebote im Internet für erforderlich hält, um ihren Programmauftrag zu erfüllen, sprechen keine grundsätzlichen rechtlichen Überlegungen dagegen.

III. Vorhaben im Bereich von „Multimedia"

In der Vergangenheit war die deutsche Rundfunklandschaft im wesentlichen durch eine Einwegkommunikationsstruktur gekennzeichnet, in der die Rezipienten überwiegend passives Element waren: Zeitlicher Ablauf und Inhalt des Dargebotenen wurden von den Kommunikatoren, also den Rundfunkanbietern, vorgegeben.⁷⁷ Solche Verteildienste stellen jedoch keineswegs das Ende der technischen Möglichkeiten dar. Vielmehr sind in absehbarer Zeit auch andere Formen der Darbietung auf dem Markt zu erwarten. Die traditionelle mediale Rollenverteilung ist schon jetzt aufgeweicht und wird in Zukunft noch weiter verschwinden. Durch die Einführung digitaler Techniken wird es zu einer tiefgreifenden Veränderung der Angebotsstrukturen

---

73 Siehe oben § 4 B.IV. (S. 200 ff.).
74 BVerfGE 74, 297 (350 f.); vgl. FK Nr. 42/1996, S. 4 (6); siehe auch *Schrape*, Digitales Fernsehen, S. 128.
75 *Hoffmann-Riem*, MP 1996, 73 (76).
76 *Hoffmann-Riem*, MP 1996, 73 (76).
77 *Kresse/Heinze*, AfP 1995, 574.

kommen. Diese ermöglicht nämlich ein vollständiges Zusammenwachsen der bisher isolierten Informations-, Telekommunikations- und Rundfunktechniken.[78]

Derzeit lässt sich nur schwer sagen, was alles unter dem vielschichtigen Begriff „Multimedia" zu fassen ist. Fest steht nur, dass es sich dabei um einen enormen Wachstumsmarkt handelt, dessen Dynamik unvergleichlich ist.[79] Gemeinhin gilt Multimedia als „Verknüpfung von Telekommunikation, Massenmedien und Datenübertragung".[80]

Wenn die ARD sich in diesem Bereich engagieren will, muss dies zur Erfüllung ihrer Funktion erforderlich sein. Dafür ist Voraussetzung, dass die Multimediadienste als „Rundfunk" im Sinne von Art. 5 Abs. 1 S. 2 GG gelten, damit sie dem sachlichen Schutzbereich des Grundrechts überhaupt unterfallen.[81]

Zu den denkbaren neueren Telekommunikationsdienste gehören zum Beispiel die so genannten „**Zugriffsdienste**", auch *near-video-on-demand* genannt. Bei diesen werden Informationen in raschen periodischen Abständen wiederholt (z.B. alle 15 Minuten) und dem Rezipienten in hoher zeitlicher Disponibilität zur Verfügung gestellt.[82] Die Entscheidung über das „Was" fällt also in die Zuständigkeit der Informationsanbieter, während der Rezipient selbst bestimmen kann, wann er auf die Darbietung zugreift. Zu den bereits bestehenden Zugriffsdiensten gehört der in Deutschland längst eingeführte Fernseh- oder Videotext, dessen verfassungsrechtliche Zulässigkeit bereits festgestellt wurde.[83]

Derzeit ist deutlich zu beobachten, daß das Digitale Fernsehen die Ausbreitung audiovisueller Zugriffdienste vorantreiben wird. So hat die ARD mit ihrem Digitalangebot „Eins Festival" bereits einen Zugriffsdienst im weiteren Sinne im Angebot. Hier wird in einer vier- bis fünfstündigen Programmschleife ein Spielfilmprogramm wiederholt, auf das der Nutzer im entsprechenden Rhythmus zugreifen kann.

Noch nicht verfügbar, in absehbarer Zeit jedoch zu erwarten, ist die flächendeckende Einführung von so genannten „**Abrufdiensten**", die auch als *video-on-demand* bezeichnet werden.[84] Diese sind dadurch gekennzeichnet, dass der Rezipient aus einer

---

78 So der damalige Bundeswirtschaftsminister Günter *Rexrodt* (F.D.P.) bei einer Pressekonferenz im August 1998, vgl. FAZ Nr. 196/1998 v. 25.8.1998, S. 13.
79 *Kresse*, ZUM 1996, 59 (63 f.); *Hoffmann-Riem*, PayTV im öffentlich-rechtlichen Rundfunk, S. 119.
80 *Hoffmann-Riem*, MP 1996, 73; *ders.*, PayTV im öffentlich-rechtlichen Rundfunk, S. 119; *Bleckmann/Pieper/Erberich*, Zur Zulässigkeit der Veranstaltung von Spartenprogrammen durch öffentlich-rechtliche Rundfunkanstalten, S. 40.
81 Vgl. FK Nr. 48/1995, S. 12.
82 Bei der herkömmlichen Form des Rundfunks handelt es sich – in technischer Einordnung – um einen so genannten „Verteildienst". Die Programme werden dabei in einer vom Veranstalter festgelegten Reihenfolge zu einem bestimmten Zeitpunkt ausgestrahlt. Die Entscheidung über das „Was und Wann" liegt also allein beim Veranstalter, der die Darbietung an die Allgemeinheit verteilt Dem Rezipienten obliegt lediglich die Entscheidung, „ob" er sich in das ausgestrahlte Programm einschaltet; vgl. *Gersdorf*, Der verfassungsrechtliche Rundfunkbegriff, S. 25 ff.
83 Vgl. § 4 C.V. (S. 266).
84 Vgl. *Hoffmann-Riem*, MP 1996, 73.

Vielzahl von Beiträgen aussuchen kann, die beim Dienstanbieter auf „Servern" elektronisch gespeichert sind. Die Entscheidung über das „Was und Wann" liegt dabei allein beim Rezipienten.[85] Das Besondere an dieser Form von Telekommunikationsdiensten ist, dass der Datenfluss nicht – wie beim herkömmlichen Rundfunk – lediglich in eine Richtung, nämlich vom Anbieter zum Rezipienten, geht. Vielmehr ist der Verbraucher über das Breitbandkabelnetz auf einem Rückkanal oder über das schmalbandige Telefonnetz in der Lage, seine Wünsche an den Anbieter zu übermitteln, um so – je nach technischem Entwicklungsstand des Abrufdienstes – über sämtliche Funktionen eines Videorecorders zu verfügen: Der Rezipient kann also den georderten Beitrag an- und ausschalten, vor- und zurückspulen, auf Standbild setzen oder auf Schnellvorlauf stellen.[86]

Nach Auffassung von *Bullinger* und *Mestmäcker* handelt es sich bei Abrufdiensten nicht mehr um Rundfunk im Sinne des Art. 5 Abs. 1 S. 2 GG. Es komme bei der Einordnung des Multimediadienstes nicht auf seine technischen Merkmale an, sondern allein auf seine Funktion. *Video-on-demand* liege an der „Grenze zwischen Rundfunk und Multimedia", stelle jedoch „gestückelt einzelne Informationen einzelnen Interessenten zu individueller, nichtgesteuerter Auswahl zur Verfügung" und gehöre somit zu den „Forums-Medien", die beliebigen individuellen Informationswünschen und Äußerungen freien Raum lassen, „ähnlich wie zum Beispiel der Hyde Park Corner in London, der Telefondienst oder die meisten Einrichtungen, die Zugang zum Internet vermitteln (Provider)". Für solche Multimediadienste sei nicht die „staatliche Ausgewogenheitspflege", sondern vielmehr die „staatliche Offenheitspflege", wie sie Art. 87 f. GG vorsehe, das strukturgebende Mittel zur Sicherung freier und vielfältiger, individueller und öffentlicher Meinungsbildung.[87]

Diese Auffassung ist allerdings nicht von der Verfassungsrechtsprechung gedeckt. Die Ausführung der „Baden-Württemberg-Entscheidung" zu den „rundfunkähnlichen Kommunikationsdiensten" beziehen sich ausdrücklich auf Ton- und Bewegtbilddienste auf Abruf und stellen dabei inhaltliche Aspekte und den Inhalt des Kommunikationsprozesses in den Mittelpunkt. Das Bundesverfassungsgericht sieht in technischen Besonderheiten keinen hinreichenden Grund, die Dienste aus dem verfassungsrechtlichen Rundfunkbegriff auszuklammern.[88] Vielmehr ordnet das Gericht diese Dienste ebenso wie die Verteildienste dem Begriff des Rundfunks nach Art. 5 Abs. 1 S. 2 GG zu.[89]

Der 4. RÄndStV sieht dementsprechend vor, dass ARD, ZDF und Deutschlandradio künftig Mediendienste anbieten dürfen, soweit diese „vorwiegend programmbezogenen Inhalt" haben.[90] Das gilt nach einer Negativliste nicht für solche Dienste, die

---

85 *Schrape*, Digitales Fernsehen, S. 128; *Gersdorf*, Der Verfassungsrechtliche Rundfunkbegriff, S. 25.
86 *Gersdorf*, Der Verfassungsrechtliche Rundfunkbegriff, S. 25 ff.
87 Vgl. FK Nr. 24/1996, S. 11.
88 BVerfGE 74, 297 (350 ff.); siehe auch BVerfGE 83, 238 (302).
89 Vergleiche zu diesem Steitstand ausführlich: *Gersdorf*, Der Verfassungsrechtliche Rundfunkbegriff, S. 121 ff.
90 Vgl. Journalist Nr. 3/1998, S. 6.

„jeweils eine individuelle Leistung anbieten, ohne eine Darstellung zu veranstalten, und die nicht an die Allgemeinheit gerichtet sind". Dazu gehören u.a. der Austausch von individuellen Informationen und Daten, Telebanking, Telemedizin oder Videokonferenzen.[91]

Diese Novelle deckt sich mit den bisher angestellten Überlegungen zur Verfassungsrechtsprechung, insbesondere der „Baden-Württemberg-Entscheidung". Danach ist der Umfang des Begriffes „Rundfunk" in Art 5 Abs. 1 S. 2 GG keineswegs abschließend geklärt.[92] Soll die Rundfunkfreiheit in Zukunft ihre normierende Wirkung behalten, kann es nicht angehen, nur an ältere Techniken anzuknüpfen. Insoweit ist es ohne weiteres denkbar, dass beliebige multimediale Dienste eines Tages in den Bereich des Rundfunks hineinwachsen. Soweit Mediendienste einen Kommunikationsprozess zwischen zwei Teilnehmern eröffnen, bei dem es um die gleichen Inhalte geht wie beim herkömmlichen Rundfunk, erstreckt sich die Schutzwirkung des Art. 5 Abs. 1 S. 2 GG jedenfalls nach der Diktion des Bundesverfassungsgerichts auch auf diese Dienste.[93]

Darin liegt der entscheidende Maßstab, an dem sich jedes Engagement der ARD im multimedialen Bereich messen lassen muss. Die für die Verfassung entscheidenden Kriterien sind der Inhalt der Sendungen und die am Kommunikationsprozess Beteiligten.[94]

Soweit die neuen Dienste wenigstens „rundfunkähnlich" sind, unterfallen sie dem Schutzbereich des Art. 5 Abs. 1 S. 2 GG, so dass sie in die Konzeption der dienenden Rundfunkfreiheit einbezogen sind. Ihre Veranstaltung genießt daher, genau wie der herkömmliche Rundfunk, den Grundrechtsschutz und hat eine freie, individuelle und öffentliche Meinungsbildung zu ermöglichen. Wenn aber die neuartigen Dienste dem Rundfunkbegriff zuzuordnen sind, müssen sie grundsätzlich auch der ARD in der Nutzung erschlossen werden. Maßstab ist dabei die Grundversorgung. Soweit mithin die Dienste der Grundversorgung zuzurechnen sind oder in den Bereich der Grundversorgung hineingewachsen sind oder noch hineinwachsen könnten, wenn also zumindest absehbar ist, dass rundfunkähnliche Kommunikationsdienste in erheblichem Umfang an die Stelle des herkömmlichen Rundfunks treten, sind die öffentlich-rechtlichen Anstalten berechtigt, ja sogar verpflichtet, die Grundversorgung der Bevölkerung sicherzustellen.[95] Spätestens sobald die Nutzung der neuartigen Telekommunikationsdienste den Kreis der „Technikfreaks" verlässt, muss ihre Nutzung auch der Grundversorgung zugerechnet werden. Sie sind dann in den Bereich der Grundversorgung hineingewachsen.[96]

---

91 *Kresse*, ZUM 1996, 59 (64).
92 *Seelmann-Eggebert*, ZUM 1992, 79 (86).
93 BVerfGE 74, 297 (351 f.); vgl. § 4 B.IV. (S. 200).
94 Zusammenfassend: *Niepalla*, Die Grundversorgung durch die öffentlich-rechtlichen Rundfunkanstalten, S. 139.
95 BVerfGE 74, 297 (353 f.); vgl. *Pieper/Wiechmann*, ZUM 1995, 82 (83).
96 *Hoffmann-Riem*, MP 1996, 73 (76).

Zu diesem Ergebnis gelangen letztlich übrigens auch *Mestmäcker* und *Bullinger*. Sie ordnen jene Multimediadienste, die ihrer Ansicht selbst nicht unter den Rundfunkbegriff fallen, als „Annexdienste" gleichwohl dem Rundfunk zu, weil diese – entsprechend der Diktion des Bundesverfassungsgerichts – erforderlich seien, um Rundfunk unter veränderten Bedingungen wirksam darzubieten und zu finanzieren.[97]

Die Voraussetzungen für eine Zuordnung von neuen Mediendiensten wie *video-on-demand* zur Grundversorgung liegen zum jetzigen Zeitpunkt noch nicht vor. Da ein Vergleichsmaßstab fehlt, lässt sich zudem nicht zuverlässig bestimmen, wo innerhalb des Grundversorgungsauftrages im Hinblick auf die Veranstaltung rundfunkähnlicher Kommunikationsdienste die Grenze liegt. Zwar bleibt vorerst offen, in welchem Ausmaß die Veranstaltung von solchen Diensten erforderlich wird, wenn sich die Notwendigkeit einer Grundversorgung bei diesen einmal ergibt. Allerdings sind einmal eingetretene Fehlentwicklungen nicht oder nur sehr schwer zu korrigieren.[98] Deshalb müssen die regulativen Weichen rechtzeitig gestellt werden. Sollten sich Mediendienste in großem Stil durchsetzen können, so ist nicht auszuschließen, dass sie die bisherigen Verteildienste in ihrer publizistischen Bedeutung erreichen oder übersteigen.[99] Anhand der rasanten technischen Entwicklung ist ohne weiteres absehbar, wann die Nachfrage im Bereich von „Multimedia" noch weiter ansteigen wird. Es liegt, wie *Hoffmann-Riem*, beschreibt, in der Logik der Medienentwicklung, dass neue Dienste, insbesondere Zugriffs- und Abrufdienste, für einen erheblichen Teil des Publikums einen wesentlichen Teil der Kommunikationsversorgung ausmachen werden. Bei den Zugriffsdiensten ist die Entwicklung – auch aufgrund der niedrigeren technischen Anforderungen – weiter fortgeschritten als bei den Abrufdiensten. Bei beiden ist es gleichwohl geboten, die Funktionserfordernisse des dualen Rundfunks flexibel und zukunftsorientiert auch zu wahren. Die Kompensationsfunktion des öffentlich-rechtlichen Rundfunks im Hinblick auf mögliche programmliche und pluralistische Defizite der Privaten ist auch insoweit wichtig, als Vollprogramme ihre publizistische Bedeutung ganz oder teilweise einbüßen.[100]

Deshalb muss den öffentlich-rechtlichen Rundfunkanstalten, also auch der ARD, als Garanten der Grundversorgung auf jeden Fall eine Entwicklungsmöglichkeit im Hinblick auf multimediale Dienste offengehalten werden. Zu diesem Zweck wurde der ARD von der KEF ein spezieller gebührenfinanzierter Etat von rund 350 Mio. Mark (179 Mio. €) in der Gebührenperiode 1997 bis 2000 allein für technische Innovationen zugestanden, der den Anstalten eine Finanzierung von eigenen Forschungsprojekten ermöglicht. Zusätzlich sollte eine gesetzliche Grundlage dafür geschaffen werden.[101] Soweit es sich nämlich um die Zuweisung neuer Techniken handelt, durch

---

97 Siehe FK Nr. 24/1996, S. 11 (12).
98 Vgl. BVerfGE 57, 295 (323).
99 So auch *Niepalla*, Die Grundversorgung durch die öffentlich-rechtlichen Rundfunkanstalten, S. 150; *Hoffmann-Riem*, Pay-TV im öffentlich-rechtlichen Rundfunk, S. 61 f.
100 *Hoffmann-Riem*, Pay-TV im öffentlich-rechtlichen Rundfunk, S. 67.
101 *Lojewski*, Der Spiegel Nr. 6/1995, S. 21.

die auch staatliche Interessen berührt werden, ist ein staatlicher Mitwirkungsakt erforderlich, für den sich die Form eines Gesetzes zumindest anbietet, wobei aber wiederum ein legislatorischer Gestaltungsspielraum anerkannt werden muss.[102] Eine derartige Forschungsermächtigung sollte allerdings nicht nur in Richtung auf die Entwicklung von Multimedia gestaltet werden. Vielmehr muss den Rundfunkanstalten auch eine Einschätzungsprärogative zugestanden werden, die ihnen rechtlich den Rücken für schnelle und ungewöhnliche Entscheidungen freihält. Insofern könnte die geforderte gesetzliche Grundlage allenfalls einen Rahmen stecken, möglicherweise in Form von Mittelzuweisungen für Forschungsprojekte.

B. Rahmenbedingungen und Organisationsstrukturen

Angesichts der historisch bedingten Widersprüchlichkeiten und der daraus hervorgegangenen Instabilität der bestehenden Organisationsstrukturen können die in den letzten Jahren in hoher Zahl unterbreiteten Reformvorschläge nicht überraschen. Sie sind zum überwiegenden Teil auch nicht neu, sondern wurden, wie *Kops* festgestellt hat, bereits in den 1980er, teilweise gar in den 60er und 70er Jahren vorgebracht. Allerdings unterscheiden sich die gegenwärtigen Vorschläge von jenen in ihrem Umfang. Sie sind deutlich weitergehend, ja radikaler als alle bis dahin diskutierten.[103]

Mit der Verpflichtung, den „klassischen" Rundfunkauftrag zu erfüllen, kann nicht gemeint sein, dass eine historisch gewachsene Organisationsform sozusagen „klassisch" geworden sei und darum nicht mehr verändert werden darf.[104] Der Grundversorgungsauftrag beinhaltet – gerade, wenn Grundversorgung als „dynamische Kategorie" zu verstehen ist[105] – auch die Forderung, eine historisch gewachsene Struktur immer und immer wieder auf den Prüfstand zu stellen. Das gilt insbesondere vor dem Hintergrund der rasanten technischen und programmlichen Entwicklungen, die eine Neujustierung zur Pluralismussicherung erfordern.

Wenn MDR-Intendant *Reiter* hofft, die ARD könne ihre Probleme selber lösen, „bevor die Politiker ihr eine Lösung aufzwängen",[106] schwingt da eine gehörige Portion Selbstbewußtsein und möglicherweise auch Selbstüberschätzung mit. Noch können die Landesrundfunkanstalten selbst keine Gesetze erlassen. Unterhalb der Gesetzesebene läßt sich hingegen nur das regeln, was nicht „wesentlich" ist.[107] Wenn der MDR-Intendant *Reiter* also die Probleme alleine lösen will, kann das nur eine Fortsetzung des rigiden Sparkurses bedeuten – mit allen bekannten Nebenerscheinungen, insbesondere den institutionalisierten Kooperationen und – ist von *Reiter* erfahrungsgemäß zu erwarten – Auslagerungen und Privatisierungen. Auch ohne Mitwirkung des Gesetzgebers können Rundfunkanstalten Verwaltungsverträge

---

102 *Bethge*, JöR 35 (1986), 103 (114).
103 Vgl. *Kops*, in: Kops/Sieben, S. 21 (46 f.) m.w.N.
104 *Kresse*, Grundversorgung und integrative Pluralismussicherung, S. 16; *ders.* ZUM 1995, 178 (185).
105 *Goerlich/Radeck*, JZ 1989, 53 (58).
106 Vgl. FK Nr. 13-14/1997, S. 11.
107 Siehe oben § 3 B.VI.1. (S. 133 ff.).

schließen, Kooperationen vereinbaren und Rationalisierungsmaßnahmen umsetzen. Mögliche Veränderungen an der Rundfunkstruktur fallen hingegen in die ausschließliche Kompetenz der Landesgesetzgeber.

Ob es die ARD mit Selbstbeschneidungen allerdings noch schaffen kann, die öffentliche Diskussion um eine Neugliederung zu beenden, darf bezweifelt werden. Angesichts der Entwicklung und der eingetretenen Veränderungen kann nämlich in der Tat gefragt werden, ob es noch sinnvoll ist, wenn 16 Bundesländer zehn Rundfunkanstalten unterhalten, von denen mindestens drei am Tropf des Finanzausgleichs hängen.

Eine Strukturreform der ARD kann allerdings nur dann zu echten Einsparungen führen, „wenn sie sich im Programm widerspiegelt". Diese Einschätzungen vertritt nicht nur der Vorsitzende der KEF, Rainer *Conrad*.[108] Die ARD hat sich im Laufe ihrer Existenz zu einer korporativen Unternehmensvereinigung entwickelt und in einigen Bereichen sogar zu einem Unternehmen.[109] Das Programm ist das Produkt der ARD. Hier können, ja müssen Rationalisierungen greifen. An keiner anderen Stelle ist mit revolutionären Auswirkungen auf den Finanzbedarf zu rechen. Allerdings sind es die Rahmenbedingungen, die eine Programmerneuerung ermöglichen.

An dieser Stelle müssen somit alle Reformbemühungen ansetzen.

In der Praxis hat sich gezeigt, dass sich die unterschiedlichen Vorschläge in bestimmten Bereichen überschneiden, zum Teil aber auch gegenseitig ausschließen. Im wesentlichen gehen die politischen Reformvorschläge inhaltlich in zwei Richtungen: Zum einen gibt es zahlreiche Vorschläge im Bereich der Finanzierung der ARD und der einzelnen Landesrundfunkanstalten, zum anderen die Vorschläge, die an der Organisations- und Gebietsstruktur der ARD ansetzen.

Zunächst sollen die unterschiedlichen Reformkonzepte vorgestellt und anschließend in den beiden Kategorien beurteilt werden. Hierbei ist es nicht erforderlich, detailliert auf Strukturvorschläge einzugehen, die längst von der Strukturdebatte überholt sind oder die auf derartig geschlossenen politischen und gesellschaftlichen Widerstand stoßen, dass eine Umsetzung faktisch ausgeschlossen ist.

I. Darstellung der Reformvorschläge

Generell empfiehlt es sich, die Vorschläge zur Strukturreform in zwei unterschiedliche Gruppen zu sortieren. Anders als bei *Kops*, der bei der Differenzierung die vertikalen und horizontalen Strukturmerkmale der ARD heranzieht,[110] was zu einer sehr schematischen und leider sehr unübersichtlichen Darstellung führt, wird hier eine Unterteilung in „große" und „kleine" Lösungen vorgezogen. Während nämlich die

---

108 Vgl. FK Nr. 22-23/1995, S. 10.
109 *Herrmann*, Rundfunkrecht, § 16 Rn. 12.
110 *Kops*, in: Kops/Sieben, S. 21 ff.

Vorschläge etwa von *Stoiber/Biedenkopf,* vom MDR-Intendanten Udo *Reiter* oder von ARD-Programmdirektor Günter *Struve* den strukturpolitischen Rundumschlag fordern und die beinahe vollständige Neuordnung des öffentlich-rechtlichen Rundfunks bedeuten, sind zahlreiche kleine Lösungen im Gespräch, die einzelne Veränderungen vorschlagen, ohne aber die Gesamtstruktur der ARD in Frage stellen.

1. Große Reformen

Das lauteste Medienecho aller Vorschläge haben zweifellos im Jahr 1995 die Vorstöße der Ministerpräsidenten *Biedenkopf* und *Stoiber* hervorgerufen. Auch die Modellvorschläge des damaligen ARD-Vorsitzenden, MDR-Intendant Udo *Reiter,* haben viel Aufmerksamkeit gefunden. Daneben sind zudem zahlreiche Strukturvorschläge diskutiert worden, die sich teilweise überschneiden, anderteils aber auch vollständig neue Ansätze aufzeigen.

Zunächst soll ein Blick auf die Beschlüsse der ARD-Gremienvorsitzenden geworfen werden, die diese 1998 und 1999in drei richtungsweisenden Konferenzen in Hamburg, Potsdam und Saarbrücken getroffen haben. Diese Beschlüsse sind naturgemäß am nächsten an der Sache und befassen sich konkret mit der ARD-Reform. Deshalb sind sie Grundlage für eine Einigung der Ministerpräsidenten über die Fortsetzung des Rundfunkfinanzausgleichs geworden, die sich im RFinStV niederschlagen soll.[111]

a. Reform-Beschlüsse der Intendanten und Ministerpräsidenten

Die „Hamburger Beschlüsse", die die Konferenz der Intendanten und Gremienvorsitzenden der Landesrundfunkanstalten Ende April 1998 auf einer Klausurtagung in der Hansestadt fassten und die der damalige ARD-Vorsitzende *Reiter* vollmundig als „Durchbruch" und „große Sensation" auswies,[112] verdienen bei genauer Betrachtung nicht wirklich die Einordnung als „große" Strukturreform.[113] In dem knapp 15zeiligen Beschlusspapier haben sich die Intendanten gerade einmal auf „Eckpunkte" für eine künftig *anzustrebende* Strukturreform geeinigt. Diese verdienen aber einige Beachtung.

In diesem Beschluss einigten sich die Gremienvorsitzenden vor allem auf gemeinsame Grundsätze in Finanzierungsfragen: So verständigten sich die Funktionäre auf die Beibehaltung einer für alle Teile Deutschlands einheitlichen Rundfunkgebühr und eine „Veränderung" des Rundfunkfinanzausgleichs. An seine Stelle soll langfristig

---

111 Vgl. FK Nr. 42/1999, S. 10 f.; FK Nr. 46/1999, S. 10.
112 ARD in MDR ONLINE, Presseinformation Nr. 20/1998 v. 29.4.1998, im Internet abrufbar unter http://www.mdr.de/service/presse/ard/ard2098.html; vgl. Hamburger Abendblatt Nr. 100/1998 v. 30.4.1998, S. 8.
113 Von geradezu prophetischer Erleuchtung relativierte *Reiter* schon vier Jahre zuvor seine spätere Übertreibung: „Die Staatsverträge schließen die Ministerpräsidenten, nicht die Landesrundfunkanstalten. Selbst wenn wir uns intern auf ein Konzept einigen könnten, würde das nichts bedeuten." Siehe *Lehmann/Gertis,* Kabel & Satellit Nr. 33/1994, S. 4.

ein **Strukturfonds** treten – ein Vorschlag, der allerdings von den Intendanten kaum mit Konturen versehen wurde, jedoch aufgrund der vorangegangenen öffentlichen Diskussion erahnen lässt, was angestrebt ist. So scheint alles auf einen **regionalisierten Finanzausgleich** hinauszulaufen, der unter der Bezeichnung „Strukturfonds" firmieren wird und möglicherweise, nämlich in dem Fall, dass sich die Länder nicht einigen, auf Vereinbarungen der Landesrundfunkanstalten beruhen könnte.[114]

Einen solchen Ausgleich hat der rheinland-pfälzische Ministerpräsident Kurt *Beck* bereits 1995 vorgeschlagen. In einem „Skizzenpapier zur Neuordnung des Rundfunks im Südwesten" sprach sich der SPD-Politiker für eine Regionalisierung des Finanzausgleichs aus. Das Beck-Konzept sah vor, dass der damalige SDR, der SWF und der HR gemeinsam den SR zu finanzieren hätten, während der NDR bei der Finanzierung von RB helfen sollte.[115]

Bei einer Folgetagung in Potsdam verständigten sich die Intendanten im September 1998 darauf, der Ministerpräsidentenkonferenz vorzuschlagen, dieses Finanzausgleichsmodell auf zehn Jahre zu befristen. Im anvisierten Zeitraum – nämlich zwischen 2001 und 2010 – sollen die Ausgleichszahlungen von zunächst 80 Mio. Mark jährlich schrittweise abgebaut werden. Zwischenzeitlich war ein Umfang des Finanzausgleichs von 120 Mio. Mark (61,36 Mio. €) jährlich im Gespräch.[116] Als Nehmeranstalten wurden dabei nur noch RB und SR genannt. Der SFB sollte nach dem Willen der Intendanten ab 2001 aus dem Finanzausgleich ausscheiden und mit dem ORB fusionieren.[117]

Ein einschneidender Richtungswechsel folgte dann allerdings im Herbst 1999. Am 15. Oktober empfahl die Rundfunkkommission der Länder in Bonn die Beibehaltung des Rundfunkfinanzausgleichs, der allerdings von 1,9 Prozent des ARD-Nettogebührenaufkommens (ca. 160 Mio. Mark / 82 Mio. €) im Jahr 2001 kontinuierlich auf ein Prozent (ca. 100 Mio. Mark / 51 Mio. €) bis zum 31.12.2006 reduziert werden sollte.[118] Dieser Empfehlung schlossen sich am 12. November 1999 die Ministerpräsidenten der Länder auf einer Sitzung in Bremen an, nicht ohne allerdings eine Änderung vorzunehmen: der Finanzausgleich soll danach bereits zum Ende des Jahres 2005 das Ziel von einem Prozent erreichen. Neben RB und dem SR soll nach diesem Beschluss weiterhin auch der SFB mit rd. 5,1 Mio. € jährlich versorgt werden. Die

---

114 Das erklärten übereinstimmend der stellvertretende NDR-Intendant Joachim *Lampe* bei einem Vortrag am 8.6.1998 in Hamburg (vgl. *Springer*, Die Welt v. 13.6.1998, S. 11) und der Leiter der NDR-Intendanz Holger *Ohmstedt*, bei einem Gespräch am 19.5.1998 in Hamburg (ebenfalls nicht veröffentlicht).
115 Siehe FK Nr. 19/1995, S. 14.
116 Hamburger Abendblatt Nr. 252/1998 v. 29.10.1998, S. 11.
117 Vgl. Hamburger Abendblatt Nr. 222/1998 v. 23.9.1998, S. 10; ähnlich *Ohmstedt* in dem Gespräch am 16.5.1998.
118 FK Nr. 42/1999, S. 10.

Zuschüsse für den SR sollen schließlich bei 25,5 Mio. € fixiert werden und die Radio Bremens bei rund 20,5 Mio. €.[119]

Die Länderchefs empfahlen gleichzeitig eine Änderung des Fernsehvertragsschlüssels, mit der RB und SR durch eine Reduzierung ihrer Zuliefererquote auf ein Prozent finanziell entlastet werden sollten. Während die Intendanten die Neuregelung des Finanzausgleiches am 24. November 1999 in Saarbrücken einstimmig billigten, konnten sie sich zu einer – allein in Ihrer Entscheidungskompetenz liegenden – Änderung des Fernsehschlüssels hingegen nicht durchringen. Satt dessen einigten sie sich darauf, den Beitrag der beiden Kleinsender für Gemeinschaftskosten der ARD – etwa beim Film- und Sportrechtekauf – zu reduzieren und so eine finanzielle Entlastung herbeizuführen.[120]

Die verbliebenen Strukturdefizite müssen nach Auffassung der ARD-Funktionäre die betroffenen Kleinsender über **Kooperationen** mit ihren Nachbarn und anstaltsinterne Rationalisierungen abbauen. *Reiter* hat einen entsprechenden Vorschlag bereits wenige Tage vor der Hamburger Sitzung im April 1998 erstmals in die Diskussion eingebracht. Er will auf diese Weise die Kosten der Kleinen soweit absenken, dass ein Finanzausgleich auf Dauer überflüssig wäre.

Ziel aller Beschlüsse – und das ist im Rahmen der Strukturdebatte von einigem Interesse – ist jedenfalls die „weitgehend eigenständige Finanzierung aller Rundfunkanstalten". Das macht deutlich, dass die Intendanten eigentlich gar keine Neustrukturierung der ARD und ihrer Landesrundfunkanstalten anstreben. Zwar ist in den Hamburger Beschlüssen von „Kooperationen bis zu Fusionen" die Rede, allerdings wird ausdrücklich darauf hingewiesen, dass RB und der SR als eigenständige Anstalten erhalten bleiben sollen. Als konkrete Fusionspartner werden insofern folgerichtig nur SFB und der ORB genannt.

Die ursprünglichen Widerstände, vor allem in Berlin und im Saarland, sind jedenfalls inzwischen überwunden.[121]

Weil durch den politischen Konsens offenbar der Wunsch nach einer wirklich umfassenden Strukturreform zunächst überdeckt wird und die Hoffnung auf eine ARD mit gleichstarken Landesrundfunkanstalten aufgegeben wurde, haben die Ministerpräsidenten und einige Intendanten im Gegenzug eine bedingte Entmachtung der kleinen Landesrundfunkanstalten angestrebt – eine „Zwei-Klassen-Mitgliedschaft"[122] sozusagen, die bereits im Hamburger Beschlusspapier in einem Teilsatz angeregt worden waren. Als Gegenleistung für regionalisierte Hilfsmaßnahmen zugunsten der Kleinsender sollen die Stimmen der „Geberanstalten" innerhalb der ARD zukünftig

---

119 FK Nr. 42/1999, S. 10; FK Nr. 46/1999, S. 10.
120 FK Nr. 47/1999, S. 15; Journalist Nr. 12/1999, S. 6.
121 FK Nr. 42/1999, S. 11; vgl. auch Journalist Nr. 5/1998, S. 6; Hamburger Abendblatt Nr. 223/1998 v. 24.9.1998, S. 11; Hamburger Abendblatt Nr. 222/1998 v. 23.9.1998, S. 10.
122 Vgl. Journalist Nr. 5/1998, S. 6.

stärker gewichtet werden. Die finanzschwachen Sender sollen sich dagegen mit einem eingeschränkten Stimmrecht innerhalb der ARD zufrieden geben.[123]

Das Prinzip der **Stimmengewichtung** ähnlich dem des Bundesrates wurde von der Rundfunkkommission ausdrücklich empfohlen und auch von der Ministerpräsidentenkonferenz ins Auge gefasst.[124] Schon im Vorfeld der Hamburger Tagung hat der Intendant des SR, Fritz *Raff*, seine Zustimmung zu diesem Vorschlag *Reiters* signalisiert.[125]

Die vier kleinen Anstalten – RB, SR, ORB und SFB – werden in diesem Falle vermutlich jeweils eine Stimme erhalten, je zwei Stimmen werden dem MDR und dem HR zugestanden, deren Gebührenaufkommen höher als 500 Mio. Mark (255 Mio. €) ausmacht. Je drei Stimmen erhalten die Großanstalten WDR, BR, NDR und SWR.[126] Das ergibt zusammen 20 Stimmen, mit denen Richtungsentscheidungen für das „Erste" und andere Grundsatzfragen der Gemeinschaft entschieden werden könnten. Bei Stimmengleichheit soll offenbar die Stimme des ARD-Vorsitzenden entscheiden. Bei 20 Stimmen bliebe es auch, wenn es doch noch zu einer Fusion von ORB und SFB kommen sollte. Die neue Anstalt käme über die 500-Mio.-Schwelle und hätte damit zwei Stimmen.[127]

Allerdings zeichnet sich inzwischen ab, dass ARD-intern eine Mehrheit für eine solche Stimmengewichtung kaum zu finden sein wird.[128]

b. Die 16 Thesen von Stoiber und Biedenkopf

1994/95 haben die Ministerpräsidenten der Freistaaten Bayern und Sachsen die rundfunkpolitische Reforminitiative an sich gerissen und damit eine Lawine losgetreten, die letztlich in die eben dargestellten Reformbeschlüsse mündete. Während der CSU-Politiker Edmund *Stoiber* im Oktober 1994 auf den „Münchner Medientagen" noch allein zum Angriff auf die ARD blies und die Abschaffung des Gemeinschaftsprogramms forderte,[129] drängte er seit Januar 1995 vor allem im Duett mit seinem sächsischen Kollegen Kurt *Biedenkopf* auf eine „durchgreifende Strukturreform"[130] der Gemeinschaft – nicht zuletzt flankiert durch den damaligen Bundeskanzler Helmut *Kohl*.[131] Die Unionspolitiker setzten sich für die wohl umfassendste Strukturreform der Gemeinschaft ein. Im Mittelpunkt ihrer Vorschläge stand ein Papier mit „16

---

123 *Springer*, Die Welt v. 13.6.1998, S. 11; *Lilienthal*, epd medien Nr. 34/1998, S. 3 (4); *ders.*, Journalist Nr. 6/1998, S. 28 ff.
124 FK N. 42/1999, S. 10; FK Nr. 46/1999, S. 10; Journalist Nr. 12/1999, S. 6.
125 Hamburger Abendblatt Nr. 98/1998 v. 28.4.1998, S. 11.
126 So der Vorschlag des Chefs des Baden-Württemberger Staatsministeriums, Lorenz *Menz*, siehe *Lilienthal*, epd medien Nr. 34/1998, S. 3 (4); *ders.*, Journalist Nr. 6/1998, S. 28 (30).
127 Die Befürchtung des Stimmenverlustes war bisher offenbar ein wichtiger Grund *gegen* eine Fusion, vgl. *Lojewski*, FK Nr. 9/1996, S. 1 (4).
128 FK Nr. 43/1999, S. 12.
129 Siehe medien aktuell Nr. 42/1994, S. 18.
130 *Stoiber/Biedenkopf*, MP 1995, 104 (106).
131 Vgl. etwa: *von Sell*, FK Nr. 13/1995, S. 1 ff.

Thesen zur Strukturreform des öffentlich-rechtlichen Rundfunks", das die beiden im Januar 1995 veröffentlichten.[132]

Ziel der Unionspolitiker ist nach eigenem Bekunden nicht die Zerschlagung der ARD – obgleich der Vorwurf in der Diskussion nach wie vor zu vernehmen ist.[133] Das bestreiten *Stoiber* und *Biedenkopf* nachhaltig und versichern, eine Reform der Gemeinschaftsstrukturen anzustreben.[134] Vielmehr setzen sie sich für eine Verstärkung des föderalen Aspektes der ARD und eine Konsolidierung der Finanzen ein. So forderten sie, das ARD-Gemeinschaftsprogramm zugunsten der Landesrundfunkanstalten und ihrer Dritten Programme abzuschaffen.[135] Zugleich setzen sie sich nach wie vor für eine Verminderung der Landesrundfunkanstalten, die Abschaffung des Rundfunkfinanzausgleichs und damit eine Zentralisierung der horizontalen Organisationsstrukturen auf der unteren föderalen Ebene ein.

Stoiber und *Biedenkopf* begründen die Forderung nach einer **Abschaffung des Gemeinschaftsprogramms** vor allem mit der Entwicklung der Gemeinschaft zu einem „konzernähnlichen Gebilde" unter der Führung des WDR, die zu einer nachhaltigen Verringerung der Selbständigkeit der Landesrundfunkanstalten geführt habe (These 8).[136] Die Ministerpräsidenten kritisieren, dass der gegenwärtig in der ARD praktizierte Finanzausgleich dem Prinzip des Wettbewerbs widerspreche und das nötige Kostenbewusstsein beeinträchtige (These 14).[137] Dadurch komme es zu wirtschaftlichen Abhängigkeiten der kleineren Anstalten, die weder mit dem Gedanken der Vielfalt, noch mit der Notwendigkeit von Wettbewerb miteinander vereinbar sind. Faktisch sei der WDR so zu einer die ARD dominierenden Anstalt geworden.

Zugleich habe sich der öffentlich-rechtliche Rundfunk über das für die Grundversorgung erforderliche Maß ausgedehnt und müsse prinzipiell und aus Kostengründen reduziert werden.

Die notwendige Reduktion des Programmangebots zur Senkung der Kosten des öffentlich-rechtlichen Gesamtprogrammangebots der ARD, so *Stoiber* und *Biedenkopf*, könnte zwar durch einen Abbau der Dritten Programme bei gleichzeitiger Beibehaltung und Stärkung des Gemeinschaftsprogramms erreicht werden. Gegen diesen Vorschlag führen sie aber anderseits an, dass dadurch der föderale Aspekt des öffentlich-rechtlichen Rundfunks weiter geschwächt würde, weil so mit dem (gestärkten) ARD-Gemeinschaftsprogramm ein weiteres nationales Programm neben das ZDF-Angebot treten würde. Das würde das schon jetzt vorhandene Ungleichgewicht

---

132 Veröffentlicht von den Staatskanzleien Bayerns und Sachsens am 28. Januar 1995 mit Datum vom 27. Januar 1995; abgedr. in: MP 1995, S. 104-108; siehe auch FK Nr. 5/1995, S. 3 ff.
133 Der Spiegel Nr. 6/1995, S. 18 (19); *Schwarzkopf*, FK Nr. 46/1999, S. 3; FK Nr. 46/1999, S. 10 (11).
134 Siehe den Beschluß des CDU-Bundesvorstandes auf der Windhagener Klausurtagung am 3./4.2.1995, CDU-Infofax der CDU-Bundesgeschäftsstelle Nr. 5 v. 9.2.1995, vgl. *Ridder*, MP 1995, 100 (101).
135 Siehe *Stoiber/Biedenkopf*, MP 1995, 104 ff.
136 *Stoiber/Biedenkopf*, MP 1995, 104 (105).
137 *Stoiber/Biedenkopf*, MP 1995, 104 ff. (These 14).

zwischen nationalem und föderalem Aspekt in der deutschen Rundfunklandschaft zu Lasten der Vielfalt weiter stärken (These 11).[138]

Die Ministerpräsidenten schlagen deshalb vor, den föderalen Aspekt der Gemeinschaft und mit ihm die Dritten Programme zu betonen und auszubauen (These 12).[139] Angesichts der Finanzknappheit und der fehlenden Bereitschaft seitens der Politik, die Gebühren weiter anzuheben, sei dieses Ziel eben nur auf Kosten des Gemeinschaftsprogrammes zu finanzieren (These 10).[140]

Die Abschaffung des „Ersten" sei deshalb zur strukturellen Stärkung der kleineren Landesrundfunkanstalten und zur Herstellung einer finanziellen Konkurrenzfähigkeit erforderlich. Als Ersatz schlagen sie eine Zusammenarbeit der Landesrundfunkanstalten bei bestimmten Projekten und Aufgaben sowie einen regelmäßigen Austausch von Programmteilen vor. Auf diese Weise sollen Synergiepotentiale ausgeschöpft werden (These 16).[141]

Stoiber und *Biedenkopf* fordern darüber hinaus die Zusammenlegung einzelner Landesrundfunkanstalten zu wettbewerbsfähigen und annähernd gleichstarken Einheiten, um dadurch den Finanzausgleich innerhalb der ARD obsolet zu machen (These 13).[142] Die **Reduzierung der Landesrundfunkanstalten** begründen beide damit, „dass die Verwirklichung einer ausgewogenen Vielfalt [...] voraus[setzt], dass die Landesrundfunkanstalten annähernd gleich leistungsstark sind". Als Begründung hierfür führen sie an, dass gerade die kleineren Anstalten so hohe Personalkosten aufzubringen hätten, dass für sie keine Mittel zur Ausgestaltung des Programms verblieben.

Nur durch eine Angleichung des Niveaus könne der **Finanzausgleich** obsolet werden. Ziel müsse es daher sein, zu einer ausgewogenen Größenstruktur zu gelangen. Mehrere Länder hätten diesen Anforderungen mit der Bildung von Mehrländeranstalten bereits Rechnung getragen. Anstalten, die dauerhaft auf Zuschüsse angewiesen sind, sollten auf keinen Fall bestehen bleiben.

Ein konkreter Vorschlag für eine **Neugliederung der Gemeinschaft** wird in dem Thesenpapier nicht unterbreitet. Allerdings haben beide Politiker im Nachfeld der Veröffentlichung in Interviews und Zeitungsartikeln ihre Vorschläge diesbezüglich konkretisiert. *Biedenkopf* und *Stoiber* halten sechs bis sieben Landesrundfunkanstalten für angemessen. Nach ihren Vorstellungen könnte RB, der ORB und der SR als Fusionsobjekte in ihren stärkeren Nachbaranstalten aufgehen.

Mecklenburg-Vorpommern sollte sich zudem nach Auffassung von *Biedenkopf* aus dem NDR lösen und zu der Berliner Sendergruppe stoßen. Auch den HR hat er in Frage gestellt, seinerzeit – vor der Gründung des SWR – allerdings eine Sender-

---

138 *Stoiber/Biedenkopf*, MP 1994, 104 (106 f.).
139 *Stoiber/Biedenkopf*, MP 1995, 104 (107).
140 *Stoiber/Biedenkopf*, MP 1995, 104 (106).
141 *Stoiber/Biedenkopf*, MP 1995, 104 (108).
142 *Stoiber/Biedenkopf*, MP 1995, 104 (107).

gruppe für Hessen, Rheinland-Pfalz und das Saarland empfohlen.[143] Auch *Stoiber* setzt sich offenbar für eine ARD mit sieben Landesrundfunkanstalten ein. BR, WDR und MDR könnten in ihrer jetzigen Form bestehen bleiben. Bremen solle zum NDR kommen, der dafür Mecklenburg-Vorpommern an einen „Ostdeutschen Rundfunk" (ODR) mit Berlin und Brandenburg abzutreten habe. Baden-Württemberg, Rheinland-Pfalz, Hessen und das Saarland sollten zu *zwei* neuen Landesrundfunkanstalten zusammengefasst werden. Das könnte sinnvollerweise nur eines bedeuten: Wenn man sich an die bundesstaatlichen Ländergrenzen halten will, kommt nur ein „Saarländisch-rheinland-pfälzisch-hessischer Rundfunk" (SRPHR – ein scheußliches Wortgebilde im übrigen) in Betracht, dem ein „Radio Baden-Württemberg" (RBW) gegenübersteht.[144]

Während der Vorstoß der Ministerpräsidenten auf die Zustimmung des damaligen Bundeskanzlers stieß – die Überlegungen seien grundsätzlich richtig, Ziel einer ARD-Reform müsse die Sicherung des Föderalismus und die Beseitigung der Machtposition des WDR sein[145] –, ernteten sie in der Öffentlichkeit vor allem Widerspruch. Die unterschiedlichen Gremien der ARD widersprachen (natürlich),[146] SPD und Bündnis 90/Die Grünen widersprachen, was auch nicht verwundert, selbst beim Koalitionspartner F.D.P. und auch in Teilen der CDU regte sich Widerspruch, sogar die katholische Kirche protestierte gegen die Vorschläge.[147,148] Die möglicherweise freundlichste Reaktion war noch die des damaligen WDR-Intendanten Friedrich *Nowottny*, der das Thesenpapier als „eine gut koordinierte, gut vorbereitete Aktion" bezeichnete,[149] während der damalige ARD-Vorsitzenden Albert *Scharf* (vom BR – daher möglicherweise die moderate Reaktion) immerhin noch die „falschen Voraussetzungen" des Thesenpapiers kritisierte.[150]

c. Reiter-Modell

Der Intendant des MDR, Udo *Reiter*, hat vor allem in seiner Amtszeit als ARD-Vorsitzender in den Jahren 1997 und 1998 ständig Reformen angemahnt und Kooperations- sowie Fusionsvorschläge in die Diskussion gebracht. Ihre Addition bzw. Kombination hat ein Gesamtmodell aufgezeigt, das nachfolgend unter der Bezeichnung „Reiter-Modell" dargestellt und erörtert wird und das der „Stern" als „radikalen Umbau der ARD" bezeichnet hat. In vielen Punkten ist das „Reiter-Modell" mit den Hamburger Beschlüssen der Gremienvorsitzenden vergleichbar. In dieser Runde

---

143 Siehe *Kops*, in: Kops/Sieben, S. 21 (73 f.) m.w.N.
144 ARD-Jahrbuch 96, S. 142 (146); siehe Abbildung 8: „Die 7er-ARD (nach *Stoiber/Biedenkopf*)" (Anhang, S. 461).
145 Pressemitteilung der CDU-Bundesgeschäftsstelle v. 1.2.1995, vgl. *Ridder*, MP 1995, 100 (101); siehe auch FK Nr. 5/1995, S. 4, 6.
146 Siehe FK Nr. 6/1995, S. 6; ARD-Jahrbuch 96, S. 142 (144 ff.).
147 Einen Überblick auf das Echo findet man bei: *Ridder*, MP 1995, 100 ff.
148 Vgl. FK Nr. 5/1995, S. 6; FK Nr. 6/1995, S. 6 f.; *Kops*, in: Kops/Sieben, S. 21 (54 ff.).
149 Vgl. *Kops*, in: Kops/Sieben, S. 21 (66); FK Nr. 5/1995, S. 5.
150 *Scharf*, in: FK Nr. 6/1995, S. 5 (6).

konnte *Reiter* als damaliger ARD-Vorsitzender seine persönlichen Vorstellungen weitgehend durchsetzen.

Abweichend von den Hamburger Beschlüssen hat *Reiter* ständig eine Verringerung der Zahl der Landesrundfunkanstalten angemahnt. Seit 1994 vertritt er nachdrücklich die Auffassung, diese sollten zu sechs Anstalten zusammengefasst werden. In Frage sind für ihn im Grunde drei „Fusionsgebiete" gekommen: im Südwesten, also im Bereich des damaligen SWF, SDR, SR und HR, im Norden zwischen Radio Bremen und NDR und im Osten zwischen ORB und SFB.[151]

Ursprünglich hatte *Reiter* dabei eine Abschaffung des SFB zugunsten eines Gemeinschaftsprojektes „ARD-Berlin" im Auge, das vom Land Berlin und den sechs großen ARD-Sendern getragen werden sollte. Dieses Modell sollte an die Stelle des SFB treten, ließ allerdings wichtige Fragen wie die Finanzierung, die Verteilung der Frequenzen sowie die Kompetenzverteilung zwischen Berlin und der ARD-Gemeinschaft offen.[152] Dabei plante *Reiter* offenbar ein Körperschaftsmodell mit der Organisationsstruktur des Deutschlandradios.[153] Allerdings versäumte er, rechtzeitig konkrete Vorschläge für Struktur und Organisation zu machen.[154] Möglicherweise war „ARD-Berlin" schon aus diesem Grund von vornherein zum Scheitern verurteilt. Abgesehen davon machte auch der Regierende Bürgermeister *Diepgen* (CDU) deutlich, dass Berlin eine eigenständige öffentlich-rechtliche Rundfunkanstalt brauche und ein „Einmarsch Dritter" nicht in Frage komme. Auch der Berliner Senat ist der Meinung, dass die Hauptstadt eine eigene Rundfunkanstalt benötige.[155] Statt einer „ARD-Berlin" haben sich die Intendanten im April 1997 von daher darauf geeinigt, die Einrichtung eines Hauptstadtstudios zur Konzentration der Berichterstattung aus der Bundeshauptstadt Berlin als Kooperationsmodell zu gestalten. Zugleich wurde eine interdisziplinäre Arbeitsgruppe eingesetzt, die sich mit dem Aufbau, der Organisation und möglichen Aufgabengestaltung eines Hauptstadtstudios beschäftigen sollte.[156] Seit dem 22. Mai 1999 sind an der Wilhelmstraße/Ecke Reichstagsufer in Berlin, nur 300 Meter vom Reichstag entfernt, erstmals alle ARD-Anstalten unter einem Dach vereinigt, um aus der Bundeshauptstadt zu berichten.[157]

Den anderen ARD-Intendanten ist es folglich gelungen, die Initiative in Sachen Berlin an sich zu reißen und das Problem allein auf Kooperationsebene zu lösen. Der Vorschlag von *Reiter*, den Rundfunk in Berlin durch eine gesonderte Anstalt zu organisieren, ist durch diesen Lösungsweg zu Grabe getragen worden. Die aus dem Modell der „ARD-Berlin" erwachsenen rundfunk- und verfassungsrechtlichen Besonder-

---

151 FI 1997, 117; Vgl. *Reiter*-Interview, bei: *Martin,* Focus Nr. 9/1997, S. 182-184; siehe Abbildung 10: „Die 6er-ARD nach Reiter" (Anhang, S. 462).
152 FK Nr. 16/1997, S. 11; vgl. *Löwisch,* epd medien Nr. 29/1997, S. 3 f.
153 FK Nr. 13-14/1997, S. 13; FK Nr. 16/1997, S. 11.
154 Vgl. *Löwisch,* epd medien Nr. 29/1997, S. 3 (4).
155 Siehe FK Nr. 8/1997, S. 9 (10); FI 1997, 117 (119).
156 Vgl. FI 1997, 255.
157 FI 1997, 255 (256); *Kalbitzer,* Journalist Nr. 10/1997, S. 40; *Röhrig,* Welt am Sonntag Nr. 17/1997 v. 27.4.1997, S. 65; *Lojewski,* FK Nr. 9/1996, S. 1 (4).

heiten haben daher allenfalls noch historische Bedeutung und brauchen hier nicht mehr überprüft zu werden.

d. Strukturvorschläge von Struve

Der Programmdirektor der ARD, Günter *Struve*, hat einen insbesondere zum *Stoiber/Biedenkopf*-Papier konträren Vorschlag unterbreitet. Er schlägt vor, die ARD zu einer vollwertigen, dem ZDF vergleichbaren, zentralen Ebene aufzuwerten, indem die Entscheidungs- und Produktionskompetenzen von den Landesrundfunkanstalten auf diese Ebene „hochgezont" würden.[158] Diese Umstrukturierung soll sich durch die Einführung eines bundesweit verbreiteten Dritten Programms („ARD 3") mit großen regionalen Fenstern ausdrücken. Neben das Erste Programm, das zu einem echten Programmanbieter mit eigenen Produktionszuständigkeiten ausgebaut werden soll, träte mit „ARD 3" ein zweites bundesweites ARD-Programm, während die Landesprogramme mit verringerter Bedeutung und reduzierter Zuständigkeit erhalten blieben.[159]

Neben diesen Strukturvorschlägen hat *Struve* ein weitreichendes Kooperationskonzept im Unterhaltungssektor vorgeschlagen. Unter dem Etikett „Unterhaltung" solle ein gemeinsamer Etat eingerichtet werden, für den jede Landesrundfunkanstalt entsprechend seiner Zulieferquote für das „Erste" die finanziellen Mittel bereitstellt und aus dem ein landesweit einheitliches „effektives" Unterhaltungsprogramm entwickelt werden könne, mit dem sich „mehr Punkte machen lassen als mit der einen oder anderen Unterhaltungssendung, die ein Haus im Alleingang unter großen ökonomischen Anstrengungen zuwege bringt".[160]

e. Düsseldorfer SPD-Modell

Kops erwähnt in seiner Aufzählung der Strukturvorschläge auch ein Modell, das von der Düsseldorfer SPD-Landtagsfraktion in die Diskussion eingebracht wurde und das der Vollständigkeit halber hier auch beschrieben werden soll: Die Landespolitiker haben vorgeschlagen, neben dem Ersten und den Dritten Programmen ein zweites ARD Programm („ARD 2") ins Leben zu rufen. Diese soll auch nach 20 Uhr Werbung ausstrahlen dürfen und als kommerziell orientiertes, also massenattraktives Programm der ARD Einnahmen verschaffen, mit denen das Erste und die Dritten Programme quersubventioniert werden könnten.[161]

f. Auflösung von ARD und Landesrundfunkanstalten

Weitreichend ist der Vorschlag, den öffentlich-rechtlichen Rundfunk schlechthin abzuschaffen und damit natürlich auch die ARD samt der in ihr zusammengeschlosse-

---

158 Siehe *Kops*, in: Kops/Sieben, S. 21 (50).
159 Siehe *Kops*, in: Kops/Sieben, S. 21 (51 f.).
160 Siehe *Struve*, in: Kops/Sieben, S. 201 (209); vgl. ausführliche Darlegungen im § 5 B.I.4.b. (S. 327).
161 Siehe *Kops*, in: Kops/Sieben, S. 21 (52) unter Verweis auf das Westfalen-Blatt vom 11.2.1995.

nen Landesrundfunkanstalten.[162] Bei diesem Modell wird die Sicherstellung der Grundversorgung allein also außenpluralistisch durch private Rundfunkveranstalter garantiert. Da eine ersatzlose Zerschlagung der Rundfunkanstalten wohl nicht in Frage kommt, würde dieser Weg vermutlich nur über eine Privatisierung der öffentlich-rechtlichen Anstalten führen.[163]

2. Kleine Strukturvorschläge

Neben den bereits beschriebenen „Totalreformen" werden in der Öffentlichkeit auch mehrere „kleine Lösungen" diskutiert. Im Mittelpunkt des Interesses stehen dabei neben zahlreichen Finanzierungsvorschlägen für eine Neustrukturierung drei Regionen der Bundesrepublik Deutschland: zum einen der Südwesten mit Baden-Württemberg und Rheinland-Pfalz, wo die Fusion von SWF und SDR bereits ein erster Schritt ausmacht, gleichwohl aber mehrere Fragen offen ließ, sowie Hessen und dem Saarland, zum zweiten Ost- und Mitteldeutschland, vor allem die Bundesländer Berlin, Brandenburg und Sachsen-Anhalt, und zum dritten Norddeutschland, wo sich die Diskussionsansätze insbesondere auf die Rolle des kleinen Radio Bremen richten, das inmitten des riesigen Sendegebiets des NDR stark in die Defensive geraten ist.

a. Südwestvarianten

Der Südwesten Deutschlands ist beinahe von jeher eines der Zentren aller Strukturdebatten um die ARD. Das ist vor allem auf die außergewöhnlich zergliederte Rundfunkgebietsstruktur zurückzuführen, die eine direkte Folge der mittelalterlichen Kleinstaaterei in Deutschland ist, die durch eine recht willkürliche Grenzziehung der Besatzungszonen im Zeitpunkt der Anstaltsgründungen manifestiert und sogar noch verstärkt wurde.[164] Nachdem – angefangen von der legendären Michel-Kommission in den 70er Jahren – für lange Zeit alle Reformversuche im Sande verliefen, brachte 1996 ein Vorschlag der Intendanten der beiden Südsender SWF und SDR, Peter *Voß* und Hermann *Fünfgeld*, Bewegung in die Debatte. In nur zwei Jahren wurde die Fusion beider Anstalten zum SWR vollzogen.[165]

Doch die Probleme des Rundfunks im Südwesten der Bundesrepublik Deutschland konnten dadurch allenfalls von der Tagesordnung verdrängt, nicht jedoch gelöst werden. Mit dem Hessischen Rundfunk und dem chronisch defizitären SR stehen noch immer zwei denkbare Kooperations- oder sogar Fusionskandidaten an der Ost- und Westgrenze des SWR-Sendegebietes ohne Partner da. Die Lage ist durch die Gründung des SWR kaum übersichtlicher geworden.

---

162 Vgl. Andeutungen bei *Goerlich/Radeck*, JZ 1989, 53 (58 f.).
163 *Kammann*, epd/Kirche und Rundfunk Nr. 83/1994, S. 3.
164 Vgl. *Schiwy*, in: Ricker/Schiwy, Kap. A Rn. 39 ff., vgl. auch die Äußerungen von *Fünfgeld*, in: FK Nr. 5/1995, S. 8 (9).
165 Vgl. zu Fusionsgeschichte: FK Nr. 42/1996, S. 11; *Ressing*, FK Nr. 34/1996. S. 1 f.; eine Darstellung des Staatsvertrages über den SWR findet sich bei *Scherer*, ZUM 1998, 8 (14 f.)

Viele der bereits beschriebenen Neugliederungsvorschläge sind vor der Fusion von SWF und SDR gemacht worden. Sie sahen – wie der von *Biedenkopf* – eine Rundfunkanstalt für das Saarland und Rheinland-Pfalz vor und wollten einen **„Saarländisch-rheinland-pfälzischen Rundfunk"** (SRPR) ohne Beteiligung von Hessen gründen.[166] Diese Vorschläge sind von der Einbeziehung von Rheinland-Pfalz in den SWR überholt worden, will man nicht den gerade erst gegründeten Südwestrundfunk wieder zerschlagen.

Der rheinland-pfälzische Ministerpräsident *Beck* wiederum hatte 1995, bevor er sich für die Fusion von SWF und SDR stark machte, in einem „Skizzenpapier zur Neuordnung des Rundfunks im Südwesten" die Zielvorstellung geäußert, eine Neuordnung des öffentlich-rechtlichen Rundfunks im Südwesten solle die Länder Baden-Württemberg, Hessen, Rheinland-Pfalz und das Saarland umfassen.[167] Zunächst könne man einen Verbund von SR, HR, SDR und SWF einrichten (so genannte **„Mini-ARD"**), in dem die Teilnehmer als eigenständige Anstalten erhalten bleiben sollten, in Technik, Produktion, Verwaltung und Vermarktung aber eng kooperieren und innerhalb der ARD „mit einer Stimme sprechen" sollten. Dadurch ließen sich pro Jahr etwa 40 Mio. Mark einsparen. Größer noch seien die Sparpotentiale, wenn sich die Bundesländer Baden-Württemberg, Rheinland-Pfalz, Saarland und Hessen auf einen gemeinsamen **„Südwestdeutschen Rundfunk"** (SWDR) verständigen könnten.[168]

Wenn der SPD-Politiker durch die Gründung des SWR seine früheren Pläne und Überzeugungen nicht aufgegeben hat, muss er sich an dem Geplanten festhalten lassen. Dann steht der Viererbund im Südwesten also noch in der Diskussion. Dementsprechend ist auch der SWR-StV formuliert, dessen § 40 ausdrücklich eine Beitrittsoption für andere Länder – in Frage kommen wohl nur Hessen und das Saarland – vorsieht.[169]

Die rundfunkstrukturelle Lage im Saarland ist gleichwohl so ungeklärt wie eh und je, während sich Hessen aus der Strukturdebatte vorerst verabschieden konnte. So verwahrte sich der Saarbrückener Landtag mehrfach entschieden gegen eine Fusion des SR und sprach sich wiederholt für einen Fortbestand der Anstalt aus.[170] Schon drohte der frühere saarländische Ministerpräsident und SPD-Medienexperte Reinhard *Klimmt*, einen Versuch, den SR abzuschaffen, würden die Parteien im Saarbrücker Landtag gemeinsam scheitern lassen und mit einer **Kündigung des RStVes** beantworten, sich zukünftig also weder an der ARD noch am ZDF beteiligen. Der SR

---

166 Siehe *Kops*, in: Kops/Sieben, S. 21 (87).
167 *Beck*, in Kops/Sieben, S. 283 ff.; siehe Abbildung 10: „Die 6er-ARD (Reiter-Modell)" (Anhang, S. 462).
168 *Beck*, in: Kops/Sieben, S. 283 ff.; vgl. ARD-Jahrbuch 96, 142 (146).
169 Zu den diversen „Andockmanövern" siehe *Halefeldt*, FK Nr. 19/1997, S. 13 (14).
170 Vgl. 11. WP, Antrag betreffend Erhalt des Saarländischen Rundfunks vom 29.11.1995 (undatiert und unnumeriert).

könne auch mit den saarländischen Gebühren und „Werbung nach Gutdünken" finanziert werden.[171]

Auch der SR selbst widersetzt sich allen Fusionsvorschlägen. Vermutlich ironisch hat *Raff* einmal gesagt, für eine Fusion käme allenfalls ein Anschluss an Lothringen in Frage.[172] Schon jetzt will der SR seine Beziehung zu französischen Partnerorganisationen ausbauen. Dies soll auf Kooperationsebene in der „Saar-Lor-Lux-Region" erfolgen.[173]

Gleichzeitig hat der SR-Intendant eingeräumt, sein Sender werde immer noch durch starre Strukturen aus Zeiten des öffentlich-rechtlichen Monopols gebremst. Deshalb wünsche er sich angesichts der Fusion von SWF und SDR eine „weitgehende Kooperation" mit dem neuen SWR. Seine Programmautonomie müsse der SR aber behalten.[174] Als Kooperationsobjekt kommt vor allem das Dritten Fernsehprogramm für das Saarland in Frage. Bis zum Start des SWR und seiner beiden Dritten Programme „SW Baden-Württemberg" und „SW Rheinland-Pfalz" war der SR an dem gemeinsamen Dritten Programm „SÜDWEST 3" beteiligt. Nunmehr steht der Saarbrücker Sender allein da und betreibt trotz seiner tiefgreifenden finanziellen Probleme mit dem „SR Fernsehen Südwest" ein eigenes Drittes Programm. Dieses hat zwar nur 30 Prozent eigene Sendungen und ein 70prozentiges Mantelprogramm, das in Kooperation mit dem SWR gestaltet wird, verursacht gegenüber dem früheren Gemeinschaftsprogramm jedoch zusätzliche Kosten.[175] Hier bietet sich nicht nur eine Vertiefung der Kooperation mit dem SWR bis hin zu einem neuen gemeinsamen „SÜDWEST 3" an, als auch, wie *Raff* vorgeschlagen hat, ein gemeinsames Drittes Programm mit den anderen kleinen Anstalten, RB, SFB und ORB.[176]

b. Ost- und Mitteldeutschland

Einen weiteren Schwerpunkt der Neugliederungsüberlegungen bildet der ost- und mitteldeutsche Raum. Wie oben bereits beschrieben, haben sich die Intendanten der Landesrundfunkanstalten darauf geeinigt, die **Einrichtung eines Hauptstadtstudios** zur Konzentration der Berichterstattung aus der Bundeshauptstadt Berlin als Kooperationsmodell zu gestalten.[177] Darüber hinaus haben die Gremienvorsitzenden der ARD in Hamburg eine **Fusion von ORB und SFB** empfohlen.[178]

Der vermutlich erste konkrete Vorschlag für die Zusammenlegung der beiden Anstalten war bereits Ende 1994 von der Geschäftsleitung des ORB gekommen. Danach

---

171 Siehe *Klimmt*, in: Kops/Sieben, S. 179 (189).
172 Ironie scheint ein bevorzugtes Stilmittel *Raffs* zu sein, vgl. FK Nr. 19/1997, S. 19 f.
173 Vgl. FK Nr. 41/1996, S. 13.
174 Siehe FK Nr. 42/1996, S. 11 (12); FK Nr. 22/1997, S. 18.
175 Schon 1992 kündigte Ministerpräsident *Teufel* an, das bisherige Dritte Programm „SÜDWEST 3", das unter dem gemeinsamen Logo von SDR, SWF und SR betrieben wurde, aufzugeben; siehe FK Nr. 18/1997, S. 9 (10), FK Nr. 22/1997, S. 18.
176 Siehe *Röhrig*, Welt am Sonntag Nr. 17/1997, S. 65; vgl. § 5 B.I.4.e. (S. 331).
177 Siehe oben: § 5 B.I.1.c. (S. 314).
178 Siehe oben: § 5 B.I.1. (S. 308).

sollte eine neue, aus dem ORB und dem SFB bestehende Anstalt namens „Ostdeutscher Rundfunk" (ODR) angestrebt werden. Dabei wollte der ORB als „schlanker Sender" mit nur 600 Mitarbeitern von den derzeit rund 1100 Mitarbeitern des SFB nur 800 übernehmen. Die neue Anstalt mit Sitz in Potsdam-Babelsberg solle dann statt (addiert) 1700 Mitarbeitern nur noch 1400 haben.[179] Nach den durch spätere Äußerungen seines Intendanten Hansjürgen *Rosenbauer* präzisierten Vorstellungen des ORB sollte für die Fusion „eine neue Landesrundfunkanstalt gegründet werden, in die alle Teile der beiden bestehenden Häuser, die dafür notwendig sind, überführt werden". Der SFB zeigte sich damals mit den Fusionsplänen einverstanden und ließ zusammen mit dem ORB verlauten, durch die „beispielhaft geleistete Vorarbeit sei eine Fusion von ORB und SFB sehr viel schneller möglich als viele andere Vereinigungsprojekte in der Region, die einfach nicht vorankämen."[180]

Vorangekommen ist es mit einer Fusion von ORB und SFB, wie man weiß, dann doch nicht. Die unterschiedlichen Vorschläge der Jahre 1994 und 1995 sind nach dem Scheitern der Volksabstimmung über die Länderfusion von Berlin und Brandenburg im Mai 1996 zunächst wieder eingeschlafen. In der Folgezeit stieß sogar, wie oben berichtet, ein Kooperationsabkommen beider Sender auf politischen Widerstand und wäre beinahe gescheitert.[181] Heute stehen sogar die gemeinsamen Kooperationsprogramme im Hörfunkbereich schon wieder zur Debatte.

Die Vorschläge sind dann allerdings doch wieder von der Hamburger Konferenz der ARD-Gremienvorsitzenden im April 1998 und von der Potsdamer Intendantentagung im September 1998 auf Drängen von *Reiter* aufgegriffen worden. ORB-Intendant *Rosenbauer* hat sich inzwischen erneut deutlich für eine Fusion beider Sender eingesetzt. Auch der SFB mit seinem Intendant *Schättle* steht grundsätzlich einem Zusammenschluss inzwischen positiv gegenüber. Die Brandenburger Landesregierung wartet derweil auf ein deutliches „Signal" von SFB und ORB.

Nur die Berliner Politiker stellen auf stur. Die CDU und Bürgermeister *Diepgen* sind nachdrücklich gegen jegliche Fusionspläne, die ihrer Ansicht nach eine Aufgabe eigener Rundfunkpolitik der Bundeshauptstadt darstellten.[182] Hier wirkt offenbar, wie *Schmid* schrieb, das Berliner „Inseltrauma" nach.[183]

In der Bundeshauptstadt werden inzwischen offenbar eher die weitreichenden Vorschläge bevorzugt, ORB, SFB und MDR zu einem **„Mittelostdeutschen Rundfunk" (MODR)** zusammenzufassen, der immerhin mehr als 8 Mio. Haushalte umfas-

---

179 *Kops*, in: Kops/Sieben, S. 21 (80) unter Verweis auf einen Artikel in der Tageszeitung vom 21.12.1994; vgl. Hamburger Abendblatt Nr. 222/1998 v. 23.9.1998, S. 10.
180 Siehe *Kops*, in: Kops/Sieben, S. 21 (82).
181 Siehe oben § 2 B.VII.2.d. (S. 73).
182 Siehe *Kops*, in: Kops/Sieben, S. 21 (97 f.); *Lilienthal*, Journalist Nr. 6/1998, S. 28 (29). Gleichwohl wird eine Fusion immer wieder in die Debatte eingebracht, so zum Beispiele vom medienpolitischen Sprecher der SPD-Fraktion im Berliner Abgeordnetenhaus, *Sander*, vgl. FK Nr. 16/1997, S. 11 (13).
183 *Schmid*, FK Nr. 20/1997, S. 9 (10).

sen würde.[184] Allerdings dürfte der weitest gehende Vorschlag des medienpolitischen Sprechers der SPD-Fraktion im Landtag von Mecklenburg-Vorpommern, Siegfried *Friese* wohl nicht umzusetzen sein. Dieser forderte 1997 die Länder Berlin und Bremen auf, dem NDR-Staatsvertrag beizutreten.[185] Die so entstehende **Sechsländeranstalt** wäre mit rund 11 Mio. Haushalten fast so groß wie WDR und BR zusammen.

Trotz des Widerstandes der Berliner CDU ist nicht damit zu rechnen, dass die Fusions- und Neuordnungsdebatten dauerhaft von der Tagesordnung verschwinden, zumal eine Mehrheit der Politiker und Rundfunkfunktionäre im Osten Deutschlands vom Sinn einer Neugliederung überzeugt sind. Es bleibt somit abzuwarten, ob möglicherweise neue personelle oder politische Konstellationen eines Tages wieder Bewegung in die Annäherungen bringen.

Bis dahin könnte die Zukunft des SFB in Kooperationen mit seinen Nachbarn liegen. So hat der MDR durch seinen Intendanten *Reiter* dem SFB den Vorschlag unterbreitet, im Rahmen einer bilateralen Vereinbarung die Berliner mit Beträgen zwischen zehn und 20 Mio. Mark jährlich zu unterstützen. Dafür beabsichtigt der mitteldeutsche Sender, einen Teil der ARD-Programme zu übernehmen, die bisher bei SFB 5,5 Prozent und bei MDR 10,5 Prozent betragen.[186]

In Berlin ist dieser Vorschlag auf einhellige Ablehnung gestoßen. Der damalige Intendant *von Lojewski* bezeichnete das Angebot als „Einzug einer auswärtigen Landesrundfunkanstalt in Berlin" und als Versuch einer „unfreundlichen Übernahme".

Hinter dem Vorschlag steckt allerdings ein Konzept, das sich ungetarnt auch in anderen Neugliederungsgebieten finden lässt: eine finanzielle Entlastung der kleinen Sender bei gleichzeitiger **Reduzierung der Gemeinschaftsaufgaben.**

c. Norddeutschland

Seit der Hamburger Konferenz der ARD-Gremienvorsitzenden im April 1998 ist der norddeutsche Raum in Zusammenhang mit den Neugliederungsdebatten wieder stärker in den Mittelpunkt der Diskussion gerückt. Ob das am Tagungsort der Konferenz oder an den vielfältigen Vorschlägen des NDR-Intendanten Jobst *Plog* liegt, ist unerheblich. Fest steht, dass die Forderung nach einer **Fusion von NDR und RB**, die angesichts der gewaltigen Größenunterschiede wohl eher eine schlichte Übernahme Bremens durch den NDR darstellen dürfte, nach wie auf der Tagesordnung steht. So hat etwa im Februar 1995 der CDU-Bundesvorstand einstimmig die Absicht erklärt, RB und den NDR zusammenzuschließen.[187]

---

184 Vgl. *Kops*, in: Kops/Sieben, S. 21 (85); siehe Abbildung 9: „Die 5er-ARD" (Anhang, S. 461); Hamburger Abendblatt Nr. 223/1998 v. 24.9.1998, S. 11.
185 FK Nr. 16/1997, S. 11 (13).
186 Siehe FK Nr. 9/1996, S. 12 ff.
187 Siehe FK Nr. 6/1995, S. 5; vgl. die Empfehlung von *Teufel* im Zusammenhang mit dem Thesenpapier von *Stoiber/Biedenkopf*, siehe *Kops*, in: Kops/Sieben, S. 21 (75).

d. Diepgen-Modell

Als Reaktion auf den Vorstoß *Reiters*, die Rundfunkversorgung für und aus Berlin als Gemeinschaftsaufgabe aller Landesrundfunkanstalten in einer kooperativen Körperschaft „ARD-Berlin" zusammenzufassen, hat Berlins Regierender Bürgermeister *Diepgen* eine Zweiteilung der von der ARD zu leistenden Rundfunkversorgung in der Bundeshauptstadt angeregt: zum einen die Produktionen regionaler Hörfunk- und Fernsehsendungen durch eine traditionell zugeschnittene Anstalt, zum anderen den Beitrag Berlins zum Ersten Programm der ARD, der durch eine besondere Konstruktion gemeinschaftlich geleistet werden könnte. Dieses Gemeinschaftsmodell, in dem auch das Land Berlin angemessen repräsentiert werden sollte, wäre im Gegensatz zum *Reiter*-Vorschlag auf die Zulieferung zum Ersten Programm und damit verbundene Leistungen beschränkt.[188]

Der Vorschlag umfasst somit zwei Teile: zum einen eine Regionalanstalt für Berlin ohne ARD-Verpflichtung, zum zweiten ein Gemeinschaftsprojektes ähnlich der „ARD-Berlin" für die Berichterstattung aus der Bundeshauptstadt.

3. Finanzstrukturen

Ein Feld, auf dem besonders viele Reformvorschläge geballt im Raum stehen, ist das der Finanzierungsstrukturen der ARD. Von der Gebührenfinanzierung, deren Abschaffung von privaten Rundfunkanbietern gelegentlich gefordert wird, bis zum Finanzausgleich werden alle Eckpunkte der Mischfinanzierung in Frage gestellt.

Im Mittelpunkt der Reformüberlegungen steht der **Rundfunkfinanzausgleich**. Wie oben bereits dargestellt, haben die Gremienvorsitzenden der ARD lange Zeit selbst den Fortbestand des Finanzausgleichs nach dem Jahr 2000 in Frage gestellt. Inzwischen verständigte man sich auf die Beibehaltung einer für alle Teile Deutschlands einheitlichen Rundfunkgebühr und eine Abschmelzung des Rundfunkfinanzausgleichs auf ein Prozent des ARD-Netto-Gebührenaufkommens von rd. 50 Mio. €. An seine Stelle soll ein Finanzstrukturfonds treten.[189]

Bis zu dieser Einigung im Herbst 1999 hatten die Landesregierungen von Sachsen, Thüringen, Bayern und Baden-Württemberg bereits angekündigt, bis Ende 1999 den Rundfunkfinanzausgleich nach dem Rundfunkfinanzierungsstaatsvertrag mit dem Ablauf des Jahres 2000 zu kündigen.[190] Nach Aussagen des Stuttgarter Ministerpräsidenten Erwin *Teufel* waren die Länder nicht bereit, „für überholte Strukturen länger zu bezahlen".[191]

Nach der Einigung auf einen gemeinsamen Standpunkt für die Novellierung des RFinStV gehen die Ministerpräsidenten nun erst wieder von einer Kündigungsmög-

---

188 Brief von *Reiter* an *Diepgen*, abgedr. in: FK Dok. Nr. 15/1997, S. 39.
189 Siehe oben: § 5 B.I.1.a. (S. 308.).
190 Siehe Hamburger Abendblatt Nr. 264/1998 v. 12.11.1998, S. 11; *Röhrig*, Welt am Sonntag, Nr. 17/1997 v. 27. April 1997, S. 65.
191 FK Nr. 18/1997, S. 9 (10).

lichkeit zum 31. Dezember 2006 aus. Bis dahin wird der Finanzausgleich wohl weitgehend aus der Diskussion bleiben, jedoch ist absehbar, dass er rechtzeitig vor Ablauf der Karenzfrist wieder als politische Verhandlungsmasse in Frage gestellt wird.[192] Denn insbesondere bei den leistungsstarken Geberanstalten sieht man den Finanzausgleich nach wie vor als Übergangslösung. Die ersten Landesrundfunkanstalten, die ihren Ausstieg aus dem Finanzausgleich öffentlich erwogen, waren der HR und der NDR.[193] Der MDR-Rundfunkrat teilte überdies mit, der ostdeutsche Sender werde sich auch nach seiner Aufbauphase nicht am Finanzausgleich beteiligen. Auch der SWF forderte vor seiner Fusion mit dem SDR eine gerechtere Ausgestaltung, was aus seiner Sicht wohl nur eine geringere Beteiligung bedeuten kann.[194] Ähnliches gilt für den NDR, der nach den Worten seines Intendanten *Plog* eigentlich schon nach 2000 nicht in den Ausgleich einzahlen wollte, nun aber doch weiterhin zur Kasse gebeten wird. Insbesondere unter dem Eindruck des 10. KEF-Berichts, der pauschale Kürzungen für alle Landesrundfunkanstalten vorsah, ohne die vorangegangenen Einsparungen des NDR zu honorieren, machte sich der NDR-Intendant für eine für jede der Landesrundfunkanstalten individualisierte Bedarfszumessung und eine Abschaffung des bisherigen Finanzausgleichs bei Beibehaltung der Einheitsgebühr stark.[195] Selbst der SFB, der ja einer der Nutznießer des Finanzausgleichs ist, denkt über einen Ausstieg nach – trotz sinkender Einnahmen.[196] Lediglich der WDR hat sich deutlich für den Erhalt des Finanzausgleiches ausgesprochen.[197]

Insgesamt darf es also nicht verwundern, wenn der Austritt einzelner Länder aus dem Finanzausgleich einen Dominoeffekt haben würde, der den gesamten Finanzausgleich letztlich kippen könnte. Auch das ZDF und alle Kooperationsobjekte von „3sat" bis hin zur GEZ könnte sich dieser Dominoeffekt auswirken.[198]

Wie die Verständigung der Gremienvorsitzenden auf eine bundesweite **Einheitsgebühr** zeigt, ist es keineswegs unumstritten, dass die Rundfunkgebühren in allen Teilen Deutschlands gleich sein sollen. In der Tat gibt es Stimmen, die eine Aufgliederung der Gebühren fordern. Gerade Politiker der CDU und der CSU haben immer wieder vorgeschlagen, eine regional gestaffelte Gebühr einzuführen, so etwa die Fraktionsvorsitzenden der CDU/CSU in den Landesparlamenten im Jahr 1995.[199] *Bullinger* schlägt deshalb ein modifiziertes Modell vor, nach dem die Einheitsgebühr zwar erhalten bleiben könnte, die finanzschwachen Länder aber in Abstimmung mit dem jeweiligen Publikum einen „Zuschlag" erheben dürfen, mit der besondere Inves-

---

192 Vgl. FK Nr. 42/1999, S. 11 (12).
193 *Kops/Sieben*, in: Kops/Sieben, S. 9.
194 FK Nr. 11/1996, S. 10.
195 Vgl. FK Nr. 20/1995, S. 6; FK Nr. 45/1995, S. 3 ff.; FK Nr. 4/1996, S. 5.
196 *Lojewski*, FK Nr. 9/1996, S. 1 (3).
197 FK Nr. 45/1995, S. 5 ff.
198 *Kops*, in: Kops/Sieben, S. 21 (109); Hamburger Abendblatt Nr. 264/1998 v. 12.11.1998, S. 11.
199 Siehe FK Nr. 7/1995, S. 8; FK Nr. 42/1995, S. 4.

titionen im technischen Bereich oder programmliche Zusatzversorgungen finanziert werden könnten.[200]

Das würde konkret bedeuten, dass in Bremen, Berlin und dem Saarland eine höhere Rundfunkgebühr erhoben werden müsste als in Bayern oder Baden-Württemberg, weil die Gebühren allein am Bedarf der jeweiligen Landesrundfunkanstalt ausgerichtet wären. Im Saarland müsste auf diese Weise eine Fernsehgebühr von mehr als 25 € im Monat erhoben werden, während etwa der BR mit seinen 28,25 Mark pro Gebührenzahler (14,44 €) auskommen könnte. In Nordrhein-Westfalen könnten die Gebühren gar auf etwa 13 € gesenkt werden.[201] Dieses Gebührenmodell wird in der Regel zusammen mit einer Abschaffung oder des Finanzausgleichs diskutiert, der ja gerade dann überflüssig wäre.[202]

Ein weiterer Diskussionsschwerpunkt bildet die **Reform der Werberegularien**. Dabei gibt es grundsätzlich zwei Gedankenansätze: Die eine Seite fordert die **Aufhebung der zeitlichen und tageszeitlichen Beschränkungen**. Gerade aus den Reihen der ARD wurde in der Vergangenheit des öfteren der Ruf laut, die sinkenden Werbeeinnahmen über eine Ausweitung der Werbezeiten zu kompensieren.[203] Nach großzügigen Schätzungen könnten dadurch Mehreinnahmen in Milliardenhöhe in die Kassen der ARD fließen. Zumindest aber streben die öffentlich-rechtlichen Rundfunkanstalten eine „**volumenneutrale Umschichtung**" ihrer Werbedauer im Rahmen eines Modells mit zehn Minuten Werbung nach 20 Uhr an.[204] Die ARD verspricht sich allein dadurch zusätzliche Einnahmen zwischen 85 und 180 Mio. € jährlich.[205] Allein am Hauptabend machen „SAT.1", „RTL" und „ProSieben" mit 13 bis 18 Prozent ihres Werbezeitvolumens fast die Hälfte ihres Umsatzes.[206] Unterstützung erhalten die Anstalten dabei von prominenter Stelle: Für eine Abschaffung der Werbebeschränkungen hat sich vor allem der Medienexperte der SPD, der rheinland-pfälzische Ministerpräsident Kurt *Beck*, stark gemacht, der allerdings nicht auf die Unterstützung seiner eigenen Partei in vollem Umfang zählen kann.[207]

Die andere Seite spricht sich für ein vollständiges **Verbot von Werbung** im Programm der ARD aus. So ist von zahlreichen Stimmen die Forderung nach dem sog.

---

200 Vgl. *Bullinger*, Länderfinanzausgleich und Rundfunkfinanzausgleich, S. 57 f.
201 Bei Zugrundelegung der Finanzeckpunkte (siehe Tabelle 1, Anhang S. 453) und der von der Deutschen Telekom AG angegebenen Zahlen der Rundfunkhaushalte, wobei eine Quote von 3 zu 4 angenommen wird, das heißt, statistisch gesehen wären drei von vier Haushalten Zahler der Fernsehgebühr.
202 Vgl. FK Nr. 7/1995, S. 8.
203 Vgl. etwa die Stellungnahme des Norddeutschen Rundfunks zum RStV-1991 vom 17./18. Dezember 1991, Art. 12; vgl. auch FK Nr. 26/1995, S. 4.
204 *Radeck*, MP 1994, 278 ff., *Kresse*, ZUM 1995, 67 (71).
205 *Ridder*, MP 1994, 268; *Berg*, MP 1995, 94 (95).
206 Interne Berechnung der ARD-Werbung Sales & Services v. 30.1.1995, vgl. *Berg*, MP 1995, 94; *Ridder*, MP 1997, 307 ff.
207 Siehe Hamburger Abendblatt Nr. 87/1998 v. 15.4.1998, S. 9; FK Nr. 42/1996, S. 7 (8).

"Britischen Modell"[208] zu vernehmen, das sich am Vorbild der rein gebührenfinanzierten BBC orientiert.[209]

Schon 1985 hat die Monopolkommission in ihrem 6. Hauptgutachten einen Rückzug des öffentlich-rechtlichen Rundfunks aus der Werbung empfohlen, der damit frei von kommerziellen Interessen seinen kulturpolitischen Auftrag erfüllen könnte, finanziert von den vom Gesetzgeber zugebilligten Finanzmitteln.[210] Auch verlangt *Kresse*, der öffentlich-rechtliche Rundfunk sollte sich auf seine „ureigenen Stärken" rückbesinnen, die in seiner hervorragenden personellen, technischen und programmlichen Infrastruktur bestehen und ihm die Gestaltung eines unverwechselbaren publizistischen Programmprofils ermöglichten.[211]

Eine Kuriosität am Rande: Auch der Bundesparteitag von „Bündnis 90/Die Grünen" hat sich wiederholt für einen werbefreien öffentlich-rechtlichen Rundfunk ausgesprochen[212] während sich die Medienkommission der gleichen Partei strikt für Beibehaltung der Mischfinanzierung einsetzt.[213]

Zu guter Letzt steht die Forderung nach öffentlich-rechtlichem **PayTV** im Raum. ZDF-Intendant Dieter *Stolte* hat diese erhoben. Es sei wichtig, dem wirtschaftlich ins Hintertreffen geratenen öffentlich-rechtlichen Rundfunk nicht auf das Bestehende zu beschränken und ihm neue wirtschaftliche Quellen zu verschließen. Ein schwacher öffentlich-rechtlicher Rundfunk verliere viel eher seine Gebührenlegitimation und damit seine Existenzberechtigung als ein Rundfunk, der sich den Herausforderungen des digitalen Zeitalters stellt.[214]

In Anbetracht der steigenden Kosten im Rundfunkbereich sei es in finanzieller Hinsicht mit Blick auf das Programm notwendig, andere Formen von Fernsehveranstaltungen zu realisieren, die alternative Finanzierungsarten und inhaltliche Angebote ermöglichen. Dazu gehöre auch die Veranstaltung von PayTV.[215]

Angesichts der absehbaren Veränderungen im Programmangebot, Nutzungsverhalten und in den Finanzierungswegen[216] gibt es auch innerhalb der ARD konkrete Überlegungen dafür, sich an Versuchen von öffentlich-rechtlichem PayTV zu beteili-

---

208 Als Großbritannien in den 50er Jahren mit der „Independent Broadcasting Authority" (IBA) ein privatwirtschaftliches Gegengewicht zum *public broadcasting* schuf, entschied man sich, die öffentlich-rechtliche BBC werbefrei zu finanzieren, um der IBA die Einnahmequelle Werbung zu sichern. Seitdem wird das Modell eines werbefreien öffentlich-rechtlichen Rundfunks als „Britisches Modell" bezeichnet; vgl. *Kresse*, ZUM 1995, 67 (79); ders. Öffentlich-rechtliche Werbefinanzierung, S. 13 f.; *Stoiber*, Abschied von vorgestern, S. 26; *Kull*, AfP 1987, 568.
209 Zum Beispiel der Bundesparteitag von Bündnis 90/Die Grünen; vgl. FK Nr. 10/1996, S. 7.
210 Siehe BT-Drucksache 10/5860, S. 229, Tz. 585.
211 *Kresse*, ZUM 1995, 67 (71).
212 Vgl. AfP 1996, 128; FK Nr. 42/1996, S. 9.
213 FK Nr. 48/1995, S. 16.
214 *Stolte*, epd/Kirche und Rundfunk Nr. 16/1994, S. 3.
215 *Stolte*, epd/Kirche und Rundfunk Nr. 16/1994, S. 3 (5).
216 Eine gute Übersicht findet sich bei *Hoffmann-Riem*, MP 1996, 73 f.

gen. Dabei geht es allerdings bisher darum, eine Option offen zu halten, d.h. die Entwicklung nicht zu verpassen.[217]

Öffentlich-rechtliches PayTV wird konkret in Verbindung mit der Nutzung digitaler Techniken verknüpft. *Stolte* schlägt in diesem Zusammenhang vor, den digitalen Programm-Mehrwert bezahlen zu lassen. Nicht Erstausstrahlungen sollen im PayTV laufen, sondern Wiederholungen, der Reiz für den Zuschauer sieht er dabei in der ständigen Verfügbarkeit der Programmschleifen. Die Einnahmen sollten in das gebührenfinanzierte Hauptprogramm fließen.[218]

4. Spar-, Kooperations- und Privatisierungsvorschläge

Die Rundfunkgebührenpflicht wird nach § 12 Abs. 2 RStV durch Bereithalten des Rundfunkgerätes zum Empfang begründet und ist deshalb allein durch den Versorgungsgrad der Bevölkerung determiniert. Der zwischenzeitlich erreichte, fast hundertprozentige Versorgungsgrad der Bevölkerung mit Rundfunk macht es unmöglich, steigende Programmbeschaffungskosten durch einen Teilnehmerzuwachs zu kompensieren. Es müssen daher andere Wege zur Konsolidierung der Haushalte *aller* Landesrundfunkanstalten angepeilt werden.

Die ARD wird folglich ihren rigiden Sparkurs fortsetzen. Bis ins Jahr 2000 sind Einsparungen in einer Gesamthöhe von acht Mrd. Mark (mehr als 4 Mrd. €) geplant. Der NDR hat unter dem Titel „Szenario 2000" ein Sparprogramm vorgelegt, das einen Personalabbau um 500 Stellen zwischen den Jahren 1995 und 2000 und eine finanzielle Stärkung des Programms vorsieht.[219] Auch der WDR will bis zum Jahr 2000 seine Defizite durch Rücklagen ausgleichen.[220] Insgesamt beläuft sich der ungedeckte Finanzbedarf aller Landesrundfunkanstalten in der laufenden Gebührenperiode nach deren eigene Angaben auf 1,919 Mrd. Mark (980 Mio. €) von denen allerdings rund eine Mrd. Mark durch Verzichtsmaßnahmen – also anstaltsinterne Einsparungen und Innovationsverzicht – erbracht werden sollen.[221] Insgesamt wollten die Landesrundfunkanstalten bis zur Jahrtausendwende knapp 2000 Planstellen einsparen.

Die ARD denkt überdies über eine Verstärkung des Gemeinschaftsaspektes in der Planung und Produktion des „Ersten" nach. Hier soll es zu einer zentralen Präsentation und Abwicklung kommen, so die interne Planung. Auch eine Intensivierung der Zusammenarbeit zwischen den Landesrundfunkanstalten im Bereich der EDV, namentlich beim Einsatz von Software und bei der Konzentration von Rechnerleistungen, ist angedacht.[222]

Auch gibt es Vorschläge für Einsparungen im Programmbereich. Der Ehrgeiz, die Dritten Programme von Regional- zu Vollprogrammen umzuwandeln, wird vielfach

---

217 So *Reiter* in einem Interview, siehe *Lehmann/Gertis*, Kabel & Satellit Nr. 53/1994, S. 4 (7).
218 *Stolte*, epd/Kirche und Rundfunk Nr. 16/1994, S. 3 (6).
219 Vgl. NDR-Verwaltungsrat, FK Nr. 10/1995, S. 33.
220 Vgl. FK Nr. 6/1996, S. 9.
221 FK Nr. 24/1997, S. 7.
222 Siehe ARD-Jahrbuch 97, S. 128 (132).

als übertrieben angesehen und soll gestutzt werden. Auch bei einzelnen Radioprogrammen bestünden ungenutzte Rationalisierungsspielräume. Zudem könne der Aufwand für die Gestaltung der Programme reduziert werden. In den Jahren des öffentlich-rechtlichen Rundfunkmonopols habe sich an manchen Stellen ein Qualitätsmaßstab entwickelt, der sich dem Zuschauer kaum mitteilt.[223]

Neben diesen anstaltsinternen Spar- und Kooperationsvorhaben, die allein in die Programmgestaltungsfreiheit der jeweiligen Landesrundfunkanstalt fallen, bestehen mehrere übergreifende Kooperationsvorschläge sowie besonders zu berücksichtigende Privatisierungs- und Sparvorschläge:

a. Outsourcing

Insbesondere Vorhaben im Bereich von Auslagerungen („Outsourcing") und Privatisierungen vorwiegend im Bereich der Produktion sind in den Mittelpunkt der Sparbemühungen der Landesrundfunkanstalten gerückt. So plant der WDR, seine Haus- und Liegenschaftsverwaltung sowie die Elektrotechnik zu privatisieren.[224] Hier sind mehrere hundert Mitarbeiter beschäftigt, also von der Ausgangssituation erhebliche Einsparungen denkbar.[225] RB-Funktionäre denken sogar über die Privatisierung der gesamten Produktionseinheiten nach, noch radikaler, als dies beim MDR geplant ist.[226]

Würde allein der Personalkostenanteil im Produktionsbereich auf den Anteil der Personalkosten an den Gesamtaufwendungen gesenkt werden, wären bei den Landesrundfunkanstalten Einsparungen von mehr als 50 Mio. € möglich.[227] Kostensenkend könnten sich Auslagerungen auch und vor allem auf Studioproduktionen auswirken, wo Studioeinrichtungen und Studiotechniken eingespart würden.[228]

b. Kooperationskonzept von Struve

Abgesehen von seinen oben beschriebenen Strukturvorschlägen[229] hat ARD-Programmdirektor Günther *Struve* ein weitreichendes Kooperationskonzept im Unterhaltungssektor vorgeschlagen, wo regionale und integrative Elemente nicht notwendig seien. Ausgehend von der Überlegung, dass die Landesrundfunkanstalten ausreichende Produktionskapazitäten vorhalten, setzt er sich für eine effektivere und kostengünstigere Nutzung durch alle Anstalten ein. Unter dem Etikett „Unterhaltung" solle ein gemeinsamer Etat eingerichtet werden, für den jede Landesrundfunkanstalt entsprechend seiner Zulieferquote für das „Erste" die finanziellen Mittel bereitstellt und aus dem ein landesweit einheitliches „effektives" Unterhaltungsprogramm ent-

---

223 *Klimmt*, in: Kops/Sieben, S. 179 (188).
224 *Löwisch*, Hamburger Abendblatt Nr. 23/1998 v. 28.1.1998, S. 9.
225 Vgl. *Kaiser*, Journalist Nr. 4/1998, S. 42.
226 Vgl. § 5 B.I.4.f. (S. 331.).
227 *Hoffmann*, Möglichkeiten der Finanzierung des öffentlich-rechtlichen Rundfunks, S. 127.
228 *Hoffmann*, Möglichkeiten der Finanzierung des öffentlich-rechtlichen Rundfunks, S. 128.
229 Siehe oben § 5 B.I.4.b. (S. 327).

wickelt werden könne, mit dem sich „mehr Punkte machen lassen als mit der einen oder anderen Unterhaltungssendung, die ein Haus im Alleingang unter großen ökonomischen Anstrengungen zuwege bringt".[230]

Erforderlich für ein derartiges Konzept seien kleine, schlagkräftige Gruppen von einigen wenigen Redakteuren, die als „Gemeinschaftsredaktion Unterhaltung" künftige Protagonisten für das „Erste" suchen und pflegen, die international erfolgreiche Konzepte aufspüren, neue überzeugende Ideen entwickeln und auch darüber entscheiden sollen, ohne dass große Apparate mit ihren vielfältigen Entscheidungsebenen in den Häusern überhaupt erst angeworfen werden müssen. Auf diese Weise könnten bereits im Vorfeld Fehlschläge vermieden werden.[231]

Die Synergieeffekte sollen vor allem durch die gemeinschaftliche Verwaltung der Finanzmittel erzielt werden, die wirtschaftlicher sei. Außerdem könnten die vorhandenen Produktionskapazitäten zentral koordiniert und effektiv genutzt werden. Auf diese Weise können unnötige Investitionen verhindert werden.[232]

c. Bundesweite Kooperationen

Buchwald hat vorgeschlagen, auf Kooperationsbasis zwei bundesweite ARD-Hörfunkprogramme einzurichten. Eine solche Harmonisierung würde zum einen für die werbetreibende Wirtschaft dieselben Vorteile bieten wie das harmonisierte Fernseh-Vorabendprogramm, zum anderen könnte jede Landesrundfunkanstalt zwei ihrer Landesprogramme einsparen.[233] Für eine solche Ausweitung auf das gesamte Bundesgebiet käme vor allem eine Klassik- und eine Kultur-/Bildungswelle in Betracht, bei denen von jeher ein reger Programmaustausch bestehe, so dass im Prinzip die bestehenden Programme einfach zusammengeschaltet werden könnten, wie dies bilateral schon bei „hr2" und „SR 2 KulturRadio" der Fall sei.[234]

Überdies hat *Plog* eine Kooperation der ARD mit dem privaten Pay-Kanal „Premiere" auf dem Spielfilmsektor vorgeschlagen.[235] Ohne diesen Plan näher konkretisiert zu haben, kann er damit nur eine Vereinbarung über die Zweitverwertung von Kinofilmen im ARD-Programm gemeint haben, ähnlich wie dies bei Bundesliga-Fußballspielen zwischen „Premiere", „SAT.1" und dem ZDF praktiziert wird. Dort erfolgt eine (Live-)Erstverwertung auf dem verschlüsselten Pay-Programm und eine anschließende freie Zweit- und Drittverwertung bei „SAT.1" („ran") und dem ZDF („Aktuelles Sportstudio").

---

230 Siehe *Struve*, in: Kops/Sieben, S. 201 (209).
231 So *Struve*, in: Kops/Sieben, S. 201 (209).
232 *Struve*, in: Kops/Sieben, S. 201 (210).
233 *Buchwald*, in: epd/Kirche und Rundfunk Nr. 20/1990, S. 3 (4); vgl. *Hoffmann*, Möglichkeiten der Finanzierung des öffentlich-rechtlichen Rundfunks, S. 123 f.
234 *Hoffmann*, Möglichkeiten der Finanzierung des öffentlich-rechtlichen Rundfunks, S. 124.
235 FK Nr. 13-14/1997, S. 11 (12); *Herrmann*, Rundfunkrecht, § 21 Rn. 20.

d. Zusammenarbeit im Norden

Auch im Norden mehrten sich zwischenzeitlich die Kooperationsvorhaben, möglicherweise aufgrund des gewachsenen Drucks, den die Neugliederungsdebatte gerade auf RB und NDR ausübt. Nachdem zunächst der Intendant des Norddeutschen Rundfunks, Jobst *Plog*, mit teilweise sehr weitgehenden Fusions- und Kooperationsplänen insbesondere mit ORB und SFB an die Öffentlichkeit getreten war, treten nunmehr Kooperationsmöglichkeiten des NDR mit RB stärker in den Mittelpunkt der Diskussion.

So planen beide Anstalten, eine der vier Bremer Hörfunkwellen durch ein gemeinsames „**Nordwest-Radio**"[236] für Niedersachsen und Bremen unter der Federführung von RB zu ersetzen. Obwohl noch nicht öffentlich benannt ist, welches Programm dafür in Frage kommt, dürfte es sich vermutlich um die „RADIO BREMEN HANSA-WELLE" handeln. Hiervon versprechen sich die beiden Anstalten Einsparungen in Höhe von 10 bis 15 Mio. € jährlich.[237]

Neben der Diskussion um ein mögliches „Nordwest-Radio" zusammen mit RB und einer Entlastung des SFB um zehn Millionen Mark pro Jahr (5,11 Mio. €) durch die Übernahme von Beiträgen und Sendeplätzen im Dritten Fernsehprogramm „N3" sowie von Programmaufgaben beim ARD-Gemeinschaftsprogramm[238] hat NDR-Intendant *Plog* mehrere Kooperationsprojekte vorgeschlagen.

Im Raum stehen zudem unterschiedlich „**enge Zusammenarbeiten**" zwischen NDR, ORB und SFB unter Wahrung ihrer jeweiligen Selbständigkeit. So hat *Plog* 1995 in einer „Ideenskizze über die Stärkung des öffentlich-rechtlichen Rundfunks im Norden und Nordosten der Bundesrepublik Deutschland" vorgeschlagen, eine gemeinsame „**Generalintendanz**" unter Wahrung der Eigenständigkeit der Anstalten einzurichten, „die die gemeinsamen Aktivitäten plant und koordiniert".[239] Angestrebt ist auch die Zusammenlegung von Programmteilen und Unternehmensfunktionen. Dadurch soll die Leistungsfähigkeit der Anstalten unter betriebswirtschaftlichen Aspekten und konzeptionellen Gesichtspunkten verbessert werden.[240]

Ein erster Vorschlag, die nordostdeutsche **Klassikwelle** „Radio 3", ist bereits umgesetzt. Dies ist, folgt man den Aussagen von *Plog*, ein „Schritt in die richtige Richtung". Der nächste Schritt soll offenbar eine Einbindung der Bremer Welle „RADIO BREMEN melodie" sein. [241] Ein weiteres Vorhaben in seiner „Ideenskizze zur Stärkung des öffentlich-rechtlichen Rundfunks im Norden und Nordosten der

---

236 Aufgrund der namens- und markenrechtlichen Kollision mit der „Nordwest-Zeitung" in Oldenburg muss dieses aber wohl einen anderen Namen erhalten.
237 Siehe Hamburger Abendblatt Nr. 80/1998 v. 4./5.4.1998, S. 8; Hamburger Abendblatt Nr. 96/1998 v. 25./26.4.1998, S. 8; *Lilienthal*, Journalist Nr. 6/1998, S. 28 (30).
238 Siehe Hamburger Abendblatt Nr. 80/1998 v. 4./5.4.1998, S. 8.
239 Vgl. FK Nr. 19/1995, S. 7; FK Nr. 40/1995, S. 7 f.; *Kops*, in: Kops/Sieben, S. 21 (81).
240 *Plog*, in: Kops/Sieben, S. 257 (260); *ders.*, FK Nr. 16/1996, S. 8 ff.; vgl. FK Nr. 20/1995, S. 6. Zu den konkreten Kooperationsvorschlägen siehe unten § 5 B.I.4.d. (S. 329).
241 Vgl. FI 1997, S. 117 (119 f.).

Bundesrepublik Deutschland"[242] sah ursprünglich die Einrichtung eines gemeinsamen Informations- und Kulturprogramms *oder* aber eines gemeinsamen **Nachrichtenprogramms** vor, in dem das damalige „NDR 4" hätte aufgehen sollen.[243] Nach der Umgestaltung des Senders zu einem reinen Nachrichtenradio im „All-News-Format" bleibt realistischerweise wohl nur die zweite Alternative bestehen, also eine Zusammenlegung von „NDR 4 Info" mit dem „InfoRadio" von ORB und SFB (möglicherweise unter dem Namen „Radio 4 Info"). In einem solchen Fall könnten die in jedem Hause vorhandenen Ressourcen für Nachrichten, Zeitfunk, Wirtschaft und Soziales sowie Medienpolitik verringert werden.

Eine verhältnismäßig lose Kooperation hat der NDR-Intendant für **„NDR 2" und „Radio B Zwei"** angeregt. Beide Wellen sollen in ihrem Nachtprogramm zusammenarbeiten, einzelne Sendungen austauschen und etwa über Popkonzerte gemeinsam berichten. Eine weitergehende Zusammenarbeit der Popwellen hält *Plog* nicht für sinnvoll.[244]

Plog hat darüber hinaus eine Kooperation von **„N-Joy Radio"** und **„Fritz"** angeregt, diese Überlegung aber sogleich wieder verworfen.[245] Ebenfalls wieder verworfen wurde die Möglichkeit eines **gemeinsamen Dritten** Fernsehprogramms – ähnlich der 1991 gekündigten „Nordkette" von NDR, RB und SFB. Erörtert und vorgeschlagen wurde eine Zusammenarbeit bei den Hörfunkprogrammen sowie bei der Verwaltung, Produktion und Technik, die nach Berechnungen des NDR bis zu 40 Mio. € jährlich an Einsparungen brächten.[246] Diese Vorschläge sind allerdings auf den Widerstand des SFB gestoßen, der darin „de facto eine Erweiterung des NDR-Staatsvertrages" und keinerlei Vorteile für sich sah.[247] Auch *Plog* hat sich letztlich gegen eine Fusion der Dritten Programme ausgesprochen.[248]

Zu den herausragenden Kooperationsformen zählen nach Ansicht des NDR-Intendanten die gemeinschaftlich finanzierten Programmleistungen im Fernsehbereich der ARD. Die **Zulieferung zum „Ersten"** will *Plog* deshalb im Dreierverbund NDR, ORB und SFB intensivieren. Denkbar seien Zusammenlegungen von Redaktionen und Etats sowie noch engere Programmabstimmungen.[249] Nach Berechnungen des NDR wären NDR, ORB und SFB nach Anteilen im Fernsehgeräteschlüssel der Rundfunkgebühren schlagartig auf 24,26 Prozent gekommen und wären damit zum größten ARD-Sender geworden. Der WDR hat im Vergleich 21,57 Prozent.[250]

---

242 Siehe FK Nr. 40/1995, S. 7 f.
243 *Plog*, in: Kops/Sieben, S. 257 (261); FK Nr. 40/1995, S. 7.
244 *Plog*, in: Kops/Sieben, S. 257 (263).
245 *Plog*, in: Kops/Sieben, S. 257 (264).
246 FK Nr. 40/1995, S. 7; siehe *Kops*, in: Kops/Sieben, S. 21 (81).
247 So der damalige Intendant *von Lojewski* gegenüber dem Focus Nr. 19/1995, vgl. *Kops*, in: Kops/Sieben, S. 21 (83).
248 *Plog*, in: Kops/Sieben, S. 257 (268).
249 *Plog*, in: Kops/Sieben, S. 257 (265 ff.).
250 Zahlen von 1995, Quelle: Norddeutscher Rundfunk, siehe FK Nr. 19/1995, S. 7.

e. Zusammenarbeit von SFB, ORB, RB und SR

Seit Frühjahr 1997 verhandeln die vier kleinen Rundfunkanstalten (SFB, ORB, RB und SR) über eine enge Allianz miteinander, um eigenständig ihren Fortbestand zu sichern. Im Gespräch ist ein gemeinsames Drittes Programm, bei dem lediglich einzelne Sendungen mit regionalem Bezug auseinander geschaltet werden.[251]
ORB, SFB und SR unterhalten derzeit eigene Dritte Programme, Radio Bremen beteiligt sich an „N3". Das „SR Fernsehen Südwest" nimmt einen engen Programmaustausch mit den beiden Dritten Programmen des SWR vor.

f. TV-Manufaktur Radio Bremen

Ein besonders radikales Modell hat RB-Programmdirektor Rüdiger *Hoffmann* in die Debatte eingebracht. Der Vorschlag, der auch von RB-Fernseh-Chefredakteur Michael *Geyer* und Hörfunkwellenchef Christian *Berg* mitgetragen wird, sieht eine Umwandlung Radio Bremens zu einer Art Dienstleistungsunternehmen vor. Danach soll RB in ein „teilweise privatisiertes Dienstleistungscenter für die ARD" umgewandelt werden. Die Produktion soll als Tochterunternehmen privatisiert werden und als „TV-Manufaktur" Dienstleistungen für die gesamte ARD übernehmen, die einen Mindestjahresumsatz anstelle des Finanzausgleichs zu garantieren habe. Auch private Rundfunkanbieter könnten als Kunden beliefert werden. Im Gegenzug beschränke sich RB auf die Rundfunkversorgung für Bremen aus seinem eigenen Gebührenaufkommen.[252]
Der Plan beinhaltet zusammengefasst also zwei Grundvorschläge: Zum einen die vollständige Auslagerung und Privatisierung der Produktionseinheiten mit dem primären Ziel der Einnahmenverbesserung für RB, zum anderen den Erlass von Gemeinschaftsaufgaben für RB innerhalb der ARD.

g. Ausweitung von DW-tv mit Hilfe von ZDF und WDR

Auch die von den Sparmaßnahmen der rot-grünen Bundesregierung gebeutelte Deutsche Welle ist an den Kooperations-Planspielen beteiligt. So soll das Programm von „DW-tv" mit Unterstützung von WDR und ZDF ausgebaut werden. Über den bisherigen Zulieferungs-Anteil von rund 20 Prozent hinaus will sich WDR-Intendant Fritz *Pleitgen* bei der DW um eine Programm-Auffrischung kümmern. Dabei sollen ARD und ZDF das Gros des deutschsprachigen Programmteils liefern, während sich die DW selbst auf fremdsprachige Produktionen konzentriert. Das Beste, was im deutschen Fernsehen läuft, solle unter einem Dach gezeigt werden, so *Pleitgen*. Auf

---

251 So ein Vorschlag von SR-Intendant *Raff*, vgl. *Röhrig*, Welt am Sonntag, Nr. 17/1997 v. 27.4.1997, S. 65.
252 *Röckenhaus*, Die Zeit Nr. 9/1997 v. 21.2.1997, S. 49; vgl. auch FK Nr. 13-14/1997, S. 11 (12); FI 1997, 117 (120 f.).

diese Weise könne die DW ein „klares Bild" der Bundesrepublik im Ausland vermitteln.[253]

II. Beurteilung der Reformvorschläge

Nach der Darstellung und Ordnung der unterschiedlichen Vorschläge im Bereich der Organisations- und Finanzstrukturen der ARD, ist es nun an der Reihe, die anstehenden verfassungsrechtlichen Fragen zu beantworten und zu klären, welche der unterbreiteten Vorschläge umsetzbar wären und welche auf verfassungsrechtliche Bedenken stoßen. Maßstab der Prüfung im organisatorischen Bereich ist ganz überwiegend der Art. 5 Abs. 1 S. 2 GG und die daraus fließende Rechtsprechung des Bundesverfassungsgerichts, wie sie oben dargestellt wurde.[254]

1. Finanzierungsfragen

Im Bereich der Finanzierungsfragen treten neben diese Maßstäbe vor allem die Grundsätze des grundgesetzlichen Finanzwesens in den Art. 104a ff. GG. Hierbei finden die Art. 104a Abs. 1 und 107 Abs. 2 GG besondere Beachtung, in denen die Finanzhilfekompetenz und der bundesstaatliche Länderfinanzausgleich verankert sind und an denen sich auch der Rundfunkfinanzausgleich wird messen lassen müssen. Besondere Beachtung findet auch der grundrechtliche Gleichheitssatz in Art. 3 Abs. 1 GG. Dieser zeitigt Auswirkungen sowohl zwischen den einzelnen Landesrundfunkanstalten, die Anspruch auf eine Gleichbehandlung in der Zumessung der Finanzmittel haben, als auch bei den Rezipienten, die nach Art. 72 Abs. 2 GG und Art. 106 Abs. 2 Nr. 3 GG einen Anspruch auf die Herstellung gleichwertiger Lebensverhältnisse in allen Teilen Deutschlands zu vergleichbaren finanziellen Bedingungen geltend machen.

Rupert *Scholz* beklagt, dass das Gesamtsystem der Rundfunkfinanzierung in vielfältiger Sicht „brüchig, fragwürdig und [...] revisionsbedürftig" geworden sei.[255] Nach den bisherigen Erkenntnissen hat sich zumindest der Finanzausgleich aus verfassungsrechtlicher Sicht als anpassungsbedürftig erwiesen.[256] Unter diesen Umständen kann es kaum verwundern, dass sich zahlreiche Reformvorschläge gerade mit dem Finanzausgleich befassen.

Um so mehr sollte es allerdings verwundern, dass sich die Kritik am Rundfunkfinanzausgleich eigentlich kaum mit den verfassungsrechtlichen Schwierigkeiten befasst, sondern nahezu ausschließlich politische Gesichtspunkte berücksichtigt. Dabei hat sich im politischen Diskurs ein Tauziehen um drei Eckpunkte entwickelt, das in seiner Komplexität dem „Magischen Viereck", dem Zielsystem der Wirtschaftspolitik, gleicht. Das „Magische Dreieck" der Rundfunkpolitik setzt sich aus den Eck-

---

253 *Löwisch*, Journalist Nr. 5/1998, S. 34 f.
254 Vgl. § 3 (S. 123 ff.).
255 *Scholz*, AfP 1995, 357 (362).
256 Vgl. § 4 D.II. (S. 276).

punkten „Finanzausgleich", „bestehendes Programmangebot" und „Einheitsgebühr" zusammen. Unter der Voraussetzung, dass die Rundfunkgebühr in allen Landesteilen gleich ist, kann bei den dann bestehenden Finanzkraftunterschieden der Landesrundfunkanstalten das derzeitige Programmangebot nur mit Hilfe eines angemessenen Finanzausgleiches erhalten bleiben.[257] Ob sich diese These bestätigt, bleibt abzuwarten.

Was die Finanzierung der Grundversorgung anbetrifft, zeigte sich in der Vergangenheit, dass gerade die kleinen Landesrundfunkanstalten den ständig wachsenden Finanzbedarf nicht mehr bewältigen konnten. Auch die immensen Sparmaßnahmen, die in den zurückliegenden Jahren erhebliche Einschnitte in die Programm- und Organisationsstrukturen erforderlich machten, konnten die finanzielle Situation bisher nicht entscheidend entschärfen. Durch die Finanzkrise der ARD ist das „Dreieck" jedoch durcheinandergeraten. Ein Zerren und Ziehen an allen drei Ecken hat begonnen. Wer, wie *Stoiber* und *Biedenkopf* an der Ecke „Finanzausgleich" zieht, stellt automatisch die Einheitsgebühr oder die bestehenden Programmangebote der Anstalten in Frage. Die Kunst wird sein, die Finanzkrise zu überwinden, ohne das Gleichgewicht der Rundfunkordnung zu zerstören.

Ohne eine umfassende Verbesserung der Finanzstruktur werden in naher Zukunft die essentiellen finanziellen Probleme nicht zu lösen sein. Auch wenn die Landesrundfunkanstalten in der Addition dauerhaft auf einen ausgeglichenen Haushalt kommen, selbst wenn sie wie zuletzt sogar einen Überschuss erwirtschaften können, darf das nicht darüber hinwegtäuschen, dass noch immer einzelne Rundfunkanstalten in ihrer jetzigen Form und Ausstattung chronisch defizitär und außerstande sind, aus ihrem eigenen Gebührenaufkommen dauerhaft finanziert zu werden.

Die öffentlich-rechtlichen Anbieter von Fernsehwerbezeit können in einem immer stärker fragmentierten Markt keine Reichweitenzugewinne mehr erzielen. Wenn man dauerhaft von einem auf werktäglich 20 Minuten limitierten Werbevolumen ausgeht, sind demzufolge auch keine Zuwächse bei den Werbeeinnahmen denkbar. Angesicht des stagnierenden Werbemarktes und einer fortschreitenden Orientierung der Wirtschaft auf die privaten Anbieter, die eine annähernd gleiche Reichweite haben, aber flexiblere Werbeblockplazierungen anbieten können, ist sogar ein weiterer Rückgang der Werbeeinnahmen der ARD unter den gegebenen Voraussetzung zu befürchten.[258]

Um die Einnahmen der ARD zu verbessern, kommen somit nur zwei Veränderungen in Betracht: zum einen eine Lockerung der Werberestriktion, um höhere Werbeeinnahmen zu ermöglichen, zum anderen aber eine Reform der Finanzierungsmodalitäten, die Werbung verzichtbar macht. Das könnten durch Gebührenerhöhungen oder die Nutzbarmachung von entgeltfinanzierten Programmen (PayTV) möglich sein.

---

257 So auch *Bullinger*, Länderfinanzausgleich und Rundfunkfinanzausgleich, S. 57.
258 Vgl. *Hoffmann*, Möglichkeiten der Finanzierung öffentlich-rechtlichen Rundfunks in der Bundesrepublik Deutschland, S. 88 f.

a. Gebühren

Zunächst einmal muss auf die Fragen eingegangen werden, die sich im Zusammenhang mit der Gebührenfinanzierung ergeben haben. Hier sind unterschiedliche Vorschläge im Raum.

aa. Abschaffung der Rundfunkgebühren

Die Gebührenfinanzierung ist die einzige Konstante in einer ansonsten vollkommen ergebnisoffenen Debatte um die Rahmenbedingungen der Finanzierung des öffentlich-rechtlichen Rundfunks in Deutschland. Das Bundesverfassungsgericht hat die Gebührenfinanzierung als die dem öffentlich-rechtlichen Rundfunk gemäße Finanzierungsform bezeichnet. Es ist vollkommen unverständlich, dass gerade die Privaten immer wieder *verdeckte* Angriffe gegen die Gebührenfinanzierung – oder wie sie es selbst gerne ausdrücken: gegen die „Zwangsgebühr" – fahren. Einerseits stellen sie die Bestandsgarantie für den öffentlich-rechtlichen Rundfunk in Frage, andererseits erzeugen sie ein Meinungsbild, in dem Verdruss über ARD und ZDF überwiegt. Wollen die Angreifer damit ähnliche Verhältnisse erreichen wie in Kanada und Australien, wo die Rundfunkgebühren bereits abgeschafft wurden und die *public services* allein aus öffentlichen Haushalten steuerfinanziert werden?[259]

Abgesehen davon, dass eine derartige Hegemonie der Wirtschaft keineswegs wünschenswert erscheint, kann der bisherigen Rechtsprechung des Bundesverfassungsgerichtes klar entnommen werden, dass allein die Rundfunkgebühr verfassungsrechtlich unproblematisch ist. Eine Bezahlung der Rundfunkanstalten aus den allgemeinen öffentlichen Haushalten würde hingegen eindeutig dem in Art. 5 Abs. 1 S. 2 GG verankerten Prinzip der Unabhängigkeit des Rundfunks zuwiderlaufen. Eine Steuerfinanzierung würde nämlich dem Gesetzgeber Einflussmöglichkeiten auf Programmgestaltung und Anstaltspolitik eröffnen. Der Gesetzgeber müsste die Ausgaben für den Rundfunk zu den Anforderungen in Beziehung setzen, die sonst im Budget ihren Niederschlag finden, also eine Abwägung über die Bedeutung der unterschiedlichen Haushaltsposten treffen. Das ist mit Art. 5 Abs. 1 S. 2 GG nicht vereinbar.

Andererseits bestünde notwendigerweise eine eigene Verantwortung der Parlamente über die Höhe der den Rundfunkanstalten zur Verfügung gestellten Mittel. Vorgaben einer Rundfunkanstalt würden nämlich der Budget-Verantwortung der Parlamente zuwiderlaufen, wenn sie als strikte Vorgaben zu gelten hätten. Nur so wäre die Gefahr ausgeschlossen, dass die in Art. 5 Abs. 1 S. 2 GG begründete Programmautonomie der Rundfunkanstalt unangetastet bliebe.[260]

Bei einer staatlichen Finanzierung der ansonsten unabhängigen Anstalten kollidieren also zwei grundgesetzlich verankerte Autonomiefelder, deren Widerspruch unauflöslich ist. Welche Gefahren in einer Steuerfinanzierung von Rundfunksendern lauern, erfährt die Deutsche Welle seit dem Regierungswechsel im Bund ein ums an-

---

259 *Brunnen-Wagenführ*, FI 1997, 287 (289).
260 Vgl. *Mahrenholz*, Verfassungsfragen des Rundfunkfinanzausgleichs, S. 54.

dere Mal. Durch radikale Sparmaßnahmen versucht der Staatsminister für Kultur und Medien, Michael *Naumann*, auch auf die Programmgestaltung der DW Einfluss zu nehmen.[261] Der Weg der staatlichen Finanzierung der ARD ist mithin verfassungsrechtlich verbaut.[262]

bb. Nochmalige Erhöhung der Gebühren

Durch die Feststellung, dass zwar die Gebühren eine feste verfassungsrechtliche Komponente der ARD sind, nicht aber die Einnahmen aus Rundfunkwerbung, wird in logischer Folge eine weitere Erhöhung der Rundfunkgebühren gefordert, um einerseits die steigenden Kosten zu decken, andererseits weitere Einnahmeverluste durch Werberückgänge zu kompensieren. Anfang des Jahres 2000 ist gerade eine Gebührenerhöhung um DM 3,33 (1,70 €) beschlossen worden, von die ARD-Anstalten jeweils DM 1,92 (0,98 €) erhalten.

Mit der Bestimmung des Programmauftrages der öffentlich-rechtlichen Rundfunkanstalten ist nach der Rechtsprechung des Bundesverfassungsgerichts mittelbar auch eine Festlegung des Geldbedarfs des Veranstalters verbunden. Gleichwohl folgt daraus keine Pflicht des Gesetzgebers, jede Programmentscheidung, die die öffentlich-rechtlichen Anstalten in Wahrnehmung ihrer Programmfreiheit treffen, finanziell zu honorieren.[263] Das Bundesverfassungsgericht wies insofern in seiner jüngsten, der achten Rundfunkentscheidung darauf hin, dass nicht die „Gebührenschraube" den Ausweg aus der Finanzmisere weisen darf. Der von den Rundfunkanstalten angemeldete Finanzbedarf dürfe vielmehr sogar unterschritten werden, wenn das im Interesse der Gebührenzahler liegt.[264] Keinesfalls könne hingegen „jede den Rundfunkanstalten wünschbar erscheinende Programmausweitung eine Pflicht des Staates zur Einnahmeerhöhung nach sich ziehen".[265]

Die Heranziehung der Gebührenzahler ist nur in dem Maße gerechtfertigt, das zur Funktionserfüllung geboten, also erforderlich ist. Eine nochmalige Erhöhung der Gebühren als Mittel gegen die Finanznöte von ARD und ZDF scheidet also aus, soweit die Defizite auf eine Ausweitung des Programmangebotes über das Maß der Grundversorgung zurückzuführen sind.

Das heißt natürlich nicht, dass Gebührenerhöhungen für alle Zukunft kategorisch ausgeschlossen sind. Auch weiterhin werden die Gebühren zum Ausgleich steigender Kosten erhöht werden müssen. Für die nächste Gebührenperiode, die voraussichtlich den Zeitraum von 2001 bis 2005 umfassen dürfte, wird es erneut eine Anhebung der Rundfunkgebühren geben. Die von der ARD ursprünglich angestrebte Erhöhung ihres

---

261 Vgl. *Anschlag*, FK Nr. 28-29/1999, S. 3 f.)
262 Beachte das Sondervotum der Richter *Geiger, Rinck, Wand*, BVerfGE 31, 314 (337, 344); *Vogel/Waldhoff*, in: Dolzer/Vogel, BK, Vorb. Art 104a-115, Rn. 466.
263 BVerfGE 87, 181 (201).
264 BVerfGE 90, 60 (61; Ls. 5).
265 BVerfGE 87, 181 (202).

Anteils um DM 3,40 wurde nur knapp verpasst.[266] Diese darf nach den Grundsätzen des 8. Rundfunkurteils jedoch ausschließlich die für die Funktionstüchtigkeit der öffentlich-rechtlichen Rundfunkanstalten *erforderlichen* Finanzmittel zur Verfügung stellen. Das heißt, dass die grundversorgungsspezifischen Programmangebote und Übertragungstechniken samt der für die Produktion erforderlichen Personalbestände zu finanzieren sein werden. Außerdem muss, wie gezeigt, die Rundfunkgebühr auch einen gewissen Betrag für die Erforschung und Besetzung neuer technischer Entwicklungen finanzieren und dabei die Entscheidungen der Rundfunkanstalten, in welchem Bereich Innovationen erkundet werden sollen, respektieren. Auch muss die Möglichkeit bestehen, über Gebührenerhöhungen Strukturverbesserungen zu finanzieren.

Nicht möglich ist hingegen die vollständige Abtragung von Finanzdefiziten durch Gebührenerhöhungen, die durch ein Engagement auf Grundversorgungsfremdem Terrain oder einen durch Verstoß gegen die Grundsätze von Wirtschaftlichkeit und Sparsamkeit zusammengekommen sind. In diesem Bereich müssen die Rundfunkanstalten Bescheidenheit lernen und sich selbst zurücknehmen, als sie über das Ziel des öffentlich-rechtlichen Rundfunkauftrages hinaus geschossen sind.

Der WDR-Rundfunkrat schlägt deshalb eine Koppelung der Rundfunkgebühren an die allgemeine Preisentwicklung vor.[267] Er übersieht dabei jedoch offenbar, dass eine Indexierung mit der Entwicklung des Bruttosozialproduktes oder der allgemeinen Preissteigerungsrate zwar den Ansprüchen der Gebührenzahler, nicht zusätzlich belastet zu werden, entgegenkommt, nicht jedoch den Ansprüchen der öffentlich-rechtlichen Rundfunkanstalten selbst. Gerade seit der Öffnung der Rundfunkordnung für private Wettbewerber sind die Kosten für Übertragungsrechte, Programmproduktionen und Gehälter von TV-Stars überproportional zu den durchschnittlichen Einkommen oder den Lebenshaltungskosten gestiegen. Um die Anstalten aber gegenüber den privaten Anbietern nicht nachhaltig zu benachteiligen, dürfen in Sonderfällen Gebührenerhöhungen jenseits der Inflationsrate nicht grundsätzlich ausgeschlossen sein – gerade soweit die Möglichkeit des Ausgleichs durch Werbeeinnahmen ausgeschlossen werden sollte. Außerdem macht die Bundesbank währungspolitische Bedenken gegen eine Indexierung der Rundfunkgebühren geltend.[268]

Da bei den Rundfunkanstalten also das Korrektiv des Marktpreises ausfällt, ist vielmehr eine externe Kontrolle im Interesse der mit der Rundfunkgebühr belasteten Teilnehmer erforderlich. Darin beruht die fachliche Aufgabe der KEF. Aus verfahrensrechtlicher Sicht spricht dabei nach dem Bundesverfassungsgericht gleichwohl nichts gegen die Verwendung index*gestützter* Berechnungsmethoden zur Berücksichtigung der allgemeinen und rundfunkspezifischen Kostenentwicklung.[269]

---

266 Hamburger Abendblatt Nr. 102/1999 v. 04.05.1999, S- 11; vgl. auch Journalist Nr. 11/1999, S. 6; FK Nr. 39-40, S. 10; epd medien Nr. 2/2000 v. 12.01.2000, S. 10.
267 WDR-Rundfunkrat, Resolution zu Stoiber/Biedenkopf, abgedr. in FK Nr. 10/1995, S. 34 (35).
268 Vgl. Einlassung der Bundesbank in der mündlichen Verhandlung, BVerfGE 90, 60 (102).
269 So auch BVerfGE 90, 60 (102 f.); a. A. *Ricker*, in: Ricker/Schiwy, Kap. C. Rn. 92.

cc. Regionale Staffelung der Gebühren

Wenn eine Gebührenerhöhung zur Schließung der Finanzlücken nicht in Frage kommt und der Finanzausgleich gekippt wird, wirft das wiederum die Frage auf, ob eine regionalisierte Gebührenerhebung verfassungsgemäß wäre. *Stoiber* und *Biedenkopf* haben diese Option in ihrem Thesenpapier angesprochen, wenngleich nur als Randbemerkung.[270]

Ziel einer Regionalisierung der Gebühren ist erklärtermaßen die Verantwortungsübertragung für die kleinen Rundfunkanstalten auf die jeweiligen Länder, insbesondere die Landespolitiker. *Bullinger* betont, dass dadurch die im Bundesstaat essentielle Verbindung von Aufgabe, Entscheidungskompetenz und Finanzverantwortung hergestellt wurde. Damit müssten Parlament und Regierung des kleinen Landes, wenn sie selbständige Rundfunkanstalten unterhalten wollen, vor ihren Wählern höhere Gebühren verantworten.[271] Was finanzrechtlich wünschenswert erscheint, ist rundfunkrechtlich allerdings bedenklich. Mit der sendegebietsbezogenen Gebühr würde nämlich die politische Konkurrenz um die geringste Belastung der eigenen Landeskinder zwischen den einzelnen Ländern, die über die Höhe der eigenen Gebühr befinden dürften, eröffnet. Das würde es für die Rundfunkanstalten noch schwerer machen, das zur Sicherstellung der Grundversorgung Erforderliche zu erhalten. KEF-Berechnungen könnten zwar konsolidierend wirken. Allerdings hat jede Landesregierung das Recht, sich durch Anforderung der konkreten Unterlagen zu vergewissern, ob die KEF den normativen Erfordernissen Rechnung getragen hat. Darüber hinaus kann jedes Land eine Überschreitung der angemessenen Belastung der Rundfunkteilnehmer geltend machen und so auf den Programmumfang und die Gebührenhöhe Einfluss üben.[272] Auch unter diesem Gesichtspunkt zeigt sich die verfassungsrechtliche Problematik einer regionalen Gebührenstaffelung.

Eine Regionalisierung der Gebührenerhebung soll außerdem einen direkten Zusammenhang zwischen Gebühr und Leistungsentgelt herstellen.[273] Genau das aber verbietet die Rechtsprechung des Bundesverfassungsgerichts. Die Rundfunkgebühr stellt eben nicht die Gegenleistung für eine Leistung der einzelnen Landesrundfunkanstalten dar, sondern ist das von den Ländern eingeführte Mittel zur Finanzierung der „Gesamtveranstaltung Rundfunk", die die Grundversorgung gewährleisten soll.[274]

Wegen der Ausrichtung der Gebühr auf die Gesamtveranstaltung Rundfunk ist eine solche Aufspaltung der Gebührenhöhe jedenfalls so lange unzulässig, wie der öffentlich-rechtliche Rundfunk in einem länderübergreifenden Informations- und Programmverbund betrieben wird. Jeder Rundfunkteilnehmer hat unter diesen Vor-

---

270 Siehe These 14 von *Stoiber/Biedenkopf*, MP 1995, 104 (107).
271 *Bullinger*, Länderfinanzausgleich und Rundfunkfinanzausgleich, S. 58; die Bestätigung findet sich bei *Teufel*, vgl. FK Nr. 7/1995, S. 9 (10).
272 Vgl. *Mahrenholz*, Verfassungsfragen des Rundfunkfinanzausgleichs, S. 51 f.
273 *Stoiber/Biedenkopf*, MP 1995, 104 (107).
274 BVerfGE 83, 238 (310 f.); vgl. *Hoffmann*, Möglichkeiten der Finanzierung öffentlich-rechtlichen Rundfunks in der Bundesrepublik Deutschland, S. 56, 154 f.

aussetzungen einen Anspruch darauf, dass die Grundversorgung zu gleichen, sozial verträglichen Bedingungen erbracht werden. Dies folgt, wie *Bethge* ausführt, unmittelbar aus Art. 5 Abs. 1 S. 2 GG in Verbindung mit Art. 3 Abs. 1 GG. Demnach sei eine Spaltung der Rundfunkgebühren unter den gegenwärtigen Bedingungen verfassungswidrig.[275]

Würde die einheitliche Rundfunkgebühr nämlich abgeschafft, wäre eine einheitliche Grundversorgung des gesamten Bundesgebietes zu gleichen Bedingungen gefährdet. Bei Beibehaltung des derzeitigen Programmangebots müsste jeder Rundfunkteilnehmer im Saarland etwa die doppelte Gebühr bezahlen wie in Bayern oder Nordrhein-Westfalen. Die Bewohner im Einzugsgebiet finanzstarker Anstalten wären bezüglich ihrer informationellen Umwelt somit privilegiert. Dies würde zwar nicht notwendigerweise gegen den Grundsatz der Einheitlichkeit der Lebensverhältnisse nach Art. 72 Abs. 2 GG und Art. 106 Abs. 2 Nr. 3 GG verstoßen, so lange die kleinen Anstalten noch die funktionserforderlichen Aufgaben erfüllen. Dennoch kann ein sozialer Bundesstaat, der entsprechend dem Gleichheitsgebot des Art. 3 GG seinen Bürgern in allen Gebietsteilen einigermaßen wertgleiche Lebensbedingungen bieten soll, nicht zulassen, dass Umfang und Qualität des Meinungsbildungsprozesses je nach Struktur des Bundeslandes Unterschiede aufweisen, die nicht in der Sache selbst begründet sind.[276] Denn das würde der gleichsam konstitutiven Bedeutung des Grundrechts der freien Meinungsbildung – eines der „vornehmsten Menschenrechte überhaupt"[277] –, für dessen Prozess der Rundfunk schließlich Medium und Faktor ist, zuwiderlaufen. Eine leistungs- und kostenabhängige Differenzierung der Gebührenhöhe verstieße somit gegen die Verfassung, weil sie die Bürger in den unterschiedlichen Landesteilen nur zu unterschiedlichen Voraussetzungen am Meinungsbildungsprozess teilhaben ließe.

So ist denn auch die Hamburger Entscheidung der ARD-Intendanten zu begrüßen, die sich einstimmig für eine im ganzen Bundesgebiet einheitliche Gebühr aussprachen.[278] Die Landesgesetzgeber haben sich dieser Einsicht angeschlossen und sich erneut auf eine einheitliche Rundfunkgebühr in allen Teilen Deutschlands verständigen – über 2001 hinaus.

b. Finanzausgleich

In einem direkten Zusammenhang mit der einheitlichen Gebührenhöhe steht der Finanzausgleich innerhalb der ARD. So lange die einzelnen Landesrundfunkanstalten

---

275 *Bethge*, Die Verfassungsrelevanz des föderalen Rundfunkfinanzausgleichs, S. 56; dieser Auffassung stand nicht entgegen, daß die Rundfunkgebühr in den neuen Bundesländern zeitweise niedriger war als in der alten Bundesrepublik. Dies ist als Konsequenz der deutschen Wiedervereinigung die beitrittsbedingte Ausnahme von der Regel; *Ring*, Medienrecht, C.0.3, § 11 RStV, Rn. 14
276 *Hoffmann*, Möglichkeiten der Finanzierung des öffentlich-rechtlichen Rundfunks in der Bundesrepublik Deutschland, S. 155, *Fischer-Menshausen*, in: von Münch/Kunig, GGK, Art. 107 Rn. 2.
277 BVerfGE 7, 198 (208) v. 15.1.1958 (Az. 1 BvR 400/51 – „Lüth").
278 Vgl. FAZ Nr. 100/1998 v. 30.4.1998, S. 42.

einen unterschiedlichen Finanzbedarf haben, der nicht durch die eigenen Gebühren zu decken ist, wird es zwingend zu einem Leistungsgefälle in der Gemeinschaft kommen. Während es vor kurzem noch nahezu sicher schien, dass der Finanzausgleich zwischen den Landesrundfunkanstalten zum Erliegen kommen würde, hat die Einigung der Ministerpräsidenten auf eine Reform dem Finanzausgleich zumindest bis zum 31.12.2006 Aufschub gewährt.

Die Kündigung *eines* Landes läßt zwar die Ausgleichs-Vertragsverhältnisse der anderen Länder unberührt (§ 17 S. 7 RFinStV), sollten aber beispielsweise mit dem SWR und dem BR allerdings die zweit- und die drittgrößte Geberanstalt mit einem Finanzausgleichsvolumen von zuletzt 55 Mio. Mark (rd. 30 Mio. €) netto aus der Umlagefinanzierung ausscheiden, wäre diese wohl nicht zu retten. Ein Dominoeffekt könnte die Folge sein, der schließlich zum Ende des Finanzausgleichs führen würde.

aa. Abschmelzung des Finanzausgleichs

Der Plan der Ministerpräsidenten, den Finanzausgleich in der bestehenden Form auf eine Masse von einem Prozent des Netto-Gebührenaufkommens zu reduzieren, ist an sich nicht zu beanstanden. Der Umfang des Finanzausgleiches ist bei der verfassungsrechtlichen Beurteilung nur von nachrangiger Bedeutung, so lange nur die Funktionsfähigkeit aller Anstalten erhalten und sichergestellt wird. Allerdings muss sich die Entscheidung aus rechtlicher Sicht als halbherzig kritisieren lassen. Denn die beschriebenen verfassungsrechtlichen Kritikpunkte am bisherigen Ausgleichskonzept[279] sind durch die Reform nicht behoben, sondern allenfalls abgemildert worden.

bb. Regionalisierter Finanzausgleich

Die politische Entwicklung schien zwischenzeitlich eher auf einen regionalisierten Finanzausgleich hinauszulaufen, in dem der NDR finanzielle Hilfe für RB leistet, der SWR für den SR sowie MDR und ORB für den SFB, und in dem der WDR für alle drei Anstalten einstehen wird. Dieses Modell ist zur Zeit zwar vom Tisch, könnte aber 2007 wieder an Brisanz gewinnen, wenn der Finanzausgleich kündbar ist.

Dieses Modell weist allerdings erhebliche Begründungsdefizite auf und ist insofern verfassungsrechtlich sehr problematisch. Die als Begründung für die Regionalisierung vorgebrachte landsmannschaftliche Verbundenheit der Norddeutschen mit den Bremern kann nämlich kaum überzeugen, wenn man offen die Frage stellt, was die Vorpommern eigentlich stärker mit den Bremern verbinden soll als etwa die Westfalen, die ja schon räumlich der Hansestadt näher sind. Das Programm von Radio Bremen jedenfalls ist in Minden besser zu empfangen als in Anklam oder auf Usedom. Überraschend scheint diese Begründung vor allem, weil eben jene landsmannschaftliche Verbundenheit auch als Argument *gegen* eine Fusion von RB und NDR herangezogen wird.[280] Auch die Verbundenheit der Saarländer „zum Reich"[281]

---

279 Siehe oben § 4 D.II (S. 276),
280 Siehe oben § 5 B.I.4.d. (S. 329.).

scheint variabel zu sein und dient zugleich als Begründung *für* Zahlungen der Baden-Württemberger oder Rheinland-Pfälzer und *gegen* eine gemeinsame Anstalt. Außerdem wäre im dicht besiedelten Ruhrgebiet – um bei dem Vergleich Nordrhein-Westfalen mit Mecklenburg-Vorpommern zu bleiben – ein Zuschuss von 80 Mio. Mark (40,90 Mio. €) jedenfalls leichter und schmerzfreier aus dem Gebührenaufkommen zu finanzieren als aus den Gebühren des dünnbesiedelten und obendrein selbst strukturschwachen Mecklenburg. Daher betont auch das Bundesverfassungsgericht: „Die Andersartigkeit [...] betrifft nicht nur deren Nachbarländer, sondern alle Glieder des Bundes."[282] Eine Heranziehung nur der Nachbaranstalten muss insofern als ein willkürlicher Verstoß gegen den Grundsatz der Gleichwertigkeit der Lebensverhältnisse im Bund angesehen werden.[283]

Auch der bundesstaatliche Grundsatz der föderativen Solidarität und Gleichberechtigung, der verfassungsrechtlich in Art. 107 Abs. 2 GG zum Ausdruck kommt,[284] liefert keine zufriedenstellende Begründung für eine Regionalisierung des Finanzausgleiches. Zwar würde ein unzureichendes Ausgleichssystem innerhalb der ARD die leistungsschwachen Sender der Gefahr aussetzen, ihrem Programmauftrag nicht mehr ausreichend nachzukommen, doch kann diese Gefahr nicht mit einem konkreten Ausgleichssystem zwischen einzelnen Sendern verhindert werden. Denn dadurch entsteht die neue Gefahr eines finanziellen Abhängigkeitsverhältnisses zu der jeweiligen Geberanstalt. Konkret: Die Gefahr, dass beispielsweise der SWR Einfluss auf die Programmpolitik des SR üben könnte, würde dadurch vergrößert, dass ein elementarer Teil des SR-Finanzbedarfs direkt und ausdrücklich aus Stuttgart und Mainz käme. Einflussmöglichkeiten auf die Programmpolitik – sei es auch von einem anderen Rundfunksender – ist aber ein Verstoß gegen die Rundfunkfreiheit. Das widerspricht auch der bundesstaatlichen Funktion eines Finanzausgleichs, die Voraussetzungen dafür zu schaffen, dass die Selbständigkeit real werden und ihre Autonomie sich in der Eigenständigkeit und Eigenverantwortlichkeit der Aufgabenwahrnehmung entfalten kann.[285] Diese Gefahr besteht im derzeitigen Ausgleichssystem nicht in der beschriebenen Form, weil bislang mehrere Anstalten den Finanzausgleich tragen.

Eine gesetzliche Regelung auf der Basis eines staatsvertraglichen Übereinkommens wäre somit als rechtswidriger Eingriff in die Rundfunkfreiheit der nehmenden Anstalten zu werten. Ein regionalisierter Finanzausgleich ist mithin abzulehnen.

cc. Kündigung des Finanzausgleichs

Trotz der jüngsten Reform des Finanzausgleiches ist die Frage von Bedeutung, ob eine Abschaffung des Finanzausgleichs möglich ist oder ob verfassungsrechtliche

---

281 wie man dort sagt!
282 BVerfGE 72, 330 (415) v. 24.6.1986 (Az. 2 BvF 1,5,6/83, 1/84 und 1,2/85).
283 Zu diesem Grundsatz vergleiche die kritischen Bemerkungen von *Selmer*, JuS 1995, 978 (979); *Fischer-Menhausen*, in: von Münch/Kunig, GGK, Art. 107 Rn. 2.
284 *Fischer-Menhausen*, in: von Münch/Kunig, GGK, Art. 107 Rn. 4.
285 *Selmer*, JuS 1995, 978 (979).

Gründe dagegen sprechen. Entscheidend ist, ob das Prinzip eines Finanzausgleichs, dessen Modalitäten anpassungsbedürftig sind,[286] verfassungsmäßig verankert ist, was zwischen den Ländern heftig umstritten ist, wie auch die Protokollerklärungen zu § 11 Abs. 2 RStV-1997 deutlich erkennen lassen.[287]

Der Rundfunkfinanzausgleich steht in einem politischen Zusammenhang mit dem grundgesetzlich gebotenen Länderfinanzausgleich. Würde der eine in Frage gestellt, müsste auch der andere überdacht werden. Auch die Bundesrepublik beruht auf der verfassungsrechtlichen Basis gleichberechtigter Einheiten als Glieder eines Ganzen.[288] Deshalb hat das Bundesverfassungsgericht strukturelle Eigenarten der Stadtstaaten im Zusammenhang mit der Einwohnerwertung des damaligen Finanzausgleichsgesetzes (FAG) in prinzipieller, die Stadtstaaten in das Gesamtgefüge der Glieder des Bundes ausdrücklich einbettender Betrachtungsweise hervorgehoben. Danach handele es sich um eine spezifische Problematik des deutschen Bundesstaates, zu dessen historischem Bestand auch die Andersartigkeit der Stadtstaaten gehört.[289]

i) Länderübergreifende Funktion der ARD

Wie bereits dargelegt, enthält Art. 5 Abs. 1 S. 2 GG – jedenfalls unter den gegenwärtigen Bedingungen – eine institutionelle Garantie des öffentlich-rechtlichen Rundfunks, dem in der bestehenden dualen Rundfunkordnung die Aufgabe der unerlässlichen Grundversorgung und die Erfüllung der klassischen Funktion des Rundfunks überantwortet ist. Damit verbunden ist eine Pflicht des Staates zur Funktion- und Finanzgewährleistung.[290]

Diese Grundversorgungsfunktion wird, wie *Bethge* anmerkt, unter den gegebenen Programmvoraussetzungen zum Teil durch die ARD in einem länderübergreifenden Programm- und Informationsverbund wahrgenommen. Die Rundfunkgebühr dient dabei innerhalb eines einheitlichen Kommunikationsraumes Bundesrepublik Deutschland der Finanzierung der Gesamtveranstaltung Rundfunk.[291] Zwar ist die einzelne öffentlich-rechtliche Anstalt formal Gebührengläubigerin in ihrem Sendegebiet, die Gebühr diene aber auch der Rundfunk-Gesamtveranstaltung und den damit zu finanzierenden Aufgaben. Das werde am ZDF-Anteil an der Fernsehgebühr und an den Anteilen der Landesmedienanstalten, von „arte", „PHOENIX" und dem „Kinderkanal" deutlich. Aus diesem Grund sei mit der formalen Zuordnung der jeweiligen, territorial einer einzelnen Anstalt zustehenden Gebühr noch nicht abschließend über die Verteilung der Gebühren entschieden. Diese endgültige Verteilung regele erst der

---

286 Siehe oben § 4 D.II. (S. 276).
287 Protokollerklärungen zu § 11 RStV, abgedruckt bei: *Ring*, Medienrecht, C-0.
288 Siehe Präambel des Grundgesetzes, vgl. *Mahrenholz*, Verfassungsfragen des Rundfunkfinanzausgleichs, S. 37; vgl. *Herrmann*, epd/Kirche und Rundfunk Nr. 13/1995, S. 7.
289 BVerfGE 72, 330 (415).
290 Siehe oben § 3 D.III.1. (S. 171).
291 *Bethge*, Die Verfassungsrelevanz des föderalen Rundfunkfinanzausgleichs, S. 55 f.; *Mahrenholz*, Verfassungsfragen des Rundfunkfinanzausgleichs, S. 20 ff.; *Ring*, Medienrecht, C-0.3, § 11 RStV Rn. 13 unter Verweis auf BVerfGE 31, 314 (329); E 73, 118 (158).

Finanzausgleich, der erforderlich sei, um die Gesamtheit der Anstalten funktionsgerecht finanziell auszustatten. Gehe man außerdem von einer verfassungsrechtlich vorgegebenen Einheitlichkeit der Gebühren aus, so folge daraus, dass ein föderaler Ausgleich zur Verteilung des Gebührenaufkommens unter den Rundfunkanstalten Bestandteil der verfassungsrangigen institutionellen Garantie des öffentlich-rechtlichen Rundfunks ist. Die Länder seien somit verpflichtet, zur kooperativen Verwirklichung des Grundrechtsschutzes die notwendigen Finanzausgleichsstaatsverträge abzuschließen.[292]

Dem ist an sich nicht zu widersprechen.[293] Dennoch sagen die beschriebenen Überlegung in logischer Konsequenz noch nichts über die verfassungsrechtliche Bedeutung des Finanzausgleiches an sich aus. Der Schlüssel zu dieser Frage findet sich vielmehr in der „Hessen-3-Entscheidung" des Bundesverfassungsgerichts. Dort wird ausgeführt, dass zwar die einzelne Rundfunkanstalt einen subjektiv-rechtlichen Finanzgewährleistungsanspruch hat. Dieser Anspruch besteht aber nur gegenüber ihrem Muttergemeinwesen, also nur gegenüber dem jeweiligen Land, bzw. den jeweiligen Staatsvertragsländern.[294] Die rundfunkverfassungsrechtliche Verantwortung jedes Landes für die funktionserforderliche Finanzierung des öffentlich-rechtlichen Rundfunks bezieht sich grundsätzlich nicht auf die Finanzierung der gesamten Organisation des öffentlich-rechtlichen Rundfunks im Bundesgebiet und sein gesamtes Angebot.[295] Aus der staatlichen Funktionsgewährleistungsgarantie kann sich also kein verfassungsrechtlicher Anspruch der Rundfunkanstalten gegenüber den anderen Ländern ergeben.

Vielmehr beschreibt *Bullinger* sogar den Umfang der Finanzverantwortung jedes Bundeslandes, die nur die Eigenprogramme seiner Rundfunkanstalt, nicht aber die Exportprogramme umfasst:

> Soweit der bestehende Rundfunkfinanzausgleich [...] auch die Mehrkosten selbständiger „Eigenprogramme" oder der „Exportprogramme" finanzschwacher Anstalten auf die finanzstärkeren Mitgliedsanstalten der ARD umverteilt, wird die grundsätzlich *eigene* Finanzverantwortung jedes Landes und seiner Landesrundfunkanstalt für die funktionserforderlichen Programmleistungen des öffentlich-rechtlichen Rundfunks überschritten. Als Mitglieder der Arbeitsgemeinschaft „ARD" brauchen die Landesrundfunkanstalten, wenn das nicht von den Ländern als Muttergemeinwesen staatsvertraglich vereinbart ist, keine solidarische Finanzverantwortung für die „gemeinschaftsfreien" Aktivitäten [zu] tragen, über deren Umfang und Ausgestaltung

---

292 *Ring*, Medienrecht, C-0.3, § 11 RStV Rn. 14.
293 *Bullinger* widerspricht gleichwohl und weist darauf hin, daß durch eine Abschaffung des Finanzausgleichs die Unitarisierung des öffentlich-rechtlichen Rundfunks abgebaut wird und damit die Aufrechterhaltung der„unitarisierenden Rundfunkordnung" überflüssig werde; vgl. *Bullinger*, Länderfinanzausgleich und Rundfunkfinanzausgleich, S. 40 f.
294 Siehe BVerfGE 87, 181 (193 f., 198 ff.).
295 *Bullinger*, Länderfinanzausgleich und Rundfunkfinanzausgleich, S. 45.

weder die Gemeinschaft im ganzen noch ihre finanzstarken Mitglieder „solidarisch" mitentscheiden können.[296]

Dagegen spricht auch nicht die Überlegung von *Bethge*, dass aus der Gebühr ja auch das ZDF und die anderen Leistungen der „Rundfunkgesamtveranstaltung" bezahlt werden. Es ist selbstverständlich, dass der Gebührenzahler alle in seinem Wohngebiet erbrachten Leistungen auch bezahlen muss, also auch das ZDF, „arte", „PHOENIX" und den „Kinderkanal". Alle gehören zur Grundversorgung, unabhängig davon, ob der individuelle Gebührenzahler die Leistungen auch in Anspruch nimmt oder aus individuellen technischen Gründen gar nicht in Anspruch nehmen kann. So ist es auch richtig, dass ein Teil seiner Gebühren der ARD-Gemeinschaft, dem „Ersten" und den dieses Programm gemeinsam veranstaltenden Anstalten zufließen muss, solange diese Leistungen eben funktionsäquivalent sind.

Das sagt doch aber noch nichts über die Form des Finanzmittelflusses aus. Das „Erste" könnte schließlich auch als Gemeinschaftseinrichtung durch Beiträge der Mitgliedseinrichtungen finanziert werden. Oder es könnte vollends durch Anstaltsbeiträge gestaltet werden, deren Ausmaß durchaus auch von der individuellen Finanzkraft der Zulieferer abhängig sein könnten. Wenn die Politik dann zum Beispiel der Meinung ist, dass RB mit einem Anteil von nur 0,9 Prozent der deutschen Gebührenhaushalte wie bisher 2,5 Prozent oder wie früher sogar 2,75 oder drei Prozent des Gemeinschaftsprogramms erbringen soll, müsste sie eben für die erforderliche Finanzkraft sorgen: und zwar über das originäre Bremer Gebührenaufkommen hinaus.

Eine solche Regelung müssten die Bundesländer aus Gründen des kooperativen Föderalismus in der Tat treffen, durchaus auch auf Staatsvertragsebene. Dass aber kein Anspruch auf Regelung eines Finanzausgleiches in der bisherigen Form bestehen kann, wird doch schon aus der Überlegung deutlich, dass der konkrete Fortbestand einer – je nach Blickwinkel – gebührenunterversorgten oder programmüberversorgten Anstalt vom zuständigen Bundesland allein beschlossen werden kann. Die erforderlichen Finanzmittel müssten in diesem Fall aber aus verfassungsrechtlichen Gründen von allen anderen Ländern, wohl bemerkt auf Kosten der eigenen Rundfunkversorgung, geleistet werden. Beim derzeitigen Finanzausgleich geht es in der Sache vor allem darum, neben den spezifischen Mehrkosten der kleinen Anstalten die eigenständig verursachten Kosten des frei gestalteten Hörfunkangebots weitgehend auf die finanzstarken großen Anstalten umzuverteilen. Die großen Anstalten müssen also zunehmend Programme finanzieren, die für ihre eigenen Programme eine Konkurrenz darstellen. Zu der Finanzierung eines solchen Rundfunkwildwuchses kann kein Bundesland von der Verfassung verpflichtet sein – erst recht nicht aus dem Sozial- oder Bundesstaatsprinzip.

---

296 *Bullinger*, Länderfinanzausgleich und Rundfunkfinanzausgleich, S. 46.

ii) Prinzip der Bundestreue

Mahrenholz geht davon aus, dass eine verfassungsmäßige Verpflichtung der Gesamtheit aller öffentlich-rechtlichen Sender zur Ausstrahlung eines funktionsäquivalenten Programms besteht, aus der sich die kooperative Verantwortung aller Länder ableitet, die funktionsgerechte Finanzausstattung für *jeden* Sender zu gewährleisten. Fraglich ist aber bereits, ob bei einer Kündigung des Finanzausgleichs nach § 54 Abs. 3 RStV in Verbindung mit dem Bundesstaatsprinzip eine verfassungsrechtliche Verpflichtung aller Länder besteht, andere Vereinbarungen über einen Finanzausstattung zu treffen, die auch die finanzschwachen Sender in den Stand setzen, ihren Beitrag zur funktionsäquivalenten Grundversorgung zu leisten.[297] Diese Pflicht ergibt sich nämlich nicht aus der zum Länderfinanzausgleich des Art. 107 Abs. 2 GG ergangenen Rechtsprechung des Bundesverfassungsgerichts, die keine Anhaltspunkte für die Übertragung des „bündischen Prinzips" als eines der Länder zu gegenseitiger Hilfeleistung verpflichtenden Verfassungsgrundsatzes auf deren Pflichten in der Rundfunkfinanzierung gibt.[298]

Denkbar ist nämlich ohne weiteres eine politische Pattsituation, sozusagen eine „unkooperative Phase" des Kooperativen Föderalismus, in der sich keine Einigung finden lässt. Dann wäre, *Mahrenholz* folgend, die Kündigung, ja streng genommen sogar die Kündigungsmöglichkeit nach § 54 Abs. 3 RStV ein Verstoß gegen das Grundgesetz.[299]

Aus dem Grundsatz der Bundestreue wird man für den Normalfall keine Pflicht der Länder ableiten dürfen, den Sonderbedarf der kleinen Länder in bündischer Solidarität finanziell zu decken,[300] denn der allgemeine Länderfinanzausgleich nach Art. 107 Abs. 2 S. 1 GG wird als verfassungsrechtliche, abschließende Konkretisierung des bündischen Prinzips anerkannt. Ein darüber hinausgehender Sonderbedarf

---

297 *Mahrenholz*, Verfassungsfragen des Rundfunkfinanzausgleichs, S. 39 ff, 55 f.
298 Vgl. BVerfGE 72, 330 (386 f.).
299 Dieser vertritt die Auffassung, daß eine Kündigung des Finanzausgleichs nach § 54 Abs. 3 RStV einen „schweren Eingriff in die Interessen der Länder bedeutet", in dem ein Verstoß gegen das Gebot des bundesfreundlichen Verhaltens der Bundesglieder liegt; vgl. *Mahrenholz*, Verfassungsfragen des Rundfunkfinanzausgleichs, S. 42 f. Übrigens empfiehlt er für einen solchen Fall „aus Gründen der Waffengleichheit" die Einsetzung eines Schiedsgerichtes oder einer Schiedskommission; vgl. *S.* 53. *Scherer* vertritt für einen solchen Fall die Auffassung, daß in Fragen der unterschiedlichen Finanzkraft von Rundfunkanstalten ein Verschuldensprinzip entsprechend dem Rechtsgedanken des § 254 Abs. 1 BGB bestehe. Der Umfang des Finanzausgleichs könne insoweit gemindert werden, als die Finanzschwäche von den Rundfunkanstalten schuldhaft verursacht wurde, etwa durch die Veranstaltung von einer über die Grundversorgung hinausgehende Rundfunkversorgung. Im Falle der Kündigung des Finanzausgleichs erwachse eine aus Art. 5 Abs. 1 S. 2 GG herzuleitende Pflicht des zuständigen Landes – *Scherer* nennt beispielhaft die Freie Hansestadt Bremen – unverzüglich in Verhandlungen über eine Fusion – also mit den Vertragspartnern des NDR-StVes – einzutreten, wobei beide Seiten dem Anliegen offen gegenüberstehen und bemüht sein müssen, zu einer Einigung zu kommen; vgl. *Scherer*, ZUM 1998, 8 (11); *Bethge*, epd/Kirche und Rundfunk Nr. 97/1995, S. 28 (31).
300 *Bullinger*, Länderfinanzausgleich und Rundfunkfinanzausgleich, S. 25; a. A. *Mahrenholz*, Verfassungsfragen des Rundfunkfinanzausgleichs, S. 41 ff., 45 ff.; *ders.*, epd medien Nr. 46/1997, S. 30.

kann nach der Rechtsprechung des Bundesverfassungsgerichts grundsätzlich nur Ergänzungszuweisungen des Bundes rechtfertigen.[301] Eine weitergehende Beistandspflicht der übrigen Länder aus dem Prinzip der Bundestreue wird lediglich für extreme Haushaltsnotlagen als *ultima ratio* ins Auge gefasst.[302]

Das zeigt, dass schon die Ausgangsüberlegung falsch ist, es existiere eine aus Art. 5 Abs. 1 S. 2 GG herzuleitende Pflicht aller Rundfunkanstalten zu gleicher und gleichwertiger (funktions*äquivalenter*) Versorgung ohne Rücksicht auf die Größe des Sendegebiets und die Zahl der gebührenpflichtigen Rundfunkteilnehmer. Für jede öffentlich-rechtliche Rundfunkanstalt beschränkt sich die Aufgabe, deren Erfüllung finanziell sichergestellt werden muss, schließlich allein auf das funktions*erforderliche* Maß.[303] Die Funktion ist jedoch nicht für alle Anstalten gleich, sondern für jede Anstalt differenziert nach ihren speziellen Gegebenheiten zu bestimmen, freilich in dem Umfang, den die Grundversorgung beschreibt.[304]

Außerdem gibt *Bullinger* zu bedenken, dass die Bundestreue nicht einseitig, sondern wechselseitig verpflichtet. Ein Land und seine Rundfunkanstalt, die sich für eine eigenständige Organisations- und Leistungstätigkeit entscheiden, die aber ihre eigene finanzielle Leistungsfähigkeit weitgehend überfordern und das daraus erwachsende hohe Dauerdefizit den anderen Ländern und ihren Anstalten anlasten, versäumen die Pflicht zu einem Mindestmaß an *wechselseitiger* Rücksichtnahme.[305]

iii) Folgen einer Kündigung

Soweit eine Pflicht zur Aufrechterhaltung des Finanzausgleiches nicht besteht, ist an der Möglichkeit der Kündbarkeit nichts zu deuteln. Entscheidend ist schließlich allein, dass der öffentlich-rechtliche Rundfunk einen Anspruch an das Muttergemeinwesen auf funktionsgerechte Finanzierung hat. Auf einzelne Finanzierungsquellen richtet sich dieser nicht, schon gar nicht auf einen Finanzausgleich oder ein vergleichbares Modell.

Eine Kündigung des Finanzausgleiches rührt jedoch an den verfassungsrechtlichen Grundlagen des föderativen Rundfunksystems, soweit die Ausgleichszahlungen ersatzlos gestrichen werden. Der Finanzausgleich könnte mithin nur solange abgeschafft werden, wie die unerlässliche Grundversorgung der Bevölkerung mit Rundfunk in jedem Bundesland sichergestellt würde.

Ausgleichszahlungen der übrigen Anstalten sind nach dem bundesstaatlichen Prinzip der Bundestreue i.V.m. Art. 5 Abs. 1 S. 2 GG nur dann erforderlich, wenn die Kündigung des Finanzausgleiches eine Landesrundfunkanstalt in eine der „extreme Haushaltsnotlage" des allgemeinen Finanzrechts analoge Finanzsituation stürzt, die

---

301 BVerfGE 72, 330 (405); E 86, 148 (260 ff.).
302 BVerfGE 86, 148 (263 ff.); vgl. auch: *Bullinger*, Länderfinanzausgleich und Rundfunkfinanzausgleich, S. 25.
303 BVerfGE 87, 181 (198 ff.); E 90, 60 (91 ff.); siehe oben § 3 D.III.1. (S. 171).
304 *Bullinger*, Länderfinanzausgleich und Rundfunkfinanzausgleich, S. 55.
305 BVerfGE 12, 205 (254).; *Bullinger*, Länderfinanzausgleich und Rundfunkfinanzausgleich, S. 38.

eine Grundversorgung der Bevölkerung mit den funktionserforderlichen, gebietsbezogenen kommunikativen Gütern durch die „zuständige" Landesrundfunkanstalt gefährdet. Das kann allerdings nur ausnahmsweise zu einer bündischen Hilfspflicht der übrigen Anstalten führen. Die exzeptionelle bündische Beistandspflicht muß vielmehr sogar auf eine Übergangszeit beschränkt sein und kann sich auch auf andere Weise als durch finanzielle Transfers verwirklichen, damit sich der Zustand nicht festigt.[306]

Derartige beistandsintensivierende Notstandssituationen könnten im Falle einer ersatzlosen Kündigung für RB, den SR und möglicherweise auch den SFB durchaus eintreten, bei den beiden ersteren ist damit sogar zu rechnen. In einem solchen Fall könnte es notwendig werden, dass die kleinen Anstalten auch ihr bisheriges Programmangebot abbauen müßten, so lange nur irgendwie die Grundversorgung sichergestellt ist.

Dieses Zwischenergebnis entspricht auch den Grundsätzen des Bundesverfassungsgerichts zum Länderfinanzausgleich. Danach führen besondere Kosten kultureller Selbstdarstellung und Integration, die kleineren Ländern zur Last fallen, nicht dazu, daß die übrigen Länder höhere Ausgleichsleistungen erbringen müssen. Die kleineren Länder werden lediglich in ihrer *allgemeinen* Finanzkraft der durchschnittlichen Finanzkraft aller Bundesländer angenähert. Ein „Sonderbedarf" einzelner Länder wird im Rahmen des allgemeinen Länderfinanzausgleichs grundsätzlich nicht anerkannt. Die laufende kulturelle Selbstdarstellung kleiner Länder gehört nicht zu den anerkannten Sonderlasten, die Gegenstand von Ergänzungszuweisungen des Bundes sein dürfen.[307]

Ob also der Finanzausgleich gekündigt wird, ist allein Sache des Gesetzgebers, der auch den Umfang des Finanzausgleichs und die zugrundegelegte Finanzkraft sowie über spezifische Indikatoren befindet. Er ist es auch, der bei Bedarf alternativen Finanzierungsgrundlage für RB, SR und SFB finden muss.[308]

Mahrenholz empfiehlt deshalb, den Finanzausgleich dadurch zu ersetzen, dass die Rundfunkanstalten von der eingehenden Gebühr den jeweils auf die finanzschwachen Rundfunkanstalten entfallenden Anteil an diese auskehren.[309] Dahinter steckt die Beobachtung, dass die KEF für die Gebührenperiode von 1997 bis 2000 der ARD zwar eine Gebührenerhöhung von 1,869 Mark (95,5 Cent) für die Deckung der angemeldeten Bedarfslücken zugestanden hat, der für die einzelnen Anstalten jeweils zugrunde gelegte ungedeckte Finanzbedarf aber nicht in voller Höhe an die jeweilige Anstalt ausgekehrt wird, weder über den Finanzausgleich noch über ihren Anteil an den Gebühren.[310] Das heißt: Die Rundfunkgebühren sollen vordergründig für die

---

306 *Bullinger*, Länderfinanzausgleich und Rundfunkfinanzausgleich, S. 25 f., 50.
307 BVerfGE 86, 148 (236); *Bullinger*, Länderfinanzausgleich und Rundfunkfinanzausgleich, S. 23 f.
308 Für eine rechtspolitische Empfehlung siehe unten § 6 A.I.2. (S. 410) und § 6 B.I. (S. 426); vgl. auch *Pieroth*, in: Jarass/Pieroth, Art. 107 Rn. 6 f.; *Mahrenholz*, Verfassungsfragen des Rundfunkfinanzausgleichs, S. 53.
309 *Mahrenholz*, Verfassungsfragen des Rundfunkfinanzausgleichs, S. 61.
310 *Mahrenholz*, Verfassungsfragen des Rundfunkfinanzausgleichs, S. 60 f.

„Gesamtveranstaltung Rundfunk" ermittelt und einheitlich erhoben, hinter den Kulissen aber im Gegensatz zur derzeitigen Praxis konsequent je nach Finanzbedarf der Rundfunkanstalten verteilt werden, so dass Finanzausgleichszahlungen nicht mehr notwendig wären. Bisher sind in der Einheitsgebühr, wie der 10. KEF-Bericht zeigt, eine Vielzahl von anstaltsspezifischen Bedarfen enthalten, die in die Festsetzung des Gebührenvorschlages der KEF mit einem bestimmten Rechenfaktor eingegangen und damit für alle Rundfunkteilnehmer Bestandteil der Gebühr geworden sind.[311]

Die Frage ist, welchen Vorteil dieses System eigentlich hätte – sieht man einmal davon ab, dass die Länder damit aus der Verantwortung wären, den Finanzausgleich staatsvertraglich zu normieren, was im Angesicht der Initiative von *Stoiber/Biedenkopf* für die kleineren Anstalten sicherlich wünschenswert ist.[312] Die Antwort lautet: keine. Wirtschaftlich wären alle Landesrundfunkanstalten auf dem gleichen Stand wie bei Vornahme eines bedarfsgerechten Finanzausgleichs. Der Nachteil liegt hingegen eindeutig in der Vernebelung der Bedarfszumessung, die ein kostenbewusstes Arbeiten der Landesrundfunkanstalten unnötig machen würde. Auf diese Weise entscheidet im Grunde die KEF über die Finanzmittel aller Anstalten, ohne dass sich die kleinen Anstalten wenigstens bei der Aushandlung der Finanzausgleichsmasse erklären müssen. Die Wirtschaftlichkeitsdefizite einzelner Anstalten bleiben so für die Öffentlichkeit noch stärker als bisher im dunklen.

Eine derartige Bedarfszumessung wäre also weder geeignet, die Finanzausstattung der ARD zu verbessern, noch die Wirtschaftlichkeit der Landesrundfunkanstalten zu erhöhen. In ihr wäre letztlich eine unzulässige Ausgestaltung der Rundfunkordnung zu sehen.

c. Sonstige Finanzierungsfragen

Hinter der sehr vordergründigen öffentlichen Diskussion um den Finanzausgleich und die Gebührenfrage hat sich eine sehr dezidierte Debatte um die sonstigen Finanzierungsquellen der ARD entwickelt. Dabei geht es vor allem um die Modalitäten der Werbefinanzierung und die Frage, ob die ARD die Einnahmequellen des Bezahlfernsehens (PayTV) nutzen darf.

aa. Lockerung der „Dualen Werbe-Restriktion"

Gerade aus den Reihen der ARD wurde in der Vergangenheit des öfteren der Ruf laut, die sinkenden Werbeeinnahmen über eine Ausweitung der Werbezeiten zu kompensieren.[313] Fraglich ist, ob derartige Vorschläge überhaupt verfassungsmäßig sind.

Ob die Werberestriktion vom Gesetzgeber im Rahmen seines Gestaltungsspielraumes aufgehoben oder jedenfalls im Sinne der vorgeschlagenen „volumenneutralen

---

311 Siehe KEF, 10. Bericht, Tz. 453 mit Hinweisen auf die Tzz. zu den einzelnen Posten.
312 Das *Mahrenholz*-Gutachten wurde erstattet im Auftrag von Radio Bremen.
313 Vgl. etwa die Stellungnahme des Norddeutschen Rundfunks zum RStV-1991 vom 17./18. Dezember 1991, Art. 12.

Umschichtung" modifiziert werden könnte, richtet sich zunächst danach, ob eine derartige Neuregelung geeignet ist, den Prozess öffentlicher und privater Meinungsbildung zu fördern. Wäre das nicht der Fall, müsste in der Neuregelung ein Eingriff in die wirtschaftliche Positionen privater Anbieter zu sehen sein. Nach Auffassung des VPRT hätte eine Abschöpfung von zusätzlichen 500 Mio. Mark (255 Mio. €) durch Änderung der Werberegeln für ARD und ZDF den unmittelbaren Konkurs kleinerer Privatsender wie „VOX" oder „n-tv" zur Folge.[314] Eine Erweiterung der Werbemöglichkeiten der ARD ist mithin ein Eingriff in nach Art. 5 Abs. 1 S. 2 GG geschützte Programmgestaltungsfreiheit.[315] Daran ändert auch die Ansicht von *Berg* nichts, wonach die Privaten eigentlich des Schutzes der Wereregularien gar nicht mehr bedürfen. Sie seien längst konkurrenzfähig.[316]

Die Zulässigkeit eines solchen Eingriffes in die grundrechtlich geschützte Freiheit bedarf jedenfalls einer Prüfung anhand der Schrankensystematik des Art. 5 GG. Zunächst ist danach ein allgemeines Gesetz notwendig. Eine Ausweitung der Werbezeiten müsste mithin in Form eines Parlamentsgesetzes geregelt werden, das sich nicht gegen die Äußerung einer Meinung als solche richtet, das vielmehr dem Schutz eines schlechthin zu schützenden Rechtsgutes dient.[317] Sie müsste ferner geeignet sein, ihr Normziel zu erreichen.

Diese ist in erster Linie die Sicherung des Grundversorgungsauftrages der ARD, in zweiter Linie dem Schutz der Werbeeinnahmen von Presse und privatem Rundfunk.[318] Dass die Regelung diese Zwecke erfüllt, wurde an den bereits beschriebenen Qualitätsunterschieden zwischen dem Vorabend- und dem Hauptabendprogramm verdeutlicht.[319]

Teilnehmerunabhängig finanzierte, kommerziell orientierte Programme kommen dem inhaltlichen Moment der Grundversorgung regelmäßig nicht in ausreichendem Maße nach. Deshalb sieht das Verfassungsgericht gerade in der Werbung eine grundsätzliche Gefährdung des Vielseitigkeitsauftrages. Schon in seinem 4. Rundfunkurteil hat das Bundesverfassungsgericht die Korrelation zwischen Werbefinanzierung, Einschaltquoten und der wirtschaftlichen Notwendigkeit herausgearbeitet, möglichst massenattraktive Programme zu möglichst niedrigen Kosten anzubieten.[320] Im 6. Rundfunkurteil wird wiederum unterstrichen, die Werbefinanzierung verschaffe kommerziellen Interessen Einfluss auf das Programm. Die Rückwirkung, die diese

---

314 *Adelt*, Die künftige Finanzierung des öffentlich-rechtlichen Rundfunks, S. 10.
315 *Kresse*, Öffentlich-rechtliche Werbefinanzierung, S. 3 f.; nicht schlüssig ist das Argument, die Auflockerung der Werbebeschränkungen würde die Chancen geplanter Klein- und Kleinstsender schmälern. Chancen und Erwartungen fallen grundsätzlich nicht in den Schutzbereich des Art. 14 GG, vgl. *Jarass*, in: Jarass/Pieroth, Art. 14 Rn. 8.
316 *Berg*, MP 1995, 94 (98).
317 BVerfGE 7, 198 (209); E 62, 230 (244); E 71, 162 (175); E 86, 188 (194); *Jarass*, in: Jarass/Pieroth, Art. 5 Rn. 346.
318 Vgl. amtliche Begründung zu § 16 RStV-1991, abgedr. bei: *Ring*, Medienrecht, C-0.1, S. 20.
319 Siehe oben § 4 C.I.1. (S. 212 ff.).
320 BVerfGE 73, 118 (155).

Finanzierungsart auf die Programmgestaltung habe, sei insbesondere für die öffentlich-rechtlichen Programmanbieter problematisch. Aus der Sicht der Werbung treibenden Wirtschaft stelle sich das Programm in erster Linie als Umfeld von Werbesendungen dar. In welchem Umfang die Werbebotschaft ihre Adressaten erreicht, hängt allein von der Programmattraktivität des Umfeldes ab, die sich allein nach der Einschaltquote bemesse. Auf die berechtigten Interessen der Programmanbieter oder des Publikums nehmen die Unternehmen keine Rücksicht.[321]

Berg hingegen führt an, dass die ARD nur dann eine Chance hätte, am Hauptabend im Werbewettbewerb mit den Privaten mitzuhalten, wenn sie an ihrem unterscheidbaren öffentlich-rechtlichen Profil festhalten würde, also gerade nicht zum Mittel der Programmkonvergenz greifen würde. Die Zuschauer der öffentlich-rechtlichen Programme stuft er als eine „der Werbewirtschaft neue, werblich attraktive Sehergruppe" ein – ein strategisch äußerst wertvolles Verkaufsargument im hart umkämpften Werbemarkt.[322]

Dieses Argument des HR-Intendanten kann jedoch mühelos entkräftet werden. Gerade auf der „Werbeinsel", dem Vorabendprogramm zwischen 17 und 20 Uhr, hat die ARD keineswegs ihr „öffentlich-rechtliches Profil" unter Beweis gestellt; vielmehr weist das Programm eine starke Tendenz zum massenmedialen Unterhaltungsprogramm der Privaten auf. Hier wie dort dominieren selbstproduzierte *soap operas* ohne jeden informativen oder regionalen Bezug, dazu Spielshows wie „Herzblatt" und Familienserien.[323] *Ridder* führt diese Entwicklung vor allem auf die Werberestriktionen selbst zurück. Dadurch, dass die ARD einerseits in die Werbeinsel gedrängt werde und andererseits gegen die Dumpingpreise der Privaten konkurrieren müsse, habe sie gar keine andere Wahl, als das Werbeumfeld zwischen 17 und 20 Uhr möglichst attraktiv zu gestalten und gleichzeitig für hohe Einschaltquoten zu sorgen, um hohe Erträge über die niedrigen Tausender-Kontaktpreise zu erwirtschaften.[324]

Die ARD stünde also vor der „schwierigen" Entscheidung, auf dem hart umkämpften Werbemarkt mit wenigen „typisch öffentlich-rechtlichen" Rezipienten zu wuchern, oder aber der werbetreibenden Wirtschaft viele „typisch private" Zuschauer anzubieten. Der Verdacht liegt nahe, dass die ARD auch nach 20 Uhr der Versuchung erliegen und den Weg der Massenattraktion gehen könnte, auch wenn dann möglicherweise das Potential der „typische öffentlich-rechtlichen" Rezipienten verloren ginge.

Auch mit der These, Werbung im Zeitalter des Vielkanalfernsehens brauche Qualität statt Masse, steht *Berg* weitgehend allein.[325] Sie entbehrt jeglicher Begründung und wird nicht zuletzt durch die gängige Praxis der quotenabhängigen Bezahlung durch Preisfestlegung nach TKP *ad absurdum* geführt. Es ist dabei in keiner Weise

---

321 BVerfGE 83, 238 (311).
322 *Berg*, MP 1995, 94 (96).
323 Siehe oben § 4 C.I.1 (S. 212 f.).
324 *Ridder*, MP 1997, 307 (309).
325 *Berg*, MP 1995, 94 (96); zustimmend *Ridder*, MP 1997, 307 (311 f.).

ersichtlich, dass es in dieser Frage alsbald zu einem tiefgreifenden Sinneswandel in der Werbebranche kommen könnte.

Dazu kommt, dass mit einer Ausweitung der Werbung auch der Anteil der Werbeeinnahmen an den Gesamteinnahmen der Landesrundfunkanstalten zunimmt und zunehmen soll. Das wiederum bringt erhöhte Einflussmöglichkeiten der werbetreibende Wirtschaft auf die Programminhalte mit sich. Schon jetzt verschwimmen die Grenzen zwischen Programm und Werbung in vielen Privatprogrammen in besorgniserregendem Ausmaß. Das Trennungsgebot in § 7 RStV hat allenfalls noch formalen Charakter. Split-screen-Werbung und virtuelle Werbung werden längst – auch in der Praxis – erprobt.[326] Abgesehen davon, dass viele dieser Werbepraktiken im privaten Rundfunk jedenfalls bis zum Wirksamwerden des 4. RÄndStV unzulässig sind, dürfen Programme der Grundversorgung nicht denselben Einflüssen ausgesetzt werden.[327]

Die Erfüllung der Grundversorgung setzt, wie oben dargelegt, ein niveauvolles Programm voraus, das wenigstens zum Teil auch jenseits des Massengeschmacks liegen muss. Das erfordert einerseits ein höheres Maß an Material- und Personalaufwand, hat andererseits in der Regel auch eine geringere Einschaltquote zur Folge, die für Werbekunden unattraktiv ist.

Nach der Finanzierungsform sind derzeit nur die öffentlich-rechtlichen Anstalten in der Lage, die Grundversorgung sicherzustellen. Sie sind nicht einseitig abhängig von der Werbewirtschaft und damit von Einschaltquoten. Gleichzeitig sieht das Bundesverfassungsgericht zu Recht ein funktionsspezifisches Problem für die Grundversorgung, hat sich doch das öffentlich-rechtliche Fernsehen mit seiner Teilwerbefinanzierung dem Trend zur Kommerzialisierung des Programms geöffnet, nachdem die Akzeptanz der Privaten seit 1989 erheblich zunahm.[328]

Außerdem hat sich bestätigt, dass die Printmedien jedenfalls bisher von einem Einbruch im Anzeigenaufkommen verschont blieben. Da aber die Aufhebung der Werberestriktion vor allem mit erheblichen Einnahmesteigerungen für die ARD begründet wird, ist eine größere Umverteilung des anerkanntermaßen begrenzten Werbebudgets zu Lasten der Presse zu befürchten, die deren finanziellen Grundlagen gefährden könnte.

Daneben dient das Werbeverbot auch dem Schutz der privaten Veranstalter, die auf Werbung als Finanzierungsquelle angewiesen sind.[329] Von deren finanzieller Gefährdung wäre bei einer Öffnung der Werbegrenzen auszugehen, weil unter dem Aspekt einer zielgruppenorientierten Werbung die werbetreibende Wirtschaft besonderes Interesse an Spots nach 20 Uhr in der ARD hätte. Denn die konsumstarke und werbeattraktive Zielgruppe der 30- bis 49jährigen wird dort durch die bisher zulässige Fernsehwerbung im Vorabendprogramm kaum erreicht. Nur sechs Prozent dieser

---

326 *Springer*, Schleichwerbung, S. 117 ff.
327 *Radeck*, MP 1994, 278 (279).
328 *Engel*, AfP 1994, 1985 (187).
329 Vgl. *Ricker*, in Ricker/Schiwy, Kap. C Rn. 84, Kap. F Rn. 104; siehe oben § 3 D.II.2. (S. 167).

Gruppe nutzen überhaupt das Vorabendwerbeprogramm.[330] Außerdem spricht für die besondere Attraktivität der Werbung nach 20 Uhr auch die Beobachtung, dass die Aufmerksamkeit der Zuschauer für das Programm und damit auch die Werbespots höher ist als am Vorabend. Tagesablaufstudien haben ergeben, dass die Rezipienten zwischen 17 und 20 Uhr nebenbei anderen Tätigkeiten wie Kochen, Lesen oder Essen nachgehen.[331] Es wäre also damit zu rechnen, dass die ARD nach Lockerung oder Abschaffung der Werberestriktion das Werbevolumen im Hauptabendprogramm ausweiten würde, zumal das Interesse der Werbewirtschaft das auch ermöglichen dürfte. Da aber der Werbeetat begrenzt ist, hätte das Werbeverluste bei den Privaten zur Folge, so dass deren wirtschaftliche Existenz gefährdet wäre.

Die Aufhebung der Werberestriktion mag zwar geeignet sein, den Landesrundfunkanstalten ein zusätzliches Element der Finanzierung zur Verfügung zu stellen; sie hätte damit aber keine Verbesserungen für den Meinungsbildungsprozess zur Folge und wäre folglich keine zulässige Ausgestaltung der Rundfunkordnung.

Aber auch eine den Eingriff in die Grundrechte der privaten Konkurrenz rechtfertigende Schranke der Rundfunkfreiheit nach Art. 5 Abs. 2 GG ist darin nicht zu sehen, weil der Aufhebung der Restriktion als Eingriff in die Grundrechtspositionen der privaten Rundfunkanbieter nicht erforderlich ist, um den Meinungsbildungsprozess zu verbessern. Die bestehende 20-Uhr-Grenze ist jedenfalls als milderes Mittel anzusehen.[332]

Das gleiche gilt für eine „volumenneutrale Umschichtung" der Werbezeiten: Diese ist grundsätzlich nicht anders zu beurteilen, weil diese Maßnahme ebenfalls eine Kommerzialisierung des Abendprogrammes zur Folge hätte, das bisher als „Insel der Grundversorgung" im Kontrast zum publikumsorientierten, weil werbeorientierten, kommerziellen Vorabendprogramm zu sehen ist. Die ARD käme gar nicht umhin, das Abendprogramm auf Dauer als werbefreundliches Programmumfeld noch mehr, als dies bisher ohnehin der Fall ist, am Massengeschmack auszurichten, um durch möglichst hohe Einschaltquoten ausreichende Werbeumsätze sicherzustellen.[333] Außerdem würde die erhoffte Umsatzsteigerung ebenfalls zu Lasten der Werbeeinnahmen der privaten Rundfunkanbieter gehen.

Die Forderungen nach einer Erhöhung des Werbeanteils in der ARD oder gar einer Freigabe der Werbung im Programm sind daher strikt abzulehnen. „Werbung nach Gutdünken", wie der Vorsitzende der SPD-Medienkommission, Bundesverkehrsminister Reinhard *Klimmt*, angedacht hat, wäre gar ein Verfassungsbruch.

---

330 Quelle: GfK-Fernsehforschung, vgl. *Ricker*, in Ricker/Schiwy, Kap. F Rn. 104.
331 *Stolte*, epd/Kirche und Rundfunk Nr. 37/1979, S. 1.
332 Vgl. *Ricker*, in: Ricker/Schiwy, Kap. F Rn. 105.
333 *Kresse*, ZUM 1995, 67 (71).

bb. Verbot von Werbung

Scheidet also eine Lockerung der Werberestriktion aus verfassungsrechtlichen Gründen aus, so stellt sich natürlich die Frage, ob die öffentlich-rechtlichen Anstalten generell auf Werbung verzichten sollten. Fraglich ist zugleich, ob eine reine Gebührenfinanzierung verfassungsrechtlich überhaupt zulässig wäre. Von Seiten der öffentlich-rechtlichen Rundfunkanstalten wird das jedenfalls nachhaltig bezweifelt. Bereits in der „schleichenden Abkehr von der Mischfinanzierung" sei eine erhöhte Gefahr der politischen Einflussnahme auf die ARD zu sehen.[334]

Deshalb wird die Auffassung vertreten, Werbung gehöre zum verfassungsrechtlich geschützten Teil der Funktionsgarantie und sei folglich ein Bestandteil der Grundversorgung.[335] Die ARD hätte mithin nicht nur einen „Anspruch" auf Werbefinanzierung, sondern bei konsequenter Beurteilung sogar die Pflicht zur Veranstaltung von Werbesendungen.

Diese Annahme deckt sich jedoch nicht mit der Rechtsprechung des Bundesverfassungsgerichts: § 12 Abs. 1 RStV stellt danach, wie bereits dargelegt, eine mögliche, keinesfalls aber eine zwingende gesetzliche Ausgestaltung des Rundfunks dar. Zwar ist die Finanzierung des öffentlich-rechtlichen Rundfunks zu gewährleisten, diese Garantie erstreckt sich aber nicht auf eine bestimmte Finanzierungsart, insbesondere nicht auf die Finanzierung durch Werbung.[336] Die Wahl der Finanzierungsform unterliegt vielmehr, wie das Bundesverfassungsgericht in seinem „Hessen-3-Beschluß" ausführt, allein der Legislative im Rahmen ihres Ausgestaltungsvorbehaltes. Der Gesetzgeber sei „von Verfassung wegen nicht verpflichtet, den öffentlich-rechtlichen Rundfunkanstalten Werbeeinnahmen zu gestatten", sondern ihnen nur eine funktionsgemäße Finanzierung zu gewährleisten.[337]

Die Mischfinanzierung dient der Streuung von Abhängigkeitsverhältnissen. Das Bundesverfassungsgericht stellt fest, dass Werbeeinnahmen geeignet sind, die Unabhängigkeit des öffentlich-rechtlichen Rundfunks gegenüber dem Staat als Gewährleister der Gebührenfinanzierung zu stärken.[338] Die Finanzierung des öffentlich-rechtlichen Rundfunks aus mehreren Quellen sei eine „Diversifizierung der Abhängigkeiten", mithin ein wesentliches Element seiner Unabhängigkeit.[339]

Entscheidend ist somit der Gedanke des Bundesverfassungsgerichts, dass auf Werbung nicht verzichtet werden kann, solange es an einer praktischen Alternative für die beeinflussungsfreie Finanzierung fehlt. Darin liegt die gedanklich Voraussetzung für einen Paradigmenwechsel im 8. Rundfunkurteil.[340]

---

334 *Radeck*, MP 1994, 278.
335 *Herrmann*, Rundfunkrecht § 14 Rn. 27.
336 BVerfGE 74, 297 (342); 87, 181 (200); *Kresse*, ZUM 1995, 67 (69).
337 BVerfGE 87, 181 (200).
338 BVerfGE 90, 60 (91).
339 *Ladeur*, ZUM 1987, 491 (495).
340 *Kresse*, Öffentlich-rechtliche Werbefinanzierung und Grenzen der Grundversorgung im dualen Rundfunksystem, S. 6.

Seit dieser Entscheidung sind die bis dato aufgestellten Thesen *für* eine Mischfinanzierung nämlich ein klares Argument *gegen* Werbung in der ARD. Denn mit den Rundfunkgebühren besteht die erforderliche Finanzierungsquelle, die seit dem „Gebührenurteil" zumindest verfassungstheoretisch durch die Neugestaltung des Gebührenfestsetzungsverfahrens eine optimale verfahrensrechtliche Absicherung der Staatsferne ermöglicht. Einer zusätzlichen Absicherung durch ein alternatives, staatlich nicht beeinflussbares Finanzierungsmittel bedarf es mithin nicht mehr.[341] Werbung ist zur Stärkung der Unabhängigkeit der ARD gegenüber staatlicher Beeinflussung nicht mehr erforderlich und somit verfassungsrechtlich verzichtbar.

Überdies wurde bereits dargestellt, dass seit der Öffnung der Rundfunkordnung für private Anbieter ohnehin erhebliche Rückgänge der ARD-Werbeeinnahmen zu verzeichnen sind. Von daher ist das „zweite Standbein" für die Finanzierung erheblich geschwächt worden. Als Ausgleich für einen etwaigen Staatseinfluss dürften daher diese Ressourcen ohnehin kaum noch in Betracht kommen.[342]

Die Landesgesetzgeber könnten daher für die ARD-Programme durchaus eine reine Gebührenfinanzierung wählen, so wie sie bereits bei den Dritten Fernsehprogrammen, die Satellitenprogramme und einige Hörfunkwellen vorgenommen haben. Der Schutz des Grundrechts erstreckt sich grundsätzlich nicht auf einzelne Formen der Finanzierung. Entscheidend ist allein, dass die Finanzierung der Tätigkeiten der öffentlich-rechtlichen Rundfunkanstalten insgesamt hinreichend gesichert ist.[343]

Die ARD muss also – wenn sich denn der Gesetzgeber dafür entscheidet[344] – auf die ohnehin stark geschrumpften Werbeeinnahmen als Kompensationssäule verzichten.

cc. Öffentlich-rechtliches PayTV

Fraglich erscheint schließlich, inwieweit die Nutzung von PayTV für die ARD möglich ist. PayTV als Form privatwirtschaftlicher Finanzierung durch Teilnehmerentgelte kennt zwei Grundtypen, lässt man einmal die erst in weiterer Zukunft möglichen interaktiven Formen von Bezahlfernsehen außer acht: Zum einen das *pay per channel*, das gelegentlich als Abonnement-Fernsehen bezeichnet wird, und zum anderen das *pay per view*.[345]

Beim *pay per channel* zahlt der Benutzer ein periodisch zu entrichtendes Zugangsentgelt für die Möglichkeit, das Gesamtangebot eines oder mehrerer Kanäle zu nutzen. Entgeltpflichtig ist nicht die konkrete Nutzung.[346] In Deutschland gibt es seit geraumer Zeit den analogen Abonnementsender „Premiere". Zum *pay per channel* zählen auch Teilbereiche der privaten Digitalangebote „DF-1" und „Premiere World".

---

341 So *Kresse*, ZUM 1995, 67 (72), vgl. *Kull*, AfP 1987, 568 (572).
342 *Ricker*, in: Ricker/Schiwy, Kap. F Rn. 107.
343 BVerfGE 74, 297 (341 f.).
344 Für eine rechtspolitische Empfehlung siehe unten § 6 A.I.1. (S. 403 ff.).
345 Die geistreiche deutsche Bezeichnung „Münzfernsehen" ist eher unüblich.
346 Vgl. *Hoffmann-Riem*, MP 1996, 73.

Beim *pay per view* hingegen ist die Zahlungsverpflichtung an den konkreten Nutzungsvorgang geknüpft, wobei in der Regel nach der Nutzung einzelner Sendungen abgerechnet wird (sog. „Einzelentgelt"). Einzelne Bestandteile von „DF-1" und „Premiere World" sind nur gegen derartige Einzelentgelte zu rezipieren, so dass das „Münzfernsehen" de facto auch in der Bundesrepublik Deutschland Einzug gehalten hat. Hierfür kann das schmalbandige Telefonnetz oder das Breitbandkabel als Rückkanal genutzt werden, über die einzelne Programmangebote bestellt (*video on demand*), freigeschaltet und die Abrechnungsdaten übermittelt werden können.

In den USA müssen PayTV-Kunden umgerechnet fünf Mark (2,55 €) pro Spielfilm zahlen, in England kostet etwa ein Schwergewichts-Boxkampf sogar 23 Mark (11,76 €). Wer in Deutschland die Pay-Programme von *Kirch* oder Bertelsmann sehen will, muß zukünftig sogar bis zu 120 € im Monat bezahlen.[347] Derzeit verlangen beide Anbieter nach Ablauf der „Schnupperangebote", die für eine Übergangszeit von drei Monaten gelten, ein Entgelt von 60 Mark (30,68 €) für den Empfang des digitalen Hauptprogrammes und jeweils sechs Mark (3,07 €) für Sendungen, die im *pay per view* ausgestrahlt werden. In Frankreich hat sich das Pay-Programm von „Canal Plus" allen negativen Vorhersagen zum Trotz als gewinnträchtig erwiesen.[348]

In organisatorischer Hinsicht können die Landesrundfunkanstalten oder die ARD als eigene Veranstalter auftreten oder aber privatrechtliche Tochterunternehmen einschalten. Auch Kooperationen mit anderen Veranstaltern kommen in Betracht.[349]

In vielen Fällen kommt Bezahlfernsehen in Kombination mit *video on demand* oder als Spartenkanal vor. Das ist aber nicht notwendigerweise so und ändert nichts an der rechtlichen Beurteilung der Finanzierungsform. Gleichwohl gibt es bei der Beurteilung von entgeltpflichtigen Programmvorhaben zwei Aspekte: den der Finanzierungsfragen und den programmlichen.

i) Einfachgesetzliche Lage

Bereits in seinem 5. Rundfunkurteil hat das Bundesverfassungsgericht eine Bestimmung im Landesmediengesetz von Baden-Württemberg gebilligt, nach der öffentlich-rechtliches PayTV nur zulässig sein kann, soweit es ausdrücklich durch Gesetz oder Staatsvertrag vorgesehen ist.[350] Im gleichen Urteil hat das Bundesverfassungsgericht der Begründung der Landesgesetzgeber zugestimmt, wonach jede neue Finanzierungsform dem Gesetzesvorbehalt unterfalle. Auch die Veranstaltung von PayTV unterliegt als „spezielle Form der Rundfunkfinanzierung" dem Wesentlichkeitsgrundsatz und damit dem Regelungsvorbehalt des Gesetzgebers.[351] Dem wurde vorübergehend durch eine ausdrückliche Normierung in § 18 Abs. 3 RStV-1991 Rechnung ge-

---

347 Der Spiegel Nr. 29/1996, S. 22 (32).
348 Bullinger, ZUM 1994, 596 (604).
349 *Hoffmann-Riem*, Pay TV im öffentlich-rechtlichen Rundfunk, S. 27.
350 BVerfGE 74, 297 (344); vgl auch *Hoffmann-Riem*, MP 1996, 73 (78).
351 BVerfGE 74, 297 (345).

tragen.³⁵² Mittlerweile ist diese rein deklaratorische Norm wieder aus dem RStV verschwunden.

Außer in Baden-Württemberg, Nordrhein-Westfalen, Brandenburg und Bremen bestehen keine ausdrücklichen landesgesetzlichen Regelungen für PayTV. Der öffentlich-rechtliche Rundfunk beruft sich gleichwohl gelegentlich auf eine staatsvertragliche Zulassung des PayTV als „sonstige Einnahme" nach § 12 Abs. 1 RStV.³⁵³ Das erscheint schon deshalb als problematisch, weil den „sonstigen Einnahmen" nur eine untergeordnete Bedeutung zukommen kann, da nach § 12 Abs. 1, 2. Hs. RStV „vorrangige Finanzierungsquelle die Rundfunkgebühr ist".

Dass PayTV der ausdrücklichen gesetzlichen Erlaubnis bedarf, hat das Gericht mehrmals bestätigt. Wörtlich führt es im „Baden-Württemberg-Beschluß" aus, dass die funktionsgerechte Finanzierung der Programme des öffentlich-rechtlichen Rundfunks zu sichern ist, „die Entscheidung, in welcher Form dies zu geschehen hat, ist Sache des Gesetzgebers".³⁵⁴

Auch die teleologische Auslegung von § 12 Abs. 1 RStV bestätigt dieses Ergebnis. Das Bundesverfassungsgericht hat nämlich festgestellt, dass die Finanzierungsmodalitäten zu den essentiellen strukturellen Voraussetzungen der Ausübung der Rundfunkfreiheit gehören. Damit unterliegen sie dem Regelungsvorbehalt des Gesetzgebers. Dafür spricht insbesondere, dass es dieser selbst ist, der aufgrund seiner institutionellen Verpflichtung aus Art. 5 GG über die Modalitäten der Finanzierung im einzelnen zu entscheiden hat und ihm dabei ein Ermessen zukommt.³⁵⁵ Allein seiner Entscheidung bleibt es daher vorbehalten, ob die ARD neben der Rundfunkgebühr weitere Entgelte von den Rezipienten verlangen darf. Somit kann PayTV nicht als besondere Finanzierungsform den „sonstigen Einnahmen" zugeordnet werden.³⁵⁶

In § 43 RStV wird die Möglichkeit der Finanzierung durch PayTV ausdrücklich als Finanzierungsquelle für private Veranstalter genannt. Das lässt den Schluss zu, dass PayTV eher auf die private als auf die öffentlich-rechtliche Seite gehören. Zudem ist im Umkehrschluss zu erkennen, dass den öffentlich-rechtlichen Anstalten PayTV eben nicht erlaubt ist.³⁵⁷ Sonst hätte der Gesetzgeber die Systematik des RStV andern gestaltet oder den Rundfunkanstalten PayTV ausdrücklich eingeräumt. Die Veranstaltung von PayTV ist der ARD mithin einfachgesetzlich bisher nicht gestattet.

ii) Anspruch auf Teilhabe

Fraglich ist gleichwohl, ob die öffentlich-rechtlichen Rundfunkanstalten nicht einen verfassungsrechtlichen Anspruch auf Teilhabe am Pay-Markt haben. Man könnte die Auffassung vertreten, ein solcher Anspruch ließe sich direkt aus Art. 5 Abs. 1 S. 2

---

352 Vgl. *Kuch*, in: Jahrbuch der Landesmedienanstalten 1993/94, S. 45 ff.
353 Vgl. *Ricker*, in: Ricker/Schiwy, Kap. C Rn. 87.
354 BVerfGE 74, 297 (347).
355 BVerfGE 87, 263 ff.; E 90, 60 (96 f.)
356 Vgl. *Ricker*, in: Ricker/Schiwy, Kap. C Rn. 88.
357 *Braun/Gillert/Hoberg/Hübner/Kamps*, ZUM 1996, 201 (207).

GG ableiten lässt. Das setzt zunächst voraus, dass es sich beim Bezahlfernsehen überhaupt um „Rundfunk" handelt.[358] Das allein problematische[359] rundfunkspezifische Merkmal der Allgemeinheit ergibt sich daraus, dass PayTV regelmäßig für jedermann *bestimmt* und zumindest technisch aufgrund seiner Verbreitung über Kabel oder Satellit auch für jedermann *zugänglich* ist.[360] Anders als bei den nicht unter den Rundfunkbegriff fallenden funktechnischen Übertragungen im kleinen Kreis ist bei PayTV genau wie beim herkömmlichen Rundfunk aufgrund der Vielzahl der möglichen Empfänger und der weitflächig räumlichen Verbreitung weder eine berufliche noch eine persönliche Beziehung untereinander noch zum Veranstalter gegeben. Die Zuschauer sind mit dem Anbieter lediglich vertragsmäßig durch das Bezugsabonnement und den Erwerb des Decoders, nicht aber in sonstiger Weise verbunden.[361]

PayTV richtet sich somit auch in der Sonderform des *pay per view* an die Allgemeinheit. Da die Übermittlung dieser Darbietung keine Besonderheiten gegenüber nicht entgeltfinanziertem Rundfunk aufweist, unterfällt PayTV damit dem verfassungsrechtlichen Rundfunkbegriff.[362]

Es bleibt somit die Frage, ob PayTV im Rahmen der Programmautonomie der Landesrundfunkanstalten unter die aus Art. 5 Abs. 1 S. 2 GG fließende Entwicklungsgarantie fällt.[363] Darauf berufen sich namentlich das ZDF und dessen Intendanten *Stolte*, aber auch einzelne Landesrundfunkanstalten.[364] Wer allerdings genau liest, wird feststellen, dass die Stimmen, die sich auf eine Legitimation von öffentlich-rechtlichem PayTV durch die Entwicklungsgarantie beziehen, vielfach in Wirklichkeit eine Legitimation von öffentlich-rechtlicher Beteiligung am digitalen Rundfunk einfordern.[365] Die aber wird gar nicht in Abrede gestellt.[366] Maßgeblich für eine Entwicklungsgarantie in Richtung auf PayTV ist mithin allein die Frage, ob die Teilhabe der ARD am PayTV *erforderlich* ist, um die Grundversorgung für alle zu erfüllen.

Nach Auffassung von *Eberle* müssen ARD und ZDF, um weiterhin den Auftrag zur öffentlichen Meinungsbildung zu erfüllen und vor allem die vorhandenen Programm-Ressourcen sinnvoll nutzen zu können, am Bezahlfernsehen teilhaben, denn in diese Richtung entwickelten sich die Sehgewohnheiten des Publikums.[367] Deshalb könnte es von der Verfassung her geboten sein, die Funktionserfordernisse des dualen Rundfunks flexibel und zukunftsorientiert auch mit Blick auf die Entwicklungsgarantie zu wahren. Die Auffangfunktion des öffentlich-rechtlichen Rundfunks im Hinblick

---

358 Vgl. *Ory*, AfP 1987, 466 (471); zum Rundfunkbegriff siehe oben § 3 B.V. (S. 130).
359 Vgl. vor allem *Schwarz-Schilling*, ZUM 1989, S. 487 ff.
360 *Ring*, Medienrecht, C-0.4, S. 124.
361 *Ricker*, in: Ricker/Schiwy, Kap. B Rn. 59.
362 Vgl. *Hoffmann-Riem*, MP 1996, 73 (75 f.).
363 Siehe dazu: *Bullinger*, ZUM 1994, 596 (604).
364 Siehe *Schrape*, Digitales Fernsehen, S. 120; *Stolte*, epd/Kirche und Rundfunk Nr. 19/1994, S. 3 (5).
365 So auch *Stolte*, epd/Kirche und Rundfunk Nr. 19/1994, S. 3 (5).
366 Siehe dazu oben § 4 C.IV. (S. 263).
367 So der ZDF-Justitiar *Eberle*, siehe: epd/Kirche und Rundfunk Nr. 97/1994, S. 19.

auf mögliche Defizite privaten Rundfunks wäre allerdings nur insofern wichtig, als entgeltfreie Programme ihre publizistische Bedeutung ganz oder teilweise einbüßen. Dann wäre PayTV in den Bereich der Grundversorgung hineingewachsen, und eine Wahrnehmung dieser Option wäre schon jetzt erforderlich.[368]

Allerdings gehört schon viel Phantasie dazu, anzunehmen, dass Zeiten kommen könnten, in denen *free TV* keine Chance mehr hätte, das Publikum zu erreichen. Einen Niedergang könnte der entgeltfreie Fernsehempfang lediglich dann erfahren, wenn massenattraktive Programme ausschließlich – oder zumindest mit deutlichem zeitlichen Vorsprung – im PayTV zu empfangen sind.[369] Nicht einmal dann würde der Mangel jedoch aus der Entgeltfreiheit des öffentlich-rechtlichen Programms resultieren, sondern allein aus dessen programmlicher Ausdünnung. Diese dürfte allerdings nicht mit finanziellen Engpässen begründet werden, solange all jene Programme, die dem klassischen Rundfunkauftrag entsprechen, der staatlichen Finanzierungspflicht unterfallen. Die Finanzierung der Grundversorgung muss nach der Systematik der Rundfunkrechtsprechung schließlich immer über Gebühreneinnahmen erbracht werden können. Eine Aufrechterhaltung der Grundversorgung mittels Teilnehmerentgelten ist also unter keinen Umständen erforderlich.[370]

Das Bundesverfassungsgericht hat noch in seinem „Baden-Württemberg-Beschluß" ausgeführt, dass Abonnement- oder Einzelentgeltfinanzierung für öffentlich-rechtliche Anstalten zugelassen werden müsse, wenn deren Finanzierung aus den verfügbaren Mitteln nicht mehr gewährleistet sei.[371] Das Gericht hat allerdings wenig später in seiner „NRW-Entscheidung" betont, dass sich der Grundrechtsschutz des Art. 5 GG nicht auf einzelne Finanzierungsarten erstreckt. Vielmehr sei der Gesetzgeber lediglich verpflichtet, für eine ausreichende Finanzierung des verfassungsrechtlich geschützten Programmangebots zu sorgen, weil sonst die Staatsferne durch finanzielle Maßnahmen umgangen werden könnte.[372] Darin liegt ein deutlicher Paradigmenwechsel in der Rechtsprechung.

Eine Finanzierung der Grundversorgung durch Entgelte kann also nicht einmal dann erforderlich sein, wenn die Rundfunkgebühr in eine sozial nicht mehr verträgliche Höhe steigen müssten. Dadurch könnte zwar ein qualitativ hochwertiges Programmangebot finanziert werden. Diese wäre aber bestimmten gesellschaftlichen Schichten kategorisch vorenthalten. Eine Abwägung zwischen den Rechtsgütern muss deshalb immer gegen PayTV ausfallen.

Die öffentlich-rechtlichen Rundfunkanstalten haben mithin keinen Anspruch auf bestimmte Finanzierungsweisen, auch nicht auf die Zulassung von PayTV.[373] Der Gesetzgeber ist somit nicht verpflichtet, öffentlich-rechtliches PayTV zu ermöglichen.

---

368 Vgl. *Hoffmann-Riem*, Pay-TV im öffentlich-rechtlichen Rundfunk, S. 67.; *ders.*, MP 1996, 73 (76).
369 *Kleinsteuber/Rosenbach*, RuF 1998, S. 24 (46).
370 Anders: *Hoffmann-Riem*, PayTV im öffentlich-rechtlichen Rundfunks, S. 121.
371 BVerfGE 74, 297 (348).
372 BVerfGE 83, 283 (310).
373 *Kresse*, ZUM 1996, 59 (63).

Das ist wohl auch der Grund dafür, dass sich das öffentlich-rechtliche Engagement im digitalen Fernsehbereich derzeit nur begrenzt auf PayTV bezieht.[374]

iii) Verfassungsrechtlicher Spielraum

Das heißt aber nicht, dass es dem Gesetzgeber nicht trotzdem in den Sinn kommen könnte, die gesetzlichen Voraussetzungen für öffentlich-rechtliches Bezahlfernsehen zu schaffen. Immerhin gesteht ihm das Bundesverfassungsgericht zu, die Finanzierungsart für den öffentlich-rechtlichen Rundfunk frei zu wählen. Die Entscheidung über die Zulässigkeit von PayTV durch öffentlich-rechtlichen Rundfunk könnte dabei dem rundfunkrechtlichen Gesetzesvorbehalt unterliegen. Wie bei der Festlegung der Rundfunkordnung endet seine Gestaltungsfreiheit erst dort, wo die Funktion des Rundfunks, der freien, individuellen und öffentlichen Meinungsbildung zu dienen, gefährdet wird.[375]

Nach Auffassung von *Hoffmann-Riem* ist die Einrichtung von öffentlich-rechtlichem PayTV grundrechtsdogmatisch weder als Eingriff in die Grundrechtsposition der privaten Veranstalter aus Art. 5 Abs. 1 S. 2 GG zu werten noch als Eingriff in Art. 14 GG. Die Rechtmäßigkeit von PayTV richte sich daher nach den Anforderungen an die Ausgestaltung der Rundfunkordnung aus Art. 5 Abs. 1 S. 2 GG, nicht nach denen von Schrankengesetze.[376] Eine Einschränkung der Zulässigkeit von Entgeltfinanzierung liegt in der „Gebührenentscheidung" des Bundesverfassungsgerichts, ohne dass das freilich ausdrücklich gesagt wird. Danach haben die öffentlich-rechtlichen Anstalten dafür zu sorgen, dass ein dem klassischen Rundfunkauftrag entsprechendes Programm für die gesamte Bevölkerung angeboten wird.[377] Für die öffentlich-rechtlichen Rundfunkanstalten besteht der besondere Auftrag, integrierend zu wirken, indem sie durch umfassende, neutrale Information und Berichterstattung die verschiedenen, in der Gesellschaft vorkommenden Aufgaben integrieren.[378]

Pay-Programme würden aufgrund ihrer zwangsläufigen selektiven Verbreitung zum integrativen Auftrag der öffentlich-rechtlichen Rundfunkanstalten kaum beitragen können. Diese Aufgabe geht verloren, wenn die ARD ihre Angebote nicht mehr allen Teilen der Bevölkerung zur Verfügung stellt. Ihre Ausrichtung auf spezifische Zielgruppen wirkt einer Zersplitterung der Gesellschaft zumindest nicht entgegen. Pay-Programm müssen nämlich, um wettbewerbsfähig zu sein und solvente Zuschauer anzusprechen, eine bestimmte Art von Inhalten bevorzugt transportieren, also einen begrenzten Bereich des Kommunikationsmodells abdecken.[379]

---

374 Vgl. *Zimmer*, MP 1996, 386 (399). Siehe *Hoffmann-Riem*, MP 1996, 73 (74), *ders.* a.a.O. S. 79.
375 BVerfGE 83, 238 (310).
376 *Hoffmann-Riem*, MP 1996, 73 (77).
377 BVerfGE 90, 60 (92).
378 BVerfGE 31, 314 (329); E 47, 198 (225); *Libertus*, Grundversorgungsauftrag und Funktionsgarantie, S. 145.
379 *Kresse*, ZUM 1995, 178 (184).

Plog hat Recht, wenn er bei PayTV von „Enteignung breiter Bevölkerungsschichten" spricht,[380] denn durch PayTV wird die Mehrheit der sozial schlechter gestellten Menschen von bedeutenden Fernsehereignissen ausgegrenzt.[381] Es widerspricht damit grundsätzlich der Integrationsfunktion des gemeinwohlorientierten Rundfunks. Für den öffentlich-rechtlichen Rundfunk ist daher ein Finanzierungskonzept angebracht, das den Integrationsauftrag unterstützt. Das aber ist nur dann der Fall, wenn alle Gruppen der Gesellschaft dazu beitragen, den Integrationsprozess der verschiedenen Meinungen zu einem ausgewogenen Gesamtprogramm zu bezahlen.[382] Das ist bei Entgeltfinanzierung nicht der Fall. PayTV ist somit bei der derzeitigen Aufgabenverteilung in der dualen Rundfunkordnung für den öffentlich-rechtlichen Rundfunk nicht zulässig.[383]

Allerdings scheint zunächst nach dem Vorschlag *Stoltes*, im öffentlich-rechtlichen PayTV auf digitaler Basis ausschließlich Wiederholungen laufen zu lassen, die freie Meinungsbildung nicht gefährdet zu sein, weil es dadurch scheinbar zu keiner Ausdünnung der gebührenfinanzierten Hauptprogramme kommt. Vielmehr ist in der Tat eine qualitative Verbesserung des Hauptprogramms denkbar, soweit die Einnahmen aus dem Pay-Sektor tatsächlich in den allgemeinen Programmetat fließen. Insoweit wäre PayTV sogar dem Meinungsbildungsprozess förderlich.

Ob dieser Plan auf das Interesse des Marktes stößt, ist allerdings zumindest fraglich. Immerhin liegt ein gewisser Reiz in der jederzeitigen Verfügbarkeit der Programme. Allerdings sollte *Stolte* so aufrichtig sein und einen Schritt weiterdenken. Wenn nämlich schon nicht das Hauptprogramm ausgedünnt wird, so würde sein PayTV-Modell allerdings *eines* verhindern: nämlich den Betrieb eines programmlich identischen Digitalkanals im *free TV*, sonst hätte der Pay-Kanal ja überhaupt keine Erfolgsaussichten mehr und wäre auch reichlich sinnlos. Soweit und sobald man aber eine Grundversorgungsfunktion des digitalen Fernsehens anerkennt, hätte das PayTV also doch eine Ausdünnung des Grundversorgungsprogramms zur Folge und würde mithin den ungestörten Meinungsbildungsprozess stören. Ein Rückzug der ARD aus bestimmten Programmsektoren oder eine Vernachlässigung oder Bevorzugung einzelner Sektoren, insbesondere im Blick auf eine Einnahmesteigerung, ist jedoch mit Art. 5 Abs. 1 S. 2 GG unvereinbar.[384]

Das hieße in logischer Konsequenz: Öffentlich-rechtliche Pay-Wiederholprogramme sind nur in der Aufbauphase des Digitalen Fernsehens zulässig. Da diese aber zugleich den Aufbau fördern würden, wäre ihr Sinn die eigene Eliminierung. Das kann nicht die Aufgabe eines öffentlich-rechtlichen Programms sein.

---

380 *Plog*, Siebte von zwölf Thesen, abgedr. in: FK Nr. 16/96, S. 8 (9).
381 So auch *Scharf*, in: FK Nr. 21/1996, S. 17.
382 *Ory*, AfP 1987, 466 (471).
383 *Kresse*, ZUM 1996, 59 (63).
384 BVerfGE 83, 238 (301).

d. Spar-, Kooperations- und Auslagerungsvorhaben

Wie bereits dargelegt, ist das „Magische Dreieck" der Rundfunkpolitik bereits an zwei seiner Ecken relativiert und an einer fixiert worden. Es hat sich bestätigt, dass die Rundfunkgebühren in allen Landesteilen einheitlich sein müssen. Das ist der Fixpunkt des Dreiecks. Die beiden anderen Seiten sind jedoch variabel. Der Finanzausgleich ist verfassungsrechtlich nicht verankert und kann reduziert und durchaus auch ganz abgeschafft werden, sofern dies politisch gewollt wird. Ausgleichszahlungen sind nur dann erforderlich, und das auch nur vorübergehend, wenn auf andere Weise die funktionserforderlichen, gebietsbezogenen Programmangebote durch die zuständige öffentlich-rechtliche Anstalt in einem Land wegen extremer Haushaltsschwierigkeiten nicht erbracht werden kann.

Ob es zu solchen Haushaltsnotlagen kommt, hängt allerdings vor allem von der Wirtschaftlichkeit und dem Umfang der Leistungen einer Rundfunkanstalt ab. Gerade die kleinen Anstalten, die ohne Finanzausgleich ihre derzeitigen Angebote nicht aufrechterhalten könnten und selbst mit der reduzierten Form des Finanzausgleichs Schwierigkeiten bekommen, müssen schon aus diesem Grund ihren Sparkurs fortsetzen. Der Bestand aller Programme ist dabei durchaus nicht gesichert. Die gebietsbezogene Rundfunktätigkeit kann schließlich keineswegs nur im Rahmen von Landes- und Regionalprogrammen erreicht werden. Der gebietsbezogene, der Integration dienende Teil der Rundfunktätigkeit ist für jedes Land ein zwar unverzichtbares Funktionselement seiner Eigenstaatlichkeit, das beispielsweise aber auch in Kooperation mit anderen erfüllt werden kann. Die grundsätzliche finanzielle Eigenverantwortung eines jeden Landes ist auch rundfunkverfassungsrechtlich das notwendige Korrelat seiner Kompetenz und Entscheidungsfreiheit, sich eine eigene Landesrundfunkanstalt zu leisten. Die finanzielle Eigenverantwortung ist zugleich auch das Limit für kleine Rundfunkanstalten, die ihr Programm grundsätzlich qualitativ und quantitativ allein bestimmen.[385]

Sparvorhaben, die keinerlei Auswirkungen auf den Programmbereich zeigen, sondern allein im Organisationssektor angesiedelt sind, stoßen mithin auf keine verfassungsrechtlichen Bedenken. Das Gegenteil ist der Fall: Soweit nämlich Kooperationen oder Rationalisierungen die Etats der Rundfunkanstalten entlasten, bleibt mehr Geld für die Programmgestaltung oder für Programminnovationen. Solche Einsparungen sind im Lichte des Art. 5 GG nur zu begrüßen.

Anders sieht dies mit Rationalisierungen aus, die Abstriche in der Qualität erfordern, z. B. die Verringerung der Zahl von Kameras bei Fernsehproduktionen, eine Beschränkung der Zahl unterschiedlicher Motive, Zurückhaltung beim Engagement teurer Stars. Derartige Einsparungen haben regelmäßig Einbußen in Qualität, Meinungsrelevanz und Zuschauerakzeptanz zur Folge. Die Rundfunkanstalten haben unter dem Druck der KEF und der Rechnungshöfe aber schon erhebliche Rationalisierungen durchgeführt, so dass weitere Einsparungen im Programmbereich ohne Qua-

---

385 *Bullinger*, Länderfinanzausgleich und Rundfunkfinanzausgleich, S. 49.

litätsverluste kaum mehr denkbar sind und im Hinblick auf Art. 5 GG kritisch beleuchtet werden sollten.[386]

Kooperationen stellen hingegen unter den genannten Voraussetzungen zunächst gute Möglichkeiten dar, *kurz- und mittelfristig* Einsparungen zu erzielen. Sie setzen überdies keinerlei gesetzliche Änderungen und keine Einigung auf politischer Ebene voraus, sondern können unter den Landesrundfunkanstalten selbst vereinbar werden. Deshalb spricht alles dafür, dass die Landesrundfunkanstalten in Zukunft in vielen Punkten noch enger zusammenarbeiten werden als bisher.

Für geplante, also zukünftige Kooperationen gilt grundsätzlich nichts anderes als für die bereits bestehenden: Sie sind sowohl im Programm- als auch im Servicebereich sinnvoll, weil sie Mittel freisetzen, die für programmliche Innovationen und Qualitätssteigerungen verwendet werden können und damit zur Erfüllung des Programmauftrages beitragen. Die Anstalten können kooperativ aufwendigere und bessere Programme produzieren, weil die finanzielle Belastung für die einzelne Anstalt geringer ist, als wenn sie allein produzieren müsste.

Der Nachteil allerdings ist, dass mit jeder Kooperation auch ein Stück Eigenständigkeit und regionale Unverwechselbarkeit der Kooperationspartner verloren geht. Die einzelne Landesrundfunkanstalt kann nicht mehr so intensiv auf die besonderen Eigenarten, die Mentalität und die Lebensgewohnheiten in ihrem Sendegebiet eingehen.[387]

Von rundfunkverfassungsrechtlicher Seite sind deshalb solche Spar- und Kooperationsmaßnahmen bedenklich, durch welche die Meinungsvielfalt des Rundfunks verkürzt wird. Diese sicherzustellen, ist schließlich die vordringliche verfassungsrechtliche Aufgabe der Rundfunkanstalten. Eine Reduzierung des Gesamtprogrammangebotes aufgrund einer freien Entscheidung einzelner Landesrundfunkanstalten oder auch durch Gemeinschaftsbeschluss ist jedoch nicht zwangsläufig verfassungswidrig, denn dabei handelt es sich primär um eine zulässige Ausübung der Programmgestaltungsfreiheit der Rundfunkanstalten, die durch Art. 5 Abs. 1 S. 2 GG geschützt ist. Solange derartige Beschlüsse nicht durch Gesetze oder Staatsverträge herbeigeführt und den Rundfunkanbietern gar oktroyiert werden, müssen sie sich folglich nicht an den Kriterien einer rechtmäßigen Ausgestaltung der Grundversorgung messen lassen, weil die Rundfunkanstalten als Grundrechtsträger eben nicht für eine *Ausgestaltung* der Rundfunkordnung zuständig sind. Ihre Aufgabe ist die *Ausfüllung* dessen, was der Gesetzgeber als Rundfunkordnung konzipiert hat.[388]

Deshalb ist es nicht erforderlich, dass eigenständig organisierte Kooperationen der Rundfunkanstalten unterhalb der Gesetzesebene den Prozess öffentlicher und privater Meinungsbildung fördern. Das würde nämlich etwa durch die Zusammenlegung zweier regionaler Programme zu einem überregionalen Programm regelmäßig nicht der Fall sein. Maßgeblich ist letztlich allein, ob trotz denkbarer Vereinfachung des

---

386 Vgl. *Hoffmann-Riem*, Rundfunkneuordnung in Ostdeutschland, S. 79 f.
387 *Hoffmann*, Möglichkeiten der Finanzierung des öffentlich-rechtlichen Rundfunks, S. 123.
388 Siehe oben § 3 B.VI. (S. 131 ff.).

Meinungsbildungsprozesses weiterhin die Grundversorgung sichergestellt ist. Dieser Grundsatz muss bei jeder Kooperationsvereinbarung beachtet werden.

Aus gesetzlich verordneten Kooperations- und Sparmaßnahmen – etwa durch Staatsverträge wie den Staatsvertrag über die Zusammenarbeit zwischen Berlin und Brandenburg im Bereich des Rundfunks – dürfen hingegen auf gar keinen Fall Einschnitte in den Pluralismus und eine Reduzierung von Meinungsvielfalt resultieren. Allerdings haben die Überlegungen zum Rundfunkfinanzausgleich deutlich gemacht, dass die exzeptionelle Beistandspflicht der finanzstarken Rundfunkanstalten für kleine Anstalten in einer Haushaltsnotlage nicht allein durch finanzielle Transfermaßnahmen erfüllt werden kann. Vielmehr sind auch „Sachleistungen" denkbar, die in Form von Übernahmen von kooperativen Aufgaben auch im Programmbereich erfolgen können.[389] Einschnitte in das Programm sind dabei nicht notwendigerweise problematisch, solange die funktionserforderliche gebietsbezogene Versorgung durch die „zuständige" Landesrundfunkanstalt garantiert ist. Außer den besonders funktionsnotwendigen „Heimatsendungen" können die Programmangebote ohne Vielfaltseinbußen auch in Kooperation mit anderen Anstalten erbracht werden.

Unter diesen Voraussetzungen ist die von *Klostermeier* ins Gespräch gebrachte Kooperation zwischen RB und dem NDR im Bereich eines **„Nordwest-Radios"** zumindest rundfunkrechtlich unproblematisch. Das programmliche Ziel dieser Kooperationswelle ist die Versorgung des Raumes Bremen/Nordwestniedersachsen mit regionalem und subregionalem Rundfunk. Dass dieser über die Grenzen von Bundesländern hinweggehen soll, ist unbedenklich. Im geplanten Sendegebiet bestehen über Jahrhunderte hinweg gewachsene landsmannschaftliche, kulturelle und gesellschaftliche Beziehungen, während die Schaffung eines eigenen Bundeslandes mit Bremen und Bremerhaven nach dem Zweiten Weltkrieg allein machtpolitische Ziele verfolgte und vergleichsweise willkürliche Grenzen zog. In Bezug auf sein Sendegebiet würde ein „Nordwest-Radio" mithin den Anforderungen an Lokal- und Regionalrundfunk gerecht.

Allerdings ist hier kaum mit Einsparungen zu rechnen. So lange der NDR nämlich keines seiner acht Hörfunkprogramme für ein derartiges RB/NDR-Gemeinschaftsradio opfert und auch RB nicht willens ist, eine seiner vier Hörfunkwellen zusätzlich zum umzuwidmenden Programm einzustellen, ist das „Nordwest-Radio" nichts weiter als Bremer „Expansionsfunk", der bis zur Elbe reicht und aus Hamburg finanziert wird.[390]

Wie der NDR trotzdem zu Einsparungen von 20 bis 30 Mio. Mark (10 bis 16 Mio. €) jährlich kommen will, lässt sich ohne Programmbeschneidungen und Personalreduzierung nicht erklären. Zwar könnten mit der Schließung der RB-Niederlas-

---

389 Siehe oben § 5 B.II.1.b.cc.iii) (S. 345), vgl. *Bullinger*, Länderfinanzausgleich und Rundfunkfinanzausgleich, S. 50.
390 Das bestätigte auch der Leiter der NDR-Intendanz Holger *Ohmstedt*, in einem Gespräch am 5. Mai 1998 (nicht veröffentlicht). Er bezeichnete das Kooperationsangebot als „finanzielle Unterstützung", die als möglicher Ersatz für einen Ausstieg aus dem Finanzausgleich dienen könnte.

sung in Oldenburg und des NDR-Korrespondentenbüros in Bremen Einsparungen erzielt werden, denen kaum zusätzliche Kosten gegenüberstehen, weil die Sendeeinrichtungen Radio Bremens auf terrestrischem Wege ohnehin von Nienburg bis Cuxhaven und von Zwischenahn bis Rotenburg reichen und insofern kaum Investitionen im technischen Bereich getätigt werden müssten. In Anbetracht der ohnehin beträchtlichen Produktionskosten des regional ausgerichteten Hörfunkprogramms liegt in dem Plan aber nur eine geringfügige Rationalisierungsquote.

Immerhin handelt es sich dabei um einen Anfang, der allerdings wohl kaum zu Einsparungen in Millionenhöhe führen wird.

Auch ein gemeinsames **Nachrichtenradio von NDR, ORB und SFB** gestaltet sich nicht ohne verfassungsrechtliche Probleme. Dieses hätte nämlich den Nachteil, dass die Berücksichtigung lokaler und regionaler Interessen für ein Sechsländerprogramm sehr schwierig wäre. Die Frage, wie ein Nachrichtenradio unter diesen Voraussetzungen überhaupt noch regionale und lokale Meldungen berücksichtigen soll, lässt *Plog* offen. Die Antwort ist gleichwohl einfach: Nur durch die Unterhaltung von regionalen Nachrichtenredaktionen können diese Interessen Berücksichtigung finden. Erforderlich sind dann aber lokale Fenster, denn es kann davon ausgegangen werden, dass Brandenburger Lokalnews auf nur geringes Interesse in Osnabrück oder Husum stoßen. Unter diesen Umständen bleiben nur geringfügige Einsparungen im Bereich der bundesweiten Nachrichten oder der Weltnews.

Unterbleibt andererseits die Regionalisierung des Infoprogramms, kämen die Kooperationspartner in diesem Bereich ihrer Grundversorgungsaufgabe nicht mehr hinreichend nach. Es besteht somit ein Spannungsfeld zwischen regionalen Vielfaltsanforderungen und Sparpotentialen. Höhere Einsparungen haben immer einen Verlust an Regionalität zu Folge, der in Hinblick auf die Vielfaltsanforderungen der Verfassung nicht zu rechtfertigen ist. Wird die Berichterstattung aus den Regionen hingegen nur leicht reduziert, bleiben auch die Einsparungen gering und rechtfertigen ihrerseits die Vielfaltseinbußen nicht. Der Widerspruch ist nicht aufzulösen. Ein NDR/ORB/SFB-Inforadio ist mithin anzulehnen.

Gegen die von *Plog* angeregte lockere **Zusammenarbeit von „NDR 2" und „Radio B Zwei"** ist von der Grundversorgungswarte her nichts einzuwenden. Soweit, wie vorgeschlagen, Sendungen ohne spezielle regionale Färbung, etwa Reportagen aus der internationalen Popmusik-Szene, Magazinsendungen, Technik-Ratgeber, Beiträge über Lifestyle, Mode oder Trends, ausgetauscht werden, tut das der regionalen Programmvielfalt keinerlei Abbruch, weil diese in derartigen Genres ohnehin kaum eine Rolle spielt. Die Einsparungen – insbesondere durch Personalabbau und Reduzierung spezieller technischer Ressourcen – dürften hingegen in einer durchaus relevanten Höhe liegen.

Eine tiefergehende Programmkooperation hingegen ist nicht möglich. Bei beiden Programmen handelt es sich nämlich um Servicewellen, die im großen Maße wegen ihrer Verkehrsmeldungen rezipiert werden. Ein Autofahrer in Cottbus interessiert sich jedoch nicht für Staus im Elbtunnel. Eine Ergänzung des Verkehrsprogramms gestaltet sich schwierig, beachtet man nur die Länge der NDR-2-Verkehrsmeldungen, die schon jetzt auf vier Staatsvertragsländer ausgerichtet sind. Dieses Problem lässt sich möglicherweise schon bald technisch lösen, spätestens mit der Einführung des T-DAB-Regelbetriebes. Soweit ist es allerdings noch nicht.[391]

Eine Einbindung der Bremer Melodiewelle in **„Radio 3"** bietet sich hingegen schon heute an. Klassikwellen haben in der Regel nur einen geringen regionalen Bezug – eine Zusammenlegung ergibt mithin kaum Verringerungen des Meinungspluralismus, bei lohnenden Einsparungen. Im Klassikprogramm existiert seit jeher ein reger Programmaustausch, so dass die Programme dort ohne weiteres auch zusammengeschaltet werden könnten.[392]

Diese Maßstäbe gelten auch für die von *Buchwald* vorgeschlagenen **zwei nationalen Hörfunkprogramme**. Soweit sie die regionalen Interessen berücksichtigen, sind sie verfassungsrechtlich unbedenklich. Im Klassikbereich drängt sich diese Lösung in der Tat auf. Allerdings sind davon abgesehen keine anderen Bereiche ersichtlich, wo eine bundesweite Hörfunkkooperation sinnvoll ist. Auch im vom *Buchwald* angeregten Kultur- und Bildungsbereich spielen regionale Belange eine zu große Rolle. So hat Bayern aufgrund politischer und religiöser Einflüsse über die Jahrhunderte hinweg eine andere kulturelle Entwicklung genommen als Schleswig-Holstein oder Brandenburg. Das zeigt sich bei Literatur, Musik oder den bildenden Künsten. Ein bundesweites Hörfunk-Kulturprogramm müßte mithin – wie etwa „3sat" und „arte" – die regionalen Kulturaspekte vernachlässigen. Da die regionale Kulturprogramme derzeit die einzigen Angebote sind, die sich diesem Bereich widmen, würde ein erforderlicher Grundversorgung-Beitrag verlorengehen. Der Vorschlag *Buchwalds* ist mithin zu verwerfen.

Auch die angeregte **Kooperation von „N-Joy Radio" und „Fritz"** wurde zu Recht wieder verworfen – allerdings aus anderen Gründen.[393] Hier wäre nämlich mit keinerlei nennenswerten Einsparungen zu rechnen. „N-Joy Radio" hat insgesamt gerade fünf fest angestellte Mitarbeiter und zwei Sekretärinnen. Personalabbau und daraus folgenden Einsparungen sind da nicht einmal bei einer vollständigen Zusammenlegung mit „Fritz" möglich.[394] Denn bei „Fritz" ist die Personalsituation ähnlich knapp ausgestaltet. Fünf Mitarbeiter bräuchte es aber schon zu Gewährleistung des ohnehin spärlichen regionalen Bezuges im Jugendprogramm. Darüber hinaus müssen beide Programme auf ihre jeweilige Konkurrenz im hart umkämpften Markt der Jugendwellen unterschiedlich reagieren können. Bei einer engen Verzahnung mit einem anderen Programm wäre das ohne Einschränkung der Programmqualität nicht möglich.[395]

---

391 *Hoffmann*, Möglichkeiten der Finanzierung des öffentlich-rechtlichen Rundfunks, S. 124.
392 *Hoffmann*, Möglichkeiten der Finanzierung des öffentlich-rechtlichen Rundfunks, S. 124.
393 *Plog*, in: Kops/Sieben, S. 257 (264).
394 *Ohmstedt* in dem Gespräch am 16.5.1998.
395 So auch *Plog*, in: Kops/Sieben, S. 257 (264).

Ein **gemeinsame Zulieferung** von NDR, ORB und SFB **zum Ersten Deutschen Fernsehen** ist nur unter bestimmten vielfaltssichernden Vereinbarungen zu empfehlen. Das Prinzip des „Ersten" beruht auf seiner föderalen Zusammensetzung und der daraus resultierenden pluralistischen Organisationsstruktur. Es ist das maßgebliche Charakteristikum des Gemeinschaftsprogramms, dass die Mitgliedsanstalten entsprechend ihren vertraglich vereinbarten Anteilen die Programmteile zuliefern. Auf diese Weise entsteht ein Programm, das von regionaler Vielfalt geprägt ist. Durch die plurale Zusammensetzung der Aufsichtsgremien aller Landesrundfunkanstalten einerseits und die Zulieferung der Programmbestandteile durch alle Landesrundfunkanstalten gemäß ihrem Anteil am Gemeinschaftsprogramm ist die regionale Vielfalt organisatorisch sichergestellt. Auf diese Weise kann das „Erste" rund um die Uhr die „konstitutive Vielfalt der Länder" repräsentieren.[396] Nur so kommen die unterschiedlichen Regionen des Sendegebietes Bundesrepublik Deutschland in einem homogenen Programm zu Wort und Gehör.

Dieser Grundsatz sollte durch eine Kooperation von NDR, SFB und ORB bei der Zulieferung nicht verletzt werden. Eine Kooperationsvereinbarung könnte beispielsweise die Anteile der drei Anstalten an der gemeinsamen Zulieferung regeln. Wichtig ist, dass jede Region in gewohntem oder wenigstens in signifikantem Umfang auch zukünftig im Gemeinschaftsprogramm vertreten ist.

Fraglich ist unter diesen Voraussetzungen, inwieweit eine Kooperation der drei Anstalten zu Einsparungen führen kann. Eine Berücksichtigung der regionalen Interessen erfordert nämlich auch eine Vertretung jeder der Anstalten in einer programmkoordinierenden Stellen. Auch die Redaktionsarbeit erfordert dann ständige Abstimmung.

Das zeigt, dass eine solche Kooperation nicht automatisch zu rationalisierten Produktionsabläufen führt. Auf der Passivseite stehen regelmäßig Reibungsverluste und lange Entscheidungswege. Ob die geplante Kooperation mehr Vor- oder mehr Nachteile bringt, erfordert einen genauen Blick auf die Modalitäten. Unproblematisch vorteilhaft wäre sie jedenfalls nicht.

Ähnliche Überlegungen dominieren auch die verfassungsrechtliche Beurteilung eines **gemeinsamen Dritten Programms der vier kleinen Rundfunkanstalten**. Eine enge Allianz von SFB, ORB, RB und SR muß jedenfalls immer auch die regionalen Interessen der vier Kooperationspartner berücksichtigen. Mit einem „unlokalen" Programmangebot wäre es keineswegs getan. Insofern ist das Konzept, das Programm für einzelne Sendungen mit regionalem Bezug auseinanderzuschalten,[397] ein Schritt in die richtige Richtung. Fraglich ist dabei allerdings, inwieweit dieses Modell Vorteile gegenüber Kooperationen vergleichbarer Form mit benachbarten Programmen bringen soll. Zwar ist der Einfluß jeder der vier kleinen Anstalten auf die Gestaltung des Mantelprogramms größer als in einem Verbund mit

---
396 Vgl. *Herrmann*, epd/Kirche und Rundfunk Nr. 12/1995, S. 3 (4).
397 So der Vorschlag von SR-Intendant *Raff*, vgl. *Röhrig*, Welt am Sonntag, Nr. 17/1997 v. 27.4.1997, S. 65.

einer übermächtigen Mehrländeranstalt. Dafür sind die Reibungsverluste bei der Koordination über viele hundert Kilometer hinweg zwangsweise größer – auch im Zeitalter von Telefonkonferenzen und digitalem Datentransfer.

Die Kooperation benachbarter Anstalten bietet dagegen den Vorteil, daß zumindest an den gemeinsamen Grenzen auch mit ähnlichen regionalen Eigenarten und landsmannschaftlichen Einflüssen zu rechnen ist. Das Rahmenprogramm kann sich insofern mit einem regionalen Einfluß auch an die Rezipienten im Sendegebiet beider Kooperationspartner richten. So ähneln die regionalen, sozialen und ethnischen Einflüsse im Saarland eher denen in der Pfalz als denen in Berlin. Die Bremer Interessen dürften außerhalb regionaler Fenster in „N3" eher Berücksichtigung finden als in einem gemeinsamen Programm mit dem Saarland und Berlin/Brandenburg. Das geplante Gemeinschaftsprogramm ist somit gerade im Hinblick auf die Regionalkompetenz kritisch zu sehen.

Auch die Kooperationsvorschläge für den **Südwesten** Deutschlands sind alles andere als unproblematisch. So hat der Hessische Rundfunk die Forderung *Becks* nach einer institutionaliserten **Mini-ARD** entschieden zurückgewiesen. Worin die Einsparungen eines solchen staatsvertraglich gegründeten Verbundes mit zusätzlichen Gemeinschaftsgremien liegen sollen, läßt *Beck* nämlich offen. Zwar fordert er die gemeinsame Nutzung der Produktionstechniken, was – soweit das nicht über die Zentrale Dispostelle oder eine Produktionsbeihilfe ohnehin schon der Fall ist –, keinesfalls einen institutionalisierten Senderverbund mit allen Nachteilen eines Großsenders in der regionalen Berichterstattung erfordert. Ein reines Kooperationsabkommen selbständiger Sender für den technischen Produktionsbereich würde die gleichen Einsparungen erbringen und dabei die mildere Beeinträchtigungen der Rundfunkfreiheit zur Folge haben.

Mit Vorsicht muss auch eine **Kooperation in der Region Saar-Lor-Lux** beurteilt werden, soweit diese nicht vorwiegend der Völkerverständigung in der Grenzregion dient. Der Vorschlag von *Raff* mag zwar ironisch gewesen sein, entbehrt jedoch unter dem Gesichtspunkt eines sich abzeichnenden Europäischen Rundfunkmarktes nicht eines gewissen Charmes.

In Luxemburg und Frankreich gilt allerdings nicht die deutsche Grundrechtsordnung. Ein Gemeinschaftsprogramm der drei Gebiete müsste sich außerhalb des Saarlandes also nicht an der Grundversorgung orientieren. An einem internationalen Kooperationsprogramm, vergleichbar mit „arte" oder „3sat", das am Grundversorgungsmaßstab ausgerichtet ist, gäbe es grundsätzlich nichts zu kritisieren. Allerdings stellt sich hier die Frage, inwieweit dies zur Sicherstellung der Grundversorgung im Saarland erforderlich ist. Bei einem zusätzlichen Hörfunkprogramm dürfte es jedenfalls angesichts der Finanznot des SR und seiner vier bereits bestehenden Hörfunkprogramme negativ zu beurteilen sein. Für ein Kooperationsprogramm kommt somit nur die Umgestaltung einer bestehenden Hörfunkwelle des SR in Frage, etwa von „SR 3 Saarlandwelle". Auch könnte ein neues Programm an die Stelle eines bereits bestehenden treten, zum Beispiel „SR 4", das der SR ohnehin nur auf Sparflamme kocht. In beiden Fällen müssten die für die Grundversorgung erforderlichen Programmbestandteile Aufnahme in das neue oder in eines der bereits bestehenden Programme finden. Anderenfalls wäre die Grundversorgung im Saarland nicht mehr gewährleistet.

Besondere Aufmerksamkeit erfordert der Vorschlagt von *Pleitgen*, **DW-tv** aus Mitteln von ZDF und WDR aufzufrischen. Zwar bemisst sich die Beurteilung der Reform aus Sicht der DW nicht am Grundversorgungsmaßstab,[398] doch ist sicherzustellen, dass durch die Zulieferung von Programmteilen nicht die Erfüllung des Programmauftrages von WDR und ZDF gefährdet wird. Es ist schließlich weder die Funktion beider öffentlich-rechtlicher Rundfunkanstalten, ein „klares Bild" der Bundesrepublik im Ausland zu vermitteln, noch das eigene Programmlogo weltweit bekannt zu machen,[399] sondern die Bevölkerung in Inland mit Rundfunk zu versorgen.

Wenn dabei als „Abfallprodukt" Sendungen für die Zweitverwertung im deutschen Auslandsrundfunk genutzt werden, wie dies bisher der Fall ist, so liegt darin keine Gefährdung des Programmauftrages. Die Aussage *Pleitgens*, das Beste, was im deutschen Fernsehen läuft, solle unter einem Dach gezeigt werden,[400] weist in diese Richtung.

Der WDR darf jedoch nicht ausbluten. Wenn WDR und ZDF spezielle Sendungen für „DW-tv" produzieren oder ihre eigenen Programme so gestalten sollten, daß sie weltweit verwertbar wären, so geht dies am eigenen Programmauftrag weit vorbei. Beide Anstalten würden dann nämlich ihre Gebühren funktionsfremd verwenden und die für die Grundversorgung erforderlichen Programmstandards umgehen. Beides wäre verfassungsrechtlich unzulässig.

Eine Kooperation der ARD mit „**Premiere**" im Spielfilmbereich bietet sich hingegen an. Einzig problematisch könnten hierbei Prestigefragen sein, weil das Erste seinen traditionellen Ruf, kein „Wiederholungssender" zu sein, dafür aufgeben müsste. Eine Kooperation mit dem Pay-Kanal kann nämlich nur dann Sinn machen, wenn Spielfilme im Ersten zweitverwertet werden, die zuvor schon verschlüsselt auf „Premiere" gelaufen sind. Vermutlich wird die ARD mit einem Slogan „erstmals unverschlüsselt im deutschen Fernsehen" auch ganz gut leben können. Die Kooperation ermöglicht es jedenfalls, erfolgreiche und hochwertige Kinofilme im Ersten anzubieten, die sonst für die ARD nicht finanzierbar gewesen wären. Darin liegt eine eindeutige Verbesserung des Programmstandards, zumal Unterhaltung ausdrücklich zum klassischen Rundfunkauftrag zählt.[401]

Auslagerungen und Privatisierungen vorwiegend im Bereich der Produktion werden noch stärker als bisher in den Mittelpunkt der Sparbemühungen der Landesrundfunkanstalten treten. Würde der Personalkostenanteil im Produktionsbereich auf

---
398 Siehe oben § 4 C.I.4. (S. 227).
399 *Löwisch*, Journalist Nr. 5/1998, S. 34 ff.
400 *Löwisch*, Journalist Nr. 5/1998, S. 34 ff.
401 Siehe oben § 3 C.I.1.d. (S. 149).

den Anteil der Personalkosten an den Gesamtaufwendungen gesenkt werden, wären Einsparungen von ca. 100 Mio. Mark (51,13 Mio. €) möglich.[402] Kostensenkend könnten sich Auslagerungen auch und vor allem auf Studioproduktionen auswirken, wo Studioeinrichtungen und Studiotechniken eingespart würden. In diesem Bereich sind jedoch bestimmte technische Einrichtungen zur Aufrechterhaltung der öffentlich-rechtlichen Programmfunktion, insbesondere in Bezug auf die Ausstrahlung des Programms, unerlässlich. Würde hier die Anstalt nur noch die Ausstrahlung vornehmen, wäre die vorzuhaltende Technik möglicherweise unausgelastet. Es könnte sich mithin als sinnvoll erweisen, die vorhandene Technik auch für Produktionen zu verwenden. Bei Außenaufnahmen hingegen sind Kosteneinsparungen eher nicht zu erwarten, weil es zumeist gleichgültig ist, ob die Anstalt die dort anfallenden Kosten selbst übernimmt oder ob sie von einer privaten Produktionsgesellschaft in Rechnung gestellt werden.[403]

Hoffmann-Riem weist zu Recht darauf hin, dass mögliche Kostenvorteile privatwirtschaftlicher Produktion nicht schon daran abgelesen werden können, dass private Hörfunk- und Fernsehveranstalter derzeit mit erheblich niedrigeren Produktionskosten auskommen als die ARD-Anstalten. Das liegt zu einem erheblichen Teil auch an den unterschiedlichen Programmphilosophien, die in ihren normativen Vorgaben zum Teil erheblich voneinander abweichen. So können private Anbieter im Fernsehbereich zum großen Teil auf relativ kostengünstige Kaufproduktionen zurückgreifen, während der Anteil an Eigen- und Auftragsproduktionen sehr gering ist. Ein Kostenvergleich beider Systeme ist also nur dann sinnvoll, wenn vergleichbare Aufgaben verfolgt und gleichartige Qualitätsstandards zugrunde gelegt werden. Ob private Unternehmen dann tatsächlich noch immer kostengünstiger produzieren, mag ein Blick auf die Erfahrungen in Großbritannien zweifelhaft erscheinen lassen.[404]

Bei Bemühungen um die „schlanke Rundfunkanstalt" ist im übrigen zu berücksichtigen, dass die Einschaltung von Auftragsproduzenten keineswegs in allen Programmsparten möglich ist. Sie eignet sich der Erfahrung nach im Bereich des Fernsehspiels, bei Unterhaltungsshows und Dokumentationen, nicht hingegen im Bereich der Information. Hier ist vielmehr sorgfältig darauf zu achten, dass eine besonders wichtige Sicherung unabhängiger und nicht einseitiger Programminhalte vorgenommen wird.[405]

Vor diesem Hintergrund ist jede unkontrollierte Auslagerung bestimmter Teile, auch und gerade unter finanziellen Gesichtspunkten, nur dann sinnvoll, wenn die Anstalten Personal in diesem Bereich abbauen und bei Bedarf verstärkt auf freie Mitarbeiter zurückgreifen können („auf Produktionsdauer Beschäftigte"), wenn also Fix-

---

402 *Hoffmann*, Möglichkeiten der Finanzierung des öffentlich-rechtlichen Rundfunks, S. 127.
403 Siehe oben § 4 A.II. (S. 185); vgl. *Hoffmann*, Möglichkeiten der Finanzierung des öffentlich-rechtlichen Rundfunks, S. 128.
404 *Hoffmann-Riem*, Rundfunkneuordnung in Ostdeutschland, S. 77 f.
405 *Hoffmann-Riem*, Rundfunkneuordnung in Ostdeutschland, S. 80, 82.

kosten in variable Kosten umgewandelt werden können.[406] Private Unternehmen können Einsparungen bei Personalkosten dadurch erreichen, dass sie ihre Mitarbeiter untertariflich bezahlen und durch bestimmte Vertragsgestaltungen Sozialversicherungsabgaben vermeiden („Scheinselbständigkeit").[407] Allerdings muss berücksichtigt werden, dass private Produktionsbetriebe – im Gegensatz zu den an sich steuerbefreiten öffentlich-rechtlichen Rundfunkanstalten – Umsatzsteuer entrichten müssen. Auch dürfen arbeitsrechtliche und soziale Aspekte nicht ganz vernachlässigt werden.[408]

Schon vor Umsetzung der neuen Auslagerungs- und Kooperationsvorhaben wurden Befürchtungen laut, dass die ARD einen Personalstand an der Untergrenze dessen aufweise, was notwendig ist, um ihre Unabhängigkeit zu erhalten.[409] Das darf nicht passieren. Die Auslagerung von Arbeitseinheiten und Teilleistungen im Bereich privatwirtschaftlicher Organisationen kann nicht Selbstzweck sein, sondern muss sich stets an den Funktionserfordernissen legitimieren. Bei allem verständlichen Bemühen „um eine schlanke Rundfunkanstalt" ist zu vermeiden, dass diese in die Magersucht getrieben wird.[410]

Outsourcing darf nicht zu Lasten der Programmgestaltungsmöglichkeiten und der programmlichen Unabhängigkeit der Anstalten führen, weshalb auch Tendenzen zu Partnerschaften mit Privaten ihre Grenzen haben müssen. Grundsätzlich kommt es darauf an, wie groß die Wahrscheinlichkeit einer Kollision von Aufgabenerfüllung und Gewinnerzielung einzuschätzen ist. Nur eine vergleichsweise geringe Gefahr ist hinnehmbar.[411] So dürfen Privatgesellschaften über keinerlei Sperrminoritäten verfügen, geschweige denn über die Mehrheitsrechte an solchen Tochtergesellschaften. Zudem ist darauf zu achten, dass der Programmauftrag der öffentlich-rechtlichen Anstalten „nicht auf diesem Weg von anderen, insbesondere tendenziösen oder kommerziellen Orientierungen überlagert und schließlich ausgehöhlt wird"[412].

Eine Umwandlung von **RB** in ein **Dienstleistungsunternehmen** würde somit gleich aus zwei Gründen gegen Art. 5 Abs. 1 S. 2 GG verstoßen. Zum einen verliert RB bei *vollständiger* Privatisierung der Produktionseinheiten zwangsläufig die technische und damit auch die programmliche Unabhängigkeit. Zum anderen richtet sich das Modell explizit auf eine Verbesserung der Finanzierung von RB. Nach den vom Verfassungsgericht aufgestellten Kriterien ergeben sich dabei verfassungsrechtliche Implikationen. Danach liegt ein Verstoß gegen Verfassungsgrundsätze vor, wenn sich öffentlich-rechtliche Rundfunkanstalten über das Anstaltsprinzip hinaus erwerbswirtschaftlich betätigen. In seiner „NRW-Entscheidung" hat das Bundesverfassungsgericht befunden, dass eine Gefährdung der Grundversorgung bereits in dem Moment

---
406 Vgl. *Hoffmann*, Möglichkeiten der Finanzierung des öffentlich-rechtlichen Rundfunks, S. 128.
407 *Hoffmann-Riem*, Rundfunkneuordnung in Ostdeutschland, S. 79.
408 Vgl. *Biervert*, ZUM 1998, 19 (20).
409 Siehe Journalist Nr. 2/1998, S. 27.
410 *Hoffmann-Riem*, Rundfunkneuordnung in Ostdeutschland, S. 81.
411 *Libertus*, Grundversorgungsauftrag und Funktionsgarantie, S. 152.
412 BVerfGE 83, 238 (306).

vorliegt, in dem sich die wirtschaftliche Betätigung einer Rundfunkanstalt zum Selbstzweck wandelt und sie damit quasi als Wirtschaftsunternehmen agiert. Genau das aber steht bei dem Hoffmann-Modell zu befürchten. Hier kollidieren Aufgabenerfüllung und Gewinnerzielungsabsicht, erstere könnte früher oder später wirtschaftlichen Interessen geopfert werden.[413]

2. Zwischenbefund zu den Finanzierungsfragen

Was die Finanzierung der ARD und ihrer Landesrundfunkanstalten anbetrifft, haben sich mehrere unabänderliche Faktoren ergeben. Als erstes hat sich die Gebührenfinanzierung als erforderlicher Bestandteil öffentlich-rechtlichen Rundfunks herausgestellt. Eine staatliche Finanzierung der unabhängigen Anstalten aus dem Steueraufkommen ist nicht möglich, da in diesem Bereich zwei grundgesetzlich verankerte Autonomiefelder kollidieren, deren Widerspruch unauflöslich ist. Der Weg zu einer staatlichen Finanzierung der ARD ist verfassungsrechtlich verbaut.

Dies gilt als zweites auch für die Idee, die Gebühren je nach Bundesland unterschiedlich zu staffeln, um so eine individuelle Finanzierung der einzelnen Rundfunkanstalten herbeizuführen. Eine leistungs- und kostenabhängige Differenzierung der Gebührenhöhe verstieße gegen die Verfassung, weil sie die Bürger in den unterschiedlichen Landesteilen nur zu unterschiedlichen Voraussetzungen am Meinungsbildungsprozess teilhaben ließe.

Doch auch diese Einheitsgebühren können nicht beliebig zur Finanzierung aller Programmentscheidungen der Landesrundfunkanstalten dienen. Die Heranziehung der Gebührenzahler ist nur in dem Maße gerechtfertigt, das zur Funktionserfüllung geboten, also erforderlich ist. Eine Erhöhung der Gebühren als Mittel gegen die Finanznöte der ARD scheidet also aus, soweit die Defizite auf eine Ausweitung des Programmangebotes über das Maß der Grundversorgung zurückzuführen sind. Gebührenerhöhungen zum Ausgleich der rundfunkspezifischen Teuerungsrate sind hingegen unbedenklich.

Schließlich wurde gezeigt, dass der Plan, einen regionalen Finanzausgleich zur Unterstützung der finanzschwachen Anstalten einzurichten, auf verfassungsrechtliche Schwierigkeiten stößt. Dieser Plan widerspricht der bundesstaatlichen Funktion eines Finanzausgleichs, die Voraussetzungen dafür zu schaffen, dass die Selbständigkeit real werden und ihre Autonomie sich in der Eigenständigkeit und Eigenverantwortlichkeit der Aufgabenwahrnehmung entfalten kann. Eine gesetzliche Regelung auf der Basis eines staatsvertraglichen Übereinkommens wäre somit als verfassungswidriger Eingriff in die Rundfunkfreiheit der nehmenden Anstalten zu werten.

Vielmehr ist es den Landesgesetzgebern sogar möglich, den Finanzausgleich ganz zu kündigen. Allerdings müssen im Fall von beistandsintensivierenden Notstandssituationen bei den finanzschwachen Landesrundfunkanstalten für eine Übergangszeit alternative Finanzierungsgrundlagen geschaffen werden.

---

413 Vgl. *Libertus*, Grundversorgungsauftrag und Funktionsgarantie, S. 150.

Was die Werbefinanzierung der Landesrundfunkanstalten anbetrifft, so wurde einerseits festgestellt, dass eine Aufhebung der Werberestriktion – auch im Sinne einer volumenneutralen Umschichtung auf die Zeit nach 20 Uhr – keine zulässige Ausgestaltung der positiven Rundfunkordnung darstellt. Eine solche Lockerung der Restriktion hätte immer auch die Gefahr einer Beeinflussung des Programms durch die werbetreibende Wirtschaft zur Folge.

Andererseits wurde dargestellt, dass ein vollständiger Verzicht auf Werbung im öffentlich-rechtlichen Rundfunk seit der Anpassung des Gebührenfestsetzungsverfahrens auf die Anforderungen des Gebührenurteils auf keine verfassungsrechtlichen Bedenken mehr stößt. Werbung ist zur Diversifizierung der Abhängigkeitsverhältnisse, also zur Stärkung der Unabhängigkeit der ARD gegenüber staatlicher Beeinflussung nicht mehr erforderlich.

Des weiteren wurde vorgeführt, dass die Einführung von PayTV sowohl gegen die derzeitigen einfachgesetzlichen Bestimmungen verstoßen würde als auch aus verfassungsrechtlicher Sicht verboten ist. Soweit die Finanzierung der ARD vom Gesetzgeber über Rundfunkgebühren sichergestellt werden muss, ist eine Finanzierung der Grundversorgung mittels Teilnehmerentgelten nicht erforderlich. Die ARD hat mithin auch keinen Anspruch auf Zulassung zum PayTV gegenüber dem Gesetzgeber. Für den öffentlich-rechtlichen Rundfunk ist vielmehr ein Finanzierungskonzept angezeigt, das den Integrationsauftrag unterstützt. Das ist aber nur der Fall, soweit alle gesellschaftlichen Gruppen dazu beitragen, den Integrationsprozess der verschiedenen Meinungen zu einem ausgewogenen Gesamtprogramm zu bezahlen. Das ist bei Entgeltfinanzierung nicht der Fall.

Zuguterletzt wurde festgestellt, dass Kooperationsprojekte im Programm- und im Servicebereich sinnvoll sind, weil sie Mittel freisetzen, die für programmliche Innovationen und Qualitätssteigerungen im publizistischen Bereich verwendet werden können und damit zur Erfüllung des Programmauftrages beitragen. Außer bei den besonders funktionsnotwendigen „Heimatsendungen" können die Programmangebote ohne Vielfaltseinbußen auch in Zusammenarbeit mit anderen Anstalten erbracht werden. Jedoch führen Kooperationen nicht automatisch zu rationelleren Produktionsabläufen.

3. Strukturfragen

Bei der Beurteilung von Strukturfragen müssen die verfassungsrechtlichen Grundsätze berücksichtigt werden. Nach dem 8. Rundfunkurteil des Bundesverfassungsgericht sind dem Gesetzgeber sind danach medienpolitische und programmleitende Entscheidungen grundsätzlich nicht untersagt.[414] Er verfügt vielmehr über einen breiten Gestaltungsraum, in dem er sowohl verschiedene Modelle einer Rundfunkordnung wählen als auch das gewählte Modell unterschiedlich ausgestalten kann. Ebenso kann er auch in dem Rahmen, den ihm Art. 5 GG vorgibt, unterschiedliche Anforderungen

---

414 BVerfGE 90, 60 (94).

an die Programme der Rundfunkveranstalter stellen. In der 5. Rundfunkentscheidung hat das Bundesverfassungsgericht allerdings dem Gesetzgeber alle Maßnahmen verwehrt, die darauf abzielen, die Veranstaltung bestimmter Rundfunkprogramme zu untersagen oder andere Maßnahmen zu treffen, welche die Möglichkeit verkürzen, durch Rundfunk verbreitete Beiträge zur Meinungsbildung zu leisten. Danach ist der Gesetzgeber als Ausfluss der Rundfunkfreiheit gehalten, auch jenseits des Bereichs der Grundversorgung durch die öffentlich-rechtlichen Anstalten grundsätzlich die freie Veranstaltung von Rundfunkprogrammen zu gleichen Bedingungen zuzulassen.[415]

Wenn sich der Gesetzgeber also mit einer Neugliederung der ARD befasst, darf er zwar zu den Mitteln der Wellenzusammenlegung greifen, dabei aber nicht die Einstellung oder Zusammenlegung *bestimmter* Wellen beschließen, auch wenn diese jenseits der klassischen Grundversorgung liegen sollten. Gleichwohl muss es Aufgabe dieser Untersuchung sein, nach Feststellung denkbarer Strukturlösungen Empfehlungen für eine Programmstruktur zu unterbreiten, die einen optimalen Ausgleich zwischen wirtschaftlichen und vielfaltsbezogenen Interessen herstellt.

Die ARD soll, wie erörtert, durch seine regionale Zusammensetzung den Auftrag wahrnehmen, den inhaltlichen Pluralismus zu sichern. Die Wiedergabe unterschiedlicher Regionen unter einem Dach eines Gemeinschaftsprogramms wird zumeist als wichtiger Bestandteil dieses Auftrages erachtet, der zur Funktionserforderlichkeit einer jeden Rundfunkanstalt gehört. Diese gebietsbezogene, landesintegrierende Rundfunktätigkeit durch Landes- und Regionalprogramme kann aber auch im Rahmen von Mehrländeranstalten organisiert werden, zum Teil sogar effizienter. Genau dieses Argument war für die Bildung des SWR ausschlaggebend war.[416] Viele Stimmen sehen auch im Ersten Programm ein „unersetzliches Element der föderalen Medienlandschaft" und eine Widerspiegelung der Vielfalt der deutschen Länder. Bei der Gliederung der Landesrundfunkanstalten muss dieser Maßstab ebenfalls gelten.

Der Gesetzgeber kann also die Gliederung der ARD nahezu beliebig zuschneiden, solange die Vielfalt des Rundfunk gewährleistet ist, insbesondere im regionalen Bereich. Nach allgemeinem Verfassungsverständnis gehört zur Eigenstaatlichkeit jedes Landes nicht, dass es eine eigene Rundfunkanstalt zur staatlichen Selbstdarstellung und Integration besitzt. Ebenso wenig gehört eine eigene Rundfunkanstalt zur natürlichen verfassungsrechtlichen Mindestausstattung eines Landes zur Darstellung und Bestätigung seiner Eigenstaatlichkeit. Ist eine eigene Landesrundfunkanstalt vorhanden, wie im Saarland, in Bremen, Nordrhein-Westfalen, Bayern, Brandenburg oder Berlin, genießt diese keinen Bestandsschutz.[417]

---

415 *Libertus*, Grundversorgungsauftrag und Funktionsgarantie, S. 100.
416 Siehe den Bericht und Empfehlungen der Expertenkommisson „Rundfunk-Neuordnung" des Landtages von Baden-Württemberg (BT-Drucksache 12/1560) v. 18.6.1997.
417 *Bullinger*, Länderfinanzausgleich und Rundfunkfinanzausgleich, S. 47 f.; siehe oben § 3 B.VI.2.b. (S. 138).

a. Auflösung von ARD und Landesrundfunkanstalten

Insbesondere den Ministerpräsidenten *Stoiber* und *Biedenkopf* wird immer wieder unterstellt, sie betrieben eine Auflösung der ARD. Die ganze CDU/CSU steht in dem Ruf, der Gemeinschaft feindlich gegenüberzustehen. Neben alltäglichen Spannungen zwischen Parteipolitikern und Rundfunkjournalisten ist das vermutlich darauf zurückzuführen, dass im Frühjahr 1995 derart viele Attacken von Unionspolitikern gegen die Anstalten gefahren wurden, dass dies wie eine abgestimmte Aktion wirken musste. Dazu kamen wiederholt Äußerungen des damaligen CDU-Vorsitzenden und Bundeskanzler Helmut *Kohl*, der „einmal mehr die Frage stellte, inwieweit sich der Fortbestand der ARD noch rechtfertigen lasse."[418]

Einwände, das Bundesverfassungsgericht habe dem öffentlich-rechtlichen Rundfunk doch ein Bestands- und Entwicklungsgarantie zugestanden, sind bei der Frage nicht zu vernachlässigen, ob die Gemeinschaft und die Landesrundfunkanstalten abgeschafft werden dürften. Das Bundesverfassungsgericht hat auf diese Bestandsgarantie des Staates für die Rundfunkanstalten immer wieder hingewiesen.[419] Die essentiellen Funktionen einer qualitativ definierten Grundversorgung verlangen nach ständiger Rechtsprechung „die technischen, organisatorischen, personellen und finanziellen Vorbedingungen ihrer Erfüllung sicherzustellen"[420].

Solange und soweit das inländische Programmangebot auch durch vom Ausland verbreitete Programme, die den von der Verfassung gebotenen Anforderungen entzogen sind, bewirkt wird, sind unter dem Blickwinkel der kommerziellen Orientierung der Privaten allein die öffentlich-rechtlichen Anstalten in der Lage, die Grundversorgungsaufgabe zu erfüllen.[421] Nur sie sind mit ihren terrestrischen Übertragungsmöglichkeiten in der Lage, „Grundversorgung für alle" zu gewährleisten. Der Privatfunk hingegen befindet sich heute – mehr als zehn Jahre nach der Etablierung der dualen Rundfunkordnung – noch immer in einer Aufbauphase, in der ihm die vom Bundesverfassungsgericht zugewiesene Sonderrolle der geringeren Grundversorgungsanforderungen zugestanden werden muss. Die meisten Programme haben, im Fernsehen wie im Hörfunk, noch immer mit Anlaufverlusten zu kämpfen und arbeiten im unwirtschaftlichen Bereich. So lange dies so ist, müssen sie mit Rücksicht auf die Werbewirtschaft auf gewisse Qualitätsmerkmale verzichten und sich dem Diktat der Massenattraktivität aussetzen. So lange das der Fall ist, muss auch der Bestand der ARD gewährleistet werden.

Eine radikale Abschaffung des öffentlich-rechtlichen Rundfunks, also eine Auflösung *aller* Landesrundfunkanstalten, ist unter den gegeben Qualitätsmängeln der privaten Rundfunkanbietern nicht möglich.

---

418 Vgl. *Anschlag*, FK Nr. 5/1995, S. 1.
419 Siehe oben § 3 D. (S. 162 ff.).
420 BVerfGE 73, 118 (158).
421 Vgl. *Kübler*, NJW 1987, 261 (263).

Der Verfassungsrechtsprechung sind keine Hinweise darauf zu entnehmen, dass das Bundesverfassungsgericht überhaupt jemals den Privatfunk als geeignet ansehen wird, die Grundversorgungsaufgabe einschließlich der essentiellen Funktionen des Rundfunks für die demokratische Ordnung ebenso wie für das kulturelle Leben allein zu gewährleisten.[422] Allerdings ist der „So-lange-und-soweit-Formel" des Bundesverfassungsgerichtes[423] im Umkehrschluss auch die Aussage zu entnehmen, dass die Grundversorgung durch die Öffentlich-rechtlichen nicht für immer und ewig garantiert werden müsse. Bestands- und Entwicklungsgarantie sind jedoch ihrerseits untrennbar mit dem Grundversorgungsauftrag gekoppelt.[424] Die Garantie für den Bestand des öffentlich-rechtlichen Rundfunks verliert ihren verfassungsrechtlichen Sinn, sobald die Grundversorgung von den Privaten allein sichergestellt werden kann. Das ist der Fall, sobald diese über die technischen, organisatorischen und vor allem finanziellen Mittel verfügen, die Vielfalt des Rundfunks und deren elementare Wirkung auf den Meinungsbildungsprozess garantieren zu können,.[425] Die Existenz der ARD wird dann allein vom politischen Willen der Landesgesetzgeber abhängig sein. Die Befürworter einer radikal-liberalen Deregulierungs- und Privatisierungsstrategie könnten dann die Oberhand gewinnen.[426]

Auch wenn gegenwärtig nur der öffentlich-rechtliche Rundfunk die Grundversorgung sicherstellen kann, kann das nur mittelfristig gegen eine Abschaffung dieses Teils der dualen Rundfunkordnung sprechen. Schließlich wird mittel- bis langfristig auch durch einen breitgefächerten privaten Rundfunk Meinungsvielfalt herzustellen sein.

Was für den öffentlich-rechtlichen Rundfunk schlechthin gilt, entfaltet allerdings weder für die einzelne Landesrundfunkanstalt noch für die Arbeitsgemeinschaft Gültigkeit. Die Grundversorgungsdogmatik hat einen rein programmbezogenen Ansatz. *Wer* die Grundversorgung der Bevölkerung mit Rundfunk sicherstellt, ist im Prinzip egal, solange sie nur sichergestellt wird.

Die ARD genießt folglich keinen Existenzgewährleistungsanspruch. Der kooperative Föderalismus berechtigt zwar die Länder zur Einigkeit, verpflichtet sie aber nicht dazu, interföderative Einrichtungen auf dem Rundfunksektor zu installieren. Staatsverträge, die kooperative Verbandsstrukturen anordnen, können auch aufgekündigt werden.[427]

Derzeit wird die Grundversorgungsfunktion unter den gegebenen Programmvoraussetzungen zum Teil durch die ARD in einem länderübergreifenden Programm- und Informationsverbund wahrgenommen.[428] Dafür gibt es jedoch keine verfassungs-

---

422 *Enz*, ZUM 1987, 58 (75).
423 Vgl. BVerfGE 73, 118 (158 f.).
424 Siehe oben § 3 D.II.3. (S. 167).
425 BVerfGE 73, 118 (158); 74 297 (342).
426 Vgl. *Jenke*, in: Ory/Bauer, Hörfunk-Jahrbuch '94, S. 87 (94 f); *Kamman*, epd/Kirche und Rundfunk Nr. 83/1994, S. 3.
427 *Bethge*, MP 1996, 66 (70).
428 *Bethge*, Die Verfassungsrelevanz des föderalen Rundfunkfinanzausgleichs, S. 55 f.

rechtliche Notwendigkeit. Die ARD kann als Gemeinschaft folglich aufgelöst werden, solange die unerlässliche Grundversorgung der Bevölkerung mit Rundfunk in jedem Bundesland anderweitig sichergestellt würde. Die Länder können demzufolge nach § 8 ARD-StV mit einer Frist von zwei Jahren zum Ende eines Kalenderjahres die Zugehörigkeit zu der Gemeinschaft kündigen, erstmals zum 31. Dezember 2000. Das jeweilige Bundesland würde aus der ARD ausscheiden, die Gemeinschaft gem. § 8 S. 6 ARD-StV unter den anderen Bundesländern bestehen bleiben. Allerdings hätten diese die Möglichkeiten zur Folgekündigung.

Wenn ein Land den Austritt „seiner" Rundfunkanstalt aus der ARD erklärt, muss es gleichzeitig dafür Sorge tragen, dass die individuelle und öffentliche Meinungsbildung in seinen Staatsgrenzen auch ohne die Gemeinschaftsleistungen erhalten bleibt. Vor dem Hintergrund der technischen Entwicklung kommt dem öffentlich-rechtlichen Rundfunk mehr als zuvor die Aufgabe zu, ein umfassendes und ausgewogenes Programmangebot zu gewährleisten. Dies bedarf auch öffentlich-rechtlicher Alternativen und eines pluralen Angebots im öffentlich-rechtlichen Bereich.[429] Wie dafür von einer isolierten Landesrundfunkanstalt gesorgt werden kann, haben die Politiker bisher nicht dargelegt. So ist nicht ersichtlich, wie die verfassungsrechtliche Funktion der ARD anderweitig erfüllt werden könnte.

Der Bestand einzelner Rundfunkanstalten ist ebenfalls nicht grundsätzlich garantiert.[430] Art. 5 Abs. 1 S. 2 GG garantiert weder den gegenwärtigen Status quo der öffentlich-rechtlichen Organisationsstruktur noch den *Numerus clausus* der öffentlich-rechtlichen Anstalten.[431] Die Rundfunkanstalten können vom Staat, dem sie ihre Entstehung verdanken, wieder liquidiert werden, also hinsichtlich ihrer Existenz grundsätzlich voll zur Disposition gestellt werden. Keine öffentlich-rechtliche Rundfunkanstalt genießt eine Ewigkeitsgarantie.[432] Die Garantie umfasst lediglich den Bestand des öffentlich-rechtlichen Rundfunks an sich mit seiner funktionserforderlichen Tätigkeit, nicht aber in allen Ausprägungen. Anderenfalls wäre der öffentlich-rechtliche Rundfunk reformunfähig.[433]

Allerdings gilt auch hier: Wenn sich ein Landesgesetzgeber dazu durchringt, per Gesetz „seine" Rundfunkanstalt aufzulösen, muss er gleichzeitig dafür Sorge tragen, dass die individuelle und öffentliche Meinungsbildung in seinen Staatsgrenzen auch anderweitig hergestellt wird. Das kann regelmäßig nur durch Gründung einer anderen Anstalt oder durch Beitritt zu einer Mehrländeranstalt erreicht werden, solange privater Rundfunk nicht die erforderlichen Voraussetzungen mitbringt.

---

429 *Dörr*, ZUM 1996, 617 (627).
430 *Zuck*, MDR 1987, 717 (718).
431 *Libertus*, Grundversorgungsauftrag und Funktionsgarantie, S. 104 m.w.N.
432 BVerfGE 89, 144 (153).
433 *Bullinger*, Länderfinanzausgleich und Rundfunkfinanzausgleich, S. 48.

b. Stärkung der Dritten Programme und Auflösung des Ersten

Soweit eine Auflösung der ARD unter Vielfaltsgesichtspunkten derzeit nicht in Betracht gezogen werden kann, wird eine Abschaffung des Gemeinschaftsprogramms „Das Erste" weiterhin im Zentrum der Überlegungen stehen.

Der kooperative Föderalismus berechtigt die Länder zwar, aber verpflichtet sie nicht zur Einigkeit. Interföderative Einrichtungen können, wie gezeigt, aus diesem Grund bestehen und auch aufgelöst werden.[434] So kann jede Landesrundfunkanstalt auch den FernsehV als Grundlage des Gemeinschaftsprogramms gemäß Ziff. 12 mit einer Frist von sechs Monaten zum Schluss eines Kalenderjahres kündigen. Von einer Kündigungsabsicht durch die Landesrundfunkanstalten ist allerdings nichts bekannt, ähnliches ist auch nicht zu erwarten, solange die Zugehörigkeit zur Gemeinschaft überwiegend Vorteile für die Landesrundfunkanstalten bringt.[435]

Die Ministerpräsidenten oder Landtage können eine Kündigung des FernsehV, der zwischen den Landesrundfunkanstalten geschlossen wurde, hingegen nicht aussprechen. Ihnen bleibt nur die Möglichkeit, den ARD-StV mit einer Frist von zwei Jahren zum Ende eines Kalenderjahres zu kündigen, erstmals zum 31.12.2000 (§ 8 ARD-StV). Das jeweilige Bundesland würde aus der ARD ausscheiden, die Gemeinschaft gemäß § 8 S. 6 ARD-StV unter den anderen Bundesländern bestehen bleiben. Allerdings hätten diese die Möglichkeiten zur Folgekündigung.

Es gehört jedoch zum anerkannten Kreis der Selbstverwaltungsentscheidungen einer öffentlich-rechtlichen Rundfunkanstalt, über ihre Programme und insbesondere über eine Kooperation mit anderen Rundfunkanstalten auch durch Beteiligung an Gemeinschaftsprogrammen selbst zu entscheiden.[436] Eine Kündigung des ARD-StV durch ein oder mehrere Bundesländer hätte auf den Fortbestand des ARD-Gemeinschaftsprogrammes also keine unmittelbare Auswirkung.

Gleichwohl bleibt fraglich, ob ein Wegfall des Gemeinschaftsprogramms zugunsten mehrerer bundesweit verbreiteter Dritter Programme überhaupt Grundversorgungskompatibel und -förderlich wäre.

Was im *Stoiber/Biedenkopf*-Papier angestrebt wird, nämlich eine Abschaffung des Gemeinschaftsprogramms zugunsten einer Stärkung der Dritten Programme, ist ein mehr oder weniger enges Oligopol etwa gleichstarker Anstalten, die miteinander in Wettstreit treten. Für die Umsetzung dieses Grundgedankens in dem Modell ist die bundesweite Verbreitung der Dritten unabdingbare Voraussetzung. Anderenfalls würde aus dem Oligopol, wie *Kiefer* zutreffend erkannt hat, ein Netz regionaler Monopolisten auf dem Markt für regionale Programme, wie wir das aus der Zeitungslandschaft bereits seit langem kennen.[437] Zwar ist es die Aufgabe der Dritten Programme, regionale Akzente zu setzen und den Wettbewerb mit regionalen und subre-

---

434 Siehe oben § 3 B.VI.2.b. (S. 138).
435 Vgl. *Herrmann*, epd/Kirche und Rundfunk Nr. 12/1995, S. 3 (7 f.).
436 BVerfGE 90, 60 (91 f.); *Herrmann*, epd/Kirche und Rundfunk Nr. 12/1995, S. 3 (8).
437 *Kiefer*, MP 1995, 109 (110).

gionalen Angeboten kommerzieller Veranstalter aufzunehmen.[438] Wichtige bundesweite Rundfunkaufgaben müssten bei einer derartigen Regionalisierung der ARD jedoch zwangsläufig an das ZDF fallen. Kresse hingegen betont, dass eine Arbeitsteilung zwischen dem ZDF und der ARD bei der Prüfung ihrer verfassungs- und rundfunkrechtlichen Zulässigkeit im Lichte des klassischen integrativen Rundfunkauftrages „keineswegs ein rechtlich problemloser Selbstgänger" sei.[439] Die ARD zeichnet sich schließlich wegen der föderalen Struktur durch eine größere regionale Kompetenz als das ZDF aus.

Es wurde mehrfach dargelegt, dass ARD und ZDF gemeinsam die Grundversorgung sicherstellen. Eine einseitige Abschaffung des ARD-Gemeinschaftsprogrammes würde aus diesem Grund dem Grundversorgungsauftrag zuwiderlaufen, weil es ein Ungleichgewicht schaffen müsste. Im Falle der Umsetzung des *Stoiber/Biedenkopf*-Vorschlages müssten also das Programmangebot und die Struktur des ZDF umgestaltet werden. Davon ist aber im Thesenpapier nichts zu finden. Dort ist lediglich von der Gebührenverteilung zwischen ARD und ZDF die Rede.[440]

Auf der anderen Seite könnten die Dritten, soweit sie miteinander im Wettstreit stehen, nicht die Funktion eines nationalen Leitprogramms als Alternative zum ZDF erfüllen.[441] Zwar betont das Bundesverfassungsgericht, dass alle Sparten, Themen und auch Regionen im Rundfunk berücksichtigt werden müssen. Das kann jedoch nicht allein durch regionale und gar lokale Programme erreicht werden. Regionen können auch in hinreichender Form durch eine entsprechende Würdigung in einem überregionalen Programm berücksichtigt werden. Das Erste weist nämlich gegenüber den Dritten eine Besonderheit auf, die in seiner pluralistischen Organisationsstruktur beruht. Die Zulieferung der Programmbestandteile durch *alle* Landesrundfunkanstalten gemäß ihrem Anteil am Gemeinschaftsprogramm stellt die regionale Vielfalt organisatorisch sicher – und zwar in allen Programmsparten. Auf diese Weise kann das Erste rund um die Uhr die „konstitutive Vielfalt der Länder" repräsentieren.[442] Nur so kommen die unterschiedlichen Regionen des Sendegebietes Bundesrepublik Deutschland in einem homogenen Programm zu Wort und Gehör.[443]

Diese binnenpluralistische Funktion können die Dritten nicht bieten. Sie können Vielfalt nur im außenpluralen Sinne herstellen, also durch den Wettbewerb unterschiedlicher, konkurrierender Regionalprogramme. Die integrative Funktion des Ersten ginge somit ersatzlos verloren, der Meinungsbildungsprozess würde dadurch beschädigt. Das Argument, eine Stärkung des Gemeinschaftsprogramms würde eine

---

438 So der WDR-Rundfunkrat, Resolution zu Stoiber/Biedenkopf, abgedr. in FK Nr. 10/1995, S. 34 (35).
439 *Kresse*, ZUM 1995, 178 (185).
440 Siehe These 9.
441 So eine Resolution der ARD-Gremienvorsitzenden, vgl. ARD-Jahrbuch 96, S. 142 (145).
442 Vgl. *Herrmann*, epd/Kirche und Rundfunk Nr. 12/1995, S. 3 (4).
443 Vgl. *Rager/Weber*, Publizistische Vielfalt zwischen Markt und Politik, S. 12; *Kresse*, ZUM 1995, 178 (181); *Hoffmann-Riem*, Rundfunkrecht neben Wirtschaftsrecht, S. 17 ff.

gleichzeitige Schwächung des föderalen Aspektes im Rundfunk mit sich bringen, ist somit widerlegt.

Doch auch für den Fall, dass diese Erkenntnis zu der Forderung nach einer Abschaffung des Gemeinschaftsprogramms führen sollte, ist der Vorschlag von *Stoiber* und *Biedenkopf* nicht umsetzbar. Die Forderung nach einer bundesweiten Abstrahlung der sechs „Dritten" ist nämlich im Rahmen der Grundversorgung noch nicht realisierbar. Wie bereits dargelegt, muss angesichts der nicht flächendeckenden, keineswegs hinreichenden Verkabelung und den hohen Anschaffungskosten für Satellitenempfänger bei der Grundversorgung noch immer zumindest auf die terrestrische Verbreitung abgestellt werden.[444] Angesichts der technisch begründeten Frequenzknappheit im terrestrischen Bereich ist eine Ausstrahlung von sieben Programmen (sechs Dritte plus ZDF) allerdings nicht machbar.

Der Vorschlag von *Stoiber/Biedenkopf* entbehrt also bereits der technischen Realisierbarkeit und ist schon aus diesem Grund verfassungsrechtlich abzulehnen. Das ARD-Gemeinschaftsprogramm ist als „Bündelung der Ländervielfalt" für die Grundversorgung in dem beschriebenen Maße so lange unverzichtbar, wie die Rezeptionsgewohnheiten und -möglichkeiten sich nicht dahingehend geändert haben, dass Grundversorgung auch ohne terrestrische Verbreitung denkbar ist.

Wenn das eines Tages soweit ist, müssen als Ersatz für das „Erste" zusätzliche Grundversorgungsmaßnahmen getroffen werden, die über eine Stärkung der Dritten Programme hinausgehen muss.

c. Einführung eines kommerziellen „ARD 2"

Der Plan der nordrhein-westfälischen SPD-Landtagsfraktion, ein zweites ARD Programm, „ARD 2", einzurichten, dessen Werbeeinnahmen den übrigen ARD-Programmen zufließen, ist mit Art. 5 Abs. 1 S. 2 GG jedenfalls nicht vereinbar. Ein hauptsächlich werbefinanziertes öffentlich-rechtliches Programm ist nicht funktionsgerecht, weil die Werbefinanzierung verengende Zwänge für Programm und Vielfalt mit sich bringt. Die öffentlich-rechtlichen Programme müssen jedoch den umfassenden Grundversorgungsauftrag erfüllen. Nur deshalb kann die mangelnde Funktionsfähigkeit der privaten Rundfunkprogramme hingenommen werden.[445]

Außerdem muss die Werbefinanzierung für *alle* Programme hinter die Gebührenfinanzierung zurücktreten. Gerade das aber ist bei „ARD 2" nicht der Fall. Der Plan verstößt somit gegen Art. 5 Abs. 1 S. 2 GG.[446] In seiner „NRW-Entscheidung" hat das Bundesverfassungsgericht befunden, dass eine Gefährdung der Grundversorgung in dem Moment vorliegt, in dem sich die wirtschaftliche Betätigung einer Rundfunkanstalt zum Selbstzweck wandelt und sie damit quasi als Wirtschaftsunternehmen

---

444 Siehe oben: § 4 B.III. (S. 198).
445 BVerfGE 73, 118 (157 ff.); E 87, 181 (199); E 90, 60 (90).
446 Vgl. *Bleckmann/Pieper/Erberich*, Öffentlich-rechtliche Spartenprogramme als Bestandteil der Grundversorgung, S. 37.

agiert. Es ist unter Vielfaltsgesichtspunkten ohne weiteres anzunehmen, dass diese Grundsätze auch für jedes einzelne Programm gelten. Bei einem allein kommerziell ausgerichteten ARD-Programm kollidieren Aufgabenerfüllung und Gewinnerzielungsabsichten zwangsläufig.[447].

d. Regionale Stimmengewichtung

Der Plan, eine Stimmgewichtung in der ARD ähnlich dem Bundesrat einzurichten, erschien anfangs, wenngleich im Hamburger Beschlusspapier vom Frühjahr 1998 nicht dokumentiert, allgemeiner Konsens unter den Intendanten zu sein. Im Laufe des Jahres 1999 verhärtete sich allerdings überraschend die Front der Gegner dieses Vorhabens.[448] Dieser Plan hat nämlich einen Haken: Noch herrscht in der ARD nach § 4 Abs. 2 ARD-S nämlich grundsätzlich in allen Entscheidungen der Zwang zur Einstimmigkeit, insbesondere, soweit die Selbständigkeit der Rundfunkanstalten in Programmangelegenheiten beeinträchtigt wird.[449] Soll eine Stimmgewichtung also faktische Auswirkungen zeigen, müsste von diesem Einstimmigkeitsgrundsatz abgerückt werden.

Das ist, insbesondere bei Beschlüssen, die die Anstalten zu finanziellen Leistungen verpflichten, besser zu unterlassen, weil es den Zusammenhalt in der Gemeinschaft zwangsläufig gefährdet. Nach § 8 Abs. 2 ARD-S können nämlich die Landesrundfunkanstalten ohne großen Aufhebens mit einer Kündigungsfrist von nur zwölf Monaten aus der ARD austreten. Es bedarf keiner prophetischen Gaben, um vorherzusehen, dass von dieser Möglichkeit Gebrauch gemacht würde, wenn sich einzelne Anstalten in elementaren finanzpolitischen Fragen überstimmt sehen sollten. Grundsätzliche Struktur- und Programmfragen haben zugleich auch immer finanzielle Konsequenzen für die einzelnen Anstalten. Eine Stimmgewichtung in diesem Bereich muss zwangsläufig wirkungslos bleiben, will man nicht mit Kampfabstimmungen die Existenz der Gemeinschaft aufs Spiel setzen.

Darüber hinaus wären Mehrheitsbeschlüsse mit finanziellen Belastungen einzelner Anstalten auch verfassungswidrig. Durch den Abfluss von Finanzmitteln gegen den Willen der betroffenen Anstalt würde dieser die Möglichkeiten zur Bestreitung ihres Programmauftrage in dem von ihr für erforderlich gehaltenen Umfang beschnitten. Derartige Beschlüsse würden sich also unmittelbar auf die Programmgestaltungsfreiheit der einzelnen Anstalt auswirken. Das aber ist mit Art. 5 Abs. 1 S.2 GG nicht zu vereinbaren.

Daran ändert es grundsätzlich auch nichts, wenn alle Anstalten dem Mehrheitsprinzip zustimmen und sich diesem unterordnen, denn Grundrechte sind nicht ohne weiteres disponibel. Eine Einwilligung in einen Grundrechtsverzicht muss auf jeden

---

447 Vgl. *Libertus*, Grundversorgungsauftrag und Funktionsgarantie, S. 150.
448 Vgl. FK Nr. 43/1999, S. 12.
449 Vgl. § 4 ARD-S; Ausnahmen bestehen bei der Wahl des ARD-Vorsitzenden und bei Beschlüssen über die Ausübung von Hoheitsrechten auf dem Gebiet des Rundfunks, vgl. § 4 Abs. 1 i.V.m. §§ 2 Abs. 1 a) und 3 Abs. 1 ARD-s.

Fall freiwillig und hinreichend konkret sein.[450] An beiden Kriterien mangelt es, solange die kleinen Anstalten durch die bestehenden Finanzschwierigkeiten zur Zustimmung veranlasst werden[451] (hierin liegt eine unzulässige „influenzierende Einwirkung"[452]) und sie damit dauerhaft, also nicht nur für den Einzelfall, ihre volle Programmgestaltungsfreiheit aufgeben.

Eine Stimmgewichtung für Abstimmungen über Fragen untergeordneter Bedeutung herbeizuführen, etwa über den ARD-Vorsitz, Imagefragen und Programmschemata, lohnt hingegen nicht die symbolische Bedeutung einer Abwertung der kleinen Anstalten und wird im übrigen auch nicht angestrebt. Dass dies „wenig befriedigend" ist, weil damit inflexible und langwierige Entscheidungsprozesse vorprogrammiert sind, auf der anderen Seite wegen des Einstimmigkeitsgrundsatzes jede Entscheidung von einer einzelnen Anstalt blockiert werden kann,[453] ist richtig, bedauerlicherweise aber vor dem Grundgesetz unerheblich.

Im übrigen dürfte – und an dieser Stelle greifen vielfaltsspezifische und integrative Bedenken – auf dem institutionellen Machtverzicht der kleinen Sender nicht auch noch der programmliche folgen. Es muss vielmehr sichergestellt werden, dass auch die Interessen etwa des Saarlandes oder Bremens im Gemeinschaftsprogramm bemerkbar bleiben. Regionale Belange müssen weiterhin die Chance haben, ins bundesdeutsche Gesamtprogramm vordringen zu können. Das gilt vor allem dann, wenn Regionalprobleme bundesweit von Interesse sind. Sonst verlöre, wie *Lilienthal* zutreffend anmerkt, der föderale Rundfunk seine Bindekraft als Erkenntnismittel der Gesellschaft.[454]

e. Reduzierung der Gemeinschaftsaufgaben

Reiter und *Diepgen* haben vorgeschlagen, zur finanziellen Entlastung kleiner Anstalten deren Aufgaben in der Gemeinschaft zu reduzieren, um so ihre finanzielle Unabhängigkeit zu stärken, ohne ihre Rundfunkversorgung im eigenen Sendegebiet zu reduzieren. Auch *Plog* hat immer wieder vorgeschlagen, die kleinen Nehmeranstalten für einen Verzicht auf ARD-Beiträge bei den Kosten für die Gemeinschaftsaufgaben zu entlasten.[455]

Der Vorteil dieser Lösung läge darin, dass die kleinen Anstalten zwar fortbestehen könnten und nicht mit größeren fusionieren müssten. Bremen, Berlin und das Saarland könnten somit ihre eigenen Sender behalten.

---

450 *Jarass*, in: Jarass/Pieroth, Vorb. Rn. 27.
451 Vgl. FAZ Nr. 100/1998 v. 30.4.1998, S. 42; Hamburger Abendblatt Nr. 93/1998 v. 22.4.1998, S. 7; Hamburger Abendblatt Nr. 98/1998 v. 28.4.1998, S. 11.
452 Vgl. BVerfGE 66, 39 (58) v. 16.12.1983 (Az. 2 BvR 1160, 1565, 1714/83); E 77, 170 (220) v. 29.10.1987 (Az. 2 BvR 624, 1080, 2029/83); *Jarass*, in: Jarass/Pieroth, Vorb. Rn. 21.
453 So *Kops*, in: Kops/Sieben, S. 21 (40).
454 *Lilienthal*, epd/Kirche und Rundfunk, S. 3 (5).
455 Vgl. Brief von *Reiter* an *Diepgen*, abgedr. in: FK Dok. Nr. 15/1997, S. 39.

Die kleinen Anstalten würden allerdings nach diesen Vorschlägen zu „Anstalten zweiter Ordnung"[456] degradiert werden, ohne jegliche Präsenz im Ersten und wohl auch ohne Stimmrecht in ARD-Angelegenheiten. Außerdem würde der Anteil der regionalen Berichterstattung aus den drei betroffenen Bundesländern im Gemeinschaftsprogramm zwangsläufig abnehmen, selbst wenn – wie im Fall einer strukturellen Zweiteilung entsprechend dem *Diepgen*-Vorschlag – andere Anstalten die Berichterstattung übernehmen. Diese werden eher wenig Interesse haben, aus den von ihnen übernommenen Gebieten zu berichten, was eine menschliche Ursache hat: Die Journalisten, die beispielsweise beim NDR über das nunmehr von Gemeinschaftsaufgaben entlasteten Bremen berichten müssten, wären weiterhin in Hamburg, Niedersachsen, Schleswig-Holstein oder Mecklenburg-Vorpommern. Durch das fehlende oder zumindest reduzierte Stimmrecht könnten die kleinen Anstalten zudem keinen hinreichenden Einfluss auf die Gestaltung des Gemeinschaftsprogramms nehmen.

Das Modell der Reduzierung von Gemeinschaftsaufgaben würde also die Vielfältigkeit des Gemeinschaftsprogramms verringern. Auch ist nicht ersichtlich, in welcher Form die beschriebene Entlastung zu einem Ausgleich der regionalen Berichterstattung im Gesamtangebot, etwa durch eine Verbesserung des Hörfunkprogrammangebots der betroffenen Anstalten, führen soll. Das gilt insbesondere unter der Erkenntnis, dass im gleichen Atemzug mit der Entlastung von Gemeinschaftsaufgaben oft auch eine Reduzierung des eigenen Programmangebotes gefordert wird.[457]

Allerdings haben die Überlegungen zum Rundfunkfinanzausgleich deutlich gemacht, dass im Falle einer Haushaltsnotlage die exzeptionelle Beistandspflicht der finanzstarken Rundfunkanstalten für kleine Anstalten nicht allein durch finanzielle Transfermaßnahmen erfüllt werden können, sondern vielmehr auch über „Sachleistungen" denkbar ist. Das kann etwa die Übernahmen von kooperativen Aufgaben auch im Programmbereich sein.[458]

Einschnitte in das Programm sind dabei nicht notwendigerweise problematisch, solange wenigstens die funktionserforderliche, gebietsbezogene Versorgung durch die „zuständige" Landesrundfunkanstalt garantiert ist. Außer den besonders funktionsnotwendigen „Heimatsendungen" können die Programmangebote ohne Vielfaltseinbußen auch in Kooperation mit anderen Anstalten erbracht werden. Bei der Übernahme von Gemeinschaftsaufgaben besteht jedoch die Gefahr, dass die Darstellung der regionalen Eigenarten im Gemeinschaftsverbund zu kurz kommt.

Deshalb kann die Beistandspflicht eben nur exzeptionell sein, also ausnahmsweise und auch nur vorübergehend. Dieser Ansatz fehlt in den vorgeschlagenen Modellen jedoch. Diese sehen eine dauerhafte Entlastung von Gemeinschaftsaufgaben vor. Das bringt keine Verbesserung des Meinungsbildungsprozesses und ist aus verfassungsrechtlichen Gründen abzulehnen.

---

456 So *Reiter* in: FK Dok. Nr. 15/1997, S. 39; vgl. *Schmid*, FK Nr. 20/1997, S. 9.
457 So *Plog*, siehe FK Nr. 16/1997, S. 11.
458 Siehe oben § 5 B.II.1.b.cc.iii) (S. 345), vgl. *Bullinger*, Länderfinanzausgleich und Rundfunkfinanzausgleich, S. 50.

f. Rundfunkfusionen

In der Diskussion sind – das wurde oben gezeigt – mehrere Vorschläge für eine Neustrukturierung der Rundfunklandschaft, die nur über die Fusion von Rundfunkanstalten erreicht werden kann. Allen Vorschlägen gemein ist – bei unterschiedlichen geographischen Vorstellungen – das Ziel der Verminderung der Zahl von Landesrundfunkanstalten und damit eine Zentralisierung der horizontalen Organisationsstrukturen auf der unteren föderalen Ebene.[459] Welche der Vorschläge umzusetzen sind und umgesetzt werden können, ist letztlich eine politische Frage, die von den gesetzgebenden Parlamenten der Bundesländer entschieden werden muss. Welche der Vorschläge die größten Einsparungen bringt, ist hingegen eine betriebswirtschaftliche Frage, die von Ökonomen und konkreten Erfahrungen beantwortet werden muss. Die Aufgabe einer rechtswissenschaftlichen Arbeit kann es nur sein, die verfassungsrechtlich bedenklichen oder problematischen Vorschläge auszusortieren und den einen oder anderen Gedankenanstoß für eine wirtschaftliche Beurteilung zu geben.

Einsparungen können sich bei Fusionen vorwiegend in zentralen Bereichen wie Verwaltung und Sendetechnik ergeben. Landesstudios wären allerdings immer noch nötig, um die regionale Vielfalt zu dokumentieren und zu verbreiten. Ohne Landes- oder Regionalstudios kommen auch die bereits bestehenden Mehrländeranstalten nicht aus, selbst die beiden großen Einländeranstalten WDR und BR unterhalten Lokal- und Regionalstudions in den unterschiedlichen Landesteilen.

Einsparungen im Servicebereich brauchen jedoch nicht auf der Ebene der Gebietsstruktur der ARD erörtert zu werden. Diese sind unabhängig von Fusionen durchzuführen. Maßgeblich ist also allein die Frage, inwieweit Zusammenlegungen im Hinblick auf eine Reduktion des Programmgesamtangebots in Anbetracht der Wahrung regionaler Vielfalt möglich und wirtschaftlich sinnvoll sind.

Bullinger weist darauf hin, dass auch Programmbeschneidungen denkbar sind, so lange die regionale Rundfunkversorgung gesichert ist. Gebietsbezogene, landesintegrierende Rundfunktätigkeit durch Landes- und Regionalprogramme kann nicht nur durch die bisherige Konstellation sichergestellt werden, sondern auch im Rahmen neu zugeschnittener Mehrländeranstalten erfolgen, bisweilen sogar effizienter. Überdies besteht keine Verfassungsdirektive, dass *Gleichheit* der staatlichen Leistungen und Lebensbedingungen in allen Bundesländern bestehen muss. Die Direktive existiert wenn überhaupt flexibel in dem Sinne, dass ein Mindestmaß an Gleichheit bestehen muss und allenfalls untragbare Unterschiede zu vermeiden sind.[460]

Eine Neujustierung des „Magischen Dreiecks" der Rundfunkpolitik[461] kann also – neben einem Abrücken von der Einheitsgebühr oder vom Finanzausgleich – auch durch eine Verringerung des Gesamtprogrammangebotes erreicht werden, die bei

---

459 *Kops*, in: Kops/Sieben, S. 21 (72).
460 *Bullinger*, Länderfinanzausgleich und Rundfunkfinanzausgleich, S. 49, 53; *Bethge*, Grundprobleme der Spaltung der Rundfunkgebühr, S. 11, 40.
461 Vgl. dazu oben § 5 B.II. (S. 332).

einer Zusammenlegung von Rundfunkanstalten erzielt würde. Die rundfunkpolitische Debatte bestätigt diesen Ansatz.

Ausgangspunkt für die Forderung nach der Zusammenlegung von Rundfunkanstalten zu größeren Einheiten sind folgende zwei Überlegungen: Zum einen soll eine Angleichung des wirtschaftlichen Leistungsniveaus innerhalb der ARD den Rundfunkfinanzausgleich ersetzen, zum anderen soll das Machtgefälle in der ARD ausgeglichen werden, das sich aus dem wirtschaftlichen Gefälle entwickelt hat.

Zwar kann von einer Beherrschung der ARD durch den WDR bei nüchterner Betrachtung keine Rede sein. Doch kann nicht von der Hand gewiesen werden, dass die großen Anstalten WDR, NDR, BR und in zunehmendem Maße wohl auch der neu gegründete und an Bedeutung seinen Vorgängern um einiges überlegene SWR die Programme der „Kleinen" in vielen Bereichen in den Hintergrund drängen. So hat der WDR das Privileg, mit fast 2 Mrd. Mark Etat (1,02 Mrd. €) und rund 4500 Beschäftigten über wichtige Parteitage sowie aus Bonn, Washington, Moskau und Brüssel zu berichten. Zwar haben bei Mehrheitsbeschlüssen in der ARD alle Landesrundfunkanstalten nur eine Stimme,[462] andererseits darf jedoch nicht übersehen werden, dass die kleineren ARD-Anstalten aus Kostengründen bisher stets auf ihre turnusgemäße ARD-Geschäftsführung um damit auf politischen Einfluss in der Gemeinschaft verzichten mussten.[463]

Zumindest ein faktisches Übergewicht ist also bei den vier großen Anstalten tatsächlich zu verzeichnen.

aa. Abschaffung von SR, RB und SFB/ORB

Sinn aller Fusionspläne ist die Herstellung von gleichstarken, leistungsfähigen Rundfunkeinheiten. Kein Wunder also, dass an allen Vorschlägen stets die beiden kleinsten Anstalten, SR und RB, sowie die eng miteinander verwobenen SFB und ORB beteiligt sind.

Doch gerade bei den kleinen Sendern regt sich Widerstand gegen die Abschaffungsforderungen. Diese argumentieren vor allem mit der These, dass eine Fusion von Rundfunksendern effektiv weder Einsparungen noch Synergieeffekte brächten.[464] Das Ergebnis einiger Rechenbeispiele überrascht, doch sind viele Kalkulationen undurchsichtig und unseriös, wie noch zu zeigen ist.[465] Eine durchsichtige öffentliche Debatte über die Leistungsfähigkeit der Minisender wird offenbar aus politischen Gründen gar nicht erst riskiert,[466] obwohl gerade eine objektive Diskussion erforderlich wäre.

Von Seiten der „Kleinsender" wird gerne das Rechenbeispiel vorgeführt, dass SFB, RB und SR bisher lediglich 1,9 Prozent der Gebühreneinnahmen der ARD als

---
462 Vgl. *Nowottny*, FK Nr. 5/1995, S. 5.
463 *Herrmann*, Rundfunkrecht, § 16 Rn. 24; siehe oben § 4 A. (S. 183).
464 *Klostermeier*, FK Nr. 7/1995, S. 1.
465 Siehe unten § 5 B.II.3.f.ee. (S. 393).
466 So *Tettinger*, JZ 1986, 806 (807).

Finanzausgleich beziehen, dafür aber elf Prozent des Gemeinschaftsprogramms liefern.[467] Wie unsinnig diese Rechnung als Argument für die Wirtschaftlichkeit des Finanzausgleiches und der drei Kleinanstalten ist, beweist die Gegenrechnung, dass beispielsweise der MDR gar keine Mittel aus dem Finanzausgleich bezieht, wohl aber 9,75 Prozent des Gemeinschaftsprogramms produziert. Noch deutlicher wird das beim WDR: Der Kölner Großsender bezahlt für seinen Anteil von 22 Prozent des Ersten jährlich auch noch 30,4 Mio. Mark (15,54 Mio. €) in den Finanzausgleich ein. Nach gleicher Logik würde diese Zahl mehr als deutlich zeigen, dass der WDR vielfach wirtschaftlicher arbeitet als der SR oder RB.

Für den direkten Vergleich ziehen die gleichen Stimmen deshalb lieber die Durchschnittskosten pro Sendeminute heran, wo der SR mit 865 Mark (442 €) im Fernsehen und 41 Mark (21 €) im Hörfunk deutlicher billiger produziert als beispielsweise der NDR mit 1400 bzw. 63 Mark (715 bzw. 32 €).[468]

Wenn es jedoch überhaupt Sinn machen kann, die Wirtschaftlichkeit einer Rundfunkanstalt an ihrem Anteil am Gemeinschaftsprogramm zu messen, so müsste dieser ins Verhältnis zum Gesamthaushalt der Anstalt gesetzt werden. Dem elfprozentigen Programmanteil der drei „Kleinen" müssten danach deren Einnahmen von 648,2 Mio. Mark (445,9 Mio. €) aus Gebühren und Finanzausgleich gegenübergestellt zu werden. Diese ergeben einen Anteil von 10,2 Prozent des Gesamtgebührenaufkommens der ARD.[469] Das heißt, der Schluss liegt nahe zu sagen, die drei kleinen Anstalten produzieren in der Tat günstig und können innerhalb der Gesamtleistung der ARD als wirtschaftlich eingestuft werden. Der Nachteil jeder Statistik ist allerdings, dass ihr die Lebensnähe fehlt. Wenn man nämlich berücksichtigt, dass die drei kleinen Anstalten an wichtigen Gemeinschaftsaufgaben wie dem Vorsitz der ARD oder den großen Auslandbüros der ARD aus finanziellen Gründen nicht teilnehmen, wird deutlich, dass derartige Kosten-Nutzen-Rechnungen allenfalls dann aufgehen können, wenn aufgeschlüsselte Wirtschaftsdaten vorliegen, die genau darstellen, wie viele geldwerte Leistungen jeder Sender netto für die Gemeinschaft bringt. Allenfalls diese Zahl könnte in Beziehung zum Gemeinschaftsanteil oder dem landesbezogenen Rundfunkprogrammangebot der jeweiligen Anstalt gesetzt werden.

In einer seriösen Kosten-Nutzen-Rechnung müsste auch berücksichtigt werden, dass nicht jede dem Ersten Programm zugelieferte Sendeminuten gleich bewertet werden darf. Wenn beispielsweise der NDR hohe Minutenkosten aufbringt, könnte das daran liegen, dass die Aufwendungen für das teure Nachrichtenprogramm von „ARD-aktuell" mit in die Statistik eingeflossen sind. Deshalb sagen auch niedrige Minutenproduktionskosten nichts über die Leistungsfähigkeit der produzierenden An-

---

467 So die Erklärung von Rundfunkrat und Verwaltungsrat des Saarländischen Rundfunks vom Februar 1995, siehe FK Nr. 6/1995, S. 7; *Klostermeier*, FK Nr. 7/1995, S. 1.
468 Vgl. KEF, 10. Bericht, Tz. 599; *Buchwald*, in: Kops/Sieben, S. 393 (395), der zu seiner Argumentation allerdings lieber das ZDF mit fast 2000 Mark pro Sendeminuten im Jahr 1989 zum Vergleich heranzieht, ohne dieses aber beim Namen zu nennen. Auf diese Weise erweckt er den Eindruck, mit den aktuellen Produktionskosten einer Landesrundfunkanstalt zu vergleichen.
469 Quelle: ARD, ARD-Jahrbuch 97, S. 290 ff.

stalt aus. Das Gegenteil liegt vielmehr nahe: Je billiger ein Programm ist, um so größer ist die Gefahr, dass an der Qualität gespart wurde. Insofern ist auch der Schluss, den *Buchwald* zieht, nur die halbe Wahrheit: „Wenn beispielsweise die Leistungen, die der Saarländische Rundfunk für das Erste Deutsche Fernsehen erbringt, [...] in Stuttgart oder Baden-Baden erstellt würden, dann würden sie natürlich zu den Kostensätzen produziert, die es dort gibt."[470]

Richtig ist: Wenn die Anteile des SR vom SWR erbracht würden, würden sie vermutlich die vom SWR gewohnten Qualitäts- und Inhaltsmaßstäbe erfüllen und insofern die gewohnten Kosten aufwerfen. Es könnte aber auch sein, dass der SWR die bisherigen Aufgaben des SR inhaltlich und äußerlich identisch und zu den gleichen Kostensätzen, aufgrund der höheren Kapazitäten möglicherweise auch kostengünstiger erfüllt.

Der Haken ist eben, dass sich die Qualität von Kulturleistungen nicht messen lässt und daher nicht nach Produktivitätsmaßstäben zu beurteilen ist.[471]

Auch die Rechenbeispiele von RB-Programmdirektor Rüdiger *Hoffmann* in Sachen Produktivität sind nicht sehr plausibel. Er rechnet vor, dass der Einspareffekt bei einer Fusion seines Senders mit dem NDR marginal wäre: RB erhalte aus dem Finanzausgleich derzeit 85 Mio. Mark (41,65 Mio. €), liefere dafür aber jährlich 35.000 Fernsehminuten an das Erste und „N3" im Gegenwert von rund 50 Mio. Mark (25,6 Mio. €). Weitere 15 Mio. Mark (7,7 Mio. €) erhalte die ARD als Kostenanteil für Gemeinschaftsleistungen wie „Tagesschau" oder „Lindenstraße". Die Differenz von dann noch 20 Mio. Mark (10,2 Mio. €) rechne sich für die Versorgung des Bremer Umlandes in Niedersachsen.[472] So ähnlich argumentiert auch *Buchwald*, der ebenfalls gerne „großzügig" zu eigenen Gunsten rundet: Im Verhältnis zum Gesamtgebührenaufkommen der ARD mache der Finanzausgleich nur etwa zwei Prozent aus,[473] während die kleinen Anstalten immerhin zehn Prozent des Programms der ARD produzieren.[474]

Gleich zwei Denkfehler (oder sind es Täuschungsversuche?) zerstören das Argumentationsgerüst: Zum einen ist das Erste, wie schon erwähnt, eben kein Eigenprojekt, das sich finanziell selbst trägt und Zulieferungen mit Finanzausgleichsmasse vergütet, sondern eine *Gemeinschaftsaufgabe* aller Landesrundfunkanstalten, die für den Unterhalt zu sorgen haben. So beliefern auch die finanzstarken Anstalten wie WDR, NDR, SWR und BR das Gemeinschaftsprogramm – ohne ihrerseits finanzielle Gegenleistungen aus dem Finanzausgleich zu beziehen. Im Gegenteil: Sie zahlen zusätzlich in den Finanzausgleich ein.

Zum zweiten gehört das Bremer *Um*land in Niedersachsen, wie der Begriff schon sagt, eben nicht zu Bremen und unterfällt somit nicht dem streng gebietsbezogenen

---

470 *Buchwald*, in: Kops/Sieben, S. 393 (396).
471 So auch *Weinmann*, ARD-Jahrbuch 96, S. 66 (67).
472 Vgl. *Röckenhaus*, Die Zeit Nr. 9/1997 v. 21.2.1997, S. 49.
473 Genau genommen waren es zu diesem Zeitpunkt 2,3 %.
474 Genau genommen waren es zu diesem Zeitpunkt 9,25 %.

Programmauftrag von Radio Bremen. Es kann auch nicht sein, dass sich ein Sender mit seinen inhaltlichen Programmleistungen[475] eigenmächtig, also ohne staatsvertragliche Grundlage, auf ein zusätzliches Sendegebiet ausweitet und dafür auch noch finanzielle Vergütungen des ungefragt „entlasteten" Nachbarsenders fordert.

Auch der SR könnte nicht einfach seinen Programmauftrag auf Rheinland-Pfalz, Luxemburg oder gar Lothringen ausdehnen. Dass die Saarländer überdies kein Interesse an einer gemeinsamen Rundfunkanstalt mit ihren Nachbarn haben, beschreibt *Buchwald*:

> Der Saarländische Rundfunk ist für dieses Bundesland ein Index von geradezu konstitutiver Bedeutung. Er ist ein Unternehmen mit rund 220 Mio. DM Jahresetat in einem Land, das nicht zu den reichsten zählt. Der Sender ist [...] ein Kapitalimporteur in dieses Land. Denn die rund 90 Mio. Mark Finanzausgleich, die, wie die Saarländer sagen, „aus dem Reich" kommen, werden ja nicht im Saarland erwirtschaftet. Er ist zudem in einem Land mit hoher struktureller Arbeitslosigkeit mit über 1000 Arbeitsplätzen [...] ein beachtlicher Arbeitgeber.[476]

So verständlich diese Argumentation erscheint, so entlarvend ist sie auch. Nicht Vielfaltargumente oder andere rundfunkspezifische Gründe lassen die Saarländer an ihrem SR festhalten, sondern allein volkswirtschaftliche und standortpolitische. Rundfunkrechtliche Überlegungen lassen einen Zusammenschluss von SR und SWR nämlich eher naheliegend erscheinen.[477]

Aussagekräftig ist hingegen ein anderer Vergleich. Wer nämlich die Anteile der Werbeeinnahmen einzelner Anstalten an den Gesamtwerbeeinnahmen der ARD miteinander vergleicht, dem fällt auf, dass diese ungefähr dem Anteil der Gebühreneinnahmen an den Gesamtgebühreneinnahmen der ARD entsprechen und somit um einen Vergleichsindex 1 herum streuen. Signifikante Ausnahmen liefern einerseits der NDR, der 17,1 Prozent der Gesamtgebühren, aber nur 13,5 Prozent der Gesamtwerbeeinnahmen erhält (Index 0,79), und der MDR mit 11,3 Prozent gegenüber 8,6 Prozent (Index 0,76)[478] und andererseits der SR mit 1,3 Prozent gegenüber 2,3 (Index 1,77) und RB mit 0,8 Prozent gegenüber 6,1 Prozent (Index 7,63).[479] Das bedeutet, dass der Einfluss der Werbung auf die Gesamtfinanzierung von NDR oder SFB erheblich kleiner ist als bei den anderen Landesrundfunkanstalten, dass der Einfluss der Werbung auf den Etat von SR und RB hingegen außergewöhnlich groß ist. Nun wurde schon mehrfach erwähnt, dass nach Auffassung des Bundesverfassungsgerichts Werbung in der Regel programm- und vielfaltsverengende Tendenzen aufweise und daher grundsätzlich negativ zu bewerten sei.[480]

---

475 Zur übertragungstechnischen Beurteilung der Versorgung von Grenzgebieten siehe beispielsweise § 4 C.I.2. (S. 220 ff.).
476 *Buchwald*, in: Kops/Sieben, S. 393 (398).
477 Dazu gleich in § 5 B.II.3.f.bb. (S. 387).
478 Der SFB sprengt mit nur noch DM 116.000 an Werbeeinnahmen den Rahmen des Vergleichbaren.
479 Quelle: ARD, siehe ARD-Jahrbuch 97, S. 290 f.; *Helfer/Debus*, MP 1997, 298 (303 f.); siehe Tabelle 3 (Anhang S. 454).
480 Vgl. § 4 D.III.1. (S. 279).

Unter dem Strich kann also empirisch davon ausgegangen werden, dass die Gefahr[481] der Programmbeeinflussung durch Werbung bei kleinen Anstalten größer ist als bei den Mehrländeranstalten. Der SFB liefert hier zwar eine Ausnahme von der Regel, ein Argument *für* die Schaffung größerer Einheiten ist diese Berechnung gleichwohl.

Eine ähnliche Beobachtung ergibt sich übrigens, wenn der Anteil des eigenen Gebührenaufkommen am Gesamtgebührenaufkommen ins Verhältnis zum Anteil der besetzten Planstellen einer jeden Rundfunkanstalt am ARD-Gesamtpersonal gesetzt werden. Hier liegen sechs von zehn Anstalten unter dem Index 1, lediglich die drei kleinsten Anstalten SFB (Index 1,21), SR (Index 3,49) und der RB (Index 3,41) fallen aus dem Rahmen, die beiden letzteren sogar massiv.[482] Diese Berechnungen bestätigen also die Annahme, dass die drei Sorgenkinder der ARD einen extrem aufgeblähten Personalstand haben, den sie sich mit dem eigenen Gebührenaufkommen überhaupt nicht leisten könnten.

Beide Vergleiche beweisen für sich nichts, können aber als Indiz dafür angesehen werden, dass die größeren Anstalten auf einer wirtschaftlich vernünftigen Basis operieren, während die kleineren Anstalten eher zu gefährlichen Finanzierungsquellen greifen müssen, um ihren überbordenden Personalhaushalt tragen zu können. Ihr Finanzkonzept steht auf tönernen Füßen. Es spricht also vieles dafür anzunehmen, dass Rundfunkfusionen nach einer Übergangszeit der Strukturveränderung und des Personalabbaus tatsächlich zu Synergieeffekten und Einsparungen in signifikanten Größenordnungen führen werden.

bb. Südwestvarianten

Wie oben dargelegt, besteht eine Vielzahl von Vorschlägen, die die Struktur des öffentlich-rechtlichen Rundfunk in den Länder Baden-Württemberg, Rheinland-Pfalz, Saarland und Hessen betreffen und sich im großen und ganzen in zwei Gruppen einteilen lassen: zum einen die Vorschläge, die Senderfusionen vorsehen, zum anderen die Kooperationsansätze.[483]

Immerhin steht fest, daß der Saarländische Rundfunk im Falle eines Fortfalls des Rundfunkfinanzausgleiches aus seinem eigenen Gebührenaufkommen jedenfalls in der bisherigen Form nicht zu finanzieren ist. Insofern sollten sich Intendant *Raff* und der Saarländische Landtag möglichst bald nach geeigneten Partnern umsehen.

---

481 Über die *tatsächliche* Beeinflussung sagt dieser Wert in der Tat nichts aus, diese läßt sich konkret auch nur schwer ermitteln, etwa anhand von Verstößen gegen das Trennungsgebot von Programm und Werbung. Im übrigen handelt es sich um einen rein rechnerischen Index, der bisher dadurch angeglichen wurde, daß RB, SFB und SR über den Finanzausgleich zusätzliche „beeinflussungsfreie" Gebührenmittel erhalten.
482 Quelle: ARD, siehe ARD-Jahrbuch 97, S. 290 f.; *Helfer/Debus*, MP 1997, 298 (303 f.); ARD-Finanzstatistik von 1995, Tab. 44; siehe Tabelle 4, (Anhang S. 455).
483 Zur Beurteilung der Kooperationsvorhaben siehe oben § 5 B.II.1.d. (S. 360).

Es sollte dabei jedoch nicht vorschnell und ohne weiteres eine Vergrößerung des SWR zum SWDR für alle vier Südwest-Länder gefordert werden. Rundfunkfusionen bringen erhebliche mediale Umwälzungen mit sich und erfordern insofern eine ordentliche verfassungsrechtliche Rechtfertigung.

Die vier Südwestländer verfügen insgesamt über mehr als neun Mio. Rundfunkhaushalte.[484] Eine Vierländeranstalt SWDR würde somit die mit weitem Abstand größte Anstalt innerhalb der ARD sein, etwa dreimal so groß wie ein fusionierter Ostdeutscher Rundfunk in Berlin/Brandenburg, doppelt so groß wie der MDR und mehr als anderthalbmal so groß wie der BR. Solange als Fusionszweck die angestrebte Gleichgewichtigkeit in der ARD im Mittelpunkt steht, fehlt einer Rundfunkfusion dieses Ausmaßes die verfassungsrechtliche Legitimation. Der SWDR würde schließlich neue Kräfteverhältnisse in der Gemeinschaft und ein neuerliches Finanzkraftgefälle entstehen lassen.

Der Zweck einer Fusion müsste also ein anderer sein. In Frage kommen da vor allem Gründe der Ersparnis, die jedoch grundsätzlich gegenüber dem klassischen Rundfunkauftrag zurückstehen müssen Dieser hat aber nicht zum Inhalt, Rundfunk möglichst billig anzubieten, sondern eine umfassende Grundversorgung für alle.

Programmvielfalt und -qualität, wie sie der HR oder der SR in ihren Sendegebieten gewährleisten, sind allerdings bei einem derart großen Verbund nur schwer herzustellen. Eine solche Anstalt wäre mit einer Bilanzsumme von ca. drei Mrd. Mark, einem Sendegebiet von fast 80.000 Quadratkilometern und etwa 7.200 Mitarbeitern größer als der WDR oder der BR; er könnte schon allein deshalb nicht mehr die Gewähr für Flexibilität und regionale Kompetenz geben.[485]

Um die regionale Grundversorgung zu gewährleisten, müßte ein Großsender im Ausmaß des SWDR nämlich sehr dezentral organisiert werden. Jedes Land bräuchte mindestens ein Landeshörfunkprogramm, ein eigenes Landesfunkhaus, möglicherweise sogar einen eigenen Rundfunkrat und eigene Direktoren. Es bleiben mithin kaum mehr Sparpotentiale im programmlichen Bereich, allenfalls bei den vergleichsweise kostengünstigen Musikwellen, nicht aber bei den Wortprogrammen. In Frage kommen mithin nur Synergiepotientiale durch Zusammenlegung der Verwaltung und der Produktionsmittel.

Ob es dabei aber zu spürbaren Synergieeffekte und Einsparungen kommt, ist mehr als fragwürdig. Es ist schon zweifelhaft, ob bereits von der 1997/98 durchgeführten Fusion von SWF und SDR zum SWR auf Dauer die erhoffte Sogwirkung ausgeht. Finanzielle Einsparungen sind jedenfalls aufgrund der verteilten Kompetenzen und dezentralen Produktionsstandorte in Mainz, Stuttgart und Baden-Baden zunächst nicht zu erwarten, auch wenn diesbezüglich sicherlich noch die Entwicklung abzuwarten sein wird.

---

484 Quelle: Deutsche Telekom AG, siehe FK Nr. 5/1997, S. 14 (15).
485 So auch der HR in einer Stellungnahme, siehe *Kops*, in: Kops/Sieben, S. 21 (79).

Um so weniger sind Einsparungen bei einem Vierer-SWDR mit Rheinland-Pfalz, Baden-Württemberg, Hessen und dem Saarland zu erwarten, der noch größer, noch zentraler ist und dennoch weiterhin in jedem Bereich die Grundversorgung gewährleisten soll.

Wenn also davon ausgegangen wird, dass der Saarländische Rundfunk als zu kleine Anstalt nicht fortbestehen soll, kommt wohl nur eine mögliche Fusionsvariante in Betracht: ein Beitritt des Saarlandes zum SWR-StV, ein Beitritt des SR zu einem Dreiländer-SWR.

Die Saarländer verbrauchen für ihr Rundfunkangebot rund das Doppelte ihrer Gebühreneinnahmen. Von diesen gerundet 200 Mio. Mark (oder 102 Mio. €) finanzieren sie ihren Anteil von 2,5 Prozent am Gemeinschaftsprogramm, ihren Anteil am eigenen Dritten Programm und vier Hörfunkprogramme. Wenn man bedenkt, dass etwa 1,3 Prozent der Deutschen im Saarland leben, sind die Interessen des kleinen Bundeslandes im Gesamtangebot des öffentlich-rechtlichen Rundfunks recht umfangreich berücksichtigt. Nordrhein-Westfalen beispielsweise umfasst 21,9 Prozent der deutschen Bevölkerung und wird entsprechend mit 22 Prozent im Gemeinschaftsprogramm berücksichtigt. Ein geringfügiger Einschnitt in das saarländische Rundfunkangebot wäre also unter Vielfaltsgesichtspunkten bedenkenlos zu vertreten. Unter rein wirtschaftlicher Betrachtung werden diese ohnehin notwendig, sollte der Finanzausgleich erst einmal zum Erliegen kommen.

Dabei könnte der Anteil des Saarländischen Fernsehangebotes am Gemeinschaftsprogramm auch innerhalb des SWR bestehen bleiben. An der Veranstaltung des Dritten Programms für das Saarland bräuchte sich ebenfalls nichts zu ändern. Diese könnte allerdings dank schlanker Strukturen ein kostengünstigeres Mantelprogramm produzieren. Einschnitte müssten allenfalls in das Hörfunkangebot gemacht werden. Hier ist das kleine Land mit vier Hörfunkwellen bisher sehr komfortabel ausgestattet.

Ein gemeinsamer SWR für Baden-Württemberg, Rheinland-Pfalz und das Saarland wäre mit 6,6 Mio. Haushalten und einem Anteil von 19,6 Prozent der Rundfunkgebühren von der Finanzkraft mit dem NDR zu vergleichen und noch immer kleiner als der WDR. Das Sendegebiet wäre allerdings größer als das des WDR, jedoch kleiner als das von NDR oder BR.

Die statistischen Daten sprechen also ebenfalls für einen Beitritt des Saarlandes zum SWR-StV. Dies wäre nach § 40 SWR-StV ohne weiteres durch einen gesonderten Staatsvertrag möglich. Die Rundfunkfusion wäre ein weiterer Schritt zu einer ARD mit gleichstarken Mitgliedern. Mit rund 4500 Planstellen müsste er etwa 400 bis 500 Stellen abbauen, also etwa jede zehnte. Das liegt in einem harten, aber erträglichen Bereich, wie der Stellenabbau beim NDR gezeigt hat, wo jede fünfte Stelle wegfiel.

Wichtig ist, dass die verzichtbaren Mehrfachstrukturen abgebaut werden und eine schlanke und effiziente Organisation des SWR geschaffen wird, damit nach Abschluss der kostenintensiven Umstrukturierungsmaßnahmen wesentliche Wirtschaftlichkeitseffekte erreicht werden.[486] Die Zusammenlegung der bisher getrennten Büros in Bonn und Berlin reicht da sicherlich nicht aus.

cc. ORB und SFB

Berlin war – geteilt wie ungeteilt – schon immer eine Stadt im Osten Deutschlands, mitten in der Mark Brandenburg. Anders als in Sachsen oder Thüringen, da ist *Rosenbauer* beizupflichten, hat die deutsche Einheit für Berliner und Brandenburger sehr viel grundsätzlichere Auswirkungen: Sie müssen beispielhaft das Zusammenwachsen von Ost und West vorleben, ob sie wollen oder nicht.[487]

Gemessen an der Größe des Landes Berlin und angesichts des heftig umkämpften Rundfunkmarktes in der Bundeshauptstadt erscheint der SFB unterdimensioniert, provinziell und vollkommen überfordert. Dass der Berliner Sender Partner braucht, um seine Anforderungen zu erfüllen, ist sowohl im Roten Rathaus als auch im „Haus des Rundfunks", der SFB-Zentrale an der Masurenallee, bekannt. Dort bemüht man sich nicht umsonst um Partner in Nord- und Mitteldeutschland. Die Situation des überproportionierten Senders mit seinen 1100 Mitarbeitern ist dramatisch. Sein Defizit beträgt aktuell 65 Mio. Mark jährlich bei gerade einmal 400 Mio. Mark Jahresetat (212 Mio. €). Bis 2001 gehen durch Abwanderungen von Gebührenzahlern ins Umland vermutlich mehr als 50 Mio. Mark (25,5 Mio. €) verloren. Die TV-Produktion ist nur noch mit internen Zuschüssen des MDR von acht Mio. Mark (4,1 Mio. €) aufrechtzuerhalten.[488]

In der Berliner Rundfunklandschaft wurde ein erster Schritt zum Zusammenwachsen von SFB und ORB folgerichtig längst getan, auch wenn er schon wieder zurückgenommen werden soll. Nirgendwo sonst in Deutschland sind zwei öffentlich-rechtliche Rundfunkanstalten über Kooperationen und Gemeinschaftsprogramme so eng miteinander verwoben. Die schlanke Struktur des ORB war von Anfang an auf eine Zusammenlegung der Sender ausgelegt. Die Zusammenarbeit beider Sender wurde 1992 im Hinblick auf eine damals noch anstehende Länderfusion in einem Staatsvertrag beider Länder verankert. 1997 folgte eine sehr weitgehende Kooperationsvereinbarung von ORB und SFB, die das Terrain für die politisch noch nicht gewollte Zusammenlegung ebnen sollte.[489]

Eine Fusion beider Sender zum Ostdeutschen Rundfunk (ODR) wäre eigentlich der logische nächste Schritt, der allein aus politischen Gründen bisher unterblieben ist.[490]

Mit dem, was einem ODR an finanziellen Mitteln zur Verfügung stände – 1999 etwa 750 Mio. Mark (383 Mio. €) – lässt sich qualitativ hochwertiger und vor allem

---

486 *Scherer*, ZUM 1998, 8 (19).
487 *Rosenbauer*, FK Nr. 9/1996, S. 6.
488 Hamburger Abendblatt Nr. 223/1998 v. 24.9.1998, S. 11.
489 *Schmid*, FK Nr. 20/1997, S. 9 (11); *Lojewski*, FK Nr. 9/1996, S. 1; vgl. ARD-Jahrbuch 96, S. 142 (146); FK Nr. 8/1997, S. 11; FK Nr. 13-14/1997, S. 13.
490 Vgl. Äußerungen von *Rosenbauer*, in: epd medien Nr. 15/1997, S. 21.

vielfältiger Rundfunk machen.[491] Eine Fusion beider Sender wird gleichzeitig zu erheblichen Einsparungen und Rationalisierungen führen, erst recht, wenn sie sich im Programm niederschlägt. Allerdings lässt das schon heute sehr engmaschige Kooperationsnetz beider Sender kaum noch programmliche Verschlankungen zu, allenfalls noch bei den getrennten Dritten Fernsehprogrammen. Eine Zusammenlegung von „B1" und „ORB 3" könnte Einsparungen im Personalbereich sowie bei den technischen Kapazitäten erbringen. Die regionale Vielfalt könnte dabei durch spezielle Brandenburger Fenster aufrechterhalten werden. Allerdings ist dadurch nur mit marginalen Einsparungen im Personalhaushalt zu rechnen. Der ORB ist von vornherein „schlank" konzipiert gewesen, d. h. an der Untergrenze des zur Funktionserhaltung notwendigen Personalstandes. Der SFB hat seit der Ausweitung des Sendegebietes auf die Ostbezirke der Stadt in 1990 keine zusätzliche Planstelle eingerichtet und heute rund 20 Prozent weniger Mitarbeiter als vor der deutschen Wiedervereinigung. Von den ursprünglich vorgesehenen 400 einzusparenden SFB-Mitarbeitern sind schon vor einer Fusion mehr als 250 Stellen eingespart worden.[492]

So bleiben letztlich allein technische und verwaltungsspezifische Sparfelder: In diesen sind jedoch erhebliche Synergieeffekte denkbar, ja sogar zu erwarten. Kooperationen haben bekanntlich den Nachteil starken Abstimmungsbedarfs zwischen den Partnern, der in der Regel mit unvermeidbaren Reibungsverlusten verbunden ist. Die Kooperationspartner können nicht mehr schnell und individuell entscheiden, sondern sind dazu verpflichtet, sich jeweils gegenseitig in Entscheidungen einzubinden. Der erhöhte Abstimmungsbedarf verursacht Hemmnisse, die dem eigentlichen Ziel der Kooperation entgegenwirken. So können Effizienznachteile überwiegen, wenn zeit- und kostenaufwendige Koordinationen notwendig sind. Für die Produktionseffizienz kommt es bei vielen, gerade bei aktuellen Sendungen darauf an, dass redaktionelle und technische Mitarbeiter ein „eingespieltes" Team bilden. Insofern kann es sich als hinderlich erweisen, wenn sie aus unterschiedlichen Organisationen zusammengeführt werden.[493]

Fusionen sind gerade in diesem Punkt zumeist besser.[494] Das beweist letztlich auch die neuerdings aufkeimende Unzufriedenheit bei SFB und ORB mit ihren gemeinsamen Hörfunkwellen. Wegen der tiefgehenden kooperativen Verzahnung beider Sender sind trotz Einsparungen von rund zwölf Mio. Mark zwischen 1997 und 2000 gegenüber dem Status quo ante deutliche Reibungsverluste zu verbuchen und bei einer Fusion folglich erhebliche Synergien absehbar.[495] Bisher läuft die Medienpolitik beider Länder trotz des Medienstaatsvertrages nebeneinander her und in Teilen sogar

---
491 *Rosenbauer*, FK Nr. 9/1996, S. 6 (9).
492 *Lojewski*, FK Nr. 9/1996, S. 1 (3); *Rosenbauer*, FK Nr. 9/1996, S. 6 (8); vgl. *Kops*, in: Kops/Sieben, S. 21 (80).
493 *Mamor*, Kooperationen in der ARD, S. 2.; *Hoffmann-Riem*, Rundfunkneuordnung in Ostdeutschland, S. 81.
494 So ein Wirtschaftsgutachten der Unternehmensberatung McKinsey&Company Inc. zur Fusion von SDR und SWF, vgl. *Scherer* ZUM 1998, 8 (13).
495 Vgl. FK Nr. 11/1997, S. 14 f.; FK Nr. 13-14/1997, S. 13.

gegeneinander.[496] Bereits 1989 ist die weltweit angesehene Unternehmensberatung
„McKinsey & Co." in einer Studie im Auftrage der damaligen Landesregierung von
Baden-Württemberg zu der Bewertung gelangt, dass Fusionen – in diesem Fall von
SWF und SDR – im Vergleich zu Kooperationen die deutlich attraktivere Option
seien, weil sie höhere Synergiepotentiale freisetzen, eine schlagkräftigere und reaktionsschnellere Organisation schaffe und eine alles in allem stabilere Lösung darstellen.[497]

Eine Rundfunkanstalt für Berlin und Brandenburg würde über rund 3,2 Mio.
Haushalte verfügen und wäre noch immer erst halb so groß wie der NDR oder der
SWR. Eine Fusion von SFB und ORB würde somit zwar das Leistungsgefälle innerhalb der ARD verringern, könnte aber allenfalls ein erster Schritt in Richtung auf eine
Gemeinschaft gleichstarker Anstalten sein. Auch nach einer Fusion würde der neue
Sender zu den Kleinen in der ARD gehören.

Dennoch ist eine Zusammenlegung rundfunkrechtlich naheliegend. Die Finanzkraft wird deutlich verbessert, ohne dass es zu einer Verschlechterung des Meinungsbildungsprozesses in Berlin und Brandenburg kommt. Dabei muss man allerdings mit
Rücksicht auf die Berliner Befindlichkeiten mehr Vorsicht walten lassen, als dies Udo
Reiter zuletzt tat. Die Diskussion zeigt, wie dünnhäutig die Verantwortlichen geworden sind – insbesondere in Berlin. *Schmid* führt dies auf ein ausgeprägtes „Inseltrauma" der Hauptstädter zurück.[498] Nur so ist wohl auch das kategorische Nein von
Berlins Regierendem Bürgermeister *Diepgen* zu einer Fusion von ORB und SFB zu
verstehen. Rundfunkspezifische Begründungen sind dafür jedenfalls nicht zu finden,
geschweige denn Gründe. Deshalb bleibt zu hoffen, dass eines Tages doch die besseren Argumente überzeugen und eine Fusion zwischen ORB und SFB vielleicht realisierbar wird.[499]

dd. ORB, SFB und MDR

Wenn eine Fusion von SFB und ORB das Leistungsgefälle innerhalb der ARD nur
verringern könnte und somit lediglich als ein erster Schritt in Richtung auf eine Gemeinschaft gleichstarker Anstalten zu werten ist, liegt der Schluss nahe, die neu entstehende Rundfunkanstalt um den bisherigen MDR zu erweitern und ORB, SFB und
MDR zu einem „Mittelostdeutschen Rundfunk" (MODR) zusammenzufassen.[500] Dieser wäre mit mehr als 8 Mio. Haushalten der größte innerhalb der ARD, anderthalb
mal so groß wie der BR. Vom WDR, dessen Größe in etwa vergleichbar wäre, unterscheidet sich ein MODR jedoch vor allem durch die Heterogenität des Sendegebietes. Während der WDR für ein dicht besiedeltes, geographisch vergleichsweise überschaubares Bundesland zuständig ist, müsste ein MODR fünf Bundesländer versor-

---

496 *Lojewski*, FK Nr. 9/1996, S. 1 (2).
497 Vgl. *Scherer*, ZUM 1998, 8 (13).
498 *Schmid*, FK Nr. 20/1997, 9 (11).
499 Vgl. Journalist Nr. 5/1998, S. 6.
500 Vgl. *Kops*, in: Kops/Sieben, S. 21 (85).

gen, deren Fläche 2,5mal so groß ist und erhebliche strukturelle und kulturelle Unterschiede aufweist. Dem multikulturellen, hektischen und innovativen Berlin stehen provinzielle und ruhige Landstriche wie die Lausitz, das Vogtland oder die Altmark gegenüber. Zwischen Charlottenburg und Dresden oder Leipzig bestehen schon sprachliche Barrieren.

Diese Unterschiede würden die Einrichtung von Landefunkhäuser in jedem Staatsvertragsland erfordern, wie auch eigene Landesprogramme und spezielle, ausdifferenzierte Hörfunkangebote für Berlin einerseits und die ländlichen Gebiete andererseits. Einsparungen sind bei einem MODR deshalb wohl nur auf Kosten des Pluralismus in den neuen Bundesländern zu erwarten.

Außerdem würde ein MODR eine starke ostdeutsche Identität haben, in dem der Westteil Berlins an Einfluss gegenüber dem SFB oder einem Berlin/Brandenburger ODR verlieren würde. Das ist zwar für den Meinungsbildungsprozess nicht unbedingt schädlich, wäre jedoch für die Integration der neuen Bundesländer auch nicht wünschenswert. Die ehemalige Grenze übergreifende Rundfunkangebote wie das des NDR oder von SFB/ORB gelten als Beispiel für einen gelungenen Integrationsprozess zwischen neuen und alten Bundesländern. Dieser Aufgabe könnte ein MODR nur schwer nachkommen.

Alles in allem ist von einer Umsetzung dieses Vorschlages somit eher abzuraten. Verfassungsrechtliche Gründe stehen jedoch nicht explizit dagegen.

ee. NDR und RB

Schon die Insellage Bremens mitten Sendegebiet des Norddeutschen Rundfunks lässt eine Zusammenlegung der beiden norddeutschen Sender naheliegend erscheinen. Dass der NDR aus „medienpolitischen Gründen" gegen eine Fusion ist, weil NDR-Chef *Plog* „keine Lust hat, für Radio Bremen die Treuhandanstalt zu machen",[501] kann allenfalls als schwaches Argument gegen eine Fusion in die Waagschale fallen, keinesfalls aber einen Schluss-Strich unter die Debatte ziehen. Die Entscheidung über die strukturelle Zukunft beider Sender liegt allein bei den gesetzgebenden Körperschaften in Bremen und den vier NDR-Ländern, die nach § 45 NDR-StV einen speziellen Beitrittsstaatsvertrag schließen müssten.

Derzeit sind jedoch weder die vier Staatsvertragsländer des NDR an einer Fusion interessiert noch das Land Bremen, dessen Bürgerschaft sich auf Antrag der Fraktionen von SPD und CDU für den Fortbestand von Radio Bremen auch über das Jahr 2000 hinaus entschieden hat.[502]

Erstaunlich ist auch die Zurückhaltung der ARD-Intendanten. Zwar kann es nicht verwundern, wenn sich der frühere RB-Intendant *Klostermeier* für den Erhalt seines Senders (und seines Arbeitsplatzes) einsetzte, jedoch gehört es zu den merkwürdigs-

---

501 So Intendant *Plog*, siehe Hamburger Abendblatt Nr. 80/1998 v. 4./5.4.1998, S. 8; *Lilienthal*, epd medien Nr. 34/1998, S. 3 (4).
502 14. WP DrS 14/106 vom 07.11.1995.

ten Zögerlichkeiten der Hamburger ARD-Beschlüsse, dass zwar ORB und SFB eine Fusion empfohlen wurde, dass aber ausgerechnet beim kleinsten und aus eigener Gebührenkraft am wenigsten lebensfähigen Sender, beim RB, die bloße gedankliche Möglichkeit einer Fusion mit dem NDR tabuisiert wurde.[503]

Sollte der Finanzausgleich tatsächlich zum Erliegen kommen, kann RB mit seinen 70 Mio. Mark (ca. 36 Mio. €) Gebühreneinnahmen kaum noch etwas Vernünftiges auf die Beine stellen. Nicht einmal mit dem reduzierten Finanzausgleich lässt sich das aufrecht erhalten, was Radio Bremen derzeit an Programmleistung und Personal hat – vor allem nicht die vier eigenen Hörfunkwellen und ein Personalbestand von mehr als 600Mitarbeitern.[504] Der Bremer Senat müsste dann zwangsläufig in Verhandlung über eine Zusammenarbeit mit den NDR-Vertragsstaaten eintreten.

Fest steht, dass eine Fusion von RB mit dem NDR dort Einsparungen in Millionenhöhe garantieren würde, wo Verwaltungseinheiten und Dienstleistungen zusammengefasst oder zentralisiert werden. So könnten das Korrespondentenbüro des NDR in Bremen und das von RB in Hannover und Oldenburg geschlossen werden, das NDR-Büro in Verden könnte zumindest in Frage gestellt werden. Die Büros in Bonn und Berlin könnten organisatorisch zusammengefasst werden. Auch könnte über eine Konzentration der Produktionskapazitäten des Norderstedter NDR-Studios im Bremer Landesfunkhaus nachgedacht werden. In Hamburg verblieben so noch immer drei Produktionsstandorte.

Zugleich wird (außer von den Bremern selbst) nicht bestritten, dass die Hansestadt Bremen mit vier eigenen Rundfunkprogrammen überversorgt ist. Wenn also argumentiert wird, bei einer Zusammenlegung müsste die Programmleistung von RB vom NDR übernommen werden, was lediglich Einsparungen in Höhe von 2 Pfennig monatlich von der Rundfunkgebühr möglich mache,[505] ist dies eindeutig falsch gerechnet. Der NDR würde zwar durch eine Fusion keine günstigeren Programmproduktionen schaffen können; das Sendegebiet des RB könnte er allerdings mit seinem bisherigen Angebot weitgehend mitversorgen und zwar ohne Zusatzkosten. Die NDR-Programme sind ohnehin schon in Bremen zu empfangen und zu einem Teil auch auf das Bremer Publikum ausgerichtet.

Auch wenn der NDR, wie es in seinen vier bisherigen Vertragsländern mit den NDR-1-Landessendern schon der Fall ist, ein besonderes Landesprogramm für Bremen anbieten würde, wäre die Gesamtleistung sogar nach den bisherigen Durchschnittskosten immer noch billiger als fünf NDR-Radioprogramme plus vier RB-Programme. Welche Einsparpotentiale würden sich erst eröffnen, wenn Bremer Fenster in bestehende NDR-Radioprogramme integriert würden – ähnlich wie dies beim Dritten Fernsehprogramm „N3" schon jetzt sehr erfolgreich der Fall ist! Sparpoten-

---

503 *Lilienthal*, epd medien Nr. 34/1998, S. 3 f.
504 Vgl. *Lilienthal*, Journalist Nr. 6/1998, S. 28 (29); *Thomsen*, Stern Nr. 8/1997, S. 159; ARD, ARD-Jahrbuch 99, S. 374.
505 So *Klostermeier*, FK Nr. 7/1995, S. 1.

tiale bestehen also faktisch und könnten bei einer Fusion umgehend erschlossen werden.

Selbst die hohen Kosten, die bei einer Personalreduktion für Abfindungen, Vorruhestandsregelungen und Pensionen anfallen und die RB mit 17,2 Mio. Mark (8,8 Mio. €) beziffert,[506] sind durch die Schaffung von Übergangsregelungen und eine Verteilung auf mehrere Jahre wirtschaftlich zu verkraften. Billiger als die dauerhafte Beibehaltung der hohen Personaletats wird das langfristig auf jeden Fall.

Eine Reduktion des Programmangebotes in Bremen wäre überdies ohne Abstriche an der Grundversorgung möglich. Das zeigt allein schon die Überlegung, dass eine Stadt wie Bremen mit rund 670.000 Einwohnern[507] derzeit mit vier eigenen öffentlich-rechtliche Rundfunksendern versorgt wird, während das ungleich größere Hamburg ohne erkennbare Defizite im Meinungsbildungsprozess Teil der Vierländeranstalt NDR ist. Eine Rundfunkversorgung für Bremen und Bremerhaven in der für Hamburg gewohnten Größenordnung reicht folglich aus, die Grundversorgung sicherzustellen. Für spezielle Bremer Bedürfnisse, etwa aufgrund kultureller Besonderheiten, liegen schließlich keine Anhaltspunkte vor. Im Gegenteil: Die Überlegung ist nicht von der Hand zu weisen, dass die „landsmannschaftlichen", kulturellen, sprachlichen und geschichtlichen Unterschiede zwischen den Hanseaten in Bremen und denen in Hamburg oder Lübeck eher gering einzustufen sind.

Auch das niedersächsische Umland in Verden oder Delmenhorst ist nicht nur kulturell, politisch und sportlich auf die Hansestadt ausgerichtet; Bremen ist identitätsstiftend für sein Einzugsgebiet von 2,3 Mio. Menschen und umgekehrt.[508] Die Grenzen sind – abgesehen von der politischen Ebene – längst verwischt. Das gilt auch im Hörfunkbereich. So kommen die vier Hörfunkprogramme von RB in Niedersachsen auf einen Marktanteil von 2,5 Prozent. Die regionale Abendsendung von RB „Buten un Binnen" erreicht täglich eine durchschnittliche Seherschaft von 50.000 allein in Niedersachen (45 %).[509]

Die „Regionalität de luxe"[510] der Rundfunkversorgung in Bremen wäre ja ohne weiteres zu ertragen, wenn RB wenigstens mit seinem eigenen Gebührenaufkommen auskäme. Statt dessen hat der kleinste ARD-Sender so viele fest angestellte Mitarbeiter wie Europas reichster Privatsender, RTL. Und selbst der Bremer Fernseh-Kulturchef, Michael *Geyer*, gesteht ein, dass RB fast sein gesamtes Gebührenaufkommen in Gehälter und Pensionen steckt.[511] Die Bremer Bürgerschaftler müssen sich deshalb die Frage gefallen lassen, mit welcher moralischen Berechtigung sie eigentlich für ihr derart kompaktes Programmangebot die Gebühren anderer Anstalten verbrauchen. Ob sie noch immer am Fortbestand von vier Hörfunkwellen festhalten würden, wenn de-

---

506 Vgl. *Hoffmann*, Möglichkeiten der Finanzierung des öffentlich-rechtlichen Rundfunks, S. 154.
507 Mit Bremerhaven. Quelle: Der Fischer Weltalmanach 1998, S. 193.
508 Vgl. *Röckenhaus*, Die Zeit Nr. 9/1997 v. 21.2.1997, S. 49; vgl auch die Äußerungen des Bremer CDU-Politikers Peter *Kudella*, siehe FK Nr. 7/1995, S. 8.
509 Quelle: Media Analyse 1998.
510 So *Plog*, siehe FK Nr. 13-14/1997, S. 11 (12).
511 Vgl. *Röckenhaus*, Die Zeit Nr. 9/1997 v. 21.2.1997, S. 49.

ren Kosten allein von den Bremer Gebührenzahlern und Wählern getragen werden müssten, ist mehr als fraglich.

So sprechen also weder rundfunkrechtliche noch wirtschaftliche Gründe gegen eine Fusion der beiden Nordsender. Mit fast 6,8 Mio. Haushalten wäre der größere NDR einen kleinen Schritt in Richtung auf die Dimensionen des WDR gegangen und wäre praktisch genauso groß wie ein Dreiländer-SWR mit Baden-Württemberg, Rheinland-Pfalz und dem Saarland. Für die Planung einer ARD mit vergleichbaren Betriebseinheiten wäre ein Beitritt Bremens zum NDR also nur zu empfehlen.

Überraschend erscheint es insofern, dass weder die ARD-Gremienvorsitzenden noch die Politiker in Norddeutschland laut über eine Fusion von RB und NDR nachdenken. Die Funktionäre von RB wollen ihren eigenen Sender erhalten, die des NDR nicht die Verantwortung für einen Abbau des überproportionierten Bremer Personalhaushaltes übernehmen, geschweige denn diesen erhalten.[512]

Die Bremer Politiker von SPD und CDU leisten gleichwohl erbitterten Widerstand gegen eine Fusion, weil nämlich der Verlust der eigenen Rundfunkanstalt ein erster Schritt zur Auflösung des eigenen Bundeslandes und zur Eingliederung nach Niedersachsen sein könnte. Die Parteien in den NDR-Staatsvertragsländer lassen ihrerseits das Thema lieber unangetastet, weil die politischen Mehrheitsverhältnisse in Bremen unentschieden sind und niemand für eine Wahlniederlage der eigenen Parteifreunde an der Weser verantwortlich sein will. Außerdem haben gerade die Politiker in Niedersachsen kein Interesse an einer Länderfusion mit dem hochverschuldeten Bremen. Hier fallen ganz offensichtlich rundfunkpolitische Notwendigkeiten der Verzagtheit der Taktik und dem Besitzstandsdenken von Politikern und Rundfunkfunktionären zum Opfer.

ff. Übertritt Mecklenburg-Vorpommerns

Auch ein Übertritt Mecklenburg-Vorpommerns vom Fünfländer-NDR zur Berliner Sendergruppe SFB/ORB mit dem Ziel eines Nordostdeutschen Rundfunks (NODR) für Mecklenburg-Vorpommern, Berlin und Brandenburg ist diskutiert worden. Der Vorschlag entspricht geographisch dem nach der deutschen Vereinigung angestrebte Rundfunkmodell für den Nordosten Deutschlands (Nordostdeutsche Rundfunkanstalt, „NORA"), dem der mecklenburg-vorpommernsche Landtag damals nicht zustimmen wollte. Um es deutlich zu machen: Dass in Mecklenburg-Vorpommern heute über eine solche Option nachgedacht wird, ist nicht ersichtlich oder wenigstens nicht öffentlich geworden. Lediglich *Stoiber* und *Biedenkopf* machten sich zuletzt für diese Idee stark. Deshalb ist es zweifelhaft, ob eine politische Durchsetzung dieses Vorschlages überhaupt möglich ist.

Zunächst müsste der Landtag von Mecklenburg-Vorpommern den NDR-StV kündigen. Eine einseitige Kündigung bei Fortbestand des verbleibenden NDR ist nach § 44 Abs. 1 NDR-StV mit einer zweijährigen Frist frühestens zum 28. Februar 2002

---

512 Vgl. Äußerungen von *Plog*, in: FK Nr. 13-14/1997, S. 11.

möglich. Unterbleibt eine Kündigung zu diesem Termin, verlängert sich der Vertrag stillschweigend um fünf Jahre. Ein kurzfristiger Übertritt des Nordlandes ist also gar nicht möglich. Die Gründung eines NODR kann also allenfalls langfristig Ziel der Neustrukturierung sein.

Da die Vorschläge von *Stoiber* und *Biedenkopf* nur das „Ob", nicht aber das „Wie" einer solchen Umstrukturierung beinhalteten, lässt sich zu der verfassungsrechtlichen Zulässigkeit nur wenig sagen. Entscheidend ist, dass der NODR die Rundfunk-Grundversorgung in ihrem Sendegebiet sicherstellen muss. Der verbliebene Nordwestdeutsche Rundfunk für Hamburg, Schleswig-Holstein, Niedersachsen und Bremen (NWDR) könnte mit einem Angebot, das dem des heutigen NDR entspricht, ohne weiteres die Grundversorgung sicherstellen.

Beurteilen lassen sich allerdings die Größenverhältnisse und die Finanzkraft. Der NODR hätte mit Berlin, Brandenburg und Mecklenburg-Vorpommern knapp 4,1 Mio. Haushalte in seinem Sendegebiet. Der NWDR hätte mehr als 5,8 Mio. Haushalte zu versorgen. Beide Anstalten wären also deutlich kleiner als der WDR. Im Rahmen der Vorschläge von *Stoiber* und *Biedenkopf* für eine „7er-ARD" würden beide Sender im unteren und mittleren Größenspektrum der neu entstehenden Mitglieder liegen, deren Größe zwischen 4,1 Mio. und 7,9 Mio. Haushalte liegt.

Der NWDR hätte knapp 600.000 gebührenpflichtige Haushalte weniger, müsste allerdings statt vier Produktionsstätten in Mecklenburg-Vorpommern nur eine in Bremen finanzieren, bräuchte hingegen die fortfallenden Kosten für das ehemalige Sendegebiet in Mecklenburg-Vorpommern nicht zu substituieren. Wirtschaftlich dürfte der NWDR auf gesunden Beinen stehen.

Auch der NODR könnte bei Beibehaltung des bisherigen Programmangebotes in Berlin und Brandenburg von den zusätzlichen Gebühren aus Mecklenburg-Vorpommern das erforderliche Landesprogramm im nördlichen Bundesland finanzieren. Fraglich ist allerdings, ob die notwendige Umgestaltung der bisherigen Programme für die gewachsenen Anforderungen umgesetzt und finanziert werden kann. Das sollte allerdings nicht im luftleeren Raum beurteilt werden. Insofern müsste eine Konkretisierung der Vorschläge abgewartet werden.

III. Zusammenfassende Darstellung der zulässigen Vorschläge

Die verfassungsrechtliche Bewertung der einzelnen diskutieren Reformen und Projekte hat unterschiedliche Ergebnisse hervorgebracht, sowohl im Bereich der Organisationsstrukturen als auch bei den Finanzstrukturen.

An einer Einheitsgebühr, also einer Rundfunkgebühr, die in allen Landesteilen gleich ist, führt verfassungsrechtlich kein Weg vorbei. Eine nochmalige Erhöhung der Gebühren als Mittel gegen die Finanznöte der ARD scheidet jedoch aus, soweit die Defizite auf eine Ausweitung des Programmangebotes über das Maß der Grundversorgung zurückzuführen sind. Gebührenerhöhungen zum Ausgleich der rundfunkspezifischen Teuerungsrate sind hingegen unbedenklich.

Im Ergebnis wurde überdies dargelegt, dass der derzeitige, veränderungsbedürftige Rundfunkfinanzausgleich durchaus ersatzlos abgeschafft werden darf, auch wenn dann die kleinen Rundfunkanstalten in Bremen, Saarland und Berlin auf ihrem derzeitigen Stand nicht finanziert werden können. Allerdings müssen im Fall von beistandsintensivierenden Notstandssituationen bei den finanzschwachen Landesrundfunkanstalten für eine Übergangszeit alternative Finanzierungsgrundlagen geschaffen werden. Eine Regionalisierung des Finanzausgleiches wäre hingegen mit der Verfassung nicht vereinbar.

Außerdem wurde festgestellt, dass eine Lockerung der Werberestriktion nicht in Frage kommt, wohl aber ein Verbot von Werbung in öffentlich-rechtlichen Programmen möglich und sinnvoll ist. Die Einführung von PayTV verstößt im übrigen sowohl gegen die derzeitigen einfachgesetzlichen Bestimmungen als auch gegen Verfassungsgebote. Entgeltfinanzierung ist für die Landesrundfunkanstalten nicht möglich.

Was die Strukturfragen anbetrifft, ist es zu einer Vielzahl differenzierter Ergebnisse gekommen. Zunächst wurde festgestellt, dass ein Fortbestand des öffentlich-rechtlichen Rundfunks an sich für die Aufrechterhaltung eines freien und ungestörten Meinungsbildungsprozesses unbedingt erforderlich ist.

Was für den öffentlich-rechtlichen Rundfunk schlechthin gilt, entfaltet allerdings weder für die einzelne Landesrundfunkanstalt noch für die Arbeitsgemeinschaft Gültigkeit. Die Grundversorgungsdogmatik hat einen rein programmbezogenen Ansatz. *Wer* die Grundversorgung der Bevölkerung mit Rundfunk sicherstellt, ist im Prinzip gleichgültig, solange sie nur sichergestellt wird. Art. 5 Abs. 1 S. 2 GG garantiert weder den gegenwärtigen Status-quo der öffentlich-rechtlichen Organisationsstruktur noch den *numerus clausus* der öffentlich-rechtlichen Anstalten. Die Rundfunkanstalten können vom Staat, dem sie ihre Entstehung verdanken, wieder liquidiert werden, also hinsichtlich ihrer Existenz grundsätzlich voll zur Disposition gestellt werden. Keine öffentlich-rechtliche Rundfunkanstalt genießt eine Ewigkeitsgarantie.[513] Wenn sich ein Landesgesetzgeber dazu durchringt, per Gesetz „seine" Rundfunkanstalt aufzulösen, muss er gleichzeitig dafür Sorge tragen, dass die individuelle und öffentliche Meinungsbildung in seinen Staatsgrenzen auch anderweitig hergestellt wird. Das kann regelmäßig nur durch Gründung einer anderen Anstalt oder durch Beitritt zu einer Mehrländeranstalt erreicht werden.

Bei der Frage, welche Landesrundfunkanstalten aus verfassungsrechtlicher Sicht fortbestehen müssen, und welche zusammengelegt werden können, ist es hingegen zu mehreren alternativen und auch kumulativen Lösungsansätzen gekommen.

Fest steht, dass vor allem der Fortbestand der kleinen Anstalten, RB, SR, SFB und ORB in Frage gestellt werden muss. So wurde festgestellt, dass empirisch gesehen, der Einfluss von Werbung bei ORB, SR und RB Anstalten größer ist als bei den großen. SFB, SR und RB haben überdies einen überbordenden Personalhaushalt, der einen großen Teil des eigenen Gebührenaufkommens verschlingt. Es spricht also

---

513 BVerfGE 89, 144 (153).

vieles dafür anzunehmen, dass Fusionen der kleinen Sendern mit stärkeren Nachbarn zu Synergieeffekten führen und Einsparungen erzielen werden. Eine Fusion von SWR, SR und HR zu einem SWDR kann jedoch nicht empfohlen werden, weil die entstehende Anstalt zu groß werden würde, um im Fall von faktischen Einsparungen ihrem Programmauftrag vor allem im Bereich der regionalen Berichterstattung gerecht zu werden. In Frage kommt somit nur ein Beitritt des SR zum SWR, der sich wirtschaftlich auch anbietet.

Auch eine Fusion von ORB und SFB ist ohne Einbußen auf dem Meinungsmarkt machbar und gegenüber dem bestehenden Kooperationsnetz die wirtschaftlichere und effektivere Variante. Eine Einbeziehung des bisherigen MDR in einen Fünfländer-ODR ist hingegen nicht sinnvoll. Entweder werden hier die Ziele der Wirtschaftlichkeit verfehlt oder es kommt zu empfindlichen Einbußen im Bereich des Meinungspluralismus, insbesondere im elementaren regionalen Bereich.

Zuguterletzt wurde gezeigt, dass eine Fusion von RB und NDR Einsparungen in Millionenhöhe verspricht, insbesondere durch einen Abbau der Bremer Überversorgung im Sinne einer Rückführung auf das funktionserforderlich Maß. Eine Abtrennung Mecklenburg-Vorpommerns vom NDR, mit dem Ziel, zusammen mit Berlin und Brandenburg einen NODR zu gründen erscheint zumindest denkbar. Gezeigt wurde allerdings, dass die Vorschläge von *Stoiber/Biedenkopf* in diesem Bereich noch eine Konkretisierung verlangen, ehe sie verfassungsrechtlich abschließend beurteilt werden könnten.

Was die Organisationsstruktur der reformierten ARD anbetrifft, so hat sich vor allem gezeigt, dass der Vorschlag, eine Stimmengewichtung bei allen ARD-Beschlüssen, ähnlich dem Bundesrat, verfassungswidrig ist, jedenfalls soweit es dadurch zu finanziellen Belastungen einzelner Landesrundfunkanstalten käme. Derartige Beschlüsse würden sich unmittelbar auf die nach Art. 5 Abs. 1 S. 2 GG geschützte Programmgestaltungsfreiheit der einzelnen Anstalten auswirken. Auch eine institutionalisierte Entlastung der kleinen Anstalten von Gemeinschaftsaufgaben ist auf verfassungsrechtliche Hinderungsgründe gestoßen, weil dabei die Gefahr besteht, dass die Darstellung der regionalen Eigenarten im Gemeinschaftsverbund zu kurz kommt. Das bringt aber keine Verbesserung des Meinungsbildungsprozesses.

Auch im programmlich Bereich sind einzelne Vorschläge durch das Raster des verfassungsrechtlich Zulässigen gefallen. So entbehrt der Vorschlag, das „Erste" zu Lasten bundesweit verbreiteter und verbesserten Dritter Programme aufzulösen, der technischen Umsetzbarkeit. Auch die Einführung eines kommerziellen „ARD 2" ist nicht funktionsgerecht.

§ 6 Rechtspolitische Empfehlungen

Angesichts einer starken Konzentration, die sich längst im privaten Rundfunk, insbesondere im Fernsehbereich[1] abzeichnet und die realistischerweise nicht mehr rückgängig zu machen sein dürfte, kann nur ein gesunder und leistungsfähiger öffentlich-rechtlicher Rundfunk das erforderliche Gegengewicht in die Waagschale des funktionierenden Meinungsbildungsprozesses werfen. Nur er ist in der Lage, Defizite im Meinungsbildungsprozess auszugleichen oder doch abzumildern und damit insgesamt dem Pluralismusgebot Rechnung zu tragen.[2]

Die verfassungsrechtliche Bewertung der einzelnen Strukturmerkmale der ARD und auch die Beurteilung der geplanten Reformen und Projekte hat jedoch unterschiedliche Ergebnisse hervorgebracht, die im Hinblick auf die Zukunft der Gemeinschaft so recht nicht befriedigen können. So wurde dargelegt, warum der Finanzausgleich veränderungsbedürftig ist und abgeschafft werden darf, auch wenn dann die kleinen Rundfunkanstalten in Bremen, Saarland und Berlin auf ihrem derzeitigen Stand nicht finanziert werden können. Es wurde ferner gezeigt, dass einige Reformvorschläge von *Stoiber* und *Biedenkopf* rundfunkrechtlich sinnvoll und verfassungsrechtlich unproblematisch sind, andere aber den Schutzbereich des Art. 5 Abs.1 S. 2 GG verletzen würden. Das Rundfunkmodell der Ministerpräsidenten wäre also nur teilweise zu verwirklichen. Das gleiche Los wird auch die anderen Modell treffen, die teilweise auf politische, teilweise aber auch auf verfassungsrechtliche Bedenken stoßen. Da jedoch die einzelnen Bestandteile der unterschiedlichen Reformpakete aufeinander aufbauen, muss es zwangsläufig zu Widersprüchen kommen.

Daneben bestehen zahlreiche antinomische Ansätze, die sich gegenseitig ausschließen, zum Teil aber auch überschneiden.

Kurz gesagt: Die Summe der verfassungsrechtlich zulässigen Reformvorschläge, die sich bisher in der Diskussion befinden, würde sich keineswegs zu einer homogenen, wirtschaftlich und programmlich funktionsfähigen ARD zusammenfügen.

Es muss somit zu einer politischen Entscheidung zwischen den unterschiedlichen, verbliebenen Ansätzen für Reformvorschläge kommen, soweit diese nicht nebeneinander umzusetzen sind. Außerdem ist eine vernünftige Verknüpfung der einzelnen Komponenten notwendig. Zu diesem Ziel sollen hier auch neue rechtspolitische Vorschläge unterbreitet werden. Dabei soll die realistische Möglichkeit einer politischen Mehrheitsfindung stets im Auge behalten werden.

A. Verbesserung des Finanzgefüges

Im Mittelpunkt aller Reformüberlegungen steht in Zeiten von schwindenden Werbeeinnahmen eine nachhaltige Verbesserung der Finanzstruktur der ARD. Angesichts der hohen Belastung der Bürger mit Steuern und öffentlichen Abgaben kann die Ver-

---

1 Übersicht bei *Zimmer*, MP 1996, S. 386 (396).
2 Vgl. *Dörr*, MP 1996, 621 (627).

besserung der ARD-Haushalte nicht mehr allein durch Erhöhung der Rundfunkgebühren erreicht werden. Das Finanzierungsloch der ARD kann nur noch durch eine Steigerung der Effizienz geschlossen werden. Das ist auch verständlich, denn hier liegen die Defizite der Gemeinschaft, hier kränkeln die Landesrundfunkanstalten.

So lange die öffentlich-rechtlichen Rundfunkanbieter die vom Bundesverfassungsgericht zugewiesenen Gewährleistungsrahmen der Grundversorgung sicherstellen müssen, haben die Anstalten auch Anspruch auf eine Sicherstellung ihrer Finanzierung. Grundsätzlich gibt es folglich im Hinblick auf die Sanierung der Rundfunkanstalten durch den Rundfunkgesetzgeber zwei Denkansätze, die auch die öffentliche Diskussion beherrschen: zum einen die Reform der Finanzierungskonzepte und zum anderen die Reform der Strukturen mit dem Ziel der Effizienzsteigerung.

Außerdem müssen sich die Anstalten auf die größer werdende publizistische Konkurrenz im Rahmen der Globalisierung oder wenigstens Europäisierung des Rundfunkmarktes vorbereiten. Die Gewähr publizistischer Konkurrenz kann nie ohne Berücksichtigung des Faktors wirtschaftlicher Konkurrenz gesehen werden.[3]

I. Finanzierungsgrundlagen reformieren

Eine Erneuerung der Finanzierungsgrundlagen der ARD wird kommen – so viel ist angesichts der nachhaltigen politischen Bemühungen quer durch alle Parteien sicher. Dabei müssen die Politiker zwei Prämissen unbedingt beachten – eine rechtliche und eine rechtspolitische:

Erstens muss eine adäquate Umsetzung des „Rundfunkgebührenurteils" erreicht werden.[4] Grundlage jeder Gebührenfestsetzung sind danach allein die auf den Programmentscheidungen der Landesrundfunkanstalten basierenden Finanzbedarfsmeldungen, die von einer sachverständigen und vor allem unabhängigen Kontrollkommission geprüft werden. Die fachliche Kontrolle und letztendliche Entscheidung über die Gebührenhöhe hat sich am Zweck der Gebühren zu orientieren, der darin besteht, dem öffentlich-rechtlichen Rundfunk die Funktionserfüllung und Wettbewerbsfähigkeit zu gewährleisten.[5]

Zum zweiten muss die Einheitsgebühr erhalten werden. Es ist leicht abzusehen, dass bei dem derzeitigen Leistungsgefälle in der Gemeinschaft ein Druck entstehen würde, der die ARD möglicherweise auseinanderbrechen ließe. Eine regionale Staffelung der Gebührenhöhe ist nicht nur verfassungsrechtlich unzulässig, sondern auch politisch gefährlich. Davon abgesehen wurde oben erörtert, dass eine leistungs- und kostenabhängige Differenzierung der Gebührenhöhe gegen Art. 5 Abs. 1 S. 2 GG verstieße, weil sie die Bürger in den unterschiedlichen Landesteilen nur zu unterschiedlichen Voraussetzungen am Meinungsbildungsprozess teilhaben ließe.[6]

---

3 *Scholz*, AfP 1995, 357 (360).
4 Vgl. hierzu BVerfGE 90, 60 ff.
5 Vgl. WDR-Rundfunkrat, Resolution zu Stoiber/Biedenkopf, abgedr. in FK Nr. 10/1995, S. 34.
6 Siehe oben § 5 B.II.1.a.cc. (S. 337).

Über diese beiden Fixpunkte im Finanzierungssystem hinaus ist zu konstatieren, dass in der Politik ein erheblicher Reformwille zu spüren ist. Diesem wird die ARD dauerhaft nicht standhalten können – und es gibt außer Bequemlichkeit auch keinen Grund dafür. Allerdings muss sich die Politik auf die notwendigen und sinnvollen Reformen beschränken.

1. Werbeverbot

Zu den sinnvollen Reformen könnte eine Verringerung des Drucks gehören, den die Werbefinanzierung auf die Gestaltung der ARD-Programme ausübt.

Eine Lockerung der bestehenden Werbebeschränkungen für die ARD – das wurde oben schon erörtert – kommt nicht in Frage, weil auch das bestehende Gleichgewicht auf dem Rundfunkmarkt empfindlich stören würde und somit nicht nur die Grundversorgung, sondern auch die Grundrechtsbetätigung der privaten Anbieter unverhältnismäßig gefährden, ja sogar verletzen könnte. Allerdings stellt die derzeitige Werberestriktion nur eine mögliche Ausgestaltung der Rundfunkordnung dar. Jede restriktivere Regelung wäre ebenfalls eine geeignete Bestimmung für die Ausgestaltung einer sachgerechten Rundfunkordnung. Der Gesetzgeber könnte im Rahmen seines Ermessens die Werbung also auch ganz ausschließen.[7] Für einen werbefreien Rundfunk gibt es in Europa gleich mehrere erfolgreiche Vorbilder: Neben der BBC in Großbritannien ist auch der öffentlich-rechtliche Rundfunk in Norwegen, Dänemark und Schweden ausschließlich gebührenfinanziert.[8]

a. Stärkung der Unabhängigkeit

Aus den bekannten medienpolitischen Gründen ist es sinnvoll, Werbung in den öffentlich-rechtlichen Programmen einzustellen und die Anstalten aus dem Werbemarkt zurückzuziehen. Nicht nur in Bezug auf die anfänglich dargelegten Regelungskompetenzen der EU im wirtschaftlichen und wettbewerbsrechtlichen Bereich[9] ist es empfehlenswert, die ARD-Programme werbefrei zu gestalten und die Anstalten allein aus ihren Gebühren zu finanzieren.

Nur bei einer klaren Trennung der Finanzierungsquellen bestehen überdies geeignete Voraussetzungen für eine komplementäre Entwicklung der Programme von öffentlich-rechtlichen und privaten Anbietern. Der dann optimale publizistische Wettbewerb entspricht der Forderung des Bundesverfassungsgerichts nach Programmvielfalt am besten und stellt sicher, dass der öffentliche und individuelle Meinungsbildungsprozess ohne äußere Beeinflussung belebt und angeregt erfolgen kann.[10]

---

7 Siehe oben § 5 B.II.1.c.aa und bb. (S. 347 ff. und 352 ff.).
8 Vgl. *Kresse*, Öffentlich-rechtliche Werbefinanzierung und Grenzen der Grundversorgung im dualen Rundfunksystem, S. 14.
9 Siehe oben § 2 C.III. (S. 119 ff.).
10 BVerfGE 74, 297 (332).

Es ist der Auffassung von *Kresse* zuzustimmen, dass gerade die verfassungsgerichtliche Analyse im Rahmen der „Gebührenentscheidung" zu dem Schluss zwinge, den öffentlich-rechtlichen Rundfunk auf ein einheitliches „festes Standbein der Gebührenfinanzierung" zu stellen. Dafür spreche, dass zum einen die Funktion der Kofinanzierung mehr und mehr abhanden komme und das Argument der Unabhängigkeitsstärkung der Öffentlich-rechtlichen auf der Grundlage eines staatsfreien Gebührenfestsetzungsverfahrens obsolet geworden sei.[11]

Nach der Rechtsprechung des Bundesverfassungsgerichts sind neben der dem öffentlich-rechtlichen Rundfunk „gemäßen Art der Finanzierung" durch Gebühren auch andere Finanzierungsquellen nur deshalb wünschenswert, weil sie die Unabhängigkeit der Rundfunkanstalten stärken.[12] Dabei muss stets berücksichtigt werden, dass Abhängigkeiten nicht nur vom Staat oder den politischen Kräften bestehen können. Abhängigkeitsverhältnisse können auch zu gesellschaftlichen oder zu wirtschaftlichen Kräften entstehen. Gerade das ist der Grund für die besondere Vorkehr in Gestalt der pluralistischen Rundfunkordnung.[13]

Es wurde bereits als Argument gegen eine Lockerung der Werberestriktion die Gefährdung der Unabhängigkeit der ARD durch die Werbewirtschaft beschrieben, die Aufträge regelmäßig nur dann erteilen wird, wenn ein entsprechend werbeförderliches Umfeld geboten wird.[14] Diese Gefahr könnte nicht nur durch Beibehaltung von Werberegularien reduziert, sondern durch ein Verbot von Werbung im ARD-Programm sogar ganz ausgeschlossen werden.

In der Tat ist der Einfluss auf das „Erste" durch die starke Kommerzialisierung der Sendungen im Vorabendprogramm sowie die massenattraktive Tendenz in den übrigen Beiträgen deutlicher spürbar als die Verbesserung des Haushaltes durch die Werbeeinnahmen. Man kann die blanken Zahlen ohne weiteres sprechen lassen: Nach der ARD-Statistik erzielen die Landesrundfunkanstalten lediglich 4,4 Prozent ihrer Einnahmen aus dem Werbefernsehen. Die täglich 16 Minuten Werbung im „Ersten" (1,1 Prozent der Sendeleistung) im „Ersten" beeinflussen dafür das gesamte Vorabendprogramm negativ, das immerhin 9,5 Prozent der Tagesprogrammleistung ausmacht.[15]

Auf eine kurze Formel gebracht heißt das: Wenig Werbung hat viel Einfluss auf die Programmgestaltung der ARD.

Das war – da sei noch einmal an die Rechtsprechung erinnert – so weit möglich und wünschenswert, wie sich die Abhängigkeitsverhältnisse zum Staat auf der einen und zur Wirtschaft auf der anderen Seite die Waage gehalten haben und sich diese gegenseitig kompensierten. Nur unter dieser Voraussetzung konnte eine (geringfügige) Abhängigkeit (von der Werbewirtschaft) in der Bilanz zu einer Stärkung der

---

11 *Kresse*, ZUM 1995, 67 (72).
12 BVerfGE 90, 60 (91).
13 BVerfGE 57, 295 (318 f.).
14 Siehe oben § 4 D.III.1. (S. 279 ff.).
15 Quelle: ARD, ARD-Jahrbuch 97, S. 290, 357.

Unabhängigkeit (vom Staat als Muttergemeinwesen) führen. Seit dem Gebührenurteil hat sich das Kräfteverhältnis zwischen Staat und Wirtschaft beim Einfluss auf die Rundfunkfinanzen jedoch gravierend verändert. Das Verbot von Werbung hätte somit keine Nachteile für Unabhängigkeit der Rundfunkanstalten vom Staat, würde aber die bestehenden Abhängigkeiten von der Werbewirtschaft beenden. Gleichzeitig würden Systemunstimmigkeiten beseitigt, die eine teilweise Werbefinanzierung als unkalkulierbare Größe zwangsläufig für die Gebührenzumessung mit sich bringen.[16]

Im übrigen sprechen sich mittlerweile offenbar rund zwei Drittel der Deutschen für einen vollständigen Werbeverzicht bei ARD und ZDF aus, 47 Prozent wollen dafür sogar höhere Gebühren in Kauf nehmen.[17] Ein anderes Ergebnis ist bei einer von ARD und ZDF in Auftrag gegebenen Untersuchung herausgekommen, nach der 86 Prozent der Befragten ablehnen, bei einem Verzicht auf Werbung im öffentlich-rechtlichen Rundfunk mit höheren Gebühren belastet zu werden.[18]

b. Stärkung des öffentlich-rechtlichen Programmprofils

Auch die Gegner eines werbefreien ARD-Programms räumen ein, dass Werbung Rückwirkungen auf das Programmumfeld hat.[19] Entscheidend sei jedoch, dass die Werbung die Erfüllung des Programmauftrages nicht gefährde, was derzeit durch die vorhandenen Werbungsrestriktionen und Kontrollmechanismen faktisch ausgeschlossen sei. Außerdem müsse beachtet werden, dass die Gefahr besteht, dass ein rein gebührenfinanziertes Programm zu einem „Programm für Introvertierte" werden könne.[20] Wenn die Erfüllung von qualitativen Programmstandards derart im Mittelpunkt der Programmauswahl steht, dass Einschaltquoten ihre Bedeutung verlieren, könnte dies wiederum mittelbar auch die Grundversorgung gefährden. Grundversorgung erfordert immerhin ein Programmangebot *für alle* und nicht nur für intellektuelle Minderheiten.

Nutzungsanalysen zeigen jedoch, dass nach 20 Uhr in der Regel eine „Flucht vor der Werbung", hin zu den werbefreien öffentlich-rechtlichen Programmen zu beobachten ist. Viele Rezipienten suchen im öffentlich-rechtlichen Programm gerade den Schutz von der Werbeberieselung und scheuen sich keineswegs vor einem anspruchsvollen Programmangebot.[21] Ein werbefreies öffentlich-rechtliches Programm könnte diesen Trend verstärken und breite Zuschauerschichten dauerhaft an das ARD-Programm binden. Eine Gefährdung der Funktion ist nicht zu erwarten. Vielmehr wirkt

---

16 Siehe *Kresse*, Öffentlich-rechtliche Werbefinanzierung, S. 6; *Adelt*, Die zukünftige Finanzierung des öffentlich-rechtlichen Rundfunks nach dem Urteil des Bundesverfassungsgerichts, S. 8.
17 Umfrage der Zeitung „Die Woche", vgl. Hamburger Abendblatt Nr. 23/1999 v. 28.01.1999, S. 9.
18 Vgl. FK Nr. 37/1999, S. 11.
19 Vgl. *Hoffmann-Riem*, Rundfunkrecht neben Wirtschaftsrecht, § 3, S. 45 f.
20 So *Neumann*, in: Töne – Texte – Bilder v. 22.10.1994.
21 Quelle: GfK, vgl. *Berg*, MP 1995, 94 (96 f.), der aus dieser Erkenntnis- wie dargelegt – aber zu einer anderen Schlußfolgerung kommt.

sich ein spezielles öffentlich-rechtliches Programmprofil belebend auf den Meinungsmarkt aus, weil ein Programm jenseits der Massenattraktivität von privater Seite eben nicht zu erwarten ist. Das gilt sowohl für Hörfunk- als auch für Fernsehprogramme.[22]
Auch diese Überlegung spricht für ein Verbot von Werbung im öffentlich-rechtlichen Programm.

c. Ausgleich der Einnahmeverluste

Sollte die Entscheidung für ein werbefreies Programm in der ARD fallen, muss allerdings die Bestandsgarantie für den öffentlich-rechtlichen Rundfunk berücksichtigt werden. Die Finanzierung des funktionserforderlichen Programmangebotes muss danach auf andere Weise sichergestellt werden, sobald die funktionserforderlichen Programme ohne Werbung nicht mehr finanziert werden könnten. Sorgt der Gesetzgeber für keinen Ausgleich, so stellt ein Verbot der Werbung eine Verletzung der Rundfunkfreiheit nach Art. 5 Abs. 1 S. 2 GG ein.[23]

Kübler ist daher der Auffassung, der Vorschlag, Werbung im öffentlich-rechtlichen Programm völlig auszuschließen, sei schon aus politischen Erwägungen erledigt, weil angesichts der Rechtsprechung ein solches generelles Werbeverbot allein durch Gebührenerhöhungen ausgeglichen werden müsste.[24] Gerade die sind schließlich politisch nicht opportun.[25]

Nach Berechnungen des HR müsste die Gebührenerhöhung zum Ausgleich der fortfallenden Werbeeinnahmen ca. sieben Mark pro Monat (3,58 €) für jeden Gebührenzahler betragen.[26] Dabei wird jedoch vom Idealanteil der Werbung von 20 Prozent des Gesamthaushaltes der ARD ausgegangen, der den Kalkulationen noch immer zugrundegelegt wird, obwohl er seit zehn Jahren außerhalb jeder Realität liegt. In Wirklichkeit ist der Werbeanteil schon längst auf rund sieben Prozent der ARD-Einnahmen abgesunken.[27] Nur in dieser Höhe – also rund einem Viertel der vom HR veranschlagten Summe – wäre der jährliche *reale* Einnahmeausfall der ARD zu beziffern.[28] Aus diesem Grund läge der erforderliche Gebührenausgleich tatsächlich nur

---

22 *Schwarzkopf*, FK Nr. 16/1996, S. 1 ff.: *Spital*, FK Nr. 16/1996, S. 11 ff.
23 BVerfGE 74, 297 (342); vgl. *Kull*, AfP 1987, 568 (572).
24 *Kübler*, NJW 1987, 2961 (2962 f.).
25 Lediglich Bündnis 90/Die Grünen haben sich für ein Verbot von Werbung und eine gleichzeitige Gebührenanpassung ausgesprochen, um eine „empfindliche Finanzierungslücke" zu vermeiden; FK Nr. 10/1996, S. 7.
26 So der Intendant *Berg*, MP 1995, 94 (95); der NDR geht hingegen von vier Mark aus, siehe FK Nr. 4/1996, S. 5. In diesen Berechnungen dürften auch die von den ARD-Gremienvorsitzenden erinnerten Kosten für die Beschaffung des Rahmenprogramms und die zusätzlichen Kosten durch eine nötige Programmausweitung um 20 Minuten täglich enthalten sein, vgl. Konferenz der ARD-Gremienvorsitzenden, MP 1995, 353 (354).
27 Siehe Tabelle 2 (Anhang, S. 454).
28 Siehe zu den Problemen und Unstimmigkeiten bei der Gebührenzumessung *Kresse*, Öffentlich-rechtliche Werbefinanzierung, S. 6; *Adelt*, Die zukünftige Finanzierung des öffentlich-rechtlichen Rundfunks nach dem Urteil des Bundesverfassungsgerichts, S. 8.

bei etwa zwei Mark monatlich (1,02 €). Das liegt im übrigen in der Nähe von Schätzungen unabhängiger Institute. Der Verband Deutscher Zeitungsverleger beziffert die Finanzierungslücke bei Wegfall der Werbung mit 2,54 bis 3,31 Mark (1,30 bis 1,69 €) monatlich. *Ricker* geht in Übereinstimmung mit den ARD-Gremienvorsitzenden von etwa 3,50 Mark (1,79 €) aus.[29] Außerdem könnten die Personal- und Betriebskosten für die Werbeabteilungen der ARD, die dann ja überflüssig wären, vom Finanzbedarf der ARD abgezogen werden.

Eine Erhöhung von zwei Mark (1,02 €) bewegt sich im adäquaten, sozial und politisch zumutbaren Rahmen.

Diese Gebührenerhöhung könnte allerdings noch deutlich gesenkt oder wenigstens herausgezögert werden, wenn der von der KEF bezifferte Finanzüberschuss der ARD von 900 Mio. Mark (460 Mio. €) herangezogen werden kann. Wenn die KEF dieses Zuviel für vier Jahre korrekt errechnet hat, und genau das scheint sich gegen Ende der Periode zu bestätigen, würde das bedeuten, dass die Gebühren ursprünglich zu hoch bemessen waren. Eine konsequente Gebührensenkung, wie sie von Medienpolitikern und privaten Rundfunkanbietern methodisch durchaus korrekt gefordert wird,[30] wäre allerdings das falsche Signal. Eine Senkung der Gebühren würde nämlich die Landesrundfunkanstalten für ihre eigenen Sparerfolge bestrafen. Das hätte auf Dauer unwirtschaftliche und somit ökonomisch vollkommen unsinnige Folgen, weil den Landesrundfunkanstalten der Anreiz für weitere Effizienzverbesserungen in der Zukunft verlitten würde.

Eine einmalige Umsetzung eines Überschusses in die Kompensation eines Werbeverbotes für die ARD würde hingegen die nötige Gebührenerhöhung um fast zwei Jahre aufschieben oder für eine Gebührenperiode etwa halbieren. Darin läge für sich betrachtet zwar ebenfalls ein Nachteil für die ARD. Allerdings könnten sich die Rundfunkanstalten zukünftig darauf verlassen, dass diese „Gefahr" kein zweites Mal droht. Vielmehr würde eine Zusicherung von staatlicher Seite, dass Gebührensenkungen fortan nicht mehr gewollt sind und Überschüsse allein in den Programmbereich investiert werden, weitere Sparanreize schaffen.

d. Ereigniswerbung

Im übrigen ist eine generelle Ausnahme von einem Werbeverbot vorstellbar: So könnte etwa bei der Übertragung von Sportereignissen in den Pausen Blockwerbung erlaubt werden – und zwar unabhängig von der bisherigen 20-Uhr-Grenze.[31]

Sportereignisse sind nämlich schon längst von Werbung – Banden-, Bekleidungs- und neuerdings auch virtuelle Werbung – in einem Ausmaß bestimmt, dass die Zu-

---

29 Vgl. *Sieben*, Substitution der Werbeeinnahmen, S. 2, 28 (Tz. 42); *Ricker*, in: Ricker/Schiwy, Kap. F Rn. 107; vgl. Konferenz der ARD-Gremienvorsitzenden, MP 1995, 353 (354).
30 Vgl. Journalist Nr. 3/1998, S. 6; Hamburger Abendblatt Nr. 84/1998 v. 9./10.4.1998, S. 10.
31 Das fordert *Beck*, ohne aber den Zusammenhang zum Verbot von Werbung im regulären ARD-Programm herzustellen; siehe Hamburger Abendblatt Nr. 84/1998 v. 9./10.4.1998, S. 10; vgl. § 14 Abs. 4 RStV.

schauer oft Sport und Werbung als zusammengehörend empfinden und die Werbebotschaft gar nicht mehr bewusst wahrnehmen. Den Unterschied zwischen einer öffentlich-rechtlichen Fußballübertragung, bei dem in der Halbzeitpause um 18.45 Uhr ein Werbeblock geschaltet wird (wie beim DFB-Pokalfinale) und einer Übertragung, bei der in der Halbzeitpause um 20.45 Uhr kein Werbeblock geschaltet werden darf (wie bei den DFB-Halbfinalspielen), erschließt sich dem Publikum nur im Ausnahmefall.[32]

Überdies haben die Rundfunkanstalten längst alle Bemühungen aufgeben, das so genannte „passive Sponsoring" im Sportprogramm zu eliminieren, also die mit der Berichterstattung zwangsläufig verbundene Darstellung von Firmensignets der Ereignissponsoren am Spielfeldrand. In vielen Fällen wäre eine Beschränkung der auf den Fernsehzuschauer ausgerichteten Werbebotschaft ohnehin nur durch einen vollständigen Verzicht auf eine Berichterstattung zu erreichen, was aber mit der öffentlich-rechtlichen Verpflichtung zur umfassenden Information kollidieren müsste.[33]

Zum anderen – und das ist der entscheidende Punkt – kann es nicht ohne weiteres zu den oben beschriebenen Einflussmöglichkeiten der Wirtschaft auf die Programmgestaltung kommen. Es ist nämlich kaum möglich, dass die Unternehmen in irgendeiner Form die Inhalte oder das programmliche Umfeld von Sportübertragungen beeinflussen. Hier treten die Rundfunkanstalten lediglich als Chronisten auf, die den Ablauf jedenfalls in der Substand nicht beeinflussen, sondern allenfalls kommentieren. Wenn die Werbung generell auf natürliche Pausen der Sportereignisse beschränkt ist, besteht für die Wirtschaft somit nur eine kleine Chance, auf das Programm der öffentlich-rechtlichen Anstalten Einfluss zu üben, etwa, wenn mit den Werbeaufträgen die Forderung nach Erwähnung des Markennamens oder nach der Darstellung des Firmensignets verbunden wird. Die Gefahr von illegaler Schleichwerbung, also der Vermischung von Programm und Werbung, besteht aber ohnehin immer und ist der Erfahrung nach mit Blockwerbung zumeist nicht verbunden.

Soll also Ereigniswerbung erlaubt sein, müssten in Anbetracht des öffentlich-rechtlichen Programmprofils und auch der Funktionsfähigkeit des privaten Rundfunks gewisse Kontrollmechanismen bestehen: So ist es notwendig, Unterbrecherwerbung außerhalb der sportartspezifischen Pausen zu verbieten, so wie es schon jetzt in § 14 Abs. 4 RStV geregelt ist. Außerdem wäre ein tägliches, wöchentliches und auch monatliches Limit zu empfehlen, das die Gesamtdauer der Sportberichterstattung begrenzt, um ein ausgewogenes Grundversorgungsprogramm zu gewährleisten und gleichzeitig die Finanzierungsmöglichkeiten für private Programme zu erhalten.

Ferner muss sichergestellt sein, dass die Werbeeinnahmen in ihrer Bedeutung hinter der Gebührenfinanzierung zurückstehen. Das ist auch notwendig, um die Existenz der privaten Rundfunkanbieter zu sichern, zu deren Lasten eine ungebremste Ausweitung der Werbeeinnahmen der ARD ginge. Denkbar ist dafür, die Werbeein-

---

32 Vgl. *Ridder*, MP 1997, 307 (317).
33 Vgl. OLG Stuttgart WRP 1975, 611 (619 f.) v. 4.6.1975 (Az. 4 U 40/75); *Fette*, FuR 1969, 257 ff.; *von Münch*, AfP 1974, 598 (602); *Sack*, ZUM 1987, 103 (104 f.); *Springer*, Schleichwerbung, S. 64 f.; *Neft*, Rundfunkwerbung und Rundfunkfreiheit, S. 88.

nahmen auf zehn Prozent – möglicherweise auch auf die ursprünglich vorgesehenen 20 Prozent – der Gesamteinnahmen zu beschränken. Dadurch wäre auch eine Ausweitung des Werbe-Volumens im ARD-Programm zu vermeiden. Da Werbezeiten bei Sportübertragungen sehr begehrt sind, könnte die ARD höhere Minutenpreise erheben und mit verhältnismäßig geringem Werbevolumen die vorgesehene Einnahmengrenze erreichen.

Welche Mehrerlöse eine Liberalisierung der Werbegrenzen bei Sportübertragungen für die ARD bringen würde, hängt von unterschiedlichen Unwägbarkeiten wie Bedeutung und Qualität der Sportereignisse ab. *Ridder* beziffert den Werbeerlös bei Live-Übertragung von Länderspielen der deutschen Fußball-Nationalmannschaft oder DFB-Pokalspielen mit 2 bis 2,5 Mio. Mark netto (bis zu 1,28 Mio. €)[34] für drei Minuten Werbung vor dem Spiel und sieben Minuten in der Halbzeit. Hier ist also ein durchaus relevanter Ertrag bei erträglichem Einsatz möglich.

Ein Tendenzwechsel erscheint möglich: Wenig Werbung könnte einen großen Beitrag für die Finanzierung der ARD leisten. Mit diesen Werbeeinnahmen könnte die ARD ihr Programm verbessern, Gebührenentlastungen ermöglichen und zugleich beim Sportrechtehandel wieder als ernstzunehmende Wettbewerber auftreten. Sportübertragungen, die für die Werbewirtschaft attraktiv sind und zugleich zur Grundversorgung gehören, sind nämlich wegen erheblich gestiegener Kosten für die Übertragungsrechte – allein seit 1985 um mehr als 1000 Prozent[35] – nicht mehr durch Gebühren finanzierbar. Sportübertragungen, allen voran Fußballspiele, gehören zu den beliebtesten und zuschauerstärksten und damit zu den teuersten Angeboten des Fernsehens. Gerade am Hauptabend und am Wochenende, wenn viele große Sportereignisse stattfinden,[36] darf die ARD aber bisher keine Werbung platzieren. Eine Refinanzierung der Übertragungsrechte ist damit nicht möglich, was die ARD in wichtigen Bereichen vom Wettbewerb um die Sportrechte ausschließt. Attraktive Sportereignisse wie Fußball-WM und Europapokal, Formel 1, Profiboxen, das Tennis-Grand-Prix-Turnier in Wimbledon und die Fußball-Bundesliga werden aus diesem Grund längst von Privatsendern übertragen. Die ARD hält nur noch wenige Übertragungsrechte, und diese vielfach im weniger attraktiven Bereich (Handball, Tischtennis, Amateurboxen, Schwimmen, Reiten oder Volleyball) und – wie im Fall von DFB-Pokalspielen, Olympischen Spielen oder *Tour de France* – überwiegend aus Prestigegründen.[37] Sollten sich die Privatsender die Einnahmequelle PayTV erschließen, könnte die ARD nicht einmal mehr in diesen Bereichen mithalten. Schon jetzt ist erkennbar, dass die Lizenzgebühren für die Übertragung der Fußballweltmeisterschaften und der Olympischen Spiele in bisher ungeahnte Höhen schnellen werden.[38]

---

34 *Ridder*, MP 1997, 307 (317).
35 Vgl. BVerfGE 90, 60 (101); *Ridder*, MP 1997, 307 (313); vgl. auch *Berg*, MP 1995, 94; siehe oben § 2 B.VI.5. (S. 61 ff.).
36 Vgl. *Ridder*, MP 1997, 307 (313 ff.); siehe FK Nr. 48/1995, S. 13.
37 Vgl. *Ridder*, MP 1997, 307 (313).
38 Vgl. *Ridder*, MP 1997, 307 (315 f.).

Die ARD könnte in einem solchen Fall auch ihrem Grundversorgungsauftrag nicht mehr hinreichend nachkommen. Denn dazu gehört auch die Berichterstattung über Sportereignisse von hohem öffentlichen Interesse. Dieser Gefahr lässt sich sicherlich durch die sog. „Negativliste" des § 5a RStV entgegenwirken, also durch eine Liste von Sportereignissen entgegnen, die im *free TV* zu sehen sein müssen. Darin würde aber ein Eingriff in den freien Sportrechtemarkt liegen, der die Grundrechte der Sportverbände und der privaten Rundfunkanbieter betrifft, die Senderechte bereits erworben haben oder noch erwerben wollen. Die Freigabe von Werbung in öffentlich-rechtlichen Sportprogrammen wäre da eindeutig als milderes Mittel zur Sicherstellung des Meinungspluralismus zu bewerten.

„Ereignisgebundene Werbung" würde der ARD mithin ermöglichen, die für sie derzeit nahezu unerschwinglichen Übertragungsrechte zu refinanzieren.[39] Sollte sich eine derartige Regelung bewähren, könnte auch über eine Refinanzierung von fremdproduzierten Spielfilmen – insbesondere von erfolgreichen Kinofilmen – nachgedacht werden. Denn auch in diesem Bereich ist der Einfluss der Werbebranche auf die Programmgestaltung nicht zu fürchten, weil die Produktionen ohnehin nicht von den Landesrundfunkanstalten gestaltet, sondern lediglich eingekauft wurden. Wenn aber fremdgestaltete Filme schon im ARD-Programm gezeigt werden, kann auch von jeweils einem Werbeblock davor und danach keine Gefahr für die Unabhängigkeit der Anstalten ausgehen. Allerdings müssten ähnliche Beschränkungen und Kontrollen bestehen wie die für Werbung bei Sportübertragungen vorgeschlagenen.

Derartige Werbung würde auch am grundsätzlichen Unterschied zwischen den Finanzierungssystemen der öffentlich-rechtlichen und der privaten Rundfunkanbieter nichts ändern. Während nämlich die privaten Sender grundsätzlich auf der Basis eines *nachfrageorientieren* Programmangebots arbeiten und sich dementsprechend durch privatwirtschaftliche, also kommerzielle Eigenfinanzierung unterhalten, ist das öffentlich-rechtliche Programmangebot *angebotsorientiert* und verweist folgerichtig auf das ganz und gar anders geartete System einer Angebotsfinanzierung vorab, nämlich durch Teilnehmergebühren.[40]

Der vorgeschlagene Finanzierungsmodus für die ARD fundamentiert diese Grundsatzentscheidung und setzt sie konsequenter um als bisher.

2. Finanzausgleich

Der Finanzausgleich hat sich in der Geschichte der ARD als ständiger Zankapfel zwischen den Ländern erwiesen. Er hat – wie gezeigt – außerdem eine den Zwecken des allgemeinen Länderfinanzausgleiches zumindest teilweise zuwiderlaufende Wirkung und ist insofern verfassungsrechtlich zumindest anpassungsbedürftig.[41]

---

39 So der Vorsitzende der SPD-Medienkommission *Klimmt*, vgl. FK Nr. 29-30/1996, S. 8.
40 *Scholz*, AfP 1995, 357 (362).
41 Siehe § 4 D.II. (S. 276 ff.); *Bullinger*, Länderfinanzausgleich und Rundfunkfinanzausgleich, S. 33.

Es ist deshalb politisch ratsam, langfristig eine Beendigung dieser Regelung anzustreben. Ohnehin ist zu erwarten, dass einzelne Länder oder Anstalten nach dem 31. Dezember 2005 früher oder später endgültig ausscheiden. Das könnte dann einen Dominoeffekt nach sich ziehen, der den gesamten Finanzausgleich auf Dauer in Frage stellen wird.[42]

Eine ersatzlose Abschaffung des Finanzausgleiches würde jedoch zwangsläufig das „Magische Dreieck" der Rundfunkpolitik durcheinanderbringen[43] und darf auf keinen Fall auf Kosten der Funktionsfähigkeit einzelner Anstalten geschehen! Anderenfalls stünde der Zusammenhalt und die Existenz der ARD auf dem Spiel.

Ohne Finanzausgleich wäre es den finanzschwachen Anstalten unter den derzeitigen Programm- und Strukturrealitäten unmöglich, in der gewohnten Weise fortzubestehen. Das gilt insbesondere, wenn man berücksichtigt, dass der Anteil der Werbeeinnahmen an den Finanzmitteln der kleinen Anstalten im Verhältnis viel höher liegt als bei den großen.[44] Das empfohlene Werbeverbot[45] würde RB, SR und ORB viel stärker belasten als den BR oder den NDR. Eine ersatzlose Kündigung des Finanzausgleichs auf dem programmlichen und strukturellen Status quo müsste vor diesem Hintergrund zwangsläufig eine beistandsintensivierende, der „extrem Haushaltsnotlage" des allgemeinen Finanzrechts analoge Notstandssituation für RB, den SR und möglicherweise auch den SFB herbeiführen. Das würde Ausgleichszahlungen der übrigen Anstalten nach dem bundesstaatlichen Prinzip der Bundestreue i.V.m. der Rundfunkgarantie nach Art. 5 Abs. 1 S. 2 GG erforderlich machen – allerdings nur für eine beschränkte Zeit, eine Übergangszeit.[46]

Soll der Finanzausgleich abgeschafft werden, muß für die Übergangszeit also ein vergleichbares Hilfsinstrument eingerichtet werden. Dabei dürfte es sich als angemessen erweisen, schon bei der Kündigung des Finanzausgleichs, die vermutlich nicht ohne Vorverhandlungen erfolgen dürfte, eine Übergangsregelung zu vereinbaren, die eine „Notstandssituation" vermeidet.[47]

In dieser Zeit muß es gelingen, das Programmangebot der finanzschwachen Rundfunkanstalten auf ein funktionserforderliches und gleichwohl aus eigenen Mitteln finanzierbares Maß zurückzufahren. Dabei bieten sich Programmeinstellungen gleichermaßen wie Kooperationen und Effizienzsteigerungen an. Eine andere Möglichkeit liegt in der Fusion mit größeren Nachbarn, um leistungsfähige Einheiten zu schaffen. Das kann – wie gezeigt – ohne Verluste im funktionsnotwendigen Programmbereich geschehen.[48]

---

42 Siehe oben § 5 B.I.3. (S. 322 ff.).
43 Siehe oben § 5 B.II.1. (S. 332).
44 *Hoffmann*, Möglichkeiten der Finanzierung des öffentlich-rechtlichen Rundfunks, S. 66; vgl. Tabelle 3, Anhang (S. 454).
45 Siehe oben § 6 A.I.1. (S. 403).
46 Vgl. § 5 B.II.1.b.cc.iii) (S. 345 ff.).
47 So auch Vgl. *Bullinger*, Länderfinanzausgleich und Rundfunkfinanzausgleich, S. 50.
48 Vgl. *Bullinger*, Länderfinanzausgleich und Rundfunkfinanzausgleich, S. 25 f., 50.

Auch wenn der Finanzausgleich gerettet werden kann, wäre noch immer eine Reform der Finanzmodalitäten erforderlich. Solange die kleinen Länder und ihre Rundfunkanstalten innerhalb der ARD grundsätzlich die volle Entscheidungsfreiheit über Organisation und Programmumfang halten, ist die rundfunkrechtliche Lage im wesentlichen vergleichbar mit dem allgemeinen Verhältnis der Länder im Bundesstaat. Ein freiwillig vereinbarter Sonderfinanzausgleich müßte somit die Zwecke des allgemeinen Finanzausgleichs nach Art. 107 Abs. 2 GG beachten.[49]

Dieser hat dafür zu sorgen, daß kleine Länder grundsätzlich die finanziellen Folgen ihrer rechtlich freien Entscheidungen tragen müssen, damit der finanzielle Anreiz zu effizienter Organisation und Programmgestaltung erhalten bleibt.[50] Die Quersubventionierung des Finanzausgleichs in derzeitiger Ausgestaltung verhindert bisher kostenbewusstes Arbeiten, verzögert Entscheidungsabläufe und macht die kleinen Rundfunkanstalten dauerhaft vom finanziellen Transfer abhängig. Das kann und darf kein Modell für eine zukunftsträchtige Struktur der Gemeinschaft sein! Die rundfunkrechtliche Solidargemeinschaft der ARD darf nicht unter Berufung auf die Rundfunkfreiheit dazu verleitet werden, den Kleinen die Freiheit zu vermitteln und sich zu Lasten der Großen zu verwirklichen.[51]

Die Lösung kann dauerhaft nur in einer Struktur mit mehreren *gleichstarken* Anstalten liegen. Nur auf diese Weise kann der Finanzausgleich abgeschafft werden, ohne dass es auf Kosten der Solidarität innerhalb der Gemeinschaft und zu Lasten der einheitlichen Lebensverhältnisse im Bundesgebiet geht.[52]

3. Öffentlich-rechtliches PayTV verhindern

Nach den oben beschriebenen Grundsätzen liegt in öffentlich-rechtlichem PayTV grundsätzlich eine Verletzung von Art. 5 Abs. 1 S. 2 GG.[53] Wie gezeigt, ist diese Auffassung aber nicht unumstritten. So ist etwa *Hoffmann-Riem* der Auffassung, die Entscheidung über die Zulässigkeit unterliege allein dem rundfunkrechtlichen und dem abgabenrechtlichen Gesetzesvorbehalt.[54]

Es ist somit zu erwarten, dass früher oder später Stimmen aus dem politischen Lager die Einführung von öffentlich-rechtlichem PayTV fordern und dafür den Gang nach Karlsruhe riskieren. Genau das aber sollte verhindert werden, allein schon vor dem Hintergrund, dass PayTV eine soziale Benachteiligung breiter Bevölkerungsschichten zur Folge hat.[55] Durch PayTV wird die Mehrheit der sozial schlechter gestellten Menschen von bedeutenden Fernsehereignissen ausgegrenzt.[56]

---

49 *Bullinger*, Länderfinanzausgleich und Rundfunkfinanzausgleich, S. 43.
50 *Bullinger*, Länderfinanzausgleich und Rundfunkfinanzausgleich, S. 44.
51 So auch *Bullinger*, Länderfinanzausgleich und Rundfunkfinanzausgleich, S. 44.
52 Vgl. dazu § 6 (S. 401).
53 Siehe § 5 B.II.1.c.cc. (S. 353 ff.).
54 *Hoffmann-Riem*, PayTV im öffentlich-rechtlichen Rundfunk, S. 130.
55 *Plog*, Siebte von zwölf Thesen, abgedr. FK Nr. 16/96, 8 (9).
56 So auch *Scharf*, in: FK Nr. 21/1996, S. 17.

Öffentlich-rechtliches PayTV sollte deshalb auf jeden Fall unterbleiben. Das geht am besten, wenn die Haushalte von ARD und ZDF so konsolidiert sind, dass weitere Einnahmequellen nicht notwendig sind, um die Grundversorgung der Bevölkerung mit Rundfunk sicherzustellen.

II. Sparen

Sparen wird deshalb auch in Zukunft zu den obersten Geboten aller öffentlichen Haushalte und somit auch der Landesrundfunkanstalten zählen. Der Schlüssel für eine funktionstüchtige ARD ist eine ausgeglichene Finanzsituation. Man sollte im Sinne eines Subsidiaritätsprinzips an Fusionen erst dann denken, wenn alle Spar- und Rationalisierungsmöglichkeiten sowie alle horizontalen Kooperations- und Verbundlösungen ausgeschöpft sind.[57] Das haben Politik und Rundfunkanstalten längst erkannt und daher in den zurückliegenden Jahren Spar- und Rationalisierungsmaßnahmen durchgeführt, die in der Medienlandschaft ihresgleichen suchen. Maßgeblich für die Stabilisierung der ARD werden auch weiter die eigenen Anstrengungen zu einer effektiven Ausnutzung der personellen, technischen und programmlichen Ressourcen sein.[58]

Dazu gehört, die Instrumentarien der Ökonomie stärker als bisher auf den Rundfunk anzuwenden. So müssen die verschiedenen Verfahren der Kosten- und Leistungsrechnung und des Controlling endlich Einzug in die Landesfunkhäuser halten. Dass das bisher nicht in ausreichendem Maße geschehen ist, wird schon daran deutlich, dass keine gesicherten Erkenntnisse über die optimale Betriebsgröße von Rundfunkanbietern vorliegen und dass nicht einmal geklärt ist, durch welche Kriterien die Betriebsgröße von Rundfunkanstalten zu bestimmen ist.[59] Welche Ergebnisse im Bereich der Effizienzverbesserungen und Rationalisierungen bringen können, zeigen etwa die Sparerfolge der ARD, die allein in der Gebührenperiode 1992 bis 1996 3,5 Mrd. Mark (1,79 Mrd. €) eingebracht haben.[60]

Dennoch dürfen die Rundfunkpolitiker und ARD-Verantwortlichen auf der Suche nach höherer Wirtschaftlichkeit und nach Steigerung der Einnahme nicht allein betriebswirtschaftliche Aspekte in den Mittelpunkt ihrer Überlegungen stellen. Vielmehr muss betont werden, dass die Finanzierung öffentlich-rechtlicher Rundfunkanstalten nicht die Erfüllung des Programmauftrages gefährden darf.

Dieser ist – und zwar im Gegensatz zu kommerziellen, privaten Medien – der Kern öffentlich-rechtlicher Rundfunktätigkeit. Welche Folgen eine auf die Reduktion von Programmkosten fixierte Betrachtung hätte, beschreiben *Kops* und *Sieben* anschaulich: eine exzessive Ausstrahlung billiger Fremdproduktionen, etwa die von amerika-

---

57 *Dörr*, ZUM 1996, 617 (629); FK Nr. 15/1997, S. 8 ff.
58 *Kresse*, ZUM 1995, 67 (79).
59 *Kops/Sieben*, in: Kops/Sieben, S. 9 (15).
60 Quelle: ARD, in: MDR ONLINE, vgl. Presseinformation Nr. 12/98 v. 17.21998, im Internet abrufbar unter http://www.mdr.de/ardpresse/ard9812.htm; vgl. KEF, 10. Bericht, Tz. 69; vgl. ARD-Jahrbuch 96, S. 142; FK Nr. 48/1995, S. 11 (12); *Weinmann*, ARD-Jahrbuch 96, S. 66 (67 f.)

nischen Gesellschaften zahlreich angebotenen *daily soaps*.[61] Auch eine übermäßige Zusammenarbeit bei Eigenproduktionen, die einen Verzicht auf regionale und lokale Programminhalte mit sich brächte, oder eine Reduktion der Produktionskosten politischer Magazine, deren „investigativen" Charakter sich darauf beschränkte, zuvor von der schreibenden Presse aufgedeckte Missstände in Bilder umzusetzen, verdeutlicht die Schwächen einer auf die Kostenseite fixierten öffentlich-rechtlichen Programmpolitik.[62]

Der Wert öffentlich-rechtlicher Programme für die Zuschauer lässt sich in der komplizierten Dogmatik der verfassungsrechtlichen Rundfunkfreiheit, nach der dem öffentlich-rechtlichen Rundfunk nicht zuletzt eine Kompensationsfunktion für die Schwächen der privaten Programme zukommt, nicht exakt bestimmen, erst recht nicht durch Einschaltquoten. Die vom öffentlich-rechtlichen Rundfunk erwarteten publizistischen Leistungen sind ökonomisch in erheblichem Umfang als „meriotisches Gut" zu werten, also als ein gesellschaftlich wünschenswertes Produkt, dessen Wert den Konsumenten gar nicht richtig bewusst, ja von diesen sogar systematisch unterschätzt wird.[63] Praktisch heißt das, dass ökonomisch denkbare Einsparungen, die Einschnitte in den Programmgehalt zeitigen würden, gar nicht durchgeführt werden dürfen, soweit dadurch die unverzichtbare Qualität der Programme reduziert wird. Einsparungen im öffentlich-rechtlichen Rundfunk dürfen die publizistische Bedeutung seiner Leistung nicht substantiell schwächen.

Das gilt insbesondere vor dem Hintergrund, dass die ARD bis zum Ende der laufenden Gebührenperiode insgesamt rund acht Mrd. Mark (4,1 Mrd. €) eingespart haben wird, vor allem durch die Streichung von fast 1000 Planstellen.[64] Ihre akute Finanzkrise konnte die ARD damit längst erfolgreich bekämpfen. Es besteht also kein Grund mehr, in eine unkontrollierte Sparpanik zu verfallen.

Die Tatsache, dass bei einer durchschnittlichen Mediennutzung der ARD-Angebote in Hörfunk und Fernsehen von 34 Prozent nur etwa 13 Prozent des Medienbudgets aller Bundesbürger auf die Rundfunkgebühren entfallen,[65] zeigt zudem deutlich, dass das Preis-Leistungs-Verhältnis der ARD generell stimmt.

Die hohen Einsparungen ohne erkennbare Gefährdung der Grundversorgung in der Vergangenheit zeigen gleichwohl, dass die ARD lange ein deutlich zu hohes Ausgabenniveau hatte.[66] Dass die Gemeinschaft heute so wettbewerbsfähig und selbstbewusst ist, wie nie zuvor seit Einführung der dualen Rundfunkordnung, beweist, dass Sparen und Rationalisieren nicht nur negative Auswirkungen hat, sondern auch eine langfristige Stärkung der eigenen Position bewirken kann.[67]

---

61 *Kops/Sieben*, in: Kops/Sieben, S. 9 (15).
62 *Kops/Sieben*, in: Kops/Sieben, S. 9 (15 f.).
63 *Kiefer*, MP 1995, 100 (111); *Kops/Sieben*, in: Kops/Sieben, S. 9 (16).
64 Siehe oben § 2 B.VI.5. (S. 61 ff.).
65 Quelle: MDR ONLINE, siehe Presseinformation vom 17.2.1998, abrufbar im Internet unter: http://www.mdr.de/ardpresse/ard9812.htm.
66 Vgl. *Kresse*, ZUM 1995, 76 (79).
67 *Weinmann*, ARD-Jahrbuch 96, S. 66 (67).

1. Programmangebot auf das erforderliche Maß reduzieren

Sparzwänge bestehen vor allem für die kleinen Anstalten: RB, SR und mit Einschränkungen auch für SFB und ORB. Die finanzschwachen, kleinen Anstalten müssen dabei auch über eine Reduzierung ihres Programmangebots nachdenken. Eine freiwillige, also nicht durch Gesetz auferlegte Rückführung des Programmangebotes auf das zur Erhaltung der Funktion erforderliche Maß ist verfassungsrechtlich vollkommen unbedenklich. Einländeranstalten mit einem überschaubaren Rundfunkpublikum – ORB und SFB bilden da auf dem unübersichtlichen und hart umkämpften Rundfunkmarkt in Berlin/Brandenburg eine Ausnahme – müssen nämlich nicht notwendigerweise eine bestimmte Zahl von Hörfunkprogrammen anbieten. Schließlich besteht keine Pflicht zu einer „funktionsäquivalenten" Rundfunkversorgung in allen Landesteilen, zum Beispiel mit vier Hörfunkwellen. Vielmehr müssen alle Anstalten ein funktions*erforderliches* Programmangebot haben.

Diese Funktion ist aber nicht für alle Anstalten gleich, sondern für jede Anstalt nach ihren speziellen Gegebenheiten zu bestimmen. Die faktischen Gegebenheiten in Bremen oder im Saarland können also durchaus auch nur zwei oder drei Hörfunkprogramme erfordern. Im Einzelfall fällt die Entscheidung darüber in das Beurteilungsermessen der zuständigen Rundfunkanstalt. Generell kann gesagt werden, dass gerade die länderübergreifenden Programmangebote auch in Kooperation mit anderen erfüllt werden können. Dazu gehören insbesondere die Pop- und Klassikwellen, deren Gestaltung wohl kaum speziell Bremer oder saarländischen Ansprüchen genügen muss.

Das Bundesverfassungsgericht geht in seiner „Gebührenentscheidung" eben nicht von gleichen, sondern von unterschiedlichen Programmangeboten der einzelnen Anstalten aus, wie sie ihrer grundsätzlichen Programmautonomie entsprechen. Demgemäß darf jeder Landesgesetzgeber seiner Anstalt „funktionssichernde Programmvorgaben" machen und dabei auch die Art und Zahl der Programme festsetzen.[68] Im übrigen gestehen die Richter jeder einzelnen Anstalt eine Programmautonomie zu, also die grundsätzliche Freiheit, Zahl und Gestaltung ihrer Programme beliebig festzusetzen.[69] Das kann im Einzelfall recht unterschiedlich sein und muss nicht dem derzeit beinahe schematischen Angebot der Landesrundfunkanstalten[70] entsprechen.

Es muss deshalb durchaus in Frage gestellt werden, ob auch kleine Anstalten ein ausdifferenziertes Programmangebot unterhalten müssen. Dafür reicht als Begründung nicht aus, dass die finanzstarken Anstalten für ihr großes, in mehrere Regionen und Länder gegliedertes Sendegebiet, in dem viele unterschiedliche Interessen bestehen, mehrere Landes- und Regionalprogramme und andere Programme mit hohem Produktionsaufwand anbieten. Das gilt im Falle des Saarlandes und Bremens insbesondere vor dem Hintergrund, dass die Programme des benachbarten SWR bzw.

---

68 BVerfGE 90, 60 (90).
69 BVerfGE 90, 60 (91).
70 Generell betreiben die Rundfunkanstalten mindestens vier Wellen: 1. Heimatsender, 2. Service- und Pop-Welle, 3. Kultur- und Klassik-Programm, 4. Informationswelle. Dazu kommt neuerdings immer öfter eine Jugendwelle.

NDR ohnehin auf das gesamte eigene Sendegebiet einstrahlen und das öffentlichrechtliche Gesamtprogrammangebot mitbestimmen. Alle Landesrundfunkanstalten sollten zudem endlich den Mut aufbringen, über die Einstellung jener Programme nachzudenken, die über die Grundversorgung hinausgehen und an die Grenzen des klassischen Rundfunkauftrages stoßen. Ein gesetzliches Verbot ist aus Gründen der Programmautonomie zwar nicht möglich,[71] gleichwohl sollten die Anstalten den Vorrang des Gesetzes beachten und ihr Programmangebot an die Vorgaben der Grundversorgung anpassen und dadurch weitere Einsparungen ermöglichen.

Die Einstellung des Satellitenprogramms „EinsPlus" im Rahmen des „Rationalisierungspakets II" war ein Schritt in die richtige Richtung.[72] Hier hat die ARD ökonomische Vernunft bewiesen, an der sie auch die Programme von „3sat", „arte" und die umstrittenen Sparten-Hörfunkprogramme messen sollte. Eine Reduzierung des Angebots würde ganz erhebliche Einsparungen im personellen, rundfunktechnischen und verwaltungstechnischen Bereich ermöglichen.

2. Kooperationen ausweiten

Erhebliche Sparpotentiale sind zudem in Kooperationsprojekten zu vermuten. Eine Ausweitung der Kooperationen ist als einer der wichtigsten Punkt der Spar- und Strukturbemühungen anzusehen, weil diese unterhalb der Gesetzesebene von den Landesrundfunkanstalten selbst vereinbart werden können. Sie setzen keine politische Zustimmung voraus. Nicht nur größere Vorhaben können deshalb gemeinsam besser und effizienter bewältigt werden; auch mit „einfachen Maßnahmen" bis hin zu institutionalisierten Kooperationen lassen sich erhebliche Rationalisierungserfolge erzielen.[73]

Vollkommen unverständlich ist in diesem Zusammenhang die Streichung der Programmhilfen für andere Funkhäuser durch NDR, ORB und ausgerechnet RB, das schließlich am Tropf des ARD-Finanzausgleiches hängt und eigentlich daran interessiert sein müsste, mit den anderen Landesrundfunkanstalten gut zusammenzuarbeiten.[74] Die Programmhilfe ermöglichte es bisher freien Mitarbeitern, Hörfunkfeatures für auswärtige Sender in den Studios ihrer Heimatstadt zu produzieren und als fertigen Beitrag zu übermitteln. Der auftraggebende Sender bezahlte dafür lediglich für die Leitung, nicht aber für die Produktion im fremden Studio. Da sich alle Sender an derartigen „Gefälligkeiten" beteiligten, schien bis *dato* eine genaue Abrechnung nicht nötig.

---

71 Siehe oben § 3 D.III.2. (S. 173).
72 *Weinmann*, ARD-Jahrbuch 96, S. 66 (69).
73 *Hoffmann*, Möglichkeiten der Finanzierung des öffentlich-rechtlichen Rundfunks, S. 122; *Plog*, Neunte von zwölf Thesen, abgedr. FK Nr. 16/1996, 8 (10); vgl. *Weinmann*, ARD-Jahrbuch 96, S. 66 (67); *Klimmt*, in: Kops/Sieben, S. 179 (186).
74 *Stengel*, Journalist Nr. 4/1998, S. 34.

Plog ist der Meinung, dass durch Kooperationsmaßnahmen der gesamte Finanzausgleich ersetzt werden könnte. Seine Überlegung: Durch Zusammenarbeit zwischen NDR und SFB könnten 90 Mio. Mark (46 Mio. €) eingespart werden. Die Einrichtung eines „Nordwest-Radios" und die Kooperation im Fernsehbereich zwischen RB und dem NDR könnte außerdem den zusätzlichen Finanzbedarf der Bremer Anstalt auf etwa 50 Mio. Mark (25,6 Mio. €) reduzieren, die anstaltsintern eingespart werden müssten. Auch die Finanzausgleichsmasse des SR ließe sich auf diese Weise reduzieren.[75]

Ob *Plogs* Rechnungen zutreffen, kann hier dahinstehen. Entscheidend ist die Größenordnung der Einsparmöglichkeiten, die der NDR-Intendant im Kooperationsfeld erkennt.

Verfassungsrechtlich unproblematisch ist dabei eine weitere Verschlankung von Personal- und Verwaltungsstrukturen, soweit diese keinerlei Auswirkungen auf den Programmbereich zeitigen, sondern allein im Organisationssektor angesiedelt sind. Erst Kooperationen ermöglichen allerdings in vielen Fällen solche Rationalisierungen. In Frage kommt hier die Zusammenarbeit mehrerer (oder aller) ARD-Anstalten innerhalb eines Kooperatiosverbundes etwa auf dem Sektor des EDV-Einsatzes, der Finanzverwaltung, bei der Honorarabrechnung, der Buchhaltung, der Rechtsberatung oder Personalwirtschaft. Eine weitere Möglichkeit wäre die Zusammenfassung der EDV-Abteilungen in zentrale Rechenzentren, wie dies im Norden und Nordosten der ARD bereits durchgeführt wurde, oder eine Zentralisierung des Zahlungsverkehrs der ARD, der Versicherungsbetreuung oder der Bauplanung, Baubetreuung, Distribution und technischen Planung.[76] Der ARD-Vorsitzende *Voß* wies zu Recht darauf hin, dass es vielerorts nicht notwendig ist, eigenständige Personalabteilungen und Honorarabrechnungen zu unterhalten, insbesondere vor dem Hintergrund einer anstehenden Reform der föderalen Strukturen der ARD.[77] Auch bei der Normung und Entwicklung innovativer Technologien und bei der technischen Investitionspolitik kann die Zusammenarbeit noch vertieft werden. *Struve* schlägt dafür eine Zentralisierung der Infrastruktur vor und verlangt die Zusammenlegung von Direktionen, Hauptabteilungen und Archiven.[78]

Die Kooperationsmöglichkeiten sind zahlreich. Wo es möglich und sinnvoll ist, sollten weiter Mehrfachstrukturen zum Organisationsbereich abgebaut werden.

Das kann aber nur ein Anfang sein: In derartige Verwaltungskooperationen sollte zusätzlich auch die anderen Landesrundfunkanstalten, das ZDF und, soweit möglich, DW und DLR einbezogen werden. Die öffentlich-rechtlichen Rundfunkanbieter könnten in gemeinsame Projekte im EDV- oder Archivbereich eingebunden werden. Außerdem muss im technischen Bereich weiter an der Kompatibilität der Systeme

---

75 *Plog*, in: Kops/Sieben, S. 257 (270 f.).
76 Vgl. *Struve*, in: Kops/Sieben, S. 201 (210 f.); *Dörr*, MP 1996, 621 (628).
77 *Voß*, Interview mit dem Hamburger Abendblatt Nr. 88/1998 v. 16.4.1998, S. 11; a. A. ist *Dörr*, MP 1996, 621 (627).
78 *Gläser*, in: Kops/Sieben, S. 275 (281); *Struve*, in: Kops/Sieben, S. 201 (210).

gearbeitet werden – und nicht nur bei der Datenverarbeitung, sondern auch im Produktionsbereich.[79]

Auch organisatorische Einheiten können zusammengefasst werden. So ist es unnötig, dass alle Landesrundfunkanstalten eigene Werbetöchter mit Geschäftsführern, Prokuristen und Programm-Mitarbeitern, eigener Medienforschung und eigener Pressearbeit unterhalten. Abgesehen davon, dass das öffentlich-rechtliche Programm am besten ohne Werbung gestaltet werden sollte,[80] können hier ohne Vielfaltsverluste im Programm Einsparungen durch Zentralisierung des Marketings erzielt werden. Die Zusammenfassung der Werbegesellschaften zur „SALES & SERVICES GmbH" im Rahmen der Harmonisierung des Vorabendprogramms kann dazu nur ein erster Schritt gewesen sein.

Solche und andere Kooperationen ermöglichen Einsparungen, die die Etats der Rundfunkanstalten real entlasten. Dadurch bleibt mehr Geld für die Programmgestaltung oder für Programminnovationen. Solche Einsparungen sind also im Lichte des Art. 5 GG nur zu begrüßen.[81]

Auch die gemeinsamen Nutzung von Produktions- und Sendetechniken durch öffentlich-rechtliche Rundfunkanbieter sind positiv zu beurteilen. Hierbei entstehen nicht die selben verfassungsrechtlichen Schwierigkeiten wie etwa bei einer Auslagerung der Technik auf private Unternehmen, obwohl der Vorgang durchaus vergleichbar ist. Der Unterschied liegt jedoch darin, dass die institutionalisierte, gemeinsame Anschaffung und Nutzung von technischen Einrichtungen nicht die Gefahr birgt, die Programmgestaltungsmöglichkeiten und die programmliche Unabhängigkeit der Anstalten zu begrenzen. Die kooperierenden Anstalten haben noch immer die gesetzliche Pflicht, die zur Herstellung des Programms erforderlichen Ressourcen vorzuhalten. Eine Kooperation führt also lediglich zu einer besseren Auslastung der *gemeinsamen* Produktionsmittel, nicht jedoch zu einem Abbau unter die erforderliche Schwelle. Die Gefahr einer Kollision von Aufgabenerfüllung und Gewinnerzielung besteht nicht, so dass ein Interessenkonflikt der für die Zuordnung der technischen Einheiten Verantwortlichen auch praktisch nicht zu erwarten ist. Die verbleibende, vergleichsweise geringe Gefahr ist hinnehmbar.[82]

Auch im Programmbereich können Kooperationen durchaus sinnvoll sein. Im Fernsehbereich sind mit der Harmonisierung des Vorabendprogramms und dem umfangreichen Programmaustausch zwischen den Dritten die Kooperationsmöglichkeiten in der ARD nahezu erschöpft, sieht man einmal von einer denkbaren Zusammenarbeit des ZDF mit den Dritten Programmen ab.[83]

---

79 Vgl. die Forderungen des SWR-Intendanten *Voß* im Interview mit dem Hamburger Abendblatt Nr. 88/1998 v. 16.4.1998, S. 11.
80 Siehe oben § 6 A.I.1. (S. 403 ff.).
81 Vgl. § 5 B.II.1.d. (S. 360 ff.).
82 *Libertus*, Grundversorgungsauftrag und Funktionsgarantie, S. 152; a. A. ist *Berg*, vgl. *Halefeldt*, FK Nr. 19/1997, S. 13 (15).
83 Vgl. Ostsee Zeitung v. 9.9.1998, S. 8; epd/Kirche und Rundfunk Nr. 19/1995, S. 10 f.

Beim Hörfunk ist die Entwicklung hingegen gerade erst am Anfang. Hier existieren auch im Programmbereich erhebliche Möglichkeiten zur Zusammenarbeit. Beispielsweise könnten Sendungen ausgetauscht werden, die außerhalb der regionalen Berichterstattung liegen. So wurde der Programmaustausch, der im Jahr 1993 insgesamt noch 4,6 Mio. Sendeminuten ausgemacht hat, bereits um rund 25 Prozent erhöht. Der Einspareffekt lag bei insgesamt 245 Mio. Mark (125 Mio. €).[84] Allerdings ist hierbei auch Vorsicht geboten, weil auf gar keinen Fall die Grundversorgung beschädigt werden darf.

Viele Wellen besitzen eine hohe regionale Bindung, etwa wegen der Moderatoren, die in aller Regel nur in ihren jeweiligen Sendegebieten bekannt sind, oder wegen des hohen Serviceanteils, etwa im Bereich des Verkehrsfunks.[85] Auf diese regionalen Interessen muss Rücksicht genommen werden. Sendungen von überregionalem Interesse können hingegen problemlos zwischen den Anstalten ausgetauscht und coproduziert werden. Hier müssen die Rundfunkanstalten Formate weiter anpassen, um Programmteile leichter austauschbar zu machen.[86]

Vor allem im kostenintensiven Bereich Kultur, Hörspiel, Hörbild und Feature geht die Entwicklung immer stärker in Richtung Co-Produktion. Dieser Trend sollte verstärkt werden. Auch die Programme der Ernsten Musik und der gehobenen Unterhaltung können noch stärker als bisher von einer Zusammenarbeit profitieren.

Daneben ist es anzustreben, eine zentrale Lenkungsgruppe aller Landesrundfunkanstalten für den programmlichen Bereich einzurichten – trotz der Argumente, die für eine umfassend föderalistische Struktur des öffentlich-rechtlichen Rundfunks sprechen. Sie sollte etwa die Programmvorhaben der einzelnen Landesrundfunkanstalten zentral beobachten und koordinieren.[87] Für den Fernsehbereich wird das in Ansätzen durch die Koordinatoren für die unterschiedlichen Programmbereiche bereits wahrgenommen. Im Hörfunkbereich fehlt eine solche Koordination jedoch bisher weitgehend. Aus diesem Grund kommt es bei der „Erstellung" von Sendungen über bestimmte, vor allem aktuelle Themen häufige zu Doppelbesetzungen von unterschiedlichen Anstalten.[88] Nicht zu unterschätzen ist zudem der Erfahrungs- und Ideenaustausch, den Kooperationen erst in vollem Umfang ermöglichen.[89]

Für eine Reihe von Programmsparten könnte in diesem Sinne auch eine konsequente Zentralisierung und Konzentration der Kräfte der gesamten ARD ökonomisch zweckmäßig sein. Das gilt vor allem im Unterhaltungsbereich, zum Beispiel für die Vorproduktion von Serien, aber auch für aktuelle und Hintergrundberichterstattung mit überregionalem Charakter nach dem Vorbild von „ARD-aktuell".[90]

---

84 *Struve*, in: Kops/Sieben, S. 201 (210).
85 *Plog*, in: Kops/Sieben, S. 257 (263 f.).
86 *Plog*, in: Kops/Sieben, S. 257 (265 f.).
87 Das entspricht in etwa einer „Generalintendanz" nach dem Vorschlag von *Plog*, vgl. FK Nr. 19/1995, S. 7.
88 *Gläser*, in: Kops/Sieben, S. 275 (281 f.)
89 *Mamor*, Kooperationen in der ARD, S. 2.
90 *Gläser*, in: Kops/Sieben, S. 275 (281).

Noch weitergehend kann über die Einrichtung von wellenübergreifenden Redaktionen und Ressortredaktionen nachgedacht werden. Viele Dinge können nun einmal gemeinschaftlich und zentral besser bewältigt werden. Der gesellschaftliche und kulturelle Auftrag der öffentlich-rechtlichen Programme verlangt eine entsprechende Qualifikation und Spezialisierung in den Redaktionen, die in output-, d.h. wellenorientierten Strukturen nur schwer zu verwirklichen ist.[91] Eine wellenorientierte Struktur ermöglicht nur einen oder wenige Redakteure eines bestimmten Fachgebietes je Hörfunkwelle. Fachlicher Austausch, Qualitätssteuerung und fachbezogene Nachwuchsförderung für Kulturredakteure sind dann über Wellengrenzen hinweg sehr erschwert.[92] Diese Manko kann durch die Zusammenarbeit mehrerer Wellen einer Anstalt und besser noch mehrerer Anstalten beseitigt werden. Die Personalpolitik der ARD wäre effizienter, zukunftsträchtiger und sparsamer als zur Zeit.

Doch auch der Vorschlag, den *Stoiber* und *Biedenkopf* in ihrer 11. These auf- und dann gleich wieder verwerfen, sollte konsequent zu Ende gedacht werden: nämlich einen Abbau der Dritten Programme bei gleichzeitiger Beibehaltung und Stärkung des Gemeinschaftsprogramms.[93] Allerdings ist es – abweichend vom Ansatz der Ministerpräsidenten, die offenbar so weit nicht gedacht haben – sinnvoller, anstelle einer Stärkung des „Ersten" ein bundesweites Drittes Gemeinschafts-Mantelprogramm („ARD 3") mit Zulieferungen aller Anstalten einzurichten – unterbrochen durch großflächige regionale Fenster. Auf diese Weise käme es zu der gewünschten Reduktion des Programmangebots und zur Senkung der Kosten des Gesamtprogrammangebots der ARD, ohne jedoch die regionale Vielfalt zu beschädigen. Dadurch, dass das Programm über die bisherigen terrestrischen und kabelgebundenen Übertragungswege der Landesrundfunkanstalten verbreitet würde, könnte jede Anstalt auch weiterhin ihr eigenes Logo in das Programm einblenden, um die Identifikation des Publikums mit dem eigenen Haus zu fördern. Einsparungen würden sich hingegen bei der Satellitenübertragung ergeben. Hier müssten nur noch zwei oder drei Transponder bezahlt werden, was allein zu einer Einsparung von 70 bis 80 Mio. Mark jährlich führen würde. Das Mantelprogramm könnte gleichwohl in allen Teilen des Landes empfangen werden. Auch wären schlagartig mehrere Kabelkanäle frei, weil in jedem Kabelnetz die lokale Version von „ARD 3" ausreichen würde.

Die Einschränkung, dass jeweils nur zwei oder drei Regionalfenster über Satellit zu empfangen wären, ist hinnehmbar, soweit regionale Vielfalt auch im Mantelprogramm stattfinden würde, was wiederum durch eine Zulieferung aller Anstalten sicherzustellen ist. Dabei könnte auf die besonders hohe Dichte von Satellitenempfängern im Osten Deutschlands Rücksicht genommen werden, indem für die Satellitenübertragung von „ARD 3" die Regionalprogramme von MDR, ORB oder SFB herangezogen werden. Auch eine turnusgemäße Ausstrahlung der regionalen Fenster

---

91 *Ehlers*, MP 1996, 80 f.
92 *Ehlers*, MP 1996, 81.
93 *Stoiber/Biedenkopf*, MP 1994, 104 (106 f.).

ist denkbar, etwa im Tagesrhythmus (montags „N3", dienstags „B1", mittwochs „hessen fernsehen" usw.).

Soweit dieser Vorschlag auf politischen Widerstand trifft, ist eine Umsetzung in mehreren Schritte möglich, nämlich in Form von Zusammenlegungen einzelner Dritter Programme. Dies empfiehlt sich insbesondere für den Raum Berlin-Brandenburg, wo wenigstens „B1" und „ORB 3" zu einem gemeinsamen „B3" mit regionalen Fenstern zusammengeschlossen werden sollten.

Denkbar erscheint es zudem, die ARD neben den schon zahlreich bestehenden internen an unterschiedlichen neuen Kooperationsmodellen mit privaten Anbietern zu beteiligen. So könnte sie zum Beispiel in stärkerem Umfang als Produzent von Informationssendungen wie der „Tagesschau" oder dem „Weltspiegel" auftreten, mit denen dann die verschiedenen privaten Rundfunkanbieter auf Nachfragebasis kostenpflichtig beliefert werden könnten.

Die Privaten könnten ihre Produktionskapazitäten dann auf die Herstellung von Unterhaltungssendungen konzentrieren (wie es dies in der Realität ja schon der Fall ist). Die Nachrichten und Information könnten bei der ARD in gewohnter Qualität und zu gewohnten Preisen hergestellt, aber auf allen Kanälen ausgestrahlt und von den Privaten cofinanziert werden. Das wäre für beide Säulen der dualen Rundfunkordnung ökonomisch günstiger, und die Privaten könnten zudem das bestehende, anerkannte Know-how der öffentlich-rechtlichen Nachrichtenredaktionen nutzen, die zudem zur Aufrechterhaltung der Nachfrage eine hohe Qualität liefern müssen.

Den Kultur- und Bildungssektor könnte die ARD übrigens weiterhin mit ihren Dritten Programmen bedienen. Auf diese Weise wäre der Informationsaspekt der Grundversorgung besser als bisher sichergestellt.

Auf der anderen Seite darf nach dem derzeitigen Rechts- und Lizensierungssystem keinerlei Einfluss auf die programmliche Gestaltung der privaten Rundfunkanbieter genommen werden. Diese unterliegen bekanntlich nur einer Rechts-, nicht jedoch einer Fachaufsicht. So lange sie aber einzelne Programmteile freiwillig von der ARD übernehmen würden, wäre das Integrationsmodell rechtlich unproblematisch. Ein Zwang zur Ausstrahlung einzelner Sendungen würde gegen die Programmgestaltungsfreiheit der privaten Rundfunkanbieter verstoßen.

So liegt der Nachteil des Vorschlages also in der Unberechenbarkeit der Nachfrageseite. Hier müssten erst Erfahrungen gesammelt werden, um einzuschätzen, wie hoch die Einnahmen der Landesrundfunkanstalten aus dem Verkauf von Nachrichtensendungen sein können.

Unter dem gleichen Gesichtspunkt lässt sich auch über eine Kooperation von ARD und ZDF mit dem Privatsender „RTL" bei der Sportrechtevermarktung nachdenken. Konkret wird das bereits im Bereich der Übertragungsrechte für die Spiele der Fußballbundesliga erwogen.[94] Soweit vertragliche Regelungen nicht den öffentlich-rechtlichen Programmanforderungen widersprechen, bestehen keine Einwände gegen

---

94 *Struve*, in: Kops/Sieben, S. 201 (212).

einen solchen Vorschlag. Er eröffnet allen Beteiligten die Möglichkeit, die Fußballrechte zurückzugewinnen und die Kosten von mehr als einer Mrd. Mark aufzubringen. Auch sprechen keine rechtlichen Gründe gegen eine Kooperation von privaten und öffentlich-rechtlichen Sendern bei der Erprobung von technischen Innovationen. Diese erfordern einen derartigen Kapitalaufwand, dass die Einspareffekte taktische und auch imagebezogene Bedenken verdrängen sollten. Wichtig ist lediglich, dass der Grundversorgungsauftrag der ARD nicht negativ beeinflusst wird, was aber eher zu erwarten ist, wenn die Landesrundfunkanstalten wegen finanzieller Engpässe das Engagement auf neuen Feldern verpasst.

Bei allen Kooperationsvorschlägen muss allerdings kritisch hinterfragt werden, ob eine Zentralisierung überhaupt *ökonomisch* sinnvoll ist. In einigen Fällen – etwa im Programm-Marketing – kann nämlich eine dezentrale Aufgabenerfüllung effektiver und damit sinnvoller sein. Auch entstehen, darauf wurde bereits hingewiesen,[95] bei Kooperationen stets auch Reibungsverluste, die auf einen erhöhten Abstimmungsbedarf zurückzuführen sind. So können Effizienznachteile überwiegen, wenn zeit- und kostenaufwendige Koordinationen notwendig sind.[96] Ein falsch verstandener blinder Ökonomismus, der sich allein an kostenoptimalen Größen festmacht, trifft deshalb nicht den Kern des Problems.[97] Gefragt ist stets eine ordentliche Portion Augenmaß.

3. Schlanke Rundfunkanstalten

Auch jenseits von Kooperationen sind innerhalb der Rundfunkanstalten und Funkhäuser weitere Einsparungen zu erzielen. Im Rahmen der bestehenden Strukturen müssen weitere Möglichkeit gefunden werden, die Grundsätze von Sparsamkeit und Wirtschaftlichkeit (§ 13 Abs. 1 RStV) zu verwirklichen. Das erfordert unter anderem die Verschlankung von Personal- und Verwaltungsstrukturen in den Landesrundfunkanstalten.[98] Knappe Mittel sind rationell, effektiv und sparsam einzusetzen.[99] Das muss nicht immer auf einen weiteren Personalabbau hinauslaufen. Ein gutes Beispiel für einfallsreiche Sparideen bietet der NDR, der nach der Liberalisierung des Sprachtelefonmarktes allein durch die Verlagerung der Ferngespräche auf das ARD-interne Kommunikationsnetz Einsparungen von etwa 100 Mio. Mark (51,13 Mio. €) jährlich erzielt.[100]

Einsparungen sind auch im redaktionellen Bereich denkbar: Mitunter ist die Transparenz zwischen den Redaktionen verschiedener Programme und sogar innerhalb der

---

95 Vgl. *Gläser*, in: Kops/Sieben, S. 275 (281); vgl. § 5 B.II.1.d. (S. 360 ff.).
96 *Mamer*, Kooperationen in der ARD, S. 2.; *Hoffmann-Riem*, Rundfunkneuordnung in Ostdeutschland, S. 81.
97 *Klimmt*, in: Kops/Sieben, S. 179 (186).
98 Vgl. *Kresse*, Öffentlich-rechtliche Werbefinanzierung und Grenzen der Grundversorgung im dualen Rundfunksystem, S. 15; *ders.*, ZUM 1995, 67 (79).
99 *Weinmann*, ARD-Jahrbuch 96, S. 66.
100 Informationen stammen vom Leiter des NDR-Intendanz, Holger *Ohmstedt*, aus einem Gespräch am 19.5.1998 (nicht veröffentlicht).

einzelnen Wellen verbesserungsfähig. Personal und Produktionstechniken werden so unnötig beansprucht und doppelt besetzt. Bessere anstaltsinterne Organisation und Abstimmung kann Sparpotentiale freisetzen.

Im Hinblick auf die Effizienz der Landesrundfunkanstalten müssen der Dienstleistungscharakter verstärkt und Hierarchien abgebaut werden. An vielen Stellen ist einfach mehr Einsatzfreude und Flexibilität gefragt.[101] Auch sind weitere Sachetatreduzierungen denkbar oder Umstrukturierungen im Vermögensbereich, insbesondere bei den Liegenschaften.

So lange die ARD-Anstalten Sparzwängen unterliegen, ist es beispielsweise auch naheliegend, dass sie sich nicht mehr am rein prestigeorientierten „Poker" – etwa um Rechte für die Übertragung von großen Sportereignissen oder um bekannte Moderatoren wie *Beckmann, Küppersbusch, Biolek* oder *Böttinger* – beteiligen, die ihre Haushalte überproportional belasten und teilweise ohnehin nur am Rande der Grundversorgung anzusiedeln sind.[102]

4. Outsourcing

Für bestimmte Teilbereiche empfiehlt es sich, Funktionen in eigenständige Tochtergesellschaften auszugliedern.[103] Der Praxistrend geht zu solchen Auslagerungen von Betriebsteilen, insbesondere im Bereich der Produktionsgesellschaften.[104] Auf diese Weise können die in den 80er und frühen 90er Jahren des 20. Jahrhunderts beträchtlich gestiegenen Personalkosten erheblich gesenkt werden. *Hoffmann* rechnet vor, dass allein bei einer Absenkung des Personalkostenanteils der Landesrundfunkanstalten im Produktionsbereich von derzeit rund 61 Prozent auf den Personalkostenanteil an den Gesamtaufwendungen von 42 Prozent Einsparpotentiale von 100 Mio. Mark (51,13 Mio. €) erschlossen werden könnten. Kostensenkend könnten sich Auslagerungen dort auswirken, wo Studioeinrichtungen und Studiotechniken eingespart werden.[105]

Outsourcing darf jedoch nicht zu Lasten der Programmgestaltungsmöglichkeiten und der programmlichen Unabhängigkeit der Anstalten führen, weshalb Tendenzen zu Partnerschaften mit Privaten ihre Grenzen haben müssen. So dürfen Privatgesellschaften weder über Sperrminoritäten verfügen, noch über die Mehrheitsrechte an solchen Tochtergesellschaften. Auch ist darauf zu achten, dass der Programmauftrag der öffentlich-rechtlichen Anstalten „nicht auf diesem Weg von anderen, insbesondere tendenziösen oder kommerziellen Orientierungen überlagert und schließlich ausgehöhlt wird"[106].

---

101 So auch *Klimmt*, in: Kops/Sieben, S. 179 (188).
102 Siehe oben § 6 A.I.1.d. (S. 407); vgl. *Kaiser*, Journalist Nr. 4/1998, S. 42.
103 Vgl. § 5 B.II.1.d. (S. 360 ff.).
104 Vgl. *Kresse*, ZUM 1995, 67 (80); vgl. Journalist Nr. 12/1997, S. 28.
105 Siehe oben § 4 A.II. (S. 185 ff.), vgl. *Hoffmann*, Möglichkeiten der Finanzierung des öffentlich-rechtlichen Rundfunks, S. 125, 127 f.
106 BVerfGE 83, 238 (306).

423

Auch die technische und personelle Funktionsfähigkeit der Anstalten muss erhalten werden. Schon jetzt reicht der Personalstand in den Redaktionen häufig gerade noch für die Regeldienste, die besetzt werden müssen, um eine Sendung überhaupt noch fahren zu können.[107] Unter diese Schwelle darf der Personalstand auf gar keinen Fall gesenkt werden. Es sind zudem bestimmte technische Einrichtungen zur Aufrechterhaltung der öffentlich-rechtlichen Programmfunktion, insbesondere in Bezug auf die Ausstrahlung des Programms, unerlässlich. Eine Auslagerung in den privaten Bereich erfordert also zumindest eine Sicherung bei redaktionellen Personal, auf jeden Fall abgestimmt auf die Besonderheit der technischen Leistungen.[108]

B. Strukturelle Verbesserungen

Angesichts der nicht erst seit 1995 schwelenden Krise um den Finanzausgleich ist medienpolitisch unstreitig, dass eine Strukturreform der ARD erforderlich ist. Daran haben nicht einmal die erheblichen Einsparungen bei den Landesrundfunkanstalten in den letzten Jahren und die zu erwartenden weitergehenden Rationalisierungen in der aktuellen und der kommenden Gebührenperiode etwas ändern können. Insbesondere die für die Rundfunkgesetze zuständigen Länderparlamente müssen die Kraft und den Schwung aufbringen, den öffentlich-rechtlichen Rundfunk für den Wettbewerb im kommenden Jahrtausend zu rüsten.[109]

Fraglich ist allerdings, welche Struktur für die ARD am günstigsten ist. Als erfolgreich könnte ein Rundfunkangebot dann bezeichnet werden, wenn es kostengünstig und auf einem hohen Qualitätsniveau einen hinreichenden Versorgungsgrad erfüllt und gleichzeitig Akzeptanz beim Publikum erfährt.[110] Beim Ansatz, die strukturellen Voraussetzungen hierfür zu verbessern, muss grundsätzlich von zwei unterschiedlichen Perspektiven ausgegangen werden: Es besteht ein antinomisches Spannungsverhältnis zwischen Zentralisierungsbemühungen und Dezentralitätsanforderungen, das zum Ausgleich gebracht werden muss.

Auf der einen Seite steht das Programmangebot, das unter Gesichtspunkten der meinungsbildenden Vielfalt beurteilt werden muss. Hier empfiehlt es sich in aller Regel, einen Weg der Dezentralisierung zu gehen, um die publizistische Vielfalt zu garantieren und diese auf mehrere Füße zu stellen.

Den Gegenpol bildet die Wirtschaftlichkeit der Anstalten in den Bereichen Produktion, Verwaltung, Service und Distribution. Hier müssen unter dem Gesichtspunkt der wirtschaftlichen Leistungsfähigkeit zentrale Einrichtungen geschaffen werden, die eine optimale Effizienz sicherstellen.[111] Das wurde schon im Bereich der Kooperationsmöglichkeiten erörtert, die aber stets den Nachteil von erhöhtem Ab-

---

107 *Kaiser*, Journalist Nr. 4/1998, S. 42.
108 *Hoffmann-Riem*, Rundfunkneuordnung in Ostdeutschland, S. 73.
109 So auch *Kresse*, Grundversorgung, S. 17.
110 *Gläser*, in: Kops/Sieben, S. 275 (279).
111 So auch *Gläser*, in: Kops/Sieben, S. 275 (281).

stimmungsbedarf und daraus resultierenden Reibungsverlusten mitbringen.[112] Bereits 1989 ist die weltweit angesehene Unternehmensberatung McKinsey & Co. in einer Studie im Auftrage der damaligen Landesregierung von Baden-Württemberg zu der Bewertung gelangt, dass Fusionen – in diesem Fall von SWF und SDR – im Vergleich zu Kooperationen die deutlich attraktivere Option seien, weil sie höhere Synergiepotentiale freisetzen, eine schlagkräftigere und reaktionsschnellere Organisation schaffen und eine alles in allem stabilere Lösung darstellen.[113] Generell darf allerdings nicht von der Annahme ausgegangen werden, dass zunehmende Unternehmensgröße immer auch eine Verbesserung der Wirtschaftlichkeit bedeutet. Das wäre genauso falsch wie mögliche Größenvorteile generell leugnen zu wollen.

Es ist nicht auszuschließen, dass in vielen Fällen gerade kleinere, homogenere Einheiten eine höhere Wirksamkeit und Wirtschaftlichkeit ausweisen als heterogenere größere. Dafür können Gründe wie bessere Überschaubarkeit, Steuerbarkeit und Flexibilität sprechen.

Die Experten sind sich andererseits einig, jedenfalls solange nicht persönliche Interessen und Karrieren daran hängen, daß größere Einheiten den Vorteil haben, Bereiche wie Verwaltung, Honorare- und Lizenzabteilungen, Buchhaltung, Redaktion und Sendetechnik zusammenzufassen und zu verschlanken. Im Produktionsbereich wären somit nur kleine, kostengünstige Einheiten nötig, die verteilt über das Sendegebiet und über ein Netzwerk mit der jeweiligen Anstalt verbunden sind.[114] Im Gegensatz zu kooperativen Einheiten unterschiedlicher Anstalten könnten so Reibungsverluste vermieden und schnellere Entscheidungsprozesse erreicht werden. Auf lange Sicht dürfte hierin die einzig vernünftige Alternative liegen, das bisherige öffentlich-rechtliche System zu erträglichen wirtschaftlichen Bedingungen beizubehalten.

Generell gilt: Pauschale Urteile verfehlen den Zweck der Rundfunkbetätigung. Es ist nicht angezeigt, Meinungsbildungsprozesse allein nach wirtschaftlichen Prinzipien zu beurteilen. Statt dessen empfiehlt sich eine gründliche Betrachtung der Einzelfälle mit einer gehörigen Portion Augenmaß. Als Beispiel diene die soziale Perspektive: So kommen Unternehmensberatungen, die den rauhen Wind der freien Wirtschaft gewohnt sind, nicht gerade in den Verdacht, auf sozialpolitische Begehrlichkeiten Rücksicht zu nehmen. Diese müssen gleichwohl auch vom öffentlich-rechtlichen Rundfunk beachtet werden.

Größere Einheiten können nicht per Gesetzesbeschluß geschaffen werden und dann ad hoc Einsparungen erbringen. Eine sofortige Neugliederung würde wahrscheinlich zunächst nicht einmal Kosten sparen, sondern sogar neue verursachen. Das

---

112 Siehe oben § 6 A.II.2. (S. 416).
113 Vgl. *Scherer*, ZUM 1998, 8 (13).
114 Die Möglichkeiten zu einem derartigen strukturellen Netzwerk hat sich erst seit kurzer Seit aus der Weiterentwicklung der Produktionstechniken ergeben; zum Beispiel durch den Einsatz von Betacam, digitaler Aufzeichnung und Übertragung usw., vgl. *Hoffmann*, Möglichkeiten der Finanzierung des öffentlich-rechtlichen Rundfunks, S. 130; siehe auch *Beck*, in: Der Spiegel Nr. 11/1995, S. 30.

zeigen nicht zuletzt die Erfahrungen der SWR-Fusion. Dort haben sich Probleme im Bereich der überbordenden Struktur und der nach wie vor zumeist doppelten Ausstattung des Fusionssenders herausgebildet und auch die erwarteten Zusatzkosten durch die wegen des Personalabbaus notwendigen Vorruhestandsregelungen bzw. Abfindungen ergeben.[115]

Größere Einheiten können nur dann wirtschaftlich erfolgreich arbeiten, wenn sie sich über einen längeren Zeitraum hin entwickeln dürfen. Demnach dürfte die Schaffung leistungsfähiger Einheiten auf lange Sicht die einzige Möglichkeit sein, das bisherige öffentlich-rechtliche Rundfunksystem beizubehalten, auch wenn diese nicht von heute auf morgen etabliert werden können und kurzfristig den Erfahrungen nach auch nicht zu nennenswerten Einsparungen führen, sondern möglicherweise zunächst sogar Kosten verursachen.[116]

I. Angleichung der Strukturen

Die Diskussion um den Finanzausgleich hat eines gezeigt: Solange innerhalb der ARD den kleinen Mitgliedern die Freiheit zugestanden wird, sich zu Lasten der Großen zu verwirklichen, wird in die rundfunkrechtliche Solidargemeinschaft keine Ruhe einkehren.[117] Auch wenn der Finanzausgleich vorübergehend gerettet werden konnte, ist deshalb eine strukturelle Angleichung der einzelnen ARD-Mitglieder anzustreben.

Insgesamt ist wohl die These gerechtfertigt, dass der beste und erfolgversprechendste Weg zur Erlangung einer Gleichberechtigung aller ARD-Mitglieder die Schaffung gleichstarker und miteinander vergleichbarer Einheiten ist. Nur wenn alle Landesrundfunkanstalten eine vergleichbare Größenordnung aufweisen, kann die ARD zufriedenstellend funktionieren. Eine ARD-Struktur, die durch mehrere gleichstarke Anstalten gebildet wird, kann den Finanzausgleich ersetzen, ohne dass sie auf Kosten der Solidarität innerhalb der Gemeinschaft und zu Lasten der einheitlichen Lebensverhältnisse im Bundesgebiet geht.

Nur auf dem Prinzip der gegenseitigen Solidarität bei vergleichbarer Finanzkraft *aller* Anstalten kann die ARD funktionieren und gedeihen. Das gilt insbesondere vor dem Hintergrund, dass der Widerstand gegen den Finanzausgleich in Wirklichkeit nicht so sehr finanzielle Motive hat, sondern Ausdruck der Unzufriedenheit mit den aufgeblähten Strukturen und der vermeintlichen Unwirtschaftlichkeit der Nehmeranstalten RB, SFB und SR ist.

Der Finanzausgleich darf – sollte er abgeschafft werden – keine Lücke hinterlassen. An seine Stelle muss etwas Neues treten: entweder eine alternative Solidarfinanzierung der kleinen Anstalten oder aber eine flurbereinigte Gemeinschaftsstruktur,

---

115 *Hoffmann*, Möglichkeiten der Finanzierung des öffentlich-rechtlichen Rundfunks, S. 130.
116 So müssen die Fusionspartner in die durch den Personalabbau notwendig werdenden Vorruhestandsregelungen und in Abfindungen sowie in neue Techniken zur Modernisierung der Infrastrukturen investieren, vgl. *Hoffmann*, Möglichkeiten der Finanzierung des öffentlich-rechtlichen Rundfunks, S. 130.
117 So auch *Bullinger*, Länderfinanzausgleich und Rundfunkfinanzausgleich, S. 44.

vielleicht auch eine Arbeits- und Aufgabenverteilung, die einen Finanzkraftausgleich und die Unterstützung einzelner Anstalten nicht mehr erfordert.

Bei einer ARD-Struktur mit vergleichbaren Betriebseinheiten könnten auch die Gebührenverteilung durchsichtiger geregelt und bessere Kontrollmöglichkeiten durch die KEF eröffnet werden. *Mahrenholz* weist zu Recht darauf hin, dass in die KEF-Empfehlung der individuelle Finanzbedarf jeder einzelnen Anstalt einfließt, paradoxerweise aber eine Einheitsgebühr erhoben wird. Gleichzeitig wird für die einzelnen Anstalten der jeweils zugrunde gelegte Finanzbedarf aber nicht in voller Höhe an die jeweilige Anstalt ausgekehrt.[118]

Bei gleichstarken Landesrundfunkanstalten könnten wie bisher in die Einheitsgebühr unterschiedliche anstaltsspezifische Bedarfe einfließen und für alle Rundfunkteilnehmer Bestandteil der Gebühr werden.[119] Ohne dass es dann jedoch zu den bisherigen Ungerechtigkeiten, Undurchsichtigkeiten[120] und Unstimmigkeiten bei der Verteilung der Finanzmasse kommt, könnte der jeweilige Anstaltsbedarf aus dem Gesamtgebührenaufkommen individuell zugewiesen werden. Rechtlich ist das allerdings – das muss noch einmal betont werden – nur dann möglich, wenn alle Landesrundfunkanstalten wirtschaftlich auf einem ähnlichen Niveau rangieren, weil in diesem Zumessungs-Modell sonst eine Vernebelung der Bedarfszumessung zu sehen wäre, die ein kostenbewusstes Arbeiten der Landesrundfunkanstalten unnötig macht.[121]

Der *Mahrenholz*-Vorschlag verspricht somit nur bei gleichstarken Rundfunkanstalten eine Verbesserung der Unabhängigkeit jeder einzelnen Anstalten. Damit würde auch die letzte Notwendigkeit für Finanzverteilungsinstitute entfallen, so dass die Länder eine weitere Möglichkeit der Einflussnahme auf die ARD verlieren würden.

1. Föderalistische Struktur erhalten und verschlanken

Fraglich ist allerdings, welche Größenordnung die neugeschnittenen Landesrundfunkanstalten haben sollten. Bei jeder Strukturreform ist eine Vielzahl von Faktoren zu berücksichtigen – insbesondere wenn die Reformüberlegungen sich in der Größenordnung der aufgezeigten Modelle bewegen. Dazu gehören keineswegs nur betriebswirtschaftliche Kriterien, die die Wirtschaftlichkeit der neu zu entstehenden Landesrundfunkanstalten beeinflussen werden.

Ein falsch verstandener Ökonomismus bei der Neugliederung trifft deshalb nicht den Kern des Problems. Kostenoptimale Größen der Rundfunkanstalten dürfen nicht das einzige Kriterium sein. Der Föderalismus wird als identitätsstiftendes Moment von den Deutschen in aller Regel über die Frage der Effizienz gestellt. Und die Erfahrungen mit dem deutschen Föderalismus zeigen, dass das gewachsene System – so-

---

118 *Mahrenholz*, Verfassungsfragen des Rundfunkfinanzausgleichs, S. 60 f.
119 Siehe den KEF, 10. Bericht, Tz. 453.
120 Vgl. Kritik von *Stolte*, in: FK Nr. 6/1995, S. 4.
121 Siehe oben § 5 B.II.1.b.cc. (S. 340 ff.).

wohl im staatlichen als auch im Rundfunkbereich – jenseits von Theorien über optimale Größen-Kosten-Verhältnisse funktioniert.[122]

Von besonderer Bedeutung für das Funktionieren eines öffentlich-rechtlichen Rundfunkangebots und damit für den Erfolg der ARD ist der Gesichtspunkt des zweckmäßigen Größenzuschnitts der jeweiligen „Programmgebiete", der in einem Spektrum von lokaler, regionaler, überregionaler, nationaler, europäischer und weltweiter Dimension gesehen werden kann.[123]

Ziel muss es jedenfalls sein, eine Struktur für die ARD und ihre Anstalten zu finden, die den Vorstellungen der einzelnen Länder, der Politik und der Bevölkerung entspricht. Die Umsetzung von überwiegend machtpolitischen Vorstellungen kann jedenfalls zu keinem zufriedenstellenden Ergebnis führen.

Die gebietsbezogenen Strukturen der Rundfunkanstalten beeinflussen deren Möglichkeiten, gesamtstaatliche Funktionen wahrzunehmen, etwa den politischen Wettbewerb oder überregionale Identität zu fördern – beides Aufgaben, die zur Rolle des Rundfunks als Medium und Faktor der öffentlichen Meinungsbildung zwingend gehören.[124]

Beim Umgestaltungsprozess müssen also auch solche Faktoren zu berücksichtigen sein, die für die Qualität und die Akzeptanz der erstellten Programmangebote wichtig sind: etwa die geographische Übereinstimmung von Sendegebieten und sozialen und wirtschaftlichen Aktionsräumen. Auch müssen landsmannschaftliche, kulturelle, regionale, konfessionelle und sprachliche Faktoren in die Überlegungen einfließen.[125] Dass solche Gesichtspunkte bei der Beurteilung der vorgelegten Neugliederungsmodelle durchaus auch Berücksichtigung finden, zeigt die intensive und differenzierte, wenngleich nicht immer sachliche Diskussion, die die unterschiedlichen Vorschläge im politischen Raum und bei den Landesrundfunkanstalten ausgelöst haben.[126]

Rundfunkwellen halten sich nicht an Ländergrenzen. Während im staatspolitischen Sinne der Schluss nahe liegt, dass nach einer Länderfusion eine strukturschwache Region noch immer strukturschwach ist, gehört sie auch einem insgesamt leistungsfähigeren Bundesland an, machen Neueinteilungen im Rundfunkbereich durchaus Sinn. Hier können die Karten völlig neu gemischt, Produktionseinheiten verlagert und Identifikationen gestiftet werden.

Allerdings sollten Ländergrenzen unbedingt beachtet werden. Rundfunk ist in Deutschland Ländersache. Wie unglücklich eine Grenzziehung quer durch ein Bundesland ist, hat mehr als 47 Jahre lang das Beispiel von Baden-Württemberg gezeigt, das mit SWF und SDR zwei Landesrundfunkanstalten hatte.

---

122 So auch *Klimmt*, in: Kops/Sieben, S. 179 (186 f.).
123 So *Gläser*, in: Kops/Sieben, S. 275 (279).
124 So auch *Kops/Sieben*, in: Kops/Sieben, S. 9 (13).
125 Darauf hat bereits die Michel-Kommission im Jahr 1970 hingewiesen, vgl. *Kops*, in: Kops/Sieben, S. 21 (93).
126 Vgl. dazu die sehr detaillierte Darstellung der Beurteilung durch die Politik, den öffentlich-rechtlichen Rundfunk und die Öffentlichkeit bei *Kops*, in: Kops/Sieben, S. 21 (94 ff.).

Wenn also der Rundfunk in Deutschland neu gegliedert werden muss, sollten sich die Politiker bei den Grenzen der Sendegebiete auch an den Ländergrenzen orientieren. Es ist eine der Stärke des Föderalismus, unterschiedliche Größen in sein Konzept einbinden zu können. Deshalb wäre es auch absurd, historisch gewachsene Grenzen im politischen, kulturellen oder wirtschaftlichen Sinne bei einer Rundfunkgliederung zu ignorieren. Wer auf die Idee käme, die Bundesrepublik willkürlich in sechs, sieben oder acht künstliche Rundfunksektoren einzuteilen, würde Schiffbruch erleiden, ganz gleich, ob diese „Tortenstücke" vielleicht als wirtschaftlich sinnvoll zu beurteilen sind.

Das heißt natürlich nicht, dass „jedem Landesvater sein eigenes Radio" garantiert werden kann. Natürlich muss und wird es auch in Zukunft Mehrländeranstalten geben. Doch dürfen diese nicht zu groß und erst recht nicht vorbei an Ländergrenzen geschnitten werden, so dass die regionalen und lokalen Belange verloren gehen. Auch die historischen Grenzen von Länderverbünden können bei der Beurteilung eine Rolle spielen, etwa die frühere innerdeutsche Grenze oder Grenzen zwischen den Einflussgebieten früherer Herrschergeschlechter, konfessionelle Grenzen und auch geographische Barrieren.

Was rundfunkverfassungsrechtlich erforderlich ist, ist politisch geboten: Der Rundfunk muss die Nähe zum Publikum erhalten, um Medium und Faktor des Meinungsbildungsprozesses zu bleiben.

Gleichzeitig gilt folgendes zu berücksichtigen: Strukturüberlegungen im Rundfunk können immer auch eine Sogwirkung für die betroffenen Länder mit sich bringen. Wenn beispielsweise der Fortbestand von Radio Bremen in Frage gestellt wird, kommt immer auch die Existenzberechtigung des Landes Bremen auf den Prüfstand. Das gleiche gilt für das Saarland und erst recht für Berlin und Brandenburg. Insoweit müssen Überlegungen über die Rundfunkstruktur stets auch bestimmten Ängsten und Befindlichkeiten in der Politik Rechnung tragen.[127]

Der öffentlich-rechtliche Rundfunk in der Bundesrepublik Deutschland weist schon seit langem sowohl föderale als auch unitarische Tendenzen auf. Das gilt insbesondere für den Bereich des Fernsehens, wo kooperative Formen von Anfang an das Bild prägten. Auf der anderen Seite besteht ein spezifisch bundesstaatlicher, föderaler Akzent. Dabei ist nicht etwa in jedem Fall die Existenz einer Rundfunkanstalt für jedes Land geboten. Die Landesgesetzgeber dürfen bei der Rundfunkversorgung zusammenarbeiten und Mehrländeranstalten bilden. Jedoch ist die Gleichschaltung aller föderativen Strukturen etwa durch die Errichtung eines oder zweier Großsender verfassungsrechtlich verboten, weil die Grundversorgungsaufgabe des öffentlich-rechtlichen Rundfunkauftrages eben föderalistisch geprägt ist und die Existenz mehrerer selbständiger öffentlich-rechtlicher Rundfunkanstalten verlangt.[128] Bei der aktuellen Diskussion muss deshalb die Entscheidung im Zweifel immer zugunsten

---

127 Abschlußprotokoll der Intendantensitzung vom 4.2.1995, in: epd medien Nr. 15/1997, S. 21 (22).
128 *Dörr*, ZUM 1996, 617 (626).

des Föderalismus fallen. Der Rundfunk ist gerade nach den Erfahrungen der deutschen Geschichte bei den Ländern sehr gut aufgehoben. In dieser Erkenntnis sind die Grenzen des Wirtschaftlichkeitsaspektes zu sehen.[129]

Im übrigen fehlen derzeit konkrete und gesicherte Erkenntnisse über die kostenoptimale Größe einer Rundfunkanstalt. Die Gleichung „je größer, desto wirtschaftlicher" geht jedenfalls nicht auf. Schließlich haben auch Zusammenlegungen ihren Preis, den die beteiligten Länder staatsvertraglich aushandeln und festlegen. Neben organisatorischer Zergliederung der Anstalt auf mehrere Bundesländer müssen in der Regel komplizierte Verfahren zur Gremienzusammensetzung und komplexe Entscheidungsabläufe bewältigt werden.[130]

2. Anzahl der Landesrundfunkanstalten

Wer die unterschiedlichen Neugliederungsvorschläge genau betrachtet, wird feststellen, dass sich die unterbreiteten Vorschläge nach der vollzogenen Fusion von SWF und SDR auf drei Grundmodelle reduzieren lassen:[131] zum einen auf das sehr moderate Modell, das man als „7er-ARD" bezeichnen könnte, zum zweiten eine „6er-ARD" und schließlich eine ARD mit fünf Landesrundfunkanstalten.[132]

Eine „7er-ARD" könnte entweder nur die naheliegendsten Fusionsvorschläge beinhalten (also RB und NDR, SFB und ORB, SR und SWR)[133] oder aber nach den Vorschlägen von *Stoiber* und *Biedenkopf* über eine Aufspaltung von SWR und NDR zu einem „NODR" und im Südwesten zu einem „SRPHR" bzw. „RBW" führen.[134] Der zweite Weg dürfte angesichts der unüberwindlichen politischen Schwierigkeiten, insbesondere nach der Neugründung des SWR, nicht durchführbar sein.

Nicht durchführbar ist wohl auch das Modell der „5er-ARD", das eine sehr radikale Neugliederung umfasst, bei der im Norden wiederum RB im NDR aufgeht, sich im mitteldeutschen Raum der SFB mit dem ORB und dem MDR zu einem Mittelostdeutschen Rundfunk (MODR) zusammenschließt und im Südwesten die Länder Baden-Württemberg, Rheinland-Pfalz, Hessen und Saarland einen Südwestdeutschen

---

129 So *Voß*, vgl. *Halefeldt*, FK Nr. 19/1997, S. 13 (15).
130 Beispielsweise wurde im MDR-Staatsvertrag die Einrichtung von Landesfunkhäusern in jedem der beteiligten Länder, in Dresden, Magdeburg und Erfurt, vereinbart. Sitz der Anstalt, der Fernsehdirektion, der Hörfunkdirektion einschließlich der Produktionskapazitäten sowie der Werbegesellschaft wurden ebenfalls nach Länderproporz festgelegt. An zwölf Standorten in Sachsen, Thüringen und Sachsen-Anhalt mußte so gebaut und investiert werden. Das hat Schätzungen zufolge rund 1,5 bis 2 Mrd. Mark gekostet, vgl. *Grätz*, Zur Zahl und Abgrenzung der ARD-Rundfunkanstalten, S. 18; vgl. § 6 B. (S. 424).
131 So auch *Kops*, in: Kops/Sieben, S. 21 (86).
132 Die Bezeichnungen beziehen sich jeweils auf die Zahl der Landesrundfunkanstalten, die Bundesrundfunkanstalt Deutsche Welle soll natürlich auch weiterhin der ARD angehören.
133 Vgl. Abbildung 7 „Die 7er-ARD" (Anhang, S. 461).
134 Vgl. Abbildung 8 „Die 7er-ARD (nach *Stoiber/Biedenkopf*)" (Anhang, S. 461).

Rundfunk (SWDR) gründen.[135] Diese Lösung ist aus oben beschriebenen verfassungsrechtlichen Gründen abzulehnen.[136]

Das gleiche gilt auch für den Vorschlag von *Reiter*, neben der Fusion von RB und NDR sowie SFB und ORB den SR, HR und SWR in einem SWDR aufgehen zu lassen.[137] Dieser ist im Hinblick auf den SWDR ebenfalls von verfassungsrechtlichen Schwierigkeiten begleitet und scheidet somit aus.

Es bleibt also nur eine einzige verfassungsrechtlich umsetzbare Variante, die sich bereits in der öffentlich-rechtlichen Diskussion befindet: nämlich die der „7er-ARD". Diese hat jedoch den Nachteil jeder naheliegenden Lösung – sie befasst sich nur mit den Symptomen, nicht aber mit den Ursachen der Probleme innerhalb der Gemeinschaft. Die kleinen, chronisch defizitären Anstalten würden zwar von der Landkarte der Rundfunkanstalten verschwinden, nicht jedoch die Finanzkraftunterschiede in der Gemeinschaft. Der HR würde dann nämlich als der neue kleinste Sender über 2,7 Mio. Gebührenhaushalte verfügen, ziemlich genau ein Drittel des WDR oder die Hälfte des BR. Der ODR hätte 3,2 Mio. Haushalte und würde auf Dauer möglicherweise erneut in eine Nehmer-Rolle hineinwachsen.

Der MDR hätte 4,8 Mio. Haushalte und würde zusammen mit dem BR (5,3 Mio. Haushalte) den Mittelbau der ARD bilden, während WDR (8 Mio. Haushalte), NDR (6,8 Mio. Haushalte) und SWR (6,6 Mio. Haushalte) die Reichen in der neuen ARD wären.[138] Insgesamt liefe alles auf eine Drei-Klassen-ARD hinaus, die früher oder später auf die alten Probleme stoßen müsste, allenfalls auf einem höheren Niveau. Ein zukunftsfähiges Konzept steckt hinter dieser Reform nicht.

Was die ideale Zahl der ARD-Mitglieder anbetrifft, bestehen starke Probleme bei der Urteilsfindung. Es ist nämlich nach wie vor ungeklärt, wie die optimale Betriebsgröße von Rundfunkanstalten aussieht. Es ist nicht einmal geklärt, durch welche Kriterien die Betriebsgröße von Rundfunkanstalten zu bestimmen ist. In Frage kommen Sendeminuten, potentielle und erreichte Rezipienten, regionale Ausdehnung und Größe der Sendegebiete, Finanzkraft und viele Kriterien mehr.[139] Hier sind wir auf Spekulationen angewiesen und auf Mutmaßungen, welche Kriterien letztlich maßgeblich sein sollen.

Es bietet sich allerdings an, bei der Beurteilung zukünftiger Strukturen in erster Linie auf die Zahl der Gebührenhaushalte abzustellen, also auf die Zahl der poten-

---

135 Vgl. Abbildung 9 „Die 5er-ARD" (Anhang, S. 461).
136 Siehe für den Osten Deutschlands § 5 B.II.3.f.dd. (S. 392) und für den Südwesten § 5 B.II.3.f.bb. (S. 387).
137 Vgl. Abbildung 10 „Die 6er-ARD (Reiter-Modell)" (Anhang, S. 462).
138 *Kops* weist in Kops/Sieben, S. 21 (89) darauf hin, daß eine Betrachtung nach gebührenpflichtigen Fernsehgeräten oder der hier bevorzugten Einordnung nach Rundfunkhaushalten nicht der Betrachtung der Rundfunkanstalten entspricht, die auch die Werbeeinnahmen und Mehr- oder Mindereinnahmen aus dem Finanzausgleich berücksichtigen. An dieser Stelle wird aber bereits zugrundegelegt, daß Werbung in öffentlich-rechtlichen Programmen abgeschafft und der Finanzausgleich gekündigt wird.
139 *Kops/Sieben*, in: Kops/Sieben, S. 9 (15).

tiellen Rezipienten. Dabei handelt es sich nämlich um einen zuverlässigen und vor allem im voraus bezifferbaren Faktor, der sowohl ein Indiz für die Größe als auch für die Finanzstärke der Anstalt bietet – und das über den Tag hinaus im Voraus. Dies entspricht der gesamtgesellschaftlich erforderlichen Sichtweise, der es an einer der Aufgabenverteilung angemessenen Verteilung der originären Gebühreneinnahmen gelegen sein muss.[140] Sendeminuten, Werbeeinnahmen oder Reichweiten hingegen sind unzuverlässige Merkmale, weil sie vom Programmangebot und Erfolg der Anbieter abhängen.

Erst in zweiter Linie sollte die geographische Größe der Anstalten herangezogen werden. Sie gibt Anhaltspunkte für technische Notwendigkeiten, die allerdings auch von der topographischen Beschaffenheit des Sendegebietes und seinen soziologischen Strukturen abhängig sind.

Soweit sich die Einteilung also auf die Zahl der Haushalte beziehen soll, bietet es sich an, kleinere Landesrundfunkanstalten so zusammenzulegen, dass eine Zahl von sechs ARD-Mitgliedern zustande kommt.[141] Im Durchschnitt hätte jede Anstalt in einer solchen Gemeinschaft dann etwa 6,2 Mio. Gebührenhaushalte in ihrem Sendegebiet. Das ist ungefähr im Rahmen dessen, was *Berg* als Minimalgröße für eine Anstalt benannt hat, die sich voll an den Gemeinschaftskosten beteiligen soll: nämlich *mindestens* fünf bis sechs Millionen[142] Und es liegt in der Größenordnung großer Anstalten wie dem NDR und dem BR, die Wirtschaftlichkeit und regionale Kompetenz erfolgreich miteinander in Einklang gebracht haben.

Es besteht also ein gewisser Anhalt dafür, dass eine Dimension von rund sechs Millionen Haushalten für eine Landesrundfunkanstalt eine erfolgversprechende Strukturvoraussetzung ausmacht. Über den Zuschnitt der „6er-ARD" sagt das freilich noch nichts aus.

3. Zuschnitt der zukünftigen ARD

Was den Neuzuschnitt der neuen ARD anbetrifft, gibt es einige zwingende Parameter: So wurde bereits dargestellt, dass sich im Norden nur ein Beitritt Bremens zum NDR und im Südwesten der Beitritt des Saarlandes zum SWR anbietet, während sich im Osten SFB und ORB auf jeden Fall zum ODR zusammenschließen sollten. Weiter ist zu konstatieren, dass zumindest in den beiden bevölkerungsreichsten Ländern, Nordrhein-Westfalen (7,9 Mio. Haushalte) sowie Bayern (5,3 Mio. Haushalte), die bewährten Einländeranstalten erhalten bleiben sollten. Auch der NDR als Fünfländeranstalt für Schleswig-Holstein, Mecklenburg-Vorpommern, Hamburg, Niedersachsen und Bremen mit knapp 6,8 Mio. Haushalten sowie der SWR als Dreiländeranstalt für Baden-Württemberg, Rheinland-Pfalz und das Saarland mit 6,7 Mio. Haushalten sind

---

140 *Kops*, in: Kops/Sieben, S. 21 (89).
141 Zu dem Schluß, das in dieser „6er-ARD" eine wirtschaftlich vernünftige und gleichgewichtigte Lösung gefunden wird, bedarf es keiner komplizierten stochastischen Berechnung wie sie *Kops* vornimmt, vgl. Kops/Sieben, S. 90 f.
142 Vgl. *Halefeldt*, FK Nr. 19/1997, 13 (14 f.).

nahe am Idealmaß. Folglich sind mit WDR und BR sowie den vergrößerten NDR und SWR schon vier von sechs Mitglieder der „6er-ARD" gesetzt.

Unter diesen Prämissen gilt es also, aus den verbleibenden sechs Bundesländern in der Mitte Deutschlands zwei möglichst gleichgroße Anstalten zu schneiden. Ausgangspunkt für die Forderung nach der Zusammenlegung von Rundfunkanstalten zu größeren Einheiten waren schließlich Überlegungen, eine Angleichung des wirtschaftlichen Leistungsniveaus innerhalb der ARD zu erreichen und das bestehende Machtgefälle auszugleichen. Beide Ziele könnten am erfolgreichsten mit einer ARD erreicht werden, die aus gleichstarken Einheiten besteht.

Der Schlüssel des Problems liegt beim Hessischen Rundfunk. Eine gleichmäßige Aufteilung von Hessen, Sachsen, Thüringen, Sachsen-Anhalt, Brandenburg und Berlin ließe sich rein statistisch gesehen nur mit einer Veränderung der rundfunkspezifischen Zugehörigkeit des Landes lösen. Die Frage ist dabei allerdings, welcher Mehrländeranstalt in der angestrebten „6er-ARD" Hessen zuzuordnen wäre.

Die einfachste Möglichkeit wäre sicherlich, wenn Hessen in den MDR-StV eintreten würde, was dort allerdings nicht vorgesehen ist. Folglich müsste zunächst der MDR-StV gekündigt werden. Das ist nach § 44 Abs. 1 MDR-StV erstmals zum 31.12.2001 möglich. Im Anschluss daran müssten Hessen, Sachsen, Sachsen-Anhalt und Thüringen einen neuen MDR-StV schließen. Der neu entstehende MDR wäre allerdings mit 7,6 Mio. Haushalten deutlich größer als der ODR in Berlin und Brandenburg mit nur 3,2 Mio. Haushalten[143] – erneut gäbe es also ein Leistungsgefälle. Die Schwierigkeiten bei diesem Modell liegen außerdem in der Frage, welche historischen und landsmannschaftlichen Gemeinsamkeiten die Länder Thüringen, Sachsen, Sachsen-Anhalt und Hessen eigentlich haben.

Geschichtlich gesehen lassen sich die vier Länder, je nach Perspektive, in zwei Dreiergruppen einteilen: Zum einen in die drei neuen Bundesländer des bisherigen MDR, die von 1945 bis 1990 im Staatsgebiet der Deutschen Demokratischen Republik, bzw. in der Sowjetischen Besatzungszone lagen und in dieser Zeit natürlich gemeinsame identitätsstiftende Erfahrungen gemacht haben. Aus dieser Perspektive sind nur wenige Gemeinsamkeiten mit dem Land Hessen zu ziehen, das seit 1945 dem westlichen Teil Deutschlands und der Bundesrepublik Deutschland angehört.

Allerdings zeigt die Erfahrung mit Mecklenburg-Vorpommern, dass die Gemeinsamkeiten aufgrund der neueren Geschichte in der DDR allein nicht ausreichen, um eine dauerhafte landsmannschaftliche Verbundenheit zu begründen. Die Mecklenburger haben sich aus diesem Grund gegen die Gründung einer Nordostdeutschen Rundfunkanstalt zur Wehr gesetzt und aufgrund ihrer „norddeutschen Identität" den Anschluss an den NDR gesucht.

Vor diesem Hintergrund lässt sich die zweite Dreiergruppe in Mitteldeutschland ausmachen: Die hessischen Länder Kurhessen, Nassau, Hessen-Homburg und Frankfurt waren nämlich vor ihrer Annexion durch Preußen im Jahr 1866 selbständige

---

143 Siehe Abbildung 11 „Die 6er-ARD (Variante 1)", (Anhang, S. 462).

433

mitteldeutsche Staaten (Hessen-Darmstadt behielt seine Unabhängigkeit und wurde 1920 zum Freistaat) – ebenso wie Thüringen (das albertinische Thüringen fiel 1815 an Preußen) und Sachsen. Die Hessen und Thüringer haben zahlreiche historische, religiöse und kulturelle Verbindungen, wie schon allein am fast identischen Landeswappen zu erkennen ist. Bis zum thüringisch-hessischen Erbfolgekrieg (1247 bis 64) haben Thüringen und Hessen unter den Ludowingern zusammengehört. Schmalkalden gehörte bis 1866 zu Hessisch-Kassel. Die Bevölkerungen Hessens und Thüringens entstammen den gleichen Stämmen (Franken, Chatten, Thüringer). Zum katholischen Bistum Fulda gehörten bis Mitte der 90er Jahre Teile des Landes Thüringen, zum Beispiel die Landeshauptstadt Erfurt. 1989/90 hat es unter dem Hessischen Ministerpräsidenten Walter *Wallmann* (CDU) sogar Sondierungen gegeben, ob ein gemeinsames Bundesland Hessen-Thüringen oder wenigstens eine enge Kooperation beider Länder möglich sei.

Auch zwischen Thüringen und Sachsen sind mehrere gesellschaftliche, wirtschaftliche und historische Verbindungen zu verzeichnen. Teile des heutigen Thüringens (Weimar-Eisenach, Coburg-Gotha, Meiningen, Altenburg) gehörten zwischen 1815 und 1920 zu den Sächsischen Herzogtümern – Thüringer Kleinstaaten, die aus den Erbteilungen in der Ernestiner Linie der Wettiner entstanden waren und das Ernestiner Herzogtum Sachsen zersplitterten. Auch die Kurfürsten und später die Könige von Sachsen waren Wettiner, wenngleich aus der Linie der Albertiner.[144]

Selbst zwischen Sachsen und Hessen bestehen Gemeinsamkeiten, die freilich aufgrund der geographischen Ferne nicht so eng sind. Kursachsen und Hessen hatten zum Beispiel im 16. Jahrhundert die Führung im „Schmalkaldischen Bund", in dem die meisten protestantischen Fürsten und Städte zusammengeschlossen waren und der die friedliche Ausweitung der Reformation in Deutschland ermöglichte.[145]

Das heutige Sachsen-Anhalt ist hingegen aus der Preußischen Provinz Sachsen (1815 vom Königreich Sachsen abgetrennt), den Preußischen Provinzen Magdeburg und Merseburg sowie dem brandenburg-preußischen Freistaat Anhalt entstanden. Insofern kann Sachsen-Anhalt eher mit den Bundesländern Brandenburg und Berlin auf eine gemeinsame preußisch-ostdeutsche Geschichte zurückblicken, während Sachsen, Thüringen und Hessen eine geschlossene Reihe mitteldeutscher Länder bilden.

Das alles macht deutlich, wie willkürlich 1945 die Grenzen zwischen den Besatzungszonen gezogen wurden. Insofern kann es nicht verwundern, wenn der sachsen-anhaltinische Ministerpräsident *Höppner* seit seinem Amtsantritt 1995 mehrfach einen Austritt seines Landes aus dem MDR-Verbund prüfte und eine Annäherung an den NDR oder den ORB/SFB erwog.[146] Dahinter stecken außer den historischen und kulturellen Gemeinsamkeiten mit den Brandenburger natürlich auch politische

---

144 Vgl. Ploetz, Geschichtslexikon, S. 557; *Fernau*, Sprechen wir über Preußen, S. 257, 299; Deutscher Bundestag (Hrsg.), Fragen an die Deutsche Geschichte, S. 157; Meyers Großes Taschenlexikon, Bd. 9, S. 264 ff., Bd. 19, S. 87 ff., 94, 270 f., Bd. 22, S. 97 ff.
145 Meyers Großes Taschenlexikon, Bd. 19, S. 270 f.
146 Siehe FK Nr. 36/1995, S. 7, vgl. *Kops*, in: Kops/Sieben, S. 21 (98 f.).

Gründe. Im Gegensatz zu den MDR-Freistaaten Sachsen und Thüringen, wo die CDU mit absoluter Mehrheit regiert, stellt in Sachsen-Anhalt und Brandenburg die SPD den Ministerpräsidenten.

Unter diesen Gesichtspunkten ist also für eine „6er-ARD" eine andere Alternative in Ost- und Mitteldeutschland zu empfehlen: Hessen, Thüringen und Sachsen sollten einen neuen MDR bilden, der mit 6,2 Mio. Haushalten größer als der BR wäre und exakt dem Durchschnitt der Landesrundfunkanstalten in einer „6er-ARD" entsprechen würde. Sachsen-Anhalt könnte nach der Auflösung des bisherigen MDR zum 1.1.2001 mit Brandenburg und Berlin einen ODR gründen, der mit 4,6 Mio. Haushalten immerhin dauerhaft auf eigenen Füßen stehen könnte, zumal ein Teil der Aufgaben vom breit getragenen Hauptstadtstudio der ARD wahrgenommen werden soll.[147]

Wirtschaftlich noch vernünftiger wäre es sogar, wenn Mecklenburg-Vorpommern sich dazu durchringen könnte, zum 28. Februar 2002 aus dem NDR-StV auszutreten und den Weg in einen Nordostdeutschen Rundfunk (NODR) zu finden, der mit 5,5 Mio. Haushalten dem angestrebten Idealmaß schon sehr nahe kommen würde.[148] Der dann verbleibende Nordwestdeutsche Rundfunk (NWDR) hätte in Schleswig-Holstein, Hamburg, Niedersachsen und Bremen noch immer 5,9 Mio. Haushalte zu versorgen und käme damit dem Idealmaß immerhin sehr nah.[149] Was die landsmannschaftliche Verbundenheit anbetrifft, kann darauf verwiesen werden, dass zumindest der vorpommersche Teil des Bundeslandes auf eine lange gemeinsame Geschichte und ausgeprägte gemeinsame Tradition mit Preußen-Brandenburg und Berlin zurückblicken kann. Auch wenn Mecklenburg-Schwerin und Mecklenburg-Strelitz seit dem Mittelalter unabhängig waren und tatsächlich innerhalb der Hanse und dem Ostseehandel stärkere wirtschaftliche und kulturelle Bindungen zu Lübeck und Hamburg aufgebaut haben und durch eine gemeinsame niederdeutsche Mundart verbunden sind, stehen sie zumindest unter einem gemeinsamen slawischen Einfluss wie ihre südlichen Nachbarn (Obotriten, Wilzen und Sorben).[150] Außerdem sind beide Regionen seit 1945 durch das gemeinsame politische Schicksal enger zusammengewachsen. Gemeinsamkeiten lassen sich also auch hier finden, wenn man sie nur suchen will. Ohnehin erscheint die Überlegung nicht abwegig zu sein, dass sich die Stimmung in Schwerin nach dem Abflauen der Einheitseuphorie und dem Regierungswechsel 1998 auch im Hinblick auf eine ostdeutsche Rundfunkanstalt längst geändert hat.

Diese Variante würde übrigens eindeutig den besten Kräfteausgleich in der ARD bringen. Es gäbe dann mit NWDR, NODR und BR drei Anstalten mit 5 bis 6 Mio.

---

147 Siehe Abbildung 12 „Die 6er-ARD (Variante 2)" (Anhang, S. 462); vgl. *Kammann*, epd medien Nr. 37-38/1997, S. 3 (11).
148 Vom Vorschlag von *Stoiber/Biedenkopf* weicht diese Variante dadurch ab, daß auch Sachsen-Anhalt dem neuen NODR angehört, vgl. § 5 B.II.3.f.ff. (S. 396 ff.)
149 Siehe Karte Abbildung 13 „6er-ARD (Variante 3)", (Anhang, S. 462.)
150 Siehe Meyers Großes Taschenlexikon, Bd. 20, S. 220, 222.

Haushalten, mit MDR und SWR zwei Anstalten mit 6 bis 7 Mio. Haushalten. Lediglich der WDR fiele mit seinen 7,9 Mio. Haushalten aus dem Rahmen, was sich aber nicht ändern lässt, solange die „Einländeranstalt" in Nordrhein-Westfalen nicht zerschlagen und das Land auf mehrere Anstalten aufgeteilt werden soll.

Außerdem wären NWDR und NODR als Vierländeranstalten, MDR und SWR als Dreiländeranstalten sowie BR und WDR als Einländeranstalten konzipiert. Auch in organisatorischer Hinsicht wäre damit die Vielfalt in der ARD gewährleistet.

Im übrigen könnte auf diese Weise auch der Einfluss der neuen Bundesländer in der ARD entscheidend gestärkt werden. Während derzeit die ehemalige DDR durch zwei kleine, finanzschwache und daher an Einfluss vergleichsweise arme Anstalten repräsentiert wird – der mecklenburg-vorpommernsche Teil des NDR fällt in der Vierländeranstalt kaum ins Gewicht –, würde die beschriebene Variante zwei Drittel einer starken Dreiländeranstalt MDR und mehr als zwei Drittel einer kräftigen Dreiländeranstalt NODR für die Länder im Osten Deutschlands sprechen lassen. Die Neuen Bundesländer könnten damit mehr Gewicht in der ARD beanspruchen und selbstbewusster im öffentlich-rechtlichen Rundfunk auftreten. Gleichzeitig wären in beiden ostdeutschen Anstalten jeweils auch westdeutsche Länder vertreten, so dass ein insolationistischer Einfluss erst gar nicht aufkommen könnte. Auf diese Weise könnte der grenzüberschreitende öffentlich-rechtliche Rundfunk einen entscheidenden Beitrag zur gesellschaftlichen Einigung Deutschlands leisten.

4. Umsetzung und Programmangebot

Gleichwohl ist davon auszugehen, dass die Fusionskandidaten, also ORB und SFB im Osten, NDR und RB im Norden sowie der SR und der HR, nur wenig Neigung zeigen werden, in eine Verschmelzung einzuwilligen. Natürlich hängen an jeder großen Strukturveränderung konkrete Arbeitsplätze, individuelle Karriere und Lebensläufe sowie zahlreiche soziale und auch machtpolitische Fragen. Dass sich dabei die betroffenen Mitarbeiter nicht als Motor von Fusionen beweisen, kann nicht überraschen. Zudem muss beachtet werden, dass nach den Reformvorschlägen RB, ORB, SFB, HR und SR ihre Eigenständigkeit einbüßen sollen. Der NDR würde ohne Mecklenburg-Vorpommern an Einfluss in der ARD verlieren. Es überrascht nicht, wenn sich die Anstalten gegen derartige Pläne sträuben werden.

Doch auch die Landespolitiker zeigen sich recht lustlos in Fusionsfragen, was insbesondere mit Prestigedenken und überspitztem Lokalpatriotismus erklärt werden kann, möglicherweise aber auch mit tatsächlichen regionalen Interessen. Die Anstalten richten ihrerseits ihren Ehrgeiz auf den Ausbau der eigenen Dritten Fernsehprogramme, investieren, wie *Riel-Heyse* beobachtet hat, viel Geld, kaufen teure Filmpakete und „genießen das Wohlwollen ihrer Landespolitiker, die froh sind wenn sie einen schönen eigenen Sender [...] haben."[151]

---

151 *Riehl-Heyse*, FI 1997, 279 (282).

Man muss also Realismus walten lassen und anerkennen, dass derzeit offenbar im großen und ganzen eine Fusionsbereitschaft bei den Entscheidungsträgern fehlt.[152] Nichtsdestotrotz ist es aus rein rundfunkrechtlicher Sicht, wie auch aus vorwiegend betriebswirtschaftlicher Perspektive wünschenswert und anzustreben, der Kleinstaaterei im Rundfunkwesen ein Ende zu bereiten und das große Reformvorhaben anzupacken. Die Gesamtstruktur und die Aufgabenverteilung bieten ausreichend Ansatzpunkte für strukturelle Verschlankungen. So unterhalten etwa im Rhein-Main-Neckar-Raum SWR und HR zusammen acht Landesstudios mit etwa 650 fest angestellten Mitarbeiter, wobei mit den Studios in Mainz und Wiesbaden sowie in Ludwigshafen und Mannheim die Einzugsgebiete etwa identisch sind.[153]

Für einen funktionierenden Meinungsbildungsprozesses ist ein störungsfrei arbeitender öffentlich-rechtlicher Rundfunk als Medium und Faktor unverzichtbar. Solange jedoch einzelne Anstalten zu Spielbällen der Staatskanzleien und Landesparlamente degradiert werden sollen und Rundfunkgebühren auch als soziale Versorgungsgelder dienen, kommt keine Ruhe in die ARD.

Rundfunk hat immer auch einen sozialen Aspekt. Der liegt aber gewiss nicht in der Beschaffung von möglichst vielen Arbeitsstellen und der Garantie individueller Karrieren. Rundfunkanstalten sind keine Versorgungsunternehmen! Dass die Verantwortlichen dennoch für die Existenzen und Lebensläufe ihrer Mitarbeiter Fürsorge tragen, soll gar nicht bestritten werden.

Wenn die Zusammenlegung und Verschlankung von kleinen Landesrundfunkanstalten rundfunkpolitisch wünschenswert ist, so kann dies unter sozialen Gesichtspunkten ja auch „sanft", etwa über einen Zeitraum von mehreren Jahren, vollzogen werden – ohne Entlassungen und kurzfristigen Stellenabbau.

Dass eine Umstrukturierung der ARD zwingend anders laufen muss, ist weder gesagt, noch einzusehen. Die Erfahrungen mit der Fusion von SWF und SDR zeigen vielmehr, dass es sogar sinnvoll sein kann, im Hinblick auf langfristige Einsparungen zunächst einmal höhere Kosten in Kauf zu nehmen. Insofern ist eine Berechnung von RB, eine Fusion mit dem NDR würde 17,2 Mio. Mark (8,8 Mio. €) für Pensionen, Abfindungen und die Einrichtung regionaler Programme kosten,[154] nur die halbe Wahrheit. Diesen Kosten fallen nur kurzfristig an und müssen den langfristigen Einsparungen kalkulatorisch gegenübergestellt werden – insbesondere im Personalbereich. Irgendwann muss es damit halt mal losgehen.[155] In der Übergangszeit könnten sich die Landesrundfunkanstalten auf einen gesonderten Finanzausgleich zur Finanzierung der Umstrukturierungen einigen. Die Bereitschaft dazu dürfte sowohl in den Funkhäusern als auch in den Staatskanzleien bestehen, weil es sich dabei um eine be-

---

152 Vgl. allein die Protokollerklärung der Ministerpräsidenten auf der Klausurtagung in Bad Neuenahr; abgedr. in: ARD-Jahrbuch 96, S. 142 (148).
153 *Hoffmann*, Möglichkeiten der Finanzierung des öffentlich-rechtlichen Rundfunks, S. 130.
154 *Hoffmann*, Möglichkeiten der Finanzierung des öffentlich-rechtlichen Rundfunks, S. 154.
155 *Kammann*, epd medien Nr. 37-38/1997, S. 3 (11) – bei den Kollegen der Personalwirtschaft des NDR möchte sich der Verfasser hier noch einmal in aller Förmlichkeit für die mit einer Fusion verbundene Arbeitsbelastung entschuldigen. Bei Aufstellen des Sozialplanes ist er gerne behilflich!

fristete Maßnahme handelt würde, die eine dauerhafte Abschaffung der Ausgleichszahlungen zum Ziel hätte.

Rundfunkfusionen sind in vielen Fällen sogar ohne merkbare Verringerung des Programmangebotes durchführbar. Gerade im Hörfunkbereich, in dem die „Servicewellen" und die „E-Musik-Wellen" austauschbar sind, können beinahe problemlos nicht nur einzelne Wortbeiträge oder ganze Sendungen ausgetauscht werden, sondern sogar ganze Wellen zusammengelegt werden.[156]

Verständlich ist zwar, dass der **NDR** kein Interesse hat, nach eigenen Rationalisierungsmaßnahmen und der Streichungen von mehr als 500 Planstellen ein überlastetes und überbesetztes Radio Bremen zu schlucken, um hinterher noch einmal rund 500 Stellen abbauen zu müssen.[157] Dadurch wären auch weiterhin für die eigenen Mitarbeiter auf unbestimmte Zeit Beförderungen kaum möglich, der interne Aufstieg wäre nahezu ausgeschlossen. Der strukturelle Stellenabbau – ein Landesfunkhaus in Bremen könnte auf Dauer statt 600 allenfalls 230 bis 250 Mitarbeiter haben[158] – könnte allerdings bis zum Jahr 2010 gestreckt werden. In dieser Zeit sollte der vergrößerte NWDR den gesamten Etat vom ehemaligen RB (also Bremer Gebühren plus Zuschüsse aus dem Finanzausgleich) zugestanden erhalten. Zusammen mit den Ausgleichszahlungen vom ODR für die Auseinandersetzung des NDR-Vermögens in Mecklenburg-Vorpommern hätte der NWDR ausreichende Mittel zu Verfügung, den Stellenabbau von vornherein ohne soziale Härten oder finanziellen Engpässen durchzustehen.[159]

Außerdem sollte der speziellen Rundfunkgeschichte in Bremen dadurch Rechnung getragen werden, dass den Bremern neben einem NDR-typischen Landesprogramm ein überwiegend der „RADIO BREMEN HANSAWELLE" entstammender Bestandteil in einem zusätzlichen „Nordwest-Radio" eingeräumt wird. Auf diese Weise könnte man den regionalen Besonderheiten im Hörfunkbereich gerecht werden.

Die regionale Identität der Hansestadt sollte zudem in einem neuen NWDR-StV durch eine der derzeitigen Höhe entsprechenden Regionalquote für Bremer Themen und Sendungen in dem vom NDR zugelieferten Programmbestandteil des Ersten Programms sichergestellt werden. Im Klartext heißt das: Wenn bisher der NDR dem „Ersten" 16,25 Prozent Pflichtanteile und RB 2,5 Prozent zuliefert, könnte staatsvertraglich normiert werden, dass vom Pflichtanteil des neuen NWDR (18,75 Prozent minus den früheren Anteil für Mecklenburg-Vorpommern) 15 Prozent vom Bremer Landesfunkhaus, je 25 Prozent von den Landesfunkhäusern Schleswig-Holstein und Hamburg und 35 Prozent vom Landesfunkhaus Niedersachsen geliefert werden.[160]

---

156 *Hoffmann*, Möglichkeiten der Finanzierung des öffentlich-rechtlichen Rundfunks, S. 130.
157 So eine Schätzung von *Ohmstedt* in dem unveröffentlichten Gespräch am 19.5.1998; vgl. *Thomsen*, Stern Nr. 8/1997, S. 159; Äußerungen von *Plog*, in: FK Nr. 13-14/1997, S. 11.
158 FK Nr. 13-14/1997, S. 11 (12).
159 Die anderen ARD-Sender haben hierfür bereits Zustimmung signalisiert; vgl. FK Nr. 13-14/1997, S. 11 (12).
160 Quotierung anhand der Einwohnerzahlen der Staatsvertragsländer; vgl. Fischer Welt Almanach '98, S. 185 f.

Wenn man davon ausgeht, dass die Welle „RADIO BREMEN melodie" dem „Radio 3" vergleichbar ist und eine Zusammenlegung ohne Verlust an Bremer Regionalität erfolgen könnte, läge der Verlust des Bremer Programmangebotes lediglich in der Jugendwelle „RB 4", deren hoher Musikanteil wohl durch „N-Joy Radio" oder „NDR 2" substituiert werden kann. Wortanteile mit typisch Bremer Themen sowie die Verweisung auf Bremer Termine und Serviceleistungen müssten dann entsprechenden Einzug in die NDR-Programme halten.

Ähnlich steht es um den **SR**, auch wenn die Situation nicht mit der Insellage Berlins oder Bremens zu vergleichen ist. Dennoch ist eine Einbindung in den SWR zu empfehlen und auch politisch machbar. Unter Vielfaltsgesichtspunkten braucht das Saarland dabei nicht einmal notwendigerweise zurückzustecken, insbesondere nicht, wenn der bisherige Maßstab des SWR gelten soll. Der Anteil von 2,5 Prozent für das Erste Programm kann auch innerhalb eines vergrößerten SWR-Anteils aufrechterhalten werden, die Situation beim Dritten Programm ist vermutlich ohnehin nicht abschließend geklärt, hier sind die Saarländer aber von jeher ein gemeinsames Programm mit Baden-Württemberg und Rheinland-Pfalz gewöhnt. Eine Kooperation der drei Dritten Programme im Südwesten besteht ohnehin schon, eine Zusammenlegung erscheint ohne weiteres denkbar.

Ansonsten stünde dem Saarland wie derzeit schon den beiden SWR-Ländern ein eigener Landessender mit Rundfunkrat und Direktor zu, außerdem zwei eigene Landeshörfunkprogramme und eine Beteiligung an den beiden länderübergreifenden SWR-Wellen zu. Das „SR 2 KulturRadio" könnte im „SWR 2" aufgehen. Beide sind Kulturwellen mit anspruchsvollen Wortsendungen und klassischer Musikfärbung. Da das Programm vom „SR 2 KulturRadio" zu großen Teilen von „hr2" übernommen wird, gäbe es keinen Verlust an regionalem Kulturfunk, insbesondere, wenn die morgend- und abendlichen eigenen Programmsendungen auch Einzug in das Programm von „SWR2" halten könnten. Außerdem könnte die „SR 1 Europawelle" ohne größere Verluste im Programm von „SWR 3" aufgehen, sofern dieses um saarländische Aspekte im Servicebereich und in den Nachrichten erweitert würde. Bei beiden Programmen handelt es sich um Popwellen, deren musikalische Färbung bekanntlich nur geringen regionalen Einflüssen unterliegt.

Bei dieser Lösung könnten folglich die „Saarlandwelle" als typisch saarländische, frankophile „SWR4 Saarlandwelle" erhalten bleiben, ohne jegliche Einschnitte in das Programmangebot. Auch „SR 4" könnte etwa als Landesprogramm von „SWR1" fortbestehen und sogar noch die saarlandbezogenen Bestandteile der alten „SR 1 Europawelle" aufnehmen.

Auch den politischen Interessen des Saarlandes könnte bei einer Fusion Rechnung getragen werden. Wegen der wirtschaftlichen Strukturschwäche des Bundeslandes könnten SWR-Produktionen im Hörfunk und Fernsehbereich weiterhin im großen Umfang in Saarbrücken produziert werden. Auch Verwaltungseinheiten des SWR könnten im Saarland verbleiben. Auf diese Weise würde es über Gehälter und Pro-

duktionskosten weiterhin zu einem *cash flow* „ausländischer" Gelder in das Saarland kommen. Für Kapitalimport wäre also weiterhin gesorgt.[161]
Ob insgesamt Einsparungen von einer solchen Fusion zu erwarten sind, ist allerdings zunächst fraglich. Das wurde schließlich schon bei der Fusion von SWF und SDR bezweifelt. Immerhin könnten die Leistungsunterschiede in der ARD beseitigt und so für mehr Zufriedenheit und Ausgewogenheit in der Gemeinschaft gesorgt werden. Auf lange Sicht ist dann auch mit Synergieeffekten zu rechnen.

Auch die Gründung eines **ODR** sollte vorangetrieben werden. Rundfunkspezifische Gründe gegen eine Fusion von ORB und SFB sind jedenfalls nicht zu finden. Deshalb bleibt zu hoffen, dass eines Tages doch die besseren Argumente überzeugen und eine Fusion zwischen ORB und SFB vielleicht realisierbar wird.[162] Sollten sich Sachsen-Anhalt und Mecklenburg-Vorpommern allerdings um die Gründung eines gemeinsamen Vierländer-ODR bemühen, könnte die Situation anders zu beurteilen sei. Vielleicht stehen die Chancen auf eine politische Einigung dann besser. Als Zentrale der Vierländeranstalt kann dabei nur Berlin in Betracht kommen. Die wirtschaftliche Vernunft spricht deutliche Worte für die Bundeshauptstadt. Dort ist die gesamte Infrastruktur bereits gegeben, die Fäden der politischen Berichterstattung werden in Berlin zusammenlaufen. Die Bedeutung der Stadt wird nach dem Umzug der Bundesregierung an die Spree außerdem weiter zunehmen.

Dass der ORB für den Fusionsfall Babelsberg als ODR-Zentrale vorschlägt, ist verständlich, allerdings könnte der Ortsteil von Potsdam aus Mecklenburger oder anhaltinischer Sicht kaum der Bedeutung dieser großen Anstalt gerecht werden. Von Schwerin, Berlin und Magdeburg aus ist die Brandenburger Hauptstadt eben nur Provinz. Die Standortvorteile von Babelsberg, die auf der international bedeutenden Studioansiedlung beruhen, sollten besser durch die Schaffung einer ODR-Fernsehproduktionszentrale ausgenutzt werden.

Offen ist hingegen, wo der Sitz eines neuen **Dreiländer-MDR** sein sollte. In Frage kommen sowohl Leipzig als auch Frankfurt am Main, der Sitz des HR. Frankfurt scheidet jedoch aus zwei Gründen aus: zum einen könnte dadurch das politisch problematische Signal der Vereinnahmung der Anstalt von Westdeutschland ausgehen, zum anderen liegt Frankfurt am westlichen Ende des langgestreckten Anstaltsgebietes, das sich über mehr als 500 Kilometer von Ost nach West hinzieht. Eine Randlage ist für eine Zentrale jedoch unangebracht. Leipzig liegt da schon zentraler, ist geographisch jedoch auch nicht der Mittelpunkt der drei Länder. Es bietet sich somit eher an, Erfurt als Zentrale des MDR auszuwählen. Die Hauptstadt von Thüringen liegt in der Mitte der drei Länder, hatte bisher ein Landesfunkhaus und ist auch verkehrstechnisch gut erschlossen. Leipzig könnte als Standort der MDR-Produktionstöchter die Fernsehzentrale des MDR und den „Kinderkanal" beheimaten, in Frankfurt sind ohnehin schon das ständige ARD-Büro, das Deutsche Rundfunkarchiv, die Pensions-

---

161 Vgl. *Buchwald*, in: Kops/Sieben, S. 393 (397 f.).
162 Vgl. Journalist Nr. 5/1998, S. 6.

kasse für Freie Mitarbeiter und die Degeto Film GmbH angesiedelt. Die Bedeutung des Standortes Frankfurt würde also in jedem Fall fortbestehen.

Das Programmangebot von ODR und neuem MDR müsste allerdings vollkommen neu gestaltet werden. Auf der neuen Arbeitsgrundlage ließen sich die Angebote unvoreingenommen neu umreißen und zu einem integrativen Gesamtspektrum kombinieren, das in konzentrierter Form die öffentlich-rechtlichen Prinzipien kenntlich werden lässt. Darin müssen Meinungsvielfalt, regionale Kompetenz, Ausdrucksreichtum und kritische Gesellschaftsberichterstattung Berücksichtigung finden.[163] Auf jeden Fall dürfte in beiden Mehrländeranstalten die Unterhaltung von ein bis zwei speziellen Landeshörfunkwellen pro Mitgliedsland notwendig sein. Außerdem muss der ODR programmlich auf die besonderen Anforderung Berlins Rücksicht nehmen, der MDR auf die Besonderheiten Hessens als westdeutschem Land in einer eher ostdeutsch ausgerichteten Anstalt. Hier bietet sich die Einrichtung spezieller Wellen an, etwa für den Wirtschaftsraum Hessen oder die „MultiKulti-Gesellschaft" Berlin.

Auch nach der Neugründung einer öffentlich-rechtlichen Rundfunkanstalt muss schließlich die Grundversorgung aufrecht erhalten werden. Die staatsvertragsschließenden Länder haben insofern die Pflicht, im Sendegebiet der neuen Mehrländeranstalt die Grundversorgung der Bevölkerung sicherzustellen. Davon, wie die Länder der Gewährleistungspflicht nachkommen, hängt die Existenz der dualen Rundfunkordnung ab – zumindest in diesen Ländern.[164]

Auch bei der Gestaltung der eigenen Dritten Programme müssten deshalb regionale Fenster auf die besonderen Belange aller Regionen eingehen. Bei den tendenziell überregionalen Programmen, also den Jugendwellen, den Nachrichtenradios und den Klassikprogrammen könnten beide Mehrländeranstalten allerdings ein jeweils einheitliches Programm anbieten.

II. Organisation zentralisieren

Über eine Zentralisierung der Produktionskapazitäten ist es, wie dargestellt,[165] möglich, erhebliche Einsparungen zu erzielen. So könnte zum Beispiel die Vorproduktion von Serien sowie aktuelle und Hintergrundberichterstattung mit überregionalem Charakter institutionell zusammengefasst werden. Auch bei der Frage der technischen Verbreitungen der Programme, bei Vermarktungsfragen, beim Erwerb von Senderechten oder der Erforschung technischer Innovationen können durch eine stark zentralisierte Aufgabenerfüllung zusätzliche Synergieeffekte freigesetzt werden.

Auch aus anderen Gründen ist eine Stärkung des Gemeinschaftsaspektes notwendig: Die dezentrale Struktur der Gemeinschaft hat sich in vielen Punkten als Hindernis für Modernisierungen und Veränderungen erwiesen – sowohl im strukturellen als auch im programmlichen Sektor. Durch den extrem hohen Abstimmungsbedarf zwi-

---

163 *Kammann*, epd medien Nr. 37-38/1997, S. 3 (12).
164 *Goerlich/Radeck*, JZ 1989, 53 (59).
165 Siehe oben § 6 A.II.2. (S. 416).

schen den Anstalten, der auch auf den Einstimmigkeitsgrundsatz in der Gemeinschaft zurückzuführen ist, fehlt es in vielen Belangen an Flexibilität und Spontaneität. In vielen Punkten empfiehlt sich mithin die Einrichtung von strukturellen Gemeinschaftsorganen noch vor institutionellen Kooperationen, weil in dieser Form die effizienteren Entscheidungswege bestehen und schnellere Beschlüsse gefasst werden können. Das ist rationeller und effektiver und erzeugt weniger Reibungsverluste als Kooperationsmaßnahmen.

Ziel muss dabei eine funktionsgerechte Neuverteilung der Aufgaben im ARD-Verbund sein. Das Berliner Hauptstadtstudio, gemeinschaftlich betrieben, könnte dafür Modell stehen und den Weg in die ARD-Zukunft weisen. Warum können nicht auch, wie *Lilienthal* vorschlägt, die Fernsehspielproduktion, Dokumentationen, Serien oder Beratungssendungen an bestimmten Orten konzentriert werden, oder – so ein Vorschlag von *Struve* – eine institutionelle Zusammenfassung der Unterhaltungsproduktion?[166] Dass die Produktionsstätten auch weiterhin in Köln, Hamburg, München oder Stuttgart betrieben würden, schließt ja nicht aus, dass dort Mitarbeiter und Talente aus anderen Landesrundfunkanstalten mitwirken und gemeinsames Geld investiert wird.[167]

Ein derartiges Studiomodell wäre auch eine Chance für die Kleinanstalten, sich auf einem bestimmten Gebiet mit dem Geld anderer Anstalten zu spezialisieren – ohne auf einen Finanzausgleich angewiesen zu sein. So hat Radio Bremen in den 70er Jahren bewiesen, dass auch ein kleiner Sender das Zeug hat, ein Treibhaus zu sein, in diesem Fall ein Labor für Fernsehunterhaltung.[168]

Doch auch in anderen Bereichen sind Zentralisierungen im Organisationssektor notwendig. So sollte die Funktion der ARD-Programmdirektion aufgewertet werden; auch die Einrichtung einer ARD-Generalintendanz mit vollem Stimmrecht in der Ständigen Programmkonferenz und weitgehenden Befugnissen bei der Gestaltung des Gemeinschaftsprogramms und der Koordination der technischen Kapazitäten erscheint sinnvoll.

III. Dezentrales Programmangebot

Das Zentralproblem[169] jeglicher Reformbemühungen ist die Grundversorgung. Sie allein muss durch den öffentlich-rechtlichen Rundfunk sichergestellt werden. Bei der Diskussion um eine Strukturreform der ARD sollte daher mehr als bisher auf den Programmbereich geachtet werden.

Immerhin kann nach Ansicht der KEF eine Strukturreform nur dann zu echten Einsparungen führen, wenn sie sich im Programm niederschlägt. Rationalisierungen im Bereich von Produktionsbetrieben, von Erwerb und Verwertung von Rechten und

---

166 Vgl. § 5 B.I.4.b. (S. 327).
167 Siehe *Lilienthal*, epd medien Nr. 34/1998, S. 3 (4).
168 So *Lilienthal*, epd medien Nr. 34/1998, S. 3 (4).
169 Bezeichnung von *Biedenkopf*, siehe: FK Nr. 22-23/1995, S. 10.

für den administrativen Bereich hätten hingegen keine „revolutionäre[n] Auswirkungen auf den Finanzbedarf" der öffentlich-rechtlichen Anstalten.[170] Einsparungen im Programmbereich laufen beinahe immer auf eine Zentralisierung des Programmangebotes hinaus. Das ist auch verständlich, weil die Produktionskosten zunächst die gleichen sind, egal ob die Sendung bundes- oder nur landesweit ausgestrahlt werden. Dieser naheliegende Schluss würde aber empfindliche Einbußen im Grundversorgungsbestand zur Folge haben. Denn die regionale Vielfalt muss gerade im Programmangebot dokumentiert sein, nicht nur in der pluralen Zusammensetzung der Gemeinschaft und ihrer Mitglieder.

Denkbar wäre insofern, in den Dritten Programmen auch im Fall eines bundesweiten Mantelprogramms „ARD 3" den jeweiligen regionalen Aspekt in den Fenstern zu verstärken. Dabei brauchen Wirtschaftlichkeits- und Effizienzaspekte nicht vernachlässigt zu werden. Nicht unbedingt regionalbezogene Sendungen aus den Bereichen Bildung, Wissenschaft und Natur, aus dem Bereich Unterhaltung, insbesondere Spielfilme/Fernsehspiele, Krimis können bundesweit zeitgleich ausgestrahlt werden, ohne den Charakter der Dritten Programme als *die* Landes- und Regionalprogramme zu beschädigen.[171]

Mit der Verstärkung der Regionalität wachsen vor allem die Chancen zur Identitätswahrung unterschiedlich geprägter Regionen in den alten und neuen Bundesländern. Insbesondere die Sender der neuen Bundesländer haben in den letzten Jahren deutliche Schritte zu mehr Eigenprofilierung gemacht, sowohl im Verhältnis zu den alten ARD-Anstalten in Westdeutschland als auch untereinander.[172]

Wichtig ist, dass auch bei einer Strukturreform die regionalen Interessen der einzelnen Bundesländer und Landesrundfunkanstalten erhalten bleiben und hinreichende Berücksichtigung finden. Dafür ist aber auch eine Kabelverbreitung der Dritten in allen Bundesländern notwendig. Deshalb sollten die Landespolitiker in allen Bundesländern auch ihre Regelungen für die Einspeisung von Programmen in die Kabelnetze dergestalt ändern, dass die Zuführung der regional bedeutsamen Dritten Programme sichergestellt ist. Die fehlende gesetzliche Regelung der bundesweiten Verbreitung Dritter Programme hat zur Folge, dass diese keinen Vorrang bei der Einspeisung in die örtlichen Kabelnetze außerhalb ihres klassischen Verbreitungsgebietes beanspruchen können, wohl aber einen gleichen Rang wie kommerzielle Konkurrenten; „fremde" Dritte Programme gehören eben nicht zu unerlässlichen Grundversorgung und sind auch keine gesetzlich bestimmten Programme.[173, 174] Die Dritten Programme vermitteln regionale Identität, indem sie die Zuschauer verstärkt am Programm beteiligen und deren Lebenswirklichkeit widerspiegeln. Vor allem in Ostdeutschland fungieren sie als wichtiger Identitätsanker. Zum interregionalen Aus-

---

170 So der KEF-Vorsitzende Rainer *Conrad*, vgl. FK Nr. 22-23/1995, S. 10.
171 *Grätz*, Zur Zahl und Abgrenzung der ARD-Rundfunkanstalten, S. 19.
172 *Krüger*, MP 1995, 566 (584).
173 So auch *Hahn/Binder*, ARD-Jahrbuch 97, S. 26 (30); *Breunig*, MP 1996, 195 (203 f.).
174 Siehe oben § 4 C.I.2. (S. 220 ff.).

tausch und somit zur Integration von neuen und alten Bundesländern kann es nämlich nur kommen, wenn die Dritten Programme in allen Bundesländern empfangbar sind.[175] Diese Voraussetzung würde allerdings entfallen, wenn sich die regionalen Belange im großen Umfang in einem gemeinsamen Mantelprogramm wiederfinden würden und neben der Einspeisung des „lokalen" Dritten eine weitere Lokalversion in die Kabelnetze eingespeist wird, möglicherweise auch mit „rotierenden" Regionalfenstern.

IV. Garantie der Staatsferne

Soweit eine Strukturreform der ARD politische Beschlüsse der Landesparlamente erfordert, ist stets auch die Gefahr von politischer Einflussnahme eröffnet. Kritischem Journalismus misstrauisch gegenüberzustehen und zu versuchen, sich die öffentliche Meinung zunutze zu machen, indem man parteipolitischen Einfluss auf die Medien ausübt, hat eine lange und unrühmliche Tradition in der deutschen Politik – und nicht nur bei der „Rechten", wie *von Sell* die Union liebevoll nennt.[176]

Es gibt eine Reihe von Beispielen, wie die Politik die Medien zu beherrschen und zu beeinflussen versuchte: Sie reicht von Bismarcks Kauf- und Erpressungspraxis gegenüber Verlagen und Journalisten, die aus den Erträgen seines „Reptilienfonds" finanziert wurde,[177] über die Gleichschaltung von Presse und Rundfunk unter dem NS-Regime, die „Spiegel-Affäre" von Franz Josef Strauß (1962) bis hin zur Kündigung des NDR-Staatsvertrages im Jahr 1978 durch die CDU-Landesregierung in Schleswig-Holstein unter Gerhard *Stoltenberg* als Form der politischen Auseinandersetzungen mit des SPD-Regierungen in Hamburg und Niedersachsen.[178] Die Reihe setzt sich fort über die Abwahl von Peter *Schiwy* als NDR-Intendanten und die Wahl von Jobst *Plog* durch die SPD nach dem Mehrheitswechsel in Norddeutschland 1990 als Retourkutsche, das rigide Pressegesetz von Oskar *Lafontaine* im Saarland bis hin zur der Debatte um den „Rotfunk" WDR, die mit dem *Stoiber/Biedenkopf*-Vorstoß zusammenhängt.[179] Jüngstes Beispiel ist die – auch politisch motivierte – Sparpolitik der rot-grünen Bundesregierung bei der Deutschen Welle.[180]

Die unterschiedlichen Beziehungen der beiden Volksparteien zu den freien Medien hat *Hoffmann* treffend zusammengefasst: Die Unionspolitiker streben einen größeren Spielraum für die privaten Rundfunkanbieter an, während die SPD die Position des öffentlich-rechtlichen Rundfunks stärken und die privatwirtschaftlichen Medienkonzerne entflechten möchte. Hinter dem Vorstoß der Unionspolitiker steckt dabei

---

175 *Breunig*, MP 1996, 195 (207).
176 Siehe *von Sell*, FK Nr. 13/1995, S. 1.
177 *Von Sell*, FK Nr. 13/1995, S. 1.
178 *Grätz*, Zur Zahl und Abgrenzung der ARD-Rundfunkanstalten, S. 6; *Herrmann*, Rundfunkrecht, § 4 Rn. 83 ff.
179 *Thull*, FK Nr. 6/1995, S. 1; ders. FK Nr. 16/1997, S. 3 f.; *Kops*, in: Kops/Sieben, S. 21 (62); *Buchwald*, in: Kops/Sieben, S. 393 (397); vgl. Der Spiegel Nr. 6/1995, S. 18 (20 f.).
180 *Kaschnick*, Journalist Nr. 10/1999, S. 49.

der Versuch, Verhandlungsmasse für die politische Einigung auf einen Medienstaatsvertrag aufzubauen.[181]

Es kann nicht von der Hand gewiesen werden, dass *Stoiber* und *Biedenkopf* mit ihrer Forderung nach einer Strukturreform das Motiv verfolgten, auf die Berichterstattung der ARD oder zumindest des WDR Einfluss zu üben. Insofern handelt es sich ihrem Vorstoß um den verfassungsrechtlich bedenklichen Versuch, durch Verweigerung der notwendigen Finanzierungsgrundlagen in programmliche Fragen einzugreifen.

Die Aufgabe des Rundfunk verlangt die Freiheit von jeglicher staatlicher Beeinflussung oder Beherrschung. Seiner öffentlichen Aufgabe muss der Rundfunk daher „staatsfrei" nachkommen können.[182] Dieser Grundsatz ist vor allem auf die geschichtlichen Erfahrung mit staatlicher Lenkung des Rundfunks zurückzuführen.[183] Der Staat hat die Rundfunkveranstalter von jeder Form der Lenkung und Behinderung freizuhalten. Die Politik darf nicht in die Programmgestaltung eingreifen. Vielmehr sind sie nur befugt, die Rahmenbedingungen des Rundfunks schlechthin auszugestalten.[184] Das muss auch für die DW gelten, der von der SPD-geführten Bundesregierung mehr und mehr die finanzielle Daumenschraube angelegt wird.

Besonders misslich bei der ganzen Debatte um die ARD ist, dass Fragen der Strukturen ständig mit Programmfragen vermischt werden. Bei der Strukturdebatte haben die Landesgesetzgeber die alleinige Kompetenz; die Frage nach der Programmgestaltung muss hingegen in den Landesrundfunkanstalten geklärt werden. Das muss auch in der öffentlichen, parteipolitisch beeinflussten Diskussion beachtet und getrennt werden.

Staatsferne heißt zudem, dass die politischen Entscheidungsträger den Bürgern und Rezipienten kein Rundfunksystem oktroyieren dürfen, das denen überhaupt nicht zusagt, bzw. mit dem sie sich nicht identifizieren können. Sie haben stets auf die Interessen der Bevölkerung Rücksicht zu nehmen.

So ist die in neuerer Zeit zu beobachtende Entwicklung zur gesetzlichen numerischen Festlegung der Programmanzahl angesichts der verfassungskräftigen dynamischen Programmautonomie zumindest problematisch.[185] Die Gesetzgeber sollten sich im Hinblick auf die Programmgestaltungsfreiheit nach Art. 5 Abs. 1 S. 2 GG auf gesetzliche Vorgaben für die Programm*anzahl* beschränken, nicht aber zusätzlich auch noch die Programm*ausrichtung* regeln. § 2 DLR-StV und § 3 SWR-StV gehen da zu weit und sollten nicht unbedingt als Vorbild für andere Rundfunkgesetze dienen.[186]

Der Gesetzgeber darf sich nicht als ermächtigt ansehen, den Rundfunk so zu organisieren, dass er die optimale Voraussetzung für eine ausgewogene Bildung der

---

181 *Hoffmann*, Möglichkeiten der Finanzierung öffentlich-rechtlichen Rundfunks in der Bundesrepublik Deutschland, S. 155.
182 BVerwGE 31, 314 (337); BVerfGE 12, 205 (241 ff.)
183 Vgl. *Schiwy*, in: Ricker/Schiwy, Rundfunkverfassungsrecht, Kap. D Tz. 3.
184 Siehe oben: § 3 B.VI.1. (S. 133 ff.).
185 BVerfGE 87, 181 (201); *Herrmann*, Rundfunkrecht, § 10 Rn. 8.
186 Anderer Ansicht ist *Scherer*, ZUM 1998, 8 (17).

445

öffentlichen Meinung liefert und allen politischen und kulturellen Richtungen quasi gewaltsam ein gleiches Gewicht einräumt. Eine solche staatliche Steuerungsbefugnis besteht nicht und kann auch nicht damit begründet werden, die Informationsfreiheit gebe jedem Bürger das Recht auf eine umfassende und objektive, seinen kommunikativen Bedürfnissen entsprechende Information.[187] Um diesem Anliegen zu entsprechen, reicht es aus, den Rundfunkanbietern die Pflicht zu umfassender Berichterstattung aufzuerlegen, wie es das Bundesverfassungsgericht in Form des Grundversorgungsauftrages getan hat.

Die Politiker müssen sich zur Besonnenheit mahnen lassen. Eine Demontage des freien Rundfunks – sei es direkt über gesetzliche Maßregelungen, sei es indirekt durch finanzielle Beeinflussung oder durch Drohgebärden – ist nicht nur verfassungswidrig, sondern auch politisch nicht wünschenswert. Eine Unterwerfung der Medien hätte eine nachhaltige Veränderung des politischen und gesellschaftlichen Klimas in der Bundesrepublik Deutschland zur Folge. Das kann nicht gewollt sein!

Die Politiker sollten nie vergessen, dass sie auch für Entscheidungen in Rundfunkfragen vom Volk legitimiert sind und deren Interessen vertreten müssen.

---

187 *Bullinger*, JZ 1987, 257 (260).

§ 7 Schlussbetrachtungen

Die vorangegangene Untersuchung hat einige Fragen beantwortet, viele aber auch offen lassen müssen. Fest steht, dass die Programmrealität im dualen Rundfunksystem durch eine strukturelle und programmliche Vielfalt auf beiden Seiten gekennzeichnet ist, die durchaus mit „medialem Reichtum" bezeichnet werden kann. Das Programmangebot der ARD leistet in diesem Gesamtsystem sowohl im Hörfunk als auch im Fernsehen einen unverzichtbaren Beitrag zur unerlässlichen Grundversorgung. Der pauschale Vorwurf, das ARD-Programmangebot sei zu ausdifferenziert und verspartet, trifft nicht zu. Auch von einer Konvergenz öffentlich-rechtlicher und privater Programme kann keine Rede sein.

Das heißt umgekehrt jedoch nicht, dass das ARD-Programmangebot generell als Grundversorgungskompatibel eingestuft werden kann, unabhängig von der Programmzahl oder Programmausrichtung. Berechtigte Zweifel bestehen vielmehr an der Funktionserforderlichkeit der öffentlich-rechtlichen Jugendwellen und der Satelliten-Kulturprogramme. Die ARD sollte zudem die Unterhaltungsschraube im „Ersten" zurückdrehen und die regionalen Aspekte und die Bildungsgehalte stärker in das Programm einfließen lassen. So sollten auch hochwertige und dennoch attraktive Informations- und Bildungssendungen im Nachmittags- und Vorabendprogramm Berücksichtigung finden.

Fest steht zudem, dass die derzeitigen Strukturen der ARD ökonomisch unzweckmäßig sind und in Anbetracht der anstehenden Globalisierung des Rundfunkmarktes immer mehr zur Hypothek für die Zukunft der Gemeinschaft werden. Durch einen extrem hohen Abstimmungsbedarf zwischen den Anstalten fehlt es an schnellen Entscheidungswegen, Flexibilität und Spontaneität.[1]

Hinsichtlich der Ausgewogenheit der Meinungen in der ARD sind überdies elementare Mängel zu beobachten: In der Gemeinschaft besteht de facto ein Ungleichgewicht zwischen den Mitgliedsanstalten zu Lasten der kleinen Landesrundfunkanstalten,[2] die in ihrer bundesweiten Bedeutung erheblich hinter dem WDR, dem NDR, dem BR, neuerdings dem SWR und mit Einschränkungen auch dem MDR zurückstehen.[3] Dennoch ist es wohl keine Lösung, die „Kleinen" für das Vordrängeln der „Großen" zu bestrafen und sie als Konsequenz einfach aufzulösen oder in Fusionen zu drängen.

Die Leistungsunterschiede in der Gemeinschaft haben ihre Ursache vor allem im extremen wirtschaftlichen Leistungsgefälle zwischen den kleinen Anstalten – RB (0,8 Prozent der Gebühreneinnahmen der ARD), SR (1,3 %), ORB (3,0 %) – und den großen Landesrundfunkanstalten – WDR (21,1 %), SWR (18,3 %), NDR (17,1 %) und BR (15,5 %).[4]

---

1 Vgl. § 6 A.II.3. (S. 422).
2 Vgl. § 4 A. (S. 183 ff.).
3 Vgl. Der Spiegel Nr. 6/1995, 18 (20 f.).
4 Quelle: ARD, siehe ARD-Jahrbuch 97, S. 290 ff.; vgl. Tabelle 1 (Anhang, S. 453).

Dazu kommen aufgrund der Veränderungen auf dem Werbemarkt erhebliche Einnahmenverluste bei den Landesrundfunkanstalten, die zwischen 1990 und 1997 in einer schweren Finanzkrise der Gemeinschaft gipfelten. Durch einen rigiden Sparkurs konnten die Landesrundfunkanstalten ihre Defizite auffangen und die Gemeinschaft zurück in die Wirtschaftlichkeit führen. Die akute Krise konnte damit überwunden werden.

Die Zeit ist gekommen, tiefgreifende Reformen umzusetzen. Dazu haben die Landesrundfunkanstalten nach ihren ersten Sparerfolgen gerade jetzt die finanziellen Spielräume. Nur vor dem Hintergrund höherer Effizienz war eine Fusion von SWF und SDR möglich, die schließlich in der Anfangszeit eher Zusatzkosten als Einsparungen bringt. Und nur jetzt – da die Mittel für Übergangsregelungen vorhanden sind – werden auch tiefgreifendere Reformen umzusetzen sein.

„Bündelung von Kräften, Ausschöpfung von Kooperationsmöglichkeiten, Erzielung von Synergieeffekten... – das werden auch in den nächsten Jahren die Schlagworte der ARD sein, wenn es um die Realisierung effektiv gestalteter Programmangebote geht."[5] Sowohl im Hinblick auf die Zuschauerakzeptanz in einem schärfer werdenden publizistischen Wettbewerb als auch in ökonomischer Hinsicht müssen sich die Verantwortlichen in den Staatskanzleien und Landesrundfunkanstalten zukunftsträchtige Lösungen einfallen lassen. Auf die Dauer – da ist dem ZDF-Intendanten Dieter *Stolte* zuzustimmen – werden nur leistungsfähige Betriebseinheiten überleben können.[6]

Auf jeden Fall müssen die öffentlich-rechtlichen Rundfunkanstalten auf Besitzstände verzichten und unternehmerische Denkweisen annehmen. Die ARD wird sich kaum auf die Position ihres früheren Vorsitzenden, dem BR-Intendanten Albert *Scharf*, zurückziehen können, der noch 1995 angesichts eines 300-Mio.-Mark-Loches im ARD-Haushalt Durchhalteparolen ausgab und glaubte, Defizite seien nicht zu vermeiden, „wenn wir den Hörern und Zuschauern [...] die gewohnten Qualitätsprogramme anbieten [wollen]"[7].

Sparsamkeit und Wirtschaftlichkeit müssen das oberste Gebot für die ARD bleiben – auch auf absehbare Zeit. Um weitere Spar- und Rationalisierungspotentiale zu erschließen, muss allerdings auch über tiefgreifende Reformen der Strukturen nachgedacht werden. Im Mittelpunkt der Überlegungen dürfen dabei auf keinen Fall nur wirtschaftliche Aspekte stehen. Zu fragen ist vielmehr angesichts der Systematik des Art. 5 Abs. 2 S. 1 GG, welches Strukturmodell am besten die publizistische Vielfalt verspricht. Das Ziel der ökonomischen Effizienz muss letztlich als zweitrangig dahinter zurücktreten. Bei allen Überlegungen muss es letztlich also darum gehen, das kommunikationspolitische Ziel der publizistischen Vielfalt mit dem Ziel der ökonomischen Effizienz in Einklang zu bringen.[8]

---

5 So hat es der Günter *Struve* 1996 formuliert; in: Kops/Sieben, S. 201 (207).
6 Vgl. FK Nr. 6/1995, S. 4.
7 FK Nr. 48/1995, S. 11.
8 Vgl. *Gläser*, in: Kops/Sieben, S. 275 (278).

Die Vorschläge für eine Umstrukturierung sind vielfältig. Nach Begutachtung der programmlichen Möglichkeiten kommt ein mehrschrittiges Modell in Betracht. Auf jeden Fall sollte so bald wie möglich Bremen dem NDR-StV beitreten (nach § 45 NDR-StV) und das Saarland dem SWR-StV (nach § 40 SWR-StV). Berlin und Brandenburg sollten durch den Abschluss eines entsprechenden Staatsvertrages ihre Rundfunkanstalten in einen ODR überführen.

Bei der Fassung des ODR-StV sollten von vornherein Beitrittsmöglichkeiten für weitere Bundesländer bestehen. In einem zweiten Schritt sollte Sachsen-Anhalt, falls das zeitlich überhaupt noch möglich ist, zum 31.12.2000 den MDR-Staatsvertrag kündigen und am 1.1.2001 dem ODR beitreten. Das würde gleichzeitig den Weg für das Bundesland Hessen freimachen, zum gleichen Tag mit Sachsen und Thüringen einen Staatsvertrag über einen „neuen" MDR zu schließen.

Im vorerst letzten Schritt könnte schließlich Mecklenburg-Vorpommern zum 28.02.2002 aus dem NDR-StV austreten und sich nach der Auseinandersetzung des NDR-Vermögens am 1.3.2002 dem ODR anschließen.

In nur drei Jahren könnte somit ein Neuzuschnitt der ARD mit sechs vergleichbaren Anstalten geschaffen werden. Ein Finanzausgleich, dessen gesetzliche Ausgestaltung ohnehin anpassungsbedürftig ist, wäre dann überflüssig. Es bietet sich also an, die Ausgleichsregelung bis zu diesem Zeitpunkt ausnahmsweise zu verlängern, um das Leistungsgefälle in der ARD auszugleichen.

Außerdem sollte ab dem 1. März 2002 die „neue ARD" nur noch aus ihren Gebühreneinnahmen finanziert werden. Auf Werbung sollte – mit Ausnahme der Werbung bei Ereignisübertragungen – verzichtet werden.[9]

Es ist davon auszugehen, dass die neu zugeschnittene ARD nach einer Übergangszeit einen höheren Effizienzgrad erreichen wird. Sollte eine weitergehende Beschränkung der Werbung also finanzielle Einbußen bei den sechs Landesrundfunkanstalten verursachen, so könnten diese durch die erwartete Effizienzsteigerung aufgefangen werden. Während der vermutlich notwendigen Übergangszeit, in der die Umstrukturierungen zusätzliche Kosten aufwerfen und etwa bis zum Jahr 2010 dauern wird, sollten die von der KEF prognostizierten Überschüsse schon jetzt in einem „Sonderfonds Strukturreform" angelegt und ab 2002 während Übergangsregelungen für Abfindungen, Pensionen und zum Ausgleich der Werbeverluste verwendet werden.

Unbedingt erforderlich ist eine strikte Reform der Produktions- und Organisationsstrukturen der ARD-Anstalten.[10] Die Landesgesetzgeber müssen sich über zusätzliche Sparpotentiale, die effektivere Ausnutzung personeller, technischer und programmlicher Ressourcen im Sinne einer positiven Stabilisierung des öffentlich-rechtlichen Rundfunks und damit letztendlich der gesamten dualen Rundfunkordnung Gedanken machen.[11] Der Zwang zu höherer Kostentransparenz und drohende regionalisierte Rundfunkgebühren, die nach Wegfall des Finanzausgleichs ohne gleichzeitige

---

9 Siehe oben. § 6 A.I.1.d. (S. 407).
10 Vgl. *Jenke*, in: Ory/Bauer, Hörfunk-Jahrbuch '94, S. 87 (96).
11 Vgl. *Kresse*, ZUM 1995, 178 (185 f.).

Strukturreform unumgänglich wären, werden jedenfalls eine Strukturreform der ARD und der in ihr zusammengeschlossenen Rundfunkanstalten erzwingen. Trotz der bestehenden Möglichkeiten zur Kostensenkung darf den öffentlichrechtlichen Rundfunkanstalten dabei auf lange Sicht der finanzielle Rahmen für Innovationen im technischen wie im programmlichen Bereich nicht versagt werden. Neue Medien dürfen für die ARD kein Tabu sein, nicht zuletzt, weil die kommerziellen Medienkonzerne diesen Markt allzu gerne monopolisieren würden.[12] Auch hierfür müssen den Landesrundfunkanstalten weiterhin die notwendigen Ressourcen zur Verfügung stehen.

Bei allen Empfehlung ist durchaus berücksichtigt worden, dass Fusionen, Neugründung von leistungsfähigeren Anstalten und die Kündigungen von Staatsverträgen stets politischen Beschlüsse voraussetzt – Maßnahmen, die auf vielfältigen politischen Widerstand treffen.

Es handelt sich bei den Empfehlungen jedoch um die besten Lösungen, sowohl unter programmlichen als auch unter wirtschaftlichen Gesichtspunkten. Diesen Argumenten können sich letztlich auch lokalpatriotische Landespolitiker nicht verschließen.

Die Zeit ist reif, eine Modernisierung der ARD anzugehen.

Die Politiker sollten sich ein Herz nehmen und die notwendigen strukturellen Erneuerung im öffentlich-rechtlichen Rundfunk angehen. Der Wähler wird es ihnen danken. Verzagtheit und Drohungen mit einem provinziellen Alleingang oder gar mit offenem Verfassungsbruch[13] werden sich auf Dauer nicht auszahlen.

Dabei wäre es jedoch grundlegend falsch, in hektische Betriebsamkeit zu verfallen – oder wie es *Adelt* ausdrückt: die Maßnahmen „in Anbetracht der geradezu historischen Bedeutung [...] im Schnellschritt zu erfüllen"[14].

Die Fehler, die bei der Fusion von SWF und SDR unbestritten begangen wurden, zeigen, wie schnell plurale und damit föderale Strukturen im öffentlich-rechtlichen Rundfunk missverstanden werden.[15] Es ist also ratsam, bei der Erneuerung der ARD Besonnenheit walten zu lassen und vor allem einen gesellschaftlichen Konsens zu suchen. Bevor man die Meinungsvielfalt, den Rundfunkföderalismus und damit auch den politischen Föderalismus mit Übereifer beschädigt, sollten zunächst sämtliche

---

12 *Struve*, in: Kops/Sieben, S. 201 (212).
13 Reinhard *Klimmt* sei hier nichts unrechtes unterstellt. Es kann davon ausgegangen werden, daß der Bundesverkehrsmister und SPD-Medienexperte keineswegs einen Verfassungsbruch im Auge hatte, als er mit einem Austritt des Saarlandes aus ARD und ZDF drohte und den SR mit „Werbung nach Gutdünken" finanzieren wollte, sondern lediglich in Unkenntnis der Verfassungslage politische Interessen verfolgte; vgl. *Klimmt*, in: Kops/Sieben, S. 179 (189).
14 *Adelt*, Die künftige Finanzierung des öffentlich-rechtlichen Rundfunks, S. 5.
15 Vgl. FK Nr. 22/1997, S. 20 (21).

Kooperationsmöglichkeiten ausgelotet und vor allem auch ausgenutzt werden.[16] Das bringt schnell Einsparungen und erfordert keinen politischen Konsens.[17]

Im übrigen sei noch einmal betont, dass die Organisationsstruktur immer nur Unterstützung und Voraussetzung für das Erreichen des eigentlichen Ziels der ARD ist: die Gewährleistung eines freien ungestörten Meinungsbildungsprozesses in der Bundesrepublik Deutschland. Was der damalige ARD-Vorsitzende *von Sell* 1979 über eine Reform der ARD sagte, ist auch nach 20 Jahren von ungebrochener Richtigkeit:

> Entsprechend der legitimen Erwartungshaltung [der] Bürger sind Reformen das ständige Bemühen, das jeweils beste Programm anzubieten. Dabei muss unsere Priorität [...] in der Wahrung der Programmstandards und in deren Optimierung liegen.[18]

1995 argumentierte er ähnlich, meinte aber das gleiche:

> Sparen, Organisieren, Rationalisieren sind keine Unternehmensziele. Sie haben dienende Funktion für vernünftiges Wirtschaften, sind Produktionsfaktoren. Ihre „Beförderung" zu Unternehmenszielen zielt begriffslogisch auf das Gegenteil jeder Unternehmung, auf deren Liquidation: Am billigsten ist, konsequent gedacht, gar kein Rundfunk.[19]

Der öffentlich-rechtliche Rundfunk ist für das Publikum da und muss sich an den Publikumswünschen orientieren: Eine ARD ohne Publikumsakzeptanz würde letztlich die politische Akzeptanz der Gebührenfinanzierung des öffentlich-rechtlichen Rundfunks gefährden. Den Landesrundfunkanstalten bleibt vorerst nur die Doppelstrategie, einerseits den gesetzlichen Programmauftrag durch eine große Vielfalt von zielgruppenspezifischen Angeboten zu erfüllen, andererseits die eigene medienpolitische Legitimation durch möglichst breite Publikumsakzeptanz abzusichern.[20]

Doch auch Einschaltquoten dürfen nicht im Mittelpunkt des Interesses stehen. Es muss auch weiterhin die Aufgabe der ARD sein, Orientierungs- und Hintergrundinformation zu liefern. Solche Sendungen aber können nicht mit herkömmlichen Maßstäben beurteilt werden. Sie sind Minderheitenprogramme, die auch als solche bezeichnet und verstanden werden sollten, wobei aber durch eine entsprechend moderne Gestaltung auch ein breiteres Publikum nicht von vornherein ausgeschlossen werden darf.[21] Das Programm der ARD muss gleichwohl auch die Funktion meriotischer Güter erfüllen.[22]

---

16 So wohl auch *Dörr*, MP 1996, 621 (627).
17 *Voß*, Interview mit dem Hamburger Abendblatt Nr. 88/1998 v. 16.4.1998, S. 11.
18 Vgl. *von Sell*, in: ARD – im Gespräch, S. 5 (10).
19 Vgl. *von Sell*, FK Nr. 13/1995, S. 1 (3).
20 *Hoffmann-Riem*, Pay-TV im öffentlich-rechtlichen Rundfunk, S. 120 (These 8); *Jenke*, in: Ory/Bauer, Hörfunkjahrbuch '94, S. 98.
21 Vg. *Struve*, ARD-Jahrbuch 94, S. 21 (24); *Niepalla*, Die Grundversorgung durch die öffentlich-rechtlichen Rundfunkanstalten, S. 122.
22 *Kops/Sieben*, in: Kops/Sieben, S. 9 (16); *Kiefer*, MP 1995, 100 (110, 113).

Deshalb bleibt als letztes Fazit die Feststellung, dass die Struktur der ARD so gestaltet werden muss, dass ein möglichst preisgünstiges öffentlich-rechtliches Programmangebot bestehen kann, das gleichermaßen für Mehrheiten und für Minderheiten gemacht ist. Das ist der Spagat, dem sich die ARD angesichts ihres Grundversorgungsauftrages stellen muss!

Anhang

Tabelle 1: Die Finanzeckdaten der Landesrundfunkanstalten zum 31.12.1998

	Gebühren-haushalte[1]		Gebühren-einnahmen[2]		Netto-Werbe-einnahmen[2]		Sonstige Erträge	
	Anzahl	%	T€	%	T€	%	T€	%
BR	5.825.530	15,6	672.253	15,5	44.829	16,00	139.278	13,2
HR	2.918.242	7,8	336.510	7,7	35.724	12,75	69.992	6,6
MDR	4.037.567	10,8	489.634	11,3	24.019	8,57	189.738	18,0
NDR	6.447.038	17,3	745.990	17,1	37.969	13,55	129.986	12,3
ORB	1.067.082	2,9	129.524	3,0	11.760	4,20	30.178	2,9
RB	338.063	0,9	36.620	0,8	17.168	6,13	13.302	1,3
SR	476.120	1,3	55.239	1,3	6.336	2,26	9.956	0,9
SFB	1.544.351	4,1	169.730	3,9	116	0,04	42.327	4,0
SWR	6.814.769	18,2	797.154	18,3	85.579	30,53	124.372	11,8
WDR	7.890.075	21,1	918.211	21,1	16.766	5,98	306.881	29,1
Summe	37.358.837	100	4.350.865	100	280.266	100	1.056.010	100

	Originäre Finanzkraft[2]		Finanzaus-gleich	Gesamt-finanzkraft[4]		Anteil
	T€	%	T€	T€	%	%
BR	856.360	15,1	-14.316	842.044	14,8	-1,67
HR	442.226	7,8	-4.090	438.136	7,7	-0,92
MDR	703.391	12,4		703.391	12,4	
NDR	913.945	16,1	-10.226	903.719	15,9	-1,12
ORB	171.462	3,0		171.462	3,0	
RB	67.090	1,2	41.650	108.740	1,9	+62,08
SR	71.531	1,3	48.424	119.955	2,1	+67,70
SFB	212.173	3,7	5.113	217.286	3,8	+2,41
SWR	1.007.105	17,7	-13.805	993.300	17,5	-1,37
WDR	1.241.858	21,8	-47.637	1.194.221	21,0	-3,84
Summe	5.687.141	100	-5.1133	5.692.254	100	

[1] Norddeutscher Rundfunk, HA Finanzverwaltung, siehe MP 1998, 93. Stand: 31.12.1997.
[2] Quelle: ARD, siehe: ARD-Jahrbuch 99, S. 340 ff.
[3] Regelung für die Jahre 1997 bis 2000, Quelle: ARD, siehe Schneider, Journalist Nr. 6/1997, S. 56 (57), *Ring*, Medienrecht, C-0.3, § 11 RStV Rn. 17. Die Differenz von 10 Mio. jährlich wird durch eine gesonderte Vereinbarung gecleart.
[4] Quelle: für die Anzahl der Gebührenhaushalte, siehe SWR, Nehmen Sie schon mal Platz, S. 8; übrige Spalten: Summe aus der Finanzstatistik von SWF und SDR.

Tabelle 2: Anteil der Gebühren und Werbeeinnahmen an den Gesamteinnahmen

	Gebühren		Netto-Werbe-einnahmen		Gesamteinnahmen (ohne Finanzausgleich)
	T€	%	T€	%	T€
BR	672.253	15,5	44.829	16,00	856.360
HR	336.510	7,7	35.724	12,75	442.226
MDR	489.634	11,3	24.019	8,57	703.391
NDR	745.990	17,1	37.969	13,55	913.945
ORB	129.524	3,0	11.760	4,20	171.462
RB	36.620	0,8	17.168	6,13	67.090
SR	55.239	1,3	6.336	2,26	71.531
SFB	169.730	3,9	116	0,04	212.173
SWR	797.154	18,3	85.579	30,53	1.007.105
WDR	918.211	21,1	16.766	5,98	1.241.858
Summe	4.350.865	100.0	280.266	100.00	5.687.141

(Stand: 1998)

Tabelle 3: Das Verhältnis der Gebühreneinnahmen zu den Werbeeinnahmen

	Gebühren[5]		Netto-Werbe-einnahmen[6]		Finanz-Index (Verhältnis Werbe- zum Gebührenanteil)
	T€	%	T€	%	
BR	672.253	15,5	44.829	16,0	1,03
HR	336.510	7,7	35.724	12,7	1,65
MDR	489.634	11,3	24.019	8,6	0,76
NDR	745.990	17,1	37.969	13,5	0,79
ORB	129.524	3,0	11.760	4,2	1,40
RB	36.620	0,8	17.168	6,1	7,63
SR	55.239	1,3	6.336	2,3	1,77
SFB	169.730	3,9	116	0,0	0,00
SWR	797.154	18,3	85.579	30,5	1,67
WDR	918.211	21,1	16.766	6,0	0,28
Summe	4.350.865	100.0	280.266	100.0	1

(Stand: 1998)

---

[5] Quelle: ARD, siehe ARD-Jahrbuch 99, S. 340 ff.; *Helfer/Debus*, MP 1997, 298 (303 f.).

Tabelle 4: Das Verhältnis eigener Gebühreneinnahmen zu den besetzten Stellen

	Gebühren[5]		Personal[6]		Personal-Index
	TDM	%	Plan-stellen	%	(Personal- zum Gebührenanteil)
BR	1.284.701	15,4	2992	13,46	0,87
HR	641.857	7,7	1845	8,3	1,08
MDR	948.038	11,3	2088	9,39	0,83
NDR	1.412.535	16,9	3503	15,76	0,93
ORB	246.626	3,0	637	2,87	0,96
RB	70.802	0,8	606	2,73	3,41
SR	105.400	1,3	775	3,49	2,68
SFB	335.507	4,0	1077	4,85	1,21
SWR	1.535.183	18,4	4082	18,37	1,00
WDR	1.778.947	21,3	4409	19,84	0,93
Summe	8.359.596	100.0	22.225	100	1

(Stand: 1998)

Tabelle 5: Originäre und tatsächlich Finanzkraft der Anstalten

	Originäre Finanzkraft		Gesamt-finanzkraft	
	T€	%	T€	%
BR	856.360	15,1	842.044	14,8
HR	442.226	7,8	438.136	7,7
MDR	703.391	12,4	703.391	12,4
NDR	913.945	16,1	903.719	15,9
ORB	171.462	3,0	171.462	3,0
RB	67.090	1,2	108.740	1,9
SR	71.531	1,3	119.955	2,1
SFB	212.173	3,7	217.286	3,8
SWR	1.007.105	17,7	993.300	17,5
WDR	1.241.858	21,8	1.194.221	21,0
Summe	5.687.141	100.0	5.692.254	100.0

---

[6] Quelle: ARD, siehe ARD-Jahrbuch 99, S. 374.

Abbildung 1: Originäre und tatsächlich Finanzkraft der Anstalten

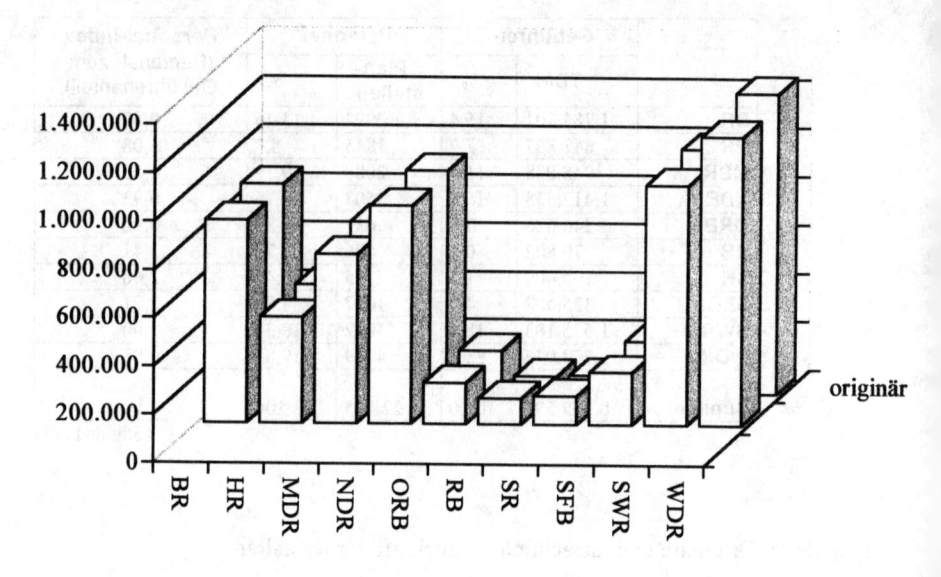

Abbildung 2: Gebührenexplosion bei ARD und ZDF   (Angaben in TDM)[7]

Jahr	TDM
1971	1759
1974	2276
1978	2696
1981	3221
1984	4237
1988	4523
1990	5383
1992	8221
1996	10135
1998	10972
2001	12270

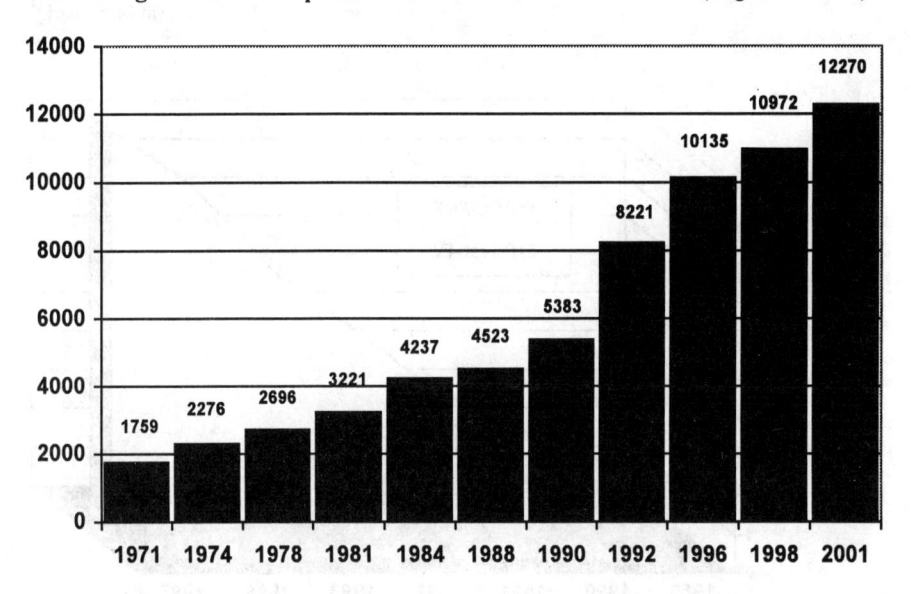

[7] Quelle: ARD, siehe *Adelt*, Die künftige Finanzierung des öffentlich-rechtlichen Rundfunks, S. 17; ARD-Jahrbuch 97, S. 290 f.; ARD-Jahrbuch 98, S. 356. Die Zahlen für das Jahr 2001 beruhen auf einer Prognose, die aus der von der KEF empfohlenen Gebührenerhöhung resultiert.

Abbildung 3: Entwicklung der Nettoeinnahmen aus der TV-Werbung 1989-1993
(in Mrd. Mark)[8]

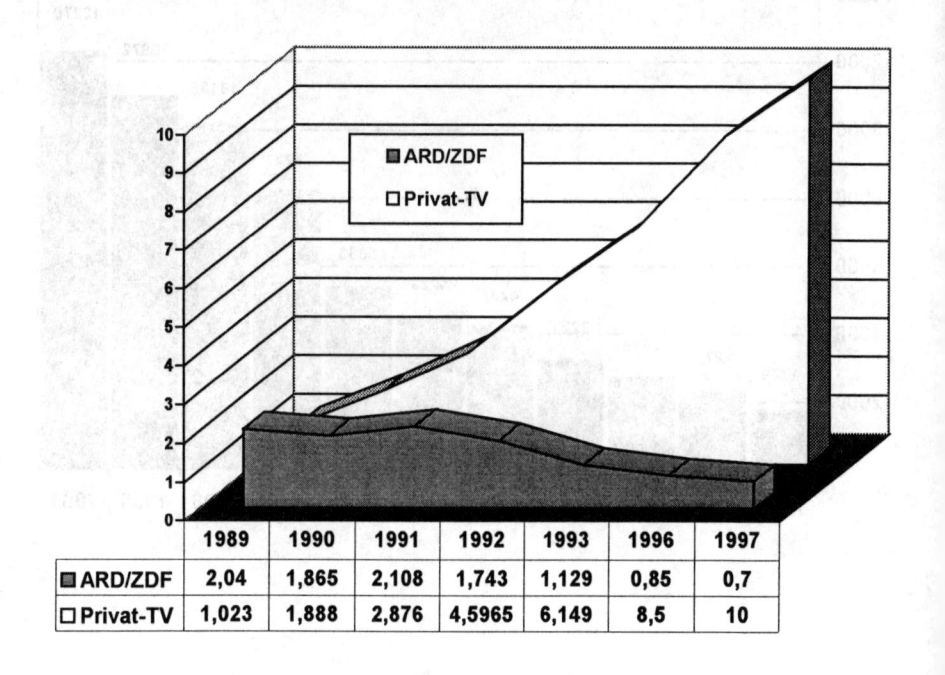

	1989	1990	1991	1992	1993	1996	1997
■ ARD/ZDF	2,04	1,865	2,108	1,743	1,129	0,85	0,7
☐ Privat-TV	1,023	1,888	2,876	4,5965	6,149	8,5	10

---

[8] Quelle: S&P, Horizonte 1994, siehe *Adelt*, Die künftige Finanzierung des öffentlich-rechtlichen Rundfunks, S. 17; die Einnahmen der Privaten für 1996 und 1997 sind geschätzt, die der Öffentlich-rechtlichen stammt aus dem ARD-Jahrbuch 97, S. 290 f. bzw. ARD-Jahrbuch 98, S. 380 f. und sind auf das ZDF hochgerechnet.

Abbildung 4: Programm-Herstellungskosten im Ersten Deutschen Fernsehen
(Durchschschnitt 6027 Mark pro Minute) [9]

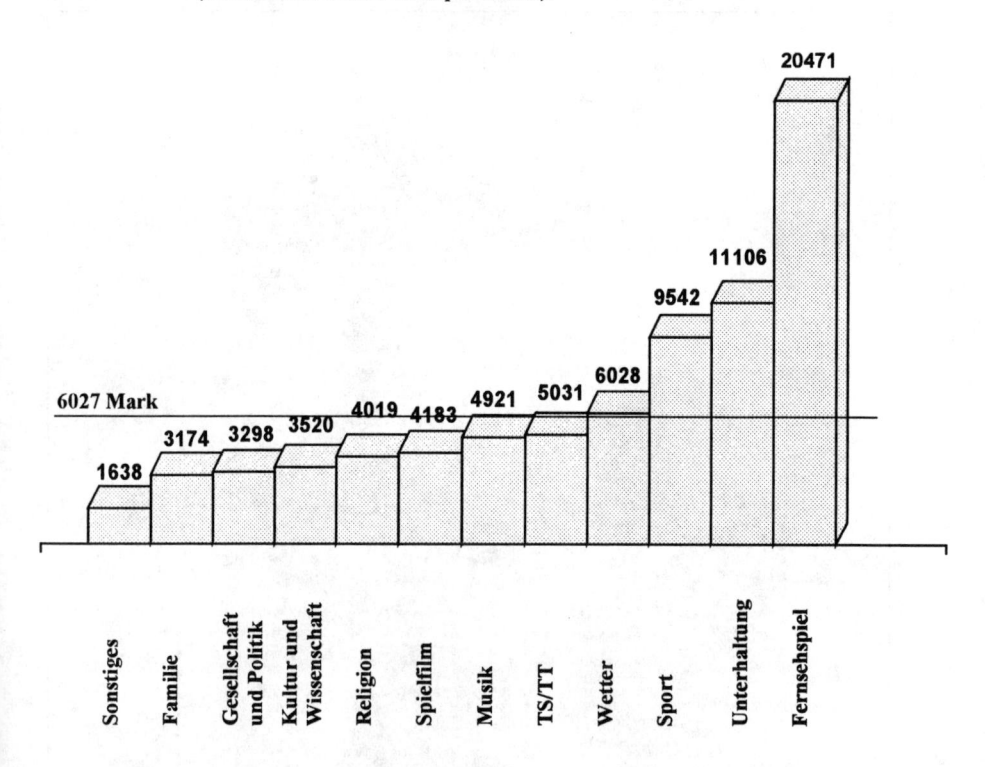

Kategorie	Mark
Sonstiges	1638
Familie	3174
Gesellschaft und Politik	3298
Kultur und Wissenschaft	3520
Religion	4019
Spielfilm	4183
Musik	4921
TS/TT	5031
Wetter	6028
Sport	9542
Unterhaltung	11106
Fernsehspiel	20471

[9] Quelle: ARD-Jahrbuch 1997.

Abbildung 5: Die ARD und ihre Mitglieder[10]

---

[10] Quelle: ARD, ARD Radio & TV 97/98 Deutsch.

Abbildung 6: Die ARD Ende 1999[12] Abbildung 7: Die 7er-ARD[11]
(Die 10er-ARD)

RB 351.000
NDR 6.419.000
SFB 1.932.000
WDR 7.960.000
MDR 4.897.000
HR 2.671.000
ORB 1.247.000
SR 487.000
SWR 6.160.000
BR 5.273.000

NDR 6.770.000
ODR 3.179.000
WDR 7.960.000
MDR 4.897.000
HR 2.671.000
SWR 6.647.000
BR 5.273.000

Abbildung 8: Die 7er-ARD[12]   Abbildung 9: Die 5er-ARD[12]
(Stoiber/Biedenkopf)

"NWDR" 5.858.000
"NODR" 4.091.000
WDR 7.960.000
MDR 4.897.000
"SRPHR" 4.885.000
"RBW" 4.433.000
BR 5.273.000

NDR 6.770.000
WDR 7.960.000
"MODR" 8.076.000
SWDR 9.318.000
BR 5.273.000

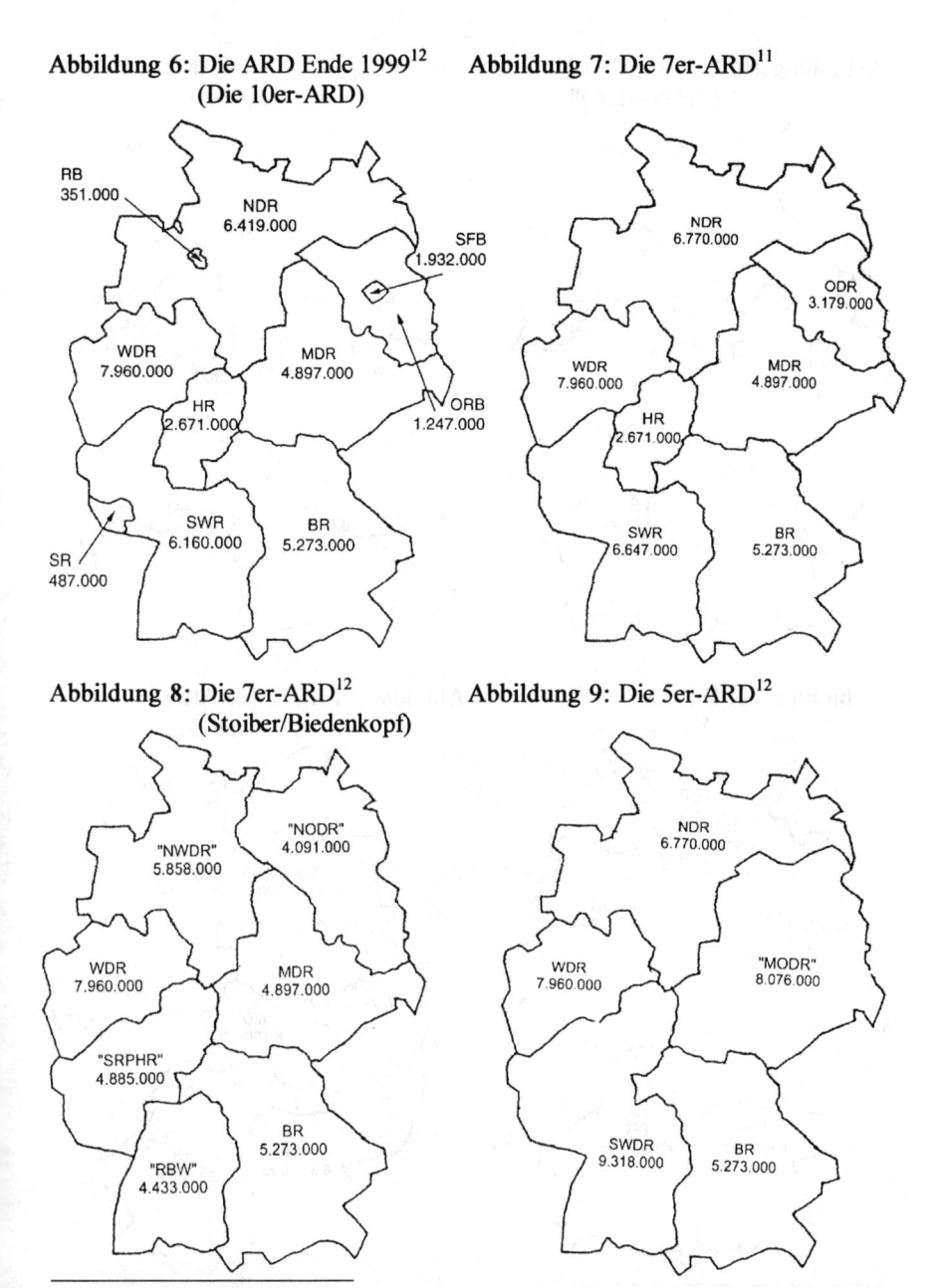

[11] Die Zahlen bezeichnen die Anzahl der Gebührenhaushalte im jeweiligen Sendegebiet der dargestellten Landesrundfunkanstalten (Quelle: Deutsche Telekom, siehe FK Nr. 5/1997, S. 14 f.)

Abbildung 10: Die 6er-ARD[13]
(Reiter-Modell)

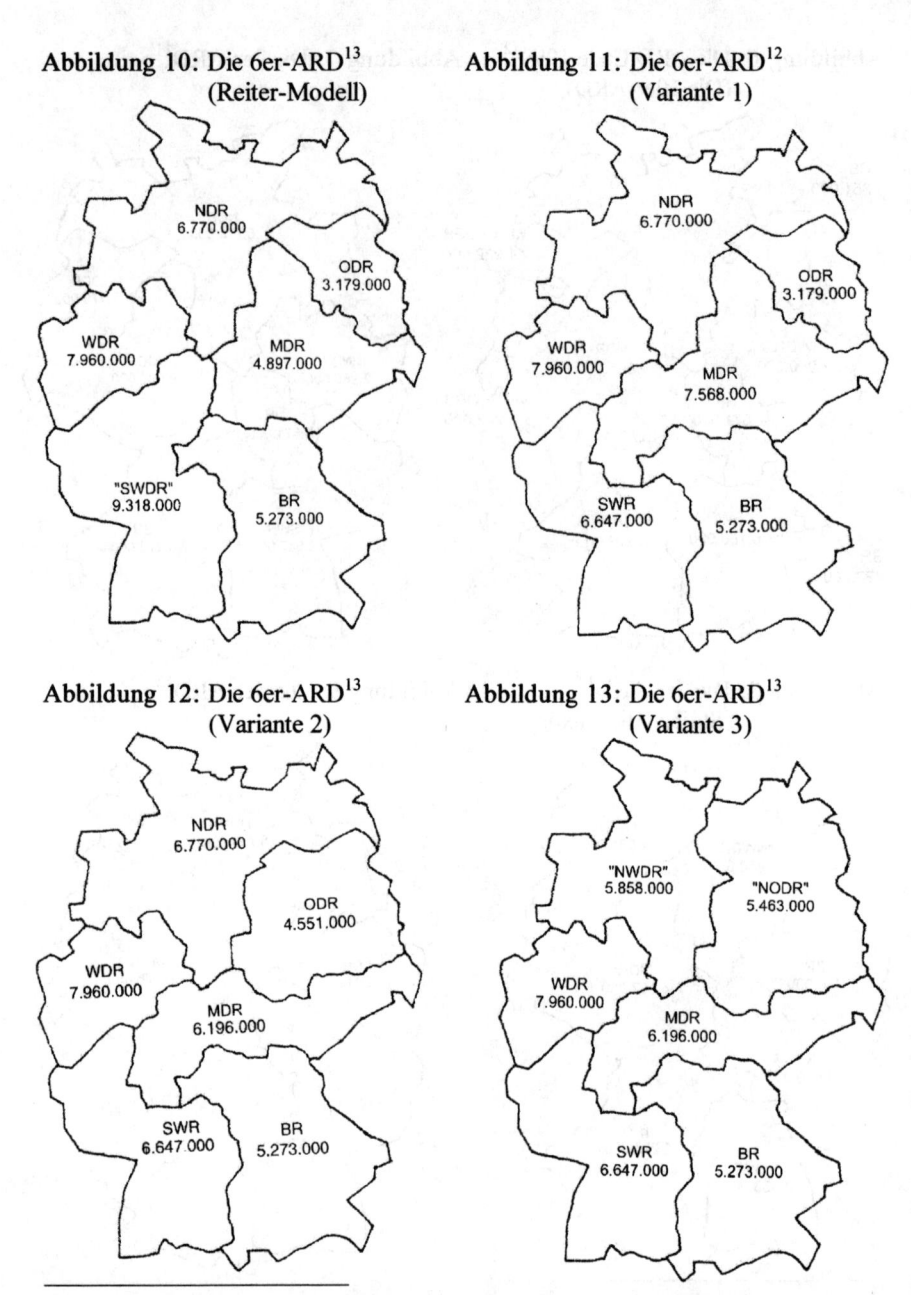

NDR 6.770.000
ODR 3.179.000
WDR 7.960.000
MDR 4.897.000
"SWDR" 9.318.000
BR 5.273.000

Abbildung 11: Die 6er-ARD[12]
(Variante 1)

NDR 6.770.000
ODR 3.179.000
WDR 7.960.000
MDR 7.568.000
SWR 6.647.000
BR 5.273.000

Abbildung 12: Die 6er-ARD[13]
(Variante 2)

NDR 6.770.000
ODR 4.551.000
WDR 7.960.000
MDR 6.196.000
SWR 6.647.000
BR 5.273.000

Abbildung 13: Die 6er-ARD[13]
(Variante 3)

"NWDR" 5.858.000
"NODR" 5.463.000
WDR 7.960.000
MDR 6.196.000
SWR 6.647.000
BR 5.273.000

---

[12] Die Zahlen bezeichnen die Anzahl der Gebührenhaushalte im jeweiligen Sendegebiet der dargestellten Landesrundfunkanstalten (Quelle: Deutsche Telekom, siehe FK Nr. 5/1997, S. 14 f.)

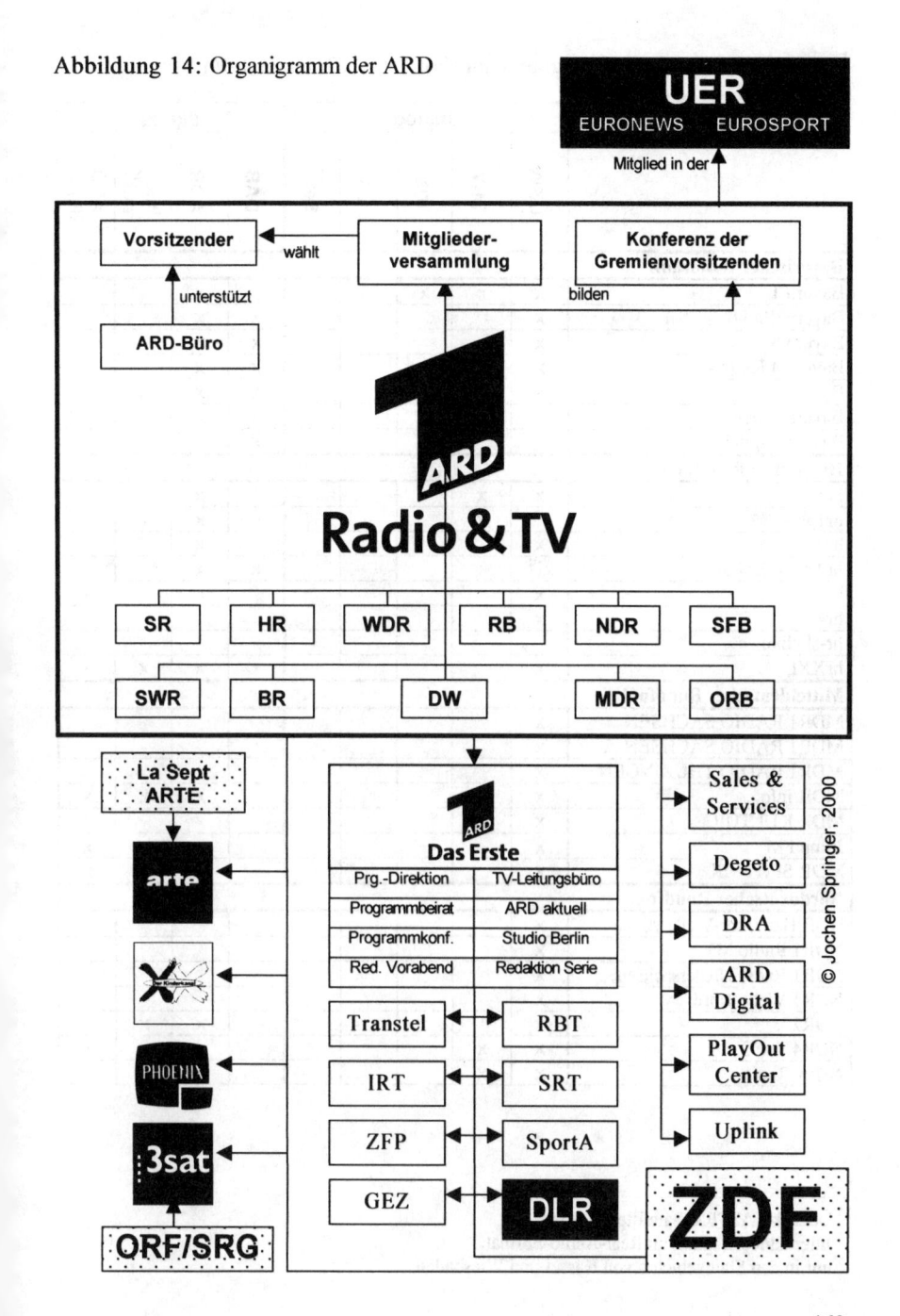

Abbildung 14: Organigramm der ARD

UER
EURONEWS EUROSPORT

Mitglied in der

Vorsitzender ←wählt— Mitgliederversammlung   Konferenz der Gremienvorsitzenden

unterstützt   bilden

ARD-Büro

ARD Radio & TV

| SR | HR | WDR | RB | NDR | SFB |
| SWR | BR | DW | | MDR | ORB |

La Sept ARTE

arte

Das Erste

Prg.-Direktion	TV-Leitungsbüro
Programmbeirat	ARD aktuell
Programmkonf.	Studio Berlin
Red. Vorabend	Redaktion Serie

Transtel	RBT
IRT	SRT
ZFP	SportA
GEZ	DLR

Sales & Services

Degeto

DRA

ARD Digital

PlayOut Center

Uplink

PHOENIX

3sat

ORF/SRG

ZDF

© Jochen Springer, 2000

463

Übersicht 1: Das Hörfunkprogrammangebot der ARD (Stand: 1999)

	analog					digital			
	UKW	MW	KW	LW	Sat[13]	DAB	ADR	Internet[14]	ARD digital
Bayerischer Rundfunk									
Bayern 1	x	x	x				x		
Bayern2Radio	x					x	x		
Bayern 3	x					x	x		
Bayern 4 Klassik	x					x	x		x
B5 aktuell	x	x	x			x	x	x	x
Bayern Mobil						x	x		
Bayern Digital						x			
Hessischer Rundfunk									
hr1	x	x					x		
hr1plus		x					x		x
hr2	x						x		
hr2 plus: Klassik	x/[15]					x	x		x
hr3	x						x		x
hr4	x								
hr-skyline						x			
hrXXL	x					x	x	x	x
Mitteldeutscher Rundfunk									
MDR1 RADIO SACHSEN	x								
MDR1 RADIO SACHSEN-A.	x								
MDR1 RADIO THÜRINGEN	x								
MDR info	x	x					x	x	x
MDR KULTUR	x						x		x
Jump FM	x						x	x	x
MDR SPUTNIK	x						x	x	x
Norddeutscher Rundfunk									
NDR Hamburg-Welle 90,3	x								
NDR1 Radio MV	x								
NDR1 Radio Niedersachsen	x								
NDR1 Welle Nord	x								
NDR2	x						x	x	
NDR4 INFO	x	x					x	x	x
N-Joy Radio	x	x					x	x	

---

[13] Über das ASTRA-Satelliten-Gestirn.
[14] Internetübertragung im Real-Audio-Format.
[15] nur in den Stadtgebieten von Kassel und Wiesbaden.

	analog					digitale			
	UKW	MW	KW	LW	Sat[16]	DAB	ADR	Internet[17]	ARD digital
Ostdeutscher Rundfunk Brandenburg									
ANTENNE BRANDENBURG	x						x		
Radio Bremen									
RB HANSAWELLE	x						x		
RADIO BREMEN2	x								x
RADIO BREMEN melodie	x						x		
RADIO BREMEN vier	x						x		
Saarländischer Rundfunk									
SR1 Europawelle	x						x		
SR2 KulturRadio	x						x		
SR3 Saarlandwelle	x								
SR4	x						x		
UnserDing	x								
Sender Freies Berlin									
Berlin 88Acht	x								
SFB4 MultiKulti	x	x						x	x
SFB/ORB									
InfoRadio	x							x	
Radio EINS	x						x		
*radio kultur	x						x		
Fritz	x						x		x
NDR/SFB/ORB									
Radio 3	x						x		x
Südwestrundfunk									
SWR1 Baden-Württemberg	x	x					x		
SWR1 Rheinland-Pfalz	x	x					x		
SWR2	x						x		
SWR3	x		x				x	x	
SWR 4 Baden-Württemberg	x	x						x	
SWR 4 Rheinland-Pfalz	x								
DASDING	x						x	x	

---

[16] Über das ASTRA-Satelliten-Gestirn.
[17] Internetübertragung im Real-Audio-Format.

	analog					digital			
	UKW	MW	KW	LW	Sat[18]	DAB	ADR	Internet[19]	ARD digital
Westdeutscher Rundfunk									
WDR EINS LIVE	x						x	x	
WDR2	x	x					x		
WDR3	x						x		x
WDR4	x						x		
WDR Radio 5 (mit sieben Fernstern)	x						x		x
WDR Radio 5 Funkhaus Europa	x				x				
Digital Radio („WDR2 Klassik")						x			
Deutschlandfunk									
Deutschlandfunk	x	x		x	x		x		x
DeutschlandRadio Berlin	x	x	x	x	x		x		x
62 ARD-Inlandsprogramme	**57**	**14**	**4**	**2**	**3**	**11**	**42**	**13**	**19**
Auslandsprogramme der Deutschen Welle									
DW-radio/Deutsches Programm			x				(x)[20]	x	
DW-radio Fremdsprachenprogramme (34x)	(x)[21]	(x)[17]	x				(x)[16]	x	
97 Programme insgesamt			**39**	**2**		**10**			**19**

---

[18] Über das ASTRA-Satelliten-Gestirn.
[19] Internetübertragung im Real-Audio-Format.
[14] Über das ASTRA-Satelliten-Gestirn.
[15] Internetübertragung im Real-Audio-Format.
[20] Satellitenübertragung (nicht ausschließlich über ASTRA-Satelliten).
[21] nur in einigen Regionen.

Übersicht 2: Das Fernsehprogrammangebot der ARD (Stand: 1999)

	analog			digital			
	terrestrisch	Kabel	Satellit	T-DVB	Satellit	Internet[22]	ARD digital[23]
Gemeinschaftsprogramme							
Das Erste	x	x	x				x
3sat (mit ZDF, ORF und SRG)		x	x				x
arte	(x)[24]	x/[25]	x/[21]				x/[21]
PHOENIX (mit ZDF)		x	x				x
Der Kinderkanal (mit ZDF)		x/[26]	x/[22]				x/[22]
Dritte Programme							
B1	x	x					x
Bayerisches Fernsehen	x	x	x				x
hessen fernsehen	x	x	x				x
MDR FERNSEHEN	x	x	x				x
N3	x	x	x				x
ORB-Fernsehen	x	x	x				x
SR Fernsehen Südwest	x	x					x
Südwest Baden-Württemberg	x	x	x				x
Südwest Rheinland-Pfalz	x	x	x				x
WDR Fernsehen	x	x	x				x
sonstige Programme der Landesrundfunkanstalten							
BR α alpha			x			x	
Programmbouquet „ARD Digital"							
EinsMuXx							x
Eins Extra							x
Eins Festival							x
19 Inlandsprogramme der ARD	12	15	14			1	18
Auslandsprogramm der Deutschen Welle							
DW-tv		x/[27]	x/[28]		x/[29]	x	
20 Programme insgesamt	12	16	14	10	1		19

---

[22] Internetübertragung im Real-Video-Format.
[23] über Kabel und ASTRA 1G.
[24] nur in Frankreich.
[25] bis 20 Uhr.
[26] ab 20 Uhr.
[27] nur in Berlin.
[28] Satellitenübertragung über die Satelliten Hotbird 5, Intelsat-K, Intelsat 707, GE-1, und PAS-5.
[29] über Intelsat702, ASIASAT 2 und Galaxy IIIR.

Übersicht 3: Die Internet-Angebote der ARD (Stand: Dezember 1999)

ARD	http://www.ard.de/
Das Erste	http://www.das-erste.de/
ARD Digital	http://www.ard-digital.de/
3sat	http://www.3sat.com/
arte	http://www.arte-tv.com/
PHOENIX	http://www.phoenix.zdf.de/
Der Kinderkanal	http://www.kinderkanal.de/
Bayerischer Rundfunk	**http://www.br-online.de/**
Bayerisches Fernsehen	http://www.br-online.de/bfs/
Bayern 1	http://www.bayern1.de
Bayern2Radio	http://www.bayern2radio.de/
Bayern 3	http://www.bayern3.de/
Bayern 4 Klassik	http://www.br-online.de/programm/index.html#b4
B5 aktuell	http://www.b5aktuell.de/
Hessischer Rundfunk	**http://www.hr-online.de/**
hessen fernsehen	http://www.hr-online.de/fs/
hr1	http://www.hr-online.de/hf/hr1/
hr1plus	http://www.hr-online.de/hf/hr1/plus/index.html
hr2	http://www.hr-online.de/hf/hr2/
hr2 plus: Klassik	http://www.hr-online.de/hf/hr2/hr2plus.html
hr3	http://www.hr-online.de/hf/hr3/
hr4	http://www.hr-online.de/hf/hr4/
hr-skyline	http://www.hr-online.de/hf/skyline/
hrXXL	http://www.hr-xxl.de/
Mitteldeutscher Rundfunk	**http://www.mdr.de/**
MDR FERNSEHEN	http://www.mdr.de/programme/fernsehen/
MDR1 RADIO SACHSEN	http://www.mdr.de/mdr1-radio-sachsen/index.html
MDR1 RADIO SACHSEN-ANHALT	http://www.mdr.de/mdr1-radio-sachsen-anhalt/index.html
MDR1 RADIO THÜRINGEN	http://www.mdr.de/mdr1-radio-thueringen/index.html
MDR info	http://www.mdr.de/mdr-info/
MDR KULTUR	http://www.mdr.de/mdr-kultur/index.html
MDR SPUTNIK	http://www.mdr.de/sputnik/
Norddeutscher Rundfunk	**http://www.ndr.de/**
N3	http://www.ndrtv.de/start.html
NDR Hamburg-Welle 90,3	http://www.ndr.de/hhwelle/
NDR1 Radio MV	http://www.ndr.de/hf/radiomv/index.htm
NDR1 Radio Niedersachsen	http://www.ndr.de/hf/radionds/index.html
NDR1 Welle Nord	http://www.ndr.de/hf/wellenord/
NDR2	http://www.ndr2.de/
NDR4 INFO	http://www.ndr4.de/
N-Joy Radio	http://www.n-joy.de/

Ostdeutscher Rundfunk Brandenburg	http://www.orb.de/
ORB-Fernsehen	http://www.orb.de/fernsehen/tv/
ANTENNE BRANDENBURG	http://www.antennebrandenburg.de/
Radio Bremen	**http://www.radiobremen.de/**
RADIO BREMEN HANSAWELLE	http://www.radiobremen.de/hansawelle/index.htm
RADIO BREMEN2	http://www.radiobremen.de/rbtext/rb2/rb2-home.htm
RADIO BREMEN melodie	http://www.radiobremen.de/melodie/index.htm
RADIO BREMEN vier	http://www.radiobremen.de/rb4/indexns4.htm
Saarländischer Rundfunk	**http://www.sr-online.de/**
SR1 Europawelle	http://www.sr-online.de/Programm/SR1/index.html
SR2 KulturRadio	http://www.sr-online.de//Programm/SR2/index.html
SR3 Saarlandwelle	http://www.sr-online.de//Programm/SR3/Region/region3.html
UnserDing	http://www.sr-online.de//Programm/SR3/Region/region3.html
Sender Freies Berlin	**http://www.sfb.de/**
B1	http://www.sfb.de/fernsehen/index.html
Berlin 88Acht	http://www.berlin888.de/
SFB4 MultiKulti	http://www.multikulti.de/
InfoRadio	http://www.inforadio.de/
Radio EINS	http://www.radioeins.de/
*radio kultur	http://www.sfb.de/radiokultur/index.html
Fritz	http://www.fritz.de/
Radio 3	http://www.ndr.de/hf/radio3/
Südwestrundfunk	**http://www.swr-online.de/**
Südwest BW / RP	http://www.swr-online.de/tv/index.html
SWR1 Baden-Württemberg	http://www.swr-online.de/swr1bw/
SWR1 Rheinland-Pfalz	http://www.swr-online.de/swr1rp/
SWR2	http://www.swr2.de/
SWR3	http://www.swr3.de/
SWR 4 Baden-Württemberg	http://www.swr-online.de/swr4rp/index.html
SWR 4 Rheinland-Pfalz	http://www.hr-online.de/hf/hr1/plus/index.html
DASDING	http://www.dasding.de/
Westdeutscher Rundfunk	**http://www.wdr.de/**
WDR-Fernsehen	http://www.wdr.de/home/fernsehen.html
WDR EINS LIVE	http://www.einslive.de/
WDR2	http://www.wdr.de/radio/wdr2/
WDR3	http://www.wdr.de/radio/wdr3/
WDR4	http://www.wdr.de/radio/wdr4/
WDR Radio 5	http://www.wdr.de/radio/radio5/
WDR Radio 5 Funkhaus Europa	http://www.wdr.de/radio/radio5/funkhauseuropa/
Digital Radio („WDR2 Klassik")	http://www.wdr.de/radio/dab/

Deutschlandfunk und Deutsche Welle	
DeutschlandRadio Berlin	http://www.dradio.de/
Deutschen Welle	http.//www.dwelle.de/
DW-radio/Deutsches Programm	
DW-radio/Fremdsprachenprogramme (34x)	
Einzelne Programme	
Sportschau	http://www.sportschau.de/
Tagesschau	http://www.tagesschau.de/
Tagesthemen	http://www.tagesthemen.de/
Mittagsmagazin	http://www.mittagsmagazin.de/

Abkürzungsverzeichnis

ABl	Amtsblatt
AC	Adult Contemporary
ADR	Astra Digital Radio
AfP	Archiv für Presserecht
AGF	Arbeitsgemeinschaft Fernsehforschung
API	Schnittstelle in der d-box
ARD	Arbeitsgemeinschaft der öffentlich-rechtlichen Rundfunkanstalten der Bundesrepublik Deutschland
ARD-FernsehV	Verwaltungsvereinbarung der Landesrundfunkanstalten über die Zusammenarbeit auf dem Gebiet des Fernsehens
ARD-S	Satzung der Arbeitsgemeinschaft der öffentlich-rechtlichen Rundfunkanstalten der Bundesrepublik Deutschland
ARD-StV	Staatsvertrag über die Arbeitsgemeinschaft der öffentlich-rechtlichen Rundfunkanstalten der Bundesrepublik Deutschland
ARW	Arbeitsgemeinschaft Rundfunkwerbung
BayV	Verfassung des Freistaats Bayern
BayVerfGH	Bayerischer Verfassungsgerichtshof
BBC	British Broadcasting Corporation
Bd.	Band
BR	Bayerischer Rundfunk
BR-G	Gesetz über den Bayrischen Rundfunk
BTDr	Bundestags-Drucksache
BVerfG	Bundesverfassungsgericht
BVerfGE	Amtliche Entscheidungssammlung des Bundesverfassungsgerichts
BVerwG	Bundesverwaltungsgericht
BVerwGE	Amtliche Entscheidungssammlung des Bundesverwaltungsgerichts
BW	Baden-Württemberg
CDU	Christlich Demokratische Union Deutschlands
CHR	Contemporary Hit Radio
CLT	Company Luxembourgeoise de Telediffusion
CNN	Cable News Network
DAB	Digital audio broadcasting
DBS	Direct broadcasting satellite
DDR	Deutsche Demokratische Republik
ders.	derselbe
DFB	Deutscher Fußball-Bund
DFF	Deutscher Fernsehfunk
dies.	dieselbe
DJV	Deutscher Journalisten Verband
DLR	Deutschlandradio
DLR-StV	Staatsvertrag über die Körperschaft des öffentlichen Rechts „Deutschlandradio"
DM	Deutsche Mark
DRA	Deutsches Rundfunkarchiv
DrS	Drucksache
DS Kultur	Deutschlandsender Kultur
DSF	Deutsches Sport-Fernsehen
DSR	Digitales Satelliten Radio
DTAG	Deutsche Telekom AG
dtsch	deutsch
DVB	Digital video broadcasting
DW	Deutsche Welle
DW-tv	Fernsehen der Deutschen Welle
EAC	European Adult Contemporary
EBU	European Broadcasting Union
EDV	Elektronische Datenverarbeitung
EG	Europäische Gemeinschaft(en)

EG-Fernsehrichtlinie	Fernsehrichtlinie der Europäischen Gemeinschaft	*GGK*	Grundgesetz-Kommentar
EG-FRiL	Fernsehrichtlinie der Europäischen Gemeinschaft	*GWB*	Gesetz gegen Wettbewerbsbeschränkungen
EG-Komm.	Kommission der Europäischen Gemeinschaft	*HAM*	Hamburger Anstalt für Neue Medien
EGV	Vertrag zur Gründung der Europäischen Gemeinschaft	*HambMG*	Hamburgisches Mediengesetz
EMRK	Europäische Menschenrechts-Konvention	*HDTV*	High definition television (hochauflösendes Fernsehen)
epd medien	Evangelischer Pressedienst Medien	*HR-G*	Gesetz über den Hessischen Rundfunk
epd/Kirche und Rundfunk	Evangelischer Pressedienst / Kirche und Rundfunk	*i.e.S.*	im eigentlichen Sinne / im engeren Sinne
EPG	Electronic programme guide	*i.V.m.*	in Verbindung mit
EU	Europäische Union	*IBA*	Independent Broadcasting Authority
EuGH	Europäischer Gerichtshof	*IBFN*	Integriertes breitbandinges Fernmeldenetz
EuZW	Europäische Zeitschrift für Wirtschaftsrecht	*IFEM*	Institut für empirische Medienforschung
EWG-V	Vertrag zur Gründung der Europäischen Wirtschaftsgemeinschaft	*incl.*	inklusive
		insb.	insbesondere
f.	folgende	*IRT*	Institut für Rundfunktechnik
FAZ	Frankfurter Allgemeine Zeitung	*ISDN*	Integrated Services Digital Network (Digitales Telefon- und Datennetz)
F.D.P.	Freie Demokratische Partei	*IVZ*	Informationsverarbeitungszentrum in Berlin
FernsehV	Verwaltungsvereinbarung der Landesrundfunkanstalten über die Zusammenarbeit auf dem Gebiet des Fernsehens (ARD-FernsehV)	*JöR*	Jahrbuch für öffentliches Recht
		JuS	Juristische Schulung
		JZ	Juristenzeitung
		KEF	Kommission zur Ermittlung des Finanzbedarfs der öffentlich-rechtlichen Rundfunkanstalten
FESAD	Fernseh-Archivdatenbank		
FI	Funk Information		
FK	Funkkorrespondenz	*KiKa*	Kinderkanal
Fn.	Fußnote	*KiKa-VwVeinb*	Vereinbarung über die Veranstaltung eines ARD/ZDF-Kinderkanals
FRAG	Freie Rundfunkstunde AG		
FSS	Fixed satellite service	*LMA*	Landesmedienanstalt
FuR	Film und Recht	*LMG-BW*	Baden-Württembergisches Landesmediengesetz
GEZ	Gebühreneinzugszentrale		
GfK	Gesellschaft zur Konsumforschung		
GG	Grundgesetz		

LRG-MV	Mecklenburg-Vorpommersches Landesrundfunkgesetz	*PAL*	Phase alternating line
		PHOENIX-VwVeinb	Vereinbarung für den Ereignis- und Dokumentationskanal
LRG-NRW	Nordrhein-Westfälisches Landesrundfunkgesetz	*PKS*	Programmgesellschaft für Kabel- und Satelliten-Fernsehen
Ls.	Leitsatz		
LW	Langewelle		
m.w.N.	mit weiteren Nachweisen	*RÄndStV*	Rundfunkänderungsstaatsvertrag
MABB	Medienanstalt Berlin/Brandenburg	*RB*	Radio Bremen
MAC 2	Europäische Fernsehnorm	*RB-G*	Gesetz über die Errichtung und die Aufgabe einer Anstalt öffentlichen Rechts – Radio Bremen
MCS	Media & Communication Systems		
MDR	Mitteldeutscher Rundfunk		
MDR-StV	Staatsvertrag über den Mitteldeutschen Rundfunk	*RBW*	Radio Baden-Württemberg
		RDS	Radio data system
Mio.	Million	*RFinStV*	Rundfunkfinanzierungsstaatsvertrag
MODR	Mittelostdeutscher Rundfunk		
		RGebStV	Rundfunkgebührenstaatsvertrag
MP	Media Perspektiven		
Mrd.	Milliarde	*RHH*	Radio Hamburg
n.b.	nota bene	*Rn.*	Randnummer
NDF	Neue Deutsche Filmgesellschaft	*Rnn.*	Randnummern
		RP	Rheinland-Pfalz
NDR	Norddeutscher Rundfunk	*RSH*	Radio Schleswig-Holstein
NDR-StV	Staatsvertrag über den Norddeutschen Rundfunk	*Rspr.*	Rechtsprechung
		RStV	Rundfunkstaatsvertrag in der Fassung des Vierten Rundfunkänderungsstaatsvertrages ab 1. April 2000
NJW	Neue Juristische Wochenschrift		
NODR	Nordostdeutscher Rundfunk		
NORA	Nordostdeutsche Rundfunk Anstalt	*RStV-1987*	Staatsvertrag zur Neuordnung des Rundfunkwesens
NRW	Nordrhein-Westfalen	*RStV-1991*	Staatsvertrag zur Neuordnung des Rundfunkwesens im vereinten Deutschland
n-tv	Nachrichten-TV		
NWDR-StV	Staatsvertrag über den Nordwestdeutschen Rundfunk		
		RStV-1997	Rundfunkstaatsvertrag in der Fassung des Dritten Rundfunkänderungsstaatsvertrages
o.V.	ohne Verfasser		
ODR	Ostdeutscher Rundfunk		
ODR-StV	Staatsvertrag über den Ostdeutschen Rundfunk	*RTBF*	Radio-Télévision Belge de la Communauté Culturelle Française
ORB	Ostdeutscher Rundfunk Brandenburg		
		RTL	Radiotélévision de Luxembourg
ORB-G	Gesetz über den „Ostdeutscher Rundfunk Brandenburg"	*RuF*	Rundfunk und Fernsehen

SaarlLRG	Saarländisches Landesrundfunkgesetz	*VwVeinbDritte*	Verwaltungsvereinbarung über die Zusammenarbeit der Dritten Fernseh-Programme
SächsPRG	Sächsisches Privatrundfunkgesetz		
SDF	Süddeutscher Rundfunk	*WDR*	Westdeutscher Rundfunk Köln
SFB	Sender Freies Berlin		
SFB-S	Satzung der Rundfunkanstalt „Sender Freies Berlin"	*WDR-G*	Gesetz über den „Westdeutscher Rundfunk Köln"
sog.	so genannt	*WDR-S*	Satzung des „Westdeutscher Rundfunk Köln"
SR	Saarländischer Rundfunk		
SR-G	Gesetz über den Saarländischen Rundfunk	*WRP*	Wettbewerb in Recht und Praxis
SRPHR	Saarländisch-rheinland-pfälzisch-hessischer Rundfunk	*ZDF-StV*	Staatsvertrag über das Zweite Deutsche Fernsehen
SRPR	Saarländisch-rheinland-pfälzischer Rundfunk	*ZFP*	Zentrale Fortbildung der Programmitarbeiter ARD/ZDF
SRT	Schule für Rundfunktechnik	*Ziff.*	Ziffer
StV	Staatsvertrag		
SWDR	Südwestdeutscher Rundfunk		
SWF	Südwestfunk		
SWR	Südwestrundfunk		
SWR-StV	Staatsvertrag über den Südwestrundfunk		
T-DAB	Terrestrisches DAB		
TDM	Tausend Deutsche Mark		
T-DVB	Terrestrisches DVB		
TKP	Tauserder-Kontakt-Preis		
TVP	Telewizja Polska S. A.		
Tz.	Teilziffer		
Tzz.	Teilziffern		
UER	Union Européenne des Radio-Télévision		
UHF	Ultra high frequency		
UIP	United International Pictures		
VerfGH	Verfassungsgerichtshof		
vgl.	vergleiche		
VHF	Very high frequency		
VPRT	Verband Privater Rundfunk und Telekommunikation		

Literaturverzeichnis

Adelt, Ursula: Die zukünftige Finanzierung des öffentlich-rechtlichen Rundfunks nach dem Urteil des Bundesverfassungsgerichts. (Reihe Arbeitspapiere des Instituts für Rundfunkökonomie an der Universität zu Köln, Nr. 25/1995). Köln 1995. zitiert: Finanzierung des öffentlich-rechtlichen Rundfunks

Aigner, Wolfgang / van Eimeren, Birgit: B5 aktuell – Information zu jedem Zeitpunkt Programmkonzept und -nutzung eines öffentlich-rechtlichen Info-Radios. MP 1995, S. 542-546

Albrecht, Michael: ARD-digital: Vernetzen statt Versparten. Das digitale Programmbouquet der ARD. MP 1997, S. 415-417

ders.: Vernetzte Angebote. Das digitale Programmbouquet der ARD. ARD-Jahrbuch 97, S. 49-56

Anschlag, Dieter: Altes Fernsehen, neu entdeckt. Zum Start des Ereignis- und Dokumentationskanals Phoenix. FK Nr. 15/1997, S. 3-5

ders.: Die Rundfunkpolitik nach der Medienklausur von Bad Neuenahr. FK Nr. 42/1995, S. 1-3

ders.: Entdemokratisierung. Politik als Totengräber: Der nächste Angriff auf die ARD; in: FK Nr. 5/1995, S. 1-2

ders.: Kein Entrinnen. Wie die Deutsche Welle ihre besondere Nähe zur Politik zu spüren bekommt. FK Nr. 28-29/1999, S. 3-4

ders.: Klug genug. Die ARD und der Finanzausgleich; in: FK Nr. 17/1996, S. 1-2

Arbeitsgemeinschaft der öffentlich-rechtlichen Rundfunkanstalten der Bundesrepublik Deutschland (ARD): ABC der ARD. Baden-Baden 1994

dies.: ABC der ARD. 2. Auflage. Baden-Baden 1999

dies.: ARD Jahrbuch 74, 6. Jahrgang. Hamburg, 1974

dies.: ARD Jahrbuch 84, 16. Jahrgang. Hamburg, 1984

dies: ARD Jahrbuch 90, 22. Jahrgang. Hamburg, 1990

dies.: ARD Jahrbuch 93, 25. Jahrgang. Hamburg, 1993

dies.: ARD Jahrbuch 95, 27. Jahrgang. Hamburg, 1995

dies.: ARD Jahrbuch 96, 28. Jahrgang. Hamburg, 1996

dies.: ARD Jahrbuch 97, 29. Jahrgang. Hamburg, 1997

dies.: ARD Jahrbuch 98, 30. Jahrgang. Hamburg, 1998

dies.: ARD Jahrbuch 99. 31. Jahrgang. Hamburg, 1999

dies.: ARD-Intendanten zum Stoiber/Biedenkopf-Papier: ARD steht für Vielfalt und Föderalismus. abgedr. in: FK Nr. 5/1995, S. 42

Bahrmann, Hannes: ARD und ZDF gehen auf Distanz. Die Öffentlich-Rechtlichen zanken um Quote und Gebührengelder. Hamburger Abendblatt Nr. 80/1998 v. 4./5.4.1998, S. 8

Baratta, Mario von (Hrsg.): Der Fischer Weltalmanach 1998. Begründet von Prof. Dr. Gustav Fochler-

Hauke. 38. Auflage. Frankfurt/ Main, 1997. zitiert: Der Fischer Weltalmanach

Bayerischer Rundfunk (Hrsg.): Bayern Mobil – ADAC. München 1998

ders.: Man lernt nie aus. BR a alpha. Der Bildungskanal des Bayerischen Rundfunks Fernsehen, Online, Videotext. München 1997

Beck, Kurt: Spiegel-Gespräch: „Wir stehen am Abgrund".Der Mainzer Ministerpräsident Kurt Beck (SPD) über ARD-Reform und Kontrolle der Privatsender. Der Spiegel Nr. 11/1995, S. 30-34

Berg, Klaus: Grundversorgung. Begriff und Bedeutung im Verhältnis von öffentlich-rechtlichem und privatem Rundfunk nach der neueren Rechtsprechung des Bundesverfassungsgerichts. MP 1987, S. 265-274

ders.: Mischfinanzierung als Schutz vor politischer Einflußnahme. Die Aufhebung der 20-Uhr-Werbegrenze als ein Stück Zukunftssicherung. MP 1995, S. 94-99

Bethge, Herbert: „Gemeine Aufgabe" – Gutachten: Verfassungsrechtliche Position des öffentlich-rechtlichen Rundfunks. epd/Kirche und Rundfunk Nr. 97/1995, S. 28-31

ders.: Der Grundversorgungsauftrag des öffentlich-rechtlichen Rundfunks in der dualen Rundfunkordnung. Eine verfassungsrechtliche Analyse. MP 1996, S. 66-72

ders.: Die Verfassungsrelevanz des föderalen Rundfunkfinanzausgleichs. Zur Finanzierung des öffentlich-rechtlichen Rundfunks im kooperativen Bundesstaat –

Rechtsgutachten. (Schriftenreihe des Instituts für Europäisches Medienrecht, Saarbrücken; Bd. 3). München 1992

ders.: Grundprobleme einer Spaltung der Rundfunkgebühr. Zur Finanzierung des öffentlich-rechtlichen Rundfunks im kooperativen Bundesstaat. (ZDF-Schriftenreihe; Bd. 38). Mainz 1990

ders.: Zur Frage einer staatlichen Bestands- und Entwicklungsgarantie für den öffentlich-rechtlichen Rundfunk. JöR Bd. 35 (1986), S. 103-124

Betz, Jürgen: Gezielte Ergänzung. Spartenkanäle und Integrationsauftrag. ARD-Jahrbuch 97, S. 17-25

ders.: Spartenkanäle bei ARD und ZDF. Eine juristische Bewertung. MP 1997, S. 2-16

Biervert, Bernd: Das Ende der öffentlich-rechtlichen Eigenproduktionen? Zur verfassungsrechtlichen Zulässigkeit der Abschaffung und Auslagerung der Eigenproduktionen bei den öffentlich-rechtlichen Rundfunkanstalten. ZUM 1998, S. 19-26

Binder, Reinhart: Zur Verbreitung öffentlich-rechtlicher Landesprogramme über Satellit. MP 1992, S. 29-40

Bleckmann, Albert / Pieper, Stefan Ulrich / Erberich, Ingo: Öffentlich-rechtliche Spartenprogramme als Bestandteil der Grundversorgung. Ein Rechtsgutachten herausgegeben vom VPRT. Berlin 1996

Bleckmann, Albert / Pieper, Stefan Ulrich / Erberich, Ingo: Zur Zulässigkeit der Veranstaltung von

Spartenprogrammen durch öffentlich-rechtliche Rundfunkanstalten. AfP 1997, S. 417-424

Börner, Bodo: Organisation, Programm und Finanzierung der Rundfunkanstalten im Lichte der Verfassung. (Schriften zu Kommunikationsfragen, Bd. 4). Berlin 1984

Bötsch, Wolfgang: Rede anläßlich der Eröffnung der Internationalen Funkausstellung. Berlin am 29. August 1997 in der Deutschen Staatsoper Berlin. Post Politische Information Extra Nr. 8/1997, S. I-IV

Braun, Matthias / Gillert, Olaf / Hoberg, Dominik / Hübner, Eva-Maria / Kamps, Michael: Spartenkanäle: Grenzen einer Zukunftsperspektive für den öffentlich-rechtlichen Rundfunk. ZUM 1996, S. 201-213

Breunig, Christian: Zwischen Standortpolitik und Vielfaltsziel. Zulassung neuer Fernsehanbieter durch die Landesmedienanstalten und Folgen für die Kabeleinspeisung. MP 1996, S. 195-208

Brunnen-Wagenführ, Andrea: „Es ist die Frage, ob die Schwächen der Organisation noch tragbar sind". FI 1997, S. 288

dies.: Das beste Fernsehen der Welt – XVI. Tutzinger Medientage registrieren „Verschiebungen" im dualen Rundfunksystem. „Wir sind alle auf dem Weg zur kommerziellen Hegemonie". FI 1997, S. 287-292 (289)

dies.: Das beste Fernsehen der Welt – XVI. Tutzinger Medientage registrieren „Verschiebungen" im dualen Rundfunksystem. Begriffswirrwarr bei „Reform" und das Fehlen von Zielbestimmungen. FI 1997, S. 287-292 (290)

dies.: Das beste Fernsehen der Welt – XVI. Tutzinger Medientage registrieren „Verschiebungen" im dualen Rundfunksystem. Verfassungsmäßig bedenkliche Expansion der öffentlichen Programme. FI 1997, S. 287-292 (290)

dies: Das beste Fernsehen der Welt – XVI. Tutzinger Medientage registrieren „Verschiebungen" im dualen Rundfunksystem. Programmdefizite beim „besten Fernsehen der Welt". FI 1997, S. 287-292 (291)

dies.: Schlaglicht auf... ... Rundfunk und Politk. FI 1997, S. 275

Buchwald, Manfred: Die Fusion von Landesrundfunkanstalten – eine Bewertung aus Sicht des Saarländischen Rundfunks. in: Kops/ Sieben, S. 393-402

ders.: Interview in: epd/Kirche und Rundfunk Nr. 20/1990, S. 3-8. siehe Kammann, Uwe

ders.: Medien.Demokratie. Auf dem Weg zum entmündigten Bürger. Berlin 1997

ders.: Medien-Klassen; in: Journalist Sonderausgabe zu Nr. 12/1999, S. 50, 59-61

Bullinger, Martin: Freiheit und Gleichheit in den Medien – Zur Rechtsprechung der Verfassungsgerichte – Vortrag am 26. Januar 1987 an der Albert-Ludwigs-Universität Freiburg i. Br.. JZ 1987, S. 257-265

Bullinger, Martin: Länderfinanzausgleich und Rundfunkfinanzausgleich. Verfassungsrechtliche

Ziele und Maßstäbe. 1. Auflage. Baden-Baden 1998

ders.: Rechtliche Eigenart der Vollprogramme im Rundfunk. ZUM 1994, S. 596-609

ders.: Rundfunkordnung im Bundesstaat und in der Europäischen Gemeinschaft. Aktuelle rechtliche Probleme – AfP 1985, S. 257-265

Bundesregierung: Bericht der Bundesregierung über die Lage der Medien in der Bundesrepublik Deutschland (1985) – Medienbericht '85 – BT-Drucksache 10/5663 v. 16.06.86

dies.: Bericht durch die Bundesregierung zur Initiative „Digitaler Rundfunk". BT-Drucksache 13/11380, S. 1-20

dies.: Programm zur Verbesserung der Rahmenbedingungen des privaten Rundfunks. Bulletin Nr. 77, S. 649 ff. v. 28.6.1986

Bundestags-Ausschuß für Post- und Fernmeldewesen: Beschlußempfehlung und Bericht Grünbuch über die Entwicklung des Gemeinsamen Marktes für Telekommunikationsdienstleistungen und Telekommunikationsgeräte. KOM (87) 290 - Ratsdok. Nr. 7961/87. BT-Drucksache 11/2014. Bonn, 1987

Busche, Martin: MDR-Personalräte warnen vor Kooperation mit Kirch. Journalist Nr. 2/1998, S. 23

Delbrück, Jost: Die Rundfunkhoheit der deutschen Bundesländer im Spannungsfeld zwischen Regelungsanspruch der Europäischen Gemeinschaft und nationalem Verfassungsrecht. Rechtsgutachten erstattet im Auftrag der deutschen Bundesländer. MP 1987, S. 55-58

Deppendorf, Ulrich: Eine erste Adresse. Das neue Hauptstadtstudio der ARD in Berlin. ARD-Jahrbuch 99, S. 37-46

Deutscher Bundestag (Hrsg.): Fragen an die deutsche Geschichte. Wege zur parlamentarischen Demokratie. Historische Ausstellung im Deutschen Dom in Berlin. 19. Auflage. Bonn 1996

DeutschlandRadio: Die zwei Programme. Bundesweit. Werbefrei. Köln 1997

Dolzer, Rudolf / Vogel, Klaus: Bonner Kommentar zum Grundgesetz. Gegründet 1950; Stand: 84. Lieferung, März 1998. 84. Auflage. Heidelberg 1998. zitiert: Bearb: in: Dolzer/Vogel, BK, Art. Rn.

Dörr, Dieter: Die Entwicklung des Medienrechts. NJW 1995, S. 2263-2271

ders.: Maßnahmen zur Vielfaltssicherung gelungen? Der Dritte Rundfunkänderungsstaatsvertrag aus verfassungsrechtlicher Sicht. MP 1996, S. 621-628

ders: Rundfunkföderalismus auf dem Prüfstand. Antrittsvorlesung am 13.06.1996 an der Universität Mainz. ZUM 1996, S. 617-630

ders.: Vielfaltssicherung durch die EU? Chancen und Risiken europäischer Medienpolitik. MP 1996, S. 87-92

Drengberg, Joachim: N-Joy Radio: Ein öffentlich-rechtliches Erfolgsradio. Zukunftsfähige Hörfunkangebote für Jugendliche. MP 1996, S. 134-143

EG-Kommission: Grünbuch über die Entwicklung des Gemeinsamen Marktes für Telekommunikationsdienstleistungen und Telekommunikationsgeräte. KOM (87) 290 endg – Ratsdok. Nr. 791/87. BT-Drucksache 11/930. Bonn, 1987. zitiert: EG-Kommission, Grünbuch

dies.: Mitteilung der Kommission der Europäischen Gemeinschaften an den Rat – Fernsehen ohne Grenzen – Grünbuch über die Errichtung des Gemeinsamen Marktes für den Rundfunk, insbesondere über Satellit und Kabel. KOM (84) 300 endg. EG-Dok. 8227/84. BR-Drucksache 360/84. Bonn, 1984

Ehlers, Renate: Öffentlich-rechtlicher Rundfunk unter Wettbewerbs- und Rationalisierungsdruck Organisatorische Antworten am Beispiel des Hessischen Rundfunks. MP 1996, S. 80-86

Engel, Christoph: Rundfunk in Freiheit. AfP 1994, S. 185-191

Enz, Winfried: Programmauftrag und Einschaltquote. ZUM 1987, S. 58-77

Erlinger, Hans Dieter: Handbuch des Kinderfernsehens. (Reihe Praktischer Journalismus; Bd. 27). Konstanz 1995

Eschenburg, Theodor: Das Problem der Neugliederung der deutschen Bundesrepublik; dargestellt am Beispiel des Südweststaates. Frankfurt am Main, 1950

Eurosport Fernseh GmbH (Hrsg.): EUROSPORT – der Sender '98. purely sport. Unterföhring, 1998. zitiert: EUROPSPORT, Der Sender

Expertenkommisson „Rundfunk-Neuordnung" des Landtages von Baden-Württemberg: Bericht und Empfehlungen. (BTDr. 12/1560) v. 18.6.1997

Feierabend, Sabine / Klingler, Walter: Was Kinder sehen. Eine Analyse der Fernsehnutzung 1997 von Drei- bis 13jährigen. MP 1998, S. 167-178

Feierabend, Sabine / Windgasse, Thomas: Was Kinder sehen. Eine Analyse der Fernsehnutzung 1995 von 3- bis 13jährigen. MP 1996, 186-194

dies.: Was Kinder sehen. Eine Analyse der Fernsehnutzung 1996 von Drei- bis 13jährigen. MP 1997, S. 186-197

Fernau, Joachim: Sprechen wir über Preußen. Die Geschichte der armen Leute. 2. Auflage. München/Berlin 1982

Fette, Gunter: Sportschau oder Werbefernsehen? Der Mißbrauch der Fernsehübertragung von Sportübertragungen zu Zwecken der Wirtschaftswerbung. FuR 1969, S. 257 ff.

Fischer-Menshausen, Herbert: siehe: Münch/Kunig, GGK

Fünfgeld, Hermann / Voß, Peter: Gemeinsame Presseerklärung zum SWR-Staatsvertrag. abgedruckt in: FI 1997, S. 248

Gangloff, Tillmann P.: Das ganze Bild machen. Journalist Nr. 5/1998, S. 36-38

Gerhards, Maria / Grajczyk, Andreas / Klingler, Walter: Programmangebote und Spartennutzung im Fernsehen 1995. Daten aus der GfK-Programmcodierung. MP 1996, S. 572-576

Gersdorf, Hubertus: Der verfassungsrechtliche Rundfunkbegriff im Lichte der Digitalisiserurng der Telekommunikation. Ein Rechtsgutachten im Auftrage der Hamburgischen Anstalt für neue Medien. (zit.: Der verfassungsrechtliche Rundfunkbegriff). Berlin 1995

ders.: Regelungskompetenz bei der Belegung digitaler Kabelnetze. Eine verfassungsrechtliche Untersuchung zur Abgrenzung von Bundes- und Länderzuständigkeiten und zu den Rechten der Netzbetreiber bei der Zuweisung von Kabelkapazitäten für multimediale Dienste. Ein Rechtsgutachten im Auftrag der Hamburgischen Anstalt für Neue Medien (HAM). Hamburg 1996

Gläser, Martin: Alternative Modelle zur Neuordnung des Rundfunks im Südwesten. in: Kops/Sieben, S. 275-282

Glotz, Peter: „sozusagen altes Kulturgut". Gedanken zur Grundversorgung in der Informationsgesellschaft. epd medien Nr. 30/ 1997, S. 7-10

Goerlich, Helmut / Radeck, Bernd: Neugründung und Grundversorgung – die Rundfunkordnung in der dritten Phase ? Veröffentlicht aus Anlaß des 70. Geburtstages von Konrad Hesse. JZ 1989, S. 53-61

Grätz, Reinhard: Zur Zahl und Abgrenzung der ARD-Rundfunkanstalten. (Reihe der Arbeitspapiere des Institutes für Rundfunkökonomie an der Universität zu Köln, Heft 1/1993). Köln 1993

Grawert, Rolf: Rundfunkordnung für das Land Nordrhein-Westfalen im Spiegel der Verfassungsrechtsprechung; Rechtsgutachten im Auftrag des Verbandes Rheinisch-Westfälischer Zeitungsverleger. AfP 1986, S. 277-286

Grill, Gerd u.a. (Bearb.): Meyers Großes Taschenlexikon in 24 Bänden. 4. Auflage. Mannheim/ Leipzig/Wien/Zürich 1992

Grimm, Dieter: Verfassungsrechtliche Perspektive einer dualen Rundfunkordnung. Zum vierten Fernsehurteil des Bundesverfassungsgerichts. Rundfunk und Fernsehen 1987, S. 25-35

Groebel, Jo: Kinder und Medien: Nutzung, Vorlieben, Wirkungen. Zum Stand der internationalen Forschung. MP 1994, S. 21-27

Gruber, Thomas: Klassik rund um die Uhr. Der Spartenkanal Bayern 4 Klassik. ARD-Jahrbuch 97, S. 81-86

Hagenmeier, Winfried (Bearb.): Ploetz – Geschichtslexikon. Weltgeschichte von A bis Z. Freiburg/Würzburg 1986

Hahn, Werner / Binder, Reinhart: Wettkampf um Übertragungswege. Wie kommen die ARD-Programme zum Publikum?. ARD-Jahrbuch 97, S. 26-41

Halefeldt, Elke: Ernst, aber nicht hoffnungslos. Eine Diskussion zur

Frage: „Überlebt die ARD?". FK Nr. 19/1997, S. 13-15

Hartlieb, Horst von: Handbuch des Film-, Fernseh- und Videorechts. 3. Auflage. München 1991

Helfer, Michael / Debus, Mechthild: Der Werbemarkt 1996. Trend zur Fernsehwerbung hält an. MP 1997, S. 298-306

Henke von der Kamp, Karsten: Lücken-Büßer. Journalist Nr. 6/98, S. 33-35

ders.: Schlank ist schön. Journalist Nr. 7/1999, S. 18-21

Herrmann, Günter: Bodenlos. Das Recht spricht gegen Biedenkopf und Stoiber. epd/Kirche und Rundfunk Nr. 12/1995, S. 3-10

ders.: Fazit: unzutreffend/unausgereift/ unrealisierbar. Weshalb Stoiber und Biedenkopf unrecht haben. epd/Kirche und Rundfunk Nr. 13/1995, S. 7 -11

Herrmann, Günter: Fernsehen und Hörfunk in der Verfassung der Bundesrepublik Deutschland. Zugleich ein Beitrag zu weiteren allgemeinen verfassungsrechtlichen und kommunikationsrechtlichen Fragen. zugleich: Mainz 1973 Habilitationsschrift. Tübingen 1975

ders.: Rundfunkrecht. Fernsehen und Hörfunk mit Neuen Medien. Juristisches Kurzlehrbuch für Studium und Praxis. Rundfunkrecht. München 1994

Hesse, Albrecht: Rundfunkrecht. Die Organisation des Rundfunks in der Bundesrepublik Deutschland. München 1990

Hiller, Michael: Kritik am MDR-Outsourcing. Journalist Nr. 5/1998, S. 96

Hoffmann, Guido: Möglichkeiten der Finanzierung öffentlich-rechtlichen Rundfunks in der Bundesrepublik Deutschland. Saarbrükker Hochschulschriften; Bd. 26. St. Ingbert 1996

Hoffmann-Riem, Wolfgang: Pay TV im öffentlich-rechtlichen Rundfunk. Ein verfassungsrechtliche Analyse auf der Grundlage der Rechtsprechung des Bundesverfassungsgerichts. Rechtsgutachten, vorgelegt im Auftrag der Landesregierungen der Bundesländer Hessen, Nordrhein-Westfalen, Schleswig-Holstein und Rheinland-Pfalz. (Materialien zur Interdisziplinären Medienforschung; Bd. 28). Baden-Baden/ Hamburg 1996

ders.: Pay TV im öffentlich-rechtlichen Rundfunk. Zusammenfassende Thesen eines Rechtsgutachtens. MP 1996, S. 73-79

ders.: Rundfunkfreiheit im Umbruch. Verfassungsrechtliche und medienpolitische Konsequenz des Urteils vom 4.11.1986. Medium 1987, S. 17-21

ders.: Rundfunkneuordnung in Ostdeutschland. Stellungnahme zu Vorschlägen über den Aufbau des öffentlich-rechtlichen Rundfunks in den neuen Bundesländern. Hamburg 1991

ders.: Rundfunkrecht neben Wirtschaftsrecht. Zur Anwendbarkeit des GBW und des EWG-V auf das Wettbewerbsverhalten des öffentlich-rechtlichen Rundfunks in der dualen Rundfunkordnung.

(Beiträge zum Rundfunkrecht, Bd. 43). Baden-Baden 1991

Hoffmann-Riem, Wolfgang (Hrsg.): Rundfunk im Wettbewerbsrecht. Der öffentlich-rechtliche Rundfunk im Spannungsfeld zwischen Wirtschaftsrecht und Rundfunkrecht. Baden Baden 1988. zitiert: Bearb., in: Hoffmann-Riem, Rundfunk im Wettbewerbsrecht

Hörhammer, Karlheinz: DAB-Einführung – Medienpolitische Sicht. in: Ory/Bauer (Hrsg.), Hörfunk-Jahrbuch 96/97, S. 129-143. Berlin 1997

Initiative „Digitaler Rundfunk" der Bundesregierung: Bericht durch die Bundesregierung. BT-Drucksache 13/11380, S. 1-20

Ipsen, Hans Peter: Europäisches Gemeinschaftsrecht. Frankfurt/Main 1972

Ipsen, Hans Peter: Rundfunk im Europäischen Gemeinschaftsrecht. Frankfurt/Main 1983

Jansen, Maria: Vernetzte Archive. Journalist Nr. 11/1997, S. 49-53

Jarass, Hans D.: siehe Jarass/Pieroth

Jarass, Hans D. / Pieroth, Bodo: Grundgesetz für die Bundesrepublik Deutschland: Kommentar. 3. Auflage. München, 1995. zitiert: Bearb., in: Jarass/Pieroth

Jenke, Manfred: Der öffentlich-rechtliche Rundfunk stellt sich dem Wettbewerb. in: Ory/Bauer (Hrsg.), Hörfunk-Jahrbuch ,94, S. 87-98

Kaiser, Lothar A.: Millionen-Deal mit Beckmann: Die Geister, die sie riefen.... Journalist Nr. 4/1998, S. 42

Kalbitzer, Isabelle: Journalisten. Im Sog der Metropole. Journalist Nr. 10/1997, S. 40-44

Kammann, Uwe: „Über den Tellerrand hinausschauen". Ein epd-Interview mit SR-Intendant Manfred Buchwald. epd/Kirche und Rundfunk Nr. 20/1990, S. 3-8

ders.: Brüsseler Ungeist. epd medien Nr. 77/1998, S. 3-5

ders.: Heute ist morgen gestern. ARD und ZDF: Welche Zukunft sollen sie wollen? epd medien Nr. 37-38/1997, S. 3-14

ders.: Münchner Freiheit. Edmund Stoiber zum „Ersten": das Vor-Letzte. epd/Kirche und Rundfunk Nr. 83/1994, S. 3-5

Karepin, Rolf: Graben-Kämpfe. Journalist Nr. 6/1998, S. 32-33

ders.: Tiefe Taschen. Journalist Nr. 7/1998, S. 80-81

Keller, Michael / Klingler, Walter: Jugendwellen gewinnen junge Hörerschaften. Media Analyse 1996. MP 1996, S. 441-450

Kelm, Hartwig: Neue Strukturen und neue Perspektiven. ARD-Jahrbuch 1990, S. 17-19. 22. Auflage. Hamburg, 1990

Kiefer, Marie-Luise: Wettbewerbsverständnis im Stoiber/Biedenkopf-Papier – hilfreich für die Rundfunkvielfalt? Anmerkungen zu den 16 Thesen zur ARD. MP 1995, S. 109-114

Klaue, Siegfried: Anwendung des Kartellgesetzes für öffentlich-rechtliche Rundfunkanstalten. in: Hoffmann-Riem, Rundfunk im Wettbewerbsrecht, S. 84-94

Klehm, Michael: RTL in der Krise. Journalist Nr. 4/1998, S. 36-38

Kleinsteuber, Hans J. / Rosenbach, Marcel: Digitales Fernsehen in Europa: Eine Bestandsaufnahme. RuF 1998, S. 24-57

Klimmt, Reinhart: Brauchen wir ARD und ZDF? Positionen der SPD zur Strukturreform des öffentlich-rechtlichen Rundfunks. in: Kops/Sieben, S. 179-189

Klostermeier, Karl-Heinz: Schlagartig 2 Pfennig weniger... Zur Debatte um die ARD: Größe bedeutet nicht immer Effizienz. FK Nr. 7/1995, S. 1-2

Kommission zur Ermittlung des Finanzbedarfs der Rundfunkanstalten (KEF): 10. Bericht. Mainz 1995. zitiert: KEF, 10. Bericht

Kommunikation Phoenix: Phoenix Information. Der Ereignis- und Dokumentationskanal von ARD und ZDF. Köln, 1997

Konferenz der ARD-Gremienvorsitzenden: Erklärung der Rundfunk- und Verwaltungsratsvorsitzenden zur Unverzichtbarkeit der Werbung. MP 1995, S. 353-354

Kops, Manfred: Die Vorschläge zur Strukturreform des öffentlich-rechtlichen Rundfunks im Überblick. in: Kops/Sieben, S. 21-120

Kops, Manfred / Sieben, Günter: Die Organisationsstruktur des öffentlich-rechtlichen Rundfunks in der aktuellen Diskussion – einführende Bemerkungen. in: Kops/Sieben, S. 9-20

Kops, Manfred / Sieben, Günter (Hrsg.): Die Organisationsstruktur des öffentlich-rechtlichen Rundfunks in der aktuellen Diskussion. (Schriften zur Rundfunkökonomie, Bd. 3). Köln, Berlin 1996. zitiert: Bearb., in: Kops/Sieben

Koschnik, Wolfgang J.: Deutsche Welle. Verwirrspiel um Zahlen. Journalist Nr. 10/1999, S. 49

ders.: Digitale Kriechspur. Journalist Nr. 12/1997, S. 55-60

ders.: Verbal mißhandelt. Journalist Nr. 6/1998, S. 40-45

Kresse, Hermann: Die Rundfunkordnung in den neuen Bundesländern. Stuttgart 1992

ders.: Grundversorgung und integrative Pluralismussicherung. Zu den Eckpunkten des klassischen Rundfunkauftrages. Rechtsgutachten im Auftrag des Verbandes Privater Rundfunk und Telekommunikation e. V.. Köln 1995

ders.: Grundversorgung und noch viel mehr? Eckpunkte zu einer Balance zwischen öffentlich-rechtlichem Integrationsauftrag und der Entwicklung privater Programme. ZUM 1996, S. 59-68

ders.: Öffentlich-rechtliche Werbefinanzierung und Grenzen der Grundversorgung im dualen Rundfunksystem. Eine rundfunkrechtliche Beurteilung unter Berücksichtigung der aktuellen Rechtsprechung des Bundesverfassungsgerichts. (Reihe Arbeitspapier des Instituts für Rundfunkökonomie an der Universität zu Köln, Nr. 26/1995). Köln 1995

ders.: Öffentlich-rechtliche Werbefinanzierung und Grenzen der Grundversorgung im dualen Rundfunksystem. Rechtsgutachten, erstattet im Auftrag des Verbandes Privater Rundfunk und Telekommunikation (VPRT). ZUM 1995, S. 67-81

Kresse, Hermann / Heinze, Matthias : Rundfunk-Dynamik am Morgen des digitalen Zeitalters. Ein Beitrag zur funktionalen Entwicklung des Rundfunkbegriffes. AfP 1995, 574-580

Krüger, Udo Michael: ARD 3 – ein Faktor der Balance im dualen Fernsehsystem; Programmstrukturelle Trends bei den Dritten Programmen 1992 bis 1994. MP 1995, S. 566-585

ders.: Boulevardisierung der Information im Privatfernsehen. Nichttagesaktuelle Informations- und Infotainmentsendungen bei ARD, ZDF, RTL, SAT.1 und PRO SIEBEN 1995. MP 1996, S. 362-374

ders.: Gewalt im von Kindern gesehenen Fernsehsendungen. Quantitative und qualitative Unterschiede im öffentlich-rechtliche und privaten Programmangebot. MP 1996, S. 114-133

ders.: Tendenzen in den Programmen der großen Fernsehsender 1985 bis 1995; Elf Jahre Programmanalyse im dualen Rundfunksystem. MP 1996, S. 418-440

Kübler, Friedrich: Die neue Rundfunkordnung: Marktstruktur und Wettbewerbsbedingungen. NJW 1987, S. 2961-2967

Kuch, Hansjörg: Digitale Zukunftstechniken und ordnungspolitischer Regelungsbedarf. in: Jahrbuch der Landesmedienanstalten 1993/94, S. 45-54

Kull, Edgar: Realitätsferne und dogmatische Inkonsequenz – Bemerkungen zum fünften Rundfunkurteil des Bundesverfassungsgerichts. AfP 1987, S. 568-573

ders.: Rundfunk-Grundversorgung – Kontext, Begriff, Bedeutung – Vortrag bei der 61. Tagung des Studienkreises für Presserecht und Pressefreiheit am 8. Mai 1987 in Hamburg. AfP 1987, S. 462-466

Ladeur, Karl-Heinz: „Duale Rundfunkordnung" und Werbung in den Programmen der öffentlich-rechtlichen Rundfunkanstalten. ZUM 1987, S. 491-501

Landesmedienanstalten (DLM): Jahrbuch der Landesmedienanstalten 1993/94. Privater Rundfunk in Deutschland. München 1995. zitiert: Bearb., in: Jahrbuch der Landesmedienanstalten 1993/94

Lehmann, Margit / Gertis, Hubert: „Wir müssen nicht jeden Klimmzug machen". MDR-Intendant Dr. Udo Reiter zur Zukunft der Dritten Programme. Kabel & Satellit Nr. 33/1994, S. 4-9

Leifer, Ralf: Andere Baustelle. Journalist Nr. 7/1998, S. 78-79

Libertus, Michael: Die rechtliche und finanzielle Grundlagen des ARD-Finanzausgleichs. AfP 1993, S. 635-638

ders.: Grundversorgungsauftrag und Funktionsgarantie. Dissertation. (Schriftenreihe des Instituts für Rundfunkrecht an der Universität zu Köln, Bd. 56). München 1991

ders.: Randnutzung im öffentlich-rechtlichen Rundfunk – Rechtliche Aspekte und Erscheinungsformen. AfP 1992, S. 229-233

Lilienthal, Volker: Einigkeit, halbherzig. Die ARD nach dem Hamburger Beschluß zur eigenen Reform. epd medien Nr. 34/1998, S. 3-5

ders.: Mit halbem Herzen. Journalist Nr. 6/1998, S. 28-30

Lojewski, Günther von: „Eine Art Dolchstoß". SFB-Intendant Günther von Lojewski über die ARD-Reform. Der Spiegel Nr. 6/1995, S. 21-22

ders.: Bis zur Fusion kaum mehr ein Schritt. Aus SFB-Sicht: Chancen am Medienstandort Berlin-Brandenburg. FK Nr. 9/1996, S. 1-5

ders. Die ARD-Reform: brüchige Brücken und rutschige Gräben. epd medien Nr. 29/1997, S. 3-4

Löwisch, Georg: Fatale Strategie. Journalist Nr. 11/1997, S. 46-49

ders.: Pleitgens Planspiel. Journalist Nr. 5/1998, S. 34-35

ders.: Schleicht sich ein Trojanisches Pferd ein? Outsourcing: In der ARD bahnt sich ein heftiger Streit um die geplante Auslagerung von Produktionen an. Hamburger Abendblatt Nr. 23/1998 v. 28.1.1998, S. 9

Mahrenholz, Ernst Gottfried: „Kooperative Verantwortung aller Länder". Rechtsgutachten zum Finanzausgleich: Zusammenfassende Thesen. epd medien Nr. 46/1997, S. 30-31

ders.: Verfassungsfragen des Rundfunkfinanzausgleichs. Die Rundfunklandschaft nach dem Staatsvertragsrecht von 1990 und die kleinen Rundfunkanstalten. Baden-Baden 1997

Marmor, Lutz: Kooperationen in der ARD. (Reihe Arbeitspapiere des Instituts für Rundfunkökonomie an der Universität zu Köln, Nr. 17/1994). Köln 1994

Martin, Uli: Focus-Interview: „Überlegungen für den Ernstfall". Warum der neue ARD-Vorsitzende Udo Reiter zur Strukturreform keine Alternative sieht – und warum Berlin eine Sonderrolle spielen soll. Focus Nr. 9/1997, S. 182-184

Merten, Klaus: Konvergenz der deutschen Fernsehprogramme. Eine Langzeituntersuchung 1980-1993. (Aktuelle Medien- und Kommunikationsforschung; Bd. 2). Münster 1994

ders.: No Joy für N-Joy. Es tut weh, beim Heucheln ertappt zu werden. FK Nr. 20/1995, S. 1-4

ders.: Programmstrukturanalyse von MDR live; abstract. Eine Untersuchung im Auftrag des Verbandes Privater Rundfunk und Telekommunikation; VPRT. Münster 1995

Merten, Klaus / Gansen, Petra / Götz, Markus: Veränderungen im dualen Hörfunksystem; Vergleichende Inhaltsanalyse öffentlich-rechtlicher und privater Hörfunkprogramme in Norddeutschland. (Aktuelle Medien- Kommunikationsforschung, Bd. 7). Münster, Hamburg 1995

Meyn, Hermann: Massenmedien in der Bundesrepublik Deutschland. (Reihe: Zur Politik und Zeitgeschichte, Bd. 24). Berlin 1996

Mitteldeutscher Rundfunk: Senderverzeichnis Hörfunk und Fernsehen. Leipzig 1997

Monopolkommission: Sechstes Hauptgutachten der Monopolkommission 1984/85. BT-Drucksache 10/5860 v. 21.07.86

Münch, Ingo von: Pressefreiheit und Werbefreiheit. Bildberichterstattung und Trikotwerbung. AfP 1974, S. 598 ff.

ders.: siehe: Münch/Kunig, GGK

Münch, Ingo von / Kunig, Philip (Hrsg.): Grundgesetz-Kommentar. Band 1, (Präambel bis Art. 20), 4., neubearbeitete Auflage. München, 1992

dies.: Grundgesetz-Kommentar. Band 2, (Art. 21 bis Art. 69), 3., neubearbeitete Auflage. München, 1995

dies.: Grundgesetz-Kommentar, Band 3, (Art. 70 bis Art. 146 und Gesamtregister), 3., neubearbeitete Auflage. München, 1996

NDR-Verwaltungsrat: Resolution vom 24. Februar 1995 zur Diskussion über die Strukturreform des öffentlich-rechtlichen Rundfunks. abgedr. in: FK Nr. 10/1995, S.33. zitiert: Resolution zu Stoiber/Biedenkopf

Neft, Hans: Rundfunkwerbung und Rundfunkfreiheit. Inhaltliche Bindung der Rundfunkwerbung durch Anforderungen des Art. 5 Abs. 1 S. 2 GG. Dissertation. München, 1993

Neumann, Bernd: Interview. Töne – Texte – Bilder. Das Medienmagazin des WDR v. 22.10.1994, S. 3

Neumann-Braun, Klaus: Rundfunkunterhaltung. Zur Inszenierung publikumsnaher Kommunikationsereignisse. (Reihe Script Oralia 48). Tübingen 1993

Niepalla, Peter: Die Grundversorgung durch die öffentlich-rechtlichen Rundfunkanstalten, zugleich Dissertation. (Schriftenreihe des Instituts für Rundfunkrecht an der Universität zu Köln, Bd. 55). München 1990

Norddeutscher Rundfunk Öffentlichkeitsarbeit (Hrsg.): Sender-Verzeichnis 1997 Hörfunk und Fernsehen. Hamburg 1997. zitiert: NDR, Senderverzeichnis 1997

Nowottny, Friedrich: FK Nr. 5/1995, S. 5

Oberst, Walter: Der Kinderkanal von ARD und ZDF in der Diskussion Dokumentation der Auseinandersetzung um ein neues öffentlichrechtliches Programmangebot. MP 1997, S. 23-30

Oehmichen, Ekkehard: Medienforschung als Programmberatung. Zur Entwicklung eines neuen öffentlich-rechtlichen Jugendradios. MP 1998, S. 61-69

Oppermann, Thomas: Auf dem Weg zur gemischten Rundfunkverfassung in der Bundesrepublik Deutschland? Schritte im rundfunkrechtlichen Entwicklungsprozeß vor dem . Hintergrund der drei „Fernsehentscheidungen" des Bundesverfassungsgerichts 1961-1981 – JZ 1981, S. 721-730

Ory, Stephan: „Lückenschließung" durch Grundversorgung. AfP 1995, S. 383-386

Ory, Stephan.: Bestands- und Entwicklungsgarantien für den öffentlich-rechtlichen Rundfunk. AfP 1987, S. 466-472

ders.: Marktchancen und Meinungsfreiheit – Bemerkungen zum „Fünften Rundfunkurteil" – ZUM 1987, S. 427-433

Ory, Stephan / Bauer, Helmut G. (Hrsg.): Hörfunk-Jahrbuch ‚94. Berlin 1995

dies.: Hörfunk-Jahrbuch ‚96/97. Berlin 1997

Penninger, Gerd: Formate im privaten Hörfunk – Entwicklung von Programmen für segmentierte Hörerschaft. in: Ory/Bauer (Hrsg.), Hörfunk-Jahrbuch ‚94, S. 75-85. Berlin 1995

Pieper, Antje Karin / Wiechmann, Peter: Der Rundfunkbegriff. Änderung durch Einführung des interaktiven Fernsehens?. ZUM 1995, S. 82-96

Pieroth, Bodo: siehe Jarass/Pieroth

Pieroth, Bodo / Schlink, Bernhard: Grundrechte. Staatsrecht II. 9. Auflage. Heidelberg 1993

Plog, Jobst: Erweiterte Ideenskizze zur Stärkung des öffentlich-rechtlichen Rundfunks im Norden und Nordosten der Bundesrepublik Deutschland. in: Kops/Sieben, S. 257-271

ders.: Im Spannungsfeld von Markt, Qualität und Quote. 12 Thesen zur Situation des öffentlich-rechtlichen Rundfunks. FK Nr. 16/1996, S. 8-11

ders.: Soziale Kommunikation und Gemeinwohl. Unternehmensziele für die Zukunft des öffentlich-rechtlichen Fernsehens. Rede auf den Mainzer Tagen der Fernsehkritik am 30. Mai 1994. MP 1994, S. 262-267

Prehn, Ole: Vom public service zum dualen System. Die dänische Medienlandschaft. MP 1997, S. 141-149

Pressestelle des Westdeutschen Rundfunks Köln (Hrsg.): ARD – im Gespräch 1979. (zitiert: Bearb.; in: Pressestelle des Westdeutschen Rundfunks Köln, ARD – im Gespräch 1979)

Pressestellen der Rundfunkanstalten der ARD und der Programmdirektion Erstes Deutsches Fernsehen: ARD Radio & TV. Infobroschüre der ARD. zitiert: ARD, ARD Radio & TV

Programmdirektion ARD: ARD Digital

Programmkommission des ARD/ZDF-Kinderkanals: Der Kinderkanal – Ziele und Programmphilosophie Zum Start des Kinderkanals von ARD und ZDF. MP 1997, S. 17-22

Radeck, Bernd: Werbung bei ARD und ZDF sichert Programmfreiheit. Mischfinanzierung des öffentlich-rechtlichen Rundfunks aus verfassungsrechtlicher Sicht. MP 1994, S. 278-285

Radke, Klaus: Das ganze Bild. Der Ereignis- und Dokumentationskanal PHOENIX. ARD-Jahrbuch 97, S. 67-73

ders.: Phoenix: Ziele, Programm und Programmphilosophie. Der Ereignis- und Dokumentationskanal von ARD und ZDF. MP 1997, S. 206-213

Raff, Fritz: Auf ein Wort: SR Fernsehen Südwest. Saarländischer Rundfunk iNFO Nr. 9/1998, S. 2

Rager, Günther/Weber, Bernd: Publizistische Vielfalt zwischen Markt und Politik. Mehr Medien mehr Inhalte? Düsseldorf, 1992

Reiter, Udo: An neuen Entwicklungen beteiligt. ARD digital, Der Kinderkanal, PHOENIX. ARD-Jahrbuch 97, S. 15-16

ders.: Die Strategie der ARD im digitalen Zeitalter. Ziel der Integration aller in die neue Informationsgesellschaft. MP 1997, S. 410-414

ders.: Künftige ARD-Struktur. Brief des ARD-Vorsitzenden Udo Reiter vom 2.4.97 an Berlins Regierenden Bürgermeister Eberhard Diepgen. abgedruckt in: FK Dok. Nr. 15/1997, S. 39

Ressing, Philippe: Südwestdeutscher Rundfunk. Die Fusion von SW und SDR bringt außer Jubel auch Probleme. FK Nr. 34/1996, S. 1

Ricker, Reinhart: siehe Ricker/Schiwy – Rundfunkverfassungsrecht

ders.: Zur Zulässigkeit nationaler Verbreitung dritter Fernsehprogramme der Landesrundfunkanstalten. AfP 1992, S. 19-22

Ricker, Reinhart / Schiwy, Peter: Rundfunkverfassungsrecht. 1. Auflage. München 1997. zitiert: Bearb. in: Ricker/Schiwy

Ridder, Christa-Maria: Daten und Fakten zu den Werbelimits bei Sport in ARD und ZDF. MP 1997, S. 307-319

dies.: Reaktionen auf die Stoiber/Biedenkopf-Thesen zur ARD in Presse, Politik und Öffentlichkeit Chronik der jüngsten Debatte über die Zukunft der ARD. MP 1995, S. 100-103

dies.: Zur Programmverträglichkeit von Werbung nach 20 Uhr bei ARD und ZDF. Eine Untersuchung von Struktur und Publikumsprofil des Fernsehabendprogramms. MP 1994, S. 268-277

Riehl-Heyse: ARD: Ein Fest nicht nur für München. Drei Programmdirektoren des Deutschen Fernsehens und viele prominente Gäste trafen sich aus drei guten Gründen. FI 1997, S. 279-283

Ring, Wolf-Dieter (Hrsg.): Medienrecht. Rundfunk, Neue Medien, Presse, Technische Grundlagen Internationales Recht, Bundesrepublik Deutschland, Österreich, Schweiz. Text, Rechtsprechung, Kommentierung. Stand: 54. Ergänzungslieferung, Januar 1998. 54. Auflage. Januar 1998

Röckenhaus, Freddie: Weg mit dem Anstaltsdenken. Ein radikales Modell: Radio Bremen soll seine Produktion privatisieren und deren Dienste überall anbieten. Die Zeit Nr. 9/1997 v. 21.2.1997, S. 49

Röhrig, Johannes: Aus Not planen kleine ARD-Sender gemeinsame Programme. Reformdruck auf die ARD wächst – Neben Bayer will auch Baden-Württemberg aus dem Finanzausgleich aussteigen – Interne Kritik an Reiter. Welt am Sonntag Nr. 17/1997 v. 27.4.1997, S. 65

Rolf, Andreas: ARD – Königin für 180 Tage. Sender-Marktanteile. TV Spielfilm Nr. 15/1998, S. 27

Romann, Gernot: Enjoy N-Joy. Jetzt müssen die Kommerziellen ganz tapfer sein. FK Nr. 20/1995, S. 4

Rosenbauer, Hansjürgen: Im Osten was Neues. Aus ORB-Sicht: Chancen am Medienstandort Berlin-Brandenburg. FK Nr. 9/1996, S. 6-9

Rupp, Hans Heinrich: Rechtsgutachten über Zulässigkeit und Voraussetzungen der Ausstrahlung zusätzlicher Fernsehprogramme durch das Zweite Deutsche Fernsehen erstattet für das Zweite Deutsche Fernsehen. ZDF-Schriftenreihe Heft 28. Mainz 1981

Saarländischer Rundfunk, Presse und Öffentlichkeitsarbeit: SR Fernsehen mit neuen Programmangeboten. Das Saarland schon ab 18.00 Uhr. Presseinformation des Saarländischen Rundfunk vom 26.8. 1998

Sack, Rolf: Zur wettbewerbsrechtlichen Problematik des Product Placement im . Fernsehen. ZUM 1987, S. 103 ff.

Schäfer, Albert: Wenn. Dann. Den – Der Kinderkanal von ARD und ZDF: ein Zukunftsmodell. ARD-Jahrbuch 97, S. 57-66

Scheble, Roland: Perspektiven der Grundversorgung. (Schriftenreihe des Archives für Urheber-, Film-, Funk- und Theaterrecht; UFITA; Bd. 116). Baden-Baden 1994

Scherer, Frank: Der Staatsvertrag über den Südwestrundfunk und die ARD-Reform. in: ZUM 1998, S. 8-19

Schiwy, Peter: siehe Ricker/Schiwy – Rundfunkverfassungsrecht

Schmid, Waldemar: Unterdimensioniert. Der Sender Freies Berlin braucht Partner. FK Nr. 20/1997, S. 9-11

Schmitt Glaeser, Walter: Das duale Rundfunksystem. Zum „4. Fernseh-Urteil" des Bundesverfassungsgerichts vom 4.11.1986, DVBl 1987, 30 ff.. DVBl. 1987, S. 14-21

Schmitt, Ilka: ARD/ZDF-„Markenartikel". Medienspiegel Nr. 15/ 1997, S. 3

Schneider, Beate / Stürzebecher, Dieter: Bilanz der Einheit. Journalist Sonderausgabe zu Nr. 12/1999, S. 42-44

Schneider, Guido: Die neue Freiheit. Journalist Nr. 8/1999, S. 46-48

ders.: Medienpolitik: Radikal-Parolen. Journalist Nr. 6/1997, S. 56-57

Scholz, Rupert: Zukunft von Rundfunk und Fernsehen: Freiheit der Nachfrage oder reglementiertes Angebot? Vortrag auf den Medientagen München am 17. Oktober 1994. AfP 1995, S. 357-362

Schrape, Klaus: Digitales Fernsehen. Marktchancen und ordnungspolitischer Regelungsbedarf. (BLM-Schriftenreihe, Bd. 30). München 1995

Schroeder, Michael: Arte: Kulturprogramm mit europäischen Auftrag. Positionierung, Image und Akzeptanz von Arte in Frankreich und Deutschland. MP 1996, S. 93-104

Schütz, Hans-Joachim: in: Ricker/ Schiwy, Rundfunkverfassungsrecht

Schwartz, Ivo E.: EG-Rechtsetzungsbefugnis für das Fernsehen. ZUM 1989, S. 381-389

Schwarzkopf, Dietrich: Das Profil in der Menge. Wie das öffentlich-rechtliche Programm künftig aussehen sollte. FK Nr. 16/1996, S. 1-7

Schwarz-Schilling, Christian: „Pay-TV" – und doch kein Rundfunk!. ZUM 1989, S. 487-492

Schwiesau, Dietz: Ständig auf dem laufenden. Nachrichtenradios in Deutschland. ARD-Jahrbuch 97, S. 74-80

Seelmann-Eggebert, Sebastian: Die Dogmatik der Rundfunkfreiheit gem. Art. 5 Abs.1 Satz 2 GG aus der Sicht d. Bundesverfassungsgerichts. ZUM 1992, S. 79-87

Seemann, Klaus: Ordnungspolitische Perspektiven eines dualen Rundfunksystems. ZUM 1987, S. 255-269

Sell, Friedrich-Wilhelm von: Nicht der erste und nicht der letzte Angriff Die ARD in Bedrängnis: Eine Zwischenbilanz im Fall Stoiber & Co.. FK Nr. 13/1995, S. 1-5

ders.: Ohne die Post. Der neue Gebühreneinzug ab 1976. ARD-Jahrbuch '74, S. 31-33

ders.: Ohnmacht statt Fortschritt? Rundfunk im Auftrag der Öffentlichkeit. epd/Kirche und Rundfunk Nr. 3/1988, S. 6-9

ders.: Reform statt Krisentheorien, siehe: Pressestelle des Westdeutschen Rundfunks Köln, ARD – im Gespräch 1979. zitiert: in: ARD – im Gespräch

Sell, Uwe: Internet-Radio: Machen Sie Ihren PC zum Weltempfänger. PC Praxis Nr. 7/1998, S. 28-29

Selmer, Peter: Bestands- und Entwicklungsgarantien für den öffentlich-rechtlichen Rundfunk in einer dualen Rundfunkordnung: eine verfassungsrechtliche Untersuchung ihrer Zulässigkeit und Reichweite. (Schriften zu Kommunikationsfragen Bd. 10). Berlin 1988

ders.: Das BVerfG an der Schwelle des finanzwirtschaftlichen Einigungsprozesses – BVerfGE 86, 148. JuS 1995, 978-984

Selmer, Peter / Gersdorf, Hubertus: Die Finanzierung des Rundfunks in der Bundesrepublik Deutschland auf dem Prüfstand des EG-Beihilferegimes. (Schriften zu Kommunikationsfragen, Bd. 20). Berlin 1994

Sieben, Günter: Gutachterliche Stellungnahme zu einer Substitution der Werbeeinnahmen durch zusätzliche Gebühren. Bonn 1994. zitiert: Substituion der Werbeeinnahmen

Sommer, Michael: Digitales vom Dach. Journalist Nr. 9/1999, S. 42-45

Spital, Hermann Josef: Rundfunk für den Menschen. Überlegungen aus kirchlicher Sicht. FK Nr. 16/1996, S. 11-15

Springer, Jochen: Künftig in der ARD: Wer mehr zahlt, zählt mehr Ein Strukturfonds statt des Finanzausgleichs. Die Welt vom 13. Juni 1998, S. 11

ders.: Schleichwerbung. Bedeutung und rundfunkrechtliche Beurteilung, insbesondere in Abgrenzung zu verwandten Formen der Nennung von Namen und Firmen im Rundfunkprogramm. Selbstverlag, Uelzen, Hamburg 1998

Stahr, Volker S.: Die ARD nach der Südwest-Reform, in: Hamburger Abendblatt Nr. 88/1998 v. 16.4. 1998, S. 11

Starck, Christian: „Grundversorgung" und Rundfunkfreiheit. NJW 92, S. 3257-3263

Steinwärder, Philipp: Die Arbeitsgemeinschaft der öffentlich-rechtlichen Rundfunkanstalten der Bundesrepublik Deutschland. Entstehung, Tätigkeitsfeld und Rechtsnatur. Eine rechtswissenschaftliche Untersuchung zur Entwicklung, den Aufgaben und der Organisation der ARD. Hamburg 1998

Stengel, Eckhard: Jeder ist sich selbst der Nächste. Journalist Nr. 4/ 1998, S. 34

ders.: Zurück zum Zampano. Journalist Nr. 4/1998, S. 44-45

Stock, Martin: Das vierte Rundfunkurteil des Bundesverfassungsgerichts: Kontinuität oder Wende?. NJW 1987, S. 217-224

ders.: Der neue Rundfunkstaatsvertrag. Rundfunk und Fernsehen 1992, S. 189-221

ders.: Konvergenz im dualen Rundfunksystem?. MP 1990, S. 745-754

Stoiber, Edmund: Abschied von vorgestern – Entscheidung für übermorgen: Wegmarken einer dynamischen Medienentwicklung. Medienpolitische Grundsatzerklärung auf den Medientagen München, 1994. zitiert: Abschied von vorgestern

Stoiber, Edmund / Biedenkopf, Kurt: Thesen zur Strukturreform des öffentlich-rechtlichen Rundfunks.
Veröffentlicht von den Staatskanzleien Bayern und Sachsen am 28. Januar 1995 mit Datum vom 27. Januar 1995. abgedr. in: MP 1995, S. 104-108

Stolte, Dieter: Die klingende Münze hat zwei Seiten. Werbefunk im Mittelpunkt kinderfreundlicher Vorschläge. epd/Kirche und Rundfunk Nr. 37/1979, S. 1-3

Stolte, Dieter: Zeitgemäße Anpassung. Pay-TV-Pläne des öffentlich-rechtlichen Rundfunks. epd/Kirche und Rundfunk Nr. 16/1994, S. 3-7

Stolte, Dieter / Rosenbauer, Hansjürgen: Die doppelte Öffentlichkeit. Zur Ost-Studie der ARD/ZDF-Medienkommission. MP 1995, S. 358-361

Struve, Günter: Das Erste in neuer Fasson. Mehr Gemeinsames im Gemeinschaftsprogramm der ARD. ARD-Jahrbuch 94, S. 21-28

ders.: Notwendigkeit und Möglichkeit einer Verbesserung der Organisationsstruktur der ARD. in: Kops/ Sieben, S. 201-213

Südwestrundfunk Kernteam Marketing (Hrsg.): Nehmen Sie schon mal Platz. Der SWR kommt! Der neue Sender ab September 1998. zitiert: SWR, Nehmen Sie schon mal Platz

Teichert, Will: Der Hörfunk des Nebenbei – ernstgenommen. Zur Konkurrenzsituation des Radios in Norddeutschland

Tettinger, Peter: Aktuelle Fragen der Rundfunkordnung. JZ 1986, S. 806-813

Thomsen, Frank: Aus elf mach sechs? Die ARD muß abspecken: Inter-

491

ne Überlegungen sehen das Aus für kleine Anstalten vor. Stern Nr. 8/1997, S. 159

Thull, Martin: Da waren's nur noch zehn. Der neue Südwestrundfunk: Stark für die ARD. FK Nr. 16/1997, S. 3-4

ders.: Nicht zuständig. Bundespolitiker vergreifen sich am Rundfunk. FK Nr. 6/1995, S. 1-3

Tittelbach, Rainer: Sprüche statt Brüche. Warum am Nachmittag vor allem Talkshows gut laufen. Hamburger Abendblatt Nr. 46/1998 v. 24.2.1998, S. 11

Verband Privater Rundfunk und Telekommunikation (VPRT): Beschwerde bei der EU-Kommission wegen der ARD/ZDF-Spartenprogramme Phoenix und Kinderkanal. FK Nr. 22/1997, S. 41

Vogel, Klaus / Waldhoff, Christian: in: Dolzer, Rudolf / Vogel, Klaus: Bonner Kommentar zum Grundgesetz. zitiert: Vogel/Waldhoff in: Dolzer/Vogel, BK

Vollbrecht, Ralf: Wie Kinder mit Werbung umgehen. Ergebnisse eines DFG-Forschungsprojektes. MP 1996, S. 294-300

Volpers, Helmut: Hörfunklandschaft Niedersachsen. Eine vergleichende Analyse der öffentlichrechtlichen und privaten Radiosender. Berlin 1996

Volpers, Helmut / Schnier, Detlef: Das WDR-Hörfunkprogramm Eins Live. Ergebnisse einer empirischen Programmanalyse. MP 1996, S. 249-258

Voß, Peter: „Unsere Fusion wird Wirkung zeigen". Interview des SWR-Intendanten mit dem Hamburger Abendblatt. Hamburger Abendblatt Nr. 88/1998 v. 16.4.1998, S. 11

WDR-Rundfunkrat: Dokumentation. Herausforderungen bewältigen". Positionspapier des WDR-Rundfunkrates zur Rundfunk-Zukunft. abgedruckt bei: epd/Kirche und Rundfunk Nr. 85/1994, S. 26-30

WDR-Rundfunkrat: Resolution vom 21. Februar 1995 zur ARD/WDR-Kampagne. abgedr. in: FK Nr. 10/1995, S. 34-35. zitiert: Resolution zu Stoiber/Biedenkopf

Weinmann, Joachim: Wirtschaftlich und effizient. Wirtschaftlichkeits-, Spar- und Rationalisierungsmaßnahmen der ARD bis zum Jahr 2000. ARD-Jahrbuch 96, S. 66-72. 28. Auflage. Hamburg, 1996

Werner, Peter: Quoten erwünscht. ARD vor acht: Erfolg durch Qualität. ARD-Jahrbuch 93, S. 39-43. 25. Auflage. Hamburg, 1993

Westdeutscher Rundfunk Köln Kommunikation & Marketing: Westdeutscher Rundfunk. Jahresbericht 1996. Bergisch-Gladbach 1997. zitiert: WDR, Jahresbericht 1996

Wille, Karola: Sächsischer Verfassungsgerichtshof: Öffentlichrechtliche Programme vorrangig ins Kabel. ARD-Jahrbuch 97, S. 442-443

Wolf, Fritz: Radio als Begleitmedium. Funk-Noten. Journalist Nr. 6/1998, S. 12-18 (beachte Korrektur S. 5)

Zimmer, Jochen: Pay TV: Durchbruch im digitalen Fernsehen? Bezahlfernsehen in Deutschland und im internationalen Vergleich. MP 1996, S. 386-401

Zuck, Rüdiger: Rundschau – Kurze Beiträge. Blick in die Zeit. Das vierte und fünfte Rundfunkurteil des Bundesverfassungsgerichts. MDR 1987, S. 717-719

Aufsätze und Zeitungsberichte ohne Nennung des Verfassers
(sortiert nach Fundstelle)

AfP 1996, S. 128: Grüne gegen öffentlich-rechtliche Werbung

AfP 1996, S. 129: Spartenkanäle von ARD und ZDF umstritten

ARD-Jahrbuch 90, S. 377: Landesrundfunkanstalten (Tabelle 48)

ARD-Jahrbuch 93, S. 370: Pflichtanteile der Landesrundfunkanstalten am Gemeinschaftsprogramm Erstes Deutsches Fernsehen (Fernsehvertragsschlüssel)

ARD-Jahrbuch 96, S. 142-154: Rundfunkpolitik 1995

ARD-Jahrbuch 96, S. 158: ARD-Hörfunk. Inlandsprogramme via Satellit (Schaubild)

ARD-Jahrbuch 96, S. 208: Die Fernsehprogramme der ARD. Stand 1995

ARD-Jahrbuch 96, S. 245: Funkhäuser, Studios und Büros der ARD-Rundfunkanstalten. 1.8.1996

ARD-Jahrbuch 96, S. 246: Landesrundfunkanstalten. Finanzausgleich

ARD-Jahrbuch 97, S. 172: Die Hörfunkprogramme. Stand: 1996

ARD-Jahrbuch 97, S. 192: Die Fernsehprogramme der ARD. Stand: 1996

Der Spiegel Nr. 6/1995, S. 18-21: „Wir beißen jetzt zu"

Der Spiegel Nr. 29/1996, S. 22-34: Das entfesselte Fernsehen

epd medien Nr. 15/1997, S. 21-22: Dokumentation. „Ergebnisoffen und ohne ‚Denkverbote'". ARD-Strukturreform: Kurz-(Beschluß-)Protokoll der internen Intendantensitzung

epd medien Nr. 28-29/1998, S. 16: MDR-Sputnik darf weiter über UKW senden

epd medien Nr. 77/1998, S. 20-21: EU-Kommission erwägt Funktionsaufteilung beim öffentlich-rechtlichen Rundfunk. Diskussionspapier: Ordnungsrahmen für staatliche Beihilfen „dringend notwendig"

epd/Kirche und Rundfunk Nr. 11-12/ 1994, S. 18: ARD springt von 1,4-Milliarden-Defizit auf Null-Vorhersage. Plog: Bis Ende 1996 voraussichtlich ausgeglichenes Ergebnis ohne Schulden

epd/Kirche und Rundfunk Nr. 97/1994, S. 19-20: Öffentlich-rechtliche Pay-TV-Teilhabe weiterhin strittig. Symposion des Instituts für Urheber- und Medienrecht – ZDF-Justitiar: „Überlebensnotwendig"

epd/Kirche und Rundfunk Nr. 19/1995, S. 9-10: ARD/ZDF-Kinderkanal

"Von Acht bis Acht". Jährlch 157,7 Millionen Mark erforderlich – Forderung nach Einführung

epd/Kirche und Rundfunk Nr. 19/1995, S. 10-11: Beck: ARD und ZDF sollen „Wirtschaftlichkeit und Effizienz" verstärken. Anstalten sagen breite Kooperation zu – Spitzengespräch in Mainz: „Neuer Anfang"

epd/Kirche und Rundfunk Nr. 40/1995, S. 12: . HR-Verwaltungsrat gegen fünftes Hörfunkprogramm. „Programmpolitisch wünschenswert, aber finanziell bedenklich" – Rundfunkrat dafür

epd/Kirche und Rundfunk Nr. 95/1995, S. 10-11: Insgesamt drei digitale ASTRA-Volltransponder für ARD und ZDF. Sendebetrieb ab 1996 möglich – ARD: Verhandlungen über Decoder „unbefriedigend"

epd medien Nr: 2/2000 v. 12.01.2000, Seite 10: Rundfunkgebühr soll um 3,33 Mark steigen. KEF kürzt Anmeldungen von ARD, ZDF und Deutschlandradio um ein gutes Drittel

epd medien Nr. 2/2000 v. 12.01.2000, S. 19: Namensstreit um Jump FM mit Vergleich beigelegt. MDR zahlt dem Privatsender Oldie FM 20.000 Mark als Verzichtsprämie

FAZ Nr. 235/1994 v. 10.10.1994, S. 15

FAZ Nr. 14/1998 v. 17.1.1998, S. 4: Der Rundfunkrat des Südwestrundfunks nimmt seine Arbeit auf. Die neue Zwei-Länder-Anstalt von September an auf Sendung. Fusion von SDR und SWF

FAZ Nr. 181/1998 v. 7.8.1998, S. 15: Qualifiziert. Bremer Rundfunkquerelen

FAZ Nr. 196/1998 v. 25.8.1998, S. 13: Eine Revolution in der Fernsehübertragung. Programme werden bis 2010 digitalisiert. Rexrodt: Informationsgesellschaft ist keine Vision mehr

FI 1997, S. 117-121: ARD-Strukturreform in der Diskussion. Udo Reiters „Gedankenspiele", was die Presse daraus machte und was Intendanten darüber denken. Vorschlag Hauptstadtsender Berlin

FI 1997, S. 245-251: Fusion von Süddeutschem Rundfunk und Südwestfunk zu „Südwestrundfunk" (SWR) beschlossen. Einigkeit über Personalfragen

FI 1997, S. 252-255: Verfassungsklagen? Experten sind zurückhaltend

FI 1997, S. 255-256: ARD: Intendantenmehrheit für Hauptstadtstudio. Grundsätzliche und personelle Weichenstellung für Berlin

FK Dok. Nr. 15/1997, S. 40: Programmschema Phoenix

FK Nr. 5/1995, S. 3: Stoiber und Biedenkopf attackieren ARD

FK Nr. 5/1995, S. 4: Kanzler und Union-Länderchefs: Gemeinsame ARD-Strategie

FK Nr. 5/1995, S. 5: Nowottny warnt vor Beschädigung der Kommunikationskultur

FK Nr. 5/1995, S. 6: Kanzler-Reaktion auf Stellungnahme der ARD-Intendanten

FK Nr. 5/1995, S. 6: Scharfe Kritik an Angriff auf die ARD

FK Nr. 5/1995, S. 7: WDR weist Kanzlerkritik an „Monitor"-Satire zurück

FK Nr. 5/1995, S. 8: ARD plant mit ZDF Sparten-TV-Kanal für Kinder

FK Nr. 5/1995, S. 8: Weiter Disput zwischen SWF und SDR um „Südwestsender"

FK Nr. 6/1995, S. 10: Bayrische SPD prüft Volksbegehren zum ARD-Fortbestand

FK Nr. 6/1995, S. 10: Erste Ergebnisse der IFEM-Programmanalyse 94

FK Nr. 6/1995, S. 10: FDP will für die ARD Verpflichtung zu sparsamem Wirtschaften

FK Nr. 6/1995, S. 4: Stolte: Nur leistungsfähige Einheiten können überleben

FK Nr. 6/1995, S. 5: ARD-Erklärung zum Beschluß des CDU-Bundesvorstandes

FK Nr. 6/1995, S. 5: CDU-Bundesvorstand: ARD-Strukturreform nicht Abschaffung

FK Nr. 6/1995, S. 6: Kirchen betonen Notwendigkeit von ARD und ZDF

FK Nr. 6/1995, S. 7: Gremien und Intendanten wehren sich gegen Unions-Thesen

FK Nr. 6/1995, S. 7: Kannzleramtsminister nennt WDR „Fälscherwerkstatt

FK Nr. 6/1995, S. 8: Bundestagsdebatte zur ARD: Anträge von SPD und Grünen

FK Nr. 6/1995, S. 9: Bundestagsdebatte zur ARD: Nur noch „Strukturreform"

FK Nr. 7/1995, S. 8: Union schlägt regionale Staffelung der Rundfunkgebühren vor

FK Nr. 7/1995, S. 9-11: SDR-Intendant plädiert für differenzierte Mediendebatte

FK Nr. 19/1995, S. 11: ARD: Weitere Rationalisierung und verstärkte Kooperation

FK Nr. 19/1995, S. 14: Schröder gegen Regionalisierung des ARD-Finanzausgleichs

FK Nr. 19/1995, S. 7-8: Fusionspläne für NDR/ORB/SFB offenbar chancenlos

FK Nr. 20/1995, S. 6-7: NDR will aus ARD-Finanzausgleich aussteigen

FK Nr. 22-23/1995, S. 10: ARD-Strukturreform: Grundversorgung als „Zentralproblem"

FK Nr. 22-23/1995, S. 10-11: Dramatische Werbeeinbrüche der ARD zu erwarten

FK Nr. 22-23/1995, S. 14-15: Merten-Studie: Null Prozent Bildung auf MDR life

FK Nr. 26/1995, S. 4- 5: ARD-Intendanten: Mischfinanzierung unabdingbar

FK Nr. 36/1995, S. 7: Diskussion um ARD-Struktur im Osten angeheizt

FK Nr. 40/1995, S. 7-8: Neue Plog-Skizze für NDR/ORB/SFB-Kooperation statt Fusion

FK Nr. 42/1995, S. 12: DAB-Pilotprojekt in NRW gestartet

FK Nr. 42/1995, S. 4-5: Rundfunkreform mit Tücken für die ARD

FK Nr. 42/1995, S. 5-6: Politiker wollen Konzentrationsermittlungskommission schaffen

FK Nr. 42/1995, S. 6-7: Scharf: Debatte um ARD noch nicht beendet

FK Nr. 42/1995, S. 7: Clement provoziert Diskussion über Konzentrationsgrenzen

FK Nr. 45/1995, S. 3: Länderchefs einig über Negativliste zum Rundfunkbegriff

FK Nr. 45/1995, S. 3-5: NDR sorgt wegen Finanzausgleich für Rumoren in der ARD

FK Nr. 45/1995, S. 5-7: Pleitgen: WDR steht zum ARD-Finanzausgleich

FK Nr. 48/1995, S. 11-12: ARD rechnet 1996 mit Defizit von über 300 Mio DM

FK Nr. 48/1995, S. 12: ARD fordert Teilnahme an Multi-Media-Gesprächen

FK Nr. 48/1995, S. 13: Noch keine Entscheidung über Bundesliga-TV-Rechte

FK Nr. 48/1995, S. 16: Bernd Neumann fordert Existezsicherung von Radio Bremen

FK Nr. 48/1995, S. 16: Grüne: Sicherung der öffentlich-rechtlichen Grundversorgung

FK Nr. 3/1996, S. 10: RB-Wirtschaftsplan 1996 mit 18,4 Mio Fehlbetrag

FK Nr. 3/1996, S. 10-11: SDR-Etat 96 mit nur geringem Fehlbetrag

FK Nr. 3/1996, S. 11: Bayrisches Kabel-Sonderentgelt gerichtlich bestätigt

FK Nr. 3/1996, S. 11-12: DAB-Plattform „erfreut" über KEF-Vorschläge

FK Nr. 4/1996, S. 5: NDR-Verwaltungsrat: Finanzausgleich ändern

FK Nr. 4/1996, S. 5: Stoiber erregt Widerspruch

FK Nr. 4/1996, S. 6-7: EU berät Finanzierung des öffentlich-rechtlichen Rundfunks

FK Nr. 6/1996, S. 9: WDR rechnet 1996 mit einem Defizit von 100 Mio DM

FK Nr. 9/1996, S. 12-13: RB/SFB-Gremien fordern Sicherstellung des Finanzausgleichs

FK Nr. 9/1996, S. 18: Intendant Rosenbauer fürchtet um Zukunft des ORB

FK Nr. 10/1996, S. 7-8: Bundesgrüne fordern Abschaffung der Werbung bei ARD/ZDF

FK Nr. 11/1996, S. 10: SWF-Gremien: ARD-Finanzausgleich gerechter gestalten

FK Nr. 14-15/1996, S. 9: Rundfunkrat gegen MDR-Beteiligung am ARD-Finanzausgleich

FK Nr. 17/1996, S. 2-4: ARD regelt nach schwierigen Verhandlungen Finanzausgleich

FK Nr. 18/1996, S. 12: Für Bayern bleibt ARD-Strukturreform auf der Tagesordnung

FK Nr. 21/1996, S. 17: Scharf: Rigorose Ausweitung von Pay-TV spaltet die Gesellschaft

FK Nr. 21/1996, S. 17-18: Fritz Raff bekennt sich zu Selbständigkeit des SR

FK Nr. 24/1996, S. 11-12: Gutachten gibt Bund recht: Multimedia ist kein Rundfunk

FK Nr. 24/1996, S. 13-14: Doetz contra ARD/ZDF: Streit über digitale Fernsehangebote

FK Nr. 24/1996, S. 8-10: Wachsendes Zahlenwirrwarr, jubelnde Networks. MA 96: Hörfunk scheint als „Basiswerbeträger" im Trend zu liegen

FK Nr. 26-27/1996, S. 8: ARD mit drei Programmgruppen für Digitales Fernsehen

FK Nr. 26-27/1996, S. 8-9: Media-Analyse korrigiert: ARD Radios mit 8,18 Mio Werbehörern

FK Nr. 26-27/1996, S. 9: BGH: Revision wegen 5. MDR-Hörfunkprogramm abgelehnt

FK Nr. 29-30/1996, S. 8-9: SPD-Politiker fordern Regelungen für Bezahlfernsehen

FK Nr. 29-30/1996, S. 9: VPRT und n-tv wollen gegen ARD/ZDF-Spartenkanäle klagen

FK Nr. 29-30/1996, S. 9-10: FDP: ARD und ZDF mit Spartenkanälen auf dem „Irrweg"

FK Nr. 40/1996, S. 13-14: Bilanz: Keine Anpassung von ARD und ZDF an die Privaten

FK Nr. 41/1996, S. 13: SR will Rundfunkbeziehungen zu Frankreich ausbauen

FK Nr. 42/1996, S. 10: Rosenbauer nennt Enquête-Zwischenbericht naiv

FK Nr. 42/1996, S. 11: SDR-SWF-Fusion: Länderchefs für gemeinsame Arbeit

FK Nr. 42/1996, S. 11-12: Intendant Raff: Kein Zusammenschluß von SR und SWF

FK Nr. 42/1996, S. 12-13: ARD siegt vor dem Landgericht Stuttgart im Werbezeitenstreit

FK Nr. 42/1996, S. 14-15: Münchener Medientage: Herzog beurteilt Multimedia optimistisch

FK Nr. 42/1996, S. 15: Eisenhauer: Kritik von MDR-Fernsehdirektor schadet ARTE

FK Nr. 42/1996, S. 4-7: Streitbegriff Grundversorgung. Fraktionen uneins über Teilbericht der Medien-Enquêtekommission

FK Nr. 42/1996, S. 7-9: Enquêtekommission: SPD kritisiert Regierungsfraktionen

FK Nr. 42/1996, S. 9: Enquêtekommission: Bündnis 90/Grüne unterstützen ARD/ZDF

FK Nr. 44/1996, S. 13: Etatentwurf 1997: SWF erstmals wieder mit Überschuß

FK Nr. 47/1996, S. 14-15: Streit um ARTE/3SAT in Sachsen – Rüggeberg: „armselig"

FK Nr. 47/1996, S. 15: Fernsehprogramm Hessen 3 ab 1998 auch über Satellit

FK Nr. 47/1996, S. 5-6: Kinderkanal von ARD und ZDF offiziell gegründet

FK Nr. 47/1996, S. 7-8: Phoenix wird anfangs nur wenig Zuschauer haben

FK Nr. 50/1996, S. 13-14: Elitz: Rundfunkgebühr ist „Qualitätssicherungsgebühr"

FK Nr. 50/1996, S. 3-4: Verhandlungen über Fusion von SDR und SWF kommen voran

FK Nr. 50/1996, S. 5: DLM zur Kabelverbreitung von Kinderkanal und Phönix

FK Nr. 50/1996, S. 5-6: NRW: Kinderkanal zunächst nicht im Kabelnetz

FK Nr. 50/1996, S. 6-7: n-tv will gegen Phönix gerichtlich vorgehen

FK Nr. 5/1997, S. 14-15: Ende 1996 rund 16,7 Mio Haushalte mit Kabelanschluß

FK Nr. 5/1997, S. 9: Raff: Kleine Sender arbeiten oft effizienter

FK Nr. 5/1997, S. 9-10: Der Kinderkanal nun auch im Kabelnetz von NRW

FK Nr. 8/1997, S. 9-11: ARD-Auseinandersetzung um Struktur/Finanzausgleich

FK Nr. 8/1997, S. 11: SFB: Kooperation, aber keine Fusion mit ORB

FK Nr. 8/1997, S. 11-12: SWR: SPD-Politiker fordert überparteiliche Initiative

FK Nr. 8/1997, S. 12-13: Einigung über Zukunft der Popwellen SWF 3 und SDR 3

FK Nr. 8/1997, S. 14: Der Kinderkanal nun auch in Kabelnetzen Bayerns

FK Nr. 8/1997, S. 9-11: ARD-Auseinandersetzung um Struktur/Finanzausgleich

FK Nr. 11/1997, S. 14-15: SFB will durch Kooperation 13,66 Mio. DM einsparen

FK Nr. 11/1997, S. 15: Rosenbauer: Der ORB ist auch ohne ARD lebensfähig

FK Nr. 11/1997, S. 17: Phoenix in diesem Jahr mit Etat von 39 Mio DM

FK Nr. 12/1997, S. 18-19: SR-Intendant will gerechtere Verteilung der Gebühren

FK Nr. 13-14/1997, S. 11-12: NDR-Intendant Plog als Klostermeiers Schattenmann

FK Nr. 13-14/1997, S. 13-14: Der SFB und die Risiken der Hörfunkkooperation

FK Nr. 13-14/1997, S. 14-15: Länderchefs genehmigen Digital-TV von ARD und ZDF

FK Nr. 13-14/1997, S. 24: Phönix-Sendestart am 7. April festgelegt

FK Nr. 15/1997, S. 6-7: Seit dem 7. April auf Sendung: Phoenix nun doch über Astra

FK Nr. 15/1997, S. 8-10: Reiter. Fusionen oder Reduktion bei der ARD

FK Nr. 16/1997, S. 11: Reiter konkretisiert den Plan „ARD-Berlin"

FK Nr. 16/1997, S. 11-13: Vorschläge Reiters sorgen für Wirbel

FK Nr. 16/1997, S. 17-18: ARD und ZDF sind weiterhin wichtigste Quellen zur Politik

FK Nr. 16/1997, S. 8-10: „Dies ist ein guter Tag". Politische Weichenstellung zur Rundfunkfusion im Südwesten

FK Nr. 17/1997, S. 38: ARD besetzt die Spitze des Hauptstadtstudios

FK Nr. 17/1997, S. 7: ARD-Intendanten: Absage an Reiters Reformvorschläge

FK Nr. 17/1997, S. 8-9: Voß und Fünfgeld kritisieren den SWR-Staatsvertrag

FK Nr. 18/1997, S. 13: ARD-Intendanten betrachten Phoenix-Start als gelungen

FK Nr. 18/1997, S. 13-15: Hörfunkkooperation von SFB und ORB vorerst gescheitert

FK Nr. 18/1997, S. 15-16: WDR kooperiert verstärkt mit polnischem Fernsehen

FK Nr. 18/1997, S. 9-11: Teufel: SWR-Staatsvertrag soll Einfluß sichern

FK Nr. 19/1997, S. 19-20: Kein Drittes Programm der ARD-Kleinsender

FK Nr. 20/1997, S. 17-19: SFB genehmigt doch noch umstrittenen Hörfunkvertrag

FK Nr. 22/1997, S. 18-19: SR-Intendant will gerechtere Verteilung der Gebühren

FK Nr. 22/1997, S. 19-20: ARD-Vorsitzender Reiter kontert VPRT-Beschwerde

FK Nr. 22/1997, S. 20: Keine SDR-Beteiligung am Ballungsraum-TV Stuttgart

FK Nr. 22/1997, S. 20-21: Personalratsvorsitzende für ARD-Finanzausgleich

FK Nr. 22/1997, S. 21: Hessen: Telekom gegen Einspeisung von Phoenix

FK Nr. 22/1997, S. 22: SFB rechnet mit positivem Jahresabschluß

FK Nr. 22/1997, S. 22-23: Berlin: Puls TV will Konkurs anmelden

FK Nr. 23/1997, S. 10: SWR-Vetrag unterzeichnet: Teufel gegen Finanzausgleich

FK Nr. 24/1997, S. 7-8: ARD befürchtet bis 2000 Defizit von über 900 Mio DM

FK Nr. 24/1997, S. 8-9: ZDF: Bis 2000 ungedeckter Fehlbetrag in Millionenhöhe

FK Nr. 6-7/1997, S. 10-11: Schlechterer Platz für Kabel 1 in NRW

FK Nr. 6-7/1997, S. 12: ARD kauft umfangreiches Spielfilmpaket von Tobis

FK Nr. 6-7/1997, S. 8-9: ARD erwartet für Phoenix grünes Licht

FK Nr. 15/1999, S. 13-14: EU-Kommission: Erneutes Ja zu Phoenix und Kinderkanal

FK Nr. 27/1999, S. 6: Länderchefs verabschieden 4. Rundfunkstaatsvertrag

FK Nr. 34/1999, S. 10: MDR-Intendant Udo Reiter: Drefa plant keinen Reisekanal

FK Nr. 37/1999, S. 11: ARD/ZDF: Mehrheit wünscht Mischfinanzierung

FK Nr. 37/1999, S. 13-14: HR-Intendant Berg für öffentlich-rechtlichen Jugendkanal

FK Nr. 39-40/1999, S. 10: KEF: Gebührenerhöhung kommt, aber unter 4 DM

FK Nr. 41/1999, S. 13-14: ZDF-Fernsehrat begrüßt Pläne für „German TV"

FK Nr. 42/1999, S. 10-11: Der ARD-Finanzausgleich soll reduziert werden

FK Nr. 42/1999, S. 11-12: ARD-Finanzierung: Lauter zufriedene Reaktionen

FK Nr. 43/1999, S. 12: Radioreform von ORB und SFB vor dem Ende

FK Nr. 43/1999, S. 12-13: Schon drei Intendanten gegen Reform des ARD-Stimmrechts

FK Nr. 45/1999, S. 14-15: Outsourcing: Sächsischer Rechnungshof kritisiert MDR

FK Nr. 45/1999, S. 36: MDR life wird in Jump FM umbenannt

FK Nr. 46/1999, S. 10: Länderchefs einstimmig für neuen ARD-Finanzausgleich

FK Nr. 46/1999, S. 10-11: Finanzausgleichsänderung „wichtige Weichenstellung"

FK Nr. 47/1999, S. 15: Weniger Gemeinschaftskosten für die kleinen ARD-Anstalten

Hamburger Abendblatt Nr. 223/1997 v. 24.9.1997, S. 11: „Radio 3" von Berlin bis Sylt

Hamburger Abendblatt Nr. 257/1997 v. 30.10.1997, S. 11: Auch die ARD spricht sich für die d-box aus

Hamburger Abendblatt Nr. 145/1998 v. 25.6.1998, S. 9: Zehn Punkte für das Ausland. Bei der Deutschen Welle steht eine umfangreiche Programmreform an

Hamburger Abendblatt Nr. 46/1998 v. 24.2.1998, S. 1: Kinderprogramm: Kabel 1 scheit die Konkurrenz

Hamburger Abendblatt Nr. 54/1998 v. 5.3.1998, S. 11: Spartensender für die Kleinen

Hamburger Abendblatt Nr. 59/1998 v. 11.3.1998, S. 9: Stopp der Spartenkanäle

Hamburger Abendblatt Nr. 72/1998 v. 26.3.1998, S. 11: „ARD und ZDF haben kaum abgespeckt"

Hamburger Abendblatt Nr. 80/1998 v. 4./5.4.1998, S. 8: Annäherung im Norden: NDR bietet Radio Bremen engere Zusammenarbeit an

Hamburger Abendblatt Nr. 84/1998 v. 9./10.4.1998, S. 10: Beck spricht Machtwort. ZDF kontra ARD

Hamburger Abendblatt Nr. 87/1998 v. 15.4.1998, S. 9: Werbegrenze soll bleiben

Hamburger Abendblatt Nr. 88/1998 v. 16.4.1998, S. 11: Protest gegen „Schmuddel-Talkshows"

Hamburger Abendblatt Nr. 95/1998 v. 21.4.1998, S. 9: Klage über Verdrängung

Hamburger Abendblatt Nr. 93/1998 v. 22.4.1998, S. 7: Entlastung für die Kleinen. ARD-Vorsitzender Udo Reiter bündelt Vorschläge für eine Strukturreform

Hamburger Abendblatt Nr. 96/1998 v. 25./26.4.1998, S. 8: „Schmuddel-Talkshows": Privatsender planen Verhaltenskodex

Hamburger Abendblatt Nr. 96/1998 v. 25./26.4.1998, S. 8: Klostermeier: Nordwest-Radio kommt

Hamburger Abendblatt Nr. 97/1998 v. 27.4.1998, S. 8: Streit um Strukturreform

Hamburger Abendblatt Nr. 98/1998 v. 28.4.1998, S. 11: Intendanten beraten über Zukunft der ARD

Hamburger Abendblatt Nr. 100/1998 v. 30.4.1998, S. 8: ARD-Intendanten einigen sich auf Strukturreform

Hamburger Abendblatt Nr. 112/1998 v. 15.5.1998, S. 1: NDR, överlegg di dat noch mal!. Frensehzuschauer (sic!) und Politiker protestieren gegen Verlegung von „Talk op platt"

Hamburger Abendblatt Nr. 112/1998 v. 15.5.1998, S. 7: Am 2. Juni startet „NDR 4 Info"

Hamburger Abendblatt Nr. 124/1998 v. 30.5.1998, S. 9: Nickelodeon stellt Pfingsten Sendebetrieb ein

Hamburger Abendblatt Nr. 125/1998 v. 2.6.1998, S. 9: Flurbereinigung bei NDR 4: Jetzt regiert das Wort

Hamburger Abendblatt Nr. 131/1998 v. 9.6.1998, S. 9: Protest gegen Auslagerung

Hamburger Abendblatt Nr. 197/1998 v. 25.8.1998, S. 11: Umstellung von analog auf digitale bis zum Jahr 2010

Hamburger Abendblatt Nr. 222/1998 v. 23.9.1998, S. 10: ARD will Finanzausgleich abbauen

Hamburger Abendblatt Nr. 223/1998 v. 24.9.1998, S. 11: ARD Strukturreform: Diepgen legt sich quer

Hamburger Abendblatt Nr. 224/1998 v. 25.9.1998, S. 11: Teufel mahnt ARD-Reform an

Hamburger Abendblatt Nr. 23/1999 v. 28.01.1999, S. 9: Zwei Drittel für Werbeverzicht bei ARD und ZDF

Hamburger Abendblatt Nr. 102/1999 v. 04.05.1999, S. 11: Höhere Gebühren erst nach Strukturreform?

Hamburger Abendblatt Nr. 259/1999 v. 05.11.1999, S. 9: Rechnungshof kritisiert Ausgliederungen beim MDR

Hamburger Abendblatt Nr. 275/1999. v. 24.11.1999, S. 9: Die Großen retten die ARD. Zehn Intendanten einigen sich über internen Finanzausgleich

Hamburger Abendblatt Nr. 281/1999 v. 01.12.1999, S. 9: Erweiterung

Hamburger Abendblatt Nr. 8/2000 v. 11.01.2000, S. 1: Fernsehen 3,33 Mark teurer

Hamburger Abendblatt Nr. 8/2000 v. 11.01.2000, S. 11: Empfehlung für die Rundfunkgebühren: Monatlich 3,33 Mark mehr

Journalist Nr. 8/1997, S. 22: MDR mit neuen Privatisierungsplänen

Journalist Nr. 8/1997, S. 5: ...nach Redaktionsschluß

Journalist Nr. 10/1997, S. 8: ZDF: Der Highway ist für alle da

Journalist Nr. 10/1997, S. 10: Radioreform abgesegnet

Journalist Nr. 10/1997, S. 5: ...nach Redaktionsschluß

Journalist Nr. 12/1997, S. 28: MDR: Gespräche über Auslagerung

Journalist Nr. 1/1998, S. 8: Medienordnung der Privaten

Journalist Nr. 2/1998, S. 27: Gewerkschaften gegen Auslagerung

Journalist Nr. 3/1998, S. 6: Erster Entwurf zur Novelle

Journalist Nr. 3/1998, S. 6: Sanktion für den Rotstift

Journalist Nr. 4/1998, S. 5: ... nach Redaktionsschluß

Journalist Nr. 5/1998, S. 6: ARD-Mitglieder zweier Klassen

Journalist Nr. 5/1998, S. 6: ORB sucht einen Partner

Journalist Nr. 5/1998, S. 7: Talkshows in der Kritik

Journalist Nr. 5/1998, S.6: KEF prophezeit Millionen-Plus

Journalist Nr. 6/1999, S. 6: ARD und ZDF brauchen mehr

Journalist Nr. 11/1999, S. 6 : Gebühren steigen um drei Mark

Journalist Nr. 12/1999, S. 6: Einigung zum Finanzausgleich

Journalist Nr. 12/1999, S. 6: Unwirtschaftlich und überflüssig

Journalist Nr. 1/2000, S. 5: Nach Redaktionsschluss...

Journalist Nr. 1/2000, S. 8: KEF-Kritik am Outsourcing

medien aktuell Nr. 42/1994, S. 18: 30 % Zuschauer-Marktanteil, auch bei Cross Ownership/ARD-Reform. Stoibers Eckwerte zum Staatsvertrag

MP 1995, S. 149: ARD-Erlöse aus Radio- und Fernsehwerbung 1994

MP 1998, S. 93: Anzahl der angemeldeten Rundfunkempfangsgeräte. Stand: 31. Dezember 1997

Ostsee Zeitung v. 18.8.1998, S. 8: ZDF ist Deutschlands führender Informationskanal. Studie vergleicht Profile der großen Fernsehanstalten

Ostsee Zeitung v. 9.9.1998, S. 8: ZDF will in Dritte Programme

Post Politische Information Extra Nr. 8/1997, S. 1-2: Internationale Funkausstellung Berlin 1997. Bundespostminister Bötsch: In Zukunft größere Programmvielfalt. Digitaltechnik öffnet für Programmanbieter, Geräteproduzenten und Verbraucher neue Dimensionen

Post Politische Information Extra Nr. 8/1997, S. 2: Digital Audio Broadcasting. Digitales Radio kann künftig über Stabantennen empfangen werden. T-DAB ermöglicht bundesweit störungsfreien Radioempfang in CD-Qualität

Post Politische Information Extra Nr. 8/1997, S. 3-4: Digital Video Broadcasting. Großes Potential für digitales terrestrisches Fernsehen durch Zweit – und Drittgeräte

Post Politische Information Extra Nr. 8/1997, S. 5-6: Europaweit einheitliche Standards für digitales Fernsehen. Set-Top-Boxen müssen unentgeltlich angebotenes Digitalfernsehen passieren lassen

Töne – Texte – Bilder. Das Medienmagazin des WDR v. 22.10.1994, S. 3: Interview mit Bernd Neumann

Sach- und Personenregister

Abendprogramm 351
Abflachungsspirale 269
Abonnement-Fernsehen siehe Pay per channel
Abrufdienste 302, 305
Adenauer, Konrad 34, 136,
Albertiner 434
Albrecht, Michael 41
Alfredissimo 215
Allgemeine Gesetze 129, 175
alpha-Campus 236
alpha-Forum 236
alpha-Job 236
Altenburg 434
Amanda & Betsy 240
Amsterdamer Vertrag 118, 120, 275 f.
Antenne MV 254
Arbeitsgemeinschaft Fernsehforschung (AGF) 105
ARD-aktuell 42, 65, 97, 217 ff., 384, 419
ARD-Auslandsstudios 98
ARD-Berlin 315, 322
ARD-Büro 41, 440
ARD-Digital 69, 94, 264 ff.,
ARD 3 420, 443
ARD, Fernsehprogrammdirektion 43
ARD-Finanzausgleich 23, 24, 25, 26, 50, 54, 55, 56, 276 ff., 307 ff., 313, 322 ff., 332 ff., 338 ff., 370, 382 f., 384, 398, 401, 410 ff., 416, 426 ff., 437, 449
ARD-Finanzausgleich, Abschaffung 338 ff., 370, 410 ff., 426 ff., 449
ARD-Finanzausgleich, Regionalisierung 309 ff., 323 f., 339 f., 370, 398
ARD-Finanzstatistik 60
ARD, Gemeinschaftsredaktion Vorabend 42
ARD, Geschäftsführung 40
ARD-Gremienvorsitzende 23, 308 ff., 322
ARD-Hauptstadtstudio 42, 315, 319, 435
ARD-Homepage 84

ARD-Hörfunk 72 ff., 328, 364, 381, 419
ARD, Konferenz der Gremienvorsitzenden 23, 26, 40, 308 ff., 314, 320
ARD, Koordinatoren 41
ARD-Korrespondenten 98
ARD, Mitgliederversammlung 40, 49
ARD-Nachtprogramm 100
ARD-Programmangebot 60, 62, 212 ff., 267 ff., 284, 290, 307, 371, 405 f., 416, 447
ARD, Programmbeirat 41
ARD-Programmdirektion 41, 43, 442
ARD, Rechtsnatur 48
ARD, Reform der 23, 26
ARD, Ständige Programmkonferenz 41
ARD, TV-Leitungsbüro 42
ARD-Videotext 83 f.
ARD-Vorabendprogramm 42, 43, 64, 97, 99, 219, 350 f., 418, 447
ARD-Vorsitzender 40
ARD-Werbung 57
ARD-Zuschnitt 432 ff.
ARD 2 316, 378, 399
Arte 37, 41, 47, 58, 66, 67, 84, 101, 109, 235, 269, 271 f., 341, 366, 416
Arte Deutschland TV GmbH 47, 66
Arte G.E.I.E. 47
Asiasat 2 90
Astra Digital Radio (ADR) 94, 95
Astra-Satelliten 72, 88 ff., 93, 107, 108, 197, 227
Audio-on-demand 203, 265, 301 ff.,
Auffangfunktion siehe Kompensationsfunktion
Aufgabenerfüllung 138, 369
Aufgabenverteilung 161
Auflösung von Rundfunkanstalten 138 139 ff., 315, 316 f., 373 ff., 383, 451
Augsburger Puppenkiste 240
Ausgewogenheit 144
Auslagerungen siehe Outsourcing
Auslandskorrespondenten 43
Außenpluralismus 154, 317
Babelsberger Gespräche 98

503

Bad Neuenahr, Klausurtagung 23, 26
Baden-Württemberg 25, 33, 317 ff., 322, 355, 428, 430 ff.
Baden-Württemberg-Entscheidung 139, 148, 156, 162, 195, 206, 208, 233, 237, 246, 262, 265, 293, 301 ff., 354 ff., 372
Basisversorgung 159
Bavaria Film GmbH 102
Bayerischer Rundfunk (BR) 31, 39, 46, 61, 321, 388, 411, 431, 433
Bayerisches Fernsehen 222
Bayern 4 Klassik 209, 259, 260
Bayern, Freistaat 25, 311, 322
Bayern2Radio 210
BBC World 248, 250
Beatles 228
Beck, Kurt 309, 324, 366
Beckmann, Reinhold 423
Bedarfszumessung 347
Beihilfe 276
B1 297
Beistandspflicht 346, 411
Beratung 208
Berg, Christian 331
Berg, Klaus 31, 348 f., 432
Berichte von heute 100
Berlin 24, 25, 26, 33, 36, 42, 314 f., 317, 320 ff., 380, 390 ff., 397, 434, 435 ff., 449
Berlin, Senat 315
Bertelsmann 34, 110, 199, 201, 354
Bestands- und Entwicklungsgarantie 139, 162 ff., 169 ff., 173 f., 176, 224, 298, 372, 375, 398
Bestandsschutz 372
Bettelverfahren 278
Bezahlfernsehen siehe Pay-TV
Bezahlfernsehen siehe PayTV
B5 aktuell 209, 247
Biedenkopf, Kurt 21, 55, 183 f., 223, 282, 308, 311 ff., 316, 333, 337, 347, 373, 376 ff., 396 f., 399, 401, 420, 430, 444 f.
Biene Maja 237
Bildung 147 ff., 208, 220, 364, 421, 443

Binnenpluralismus 43, 137, 154, 183, 377
Biolek, Alfred 423
Bismarck, Otto von 444
Boelte, Hans-Heiner 41
Bohl, Friedrich 22
Böttinger, Bettina 423
BR α alpha 72, 210, 235, 236
Brandenburg 25, 26, 33, 314, 317, 320 ff., 355, 390 ff., 397, 434 ff., 448
Brandenburg aktuell 221
Brandenburger Journal 98
Bredow, Hans 113
Breitbandkabelnetz
Bremen, Freie Hansestadt 24, 355, 380, 385, 393 ff., 415, 432 ff., 449
Bremen, Klausurtagung 309 ff.
Bremen, NDR-Büro 394
Brennpunkt 217
BR-Hörfunkangebot 73 f.
Brisant 217
Britisches Modell siehe Werbeverbot
British Broadcasting Corporation (BBC) 325, 403
BR-Online 236
Buchwald, Manfred 364, 385 f.
Bugs Bunny 239
Bundesrechnungshof 292
Bundesstaatsprinzip 343
Bundestreue 344 ff.
Bundesverfassungsgericht 27, 34, 48, 106, 121, 123 ff., 194, 335, 373, 415
buten un binnen 72
Canal Plus 354
Channel sharing siehe Partagierung
Chatten 434
Christen, Ilona 215
CNBC 248
CNN 209, 248
Coburg-Gotha 434
COMDAT, Medienforschungsinstitut 22, 212, 253 f.
Company Luxembourgeoise de Telediffusion (CLT) 34
Conrad, Rainer 307
C-SPAN 248, 251
Das! 98, 221

DasDing 86 f., 205, 252, 265, 271
Degeto Film GmbH 56, 104, 441
Delta radio 168
Deppendorf, Ulrich 42
Deutsche Angestellten-Gewerkschaft (DAG) 188
Deutsche Demokratische Republik (DDR) 25, 32, 197, 221, 433
Deutsche Telekom AG 85, 86, 89 ff., 93, 94, 110, 195, 201
Deutsche Welle (DW) 32, 50, 101, 136, 227, 271, 292, 334 f., 417, 444 ff.
Deutscher Fernsehfunk (DFF) 221
Deutscher Fußballbund (DFB) 408
Deutscher Journalistenverband (DJV) 188
Deutsches Rundfunkarchiv (DRA) 43, 104, 440
Deutschland-Fernsehen GmbH 136
Deutschlandfunk 71
Deutschlandradio (DLR) 46, 50, 53, 59, 70 f., 84, 100, 137, 303, 417
Deutschlandsender Kultur (DS Kultur) 70
Dezentralisierung 424
DFB-Pokal 408 f.
DF-Eins 353 f.
DFS1 Kopernikus 89
Dienende Freiheit 128
Dienstleistungscenter 331, 369
Diepgen, Eberhard 26, 320, 322, 380 f392
Digital audio broadcasting (DAB) 200, 202, 364
Digital audio broadcasting, terrestrisch (T-DAB) 95, 202, 203, 264
Digital video broadcasting (DVB) 69, 94, 202, 264, 359
Digital video broadcasting, terrestrisch (DVB-T) 96, 264, 300
Digitalisierung 201 f., 263 ff., 283, 299, 301 ff., 326, 359
Disney Channel 240
Distribution 424
Doetz, Jürgen 22
Drefa Media Holding 103, 106, 186 f., 193

3sat 41, 47, 58, 66, 67, 84, 210, 226 f., 269, 271 f., 323, 366, 416
Drei-Säulen-Modell 145
Drei-Stufen-Modell 146 f., 154, 206
Dritte Programme 71 f., 98, 211, 220, 269, 284, 297, 312, 326 f., 365 f., 376 ff., 418, 443 f.
Dritte Programme, Satellitenübertragung 223 ff., 285, 443 f.
DSF 209
Duale Rundfunkordnung 24, 31, 34, 414
Düsseldorfer SPD-Modell 316, 378
DW-radio 59, 62, 83,
DW-tv 58, 72, 94, 101, 227, 331 f., 367
Dynamik 131, 164
D2-MAC 89 f., 200, 300
Echo des Tages 100
Edutainment 240 ff.
Effizienz 288, 407, 411, 427, 448
EG-Fernsehrichtlinie 116, 118, 130
Eigenproduktion 187
Eigenprogramme 342
Einheitsgebühren siehe Gebühren, regionale Staffelung
Eins Extra 70
Eins Festival 70, 302
Eins Live 259
Eins Plus 67, 416
Einschaltquoten 35, 160, 349 ff., 414, 451
Einschätzungsprärogative 200 f., 299, 306
EinsMUXx 69 f.
Einsparungen 306, 326 ff., 360 ff., 394 f., 413 f., 419, 422 ff., 448, 451
EinsPlus 271
Einzelfinanzierung 114
Electronic programme guide (EPG) 70
Entwicklungsgarantie siehe Bestands- und Entwicklungsgarantie
Ereigniswerbung 407 ff.
Ergänzungsversorgung 160
Erstes Deutsches Fernsehen (Das Erste) 38, 56, 57, 64 ff., 70, 83, 99, 195, 212 ff., 269, 311 ff., 326, 365, 372, 376, 384 ff., 399, 404, 420, 438

505

Erstes Deutsches Fernsehen (Das Erste), Abschaffung 138, 376 ff.
Erstes Deutsches Fernsehen, Pflichtanteile 66, 97, 309, 438
Erstes Deutsches Fernsehen, Programmressorts 66
Es war einmal... 237
EU-Kommission 107, 110, 111, 112, 114, 119
Euronews 102
Europäische Rundfunk Union (UER/EBU) 101, 102, 109
Eurosport 102
Eurovision 101
Eutelsat II-F1 90
Ewigkeitsgarantie 138
Explosiv 246
Exportprogramme 342
Fachaufsicht 421
Fakt 217
Fantastische Vier 260
Fernseh-Archivdatenbank (FESAD) 105
Fernsehen Brandenburg 221
Fernsehgebühr 53
Fernsehschlüssel 310
Fernsehurteil 154, 194, 256
ffn siehe Radio ffn
Fiction 218
Finanzausgleich siehe ARD-Finanzausgleich
Finanzbedarf 61, 277, 333, 347, 402, 407, 427
Finanzierung 160, 181 f., 271 ff., 290, 305, 333 ff., 352, 370 f., 380, 401 f., 410, 426 ff., 445
Finanzkrise 23, 61 f., 397, 402
Finanzstrukturfonds 309
Finanzverantwortung 342, 380
Finanzzumessung 175, 277, 305, 347, 402, 427
Fischer, Joschka 22
Fishmob 260
Fliege, Jürgen 215
Flitz, das Bienenkind 240
Föderalismus 343, 365, 372, 374, 419, 427, 430, 450

Formel 1 409
FRAG-Urteil 34, 126
Franken 434
Free TV 357 ff.
Freier-Mitarbeiter-Beschluss 123
Frequenzknappheit 202
Frequenzzuweisung 170, 284
Friese, Siegfried 321
Fritz 210, 252, 257, 259, 284, 330, 364
Fuchs, Gerhard 41
Fulda, Bistum 434
Fünfgeld, Hermann 317
Funktionelle Akzessorietät 158 ff.
Funktionsäquivalenz 345
Funktionserforderlichkeit 138, 171 ff., 181, 290 f., 294, 301, 336, 356, 411, 415 ff.
Funktionsfähigkeit 135, 408, 411
Funktionsgewährleistungsanspruch 342
Funktionstüchtigkeit 336
Fürsorgepflicht 142
Fusion 310, 315, 319, 321, 382, 390 ff., 411, 428 ff., 436 ff., 440
Gebietsreform 288 f.
Gebühren 50 ff., 56, 270, 273 ff., 283, 289, 305, 322, 333, 346, 355, 386, 404, 449
Gebühren, Abschaffung 333 f.
Gebühren, Indexierung 336
Gebühren, regionale Staffelung 337 f., 370, 382 f., 397
Gebühreneinzugszentrale (GEZ) 43, 53, 104, 323
Gebührenerhöhung 24, 333 ff., 397, 404, 406 f.
Gebührenfestsetzungsverfahren 46 ff., 279
Gebührenfinanzierung 29, 31, 256, 271 ff., 280 f., 283, 383
Gebührenhaushalte 431 ff.
Gebühren-Personal-Index 387
Gebührenurteil siehe Rundfunkgebührenurteil
Gebühren-Werbung-Index 386
GE-1 90
Gemeinschaftskosten 310, 331

Gemeinschaftsprogramm siehe Erstes Deutsches Fernsehen
Gemini 202
German TV 292
Gesamtprogrammangebot siehe Programmangebot
Gesellschaft für Konsumforschung (GfK) 218, 226
Gewalt 239
Geyer, Michael 331, 395
Grand Prix d'Eurovision 102
Gremienvorsitzende siehe ARD-Gremienvorsitzende
Grenzziehung 161
Größen-Kosten-Verhältnis 428
Grundgebühr siehe Hörfunkgebühr
Grundrechtsschranken siehe Rundfunkfreiheit, Schranken der
Grundrechtsverzicht 379 f.
Grundversorgung 123, 126, 128, 136, 142 ff., 148, 152 ff., 158, 164, 168, 171 ff., 182, 192, 194 ff., 199, 206 f, 220, 268 ff., 281 f., 292, 304 f., 346, 350, 357, 367, 369 f., 373, 375, 398, 413, 416, 419, 442 ff., 446, 447
Gute Zeiten, schlechte Zeiten 246
Haley, Bill 228
Hallo Niedersachsen 72
Hallo Spencer 99
Hamburg, Freie und Hansestadt 25, 36, 397, 432 ff.
Hamburger Beschlüsse der Gremienvorsitzenden (April 1998) 23, 26, 308 ff., 314, 320, 338, 379, 381, 394
Hamburger Journal 72
Hannover, RB-Büro 394
Hanse 435
Hauptabendprogramm 348 ff.
Hauptstadtstudio siehe ARD-Hauptstadtstudio
Haushaltsnotlage, beistandsintensivierende 345, 360 ff.
Heimatsendungen 371, 381
Herzblatt 214
Herzog, Roman 208, 269
Hessen 262, 314, 317 ff., 430 ff., 449
Hessen-Darmstadt 434

Hessen-3-Entscheidung 296, 342, 352
Hessen-Homburg 433 f.
Hessenschau 219, 221
Hessen-Thüringen 434
Hessischer Rundfunk (HR) 31, 39, 54, 309, 313, 315, 317 ff., 388, 431 ff.
Hessisch-Kassel 434
High Definition Television (HDTV) 200
Hobbythek 100
Hoffmann, Rüdiger 331, 385
Höppner, Reinhard 434
Hörfunkgebühr 52, 53
hr Skyline 209, 247, 249
hr XXL 210, 252, 271
hr3 270
HR-Hörfunkangebot 79 f.
hr4 248
hr2 210, 261, 328, 439
hr2plus:Klassik 209, 247, 259 f.
Hundert,6 250
Hyperband 169
IG Medien 188
Info 101 250
InfoRadio 209
Information 146 f., 151, 208, 216, 218, 220, 300
Informationsverarbeitungszentrum (IVZ) 103, 105
Inhaltlicher Standard 146 ff.
Innovationen 336
Institut für empirische Medienforschung (IFEM) 213, 217, 270
Institut für Rundfunktechnik (IRT) 43, 104
Inteco 202
Integrationsfunktion 359
Intelsat-Satelliten 90
Intendant 44, 45
Internet 84, 95, 203, 300
Isnogud 240
Jensen, Peter 41
Jugendprogramme 252 ff., 256
Kabel 1 242
Kabelpilotprojekt Ludwighafen 34

Kabelübertragung 34, 85, 90 ff., 93, 126, 168, 195 ff., 202, 227, 290, 354, 443
Käpt'n Blaubär 69, 237, 240
Kaputtschrumpfen 187
Karate Kid 239
Kellermeier, Jürgen 41
Kinderkanal 37, 46, 50, 67 ff., 70, 84, 99, 106, 168, 191, 210, 235, 236 ff., 245, 247, 285, 341, 343, 440
Kinderkriminalität 238 f.
Kinderweltspiegel 242
Kirch, Leo 34, 62, 110, 193, 199, 201, 354
Klamroth, Jörn 41
Klassik Radio 260
Klassischer Rundfunkauftrag 48, 124, 145, 147 ff., 173 ff., 211, 265, 306, 369
Klimmt, Reinhard 318, 351, 450
Klostermeier, Harald 362, 393
Kohl, Helmut 311, 314, 373
Kommission zur Ermittlung des Finanzbedarfs (KEF) 52, 62, 131, 186, 275, 289, 305, 307, 323, 333, 346, 360, 407, 427, 442, 449
Kommunikationsdienste siehe Telekommunikationsdienste
Kompensationsfunktion 215, 237, 301, 305, 356, 414
Kontraste 217
Kontrollorgane 154 f.
Konvergenzthese 37, 207 ff., 253, 447
Konzentration 401
Konzern 183 f., 283, 312
Kooperationen 190 ff., 288, 310, 327 ff., 360 ff., 411, 416 ff., 424 f., 451
Kopernikus 94, 107, 197
Koproduktionen siehe Kooperationen
Kosten-Nutzen-Rechnung 384
Kresse, Hermann 22
Kudella, Peter 395
Kultur 149 f., 208, 220, 226, 234 ff., 288, 364, 374, 420 f.
Kulturreport 217
Kulturreserve 149 f., 235
Kulturweltspiegel 217

Küppersbusch, Friedrich 423
Kurhessen 433 f.
Kursachsen 434
La Sept ARTE 47, 66, 101
Lafontaine, Oskar 444
Lampe, Joachim 41
Länderfinanzausgleich 276 ff., 344 ff..
Landesrundfunkanstalten 127, 182, 184, 297, 310, 315, 372, 413, 415, 427, 430, 447
Langwelle 87
Lebach-Urteil 123, 147
Lindenstraße 385
Live aus dem Alabama 100
Logo 242
Lojewski, Günther von 321
Lokalprogramme 261 ff., 295 ff., 382, 415 f., 443
Löwenzahn 68, 237, 240, 242
Ludowinger 434
Madonna 260
Magisches Dreieck der Rundfunkpolitik 332 ff., 360, 382, 402 f., 411
Magisches Viereck der Wirtschaftspolitik 332
Mainz, wie es singt und lacht 101
Marienhof 220, 246
Marktverstopfungsstrategie 163, 168 f., 290
Massenkommunikation 128, 207
McKinsey & Co., Unternehmensberatung 392, 425
MDR Fernsehen 99, 221 f.,
MDR info 209
MDR Kultur 210
MDR life 254, 270
MDR Sputnik 86, 204, 253, 271
MDR, Landesfunkhäuser 45
MDR-Hörfunkangebot 73, 80 f.
Mecklenburg-Schwerin 435
Mecklenburg-Strelitz 435
Mecklenburg-Vorpommern 25, 32, 313 ff., 320 ff., 339 f., 381, 396 ff., 432 ff., 435, 449
Media & Communication Systems (MCS) 106, 186
Media Trend 254

Medienangebot 166
Medienanstalt Berlin-Brandenburg (MABB) 75, 92
Medienbudget 414
Medienverflechtung 190
Medienwohlstand 267
Medium und Faktor 124 ff., 141, 144, 157, 252, 287, 338, 428 f., 437
Mehrbedarfszuschlag 54
Mehrfachversorgung 137
Meiningen 434
Meinungsbildungsprozess 126 ff., 140 ff., 146, 150, 152, 283, 287 f., 338, 348, 356, 361 ff., 377 f., 381, 398, 401 f., 428 f., 451
Meinungspluralismus 125, 126, 135, 144, 179, 306, 448
Meiser, Hans 215
Merchandising 60
Meriotik 414, 451
Merten, Klaus 22
Michel-Kommission 317
Miert, Karel van 107, 110 ff., 117 f., 161
Mindestversorgung 161
Mini-ARD 318, 366
Minimalversorgung 160
Mischfinanzierung 34, 50 ff, 272 ff.,
Mittagsecho 100
Mittagsmagazin 64, 101, 219
Mitteldeutscher Rundfunk (MDR) 33, 39, 44, 46, 54, 55, 70, 103, 185 ff., 193, 204, 392 ff., 430, 448
Mitteldeutschland 433 ff.
Mittelostdeutscher Rundfunk (MODR) 320 f., 392 ff., 430 f.
Mittelwelle 87
Monitor 217
Monopolkommission 325
Morgenmagazin 64, 101
MTV 209
Multimediadienste 305 f.
Münchener Medientage 311
Münzfernsehen siehe Pay per view
Musikantenstadl 101
Muttergemeinwesen 142, 342, 405
Nachtmagazin 42, 218

Nassau 433 f.
Naumann, Michael 335
NDR 1 Radio Niedersachsen 296
NDR Talk Show 98
NDR 4 330
NDR 4 Info 209, 330
NDR 2 270, 330, 363, 439
NDR, Landesfunkhäuser 45
NDR, Landesrundfunkrat 45
NDR-Büro Bremen siehe Bremen, NDR-Büro
N3 99, 221, 329, 394 f.
NDR-Hörfunkangebot 73, 77 f.
Near-video-on-demand 302
Neue Deutsche Filmgesellschaft (NDF) 103
Neugründung von Rundfunkanstalten 137
Nicht von schlechten Eltern 219
Nickelodeon 168, 237 f., 242
Niedersachsen 34, 262, 381, 385, 394 ff., 432 ff.
Niedersachsen-Entscheidung 142 ff., 153, 157, 348
N-Joy Radio 38, 168, 210, 252, 254, 257, 259, 268, 271, 284, 330, 364 f., 439
Norddeutscher Rundfunk (NDR) 25, 32, 33, 36, 37, 38, 39, 42, 45, 46, 54, 61, 189, 219, 297, 309, 313, 315, 317, 321, 362 ff., 385, 393 ff., 411, 430 ff., 444, 448
Norddeutschland 36
Norddeutschland 433 f.
Norderstedt, NDR-Studio 394
Nordmagazin 72
Nordostdeutsche Rundfunkanstalt (NORA) 25, 396
Nordostdeutscher Rundfunk (NODR) 396 ff., 435 ff.
Nordrhein-Westfalen 34, 355
Nordwestdeutscher Rundfunk (NWDR) 32, 397, 435 ff.
Nordwest-Radio 296, 329 ff., 362 f., 417, 438
Notstandssituation 346, 411
Nowottny, Friedrich 314

NRW-Entscheidung 357, 369, 378
n-tv 209, 348
N24 248
Objektiv-rechtliches Grundrechtsverständnis 127 f.
Obotriten 435
OK Magic 95 258
OK Radio 168, 257
Oldenburg, RB-Niederlassung 363, 394
Online-Angebote 265, 300
ORB-Hörfunkangebot 75 f.
Organisationsstruktur 137, 154 ff., 183 ff., 306
Ostdeutscher Rundfunk (ODR) 314, 320, 388, 390 ff., 393, 399, 431 ff., 448
Ostdeutscher Rundfunk Brandenburg (ORB) 26, 32, 39, 42, 46, 54, 65, 309 f., 315, 319 ff., 331, 363, 383 ff., 390 ff., 396, 411, 415, 430 ff.
Österreichischen Rundfunk (ORF) 66, 67, 101, 271
Outsourcing 28, 102 ff., 182, 185 ff., 283, 326 ff., 360 ff., 367 ff., 413, 422 ff.
PAL-plus 200
Panorama 217
Partagierung 169
Parteienproporz 142
Pay per channel 353 ff.
Pay per view 353 ff.
PayTV 168, 201, 263, 325 f., 333, 347, 353 ff., 398, 409, 412 f.,
Pensionskasse für Freie Mitarbeiter 104, 440 f.
Personalkosten 387, 413, 417, 422, 426
Phoenix 37, 47, 50, 53, 58, 68 f., 70, 84, 101, 191, 210, 234, 248, 251 f., 341 f.
PlayOut-Center 105
Pleitgen, Fritz 331 f., 367
Plog, Jobst 25, 47, 172, 268, 321, 323, 328 ff., 359, 363, 380, 393, 417, 444
Pluralismus siehe Meinungspluralismus
Plusminus 217
Polizeiruf 110 101

Positive Rundfunkordnung siehe Rundfunkordnung
Power Rangers 239
Praxis Bülowbogen 219
Preissteigerung 62
Premiere 328, 367
Premiere World 353 f.
Presse 125, 281 f., 348, 350
Preußen 433 ff.
Prime time 216
Prinzip der Bundestreue 344 ff.
Privater Rundfunk 31, 158 ff., 179 f., 215, 288, 348, 350, 357, 373, 408, 421
Privatisierung siehe Outsourcing
Product placement 188
Produktion 424, 441
Produktionskosten 23, 384 f., 413 f., 419
Programmangebot 154, 166, 206 ff., 382 f., 424
Programmauftrag, öffentlich-rechtlicher 28, 49, 386, 413, 421
Programmbeschränkung 140
Programmfreiheit 445
Programmgesellschaft für Kabel- und Satelliten-Fernsehen (PKS) 34
Programmgestaltung 48, 133, 184, 190, 288, 418
Programmgestaltungsmöglichkeiten 369, 418
Programminnovation 166
Programmkooperationen siehe Kooperationen
Programmminutenkosten 214 f., 384 f.
Programmpluralismus 190, 226, 365, 372, 403
Programmvielfalt siehe Programmpluralismus
Programmzeitschriften 265
ProSieben 37, 57, 213, 215, 218, 237, 239, 324
ProSieben Media Group 248
Pumuckl 69
Qualität 360 ff., 373, 424
Quersubventionierung 175
Quoten siehe Einschaltquoten

Radio B Zwei 330, 363
Radio Baden-Württemberg (RBW) 314, 430
Radio Bremen (RB) 25, 32, 39, 46, 296 f., 309 f., 315, 317, 321, 331, 343, 362 ff., 383 ff., 393 ff., 411, 426, 429 ff.
Radio Bremen Hansawelle 270, 329, 438
Radio Bremen melodie 329, 439
Radio Data System (RDS) 196
Radio 3 209, 259, 260, 329, 439
Radio ffn 34, 168, 254
Radio 5 230, 261
Radio Hamburg (RHH) 36, 254
*radio kultur 210
radio NRW GmbH 102
Radio Schleswig-Holstein (RSH) 34, 36, 168, 254
RadioRopa 250
Radiotélévision de Luxembourg 34
Raff, Fritz 311, 319, 366, 387
Rationalisierung 24, 413, 451
Rationalisierungspakete 416
RB 4 439
RB-Büro Hannover siehe Hannover, RB-Büro
RB-Büro Oldenburg siehe Oldenburg, RB-Büro
RB-Hörfunkangebot 78 f., 296
Real audio 96
Real Ghostbusters 239
Real video 300
Rechtsaufsicht 421
Reformvorschläge 287 ff.
Regionalisierter Finanzausgleich siehe ARD-Finanzausgleich, regionalisiert
Regionalkompetenz 27, 288, 419, 428
Regionalprogramme 261, 295 ff., 372, 399, 415, 443
Regionen 155, 288
Reichweiten 432
Reiter, Udo 21, 34, 185, 306, 308 ff., 314 ff., 321 f., 380, 392, 431
Reiter-Modell 314 ff.
Report 100, 217
Reptilienfonds 444

Rheinland-Pfalz 33, 34, 314, 317, 430 ff.
Rhein-Main-Neckar-Raum 437
Röhl, Henning 41
Rosenbauer, Hansjürgen 320, 390
RTL 22, 37, 38, 57, 59, 213, 215, 218, 238 f., 243, 324, 395, 421
RTL plus 34
RTL 2 237, 243
Rundfunk im Amerikanischen Sektor (RIAS) 32
Rundfunkbegriff 130 ff., 266, 356
Rundfunkfinanzausgleich siehe ARD-Finanzausgleich
Rundfunkfreiheit 124, 129 ff., 160, 265, 273, 304, 361, 372
Rundfunkfreiheit, Schranken der 129, 133 ff., 158, 287, 361
Rundfunkgebühren siehe Gebühren
Rundfunkgebührenurteil 51, 165, 272 ff., 352 f., 358, 371, 402, 404, 415
Rundfunkmarkt 279, 403
Rundfunkmonopol 24, 32
Rundfunkordnung 31, 124, 131 ff., 181, 184, 279, 353, 361, 374
Rundfunkrat 43, 132, 184
Rundfunkurteile 27, 123 ff.
Rundfunkversorgung 194
Rundschau 221
Saarbrücken, Klausurtagung 310 f.
Saarland 24, 314, 317 ff., 380, 386 ff., 415, 429 ff., 448
Saarländischer Rundfunk (SR) 32, 39, 46, 61, 293, 310, 315, 318 ff., 331, 383 ff., 426, 430 ff.
Saarländisch-rheinland-pfälzischer Rundfunk (SRPR) 318
Saarländisch-rheinland-pfälzisch-hessischer Rundfunk (SRPHR) 314, 389, 430
Saar-Lor-Lux-Region 366
Sachsen, Freistaat 25, 311, 322, 449
Sachsen-Anhalt 317, 434 ff.
Sachsen-Anhalt heute 72
Sachsenspiegel 72
Sales & Services 5 f., 418
Sandmännchen 99

511

Satellitenfernsehen 1 (SAT.1) 22, 34, 37, 57, 59, 213, 215, 218, 238, 243, 324, 328
Satellitenübertragung 34, 85, 87 ff., 107 f., 126, 195 ff., 202, 204, 223 ff., 271, 298, 420
Saxonia 103
Scharf, Albert 314
Schättle, Horst 320
Scheinselbständigkeit 369
Schiwy, Peter 33, 444
Schleswig-Holstein 381, 397, 432 ff.
Schleswig-Holstein-Magazin 72
Schmalkalden 434
Schmalkaldischer Bund 434
Schmid, Christof 41
Schule für Rundfunktechnik (SRT) 104
Schwarzwaldklinik 24
Schweizerischen Radio- und Fernsehgesellschaft (SRG) 66, 67, 101, 271
Seifenoper 65, 349, 414
Sell, Friedrich-Wilhelm von 451
Sender Freies Berlin (SFB) 24, 26, 32, 39, 42, 46, 54, 65, 83, 309 f., 315, 319 ff., 331, 363 ff., 383 ff., 390 ff., 396 f., 411, 415, 426, 430 ff.
Sendetechnik siehe Technik
Sendung mit der Maus 68, 99, 237, 240, 242
Service 424
Sesamstraße 99, 240, 242
Set-top-Boxen 198
SFB-Hörfunkangebot 75 f.
Simulcasting 264
Société Européenne des Satellites (SES) 88
Sonderbedarf 344 ff.
Sondersituation 125 f., 165, 199
Sorben 221, 229, 435
Sozialstaatsprinzip 343
Sparen siehe Einsparungen
Spartenprogramme 182, 209 ff., 231, 293 ff., 416
Spill over 49, 86 f., 106, 224, 298
Spill under 227
Split-screen-Werbung 350
Sponsoring 60

Sponsoring 408
SportA Sportrechte- und Marketing-Agentur GmbH 104
Sportschau 56, 66
Sprechstunde Dr. Frankenstein 240
SR 1 Europawelle 270, 439
SR 2 KulturRadio 210, 261, 328, 439
SR 3 Saarlandwelle 366
SR 4 366 f., 439
SR Fernsehen Südwest 297, 319, 331
SR-Hörfunkangebot 81 f.
Staatsferne, Gebot der 141, 444
Staatsfreiheit 141, 445
Stiller Finanzausgleich 56
Stimmengewichtung 183, 311, 379
Stoiber, Edmund 21, 22, 55, 183 f., 223, 282, 308, 311 ff., 316, 333, 337, 347, 373, 376 ff., 396 f., 399, 401, 420, 430, 444 f.
Stolte, Dieter 325 f., 356, 359, 448
Stoltenberg, Gerhard 444
Strukturfonds siehe Finanzstrukturfonds
Strukturreform 288, 307 ff.
Struve, Günter 41, 65, 66, 220, 316, 327 f., 417, 442
Studio Hamburg Atelier GmbH 102
Subjektiv-rechtliches Grundrechtsverständnis 127 f.
Süddeutscher Rundfunk (SDR) 31, 33, 39, 309, 315, 317 ff., 388, 425, 428, 430, 451
Südwest BW/RP 99, 319
Südwestdeutscher Rundfunk (SWDR) 388, 430 ff.
Südwestfunk (SWF) 32, 33, 39, 309, 315, 317 ff., 388, 425, 428, 430, 451
Südwestrundfunk (SWR) 33, 39, 44, 45, 46, 47, 54, 67, 102, 103, 315, 317 ff., 372, 388, 425 f., 428, 430 ff., 448
Superhuman Samurai Syber-Squad 239
Supernova 143
SuperRTL 237 f., 240, 243
SWR 2 210, 439
SWR 3 210, 439
SWR 4 Saarlandwelle 439

SWR, Landesrundfunkrat 46
SWR, Landessender 46
SWR-Hörfunkangebot 81
Synergieeffekte 182, 235, 327 ff., 383, 388, 390 ff., 399, 422 ff., 448
Szenario 2000 326
Taff 246
Tagesschau 42, 56, 65, 218, 385, 421
Tagesthemen 42, 56, 65, 218
Talk op platt 221
Tann, Hartmann von der 41
Tatort 103
Tausender-Kontakt-Preis 59
Technik 181, 187, 200 ff., 263 f., 271, 283, 299, 301 f., 382, 422, 425, 441
Telebanking 304
Telekommunikationsdienste 301 ff.
Telemedizin 304
Telewizja Polska (S. A.) 102
Terrestrik 85 f., 195 ff., 202
Terrestrisches DAB (T-DAB) siehe Digital audio broadcasting, terrestrisch
Territorialprinzip 224
Territorialreform siehe Gebietsreform
Teufel, Erwin 322
Thüringen 25, 322, 434 ff., 449
Thüringer Journal 72
Thüringisch-hessischer Erbfolgekrieg 434
Tiny Toon Abenteuer 239
Titel, Thesen, Temperamente 217
Tom & Jerry 239
Tour de France 409
TransTel-Fernsehtranskirptions-GmbH 104
Turbo Teen 239
TV-Manufaktur 331
TV-Sat 2 89
Übertragungskapazitäten 60
Übertragungstechnik 34, 84 ff., 107 f., 152, 194 f., 202, 204, 206, 126, 195 ff., 283, 299 ff.
Überversorgung 160
Ultrakurzwelle (UKW) 86 f., 196 ff., 204, 264, 297 f.
Unterhaltung 147 f., 150 f., 220, 316, 327 f., 419, 442

Unternehmensberatung 425
Uplink 88
Urheberrecht 116
Verband Deutscher Zeitungsverleger (VDZ) 407
Verband Privater Rundfunk und Telekommunikation (VPRT) 22, 191, 222, 252 f., 255, 348
Verbandsstrukturen 138
Verbotene Liebe 219 f.
Verrückte Vampy Show 239
Verwaltung 424
Verwaltungsrat 43, 44
Verwaltungsverträge 306 f.
VH-1 209
Videokonferenzen 304
Video-on-demand 203, 265, 300 ff, 354
Videotext 266 f., 302
Vielfalt 27
Virtuelle Werbung siehe Werbung, virtuell
Viva 209
Vollprogramme 211, 291
Vollversorgung 159 f.
Voß, Peter 40, 317, 417
Vox 348
Wahlberichterstattung 42
Wallmann, Walter 434
WDR 2 270
WDR-Hörfunkangebot 74 f.
Wege zur Kunst 100
Weimar-Eisenach 434
Weiß, Andreas 41
Weltspiegel 217, 421
Wenger, Klaus 41
Werbebeschränkung siehe Werberestriktion
Werbeeinnahmen 23, 167, 352
Werbeinsel 349
Werberestriktion 57, 214, 280, 281 ff., 324, 347 ff., 352, 371, 403 ff.
Werberestriktion, Öffnung 350
Werbeverbot 324 f., 352 f., 403 ff.
Werbeverzicht 405
Werbung 35, 50, 56, 57, 58, 237 ff., 278 ff., 299, 319, 324, 347 f., 371, 386, 398, 403 ff., 448 f.

513

Werbung, virtuell 407 f.
Werbung, volumenneutrale Umschichtung 348, 351, 403 ff.
Werner, Peter 41
Wesentlichkeitstheorie 132, 159, 178
West 3 222
Westdeutscher Rundfunk (WDR) 32, 39, 46, 54, 61, 102, 183 f., 189, 312, 321, 331 f., 367, 388, 397, 431, 433, 436, 444
Wettbewerb, ökonomischer 35, 36, 204
Wettbewerb, publizistischer 35, 36, 167
Wettbewerbsrecht 169
Wetterkarte 66
Wettiner 434
Wildbach 219
Wilzen 435
Wochenspiegel 42, 65
Wössner, Mark 107
ZAK 217
ZDF Enterprises GmbH 101
Zentrale Dispostelle 105
Zentralisierung 422, 424
Zielgruppenprogramme 209, 231, 295
Zugriffsdienste 302
Zugriffsdienste 305
Zusatzversorgung 159
Zweites Deutsches Fernsehen (ZDF) 29, 32, 34, 38 f., 46 f., 57, 66 ff., 71, 83, 101, 104 f., 109, 137, 192, 214, 219, 269, 271, 292, 303, 323, 328, 331 f., 335, 341, 343, 356, 367, 377, 405, 413, 417, 421, 448